Wissenschaftliche Untersuchungen
zum Neuen Testament

Herausgegeben von
Martin Hengel und Otfried Hofius

105

Helmut Merklein

Studien zu Jesus und Paulus
II

Mohr Siebeck

Helmut Merklein, geboren 1940; 1959–65 Studium der katholischen Theologie in Bamberg; 1965–72 kirchlicher Dienst; 1972 Promotion in Würzburg; 1972–77 wiss. Assistent bei Prof. Schnackenburg; 1976 Habilitation; 1977–80 o. Professor an der Universität Wuppertal; seit 1980 Professor für Neues Testament an der Universität Bonn.

Die Deutsche Bibliothek – CIP-Einheitsaufnahme

Merklein, Helmut:
Studien zu Jesus und Paulus/Helmut Merklein. –
Tübingen: Mohr Siebeck
  2. (1998)
  (Wissenschaftliche Untersuchungen zum Neuen Testament; 105)
  ISBN 3-16-146924-0 brosch.
  ISBN 3-16-146863-5 Gewebe

© 1998 J.C.B. Mohr (Paul Siebeck) Tübingen

Das Buch wurde von Gulde-Druck in Tübingen auf alterungsbeständiges Werkdruckpapier der Papierfabrik Niefern gedruckt und von der Großbuchbinderei Heinr. Koch in Tübingen gebunden.

ISSN 0512-1604

Inhaltsverzeichnis

Vorwort

Vor elf Jahren erschien in der Reihe der „Wissenschaftlichen Untersuchungen zum Neuen Testament" der erste Band meiner „Studien zu Jesus und Paulus" (WUNT 43). Die dort gesammelten Aufsätze stammten aus den Jahren 1977 bis 1987. Der hier vorliegende Band blickt auf ein weiteres Jahrzehnt akademischer Lehr- und Forschungstätigkeit zurück. Die Auswahl der hier abgedruckten Aufsätze erfolgte so, daß die Sammlung als Fortsetzung des 1987 herausgebrachten Bandes als „Studien zu Jesus und Paulus II" erscheinen kann. Der Band enthält Arbeiten zur Jesus- bzw. Evangelienforschung und zur Exegese und Interpretation der paulinischen Briefe. Vorangestellt ist eine Abteilung von übergreifenden Beiträgen, die sich in ihrer thematischen Ausrichtung auf Christologie, Soteriologie, Eschatologie und Methodik mit beiden Gebieten befassen.

Nun kann es gewiß nicht die Aufgabe des Verfassers sein, die eigene Aufsatzsammlung zu kommentieren. Das sei anderen vorbehalten. Dennoch sei es mir gestattet, den Rückblick auf zehn Jahre zum Anlaß zu nehmen, um die hinter den einzelnen Veröffentlichungen stehenden exegetischen und theologischen Anliegen ein wenig zu verdeutlichen und wenigstens hie und da auf einige Aufgaben künftiger Forschung – so, wie sie sich mir darstellen – hinzuweisen.

I. Übergreifende Beiträge: Die ersten vier Aufsätze sind der Christologie, der Soteriologie und der Eschatologie gewidmet. Obwohl man sie auch schwerpunktmäßig mehr dem einen oder dem anderen Gebiet zuordnen könnte, bekunden sie je auf ihre Weise, wie eng die drei Aspekte zusammengehören. Es macht nun einmal den Charakter des neutestamentlichen Zeugnisses und des christlichen Glaubens aus, daß Jesus nicht nur der Messias, sondern der eschatologische Heilbringer ist, der das endzeitliche Heil durch sein Leben und Sterben – zumindest objektiv – ein für alle Mal verwirklicht hat, wenngleich es von den Glaubenden jeweils eingeholt werden muß bzw. auf diese erst noch zukommt. Das Thema des heilsamen Todes Jesu gehört zu den κεφάλαια neutestamentlicher Exegese und Theologie. Ich möchte es noch zuspitzen: Der sachliche Kern des heilsamen Sterbens Jesu ist der Sühnegedanke, der – wie immer man ihn dreht und wendet – von Haus aus eine kultische Kategorie ist (vgl. den 2. Beitrag, aber auch den 8. und 13.). Gerade weil der aufgeklärte Mensch sich damit schwer tut, dürfen wir Theologen dem Trend der rationalistischen Entmythologisierung und Marginalisierung dieser Thematik nicht nachgeben. Vielfach ist schlicht die Unkenntnis dessen, was Tempel, Kult und Opfer in der Antike bedeuteten, die Ursache für eine leichtfertig angebiederte Einsichtigkeit, die man dem Menschen von heute meint noch zumuten zu dürfen. Mir ist bewußt, daß hermeneutisch auf diesem Gebiet noch ein gutes Stück Arbeit zu leisten ist. Dennoch halte ich den Kult für die großartigste Möglichkeit, die dem Menschen zur Verfügung steht, um Gottesnähe in symbolischer Verwirklichung erfahrbar

zu machen. Wenn das Neue Testament und insbesondere Paulus die Tempel-
symbolik auf die Gemeinde übertragen, dann muß diese zum Ort werden, wo
Gottesnähe erfahrbar wird. Dies kann nicht nur im zu verkündigenden Wort
und in diakonischer Tat geschehen, sondern muß vor allen Dingen in symbolischer Konstitution von Heiligkeit geschehen. Um Mißverständnissen vorzubeu-
gen, mit „symbolisch" meine ich nicht nur die Sakramente, die in ihrer gewöhn-
lichen Erscheinungsform – bedingt durch die philosophisch orientierte Theologie des Mittelalters – häufig eher rational zu übersetzende Allegorien als wirkliche Mysterien sind, in die nur die Praxis hineinführen kann. Es geht um eine
umfassende Symbolik der Heiligkeit, die sowohl das Selbst-Bewußtsein als auch
den Selbst-Stand der Kirche bestimmen muß, damit diese zum Ort der Gottesnähe für und gegen die Welt wird. Um es aus katholischer Perspektive zu artikulieren: Wie die Kirche, die sich vor dem II. Vaticanum vor allem von der Metapher des (mystischen) Leibes Christi leiten ließ, nach dem Konzil das Bild des
wandernden Gottesvolkes in den Vordergrund rückte, so wird nach meiner
Überzeugung die Kirche der Zukunft sich erneut die Metapher des Tempels
Gottes aneignen müssen. Wir können keine heile, wohl aber eine heilige Welt
gestalten. Die Heiligkeit ist das, was Gott von der Welt unterscheidet. Gerade
wegen dieser Andersheit sehnt sich die Welt – bewußt oder unbewußt – nach
Gott. Zur Heiligkeit Gottes gehört nicht nur das Heil, das er schafft und spendet, sondern auch das Gericht, mit dem er vernichtet. Gott bewirkt das Heil und
das Unheil (Jes 45,7; vgl. den 3. Beitrag). Gott ist Faszinosum und Tremendum
zugleich. Indem er das Unheilige und Sündhafte vernichtet, schafft er neue
Schöpfung. Es gilt, wieder zu lernen, daß Heil und Gericht untrennbar zusammengehören. Der Sünder kommt nicht zum Heil außer durch das Gericht hindurch! Damit sind wir im Grunde schon bei einem Thema paulinischer Theologie (vgl. die Beiträge 13–15). Das Gericht der Gerechtigkeit ist letztlich ein Akt
der Barmherzigkeit Gottes, wie denn auch der Tod die einzige Möglichkeit ist,
um ganz in die Nähe Gottes zu gelangen. Der 5. Beitrag widmet sich der methodischen Reflexion und versucht, historisch-kritische und linguistische Zugänge
unter Einschluß soziologischer und psychologischer Perspektiven zu einer integrativen Methode zu verbinden. Auf diesem Gebiet hat sich in der Forschung
tatsächlich etwas bewegt. Es ist nahezu zum Allgemeingut geworden, daß das
Neue Testament wie alle Texte zunächst textwissenschaftlich anzugehen ist. Im
Bereich der synchronen Analyse ist in den letzten Jahren vor allem die Pragmatik betont und zum Anliegen der Auslegung gemacht worden. Insbesondere auf
dem Gebiet der Evangelien wäre noch stärker die narrative Analyse zu fördern
(vgl. den 9. und 10. Beitrag). Das gilt sowohl für die einzelnen Perikopen als
auch für die Evangelien insgesamt. Es muß freilich auch darauf aufmerksam gemacht werden, daß gerade die linguistische Analyse die Gefahr formalistischer
Redundanz in sich birgt. Dabei ist es gleichgültig, ob man den Text durch histo-
risch-kritisches Sezieren kaputtmacht oder durch strukturalistische Barockisie-

rung zum Verschwinden bringt. Die Exegese muß sich bewußt bleiben, daß sie eine theologische Disziplin ist. Historisch-kritische und textwissenschaftliche Methoden müssen den Text als Text, d.h. den Text in seiner Bedeutung, zum Vorschein bringen. Damit ist die hermeutische Frage gestellt, auf die es nie eine endgültige Antwort gibt. Zwei Aspekte scheinen mir hilfreich zu sein. Wir sollten die Texte noch stärker wissenssoziologisch befragen, d.h., es sollte nicht nach einer *hinter ihnen* stehenden Transzendenz, sondern nach der *durch sie* konstituierten symbolischen Wirklichkeit gefragt werden. Nun mag vielen Theologen, die sich im geschlossenen religiösen Sprachspiel bewegen, eine solch konstruktivistische Sicht von Haus aus suspekt erscheinen. Doch gibt es eine andere Möglichkeit von Gott zu reden, als *unsere* Welt in symbolischer Besprechung mit Sinn zu erfüllen? Was die wahre Wirklichkeit repräsentiert, die Gegebenheiten der φαινόμενα oder die Sinn bedeutenden σύμβολα, das ist die eigentliche Frage des Glaubens bzw. des menschlichen Lebens. Bei dieser Sicht geht es übrigens nicht – und damit komme ich zum zweiten Aspekt – um das Postulat von weniger historischer Kritik zugunsten von mehr Philosophie. Es gibt weder eine universale menschliche Existenz noch universale Archetypen noch sonst irgendeine anthropologische Universalie, die der geschichtlichen Kontingenz enthoben wäre. Wer die Bedeutung symbolischer Welt verstehen will, muß die geschichtlichen Bedingungen der dazugehörigen Gesellschaft und ihrer symbolischen Objektivierungen möglichst gut kennen. Mein Plädoyer für eine Revitalisierung der Bilder, Metaphern, Mythen bzw. Symbole (vgl. dazu auch die Schlußüberlegungen des 4. Beitrags) und das Postulat einer Hermeneutik der Symbolik (vgl. dazu auch den 8. Beitrag) geht also einher mit der Forderung vertiefter Religionsgeschichte. Als einen Versuch in diese Richtung versteht sich der 1. Beitrag.

II. Studien zu Jesus und den Evangelien: Die ersten drei der hier versammelten Beiträge gehören in das weite Feld der Frage nach dem historischen Jesus. Der 6. Beitrag gibt meine Vorlesung bei den Salzburger Hochschulwochen 1987 wieder. Er stellt einerseits eine Art Zusammenfassung meiner Forschungen zum historischen Jesus dar, soweit sie bis dahin gediehen waren. Andererseits trägt er der Intention der Hochschulwochen Rechnung, die einen Brückenschlag vom Reich Gottes zur säkularen Welt versuchen wollten. Die am Ende vorgetragenen „Konsequenzen für die Christen und die Kirche" sind sicherlich am stärksten dem Verschleiß der Zeitläufte ausgesetzt, stehen aber gerade in ihrer Zeitbedingtheit unter dem Vorzeichen theologischer Verantwortung. Für mich hatte die Frage nach dem historischen Jesus immer auch theologische Relevanz. Jesu Botschaft von der Gottesherrschaft ist nicht nur die Voraussetzung der christlichen Theologie (*Rudolf Bultmann*), sondern deren zentrales Stück. Kerygma und Verkündigung Jesu sind keine Alternative. Beide sind integrale Bestandteile des christlichen Glaubens. Der verkündigte Christus und der irdische Jesus sind ein und dieselbe Person. Die Auferweckung von den Toten setzt den Verkündiger der Gottesherrschaft ins Recht, wie umgekehrt Jesus nicht von den Toten erweckt worden wäre, wenn er nicht die Nähe der Gottesherrschaft verkündigt hätte. Es ist daher alles andere als Zufall, daß in den Evangelien die Botschaft Jesu und das Kerygma zu einer fast untrennbaren Einheit verschmolzen sind. Daß Paulus an den Worten und Taten des irdischen Jesus kein Interesse gehabt habe, scheint mir ein unzulässiger Schluß zu sein. Daß sie in seinen Briefen eine nur untergeordnete Rolle spielen, mag Zufall oder gattungsbedingt sein. Wie Paulus positiv gepredigt hat, wenn er nicht – wie in seinen Briefen – tatsächliche oder zu erwartende Probleme zu lösen hatte, wissen wir nicht. Aus der untrennbaren Zusammengehörigkeit von verkündigendem Jesus und verkündigtem Christus folgt allerdings auch, daß die historische Rekonstruktion der Botschaft des Irdischen nicht zum Maßstab für die Verkündigung der Urkirche hochstilisiert werden darf (_Joachim Jeremias_). Erst recht kann es nicht darum gehen, einen für den aufgeklärten Menschen akzeptablen Jesus zu rekonstruieren, dessen hohe Sittlichkeit als Vorbote oder Gipfel einer autonomen Moral verkauft werden kann. Auf welch problematisches Terrain man sich begibt, wenn man den historischen Jesus rekonstruieren will, lassen die zum Teil recht seltsamen Blüten erkennen, die eine diesbezügliche Literatur – nicht zuletzt im Zusammenhang mit einer sensationslüsternen Qumraninterpretation – in den letzten zehn Jahren getrieben hat. Doch zeigen auch einige in den letzten Jahren erschienene zusammenfassende Jesusbücher z.B. von _Joachim Gnilka_ (Jesus von Nazaret, 1990), _J. P. Meier_ (A Marginal Jew, I 1991, II 1994), _Jürgen Becker_ (Jesus von Nazaret, 1996), _Gerd Theißen_ und _Annette Merz_ (Der historische Jesus, 1996), daß es auch anders geht, wenngleich sie im einzelnen im Urteil nicht unerheblich differieren. Ich selbst habe versucht, in der 3. Auflage meiner „Jesu Botschaft von der Gottesherrschaft" (1989) eine zusammenfassende Sicht zu geben, an der ich auch heute noch im wesentlichen festhalte, von einigen neuen Akzentsetzungen in der Stellung Jesu zum Gesetz einmal abgesehen. Angesichts der großen Bandbreite an Meinungen und angesichts des Wandels des eigenen Urteils fragt man sich natürlich, ob eine historische Rekonstruktion überhaupt theologisches Gewicht haben kann. Die Frage ist berechtigt, wenngleich das eigentliche Problem das historische Quellenmaterial ist. Dieses ist in der Tat so dünn, daß es immer nur hypothetische historische Ergebnisse geben wird. Trotz dieser ernüchternden Einsicht behält die Rückfrage aus methodischen und hermeneutischen Gründen höchste theologische Bedeutung. Wenn die Geschichtlichkeit Jesu wesentlich zum Inhalt christlichen Glaubens gehört, dann wird der moderne, rational denkende Mensch seinen Glauben nur dann verantworten können, wenn sich zeigen läßt, daß die Verkündigung Jesu und das Kerygma denkerisch kompatibel und in ihrer historischen Korrelation plausibel sind. Unter dieser Rücksicht versucht der 7. Beitrag, unter dem Stichwort der Einzigkeit Gottes eine Linie von der Botschaft Jesu zur biblischen Theologie zu ziehen. Daß die historische Fragestellung auch manch einseitige und wirkungsgeschichtlich höchst problematische Lektüre des kanonischen Textes zu revidieren vermag, kann vielleicht der 8. Beitrag am Beispiel der Schuldfrage im Falle des Todes Jesu verdeutlichen; theologisch stellt sich dabei wieder die Frage nach der Bedeutung einer symbolischen Hermeneutik bzw. hier einer kultischen Symbolik. Mehr grenzüberschreitend – zwischen historischer Kritik und theologischer Interpretation – bewegen sich die Beiträge 9 und 10, die sich mit markinischen Perikopen beschäftigen. Bei der Geschichte von der Heilung des Besessenen von Gerasa macht gerade die historische Kritik deutlich, daß die historischen Erfahrungen mit Jesus generalisierend in theologischen Bedeutungsfeldern versprachlicht wurden, die ihrerseits den Traditionsprozeß steuerten und eine Wirklichkeit schufen, mit der sich bis heute dem lebensbedrohenden Chaos wehren läßt. Der 10. Beitrag vereinigt mehrere Anliegen, die mir wichtig erscheinen. Methodisch demonstriert er die Möglichkeit, diachrone Kriterien aus der synchronen Analyse zu gewinnen. Zugleich unterstreicht er den Wert narrativer Analyse, zunächst im Blick auf den Einzeltext von Mk 16,1–8, dann aber auch im Blick auf das Gesamtevangelium, in dem Mk 16,1–8 die Funktion des Epilogs hat. Die für das Markusevangelium bezeichnende Verquickung von Historie und Kerygma kommt über das Medium der Erzählung in ganz hintersinniger Weise zum Tragen. Das Grab, mit dem die Geschichte Jesu besiegelt ist, wird zum theologischen Ort des Kerygmas, das die abgeschlossene Geschichte endgültig öffnet. Am deutlichsten begegnet uns die symbolische Welt des Glaubens im Johannesevangelium. Und doch versteht man gerade dieses Evangelium nur, wenn man begreift, daß die hochgestochene Begrifflichkeit nicht ein Jenseits, sondern diese unsere Welt als Symbol entbindet. Darum geht es im 11. und 12. Beitrag. Diese unsere Welt birgt die Gefahr, den Menschen in die Finsternis zu stürzen, und bietet zugleich die Chance, ihn auf seine Geschöpflichkeit zu verweisen. Das Fleisch, in das hinein der Logos Mensch wurde, ist nicht nur das Vehikel, um die Herrlichkeit des Offenbarers sichtbar zu machen (*Ernst Käsemann*), sondern der unmittelbare und alleinige Ort, an dem es die Herrlichkeit zu sehen gilt (*Rudolf Bultmann*). Die Rückkehr zum Vater macht nicht die Fleischwerdung rückgängig, sondern nimmt das Fleisch dauerhaft in die Herrlichkeit des Erhöhten hinein. Vom Glaubenden ist daher die Entscheidung verlangt, die Welt als Hinweis auf die eigene (durch den Logos vermittelte) Geschöpflichkeit und die eigene fleischliche Existenz als Hinweis auf die (durch den Logos ermöglichte) Gotteskindschaft zu begreifen. Erst diese Entscheidung – und nicht eine gnostisch gedachte Ontologie – begründet den johanneischen Dualismus und macht die Welt gegebenenfalls zur gottfeindlichen „Welt".

III. Studien zu Paulus: Die ersten vier der sechs unter diesem Titel gesammelten Aufsätze befassen sich mit grundsätzlichen Fragen der Paulusexegese. Sie bekunden alle, wenngleich in unterschiedlicher Weise, meine seit Anfang der 80er Jahre vollzogene Abkehr von der Paulusexegese *Rudolf Bultmanns*, von der ich im übrigen sehr viel gelernt habe. Auf dem Feld der Paulusforschung hat sich in dieser Zeit eine beachtliche Entwicklung vollzogen, die sich – ähnlich wie bei der Jesusforschung – in einigen zusammenfassenden Studien niederge-schlagen hat. Zu nennen wären neben den Paulusbüchern von *Jürgen Becker* (Paulus. Der Apostel der Völker, 1989), *Joachim Gnilka* (Paulus von Tarsus. Apostel und Zeuge, 1996) und *Eduard Lohse* (Paulus. Eine Biographie, 1996) und den Theologien des Neuen Testaments von *Peter Stuhlmacher* (Band I, 1992) und *Hans Hübner* (Band II, 1993) auch die von *Martin Hengel und Ulrich Heckel* (Paulus und das antike Judentum, 1991), und *James D. G. Dunn* (Paul and the Mosaic Law, 1996) herausgegebenen Sammelbände. Einen Konsens re-präsentiert diese keineswegs erschöpfende Aufzählung allerdings nicht. Das 1983 erschienene Buch von *Heikki Räisänen* „Paul and the Law" mit seiner The-se von der Inkonsistenz der paulinischen Gesetzesauffassung hat die Forschung kreativ verunsichert, ohne sich – soweit ich sehe – in seiner Konsequenz durch-setzen zu können. Die Arbeiten von *E. P. Sanders* (besonders: Paul and Palesti-nian Judaism, 1977 [dt. 1985]; Paul, the Law, and the Jewish People, 1985) haben unter dem Stichwort „covenantal nomism" („Bundesnomismus") eine neue Sensibilität für das jüdische Gesetzesverständnis geweckt, das bislang häufig nur als die dunkle Folie des paulinischen gedient hatte. Seine Sicht des Juden-tums blieb allerdings auch judaistisch nicht ohne Widerspruch (vgl. *Jacob Neus-ner*, Judaism. The Evidence of the Mishnah, 1987, bes. 405–419). Im englischen Sprachraum wurde vor allem die von *James D. G. Dunn* (Jesus, Paul, and the Law, 1990) favorisierte These virulent, daß es konkrete „identity markers" wie Beschneidung und Speisegebote waren, die Paulus in den „Werken des Geset-zes" ablehnte. Das ist zweifellos richtig, wenngleich sich damit kaum die Grund-sätzlichkeit der paulinischen Äußerungen erklären läßt. Meine eigene Abkehr von der herkömmlichen Paulusinterpretation verdankt sich ganz wesentlich dem Römerbriefkommentar von *Ulrich Wilckens* (EKK VI/1–3, 1978–1982). Nicht weil das Tun des Gesetzes Sünde ist (*Rudolf Bultmann*), sondern weil der Mensch als Sünder vom Gesetz verflucht wird, gilt, daß „aus Werken des Geset-zes" niemand gerecht wird (14. Beitrag). Für mich war der Ansatz von *Wilckens* vor allem deswegen überzeugend, weil er nicht nur eine in sich konsistente Er-klärung der paulinischen Aussagen gestattete, sondern es auch erlaubte, Paulus aus jüdischen Prämissen heraus zu interpretieren. Paulus war keineswegs der Apostat, sondern ein „messianischer" Jude, der sich genötigt sah, den vom Ge-setz Verfluchten als Sohn Gottes zu bekennen (vgl. den 13. Beitrag). Die Folge war, daß Paulus seine (pharisäisch bestimmte) theologische Welt neu konstruie-ren mußte. Doch tat er dies nicht in Abkehr vom Judentum, sondern auf der Ba-sis und mit Hilfe jüdischer Grundüberzeugungen. *Jacob Taubes* spricht in sei-nem Buch „Die politische Theologie des Paulus" von dem „Geschäft der Heim-holung des Ketzers, weil ich ihn ... jüdischer empfinde als jeden Reformrabbiner – oder liberalen Rabbiner". Zwar geschieht dies aus völlig anderen als den hier genannten exegetischen Beweggründen, erfüllt den christlichen Exegeten aber

dennoch mit Dankbarkeit und stachelt ihn an, das Geschäft einer hermeneutisch dem Judentum verpflichteten Paulusexegese noch entschiedener zu wagen. Wie dies im einzelnen geschehen kann, versucht der 15. Beitrag am Beispiel
der paulinischen Sicht der Sünde darzulegen. Sünde ist und bleibt für Paulus im
wesentlichen Übertretung des Gesetzes. Daß der Mensch unter der Macht der
Sünde steht, ist kein mythologisches Geschick, sondern die Folge, daß alle sündigen. Wie schwer es ist, die hier entwickelte Sicht von Gesetz und Sünde bei
Paulus mit der herkömmlichen Auffassung zu vermitteln, zeigt u.a. der eben erschienene Beitrag meines Freundes *Erich Gräßer* (Der ruhmlose Abraham
[Röm 4,2]. Nachdenkliches zu Gesetz und Sünde bei Paulus, in: M. Trowitzsch
[Hrsg.], Paulus, Apostel Jesu Christi. FS Günter Klein, 1998, 3–22). Hier gibt es
offensichtlich noch einen großen Diskussionsbedarf, weniger in der Sache als in
der Frage einer angemessenen Hermeneutik. Noch deutlicher tritt das prinzipielle Festhalten des Paulus am überkommenen Denken bei der Bundesvorstel-
lung zutage, mit der sich der 16. Beitrag beschäftigt. Zwar war Paulus genötigt,
das gesamte System, wie es sich ihm als Pharisäer (in durchaus bezeichnendem
Unterschied zu anderen zeitgenössischen jüdischen Gruppierungen) darbot,
aufgrund des Christusereignisses neu zu strukturieren. Wenn Christus der verheißene Same Abrahams ist, dann kann nicht der Sinaibund die Erfüllung der in
Gen 17 an Abraham ergangenen Zusage Gottes sein. Doch weder erscheint bei
Paulus der Sinaibund mit seinem alle unter die Sünde zusammenschließenden
Gesetz als eine negative Größe, noch ist der in Christus verwirklichte neue
Bund sachlich etwas anderes als die eschatologische Einlösung des mit Abraham, dem Stammvater Israels, geschlossenen Bundes. Eine theologische Auslegung muß über die Befunde einer historisch verpflichteten Exegese hinaus auch
das heutige Verhältnis zwischen Judentum und Christentum ins Auge fassen.
Das antijudaistische Erbe der Kirche und das Versagen der Christen in der Zeit
des Nationalsozialismus muß bewußt gemacht werden, um so die bleibende
Bindung der Kirche an Israel zur Grundlage einer neuen Verhältnisbestimmung
zum Judentum zu machen. Das wurde wenigstens ansatzweise in diesem Beitrag
versucht. Die beiden abschließenden Beiträge dieses Bandes sind exegetischen
Einzelproblemen gewidmet, die allerdings eine gewisse übergreifende Relevanz besitzen. Der 17. Beitrag versucht zu zeigen, daß im theologischen Diskurs
des Paulus die Prophetie von erheblicher Bedeutung ist. Daraus ergeben sich
grundlegende Einsichten nicht nur zur Struktur von 1 Kor 15, sondern auch zum
Verhältnis von Kerygma und prophetischer Offenbarung. Wenn neben der Reflexion des Kerygmas auch die Prophetie, die auf aktuelle Problemstellungen
reagiert, ein legitimes theologisches Erkenntnismittel ist, dann darf auch eine
wissenschaftliche Theologie nicht nur theoretische Wissenschaft bleiben, sondern muß zur Handlungstheorie werden. Der letzte, 18. Beitrag will einerseits
am konkreten Beispiel die Möglichkeiten einer semantischen und pragmatischen Analyse eines Textes, andererseits aber auch die Problematik der Ent-

wicklung einer konkreten Handlungstheorie vor Augen führen. Denn eine solche läßt sich nicht unmittelbar aus Röm 13,1–7 ableiten, wiewohl der Text den Rahmen absteckt, in dem sie zu entwickeln ist. Bedarf es im konkreten Fall auch hier der prophetischen Einsicht, um zum richtigen Handeln zu gelangen?

Den Herren Kollegen Martin Hengel und Otfried Hofius danke ich für die Aufnahme dieses Bandes in die von ihnen herausgegebene Reihe der „Wissenschaftlichen Untersuchungen zum Neuen Testament". Dem Verlag und insbesondere Herrn Georg Siebeck danke ich für die sorgfältige verlegerische Betreuung. Ebenso gilt mein Dank den Verlagen, die einem Wiederabdruck meiner Aufsätze zugestimmt haben. Ganz besonders zu danken habe ich Frau Patricia Anslinger, Frau Susanne Krogull und Herrn Thomas Otten, die Korrektur gelesen und die Register erstellt haben, und Frau Privatdozentin Dr. Marlis Gielen, die die verschiedenen Tätigkeiten koordiniert hat.

Bonn, im Februar 1998 Helmut Merklein

I. Übergreifende Beiträge
zur Christologie, Soteriologie, Eschatologie und Methodik

1. Ägyptische Einflüsse
auf die messianische Sohn-Gottes-Aussage
des Neuen Testaments

Zur Religionsgeschichte der neutestamentlichen Christologie gibt es eine Fülle von guten und hilfreichen Untersuchungen.[1] Martin Hengel hat selbst einen bedeutsamen Beitrag dazu geliefert.[2] Von den folgenden Ausführungen sind daher keine umstürzenden neuen Einsichten zu erwarten. Die beiden Thesen dürften im Grundsatz weitgehend auf Konsens stoßen. Dennoch hoffe ich, im Detail einige neue Akzente setzen zu können.

Im Neuen Testament findet sich eine Vielzahl christologischer Titel und Bezeichnungen. Wir richten unser Augenmerk allein auf den „Sohn Gottes". Hierbei können zwei Aussagereihen unterschieden werden, die auch traditions- und religionsgeschichtlich auf unterschiedliche Wurzeln zurückgehen. Vereinfachend könnte man die eine Reihe als „messianische" Christologie und die andere als Präexistenzchristologie thematisieren. Die messianische Christologie prädiziert Jesus als den von Gott eingesetzten Messias, der als solcher „Sohn Gottes" genannt wird. Die Präexistenzchristologie dagegen spricht davon, daß Jesus als der präexistente „Sohn" (bzw. Logos) von Anfang an bei Gott war und als Schöpfungs- und Erlösungsmittler fungiert. Die einschlägigen Belege hierfür finden sich vor allem in neutestamentlichen Hymnen (Kol 1,15−20*; Joh 1,1−18*; vgl. Phil 2,6−11*). Auf die Präexistenzchristologie soll im folgenden nicht eingegangen werden,[3] obwohl auch bei ihr − wenigstens indirekt − ägyptische Einflüsse mit zu bedenken wären.[4] Doch sind sie im

---

[1] Grundlegend sind immer noch: C. CLEMEN, Erklärung 114−121; E. NORDEN, Geburt; H. USENER, Weihnachtsfest; M. DIBELIUS, Jungfrauensohn; vgl. auch H. GRESSMANN, Weihnachts-Evangelium 28−46. Neuerdings ist auf die (formgeschichtlich ausgerichtete) Studie von D. ZELLER, Geburtsankündigung, zu verweisen.

[2] M. HENGEL, Sohn Gottes.

[3] Vgl. dazu H. MERKLEIN, Entstehung; zum religionsgeschichtlichen Material: D. ZELLER, Menschwerdung.

[4] Zu prüfen wäre hier vor allem der Einfluß der ägyptischen Maᶜat auf die alttestamentliche und frühjüdische (besonders alexandrinische) Weisheitsvorstellung.

einzelnen nur schwer zu belegen. Wir konzentrieren uns deshalb auf die „messianische" Christologie. Es soll gezeigt werden, daß ägyptische Einflüsse in zweifacher Weise zu erkennen sind. Zwar sind diese Einflüsse auch hier nur von indirekter Art, im einzelnen aber doch einigermaßen zu kontrollieren.

I.

These: Die messianische Christologie entnimmt ihre Sprachmuster unter anderem der judäischen Königsideologie des Alten Testaments, die ihrerseits ohne ägyptische Anleihen religionsgeschichtlich nicht verständlich ist.

(1) Die *alttestamentlichen Grundtexte* sind die Natanweissagung 2 Sam 7,11 – 16[5] und deren „Entfaltung"[6] in Ps 89,20 – 30, sowie Ps 2,7 – 9,[7] wo auf das judäische Inthronisationsritual rekurriert wird.[8]

2 Sam 7,11 – 16: (11) ... Dich aber will der Herr groß machen, denn dir wird der Herr ein Haus bauen. (12) Denn wenn deine Tage erfüllt sind und du dich zu deinen Vätern legst, werde ich deinen Nachwuchs, der aus deinem Leibe kommt, aufrichten (LXX: καὶ ἀναστήσω τὸ σπέρμα σου) und werde seinem Königtum Bestand verleihen. (13) Er wird meinem Namen ein Haus bauen, und ich werde seinem Königsthron Bestand verleihen auf ewig. (14) Ich werde ihm Vater sein, und er wird mir Sohn sein ... (16) Dein Haus

---

[5] Vgl. auch die relecture in 1 Chr 22,6 – 12 (bes. VV. 8 – 10).

[6] So: G. v. RAD, Theologie des Alten Testaments I. Die Theologie der geschichtlichen Überlieferungen Israels, München [5]1966, 323 Anm. 6; Näheres bei T. VEIJOLA, Verheissung 60 – 69.

[7] Auf die komplizierte literarkritische und traditionsgeschichtliche Problematik der Texte kann hier nicht eingegangen werden. Zu 2 Sam 7 vgl. M. GÖRG, Gott-König-Reden 178 – 271; G. HENTSCHEL, Gott; DERS., 2 Samuel (NEB 34), Würzburg 1994, 27 – 32; H. J. STOEBE, Das zweite Buch Samuelis (KAT VIII/2), Gütersloh 1994, 219 – 231. Zu Ps 2 vgl. A. DEISSLER, Problem; E. ZENGER, Wozu tosen; J. SCHREINER (HRSG.), Beiträge zur Psalmenforschung. Psalm 2 und 22 (FzB 60), Würzburg 1988 (bes. die Beiträge von O. LORETZ, F. DIETRICH, A. DEISSLER und P. MAIBERGER). Zu Ps 89 vgl. T. VEIJOLA, Verheissung; DERS., Davidverheißung. Vgl. außerdem (zu Ps 2 und 89) die Kommentare: A. WEISER, Die Psalmen (ATD 14/ 15), Göttingen [6]1963, 73 – 78.400-404; H.-J. KRAUS, Psalmen I (BK XV/1), Neukirchen-Vluyn [5]1978, 142 – 156; DERS., Psalmen II (BK XV/2), Neukirchen-Vluyn [5]1978, 777 – 794; F.-L. HOSSFELD – E. ZENGER, Die Psalmen I. Psalm 1 – 50 (NEB 29), Würzburg 1993, 49 – 54.

[8] Nach A. WEISER, Ps (s. Anm 7) 74, ist der Psalm „gedichtet für die Thronbesteigung eines judäischen Königs der nachdavidischen Zeit in Jerusalem." Heute geht man aus sprachlichen und anderen Gründen meist vom nachexilischen Ursprung des Psalms aus. E. ZENGER, Wozu tosen 508, hält die Grundschicht (VV. 1 – 4.6-9) für den „Eröffnungspsalm des um 300 v. Chr. zusammengestellten ,messianischen' Psalters Ps 2 – 89". Dies ist gut denkbar; doch wird man insbesondere V. 7 kaum als Gegenbildung zum ,realen und ideologischen Machtanspruch des hellenistischen Königtums' deuten können, „das seine ,Gottessohnschaft' in den ,Geburtskapellen' (Mammisi) der Tempel ikonographisch darstellen und rituell spielen ließ" (ebd.). Hier ist m. E. doch eher damit zu rechnen, daß Elemente des tatsächlichen vorexilischen judäischen Inthronisationsrituals (vgl. dazu: G. v. RAD, Theologie I [s. Anm. 6] 331 – 334) verarbeitet wurden.

und dein Königtum sollen vor mir Bestand haben auf ewig; dein Thron soll feststehen auf ewig.

Ps 89,27–30: (27) Er wird zu mir rufen: Mein Vater bist du, mein Gott und der Fels meines Heils. (28) Ja, ich setze ihn ein zum Erstgeborenen, zum Höchsten unter den Königen der Erde. (29) Auf ewig werde ich ihm meine Huld bewahren, und mein Bund bleibt fest für ihn. (30) Und ich erhalte seinen Samen für immer und seinen Thron wie die Tage des Himmels.

Ps 2,5–9: (5) Dann aber spricht er zu ihnen in seinem Zorn und erschreckt sie in seinem Grimm: (6) „Ich selbst habe meinen König eingesetzt auf Zion, meinem heiligen Berg." (7) Kundtun will ich die Setzung des Herrn. Er sprach zu mir: „Mein Sohn bist du, ich habe dich heute gezeugt. (8) Fordere von mir, und ich gebe dir die Völker zum Erbe, die Enden der Erde zu deinem Eigentum! (9) Du wirst sie zerschlagen mit eiserner Keule, wie Krüge aus Ton wirst du sie zertrümmern."

Der ägyptische Einfluß ist unter den Alttestamentlern weitgehend unstrittig und im Falle von Ps 2,7 nahezu mit Händen zu greifen.[9]

(2) Für *Ägypten* ist vor allem auf den Mythos von der Zeugung bzw. Geburt des Gottkönigs aus dem Neuen Reich (1552–1070 v. Chr.) zu verweisen. Die Vorstellung selbst ist älter. Dies beweist der sogenannte *Papyrus Westcar* (pBerlin 3033)[10], der aus der Hyksoszeit (17. Jh. v. Chr.) stammen und auf eine ältere Vorlage aus der 12. Dynastie (20. Jh. v. Chr.) zurückgehen dürfte. Der literarischen Fiktion nach spielt sich das Erzählte am Hofe des Königs Cheops (2551–2528 v. Chr.) ab. Die uns hier interessierende Geschichte weissagt in märchenhafter Weise den Wechsel von der vierten zur fünften Dynastie, der im kollektiven Gedächtnis Ägyptens als kultureller Bruch festgehalten wurde und mit einer religiösen Konzentration auf den Sonnengott Re einherging. Entsprechend sind die neuen Herrscher der 5. Dynastie Söhne des Re. Der Titel „Sohn des Re" (*z3 Rᶜ.w*), der in der 4. Dynastie zum ersten Mal auftaucht[11] und seit dem Mittleren Reich zum festen Bestandteil der fünfteiligen Königstitulatur (sog. Geburtsname) gehört,[12] wird in volkstümlicher Weise narrativ umgesetzt. Von Ruddedet, der Frau eines Priesters des Re, wird erzählt, daß sie „mit drei Kindern des Re, des Herrn von Sachbu, schwanger ist". An den Umständen, wie es zu dieser Schwangerschaft kam (Zeugung), ist der Text nicht

---

[9] Vgl. dazu neben den Kommentaren vor allem M. GÖRG, Gott-König-Reden 235–268; DERS., Wiedergeburt. Im einzelnen wird man noch einmal differenzieren müssen. So werden zu Recht für 2 Sam 7 wie für Ps 2 und Ps 89 auch mesopotamische Einflüsse geltend gemacht. Das gilt vor allem für das vorausgesetzte Vasallitätsverhältnis (H.-J. KRAUS, Ps I [s. Anm. 7] 19). Auf Ägypten verweist die Betonung der Gottessohnschaft durch Zeugung, während in Mesopotamien die Erwählung im Vordergrund steht. E. ZENGER, Wozu tosen 501f Anm. 22, wendet sich zu Recht dagegen, daß Ps 2,7 nur von einer bloßen Adoption spreche (der Text redet „eindeutig von Zeugung"!).

[10] Ediert von A. ERMAN, Märchen; Übersetzungen: W. K. SIMPSON, Literature 15–30; M. LICHTHEIM, Literature I, 215–222; E. BRUNNER-TRAUT, Märchen 43–55.285-287.

[11] Erstmals bei Djedefre (2528–2520 v. Chr.), dem Nachfolger des Cheops, dann bei Chefren (= Chafre) (2520–2393 v. Chr.) und Mykerinos (= Menkaure) (2490–2471 v. Chr.).

[12] Vgl. J. v. BECKERATH, Handbuch 1–7.

interessiert. Ihm genügt, *daß* die Kinder vom Sonnengott abstammen. Die Geschichte will begründen, warum von der neuen Dynastie eine Wende zum Heil zu erwarten ist. Dazu gehört in gleicher Weise die göttliche Legitimation, die hier durch direkte Abstammung von Re beschrieben wird, wie auch die Verwirklichung der Maᶜat durch die neuen Könige.[13] Die heilsame Rolle der neuen Könige wird durch deren Namen unterstrichen, die sich jeweils paronomastisch aus den geburtsbegleitenden Beschwörungsworten der Isis ergeben (Userkaf, Sahure, Keku [= Neferirkare]).

Im Neuen Reich ist „die Geburt des Gottkönigs"[14] bzw. „die Zeugung des Sohnes"[15] mehrfach auf Tempelwänden – in Bild und Schrift – überliefert.[16] Zweimal – im Totentempel der Hatschepsut in Der el-Bahri und im Amuntempel von Luxor – ist der gesamte Zyklus einigermaßen vollständig erhalten.[17] Von den 17 bzw. 15 Szenen können hier nur die entscheidenden Ausschnitte (nach der Fassung von Der el-Bahri) wiedergegeben werden. In Szene I kündet Amun der Götterneunheit den neuen König an. Von seinem „Plan, einen neuen König zu *zeugen*"[18], ist im Text nicht direkt die Rede. Es heißt nur, daß er „die Genossin, die er [der König] liebt, liebgewonnen" hat. Dem kommen-

---

[13] Deshalb sagt Re, als er das göttliche Geburtshelferteam (Isis, Nephthys, Mesechnet, Heket und Chnum) losschickt: „Bitte, macht euch auf und entbindet Ruddedet von den drei Kindern, die in ihrem Schoße sind und welche dieses Hirtenamt in diesem ganzen Lande ausüben werden. Sie werden eure Tempel erbauen, werden eure Altäre versorgen, eure Speisetische reich halten und werden eure Opfer vermehren."

[14] So: H. BRUNNER, Geburt.

[15] So: J. ASSMANN, Zeugung.

[16] Neben Der el-Bahri und Luxor gibt es noch folgende (allerdings nur fragmentarische) Belege: (1) Peripteraltempel von Medinet Habu aus der 18. Dynastie (in einem wohl auf die Ptolemäerzeit zu datierenden Anbau ist ein Block als Spolie verbaut, der zur IV. Szene gehört und wohl aus der 19. Dynastie [vom Ramesseum?] stammt), (2) Mut-Tempel von Karnak (an der Nordwand des Vorhofs finden sich Reste der Szenen XII bis XV; u.a. wegen des schlechten Erhaltungszustandes sind Datierung [21. oder 22. Dynastie?] und Funktionsbeschreibung schwierig); siehe dazu: H. BRUNNER, Geburt 3–9. Eine sachliche Parallele zu den Zeugungs- bzw. Geburtszyklen stellen die „Segnungen des Gottes Ptah" für Ramses II. (Abu Simbel) bzw. Ramses III. (Medinet Habu) dar (Text bei K. A. KITCHEN, Inscriptions 258–281; Übersetzung bei G. ROEDER, Urkunden 158–163; zur Sache: M. GÖRG, Gott-König-Reden 237–250): „Ich (= Ptah) bin dein Vater, der dich unter den Göttern erzeugte, so daß alle deine Glieder Götter sind. Ich verwandelte meine Gestalt in die (des) Widders, des Herrn von Mendes, und ergoß meinen Samen in deine ehrwürdige Mutter. Ich wußte, daß du mein Rächer sein würdest, der meinem Ka zuverlässig dient. Ich erschuf dich, der du erschienest (wie) Re; und erhöhte dich vor den (anderen) Göttern, König Ramses II. Die Wärterinnen des Ptah zogen (dich) auf ... Götter und Göttinnen beten deine Schönheit an und verehren (dich), indem sie Lobgesänge zu mir schicken. Sie sagen zu mir: ‚Du bist unser Vater; du schufst uns einen Gott, dir gleich, den König Ramses II.'" (nach: G. ROEDER, a.a.O. 159).

[17] Zum Text und zum Bildzyklus vgl. neben H. BRUNNER, Geburt, noch J. ASSMANN, Zeugung 15–19. Der Text ist neuerdings auch zugänglich in: H. STERNBERG EL-HOTABI, Mythos.

[18] So: J. ASSMANN, Zeugung 16; vgl. H. STERNBERG-HOTABI, Mythos 993.

den Herrscher (Hatschepsut) sagt Amun seinen Schutz und die Weltherrschaft zu, während umgekehrt die Götter von ihm bzw. ihr die Erbauung von Tempeln und die Mehrung der Opfer erwarten dürfen. Von Thot erfährt Amun in Szene II den Namen der Königin (Iahmes), während es eher beiläufig vom amtierenden Herrscher (Aa-Cheper-Ka-Re = Thutmosis I.) heißt: „Seine Majestät ist *jnpw*[19] (Kind oder junger König?)". Die Zeugung wird in der IV. Szene dargestellt. Amun nähert sich der Königin in Gestalt ihres Gatten, läßt sich von ihr aber „erkennen [in] seiner Gottesgestalt". Die Vereinigung selbst wird so dargestellt, daß Amun und Königin gegenüber auf einem Bett sitzen und sich an den Händen berühren. Mit einer Hand hält Amun der Königin ein ᶜAnch-Zeichen an die Nase. Aus dem Jubel der Königin nach der Vereinigung formt Amun den Geburtsnamen der Hatschepsut.[20] In Szene V gibt Amun dem Chnum den Auftrag, das Kind und seinen Ka zu bilden.[21] Szene VI zeigt, wie Chnum diesen Auftrag ausführt. In Szene VII geht es weniger um die „Verkündigung der Schwangerschaft"[22] als vielmehr um die Proklamation bzw. den Preis der angehenden Königsmutter, über die Amun zufrieden ist.[23] In Szene VIII wird die Königin durch Chnum und Heket zum Geburtsraum geleitet, wo sie in Szene IX das Kind zur Welt bringt. Dann wird das Kind durch Hathor dem Amun präsentiert (X) und von Amun als Thronfolger anerkannt (XI) und schließlich von göttlichen Ammen gesäugt (XII). In Szene XIII präsentieren Nilgott und Milchgott das Kind einer Göttertrias, in der nächsten Szene präsen-

---

[19] Zu *jnpw* s. H. BRUNNER, Geburt 27–30.223f. Bezeichnet werden damit Prinzen, Kronprinzen, junge Könige oder Götterkinder. Die noch nicht vorhandene Reife kann, muß aber nicht damit angezeigt sein. In der Luxor-Fassung fehlt der Begriff in dem ohnehin sehr zerstörten Text. Im Bild ist dort auch nicht Amun und Thot, sondern Amun und der König dargestellt, dem Amun offensichtlich selbst seinen Plan mitteilt. Daß dies den Zweck haben soll, „dem König, zumal wenn er noch ein ‚Kind' war, jeden Verdacht zu nehmen und ... ihn zu veranlassen, den Sohn als Thronfolger anzuerkennen" (so: H. BRUNNER, Geburt 30), ist aus der Perspektive der Der el-Bahri-Fassung eingelesen.

[20] Königin: „O mein Herr, wie groß ist doch deine Machtfülle! Herrlich ist es, dein Antlitz zu erblicken (*šps pw m33 ḥ3.t = k*)! Durch deine Strahlkräfte hast du dich mit Meiner Majestät vereinigt (*ḥnm.n = k*), und dein Wohlgeruch befindet sich in all meinen Gliedern, nachdem die Majestät dieses Gottes all das mit ihr getan hatte, was er liebte." Amun: „‚Die-sich-mit-dem-Gott-Amun vereinigt (*ḥnm.t-Jmnw*), die Erste-der-edlen-Frauen' (*ḥ3.t šps.wt*) ist der Name dieser Tochter, die ich in [deinen] Leib gegeben habe, [(entsprechend) diesem Ausspruch, der] aus deinem Mund [kam]. Sie wird dieses treffliche Königtum innehaben in diesem ganzen Land. Meine Macht wird ihr gehören, meine Ausstrahlung wird ihr gehören, mein Ansehen wird ihr gehören, meine weiße Krone wird ihr gehören, denn sie wird ja über Ägypten herrschen und alle Menschen leiten ...".

[21] In der Luxor-Fassung heißt es: „Mache ihn und seinen Ka als diesen Leib, der Amun gehört (*m ḫᶜw pn jmj Jmn*)"; vgl. dazu: H. BRUNNER, Geburt 61.64–66. In der Fassung von Der el-Bahri findet sich eine ähnliche Wendung in der VI. Szene, wenn Chnum sagt: „Ich [schaffe bzw. forme] dich als (BRUNNER: mit; STERNBERG-EL-HOTABI: aus) diesen Leib Gottes, des Ersten von Karnak (*m ḫᶜw pn n ntr ḫntj jp.t sw.t*)".

[22] So: H. STERNBERG-EL-HOTABI, Mythos 998.

[23] So richtig: H. BRUNNER, Geburt 81.

tiert es Thot dem Amun,[24] in Szene XV wird es beschnitten. In den beiden abschließenden Szenen wird das Kind mit Lebenswasser übergossen (XVI) und von Amun den Göttern des Landes vorgestellt (XVII).

Funktion und Bedeutung dieser Komposition sind umstritten. Handelt es sich um einen Mythos (*H. Brunner*)[25] oder um ein Ritual (*S. Morenz, W. Barta*)[26]? Nach *J. Assmann* kann die Frage im Blick auf den Gegenstand nur lauten: „Mythos oder Geschichte?", im Blick auf die Präsentationsform: „Ritual – bzw. Drama – oder Erzählung?"[27] *Assmann* selbst entscheidet sich jeweils zugunsten der zuerst genannten Möglichkeit und bezeichnet die „eigentümliche Präsentationsform des Mythos als ein ‚Fiktives Ritual'"[28]. Entscheidend für das Verständnis ist die Beobachtung, daß der Bezugspunkt, von dem her und auf den hin Bild und Schrift gestaltet sind, weder die Zeugung noch die Geburt ist, sondern die Krönung bzw. die Inthronisation.[29] Von hier aus wird

---

[24] In der Luxor-Fassung begrüßt Amun das Kind mit den Worten: „Mein geliebter [leiblicher] Sohn Neb-maat-Re, den ich gemacht habe eines Leibes mit mir (*jrj.n.j m ḥ'w w' ḥn'.j*)".

[25] H. Brunner, Geburt 194–203.

[26] S. Morenz, Forschungen; W. Barta, Untersuchungen 19–44; zur Reaktion H. Brunners vgl. ders., Geburt 233–238.

[27] J. Assmann, Zeugung 18.

[28] J. Assmann, Zeugung 18.

[29] Auf die Differenz zwischen Inthronisation und Krönung kann hier nicht eingegangen werden. J. Assmann, Zeugung 19, spricht von der „Krönung". Die Texte selbst deuten beides an, wiewohl der „Thron des Horus" zweifellos der entscheidende Begriff ist, der die Geschichte durchzieht:

IV: „Sie wird dieses treffliche Königtum innehaben in diesem ganzen Land. Meine Macht wird ihr gehören, mein Ansehen wird ihr gehören, meine weiße Krone wird ihr gehören, denn sie wird ja über Ägypten herrschen und alle Menschen leiten ... In all ihren Namen auf dem Horus-Thron der Lebenden habe ich Ägypten für sie vereinigt." (Amun).

VI: „Ich lasse dich hiermit auf dem Thron des Horus erscheinen so wie Re." (Chnum).

IX: „Mögest du doch mit deinem Ka jubeln in diesem deinem Land auf dem Thron des Horus, ewiglich." (Mesechenet).

X: „(Komm) zu mir, (komm) zu mir, meine Tochter meines Leibes, Maat-Ka-Re, treffliches Abbild, die aus mir hervortrat. [Du bist ja] der König, der Ägypten auf dem Thron des Horus in Besitz nimmt wie Re." (Amun).

XI: „Sei willkommen in Frieden, sei willkommen in Frieden, meine geliebte Tochter meines Leibes, Maat-Ka-Re. Du bist doch der König, der die Krone auf dem Thron der Lebenden in Besitz nimmt, ewiglich." (Amun).

„Ich gewähre dir hiermit, daß dein Vater [Amun] dich auf dem Thron des Horus erscheinen läßt. ... Mögest du jubeln, mögest du alle Lebenden leiten und mögest du auf dem Thron des Horus erscheinen, ewiglich." (Hathor).

XII: „Ich beauftrage [euch] hiermit, Ihre Majestät und all ihre Kas aufzuziehen mit allem Leben, allem Wohlergehen, aller Dauer, aller Gesundheit und aller Herzensfreude, (um) Millionen von Regierungsjahren auf dem Thron des Horus aller Lebenden zu verbringen, ewiglich." (Amun).

„Mögest du jubeln auf dem Thron des Horus, mögest du alle Lebenden leiten, [mögest du Ägypten in] Freude [regieren], mögest du die Kronen von Ober- und Unterägypten in Besitz nehmen als Oberste des Thrones des Atum, so, wie es der Herr der Götter befohlen hat." (Himmelskühe).

XIV: Thot, Herr von Hermopolis, der große Gott, Herr des Himmels, möge er alles Leben,

auf die biologisch und kulturell entscheidenden Entwicklungsphasen (Zeugung, Geburt, Säugung, Beschneidung) des tatsächlich auf dem Thron befindlichen Herrschers zurückgeblickt. Dies entspricht der dramaturgischen Gestaltung der Szenen zu vier Akten, die sich um die in der Größe hervorgehobenen Bilder der Zeugung (IV), der Geburt (IX), der Säugung (XII) und der Beschneidung (XV) herumgruppieren.[30] Die erste Szene bildet nicht mit den beiden folgenden das „Vorspiel"[31], sondern ist separat zu sehen. Sie enthält die Präambel, die götterweltliche Themenangabe, die das Faktum der Inthronisation als von Anfang an dem Plan Amuns entsprechend ins Auge faßt. Daher sind dann auch die einzelnen Entwicklungsphasen durch das Handeln Amuns und vom Beistand der Götter begleitet. Einen weiten Raum nehmen die göttlichen Segensverheißungen ein, die in der Fiktion des Dargestellten auf die kommende Regentschaft vorausblicken. Geht es demnach um die Legitimation des regierenden Herrschers? Dies ist im Blick auf die semantische Signifikanz und Referenz uneingeschränkt zu bejahen, erklärt jedoch noch nicht, warum man zu diesem Ausdrucksmittel gegriffen hat (Pragmatik). Schon der Anbringungsort läßt jede propagandistische Abzweckung als abwegig erscheinen. Aber auch die Auskunft, daß „das eigene Selbstverständnis im Bekenntnis zum göttlichen Vater entfaltet" wird,[32] greift m. E. zu kurz. Nach ägyptischem Verständnis wollen Bilder nichts „darstellen", sie sind symbolische Konstituierung von Wirklichkeit. Im konkreten Fall der „Zeugungs- bzw. Geburtszyklen" wird man die von ihnen konstituierten Wirklichkeiten im Kontext der Kulte verstehen müssen, die an ihren Anbringungsorten begangen wurden. Das Opet-Fest, das im Luxor-Tempel gefeiert wurde, diente der (jährlichen)

---

alle Dauer, alles Wohlergehen und alle Herzensfreude dem ‚THRON DES HORUS‘ gewährleisten, damit [sie] alle Lebenden leite, damit sie [die KRONE] als König von Ober- und Unterägypten in Besitz nehme und sie Ägypten in Herzensfreude regiere. (Beischrift des Thot).
   „Ich garantiere dir hiermit alles Leben ... Ich lasse dich hiermit auf dem THRON DES HORUS währen, ewiglich." (Amun).
   XV: Anubis ... Er wird überantworten alles Leben ... und das Verbringen von Millionen an unzähligen Hebsed-Festen. Mögest du auf dem THRON DES HORUS erscheinen, und mögest du alle Lebenden leiten wie Re. (Beischrift des Anubis).
   Chnum ... Er wird alles Leben ... (ihr) und ihrem Ka gewähren, (gleichfalls) das Verbringen von Millionen von Regierungsjahren auf dem HORUS-THRON wie Re ewiglich. (Beischrift des Chnum).
   Er wird gewähren alles Leben ... (gleichfalls) das Verbringen von Millionen von Regierungsjahren auf dem HORUS-THRON so wie Re. (Beischrift des Nilgottes).

[30] Ich möchte folgende dramatische Einteilung vornehmen: 1. Akt: Zeugung (II – VI) mit IV als Hauptszene. – 2. Akt: Geburt (VII – XI) mit IX als Hauptszene; die Präsentation des Neugeborenen durch Hathor (X) und die Begrüßung (als kommenden König) durch Amun (XI) gehören noch zu diesem Akt. – 3. Akt: Säugung (XII – XIV) mit XII als Hauptszene; analog zu X und XI wird nun das gesäugte und genährte Kind (daher durch den Milchgott und den Nilgott) dem Amun präsentiert (XIII) und von diesem mit der Thronverheißung bedacht (XIV). – 4. Akt: Beschneidung (XV).
[31] So: J. ASSMANN, Zeugung 16; H. STERNBERG-EL-HOTABI, Mythos 993.
[32] K. KOCH, Geschichte 265.

Regeneration des Amun-Re und der Erneuerung des königlichen Ka, dessen Manifestation der jeweilige Herrscher war.[33] Beide Aspekte müssen zusammengesehen werden. Der „Zeugungs- bzw. Geburtszyklus" stellt im semiotischen Programm des Luxortempels ein weiteres Bindeglied zwischen diesen beiden Aspekten dar, indem er es ermöglicht, den an der Ka-Erneuerung partizipierenden König als Sohn und Erscheinungsform des sich erneuernden Amun-Re vorzustellen.[34] Der Sinn des Zyklus wäre demnach die symbolische Konstitution der Möglichkeit, die Erneuerung des königlichen Ka als Regeneration des Amun-Re und umgekehrt feiern zu können. Ob damit der ursprüngliche Sitz im Leben des „Zeugungs- bzw. Geburtszyklus" erfaßt ist, ist eine andere Frage. Denn obwohl sich der Zyklus bestens in das semiotische Programm des Luxortempels einpaßt, bleibt doch eine gewisse Spannung zwischen der Allgemeingültigkeit des Ritus, der die Institution des Königtums im Auge hat, und der Individualität des Zyklus.[35] Bedenkt man ferner, daß der erste Zyklus in Theben-West (Hatschepsut) zu finden ist, dann ist zu überlegen, ob der ursprüngliche Sitz im Leben nicht mit den Totentempeln zusammenhängt,

---

[33] L. BELL, Luxor Temple, der sich hauptsächlich mit dem zweiten Aspekt beschäftigt, stellt zu Recht fest: „... the renewal of the divine kingship is only one aspect of the Opet Festival. For Luxor Temple was first and foremost a creation site and as such had a primary role to play in the grand drama of the cyclical regeneration of Amun-Re himself. The god's rejuvenation was achieved through his return to the very place, even the exact monument, of creation at Luxor; and the triumph over chaos represented by the annual rebirth of the kingship ensured Amun's own re-creation. The two miracles are inextricably intertwined in the celebration of the Opet Festival" (290); zu den Inschriften, die Luxor als Ort der „Schöpfung" (*sp tpj*) ausweisen, vgl. ebd. Anm 217a.

[34] Im semiotischen Programm des Luxortempels kommt dies mehrfach zum Ausdruck, u. a. dadurch, daß der König (Amenophis III.) bei der Repräsentation durch Amun (in einer der sog. Krönungsszenen im Vestibül [dem heutigen „römischen sacellum"]) nicht mehr seinen individuellen, sondern einen allgemeinen Horusnamen trägt („Der Erste aller lebenden Kau"), durch den „all manifestations of the royal *ka* are designated": „... the mortal king is endowed with his *ka* – nay *becomes* a living *ka*. He is a god, and we have seen his transformation from a human ruler into an immortal *ka*" (L. BELL, Luxor Temple 267; zur Rolle des Namens [und zur Bedeutung des Inzensritus] vgl. ebd. 281−288). Noch deutlicher kommt die Verschmelzung der beiden Aspekte zum Ausdruck, wenn der präsentierte König (wiederum bei einer der sog. Krönungsszenen) mit dem Widderhorn Amuns erscheint (L. BELL, Luxor Temple 268 f; für Ramses II. s. ebd. 269−271). Wenn der König bei den Krönungsszenen im Vestibül nicht zur Gottheit, sondern – vor ihr kniend – nach außen gewandt ist, so hat dies sicherlich mit der den Ritus abschließenden Präsentation zu tun, wie L. BELL, ebd. 272, bemerkt. Über L. BELL hinausgehend, sei noch darauf hingewiesen, daß die Arme der Gottheit ein Ka-Zeichen bilden (vgl. dazu: R. H. WILKINSON, Reading Egyptian Art. A Hieroglyphic Guide to Ancient Egyptian Painting and Sculpture, London 1992, 48 f).

[35] Der Wert dieses Kriteriums ist allerdings nur relativ, da die Spannung schon in der ägyptischen Konzeption des Königtums angelegt ist. Dies ändert jedoch nichts an der allgemeingültigen Ausrichtung des semiotischen Programms des Luxortempels. L. BELL, Luxor Temple, verweist u. a. auf das Fehlen der Kartuschen bei Ka-Namen: „This would serve only to particularize or personalize the representation. But it is not the legitimization of a particular king's reign which is intended here; the temple can function in this respect for any and all kings" (280).

die als „Häuser für Millionen Jahre" nicht nur dem Totenkult galten, sondern diesen in den größeren Kontext des Götter- bzw. Amunkultes hineinstellten.[36] Der Totenkult des Königs war eingebettet in den Kult Amuns und zahlreicher Gastgötter.[37] Gerade wenn der König der Sohn Amuns war, konnte er als Erscheinungsform des Gottes gelten und seine Kultbilder konnten als Ort von dessen Gegenwart verehrt werden. Unter dieser pragmatischen Rücksicht hätte der „Zeugungs- bzw. Geburtszyklus" nicht primär den Zweck, die aktuelle Herrschaft des Königs zu legitimieren,[38] sondern die durch die tatsächliche Herrschaft des verstorbenen Königs in Erscheinung getretene Sohnschaft des Amun nach ihren Ursprüngen hin festzuhalten, so daß die auf diese Weise konstituierte symbolische Wirklichkeit die Voraussetzung und Begründung für die Verehrung Amuns im toten Herrscher bildete,[39] der damit selbst „Millionen von Jahren auf dem Thron des Horus so wie Re" erwarten durfte.[40] Gewißheit für diese These könnte man allerdings nur gewinnen, wenn sich zeigen ließe, daß alle Millionenjahrhäuser solche Zyklen enthielten, was aufgrund des westthebanischen Befundes nicht mehr möglich ist. Immerhin gehört der älteste Beleg in ein Millionenjahrhaus (Der el-Bahri), und auch die Spolie von Medinet Habu verweist auf ein solches (Ramesseum).

Wenn diese Überlegungen zutreffen, wird man den „Zeugungs- bzw. Geburtszyklus" zunächst dem Bereich des fundierenden Mythos zuordnen, der – sprachphilosophisch (auf Schrift *und Bild* bezogen!) geurteilt – nicht erfahrungsweltliche Fakten deskriptiv referiert oder darstellt, sondern das erfahrungsweltlich Bekannte nach seiner Bedeutung erschließt, indem er es in eine symbolische Sinnwelt hineinstellt. Das erfahrungsweltliche Grundfaktum, von dem aus der (semantische) Sinn des Dargestellten erschlossen wird, ist die Inthronisation. Die in ihr symbolisch zum Ausdruck kommende Gottessohnschaft des Pharao wird im Mythos nach ihren Ursprüngen hin erschlossen. Insofern dient der Mythos der Legitimation des Herrschers. Pragmatisch ist

---

[36] Zu den „Millionenjahr-Häusern": G. Haeny, Anlagen; ders., Fonction 111–116; D. Arnold, Pyramidenbezirk, bes. 7f; ders., Tempel 34f.passim; R. Stadelmann, Tempel (dort auch zur Verbindung zwischen Luxortempel und Totentempeln).

[37] Die Hauptfunktion der „Häuser für Millionen Jahre" besteht darin, den Kult des toten Königs mit dem des Amun-Re zu verbinden; vgl. G. Haeny, Anlagen 15; ders., Fonction; D. Arnold, Pyramidenbezirk 8.

[38] Gegen D. Arnold, Pyramidenbezirk 7, der meint, daß der Zeugungs- bzw. Geburtszyklus in Der el-Bahri „seine Ursache in der besonderen Situation einer Königin" habe, „deren Thronansprüche keineswegs über alle Zweifel erhaben waren." Wenn er unmittelbar zuvor feststellt, daß „der Tempel ... nicht mehr die Stätte der Machtgewinnung und -erhaltung für das königliche Jenseits, kein ritenfreies Scheingebäude, sondern eine echte Kultstätte für König und Götter im Diesseits" ist, so ist dies zugleich eine ausreichende Begründung für die Anbringung des Zyklus.

[39] Von daher läßt sich vielleicht auch besser verstehen, warum in der Beschneidungsszene XV Anubis als Imiût (*Jmj-w.t*) als Herr der Nekropole hervortritt.

[40] So in der XV. Szene in der Beischrift Chnums und des Nilgottes; ähnlich als Verheißung Amuns in der XII. Szene.

dies jedoch – zumindest für Theben-West – nur die Voraussetzung für die Einbindung des Herrschers in die im Kult konstituierte, Millionen Jahre dauernde Götterwelt. Ob im pragmatischen Rahmen des Kultes der Mythos auch rituell inszeniert oder wenigstens kommemoriert wurde, ist nicht mit Sicherheit zu sagen.

Bemerkenswert ist, mit welcher Sensibilität der Mythos seine symbolische Welt inszeniert. An keiner Stelle erliegt er der Gefahr der Deskription, die allein der Erfahrungswelt angemessen ist. Die symbolische Welt, mit der er die Erfahrungswelt (Zeugung, Geburt, Säugung, Beschneidung) erschließt, hebt deren Faktizität nie auf, so daß etwa die „natürliche" Abkunft des Pharao nicht bestritten werden muß, um seinen göttlichen Ursprung zu sichern.[41] Nach der ägyptischen Königsideologie ist vielmehr beides – die horizontale Legitimation der dynastischen Sukzession und die vertikale Legitimation göttlicher Abkunft – unabdingbar; in einem tieferen Sinn fällt beides sogar zusammen.[42] Die göttliche Zeugung des Pharao begabt diesen daher nicht mit einer zweiten

---

[41] Vgl. E. BRUNNER-TRAUT, Pharao 55: „Solange der spätere Pharao Kronprinz ist, so lange gilt er als Sohn seines irdischen Vaters, des regierenden Königs. Erst wenn mit seiner Thronbesteigung die Erwählung durch den Himmel offenbart wird, dann heißt er ‚Gottes Sohn', und dann erst wird seine Geburt als wunderbar berichtet. Das heißt aber auch, daß der Pharao als Kind Sohn ist seiner Mutter, der Königsgemahlin, und erst vom Augenblick seiner Inthronisation an als von der ‚Jungfrau' geboren gilt, der Gottesgemahlin. Moralische oder irgendwie ethische Gründe, wie sie im Hellenismus mit verstiegener Phantasie konstruiert werden, sind deshalb für die Jungfrauenschaft ganz und gar abwegig. Die Jungfrau ist einzig Ausdruck dafür, daß der Pharao von keinem anderen als von Gott gezeugt sein kann. Bei Pharaos Zeugung war kein anderer im Spiel als eben nur Gott. So kann Pharao auch ältere Geschwister haben, Schwestern oder vorzeitig gestorbene Brüder, ohne daß die Vorstellung von der Jungfrauenschaft der Gottesgemahlin fraglich würde. Jungfrauenschaft ist kein biologisches Faktum. Der Stammbaum des Pharao nach seinen irdischen Vorfahren steht neben seiner Zeugung aus Gott." Zur Problematik des Gedankens der Jungfräulichkeit siehe unten II(3).

[42] Hilfreich in diesem Zusammenhang sind die Feststellungen L. BELLS, Luxor Temple 258: „The king's *ka* is born with him, or rather it is created when he is conceived, perfect from the very beginning, flesh of god, and fully divine. … The representation of this *ka* is intended as proof of his divine origins and sufficient evidence that he was predestined to rule. But he actually *becomes* divine only when he becomes one with the royal *ka*, when his human form is overtaken by this immortal element, which flows through his whole being and dwells in it. This happens at the climax of the coronation ceremony, when he assumes his rightful place on the ‚Horus-throne of the living.' According to this formulation, the royal *ka* represents the ‚dignity' or office of kingship, while the individual king is viewed as a link in the chain of divine kingship … As an incarnation of the royal *ka*, each king was *ex officio* a god; but the dual nature of the king is clear; embodiment of divinity while on the throne, his own mortality inexorably overtakes him." Bei der „Krönung" kommt also die bei der Entstehung des Pharao bereits angelegte Göttlichkeit zur Erscheinung. Es zeigt sich, daß die horizontale (genealogische) und vertikale (göttliche) Legitimation letztlich als Einheit verstanden wurden. Der Vorstellungskomplex, über den dieser Zusammenhang (die Übertragung einer zugleich göttlich wie menschlich vermittelten Ka-Kraft) auf den Begriff gebracht werden konnte, ist der des *Kamutef*; vgl. dazu: H. JACOBSOHN, Stellung 55−58; DERS., Kamutef; L. BELL, Luxor Temple 258 f.

göttlichen Natur, sondern erschließt die göttliche Rolle des Königs, der ansonsten ein Mensch ist. Unter dieser Voraussetzung ist der Unterschied zur judäischen Königsideologie des Alten Testaments nicht mehr so groß, wie von Theologen oft unterstellt wird. Die Unterscheidung, daß es sich im einen Fall um eine physische Zeugung, im anderen Fall um eine Adoption handelt, scheint mir weder dem einen noch dem anderen gerecht zu werden. Es handelt sich vielmehr in beiden Fällen um symbolische Aussagen, für die die Gleichzeitigkeit von natürlicher und göttlicher Herkunft kein Problem darstellt. Allerdings beschränkt sich die alttestamentliche Übernahme allein auf den Gedanken der Legitimation und läßt alle anderen Bezüge, die im ägyptischen Umfeld noch damit verbunden sind, beiseite.

(3) Über das Alte Testament fand das Motiv der Gottessohnschaft, das ursprünglich in der Königsideologie Ägyptens beheimatet war, auch Aufnahme in das *Neue Testament*. Dies geschah zunächst auf direktem Wege, indem das Alte Testament vom Urchristentum als Heilige Schrift verstanden und herangezogen wurde. Die Natanweissagung und Ps 2,7 wurden verwendet, um die messianische Würde Jesu zu begründen oder zu erläutern. Mit der eschatologischen Interpretation messianischer Stellen setzte das Urchristentum eine Tradition fort, die es bereits im zeitgenössischen Judentum gab und nun durch Qumran gerade für 2 Sam 7,14 aufs beste belegt ist.

4 Q 174 (= Flor) III,10−13:[43] (10) *Und es [verkünd]et dir JHWH, daß (Er) dir ein Haus (bauen) werde (2 Sam 7,11b): Und ich werde deinen Samen aufrichten nach dir und fest hinstellen den Thron seines Königtums (11) [für im]mer (vgl. 2 Sam 7,12−13). Ich [werde] für ihn Vater sein und er wird für mich Sohn sein (2 Sam 7,14). Das ist der Sproß* Davids, der mit dem Erteiler der Tora[44] auftritt, welchen (12) [Er auftreten lassen wird] in Zi[on am E]nde der Tage, wie es geschrieben steht (vgl. Am 9,11; vgl. Apg 15,16): *Und ich richte die umgefallene Schutzhütte Davids wieder auf. Das ist die Schutzhütte* (13) Davids, die umgefall[en ist, d]ie Er aufstellen wird, um Israel zu retten.[45]

Die neutestamentlich ältest greifbare Stelle bringt kein direktes Schriftzitat, doch ist der sachliche Bezug auf 2 Sam 7 nicht zu bezweifeln. Am Anfang des Römerbriefes verarbeitet Paulus eine ältere Tradition, die folgendermaßen gelautet haben dürfte:[46]

---

[43] Übersetzung weitgehend nach J. MAIER, Qumran-Essener 104f.

[44] J. MAIER: „Toraherteiler".

[45] Es verdient vermerkt zu werden, daß am Ende der III. Kolumne Ps 2,1 zitiert wird. Ob der Psalm im weiteren Verlauf des Florilegiums noch eine Rolle spielte, ist aufgrund des schlechten Erhaltungszustandes nicht mehr zu sagen. Unsicher muß auch bleiben, ob 4 Q 246 (= 4 QpsDan Aᵃ) in den Kontext eschatologisch-messianischer Interpretation einzuordnen ist, wie das früher gerne geschah; zum Text vgl. J. MAIER, Qumran-Essener 189−191.

[46] Die Rekonstruktion (vor allem hinsichtlich der beiden κατά-Wendungen) ist umstritten; vgl. U. WILCKENS, Der Brief an die Römer I (EKK VI/1), Zürich u. a. – Neukirchen-Vluyn 1978, 56−61; K. WENGST, Formeln 112−117.

Röm 1,3f: (3) ... der geworden ist aus dem Samen Davids (dem Fleische nach), (4) der eingesetzt wurde zum Sohn Gottes ... dem Geist der Heiligkeit nach aufgrund der Auferstehung von den Toten ...

Die Auferweckung wird als Inthronisation gedeutet.[47] Daß man dies tun konnte und daß man die Einsetzung in das messianische Amt als Einsetzung zum „Sohn Gottes" formulieren konnte, verdankt sich ganz wesentlich der Natanweissagung von 2 Sam 7,12−14. Im Lichte des Bekenntnisses zur Auferweckung Jesu[48] mußte es sich nahelegen, die Zusage von V. 12 („Ich werde deinen Nachwuchs, der aus deinem Leibe kommt, aufrichten [LXX: καὶ ἀναστήσω τὸ σπέρμα σου] und werde seinem Königtum Bestand verleihen") auf die Auferweckung bzw. Auferstehung Jesu zu beziehen und diese als Einsetzung in das messianische Königtum zu verstehen. Die Verheißung von V. 14 („Ich werde ihm Vater sein, und er wird mir Sohn sein") war dann wohl der Anlaß, die Inthronisation als Einsetzung zum „Sohn Gottes" zu formulieren.[49]

Direkter Schriftbezug liegt an zwei anderen Stellen vor. Apg 13,33 sieht die Auferstehung Jesu, die als Erfüllung der an die Väter ergangenen Verheißung verstanden wird, im Lichte von Ps 2,7. Nach Hebr 1,5 findet die himmlische Inthronisation, die zunächst unter Rückgriff auf Ps 110,1 formuliert wird,[50] ihre schriftgemäße Grundlage in Ps 2,7 und 2 Sam 7,14.[51]

Apg 13,33: (32) Und wir verkündigen euch in bezug auf die an die Väter ergangene Verheißung, (33) daß diese Gott an uns, (ihren) Kindern, erfüllt hat, indem er Jesus von den Toten auferweckte (ἀναστήσας 'Ιησοῦν), wie es auch im zweiten Psalm geschrieben steht: „Mein Sohn bist du, heute habe ich dich gezeugt" (Ps 2,7).
Hebr 1,5: (3) der ... sich zur Rechten der Majestät in der Höhe gesetzt hat (vgl. Ps 110,1), (4) (und ist) um so viel erhabener geworden als die Engel, wie der Name, den er ererbt hat, ihren Namen überragt. (5) Denn zu welchem von den Engeln hat er jemals gesagt: „Mein Sohn bist du, ich habe dich heute gezeugt" (Ps 2,7), und wiederum: „Ich werde ihm Vater sein, und er wird mir Sohn sein" (2 Sam 7,14).

Bereits die Tradition von Röm 1,3f hatte das irdische Wirken Jesu in dessen messianische Qualifikation miteinbezogen, indem sie Jesus als Sohn Davids und insofern als Messias designatus bezeichnet hatte. So verwundert es nicht,

---

[47] Vgl. dazu H. MERKLEIN, Auferweckung 232−236.
[48] Vgl. die Auferweckungsformel „Gott hat Jesus von den Toten auferweckt" (Röm 10,9; 1 Kor 6,14; 15,15; 1 Thess 1,10; Apg 3,15; 4,10) und die Gottesprädikation „Der Jesus von den Toten auferweckt hat" (Röm 4,24; 8,11; 2 Kor 4,14; Gal 1,1; Kol 2,12; Eph 1,20); mit ἀνίστημι formuliert (ἀναστήσας αὐτὸν ['Ιησοῦν] ἐκ νεκρῶν): Apg 13,33; 17,31 (vgl. Hebr 13,20 [ἀναγαγὼν ἐκ νεκρῶν]).
[49] Vgl. M. HENGEL, Sohn 100f.
[50] Zur Deutung von Auferweckung und Inthronisation im Sinne von Ps 110,1 vgl. Apg 2,32−35; 1 Kor 15,23−28 (mit futurischem Aspekt im Sinne des eschatologischen Vorbehalts); vgl. auch Mk 12,35−37.
[51] Die traditionsgeschichtliche Sachlage ist im Falle von Hebr 1,1−4 allerdings komplexer, da die „messianische" Christologie, die in V. 3b und V. 5 zu Worte kommt, eingebettet ist in die Aussage von VV. 1−3a, die offensichtlich auf die Präexistenzchristologie rekurriert.

daß in einem zweiten Schritt der Traditionsgeschichte das öffentliche Wirken Jesu unmittelbar unter messianisches Vorzeichen gestellt wurde. Dies geschah zuerst – wohl unter Kombination von Jes 42,1 und Ps 2,7 – in der Himmelsstimme der Taufperikope Mk 1,9–11.[52]

Mk 1,11: (10) Und sofort, als er aus dem Wasser stieg, sah er die Himmel sich öffnen und den Geist wie eine Taube auf ihn herabkommen. (11) Und eine Stimme kam aus den Himmeln: *„Du bist mein geliebter Sohn, an dir habe ich Wohlgefallen".*

Ihren traditionsgeschichtlichen Abschluß findet die neutestamentliche Rede vom messianischen „Sohn Gottes" in Lk 1,26–38.

Lk 1,26–38: (30) Und der Engel sprach zu ihr: „Fürchte dich nicht, Maria, denn du hast Gnade gefunden bei Gott. (31) Und siehe, du wirst schwanger werden und einen Sohn gebären, und du wirst seinen Namen Jesus nennen. (32) Dieser wird groß sein und Sohn des Höchsten genannt werden, und Gott, der Herr, wird ihm den Thron seines Vaters David geben, (33) und er wird herrschen über das Haus Jakob in Ewigkeit, und seine Herrschaft wird kein Ende haben." (34) Maria aber sprach zum Engel: „Wie wird das geschehen, da ich keinen Mann erkenne?" (35) Und der Engel antwortete und sprach zu ihr: „Heiliger Geist wird über dich kommen, und die Kraft des Höchsten wird dich überschatten; daher wird auch das Heilige, das geboren wird, Sohn Gottes genannt werden."

Der Text steht unter dem Einfluß verschiedener alttestamentlicher Schriftstellen. In V. 31 wird auf Jes 7,14 angespielt.[53] VV. 32f stehen eindeutig unter dem Einfluß von 2 Sam 7,12–14. Es geht also auch hier um „messianische" Christologie, d. h. um die Einsetzung Jesu in die messianische Funktion des Königs über Israel und nicht um die Menschwerdung des präexistenten Sohnes Gottes. Allerdings wird hier – über Mk 1,11 hinausgehend – nicht mehr nur das öffentliche Wirken Jesu, sondern seine Existenz als solche messianisch qualifiziert. Jesus ist vom Beginn seiner Existenz (Empfängnis) an der von Gott bestimmte eschatologische Herrscher, der „Sohn des Höchsten", dem Gott „den Thron seines Vaters David geben wird" (Lk 1,32f). Dabei behauptet die Perikope nicht nur, *daß* Jesus vom Beginn seiner Existenz Sohn Gottes ist, sondern fragt auch noch nach dem *Wie* einer derartigen Gottessohnschaft. Die Antwort erfolgt mit Hilfe der Vorstellung von der „Jungfrauengeburt" (VV. 34f). Gerade hier stoßen wir wieder auf ägyptische Einflüsse, die allerdings der ägyptischen Spätzeit entstammen und griechisch bzw. hellenistisch-jüdisch vermittelt sind.

---

[52] Ein weiterer Anklang an Ps 2,7 liegt wohl in Mk 9,7 (οὗτός ἐστιν ὁ υἱός μου ὁ ἀγαπητός) vor.

[53] Jes 7,14 LXX: ἰδοὺ ἡ παρθένος ἐν γαστρὶ ἕξει καὶ τέξεται υἱόν, καὶ καλέσεις τὸ ὄνομα αὐτοῦ Ἐμμανουήλ. Lk 1,31: καὶ ἰδοὺ συλλήμψῃ ἐν γαστρὶ καὶ τέξῃ υἱὸν καὶ καλέσεις τὸ ὄνομα αὐτοῦ Ἰησοῦν.

II.

These: Die messianische Christologie, wie sie in Lk 1,34f ausgeprägt ist, entnimmt ihre Vorstellungswelt einer über das hellenistische Judentum vermittelten spätägyptischen Weiterentwicklung des klassischen ägyptischen Mythos von der Zeugung bzw. Geburt des Gottessohnes.

(1) In der Spätzeit Ägyptens erfährt der Mythos von der Zeugung des Gottessohnes eine Renaissance.[54] Die Zeugnisse dafür finden sich vor allem in den sogenannten Mammisis (Geburtshäusern) von Dendera, Philae und Edfu. Zeitlich reichen sie von der letzten ägyptischen (30.) Dynastie über die ptolemäische Ära bis in das 2. nachchristliche Jahrhundert unter römischer Herrschaft.[55] Das „klassische" Bildprogramm des Neuen Reiches wird – in zwei Sequenzen gegliedert, die mit der Zeugung bzw. Geburt beginnen[56] – relativ konstant übernommen.[57] Es sind jedoch auch Unterschiede zu verzeichnen. Am tiefgreifendsten ist, daß die Geschichte nun ganz in die Götterwelt verlagert ist. Erzählt wird nicht mehr die Zeugung und Geburt des irdischen Herrschers, sondern „die Geburt des Gottes", d.h. die Geburt des göttlichen Kindes der örtlichen Göttertriade.[58] Bemerkenswert ist, daß der zeugende Gott aber Amun bleibt. Die notwendige Einbeziehung des lokalen Vatergottes erfolgt über die Anerkennung des neugeborenen Gotteskindes durch eine Ausweitung und Variation der alten Anerkennungsszene XIV. Die „Öffentlichkeit", der die Geburt angekündigt und der das Kind dann präsentiert wird, ist jedoch weiter die Götterneunheit von Karnak. D.h., die „Zeugung des Sohnes" ist mittlerweile „zu einer Art Amun-Mythos geworden"[59], der von Amun und seinem Ort nicht mehr abzulösen ist. Im übrigen verlagert sich der Schwerpunkt auf die Geburtssequenz, so daß das eigentliche Thema nicht mehr die „Zeugung des Sohnes", sondern die „Geburt des Kindes" ist. Erzählt wird, wie das Kind gestillt und aufgezogen, mit Segen überhäuft und so für die Herrschaftsübernahme vorbereitet wird. Mußte es beim Mythos des Neuen Reiches offen bleiben, ob er in den Ritus des Kultes einbezogen war, so handelt es sich bei der spätzeitlichen Ausprägung ganz eindeutig um ein Ritual, das in der jährlichen Wiederkehr des Festes in den Geburtshäusern kultisch nachvoll-

---

[54] Vgl. zum folgenden: J. ASSMANN, Zeugung 19–25.

[55] Als Überblick vgl. F. DAUMAS, Geburtshaus; ausführlicher: F. DAUMAS, Mammisis des temples. Zu den einzelnen Mammisis: F. DAUMAS, Les mammisis de Dendera; H. JUNKER – E. WINTER, Geburtshaus (Philae); E. CHASSINAT, Mammisi d'Edfou. Zeitlich ergibt sich folgende Ordnung: Dendera (Zeit Nektanebos II.), Philae (vor Ptolemäus V. begonnen), Edfu (Ptolemäus X., Euergetes III. Physkon), Dendera (Trajan, Hadrian, Antoninus Pius).

[56] Das sind die „klassischen" Szenen IV und IX.

[57] Lediglich die Szenen II und III werden nicht übernommen.

[58] Soweit der Pharao in Erscheinung tritt, wie z.B. in Philae, bleiben die Kartuschen leer; er ist also auf seine (göttliche) Rolle reduziert.

[59] J. ASSMANN, Zeugung 24.

zogen wurde.[60] In der Transponierung des Mythos in die Götterwelt kommt ein Stück Resignation gegenüber der politischen Herrschaft zum Ausdruck. Die vom Herrscher erwartete Heilssetzung wird nun vom göttlichen Kind garantiert, dessen im Fest jährlich wiederkehrende Geburt jenseits der erfahrungsweltlichen Zeitläufte steht. Erlaubte es im Neuen Reich die symbolisch konstituierte Wirklichkeit der Zeugung des Sohnes, die königliche Herrschaft mit der zyklischen Regeneration Amun-Res in Verbindung zu bringen (Luxor) bzw. dem toten Herrscher an der im Kult ewig perpetuierten Weltherrschaft Amuns Anteil zu geben (Theben-West), so konzentriert sich die symbolische Welt der Geburt des Gotteskindes, wie sie in den Geburtshäusern der Spätzeit konstituiert wurde, auf das Heil einer jährlich sich regenerierenden göttlichen Herrschaft, mit deren kultischer Präsenz man auch die Zwiespältigkeit erfahrungsweltlichen Heils überdauern konnte.[61]

Der Mythos des Neuen Reichs lebte aber nicht nur in den spätzeitlichen Tempeln Ägyptens fort, er hinterließ seine Spuren auch in der Vorstellungswelt der hellenistischen Kultur. Alexander der Große schlüpfte in Ägypten in die Rolle des Pharao und ließ sich in der Oase Siwa als Sohn des Zeus-Ammon begrüßen.[62] In volkstümlicher Ausgestaltung und burlesker Verkehrung findet sich das Motiv im Alexanderroman, wo der letzte ägyptische Pharao Nektanebos II. in der Gestalt Amuns mit Olympias, der Frau Philipps von Mazedonien, geschlechtlich verkehrt und Alexander den Großen zeugt.[63] Aber auch einige Notizen des Herodot lassen Reminiszenzen an den ägyptischen Mythos erkennen.[64] Das gilt wohl auch für die von Josephus berichtete Geschichte von der

---

[60] Das Fest wird im ersten Sommermonat (Pachons) nach der Erntezeit gefeiert. Das genaue Datum des Festes variiert von Tempel zu Tempel.

[61] Eine andere Möglichkeit, die Negativität der Erfahrungswelt zu überwinden, eröffnet die apokalyptisch konstituierte Erwartung einer neuen heilsamen Weltzeit. Für Ägypten läßt sich in diesem Zusammenhang auf das demotische Orakel des Lammes (Lamm des Bokchoris) und das Töpferorakel verweisen (vgl. dazu: J. Assmann, Königsdogma 362–364). Es ist wohl kein Zufall, daß etwa gleichzeitig (3. und 2. Jh. v. Chr.) im Iran (Orakel des Hystaspes), in Ägypten (Töpferorakel) und in Palästina (Tiervision, Daniel, Zehnwochenapokalypse) ein regelrechter apokalyptischer Schub zu verzeichnen ist (vgl. dazu: K. Müller, Apokalyptik 211 f). Von daher wäre es fast erstaunlich, wenn nicht auch das junge Christentum von dieser theo-logisierten (apokalyptisch bzw. kultisch-mythisch symbolisierten) Soteriologie beeinflußt wäre.

[62] Diodor XVII,51; Strabon, Geographie XVII,1,43; Plutarch, Alexander 27 (vgl. Alexander 2 f).

[63] Vita Alexandri I,7; vgl. I,4,8 f; I,5,2. Jetzt leicht zugänglich in der Ausgabe und Übersetzung von H. van Thiel, Leben und Taten Alexanders von Makedonien (TzF 13), Darmstadt ²1983.

[64] Herodot, Historien I 182 (wo die Theogamie mit dem „Zeus von Theben" in den Tempel verlegt wird); II 46 (der Bock von Mendes, der öffentlich eine Frau begattet, ist wohl eine Erinnerung an den Verkehr zwischen Ptah und Königsmutter).

Täuschung einer vornehmen Römerin, die meint, sich dem Anubis hinzugeben.[65]

(2) Im Blick auf das Neue Testament und insbesondere Lk 1,34f ist eine Nachricht des *Plutarch* (46–120 n. Chr.) von größter Bedeutung. In der Vita des Numa erzählt Plutarch, daß der sagenhafte König Numa Umgang mit den Göttern hatte und daß manche behaupten, er sei einer Vermählung mit einer Göttin gewürdigt worden. Daran hat Plutarch jedoch seine Zweifel. Er schreibt: „Daß aber ein Gott oder ein Dämon auch körperliche Gemeinschaft mit einem Menschen haben und seiner Schönheit sich erfreuen solle, das ist doch nicht so leicht zu glauben". Und dann führt er eine Distinktion ein, die die Ägypter machen. Sie – so schreibt er – wären der Meinung, „daß es nicht unmöglich sei, daß der *Geisthauch* eines Gottes sich einer Frau nähere und in ihr eine Schwangerschaft hervorrufe, während eine körperliche Vereinigung eines Mannes mit einem göttlichen Wesen nicht möglich sei."[66] Gerade der Verweis auf das Pneuma macht es wahrscheinlich, daß sich hier der ägyptische Mythos widerspiegelt. An anderer Stelle kann Plutarch sagen: „Die Ägypter nennen das Pneuma Zeus",[67] der mit Amun zu identifizieren ist. Zwar wird im ägyptischen Mythos das Pneuma nicht erwähnt; doch kommt es nicht von ungefähr, daß die Rolle, die Amun im Mythos spielt, jetzt vom πνεῦμα θεοῦ ausgeübt wird. „Amun ist der unsichtbare und allgegenwärtige Gott des Lebensodems, der ,dem, der im Ei ist, Luft gibt' und ,Atem an jede Nase': so ruft ihn ein Lied an, das in Dendera vor der Geburt angestimmt wird."[68] Zugleich wird deutlich, daß Plutarch die verfestigte Form des Mythos – mit Amun als Vatergott – voraussetzt, wie dies auch in den Spätzeittempeln der Fall war. Vielleicht hat auch die Art der ägyptischen Darstellung – Zeugung durch Berührung bzw. durch Darreichung des ᶜAnch- Zeichens – mit zum griechischen Verständnis einer Geistzeugung beigetragen.

Gerne spricht man in diesem Zusammenhang von interpretatio graeca. Dies hat, sofern das Pneuma im ägyptischen Mythos keine Rolle spielt, auch seine formale Richtigkeit. Doch tangiert das weder die sachliche Adäquatheit der Amun-Pneuma-Interpretation noch den Umstand, daß Plutarch sich inhaltlich

---

[65] JOSEPHUS, Ant. XVIII 3,4.

[66] PLUTARCH, Vita Numae 4,4–6 (I 62b). Im Griechischen lautet die entscheidende Stelle: ... γυναικὶ μὲν οὐκ ἀδύνατον πνεῦμα πλησιάσαι θεοῦ καί τινας ἐντεκεῖν ἀρχὰς γενέσεως.

[67] Δία μὲν γὰρ Αἰγύπτιοι τὸ πνεῦμα καλοῦσιν (PLUTARCH, De Iside et Osiride 36).

[68] J. ASSMANN, Zeugung 24 (mit Zitat von F. DAUMAS, Mammisis des temples 429f). Zu Amun und Pneuma s. K. SETHE, Amun 77f.119–122 (= §§ 151–154.255–260); vgl. E. NORDEN, Geburt 76–92; E. BRUNNER-TRAUT, Pharao 54. ASSMANN, ebd. Anm. 59, betont gegen SETHE, daß „Amun ... kein Luftgott (ist), ... sondern ein Lebensgott, der luftartig alles durchdringt. Der Wind ist die sinnfälligste Metapher seines zugleich transzendenten und innerweltlichen, verborgenen und sinnfälligen Wirkens. Er ist der verborgene Beleber der Welt, von dem auch die Götter ihr Leben empfangen. Dieser Gottesbegriff ist der 18. Dyn. noch fremd, aber hier verdankt Amun seine Rolle in dem mythischen Spiel seiner Funktion als Reichsgott."

ganz bewußt von der in der griechischen Mythologie verbreiteten Vorstellung
absetzt, daß ein Gott der Liebhaber einer Frau sein könne, und die Geistzeugung als spezifisch ägyptische Idee präsentiert. In ähnlicher Weise trägt Plutarch in den Quaestiones convivales (im Zusammenhang mit der göttlichen
Herkunft Platos) unter Berufung auf Ägypten die Auffassung vor, daß ein Gott
nicht nach menschlicher Art die Schwangerschaft hervorrufe.[69] Für Plutarch
selbst ist die interpretatio graeca also durchaus relatio aegyptiaca, die, wenngleich in griechischer Weise, etwas referiert, was inhaltlich eben nur aus Ägypten stammen kann.[70] Insofern ist die relatio des Plutarch ein Zeugnis für die
hellenistisch-römische Rezeption des ägyptischen Mythos.

Unter sprachlichem Aspekt ist interessant, daß Plutarch auch die Vorstellung von der Vereinigung einer Gottheit mit einer Frau durch das Pneuma
zurückweist: „Dabei bedenken sie aber nicht, daß dasjenige, was sich mit etwas
anderm mischt, diesem ebenso etwas von seinem Wesen mitteilt, wie es dies
vom andern erfährt".[71] Mit dieser aufgeklärt-philosophischen Kritik zeigt Plutarch allerdings nur, daß er die Bedeutung der ägyptischen Symbolsprache
nicht mehr verstanden bzw. sie als Deskription (im Sinne der grob sinnlichen
Vorstellung der griechischen Mythologie) mißverstanden hat.

(3) Das kann man nicht in der gleichen Weise von *Philo* sagen, der als
weiterer Zeuge für die Rezeption des ägyptischen Mythos anzuführen ist.[72] In
seiner Schrift „De Cherubim" denkt Philo über die Frage nach, wie die Tugenden fruchtbar werden können (Cher 43 f):

Der Unterricht in der Geheimlehre muß nun also beginnen. Der Mann kommt mit dem
Weibe, der männliche Mensch mit dem weiblichen, zusammen und pflegt, indem er der
Natur folgt, Verkehr zur Erzeugung von Kindern. Die Tugenden, die viele vollkommenen Dinge hervorbringen, dürfen nicht einem sterblichen Manne anheimfallen; wenn sie
aber nicht von einem andern den Samen empfangen haben, werden sie von selbst
niemals schwanger werden. Wer anders ist es nun, der in ihnen das Gute sät, als der

---

[69] PLUTARCH, Quaestiones convivales VIII,1,2f (718A): καὶ οὐδὲν οἴομαι δεινόν, εἰ μὴ
πλησιάζων ὁ θεὸς ὥσπερ ἄνθρωπος, ἀλλ' ἑτέραις τισὶν ἀφαῖς δι' ἑτέρων καὶ ψαύσεσι
τρέπει καὶ ὑποπίμπλησι θειοτέρας γονῆς τὸ θνητόν. Er verweist auf die Ägypter, die sagen,
„daß Apis durch eine Berührung des Mondes (ἐπαφῇ τῆς σελήνης) zur Welt gebracht werde"
(718B). Vgl. HERODOT, Historien III,28: „Die Ägypter sagen, ein Strahl aus dem Himmel
[σέλας ἐκ τοῦ οὐρανοῦ] fahre auf die Kuh hernieder, und davon gebäre sie den Apis"; E.
BRUNNER-TRAUT, Pharao 51: „Hier ist jegliche geschlechtliche Vorstellung ausgeschlossen.".

[70] Das gilt noch mehr, wenn der lebensweltliche Hintergrund der relatio des Plutarch nicht
die Vergöttlichung des Königs, sondern der ἱερὸς γάμος der Mysterienkulte ist, worauf R.
REITZENSTEIN, Mysterienreligionen 245–248, wohl zu Recht hinweist (unter Berufung auf
JOSEPHUS [s. o. Anm. 65], RUFIN, Hist. eccl. XI 25, und PHILO [s. u.]).

[71] PLUTARCH, Vita Numae 4,6 (I 62b) (Übersetzung nach K. ZIEGLER); im Griechischen
lautet der Text: ἀγνοοῦσι δ' ὅτι τὸ μειγνύμενον ᾧ μείγνυται τὴν ἴσην ἀνταποδίδωσι κοινω-
νίαν.

[72] Einflüsse des ägyptischen Mythos auf das hellenistische Judentum lassen sich auch in der
romanhaften Erzählung von Joseph und Aseneth nachweisen, worauf hier nicht weiter eingegangen werden kann; vgl. R. REITZENSTEIN, Mysterienreligionen 248f.

Vater aller Dinge, der ungeschaffene und alles erschaffende Gott? Gott also gibt den Samen, die eigenartige Frucht aber, die er mit dem Samen hervorbringt, ist ein Geschenk; denn Gott erzeugt nichts für sich, da er vollkommen bedürfnislos ist, sondern alles für den, der es zu empfangen nötig hat.[73]

Tugenden können nicht durch Menschen, sondern nur durch Gott fruchtbar werden. Dies ist der sachliche Kern dessen, was Philo sagen will. Er belegt dies mit einer allegorischen Auslegung biblischer Befunde. Er rekurriert auf die Patriarchen bzw. auf die Patriarchenfrauen, die er als Allegorien der Tugenden versteht:

Für das Gesagte kann ich als vollwertigen Zeugen den hochheiligen Moses anführen: er läßt nämlich die *Sarah* dann schwanger werden, als Gott in ihrer Vereinsamung auf sie schaut,[74] gebären aber läßt er sie nicht dem, der auf sie geschaut hat, sondern dem, der Weisheit zu erlangen eifrig bestrebt ist, dessen Name Abraham ist. (Cher 45)

Noch deutlicher lehrt er es uns bei der *Lea,* indem er sagt, daß Gott ihren Mutterschoß öffnete[75] – den Mutterschoß zu öffnen ist doch aber Sache des Mannes –; sie aber empfing und gebar nicht der Gottheit ..., sondern dem die mühevolle Sorge um das Gute auf sich nehmenden Jakob. Also empfängt die Tugend zwar von dem (göttlichen) Urheber den göttlichen Samen, sie gebiert aber einem ihrer Liebhaber, der von allen Freiern von ihr vorgezogen wird. (Cher 46)

Ebenso wird, nachdem der allweise Isaak Gott angefleht hatte, *Rebekka,* die beharrende Tugend, von dem Angeflehten (Gott) schwanger.[76] Ohne Flehen und Bitten nimmt Moses die geflügelte und hochstrebende Tugend, *Zippora,* und findet sie schwanger, keinesfalls von einem Sterblichen.[77] (Cher 47)

Zunehmend wird deutlich, daß Philo das wunderbare Handeln Gottes an den Patriarchenfrauen, wie es zumindest in den drei ersten Fällen auch im Alten Testament vorausgesetzt wird, im Sinne einer *unmittelbar von Gott gewirkten Schwangerschaft* deutet. Um dies zu betonen, wird die Beteiligung des Mannes ausgeschlossen.[78] Gewiß bleibt zu berücksichtigen, daß Philo diese Interpreta-

---

[73] Übersetzung nach L. Cohn u. a. (Hrsg.), Philo von Alexandria. Die Werke in deutscher Übersetzung III, Berlin ²1962.

[74] ὅτε ὁ θεὸς αὐτὴν μονωθεῖσαν ἐπισκοπεῖ. Die Stelle spielt auf Gen 21,1 an (LXX: καὶ κύριος ἐπεσκέψατο τὴν Σαρραν), wo aber (wie im hebräischen Text) nichts von μονωθεῖσα steht.

[75] Gen 29,31 LXX: ἤνοιξεν τὴν μήτραν αὐτῆς.

[76] ἐκ τοῦ ἱκετευθέντος ἔγκυος ἡ ἐπιμονὴ Ῥεβέκκα γίνεται. Im hebräischen bzw. griechischen Text der Bibel (Gen 25,21) hieß es noch: „Isaak aber bat den Herrn für seine Frau, denn sie war unfruchtbar. Und der Herr ließ sich erbitten, und Rebekka, seine Frau, wurde schwanger" (LXX: ἐδεῖτο δὲ Ισαακ κυρίου περὶ Ρεβεκκας τῆς γυναικὸς αὐτοῦ, ὅτι στεῖρα ἦν· ἐπήκουσεν δὲ αὐτοῦ ὁ θεός, καὶ ἔλαβεν ἐν γαστρὶ Ρεβεκκα ἡ γυνὴ αὐτοῦ).

[77] εὑρίσκει κύουσαν ἐξ οὐδενὸς θνητοῦ. In Ex 2,21f hatte es schlicht geheißen: „... und er (Reguel) gab Mose seine Tochter Zippora zur Frau. Und sie gebar einen Sohn, und er nannte ihn Gerschom ...".

[78] Zu den Berichten von Epidauros, wo Asklepios nicht als Liebhaber, sondern als Helfer unfruchtbarer Frauen agiert und ihnen ohne Zutun des Ehemannes zur Nachkommenschaft verhilft, siehe M. Dibelius, Jungfrauensohn 34f. Es handelt sich um Analogien, nicht um Quellen des jüdischen Theologumenons!

tion im Rahmen einer Allegorie der Tugenden vornimmt. Doch wäre die Allegorie wohl gar nicht möglich, wenn Philo die Vorstellung einer gottgewirkten Schwangerschaft nicht voraussetzen könnte.[79] Man wird nicht fehlgehen, wenn man gerade hier – für den in Alexandria lebenden Philo – ägyptischen Einfluß voraussetzt. Es ginge allerdings zu weit, wenn man aus dem Ausschluß des Mannes auf der allegorischen Ebene schließen wollte, daß Philo auf der erfahrungsweltlichen Ebene die tatsächliche Vaterschaft der genannten Männer – unbeschadet des wunderbaren Eingreifens Gottes – hätte bestreiten wollen.[80] In „De Abrahamo" wird nicht nur mehrfach auf Isaak als den „ehelichen [γνήσιος] Sohn" verwiesen (Abr 110.132.168), sondern Abraham auch ausdrücklich als der Erzeuger dieses Sohnes herausgestellt (Abr 194f)[81].

Sprachlich entspricht die allegorische Deutung Philos in etwa der symbolischen Ebene des ägyptischen Mythos, der ebensowenig wie Philo die natürliche Abkunft des Kindes auf der deskriptiven Ebene ausschließen will. Auch dies spricht dafür, daß die in der Allegorie vorausgesetzte Vorstellung dem Philo über ägyptische Vermittlung zuteil wurde. Daß dabei das in der Bibel vorausgesetzte *wunderbare Handeln Gottes* einerseits und die (von Plutarch) für Ägypten bezeugte *Geistzeugung* andererseits katalytische Funktion ausgeübt haben werden, kann man im ersten Fall für sicher, im zweiten Fall für wahrscheinlich halten. Unter dieser Rücksicht könnte man die philonische Allegorie als die unter der Hermeneutik des biblischen Gottesglaubens stehende hellenistisch-jüdische Variation bzw. Modifikation des von Plutarch referierten ägyptischen Theologumenons bezeichnen.

Doch verfolgen wir die Ausführungen Philos noch etwas weiter! Hatte er bisher, um die gottgewirkte Schwangerschaft zu betonen, den Mann ausgeschlossen, so entwickelt er im folgenden „die Lehre, daß *Gott nur mit einer Jungfrau verkehre.*"[82]

---

[79] Dies übersieht G. ERDMANN, Vorgeschichten 29f, wenn er mit der an sich richtigen Beobachtung, daß es Philo (wie dem Neuen Testament) nicht um Theogamie, sondern um typologische Exegese gehe, der ägyptischen Ableitung E. NORDENS widerspricht.

[80] Vgl. R. A. BAER, Use 61 Anm. 2: „Philo is not interested in the actual historical lives of the Patriarchs as reflected in these passages, and, so far as I know, no recent scholar has argued that Philo really believed in a virgin birth of the Patriarchs".

[81] (194) Einen echten Sohn hatte er erzeugt, nur diesen einen besaß er (γνήσιόν τε υἱὸν πεποιημένος μόνον τοῦτον εὐθὺς εἶχε), und echt war das Gefühl der Liebe zu ihm, es übertraf alle Beispiele von ernster Neigung und Freundschaft, die eine Berühmtheit erlangt haben. (195) Hinzu kam noch als mächtiger Beweggrund zur Liebe der Umstand, daß er den Sohn nicht im kräftigen Mannesalter, sondern im Greisenalter gezeugt hatte (τὸ μὴ καθ' ἡλικίαν ἀλλ' ἐν γήρᾳ γεγεννηκέναι τὸν παῖδα); denn in die spätgeborenen Kinder sind die Eltern beinahe rasend verliebt, entweder weil sie lange Zeit ihre Geburt ersehnt haben oder weil sie auf andere (Kinder) nicht mehr hoffen, da die Natur hier gleichsam an der äußersten und letzten Grenze Halt macht.

[82] M. DIBELIUS, Jungfrauensohn 41.

Er (Jeremia) aber, der ja die meisten Aussprüche in göttlicher Begeisterung tut, verkündet einen Spruch im Namen Gottes, der sich an die ganz friedliche Tugend wendet mit den Worten: „hast du mich nicht Haus genannt und Vater und Mutter deiner Jungfräulichkeit" (Jer 3,4). Ganz deutlich lehrt er uns damit, daß Gott sowohl ein Haus ist, nämlich die unkörperliche Stätte unkörperlicher Ideen, als auch Vater aller Dinge, die er ja geschaffen hat, und endlich Mann der Weisheit, der den Samen der Glückseligkeit für das sterbliche Geschlecht in die gute und jungfräuliche Erde versenkt. Denn mit der unbefleckten, unberührten, reinen Natur, dieser wahrhaften Jungfrau, zu verkehren ziemt allein Gott, und zwar ganz anders als uns; denn bei den Menschen macht die Vereinigung zum Zwecke der Kindererzeugung die Jungfrau zum Weibe; wenn aber Gott mit der Seele zu verkehren begonnen hat, erklärt er die, die zuvor schon Weib war, wieder zur Jungfrau, da er die unedlen und unmännlichen Begierden, durch die sie zum Weib wurde, aus ihr wegschafft und dafür die edlen und unbefleckten Tugenden in sie einführt. So verkehrte er mit Sara nicht eher, als bis sie alle Eigenschaften des Weibes verloren hat (Gen 18,11) und wieder zum Rang einer reinen Jungfrau zurückgekehrt ist. (Cher 49f)

In der allegorischen Auslegung Philos erscheint die Seele als Jungfrau, wenn Gott mit ihr verkehren will, bzw. die Seele wird wieder zur Jungfrau, wenn Gott mit ihr verkehrt (vgl. Sara).[83] Der Gedanke ist ganz gewiß nicht jüdischen Ursprungs. Ob der Umstand, daß der Gedanke „bei Philo begegnet", es schon nahelegt, „seinen Ursprung in Ägypten zu vermuten",[84] muß vielleicht noch einmal differenziert bedacht werden. Daß in der II. Szene des ägyptischen Mythos der König als *jnpw* bezeichnet wird, läßt jedenfalls nicht unbedingt den Schluß auf eine *jungfräuliche* Königin zu.[85] Denn zum einen handelt es sich eher um eine Nebenbemerkung, die noch dazu nur in Der el-Bahri bezeugt ist. Zum andern bezeichnet *jnpw* nicht ausschließlich das unreife Kind, sondern auch den jungen König.[86] Ist das Motiv der Jungfräulichkeit demnach als interpretatio graeca im eigentlichen Sinn zu werten? Allerdings ist auch im griechischen Bereich die Jungfräulichkeit keineswegs die conditio sine qua non für den Verkehr mit der Gottheit; meist herrscht „das Motiv von der ge-

---

[83] Zur sachlichen Bedeutung der Jungfräulichkeit bei Philo vgl. R. A. BAER, Use 51–64.

[84] M. DIBELIUS, Jungfrauensohn 41.

[85] Etwas zuversichtlicher ist H. BRUNNER, Geburt 29: „In unserem Zusammenhang soll diese Aussage des Thoth besagen, daß der König die Ehe mit seiner Gemahlin noch nicht habe vollziehen können, so daß die alleinige Vaterschaft des Gottes nicht bezweifelt werden kann; die Königin ist also, obwohl verheiratet, Jungfrau. Bis zur Jungfrauengeburt ist zwar noch ein weiter Schritt; es bleibt bemerkenswert, daß die frühchristliche Überlieferung, um die Jungfrauschaft der ebenfalls verheirateten Maria zu retten, zum Ausweg eines Gatten greift, der im Gegenteil zu alt zum Vollzug der Ehe ist." Einschränkend gegen S. MORENZ, Joseph 57, der die Vorstellung von der jungfräulichen Geburt für Ägypten ausschließt (MORENZ, Joseph 56: „Die große ägyptische Theologie hat zur Geschichte der Jungfrauengeburt nichts beizutragen"). Wenn MORENZ allerdings sagt, daß „bei der göttlichen Zeugung des Königs ausgesprochenermaßen ein Geschlechtsakt" vorliege, so daß „die empfangende Königin ... keine Jungfrau" sei (ebd. 57), dann geht er von einem anderen Jungfräulichkeitsverständnis aus als H. BRUNNER. Vgl. auch E. BRUNNER-TRAUT, Pharao, oben Anm. 41.

[86] Siehe oben Anm. 19.

schlechtlichen *Abstinenz des Vaters* bis zur Geburt des göttlichen Kindes"
vor.[87] So wird man wohl damit rechnen müssen, daß ägyptische und griechische
Elemente zusammenflossen, wobei dem Schmelztiegel Alexandria durchaus
eine besondere katalytische Wirkung zuzutrauen ist. Insofern kann es sein, daß
Philo auf einer gerade in Alexandria heimischen griechischen relecture des
ägyptischen Mythos fußt. Mit *M. Dibelius* wird man dafür zudem auf zwei für
Alexandria bzw. Ägypten belegte heidnische Feste verweisen dürfen, die ausdrücklich die Jungfrauengeburt thematisieren.[88] Nach Epiphanius wurde in
Alexandria in der Nacht vom 5. auf den 6. Januar das Geburtsfest des Aion
gefeiert, der von Kore, der Jungfrau, geboren wurde.[89] Außerdem feierte man

---

[87] M. DIBELIUS, Jungfrauensohn 45. Neutestamentlich wäre in diesem Zusammenhang
nicht das Lukas-, sondern das Matthäusevangelium zu nennen, wo von Josef gesagt wird: καὶ
οὐκ ἐγίνωσκεν αὐτὴν ἕως οὗ ἔτεκεν υἱόν (Mt 1,25). Zu den profanen Belegen vgl. H. USENER,
Weihnachtsfest 71–77; E. FEHRLE, Keuschheit 3–25; M. DIBELIUS, ebd. 45 f. Einige Beispiele
seien angeführt: <zu Plato> PLUTARCH, Quaest. conviv. VIII 1,2 (717e) (ἅμα δὲ τῆς λεγο-
μένης Ἀρίστωνι τῷ Πλάτωνος πατρὶ γενέσθαι καθ᾽ ὕπνον ὄψεως καὶ φωνῆς ἀπαγο-
ρευούσης μὴ συγγενέσθαι τῇ γυναικὶ μηδ᾽ ἅψασθαι δέκα μηνῶν ἐμνημόνευσεν); DIOGENES
LAERTIUS III 2 (unter Berufung auf Speusippos, Klearchos und Anaxilaides, die sagen, ὡς
Ἀθήνησιν ἦν λόγος, ὡραίαν οὖσαν τὴν Περικτιόνην βιάζεσθαι τὸν Ἀρίστωνα καὶ μὴ
τυγχάνειν· παυόμενόν τε τῆς βίας ἰδεῖν τὴν τοῦ Ἀπόλλωνος ὄψιν· ὅθεν καθαρὰν γάμου
φυλάξαι ἕως τῆς ἀποκυήσεως); ORIGENES, Contra Celsum I 35–37 (37 [zu Plato] κωλυθέντος
τοῦ Ἀρίστωνος αὐτῇ συνελθεῖν, ἕως ἀποκυήσει τὸν ἐξ Ἀπόλλωνος σπαρέντα); OLYMPIO-
DOR, Vita Platonis 1,11–14 (ed. A. WESTERMANN, Paris 1862) (καὶ ἐν νυκτὶ φανὲν τῷ
Ἀρίστωνι ἐκέλευσεν αὐτῷ μὴ μιγνύναι τῇ Περικτιόνῃ μέχρι τοῦ χρόνου τῆς ἀποτέξεως. Ὁ
δ᾽οὕτω πεποίηκεν); HIERONYMUS, Adv. Jovinianum I 42; <zu Alexander> PLUTARCH, Vita
Alexandri 2,3–6 (Übersetzung K. ZIEGLER – W. WUHRMANN, Fünf Doppelbiographien I
[ausgew. v. M. Fuhrmann], Darmstadt 1994): Vor der Nacht nun, in der sie (Philipp und
Olympias) im Brautgemach vereinigt wurden, träumte der Braut, es donnere und ein Blitz
schlüge in ihren Leib, von dem Schlage entzündete sich ein starkes Feuer, loderte in vielen
Flammen auf und verbreitete sich nach allen Seiten. Philipp seinerseits hatte später, nach der
Hochzeit, den Traum, er drücke ein Siegel auf den Leib der Frau, und die Gravierung des
Siegels, so träumte er, zeigte das Bild eines Löwen. Während die anderen Seher den Traum
bedenklich fanden und meinten, Philipp müsse sorgfältiger über seine Frau wachen, erklärte
Aristandros von Telmessos, die Frau sei schwanger; denn man versiegle nichts, was leer sei;
und zwar sei sie schwanger mit einem Sohn von leidenschaftlicher und löwenkühner Art. Auch
sah man einmal, während Olympias schlief, wie eine Schlange sich neben ihrem Leib aus-
streckte, und dies, so sagt man, kühlte besonders die Liebe und Zuneigung Philipps ab, so daß
er nicht mehr oft zu ihr ging, um an ihrer Seite zu ruhen, sei es, daß er daraufhin irgendwelche
Behexung und Bezauberung von der Frau fürchtete oder daß er sich vor dem Verkehr mit ihr
scheute, weil sie einem Mächtigeren verbunden sei; vgl. LUKIAN, Dialogi mortuorum 13,1 f;
TERTULLIAN, De anima 46; <zu Simon Magus> PSEUDOCLEMENTINEN, recognitiones II 14
(ante enim mater mea Rachel conveniret cum eo, adhuc virgo concepit me).

[88] M. DIBELIUS, Jungfrauensohn 41 f; vgl. K. HOLL, Ursprung 426–437.

[89] EPIPHANIUS, Panarion haer. (ed. K. HOLL [Leipzig 1922]) 51,22,8–10 (... καὶ λέγουσιν
ὅτι ταύτῃ τῇ ὥρᾳ σήμερον ἡ Κόρη [τουτέστιν ἡ παρθένος] ἐγέννησε τὸν Αἰῶνα). Interessant
ist, daß EPIPHANIUS im Anschluß daran die in derselben Nacht in Petra und Elusa gefeierte
Geburt der Dušara aus der Jungfrau erwähnt (Panarion haer. 51,22,11). Nach K. HOLL,
Ursprung 428 (mit Verweis auf CUMONT), wurde „tatsächlich in Syrien und Arabien die
Geburt des Sonnengottes aus einer Παρθένος, der Virgo caelestis, begangen". In welchem
Zusammenhang diese Vorstellung mit der oben dargestellten griechisch-ägyptischen steht,

in Ägypten am 25. Dezember das Wintersonnwendfest, bei dem die Teilnehmer riefen: „Die Jungfrau hat geboren, es wächst das Licht."[90] Ob man in diesem Zusammenhang auch die (in Alexandria entstandene) Septuaginta anführen kann, die die „junge Frau" (עַלְמָה) von Jes 7,14 mit παρθένος übersetzte, ist eine andere Frage. Das Neue Testament jedenfalls hat die Stelle in diesem Sinn verstanden.[91]

(4) Bevor wir zu Lk 1,26–38, unserem Ausgangstext, zurückkehren, ist noch eine völlig unverdächtige Parallele zu der eben referierten allegorischen Bibelauslegung Philos anzuführen: *Gal 4,21–31*. Wir können uns hier ganz auf die religionsgeschichtliche Auswertung konzentrieren,[92] ohne auf die theologische Problematik einzugehen. Paulus bezieht sich auf die beiden Söhne Abrahams (Isaak und Ismael): „der eine (stammte) von der Magd, und der andere von der Freien" (V. 22). Den von der Magd bezeichnet er als „dem Fleische nach" (κατὰ σάρκα) gezeugt, während der von der Freien „kraft der Verheißung" (δι' ἐπαγγελίας) gezeugt ist (V. 23). Ein wenig später wird die semantische Opposition symmetrisch aufgefüllt und Isaak als der „dem Geiste nach" (κατὰ πνεῦμα) Gezeugte charakterisiert (V. 29). Interessant ist, daß Paulus in diesem Zusammenhang Jes 54,1 (LXX) zitiert: „Freu dich, du Unfruchtbare, die nie geboren hat, brich in Jubel aus und jauchze, die du nie in Wehen lagst! Denn viele Kinder hat die Einsame, mehr als die, die den Mann hat." Diese letzte Bemerkung „die Einsame" (ἡ ἔρημος) in Gegenüberstellung zu der, „die den Mann hat" (ἡ ἔχουσα τὸν ἄνδρα), erinnert an Philo, bei dem Sara als „Vereinsamte" (μονωθεῖσα) bezeichnet war, auf die „Gott geschaut" hat (Cher 45; siehe oben). Wie Philo setzt also auch Paulus die Vorstellung von einer gottgewirkten Zeugung voraus, wobei er als die Sphäre und den Modus göttlicher Wirksamkeit ausdrücklich den „Geist" angibt. Selbstverständlich wird man nicht behaupten können, daß Paulus diese Vorstellung unmittelbar aus ägyptischen Vorlagen abgeleitet hat. Die Idee war schon im hellenistischen Judentum rezipiert, bevor sie auf Paulus kam. Neben Philo ist aber gerade Paulus ein unverdächtiger Zeuge für die weite Verbreitung der Vorstellung im hellenistischen Judentum. Unverdächtig ist er deshalb, weil ihm die christologische Adaption des Gedankens nach Art von Lk 1,26–38 noch nicht bekannt war; d. h., Paulus hat die Vorstellung nicht aus der christlichen, sondern aus der jüdischen Tradition übernommen.

Was den sprachlichen Charakter der paulinischen Äußerungen betrifft, so ist

---

kann hier nicht weiter verfolgt werden. Auf den möglicherweise noch viel komplexeren Zusammenhang sei aber wenigstens hingewiesen.

[90] Nach einem Scholion zu Gregor von Nazianz (vgl. K. HOLL, Ursprung 427); der zitierte Satz lautet griechisch: ἡ παρθένος ἔτεκεν (bzw. τέτοκεν), αὔξει φῶς; zum Fest (in Alexandria Κυκέλλια genannt) vgl. auch EPIPHANIUS, Panarion haer. 51,22,5.

[91] Mt 1,23 zitiert ausdrücklich Jes 7,14 LXX; Lk 1,31 enthält zumindest eine Anspielung darauf.

[92] Vgl. dazu: M. DIBELIUS, Jungfrauensohn 27–30.

bemerkenswert, daß es für Paulus offensichtlich kein Problem darstellt, den Gedanken, daß Isaak nicht „dem Fleisch", sondern „dem Geist nach" gezeugt ist und von einer „einsamen, nicht den Mann habenden" Mutter stammt, neben den anderen Gedanken zu stellen, daß Isaak Abrahams „Sohn" (Gal 4,22), ja Abrahams „Same" ist (Röm 4,13; 9,7f)[93] bzw. daß Abraham der „Vater" seiner Nachkommenschaft ist (vgl. Röm 4,17f). Hier wird deutlich, wie wenig eine auf der rein deskriptiven Ebene angesiedelte Alternative greifen kann. Die wahre Bedeutung der Vaterschaft Abrahams kommt gerade darin zum Zuge, daß sein Sohn κατὰ πνεῦμα gezeugt ist. Ähnliches hatten wir schon für Philo festgestellt. Paulus und Philo sind offensichtlich noch in der Lage, die symbolische Dimension derartiger Aussagen zu verstehen.

(5) Kehren wir nun zu Lk 1,26–38 zurück. Der Text steht in der Tradition der messianischen Christologie (vgl. VV. 32f; siehe oben I,3). Vor dem Hintergrund der Traditionsgeschichte erhält die Geschichte ihre Besonderheit dadurch, daß sie die Inthronisation Jesu (Einsetzung in das messianische Amt), die sie für die Zukunft (Auferstehung oder Taufe[94]) in Aussicht stellt, mit der Geistzeugung begründet (V. 35). Wenn man die Frage der religionsgeschichtlichen Vermittlung zunächst einmal beiseitestellt, trifft sich dies strukturell insofern mit dem ägyptischen Mythos, als auch dieser die Legitimität des inthronisierten Herrschers nach ihren Ursprüngen hin erschließen und dessen Heilsfunktion begründen wollte. Wie der Mythos vom Standpunkt der tatsächlichen Inthronisation aus konzipiert ist, so legt es auch die Traditionsgeschichte der messianischen Christologie nahe, Lk 1,26–38 als deutenden Rückblick zu verstehen, der vom Standpunkt des österlichen Bekenntnisses aus erklären will, warum der aufgrund der Auferweckung zum Messias inthronisierte und „Sohn Gottes" genannte Jesus der notwendige (nicht nur kontingente) Adressat derartigen göttlichen Handelns ist. Die Antwort liegt in der Geistzeugung; deswegen wird schon das Gezeugte „heilig" und „Sohn Gottes" genannt werden (V. 35). Daß dieses Theologumenon religionsgeschichtlich tatsächlich von Ägypten her beeinflußt ist, wird man nach den vorausgehenden Ausführungen nur schwer bezweifeln können, wenngleich es nicht mehr gelingen kann, die exakten Wegstationen im einzelnen zu ermitteln. Plutarch, Philo und Paulus sind unabhängige Zeugen dafür, daß der ägyptische Mythos in der hellenistisch-römischen Welt und insbesondere im hellenistischen Judentum bekannt und rezipiert war. Im übrigen sollte man nicht vergessen, daß bis weit über die Zeit des Urchristentums hinaus in den ägyptischen Tempeln der Mythos als Fest kultisch inszeniert wurde. Selbst wenn das eigentliche Kultgeschehen auf den Binnenraum des Tempels bzw. des dazugehörigen Geburtshauses be-

---

93 Paulus leitet sich selbst aus dem „Samen Abrahams" ab (Röm 11,1; 2 Kor 11,22), wenn er seine leibliche Abstammung von Abraham betonen will.

94 Im Sinn des Lukasevangeliums ist wohl an die Taufe gedacht (Lk 3,21f). Doch könnte die in Lk 1,26–38 verarbeitete Tradition ursprünglich auch an die Auferstehung gedacht haben.

schränkt gewesen sein sollte, war das Fest der „Geburt des Gottes" doch in aller Munde und wurde insofern auch von den Nicht-Ägyptern (etwa in Alexandria) wahrgenommen.

Zum Schluß sei auch in bezug auf Lk 1,26−38 die Frage nach dem Sprachgeschehen gestellt. Haben Lukas oder die ihm vorliegende Tradition noch das symbolische Sprachspiel verstanden, das dem ägyptischen Mythos eigen war? Die allegorischen Deutungen des Philo oder des Paulus haben dem auf ihre Weise Rechnung getragen. Dagegen wird man diese Frage im Blick auf Plutarch und seine deskriptive Interpretation nicht unbedingt bejahen dürfen. Nun gibt es zweifellos auch für Lk 1,26−38 Indizien, die auf eine Beschreibung und nicht auf eine Deutung erfahrungsweltlichen Geschehens verweisen. Zum einen muß, was im Rückblick (von Ostern) als Deutung erscheint, fast zwangsläufig beschreibende Züge gewinnen, sobald es vorausblickend im Kontext einer von der Geburt zum Tod bzw. zur Auferstehung fortschreitenden Jesus-Vita zu stehen kommt. Im übrigen enthält auch die Erzählung als solche deskriptive Tendenzen. Zumindest kann man die Frage Marias „Wie soll das geschehen, da ich keinen Mann erkenne?" (V. 34) in diesem Sinn interpretieren, und ein griechischer oder römischer Leser vom Schlage eines Plutarch wird sie auch in diesem Sinn verstanden haben. Während der ägyptische Mythos den erfahrungsweltlichen Ausgangspunkt durch die sich darüber erhebende symbolische Welt nicht bestritt, sondern deutete, so wird jetzt das erfahrungsweltliche Substrat einer natürlichen Zeugung ausdrücklich ausgeschlossen. Man ist zunächst versucht, auf Philo zu verweisen, der auf der Ebene allegorischer Deutung die Beteiligung des Mannes negieren konnte, obwohl er im deskriptiven Kontext ganz natürlich von einer Zeugung durch den Mann sprechen konnte. Würde man dieses Modell auf Lk 1,26−38 übertragen, müßte man die Frage Marias als rein literarische Fiktion zur Aufrechterhaltung der angezielten symbolischen Welt begreifen. Selbst wenn dies die ursprüngliche Funktion von V. 34 bei der Generierung der Geschichte gewesen sein sollte, bleibt dem Vers eine deskriptive Eigendynamik, die spätestens im biographischen Kontext voll durchbrechen muß. D. h., auf der Ebene des Lukasevangeliums ist die symbolische Welt einer göttlich legitimierten Inthronisation und der sie fundierenden göttlichen Zeugung verquickt mit der deskriptiven Welt einer erfahrungsweltlich den Mann nicht (er)kennenden Jungfrau. Gemessen an der sprachlichen Gestaltung der bisher besprochenen religionsgeschichtlichen Materialien erscheint dies − in dieser Deutlichkeit − als ein bemerkenswerter Vorgang. Warum man zu diesem relativ außergewöhnlichen Mittel gegriffen hat, läßt sich, wenn überhaupt, nur hypothetisch beantworten. Nun wird man antiken Phänomenen gewiß nicht immer mit den strengen Maßstäben einer aufgeklärten Vernunft beikommen können und damit rechnen müssen, daß in der Antike Götter- und Menschenwelt oftmals ineinander verschwammen. Doch wird man mit dieser allgemeinen Beobachtung am allerwenigsten das Anliegen unseres Textes erfassen können, der – wie gleich zu erläutern ist – die etwa in der griechischen Mythologie übliche Deskription des Verkehrs einer Gottheit mit einer menschlichen Frau nicht nachvollziehen kann. So treibt er mit der deskriptiven Verortung seiner symbolischen Welt ein ambivalentes Spiel, das bis auf den heutigen Tag zu mancherlei Mißverständnissen Anlaß gegeben hat. Daß er sich dennoch auf dieses Sprachspiel einläßt, hat vielleicht zwei maßgebliche Gründe. Zum einen wird es die eschatologische Qualität der Inthronisation gewesen sein, die die Erzähler dieser Geschichte ermutigt hat, die Einmaligkeit des als Gottessohn inthronisierten Messias mit allen nur zu Gebote stehenden Mitteln zur Sprache zu bringen. Zum andern wird man bei diesem Vorgang die katalytische Kraft der LXX-Lesart von Jes 7,14 nicht unterschätzen dürfen. Als messianische Weissagung gelesen, brachte die Bibel an dieser Stelle ja selbst zum Ausdruck, daß die „Jungfrau" (παρθένος) empfangen wird.

Gegen alle möglichen Mißverständnisse bleibt zum Schluß allerdings zu betonen, daß zumindest die Antwort auf V. 34 wieder zum hohen Niveau symbolischen Sprachgeschehens zurückkehrt, so daß die Geschichte als ganze letztlich doch die Symbolik der von ihr erzählten Welt in feinsinniger Weise wahrt. Es kann keinem Zweifel unterliegen, daß die lukanische Erzählung Gott oder den Geist genauso wenig als Liebhaber Marias verstanden hat, wie Philo oder Paulus behaupten wollten, daß Gott oder der Geist der Liebhaber der Patriarchenfrauen gewesen sei. Die kritische Einlassung Plutarchs von der bei der Vereinigung stattfindenden Wesensvermischung hat in der jüdischen und christlichen Rezeption der ägyptischen Vorstellung keinen Platz. Von diesem Denkhorizont aus wäre die ägyptische Vorstellung jüdisch oder christlich überhaupt nicht rezipierbar gewesen. Insofern sind Philo, Paulus und Lk 1,26–38 der symbolischen Ebene der ägyptischen Aussage weit besser gerecht geworden, als dies bei Plutarch der Fall war. In Lk 1,26–38 tritt das Pneuma weder an die Stelle des männlichen Samens noch soll eine irgendwie geartete biologische Vereinigung von einem göttlichen Vater mit einer menschlichen Mutter ausgesagt werden, so daß das Ergebnis der Gott-Mensch Jesus wäre. Dieses Verständnis ist so falsch, wie es verbreitet ist. Die Gottmenschlichkeit Jesu ist letztendlich das Ergebnis des Konzils von Chalcedon (451), das sich für seine Aussage auf die Präexistenzchristologie, nicht aber auf Lk 1,26–38 berufen kann. Der Geist, der Maria „überschattet" hat, erinnert an den Geist, der am Schöpfungsmorgen über den Wassern schwebte (Gen 1,1), und an die Wolke, die die Anwesenheit Gottes inmitten des durch die Wüste wandernden Gottesvolkes anzeigte (Ex 40 u. ö.). Der vom Geist Gezeugte ist daher voll und ganz Mensch, dessen Besonderheit allerdings darin besteht, daß er – im Blick auf seine messianische Funktion – einem schöpferischen Akt Gottes entstammt.

Bibliographie

D. ARNOLD, Vom Pyramidenbezirk zum „Haus für Millionen Jahre": MDAIK 34 (1978) 1−8.

−, Die Tempel Ägyptens. Götterwohnungen, Kultstätten, Baudenkmäler, Zürich 1992.

J. ASSMANN, Die Zeugung des Sohnes. Bild, Spiel, Erzählung und das Problem des ägyptischen Mythos, in: DERS. / W. BURKERT / F. STOLZ (HRSG.), Funktionen und Leistungen des Mythos. Drei orientalische Beispiele (OBO 48), Freiburg/Schweiz − Göttingen 1982, 13−61.

−, Königsdogma und Heilserwartung. Politische und kultische Chaosbeschreibungen in ägyptischen Texten, in: D. HELLHOLM (HRSG.), Apocalypticism in the Mediterranean World and the Near East. Proceedings of the International Colloquium on Apocalypticism Uppsala, August 12−17, 1979, Tübingen 1983, 345−377.

R. A. BAER, Philo's Use of the Categories Male and Female (ALGHJ III), Leiden 1970.

W. BARTA, Untersuchungen zur Göttlichkeit des regierenden Königs (MÄSt 32), München 1975.

J. v. BECKERATH, Handbuch der ägyptischen Königsnamen (MÄSt 20), München, Berlin 1984.

L. BELL, Luxor Temple and the Cult of the Royal Ka: JNES 44 (1985) 251−294.

H. BRUNNER, Die Geburt des Gottkönigs. Studien zur Überlieferung eines ägyptischen Mythos (ÄA 10), Wiesbaden ²1986.

E. BRUNNER-TRAUT, Pharao und Jesus als Söhne Gottes, in: DIES., Gelebte Mythen. Beiträge zum altägyptischen Mythos, Darmstadt ³1988, 31−59.

−, Altägyptische Märchen. Mythen und andere volkstümliche Erzählungen, München ⁹1990.

E. CHASSINAT, Le mammisi d'Edfou (MIFAO XVI), Kairo 1910.

C. CLEMEN, Religionsgeschichtliche Erklärung des Neuen Testaments. Die Abhängigkeit des ältesten Christentums von nichtjüdischen Religionen und philosophischen Systemen, Gießen ²1924 (Nachdr. Berlin- New York 1973).

F. DAUMAS, Les mammisis des temples égyptiens, Paris 1958.

−, Les mammisis de Dendera. Le mammisi de Nectanébo, Kairo 1955.

−, Art. Geburtshaus, in: LÄ II (1977) 462−475.

A. DEISSLER, Zum Problem der Messianität von Psalm 2, in: M. CARREZ U. A. (HRSG.), De la Tôrah au Messie. FS H. Cazelles, Paris 1981, 283−292.

M. DIBELIUS, Jungfrauensohn und Krippenkind. Untersuchungen zur Geburtsgeschichte Jesu im Lukas-Evangelium, in: DERS., Botschaft und Geschichte. Gesammelte Aufsätze I. Zur Evangelienforschung (in Verb. m. H. KRAFT hrsg. v. G. BORNKAMM), Tübingen 1953, 1−78.

G. ERDMANN, Die Vorgeschichten des Lukas- und Matthäus-Evangeliums (FRLANT 48), Göttingen 1932.

A. ERMAN, Die Märchen des Papyrus Westcar (Königliche Museen zu Berlin. Mitteilungen aus den Orientalischen Sammlungen 5/6), Berlin 1890.

E. FEHRLE, Die kultische Keuschheit im Altertum (RGVV VI), Gießen 1910 (Nachdr. Berlin 1966).

H. GRESSMANN, Das Weihnachts-Evangelium auf Ursprung und Geschichte untersucht, Göttingen 1914.

M. GÖRG, Gott-König-Reden in Israel und Ägypten (BWANT 105), Stuttgart u. a. 1975.

–, Die „Wiedergeburt" des Königs (Ps 2,7b), in: DERS., Studien zur biblisch-ägyptischen Religionsgeschichte (SBAB 14), Stuttgart 1992, 17–31.

G. HAENY, La fonction religieuse des „châteaux de millions d'années", in: L'égyptologie en 1979. Axes prioritaires de recherches I, Paris 1982, 111–116.

–, Basilikale Anlagen in der ägyptischen Baukunst des Neuen Reiches (Beiträge Bf 9), Wiesbaden 1970.

M. HENGEL, Der Sohn Gottes. Die Entstehung der Christologie und die jüdisch-hellenistische Religionsgeschichte, Tübingen ²1977.

G. HENTSCHEL, Gott, König und Tempel. Beobachtungen zu 2 Sam 7,1–17 (EThSt 22), Leipzig 1992.

A. HOLL, Der Ursprung des Epiphanienfestes (SPAW), Berlin 1917, 402–438.

H. JACOBSOHN, Die dogmatische Stellung des Königs in der Theologie der alten Ägypter (ÄF 8), Glückstadt u. a. 1939.

–, Art. Kamutef, in: LÄ III (1980) 308 f.

H. JUNKER – E. WINTER, Das Geburtshaus des Tempels der Isis in Philä (DÖAW.PH Sonderband), Wien 1965.

K. A. KITCHEN, Ramesside Inscriptions. Historical and Biographical II.5, Oxford 1971.

K. KOCH, Geschichte der ägyptischen Religion. Von den Pyramiden bis zu den Mysterien der Isis, Stuttgart u. a. 1993.

M. LICHTHEIM, Ancient Egyptian Literature. A Book of Readings I. The Old and Middle Kingdoms, Berkeley u. a. 1973.

J. MAIER, Die Qumran-Essener: Die Texte vom Toten Meer II. Die Texte der Höhle 4 (UTB 1963), München – Basel 1995.

H. MERKLEIN, Die Auferweckung Jesu und die Anfänge der Christologie (Messias bzw. Sohn Gottes und Menschensohn), in: DERS., Studien zu Jesus und Paulus (WUNT 43), Tübingen 1987, 221–246.

–, Zur Entstehung der urchristlichen Aussage vom präexistenten Sohn Gottes, in: DERS., Studien (s. o.) 247–276.

S. MORENZ, Die Geschichte von Joseph dem Zimmermann (TU 56), Berlin 1951.

–, Forschungen und Fortschritte (FuF) 40 (1966) 366–371.

K. MÜLLER, Art. Apokalyptik/Apokalypsen III. Die jüdische Apokalyptik. Anfänge und Merkmale, in: TRE III (1978) 202–251.

E. NORDEN, Die Geburt des Kindes. Geschichte einer religiösen Idee, Stuttgart 1924 (Nachdr. Darmstadt 1958).

R. REITZENSTEIN, Die hellenistischen Mysterienreligionen nach ihren Grundgedanken und Wirkungen, Darmstadt 1977 (Nachdr. d. 3. Aufl. Leipzig 1927).

G. ROEDER, Urkunden zur Religion des Alten Ägypten (RSV), Jena 1923.

K. SETHE, Amun und die acht Urgötter von Hermopolis. Eine Untersuchung über Ursprung und Wesen des ägyptischen Götterkönigs (APAW.PH 4), Berlin 1929.

W. K. SIMPSON (HRSG.), The Literature of Ancient Egypt. An Anthology of Stories, Instructions, and Poetry, New Haven – London 1973.

R. STADELMANN, Tempel und Tempelnamen in Theben-Ost und -West: MDAIK 34 (1978) 171–180.

H. STERNBERG EL-HOTABI, Der Mythos von der Geburt des Gottkönigs, in: TUAT III, Lieferung 5 (Mythen und Epen III), Gütersloh 1995, 991–1005.

H. USENER, Das Weihnachtsfest (= Religionsgeschichtliche Untersuchungen I, Kap. I – III), Bonn ³1969.

T. Veijola, Verheissung in der Krise. Studien zur Literatur und Theologie der Exilszeit anhand des 89. Psalms (AASF, Ser. B, 220), Helsinki 1982.

–, Davidverheißung und Staatsvertrag. Beobachtungen zum Einfluß altorientalischer Staatsverträge auf die biblische Sprache am Beispiel von Psalm 89: ZAW 95 (1983) 9–31.

K. Wengst, Christologische Formeln und Lieder des Urchristentums (StNT 7), Gütersloh 1972.

D. Zeller, Die Menschwerdung des Sohnes Gottes im Neuen Testament und die antike Religionsgeschichte, in: Ders. (Hrsg.), Menschwerdung Gottes – Vergöttlichung des Menschen (NTOA 7), Fribourg – Göttingen 1988, 141–176.

–, Geburtsankündigung und Geburtsverkündigung. Formgeschichtliche Untersuchung im Blick auf Mt 1 f, Lk 1 f, in: K. Berger u. a., Studien und Texte zur Formgeschichte (TANZ 7), Tübingen – Basel 1992, 59–134.

E. Zenger, „Wozu tosen die Völker ...?" Beobachtungen zur Entstehung und Theologie des 2. Psalms, in: E. Haag / F.-L. Hossfeld (Hrsg.), Freude an der Weisung des Herrn. Beiträge zur Theologie der Psalmen. FS H. Groß (SBB 13), Stuttgart 1986, 495–511.

2. Der Sühnetod Jesu nach dem Zeugnis des Neuen Testaments

„Sühne" gehört schon innerchristlich zu den schwierigen Themen der Theologie. In der abendländischen Theologie wurde Sühne vor allem juridisch als Satisfaktion definiert, d. h. als Genugtuung, durch die die verletzte Ehre wiederhergestellt wird. Heutzutage hat der Sühnebegriff seinen „Sitz im Leben" vorwiegend im Gerichtswesen. Als Sühne wird die im Namen der Gesellschaft verhängte Strafe verstanden. Sühne ist eine Art Ersatzleistung, durch die die Normverletzung gleichsam wieder ausgeglichen und der Straftäter – zumindest theoretisch – wieder gesellschaftsfähig wird. Vor diesem Hintergrund geraten die biblischen bzw. neutestamentlichen Sühneaussagen leicht in ein schiefes Licht. Sühne wird zur menschlichen Leistung, die darauf abzielt, den beleidigten Gott zu besänftigen. Aber was ist das für ein Gott, der zur Wiederherstellung seiner verletzten Ehre den Tod eines Menschen, ja seines eigenen Sohnes verlangt? Sagt man aber dem modernen Menschen, daß das biblische Sühneverständnis vorwiegend kultisch bestimmt ist, dann wird das Unbehagen eher noch größer, weil der Verdacht magischer Praxis aufkommt.

Für den jüdischen Gesprächspartner kommen noch weitere Schwierigkeiten hinzu. Denn mit der neutestamentlichen Aussage vom Sühnetod Jesu Christi ist aufs schärfste die Differenz zum Christentum festgehalten, die eben nicht bloß eine christologische, sondern präzise eine soteriologische ist. Mit dieser differentia specifica christiana hängt es wohl zusammen, daß ein Messias, der für die Sünden der Menschen gekreuzigt wurde, als eine gänzlich unjüdische Vorstellung erscheint. Hinzu kommt noch ein mehr emotionales Moment. War es doch der Gekreuzigte, der den Christen bis in unser Jahrhundert hinein den Vorwand lieferte, um die zu „Gottesmördern" abgestempelten Juden als Freiwild und Sündenböcke der Gesellschaft zu behandeln. Der von den Christen als Sühne gefeierte Tod Jesu wurde für die Juden zum Trauma, auf das man kaum anders als mit Abscheu und mit Abwehr reagieren konnte.

So scheint es kein Zufall zu sein, daß der christlich-jüdische Dialog sich bisher nur sehr zögerlich mit dem Fragenkomplex des Sühnetodes Jesu auseinandergesetzt hat. Um so erfreulicher ist es, daß dieses Symposion sich diesem Thema stellt. Sinn dieser Unternehmung kann unter den gegebenen Voraussetzungen nicht die Kontroverse, sondern nur das gegenseitige und insbesondere christliche Werben um Verständnis sein. Dabei birgt das Sühnethema neben allen Problemen auch eine besondere Chance, insofern es Juden und Christen auf einen beiden gemeinsamen Wurzelgrund verweisen kann.

2. *Zur religionsgeschichtlichen Herkunft der neutestamentlichen* *Sühneaussage*

Bis vor nicht allzu langer Zeit herrschte nahezu Konsens, daß die Vorstellung vom stellvertretenden Sühnetod eines Menschen im sog. palästinischen Judentum bereitlag und vom Urchristentum von dort übernommen wurde. Als Ausdruck dieses Konsenses kann die Arbeit von Eduard Lohse gelten: „Märtyrer und Gottesknecht"[1]. Kritische Anfragen dazu kamen vor allem von Klaus Wengst. In seinem Buch „Christologische Formeln und Lieder des Urchristentums" stellte er die These auf: „Die Vorstellung vom stellvertretenden Sühnetod wurde nicht im palästinischen, sondern im hellenistischen Judentum ausgebildet."[2] Er verwies darauf, daß die Sühne, „solange der Tempel bestand, ... vorwiegend kultisch bestimmt" war.[3] Tatsächlich ist der Gedanke einer stellvertretenden Sühne durch *Menschen* dem Alten Testament eher fremd (vgl. Dtn 24,16; Ex 32,30–35). Der deuterojesajanische Gottesknecht, der sein Leben als Sühnopfer hingibt und die Sünden der Vielen trägt (Jes 53,10.12), erscheint in diesem Umfeld fast wie ein erratischer Block. Hingegen ist das „Sterben für" dem griechischen Kulturkreis sehr vertraut. Dabei geht es allerdings nicht um Sühne, sondern um den Einsatz des Lebens zur Rettung der Freunde oder der Gemeinschaft bzw. um das Sterben für eine Idee. Vergleichbare Äußerungen finden sich auch im hellenistischen Judentum bei Josephus (Ant XIII,1,1) und im 2., 3. und 4. Makkabäerbuch (vgl. bes.: „Sterben für die Gesetze"

---

[1] E. Lohse, Märtyrer und Gottesknecht. Untersuchungen zur urchristlichen Verkündigung vom Sühntod Jesu (FRLANT 64), Göttingen 1955, 2., erweiterte Aufl. 1965.
[2] K. Wengst, Christologische Formeln und Lieder des Urchristentums (StNT 7), Gütersloh 1972, hier 70.
[3] Ebd. 65.

2 Makk 6,28; 7,9; 8,21; 3 Makk 1,23; 4 Makk 6,27; 13,9). Darüber hinaus taucht dann im 2. und im 4. Makkabäerbuch der Gedanke auf, daß das Sterben der Märtyrer zur Sühne für die Sünden des Volkes dient (2 Makk 7,37; 4 Makk 6,27–29; 17,21 f). Diese spezifische Vorstellung vom stellvertretenden Sühnetod ist nach Wengst aus der Verbindung der griechischen Idee des „Sterbens für" mit dem alttestamentlich-jüdischen, kultisch bestimmten Sühnegedanken hervorgegangen.[4] Vom hellenistischen Judentum sei die Vorstellung dann ins hellenistische Judenchristentum eingedrungen.[5]

Auf die kritische Diskussion der Wengstschen Thesen kann hier nicht näher eingegangen werden.[6] Methodisch fragwürdig ist vor allem, wenn hellenistisches und palästinisches Judentum wie zwei isolierte Größen behandelt werden. Seit Alexander dem Großen ist auch das palästinische Judentum – unbeschadet einer zunehmenden Besinnung auf die eigenständige Tradition – hellenistisch beeinflußt. Von daher ist es keineswegs auszuschließen, daß selbst ein hellenistisch-jüdisch konzipierter Sühnegedanke wenigstens katalytisch auch auf das palästinische Urchristentum eingewirkt haben könnte.

Dies ist um so weniger von der Hand zu weisen, als die Christengemeinde von Jerusalem bereits kurze Zeit nach dem Tod Jesu aramäisch *und* griechisch sprechende Juden umfaßte. Neben der Gruppe der „Hebräer", die sich um Kephas und die Zwölf sammelte, hatte sich – wohl aus zugezogenen Diasporajuden – die Gruppe der „Hellenisten" etabliert, die sich um Stephanus und die Sieben scharte.[7] Unter dieser Voraussetzung relativiert sich der alte Streit um die traditionelle Glaubensformel von 1 Kor 15,3 b–5:

Christus ist für unsere Sünden gestorben, gemäß der Schrift,
und ist begraben worden.
Er ist am dritten Tag auferweckt worden, gemäß der Schrift,
und erschien dem Kephas, dann den Zwölf.

Joachim Jeremias hatte aufgrund der von ihm beobachteten Semitismen gefolgert, daß die Formel „wahrscheinlich ... aus der aramäisch redenden ältesten Gemeinde" stamme.[8] Dem widersprach

---

[4] Ebd. 68 f, 70.
[5] Ebd. 70.
[6] Vgl. dazu vor allem M. Hengel, Der stellvertretende Sühnetod Jesu. Ein Beitrag zur Entstehung des urchristlichen Kerygmas, in: IKaZ 9 (1980) 1–25, 135–157, bes. 136–141; vgl. auch die erweiterte amerikanische Übersetzung: The Atonement. The Origin of the Doctrine in the New Testament, Philadelphia 1981, bes. 55–65.
[7] Vgl. Apg 6 und dazu: M. Hengel, Zwischen Jesus und Paulus. Die „Hellenisten", die „Sieben" und Stephanus (Apg 6,1–15; 7,54 – 8,3), in: ZThK 72 (1975) 151–206.
[8] J. Jeremias, Die Abendmahlsworte Jesu, Göttingen ⁴1967, 97.

vor allem Hans Conzelmann, der für eine ursprünglich griechisch abgefaßte Formel (mit Antiochia als wahrscheinlichem Entstehungsort) plädierte.[9] Angesichts der geschilderten Situation der Jerusalemer Christengemeinde ist der Streit wahrscheinlich dahingehend zu entscheiden, daß 1 Kor 15,3 b–5 die griechische Version einer Glaubensformel darstellt, die die Hellenisten in ihrem sachlichen Kern bereits von der Urgemeinde übernommen haben. Auf die Urgemeinde verweist die Erwähnung des Kephas und der Zwölf in der Formel selbst (1 Kor 15,5; vgl. auch 15,7: Jakobus). Dazu paßt auch die Beteuerung des Paulus, daß die Formel inhaltlich das wiedergibt, was er und die übrigen (Jerusalemer) Apostel übereinstimmend verkünden (1 Kor 15,11). Die Diskussion der religionsgeschichtlichen Ableitung der neutestamentlichen Sühneaussage wird daher _historisch_ von dem Befund auszugehen haben, daß der Sühnetod Jesu bereits zum gemeinsamen Glaubensbestand _aller_ Jerusalemer Jesusanhänger gehörte.

Unter diesen Umständen ist schließlich noch ein Weiteres zu berücksichtigen. Unbeschadet aller möglichen zeitgenössischen Einflüsse, an deren katalytischer Funktion nicht gezweifelt werden soll, bleibt die urchristliche Aussage vom Sühnetod Jesu eine Sache sui generis. Sie ist vor allem dadurch gekennzeichnet, daß sie unmittelbar auf das Alte Testament zurückgreift. Wie unten noch zu zeigen sein wird, werden im einzelnen herangezogen: die Vorstellung vom Gottesknecht in Jes 53 und die kultische Vorstellung vom Versöhnungstag in Lev 16 bzw. vom Sündopfer in Lev 4 und 5. Insbesondere im Blick auf die Applikation kultischer Vorstellungen gilt es zu beachten, daß die neutestamentlichen Aussagen nicht einfach durch eine Übertragung der alttestamentlichen Aussagen zustande kommen. Es handelt sich vielmehr um eine Typologie. Die alttestamentlich-kultische Vorstellung dient als Vor-bild (Typos), um auf den das Vorbild überbietenden Anti-typos zu verweisen, dessen eigentliche Bedeutung nicht aus dem Vor-bild, sondern aus sich selbst resultiert und durch den Typos lediglich veranschaulicht wird. Insofern läuft es ins Leere, wenn Wengst eine „einfache Übertragung" kultischer Sühnevorstellung auf Menschen für „undenkbar" erklärt „in einer Religion, in der Menschenopfer als unvorstellbare Greuel gelten".[10]

---

[9] H. Conzelmann, Zur Analyse der Bekenntnisformel 1. Kor. 15,3–5, in: ders., Theologie als Schriftauslegung. Aufsätze zum Neuen Testament (BevTh 65), München 1974, 131–141, hier 136, vgl. 138.
[10] K. Wengst, Formeln (s. Anm. 2) 65.

3. Zur traditionsgeschichtlichen Entwicklung der neutestamentlichen Sühneaussage

In den folgenden Ausführungen wird versucht, den traditionsgeschichtlichen Werdegang der Sühneaussage von Jesus bis Paulus nachzuzeichnen. Die Darlegungen des Hebräerbriefes, der das Thema konzeptionell am meisten durchdringt, werden nur anhangsweise behandelt. Sie sind im wesentlichen auch bekannt, so daß hier kaum neue Einsichten zu erwarten sind. Hingegen wird der meist vernachlässigten Frage nach einem möglichen kultischen Hintergrund des paulinischen Denkens mehr Platz eingeräumt. Sie wird sich auch als sehr hilfreich erweisen.

Im Rahmen der religionsgeschichtlichen Fragestellung war festgestellt worden, daß das Bekenntnis zum Sühnetod Jesu bereits zum Glaubensbestand der gesamten Jerusalemer Christengemeinde gehörte, und zwar sowohl der aramäisch als auch der griechisch sprechenden Gruppe. Das Neue Testament macht Jesus selbst für die Sühnedeutung seines Todes verantwortlich. Läßt sich diese Sicht auch historisch aufrechterhalten?

3.1 Der Sühnegedanke bei Jesus

Tatsächlich mehren sich in jüngerer Zeit die Stimmen, die Jesus selbst die Sühnedeutung seines Todes zutrauen.[11] Die Beweislast haben Mk 10,45 und die Abendmahlstradition zu tragen. Mk 10,45 lautet:

Denn auch der Menschensohn ist nicht gekommen,
sich dienen zu lassen,
sondern um zu dienen
und sein Leben hinzugeben als Lösegeld für viele.

Die semitisierende Formulierung deutet auf palästinisch-aramäisches Milieu. Andererseits bleibt zu bedenken, daß V. 45b neben Jes 53 möglicherweise auch noch Jes 43,3f reflektiert und insofern ein schon fortgeschrittenes Stadium der Überlieferung wiedergibt.

---

[11] R. Pesch, Das Abendmahl und Jesu Todesverständnis (QD 80), Freiburg/Basel/Wien 1978, 107–111; M. Hengel, Sühnetod (s. Anm. 6) 145f (Atonement 71–73); P. Stuhlmacher, Das neutestamentliche Zeugnis vom Herrenmahl, in: ZThK 84 (1987) 1–35, jetzt in: ders., Jesus von Nazareth – Christus des Glaubens, Stuttgart 1988, 65–105, hier 69–78; vgl. ders., Existenzstellvertretung für die Vielen: Mk 10,45 (Mt 20,28), in: ders., Versöhnung, Gesetz und Gerechtigkeit. Aufsätze zur biblischen Theologie, Göttingen 1981, 27–42; G. Lohfink, Wie hat Jesus Gemeinde gewollt? Zur gesellschaftlichen Dimension des christlichen Glaubens, Freiburg/Basel/Wien 1982, 34–37; u. a.

Unterstrichen wird dies durch die Verbindung mit der Rede vom
Menschensohn in V. 45 a, die – bezogen auf den irdischen Jesus –
m. E. erst nach Ostern aufgekommen ist. [12] So wird man Mk 10, 45
wohl doch nicht auf Jesus selbst zurückführen dürfen. Wahrscheinlich stellt das Wort eine Variante der sog. Dahingabeformel dar (s. u.
3.2).

Wie steht es mit der Abendmahlstradition? In ihr wird der Tod
Jesu auf zweifache Weise gedeutet: mit Hilfe des Bundesgedankens
von Ex 24, 8 bzw. von Jer 31, 31 und mit Hilfe des Sühnegedankens.
Letzterer greift wohl auf das 4. Gottesknechtslied aus Jes 53 zurück,
sofern die markinische Ausdrucksweise ὑπὲρ πολλῶν Mk 14, 24 gegenüber der paulinisch-lukanischen Applikation auf die Feiernden
ὑπὲρ ὑμῶν (1 Kor 11, 24; Lk 22, 19 f) den Vorzug verdient. Auf das
Bundesmotiv und seinen wohl doch nachösterlichen Ursprung ist
später noch einmal zurückzukommen (s. u. 3.3). [13]

Das Sühnemotiv ist traditionsgeschichtlich schwieriger zu beurteilen. Allerdings wird man gegen die Authentizität kaum einwenden
können, daß Jes 53 im Frühjudentum nur eine geringfügige Rolle gespielt habe. Mit dem gleichen Einwand müßte man dann ja auch der
nachösterlichen Rezeption begegnen. Im übrigen wird man Jesus
die gleiche innovatorische Kraft zutrauen dürfen wie der nachösterlichen Gemeinde. Ernster zu nehmen ist ein anderes Argument:
Jesus, der mit seiner Botschaft von der Gottesherrschaft Gottes *unbedingtes* Heilshandeln verkündet habe, könne dieses Heil – kurz
vor seinem Tod – nicht doch noch an die Bedingung seines stellvertretenden Sterbens gebunden haben. [14]

Es ist davon auszugehen, daß Jesus spätestens seit dem Zusammenstoß mit der sadduzäischen Tempelbehörde (vgl. die Szene der
Tempelreinigung Mk 11, 15–19 par und das Tempellogion Mk
14, 58; 15, 29 par; Joh 2, 19; Apg 6, 13 f) zumindest mit der Möglichkeit eines gewaltsamen Endes gerechnet haben muß. Wollte er dennoch an der Gültigkeit seiner Botschaft festhalten (vgl. Mk 14, 25),

---

[12] Vgl. H. Merklein, Die Auferweckung Jesu und die Anfänge der Christologie (Messias bzw. Sohn Gottes und Menschensohn), in: Ders., Studien zu Jesus und Paulus
(WUNT 43), Tübingen 1987, 221–246.
[13] Zum nachösterlichen Ursprung vgl. H. Merklein, Erwägungen zur Überlieferungsgeschichte der neutestamentlichen Abendmahlstraditionen, in: ders., Studien (s. Anm.
12) 157–180, hier 173 f.
[14] So etwa: P. Fiedler, Jesus und die Sünder (BET 3), Frankfurt/Bern 1976, 277–281;
A. Vögtle, Jesus von Nazareth, in: R. Kottje / B. Moeller (Hg.), Ökumenische Kirchengeschichte I, Mainz/München 1970, 3–24, hier 21–24; ders., Grundfragen der Diskussion um das heilsmittlerische Todesverständnis Jesu, in: ders., Offenbarungsgeschehen
und Wirkungsgeschichte. Neutestamentliche Beiträge, Freiburg/Basel/Wien 1985,
141–167.

so mußte er seinem Tod eine sinnvolle Funktion im Geschehen der hereinbrechenden Gottesherrschaft beimessen können. Dabei ist zu berücksichtigen, daß die Verkündigung der Gottesherrschaft inhaltlich die Proklamation des eschatologischen Heils für *Israel* einschließt. Unter dieser Voraussetzung brachte die Möglichkeit eines gewaltsamen Todes – bewerkstelligt durch die religiösen Repräsentanten Israels – die Sendung Jesu in eine ernsthafte Krise. Ließ sich die Proklamation vom eschatologischen Heilshandeln Gottes noch aufrechterhalten, wenn dieses sich offensichtlich an Israel als wirkungslos erwies bzw. von den Führern Israels und damit wohl auch von der Mehrheit des Volkes als überhaupt nicht existent bzw. als falsch beurteilt wurde? Nun ist es gewiß denkbar, daß Jesus die Lösung dieses Problems in einem formalen Vertrauensakt ganz Gott anheimstellte.[15] Sollte Jesus die Diskrepanz zwischen Botschaft und Tod aber auch inhaltlich reflektiert haben, dann vermochte in der Tat das stellvertretende Sterben des Gottesknechtes ein nahezu kongeniales Interpretationsmuster zur Bewältigung der kritischen Situation zu liefern. Im Rückgriff auf Jes 53 konnte Jesus seinen Tod als Sühne für die „vielen", d. h. als Sühne für Israel, verstehen. Theologisch ließ sich mit einer derartigen Interpretation sicherstellen, daß auch die (mehrheitliche) Ablehnung Israels die Wirksamkeit des von Jesus proklamierten Heilshandelns Gottes nicht in Frage stellen kann. Selbst den Ablehnenden gegenüber bleibt Gottes Handeln vielmehr wirkmächtig, indem es den Tod des eschatologischen Boten zum Akt der Sühne werden läßt. So verstanden, stellt Jesu Sühnetod keine zusätzliche Heilsbedingung dar. Er erscheint vielmehr als Konsequenz jenes eschatologischen Heilshandelns an Israel, das Jesus mit der Verkündigung der Gottesherrschaft proklamiert hatte. Damit entfällt m. E. das Hauptargument gegen die Authentizität der Sühneaussage innerhalb der Abendmahlstradition. Es ist allerdings zu konzedieren, daß der Aufweis der Möglichkeit noch kein (positiver) Beweis für die historische Tatsächlichkeit ist. Insofern bleibt die hier vorgestellte Sicht eine Hypothese.

3.2 Der Sühnegedanke in der frühen aramäisch sprechenden Gemeinde

Wenn nicht Jesus selbst seinem Tod Sühnebedeutung beigemessen hat, dann muß dies sehr bald nach Ostern geschehen sein. Oben wurde bereits auf die Tradition von 1 Kor 15,3b–5 verwiesen, in der

---

[15] So L. Oberlinner, Todeserwartung und Todesgewißheit Jesu. Zum Problem einer historischen Begründung (SBB 10), Stuttgart 1980, 133.

inhaltlich das Glaubensbekenntnis der ersten Christengemeinde in Jerusalem festgehalten ist. Die konkreten Formulierungen – insbesondere „für unsere Sünden" und „gemäß den Schriften" deuten darauf hin, daß auch 1 Kor 15, 3 b das Sterben Jesu im Lichte von Jes 53 interpretiert hat.[16] Insofern ist die Glaubensformel traditionsgeschichtlich aufs engste mit der Abendmahlstradition verwandt.

Für das hohe Alter der Sühneaussage spricht auch noch eine andere, allgemeinere Überlegung. Die Ostererfahrung bzw. das daraus abgeleitete Bekenntnis „Gott hat Jesus von den Toten auferweckt" (vgl. Röm 10,9 b; 1 Kor 6,14; 15,15; 1 Thess 1,10; Apg 3,15; 4,10) vermag nämlich – für sich genommen – kaum hinreichend zu erklären, warum die Anhänger Jesu dessen Verkündigung nach Ostern fortsetzten und Israel erneut das Heil zusprachen. Der gewaltsame Tod Jesu hätte ja ebensogut zu einer Gerichtspredigt gegen Israel führen können. Und von der Auferweckung her hätte es wahrscheinlich nähergelegen, jetzt, nachdem die eschatologische Neuschöpfung bereits begonnen hatte, den noch ausstehenden Lauf der Dinge einfach abzuwarten. Setzt man hingegen voraus, daß der Tod Jesu schon sehr früh – sei es von Jesus selbst, sei es von der Urgemeinde – als stellvertretendes Sühnesterben für Israel bzw. für die Sünden (Israels) gedeutet wurde, dann ist es theologisch nur konsequent, wenn sich die Gemeinde mit der Botschaft Jesu nach Ostern erneut an Israel wandte. Das Kerygma von Auferweckung und Sühnetod Jesu ist wohl auch die Voraussetzung, unter der die hinter der *Logienquelle Q* stehende Gruppe die Botschaft Jesu weiterführte. Daß dieses Kerygma nicht in die Logienquelle eingegangen ist, dürfte gattungsspezifische Gründe haben.

Aus dem (weiteren) Einflußbereich der Urgemeinde bzw. der aramäisch sprechenden Gemeinde könnte die sog. *Dahingabeformel* herausgewachsen sein.[17] Jedenfalls lassen sich in einzelnen Formulierungen noch mehr oder weniger deutliche Bezugnahmen auf Jes 53 erkennen. Dies gilt besonders für Röm 4,25[18] und die bereits erwähnte Stelle Mk 10,45[19] (vgl. auch 1 Joh 3,16; 1 Tim 2,6). Eine genauere traditionsgeschichtliche Einordnung der beiden Stellen

---

[16] Vgl. K. Lehmann, Auferweckt am dritten Tag nach der Schrift. Früheste Christologie, Bekenntnisbildung und Schriftauslegung im Lichte von 1 Kor 15,3–5 (QD 38), Freiburg/Basel/Wien 1968, 247–253.

[17] Zur Dahingabeformel vgl. K. Wengst, Formeln (s. Anm. 2) 55–62; zum Material siehe auch unten 3.4.

[18] Die Nähe zu Jes 53 zeigt sich vor allem in παρεδόθη (Jes 53,12 LXX: ἀνϑ᾽ ὧν παρεδόθη εἰς ϑάνατον ἡ ψυχὴ αὐτοῦ = MT: תַּחַת אֲשֶׁר הֶעֱרָה לַמָּוֶת נַפְשׁוֹ) und in διὰ τὰ παραπτώματα ἡμῶν (Jes 53,5.[12] LXX: διὰ τὰς ἁμαρτίας ἡμῶν [πολλῶν] = MT: מֵעֲוֹנֹתֵינוּ).

[19] Vgl. dazu Jes 53,12 LXX u. MT (s. Anm. 18) u. Jes 53,10 MT: אִם־תָּשִׂים אָשָׁם נַפְשׁוֹ.

bleibt allerdings schwierig, da sie, selbst wenn sie auf eine aramäische Vorlage zurückgehen, uns nur in griechischer Fassung vorlie-
gen.

3.3 Der Sühnegedanke bei den „Hellenisten" in Jerusalem und Antiochia

Ob die aramäisch sprechende Gemeinde aus der Sühnedeutung des
Todes Jesu Konsequenzen für ihr Verhältnis zum Jerusalemer Tempelkult gezogen hat, ist nicht mehr sicher auszumachen.[20] Insgesamt
scheint die Stellungnahme der Hebräer moderater bzw. weniger
konsequent gewesen zu sein als die der Hellenisten. Die griechisch
sprechenden Judenchristen um Stephanus und die Sieben dürften
überhaupt die ersten gewesen sein, die klar erkannten, daß der
Glaube an den Heilstod Christi zu einer neuen Beurteilung des kultischen Bereiches nötigte. Es ist kein Zufall, daß gegen Stephanus der
Vorwurf erhoben wird, er würde „gegen diesen heiligen Ort (= Tempel) und das Gesetz reden", und daß in diesem Zusammenhang auf
das Tempellogion verwiesen wird: „Dieser Jesus, der Nazoräer,
wird diesen Ort zerstören und die Bräuche ändern, die uns Mose
überliefert hat" (Apg 6,13 f). Dahinter steht wohl der Tatbestand,
daß die Hellenisten den (Sühne-)Kult im Tempel nicht mehr weiter
mitvollzogen und die diesbezüglichen Bestimmungen der Tora für
„überholt" hielten. Direkte Textzeugnisse für diese Haltung sind
uns nicht mehr erhalten. Am ehesten läßt sich noch die von Paulus
in Röm 3,25 f zitierte Formel mit den Hellenisten in Verbindung
bringen. Konkreter Entstehungs- und Vermittlungsort dürfte dann
Antiochien gewesen sein. Die Rekonstruktion ergibt folgenden
wahrscheinlichen Wortlaut[21]:

Ihn (= Christus Jesus) hat Gott öffentlich eingesetzt
als Sühneort (ἱλαστήριον) in seinem Blut
zum Erweis seiner Gerechtigkeit
um der Vergebung der zuvor geschehenen Sünden willen
in der (Zeit der) Geduld Gottes.

---

[20] Immerhin mag es bezeichnend erscheinen, daß nach der Darstellung der Apostelgeschichte die Urgemeinde und die Apostel wohl nur noch zum Zwecke des Betens bzw.
der Lehre im Tempel zu finden sind (Apg 2,46; 3,1.11 f; 5,12.25.42). Allerdings ist Lukas in seiner Darstellung nicht konsequent, wenn er dann sogar Paulus Opfer darbringen läßt (Apg 21,26; 24,17; nach Apg 22,17; 24,11 kommt Paulus zum Zwecke des
Betens), um so den Vorwurf zu entkräften, er würde zum Abfall von Mose aufrufen
(Apg 21,21) bzw. sich „gegen das Volk, das Gesetz und diesen Ort" wenden und „diesen
heiligen Ort entweihen" (Apg 21,28 [vgl. Apg 6,13! s. u.] vgl. 24,6; 25,8).
[21] Vgl. dazu: U. Wilckens, Der Brief an die Römer, I: Röm 1–5 (EKK VI/1), Zürich/
Einsiedeln/Köln/Neukirchen-Vluyn 1978, 183 f.

Im Anschluß an den Sprachgebrauch der LXX ist ἱλαστήριον prägnant mit „Sühneort" wiederzugeben. Die Stelle spielt auf die כַּפֹּרֶת (LXX: ἱλαστήριον) an, nach Ex 25, 17–22 die goldene Deckplatte auf der Bundeslade. Sie hat im Ritual des Versöhnungstages eine besondere Bedeutung. Nach Lev 16 erscheint auf ihr Gott (V. 2); vor sie hin sprengt der Hohepriester das Blut des Opfertieres zur Sühnung des Tempels (V. 14); dadurch wird zugleich Sühne geschaffen für den Hohenpriester selbst, sein Haus und die ganze Gemeinde Israels (V. 17). Insofern ist „die כַּפֹּרֶת nicht einfach ein Stück des Kultmobiliars ..., sondern *der* Ort der Gegenwart Gottes in Israel"[22]. In Röm 3, 25f* handelt es sich demnach um eine typologische Aussage. Der häufig gemachte Einwand, daß dann „das Blut Christi an die Kapporet, die er selbst wäre, gesprengt werden müßte"[23], verkennt die Möglichkeiten und den Charakter einer Typologie. Nach der Intention der Aussage soll nicht das Ritual des Versöhnungstages am Kreuz neu etabliert werden, sondern gerade dessen Überbietung zum Ausdruck gebracht werden. Mit ἱλαστήριον wird nicht Christus als Deckplatte der Bundeslade qualifiziert, sondern umgekehrt: der Ort der sühnenden Gegenwart Gottes, der bislang im Allerheiligsten zu finden war, wird nun von Christus her definiert. Der gekreuzigte Christus wird als der eschatologische Sühneort verstanden. Der Tod Christi (vgl. „in seinem Blute") ist das endgültige Sühnegeschehen und insofern die objektive Voraussetzung zur Vergebung aller zuvor geschehenen Sünden. Es wird somit deutlich, daß der Sühnekult im Jerusalemer Tempel nur die vorläufige Funktion des Typos hatte. In der am Kreuz Christi gewährten Sühne (Anti-typos) ist er eschatologisch „aufgehoben" und damit an sein Ende gekommen.

Bemerkenswert ist, daß in Röm 3, 25f* auch der *Bundesgedanke* auftaucht bzw. mit der Sühnevorstellung verbunden ist. Die „Gerechtigkeit" Gottes ist seine Bundestreue, mit der er die früheren Sünden in Geduld ertragen hat, um sie jetzt im Blute Christi zu sühnen. Die Verquickung von Sühne- und Bundesmotiv legt es nahe, die hellenistisch-judenchristliche Reflexion auch für das Eindringen des Bundesgedankens in die *Abendmahlstradition* verantwortlich zu machen (s. o. 3.1). Dabei kann es hier auf sich beruhen, ob Jesu Sterben zuerst typologisch als eschatologisches Bundesopfer in Analogie zu Ex 24, 8 (so: Mk 14, 24) oder als Erfüllung der Verheißung von Jer 31, 31–34 (so: 1 Kor 11, 25 bzw. Lk 22, 20) gedeutet wurde.

---

[22] B. Janowski, Sühne als Heilsgeschehen. Studien zur Sühnetheologie der Priesterschrift und zur Wurzel KPR im Alten Orient und im Alten Testament (WMANT 55), Neukirchen-Vluyn 1982, 353.

[23] E. Lohse, Märtyrer (s. Anm. 1) 152.

Doch kehren wir wieder zur eigentlich kultischen bzw. kulttypologischen Deutung des Todes Jesu zurück. Was veranlaßte die Hellenisten zu dieser Deutung und der damit verbundenen Distanzierung zum realen Kult in Jerusalem? Sicherlich spielte das Tempellogion Jesu eine gewisse Rolle (vgl. Apg 6, 14!). Auch könnte man an die Herkunft der Hellenisten aus der Diaspora (z. B. Alexandria) erinnern, wo man in der Suche nach einem tieferen (allegorischen oder typologischen) Sinn der Schrift zweifellos mehr geübt war als im Milieu einfacher Frommer im jüdischen Mutterland. Doch ist mit alldem bestenfalls der geschichtliche Prozeß erklärt. Ungleich wichtiger ist, daß die von den Hellenisten vorgenommene Deutung des Todes Jesu auch einen sachlichen Grund hat. Sofern man nämlich von der eschatologischen Qualität der Botschaft und der Person Jesu ausgeht, muß auch die einmal getroffene Aussage vom Sühnetod Jesu *strikt eschatologisch* qualifiziert werden. Nimmt man diese Einsicht aber konsequent ernst, dann muß – gerade aus jüdischer Perspektive – das Verhältnis zum Tempelkult neu durchdacht werden. Denn wenn durch Jesu Tod eschatologische Sühne geschaffen ist, dann hat der Sühnekult in Jerusalem seine aktuelle Bedeutung verloren. Was der Kult als – wie es sich jetzt zeigt – typologische, d. h. vor-verweisende Wirklichkeit beinhaltet, hat im Sterben Christi als dem eschatologischen Anti-typos seine wahre Verwirklichung erfahren. So wird z. B. – um noch einmal auf Röm 3, 25 f* zurückzukommen – nun deutlich, daß selbst das relativ umfassende Sühnegeschehen am Versöhnungstag ein immer nur vorläufiges Vor-Bild (Typos) war für die eschatologische Wirklichkeit des Sühnegeschehens am Kreuz Jesu Christi.

Historisch führt der kulttypologische Ansatz der Hellenisten zum Streit mit anderen hellenistisch-jüdischen Gruppen in Jerusalem und schließlich zum Konflikt mit der religiösen Behörde (vgl. Apg 6 und 7). Der Konflikt endet mit der Steinigung des Stephanus (Apg 7, 54–60) und der Vertreibung der Hellenisten aus Jerusalem (Apg 8, 1). Die „Versprengten" gelangen schließlich bis nach Antiochia (Apg 11, 19), wo sie erstmals den Namen „Christen" (Christianer) erhalten (Apg 11, 26). Daß die Apostel (die Zwölf) und mit ihnen die aramäisch sprechende Gemeinde in Jerusalem verbleiben können (vgl. Apg 8, 1), zeigt, daß diese sich theologisch weit weniger exponierten.

Die Konsequenzen, die sich aus dem theologischen Ansatz der Hellenisten ergeben, sind erheblich und für die Entwicklung einer spezifisch christlichen Theologie von maßgeblicher Bedeutung. Nach der kulttypologischen Deutung des Todes Jesu ist nicht mehr der Tempel in Jerusalem, sondern Jesus der Ort der heilsamen Begegnung mit Gott. Nicht wer in Jerusalem opfert, sondern „wer den Namen des Herrn anruft, wird gerettet" (vgl. Röm 10,13; Apg 2,21 u. ö. unter Rückgriff auf Joel 3,5). Die Vorstellung, daß die Schekhina oder die Weisheit Gottes auf dem Zion in Jerusalem Wohnung genommen hat, muß nun übertragen werden auf Jesus. Jesus erscheint als die Personifizierung der präexistenten Weisheit und des präexistenten Wortes Gottes. Dies ist der Anfang der Präexistenzchristologie[24]. Aber auch die ekklesiologische Vorstellung von der Gemeinde als dem eschatologischen Tempel Gottes (vgl. 1 Kor 3,16f; 2 Kor 6,16; Eph 2,21; 1 Petr 2,5; Hebr 3,6; 10,21 u. ö.) ist die Folge der kulttypologischen Deutung des Todes Jesu. Wenn Jerusalem nicht mehr das eigentliche Kultzentrum ist und das Heil an die Anrufung des Namens Jesu gebunden ist, dann ist es auch leichter, die Grenzen Israels zu überschreiten. Dies um so mehr, als die vielfältigen rituellen Bestimmungen der Tora jetzt – nach dem Vollzug der eschatologischen Sühne – weitgehend ihre aktuelle Bedeutung verloren haben. Es ist daher kein Zufall, daß von Antiochia aus dann auch die erste direkte Heidenmission beginnt (vgl. Apg 11,20).

3.4 Der Sühnegedanke im Rahmen der paulinischen Theologie

a) Relativ häufig bedient sich Paulus der traditionellen *Dahingabe- und Sterbensformel*. Man kann eine Kurz- und eine Langform unterscheiden. Die erste spricht vom „(Dahin-)Geben *für uns* (bzw. für ihn, mich)" (Röm 8,32; Gal 2,20; Eph 5,2.25; Tit 2,14; vgl. 1 Tim 2,6) bzw. vom „Sterben *für uns* (bzw. für ihn, alle)" (Röm 5,6.8; 14,15; 1 Kor 8,11; 2 Kor 5,15; 1 Thess 5,12; vgl. 1 Petr 2,21; 3,18). Die Langform hingegen spricht vom „Sterben *für unsere Sünden*" (1 Kor 15,3b) bzw. vom „(Dahin-)Geben *für unsere Sünden* (bzw. *wegen unserer Sünden*)" (Gal 1,4; Röm 4,25). Bei der Kurzform wird man mit dem Einfluß griechischen Denkens zu rechnen haben (s. o. 2). Dies muß nicht ausschließen, daß auch kultische Gedanken mitschwingen. Rezeptionsgeschichtlich kann in diesem Zusammenhang auf Eph 5,2.25–27 und Tit 2,14 verwiesen werden.

b) Für das Konzept der paulinischen Theologie von nicht unerheblicher Bedeutung ist der Umstand, daß Paulus die von den Hellenisten initiierte kulttypologische Deutung des Sühnetodes Jesu

---

[24] Vgl. dazu M. Hengel, Der Sohn Gottes. Die Entstehung der Christologie und die jüdisch-hellenistische Religionsgeschichte, Tübingen 1975, 104–120; H. Merklein, Zur Entstehung der urchristlichen Aussage vom präexistenten Sohn Gottes, in: ders., Studien (s. Anm. 12) 247–276.

aufgreift und mit der ihm eigenen Konsequenz zu Ende denkt. [25] An erster Stelle ist die bereits erwähnte Formel zu nennen, die Paulus in *Röm 3, 25 f* zitiert und erweitert (im folgenden hervorgehoben):

(25) Ihn (= Christus Jesus) hat Gott öffentlich eingesetzt
als Sühneort – *durch Glauben* – in seinem Blut
zum Erweis seiner Gerechtigkeit
um der Vergebung der zuvor geschehenen Sünden willen
(26) in der (Zeit der) Geduld Gottes,
zum Erweis einer Gerechtigkeit
in der Jetzt-Zeit ἐν τῷ νῦν καιρῷ),
auf daß er gerecht ist und gerecht macht
den (, der) aus Glauben an Jesus (lebt).

Zumindest sprachlich war die überkommene Formel retrospektiv orientiert. Es ging ihr um „die Vergebung der zuvor geschehenen Sünden". Das mögliche Mißverständnis, daß die am Kreuz erwiesene Gerechtigkeit Gottes nur ein einmaliger, die Vergangenheit in Ordnung bringender Akt gewesen sei, wird von Paulus durch den Zusatz in V. 26 ausgeschlossen. Am Kreuz hat sich die ein für allemal gültige Gerechtigkeit Gottes erwiesen, die alle noch ausstehende Zeit als eschatologische „Jetzt-Zeit" qualifiziert. Damit hängt dann auch zusammen, daß die der Gerechtigkeit Gottes korrespondierende menschliche Gerechtigkeit nach paulinischer Auffassung aus dem Glauben (und nicht aus Werken des Gesetzes) kommt. Der im gekreuzigten Christus statuierte eschatologische Sühneort ist nur „durch den Glauben" erreichbar. Die Gerechtmachung geschieht „aus Glauben an Jesus".

Im Rahmen der gesamten Ausführungen von Röm 1–4 gehören die beiden Verse Röm 3, 25 f zum Hauptstück Röm 3, 21–31 und formulieren dort wiederum die zentrale Aussage. Der Sühnetod Christi ist demnach die objektive Grundlage der eschatologischen Gerechtigkeit Gottes und damit die sachliche Voraussetzung für die Rechtfertigung des Sünders sola fide. Dieser Zusammenhang läßt sich auch an anderen Stellen des Corpus Paulinum verifizieren.

c) Im Römerbrief selbst ist hierfür noch auf Röm 5, 8 f und Röm 8, 3 zu verweisen. In *Röm 5, 8 f* folgert Paulus aus der traditionellen Aussage, daß Christus „für uns gestorben ist" [26], die Gerechtmachung. Die Hinzufügung „in seinem Blut" zeigt deutlich den kultischen Hintergrund des Gedankens. Wichtiger noch ist *Röm 8, 3:*

---

[25] Vgl. zum folgenden H. Merklein, Die Bedeutung des Kreuzestodes Christi für die paulinische Gerechtigkeits- und Gesetzesthematik, in: ders., Studien (s. Anm. 12) 1–106.
[26] In Röm 5, 6.8a präzisiert Paulus die Adressaten als „Gottlose" bzw. „Sünder".

... indem Gott seinen Sohn in der Gleichgestalt εν ὁμοιώματι) des Fleisches der Sünde und *für die Sünde* (περὶ ἁμαρτίας) sandte, verurteilte er die Sünde im Fleische ...

Die merkwürdig erscheinende Wendung „für die Sünde" ist wohl vor dem Hintergrund des Sündopferrituals von Lev 4; 5 (und 16) zu verstehen. Die LXX übersetzt mit περὶ ἁμαρτίας den hebräischen Ausdruck לְחַטָּאת (Lev 4,3.14; 5,7.11; 16,3.5.9; vgl. 16,15.27), der im Deutschen meist mit „als Sündopfer" wiedergegeben wird. Von hier aus ist nur ein kleiner Schritt zu *2 Kor 5,21:*

Den, der die Sünde nicht kannte,
hat er (= Gott) für uns *zur Sünde* gemacht (ἁμαρτίαν ἐποίησεν),
damit wir Gerechtigkeit Gottes würden in ihm.

Auch hier ist wohl auf das Sündopferritual angespielt.[27] Zu verweisen ist besonders auf das abschließende deklaratorische Urteil des Priesters in Lev 4,21: „Das ist das Sündopfer der Gemeinde" (חַטַּאת הַקָּהָל הוּא; (vgl. Lev 4,24; 5,9.12). Die LXX übersetzt wörtlich: ἁμαρτία συναγωγῆς ἐστιν.

Das stellvertretende Sterben Christi wird demnach in Röm 8,3 und 2 Kor 5,21 in Analogie zum Sündopfer dargestellt. Gegenüber Röm 3,25 f hat sich die Perspektive insofern verschoben, als Christus jetzt nicht mehr als Anti-typos der Kapporet, sondern des Opfertieres erscheint. Festzuhalten bleibt jedoch, daß es sich um eine Typologie handelt. Das heißt, es wäre unpräzise, würde man Christus einfachhin mit dem Opfertier identifizieren.[28] Gesagt werden soll vielmehr, daß im Sterben Christi eschatologisch verwirklicht ist, was das Sterben des Sündopfertieres vorausweisend angedeutet hat: nämlich Sühne und Vergebung der Sünden.

d) Für das inhaltliche Verständnis der neutestamentlichen Aussage sind besonders zwei Aspekte von Bedeutung, die Bernd Janowski treffend herausgearbeitet hat. Zunächst: „Sühne ist ... kein vom Menschen ausgehender Akt der ‚Selbsterlösung' (oder gar der Versöhnung, Beschwichtigung Gottes), sondern *die von Gott her ermöglichte,* im kultischen Geschehen Wirklichkeit werdende und hier

---

[27] Auf die Analogie zum Sündopferritus hat bereits H. Thyen aufmerksam gemacht: Studien zur Sündvergebung im Neuen Testament und seinen alttestamentlichen und jüdischen Voraussetzungen (FRLANT 96), Göttingen 1970, 188–190; vgl. U. Wilckens, Röm I (s. Anm. 21) 250.

[28] Schon gar nicht soll Christus als Sündenbock vorgestellt werden. Der Sündenbockritus, bei dem es um die Übertragung der Sünden geht, ist vom Sündenopferritus zu unterscheiden! Vgl. dazu B. Janowski, Sühne (s. Anm. 22) 205–215. Dies ist von K. Koch, Sühne und Sündenvergebung um die Wende von der exilischen zur nachexilischen Zeit, in: EvTh 26 (1966) 217–239, hier 228–231, und U. Wilckens, Röm I (s. Anm. 21) 237, zu wenig beachtet worden.

dem Menschen zugute kommende *Aufhebung des Sünde-Unheil-Zusammenhangs.*"[29] Von daher formulieren Röm 8,3 und 2 Kor 5,21 sachgerecht, wenn sie Gott als Initiator und Subjekt des Sühnegeschehens ausweisen.

In dieser Hinsicht steht möglicherweise auch die paulinische Sicht einer ausschließlich und einseitig von Gott ausgehenden *Versöhnung,* bei der der Mensch nur Objekt ist (2 Kor 5,18–20; Röm 5,10; vgl. Kol 1,20.22), unter dem semantischen Einfluß des biblischen Sühnegedankens.[30]

Zum zweiten Aspekt: Beim Sündopfer geht es nicht (wie beim Sündenbockritus) um die Übertragung der Sünden, sondern – durch die Handaufstemmung zum Ausdruck gebracht – um die „*Identifizierung des Sünders mit dem in den Tod gehenden Opfertier*...: Weil der Opfernde durch das Aufstemmen seiner Hand auf das sterbende Opfertier an dessen Tod realiter partizipiert, indem er sich durch diesen symbolischen Gestus mit dem sterbenden Tier identifiziert, geht es in dem Tod des Opfertieres um den eigenen, von dem sterbenden Opfertier stellvertretend übernommenen Tod des Sünders. Darum ist das Wesentliche in der kultischen Stellvertretung nicht die Übertragung der *materia peccans* auf einen rituellen Unheilsträger und dessen anschließende Beseitigung, sondern *die im Tod des Opfertieres ... symbolisch sich vollziehende Lebenshingabe des homo peccator.*"[31] Beim Sündopfer übernimmt also gleichsam das Opfertier die Identität des Sünders, so daß im Tod des Opfertieres der Tod des Sünders kultisch vollzogen wird. Dabei geht es jedoch nicht um einen bloßen Akt des Gerichtes und der Sündenbeseitigung, sondern um die Eröffnung neuen Lebens. Der mit dem Sündopfer verbundene Blutritus verdeutlicht dies. Hartmut Gese hat es so ausgedrückt: „Es ist ein Zu-Gott-Kommen durch das Todesgericht hindurch."[32]

e) Dieser eben beschriebene zweite Aspekt kultischer Sühne wirft neues Licht auf einige Eigentümlichkeiten paulinischer Aussagen. Die Antithetik von 2 Kor 5,21 wird nunmehr in ihrer ganzen provozierenden Paradoxie erst voll verständlich. Gott hat den, „der die Sünde nicht kannte, für uns zur Sünde gemacht", das heißt sowohl:

---

[29] B. Janowski, Sühne (s. Anm. 22) 359.

[30] Diese Ausdrucksweise ist im Griechischen, das zwischen „Versöhnen" (καταλλάσσειν) und „Sühnen" (ἱλάσκεσθαι) an sich unterscheidet, relativ ungewöhnlich. Der Sprachgebrauch dürfte Paulus bereits (aus dem hellenistischen Judenchristentum) vorgegeben sein; zum vorpaulinischen Charakter von 2 Kor 5,19ab vgl. P. Stuhlmacher, Gerechtigkeit Gottes bei Paulus (FRLANT 87), Göttingen 1965, 74–78.

[31] B. Janowski, Sühne (s. Anm. 22) 359.

[32] H. Gese, Die Sühne, in: ders., Zur biblischen Theologie. Alttestamentliche Vorträge, Tübingen ²1983, 85–106, hier 104.

Gott hat den Sündlosen für uns *zum Sündopfer* gemacht, als auch: Gott hat den Sündlosen für uns *zum Sünder* (abstractum pro concreto) gemacht; er hat ihm die *Identität des homo peccator* zugewiesen. Beides ist für den Vorstellungsbereich des Sündopfers ein und dasselbe. Indem Christus die Identität des Sünders (= unsere Identität) übernimmt und (unseren Tod) stirbt, wird er zum Sündopfer für uns bzw. zur eschatologischen, anti-typischen Überbietung desselben. Der Identitätsgedanke steht auch hinter Röm 8,3: Gott sandte seinen Sohn „in der Gleichgestalt des Fleisches der Sünde", d. h. in der Identität des sündigen Menschen, des homo peccator; gerade so konnte Christus „als Sündopfer" (περὶ ἁμαρτίας) fungieren und zum Ort der Verurteilung der Sünde werden. Von 2 Kor 5,21 führt schließlich eine direkte Linie zu *Gal 3,13:*

Christus hat uns losgekauft vom Fluch des Gesetzes,
indem er für uns zum Fluch geworden ist;
denn es steht geschrieben: Verflucht ist jeder, der am Holze hängt ...

Schon die Formulierung der entscheidenden Wendung läuft der Aussage von 2 Kor 5,21 deutlich parallel. Christus „ist für uns zum Fluch geworden": Christus selbst trägt den Fluch des Gesetzes, er ist zum Verfluchten (abstractum pro concreto) geworden. Paulus begnügt sich nicht mit der einfachen Aussage, daß Christus für uns gestorben ist. Er spitzt zu. Christi Sterben ist in der Weise für uns heilsam geworden, daß Gott ihm die Identität des Sünders und des Verfluchten zugewiesen hat. Die Denkfigur hat kultischen Hintergrund. Das alttestamentliche Sündopfer ist der Typos, der die paulinische Aussage ermöglicht. Daß Paulus in Gal 3,13 vom „Fluch" und nicht, wie in 2 Kor 5,21, von der „Sünde" spricht, erklärt sich als kontextbedingte Variante. Dem Argumentationsduktus nach will Paulus auf den Fluch hinaus, den das Gesetz über diejenigen ausspricht, die es nicht tun (Gal 3,10.12.13 b). Darauf ist in Kürze noch einmal zurückzukommen.

Im Rahmen des kultischen bzw. kulttypologischen Verstehenshorizontes werden schließlich noch weitere paulinische Aussagen erklärbar, für die man sonst meist die Mystik des Apostels bemüht hat. Wir gingen bisher davon aus, daß Gott in Christus Sühne gewährt hat, indem er diesem in typologischer Überbietung des Sündopfers die Identität des Sünders aufgebürdet hat, oder anders ausgedrückt: Gott hat dem Sünder im Sterben Christi eine Möglichkeit eröffnet, seinen eigenen Tod (als Folge der Sünde) zu vollziehen (vgl. 2 Kor 5,14), und zwar in einer für den Sünder heilsamen Weise. Zur heilsamen Begegnung mit Gott kommt es allerdings erst, wenn der Sünder die ihm dargebotene Identifikationsmöglichkeit ergreift und sich seinerseits mit dem gekreuzigten Christus identifiziert. Dies geschieht im Akt des Glaubens bzw. der Taufe: Der Glaubende bzw. Getaufte ist mit Christus gekreuzigt (Gal 2,19; vgl. Gal 5,24; 6,14); er hat die Gleichgestalt seines Todes angenommen (συμμορφιζό-μενος τῷ θανάτῳ αὐτοῦ: Phil 3,10; vgl. 2 Kor 4,10f); er ist auf seinen Tod getauft, ist verbunden mit der Gleichgestalt ὁμοίωμα!) seines Todes (Röm 6,3.5) u.ä. Dabei ist es bezeichnend, daß das Heil nicht ein dem Sterben nachfolgender Akt ist, sondern eben im Mit-Christus-Sterben besteht. Im Mit-Christus-Sterben vollzieht sich die Rechtfertigung des Sünders (vgl. Gal 2,16–21; Phil 3,9–11; Röm 6; Röm 8,10f). Das Sterben des Fleisches eröffnet die Existenzweise des Geistes.

Wenngleich man sicher nicht behaupten kann, daß Paulus den Kult zum (typologischen) Konzept seines Denkens gemacht hat (Hebr!), so dürfte doch deutlich geworden sein, daß die paulinische Sühnevorstellung in einem kulttypologischen Verstehenshorizont steht. Es zeigt sich ferner, daß die so strukturierte Sühnevorstellung nicht nur nach Röm 3,25f die sachliche Grundlage der paulinischen Rechtfertigungslehre bildet. Auch an anderen Stellen des Römerbriefes (Röm 5,8f; 8,3) und in allen Briefen, die das Thema der Rechtfertigung behandeln, bestätigt sich dies: wenigstens andeutungsweise im Philipperbrief (3,10), mit Klarheit hingegen im 2. Korinther- und im Galaterbrief (2 Kor 5,21; Gal 2,19f; 3,13).

f) Unter diesen Umständen ist es nicht verwunderlich, daß der Sühnegedanke auch andere paulinische Vorstellungen beeinflußt hat. Wenigstens exemplarisch sei dies am *Thema „Gesetz"* erläutert, das einer jüdisch-christlichen Verständigung bekanntermaßen viele Schwierigkeiten entgegensetzt.

Ich beginne bei Gal 3,13. Es will beachtet sein, daß Paulus seine Aussage vom Fluchtod Christi mit einem Wort aus der Tora begründet: Dtn 21,23. Nach diesem Wort bzw. seiner zeitgenössischen Auslegung ist ein Gekreuzigter ein (von Gott und den Menschen) Verfluchter (vgl. Tempelrolle 64,7–13). Wie kein anderer der urchristlichen Theologen nimmt Paulus dieses Wort der Tora ernst, mit der Konsequenz, daß er den Tod Christi als Fluchtod deuten muß. Paulus hält also die Tora aufrecht. Daß Paulus dem Fluchtod dann zugleich die positive Bedeutung des Sühnetodes beimessen kann, ist wiederum – wie wir gesehen haben – ohne Anleihen aus dem Vorstellungsbereich der Tora nicht denkbar. Doch ist es auch der (von der Tora festgestellte) Fluchtod Christi, der Paulus zu einer neuen Funktionsbestimmung der Tora nötigt. Nach dem Deuteronomium hat die Tora eine doppelte Funktion: Dem, der sie tut, wird sie zum Segen; dem, der sie nicht tut, aber zum Fluch (vgl. Dtn 30, 15–20). Paulus nimmt beide Möglichkeiten ernst. Auch die Lebensverheißung der Tora für ihre Täter wird von Paulus *prinzipiell* anerkannt (Gal 3, 12; Röm 10, 5, unter Bezug auf Lev 18, 5; vgl. Röm 2, 13). Aufgrund des stellvertretend erlittenen Fluchtodes Christi, der – mit immanenter Konsequenz – *alle als Sünder* ausweist, muß Paulus andererseits jedoch feststellen, daß die Tora *faktisch* nur den Fluch aussprechen kann. Faktisch, nicht prinzipiell, fällt somit der Tora die Funktion zu, dem homo peccator den Spiegel vorzuhalten (vgl. Röm 3, 20; 7, 7) und alles unter der Sünde zusammenzuschließen (Gal 3, 22–24). Es will beachtet sein, daß die Negativität dieses Urteils nicht in der Tora, sondern im Menschen begründet ist, der vom Gekreuzigten als Sünder entlarvt wird. Erst unter dieser Prämisse wird auch der provozierende Spitzenansatz der paulinischen Rechtfertigungslehre verständlich: „Nicht aus Werken des Gesetzes wird der Mensch gerechtfertigt, sondern nur aus Glauben an Jesus Christus" (Gal 2, 16; vgl. Röm 3, 28). Der Satz ist nur stimmig unter der Voraussetzung, daß der Mensch Sünder ist. Paulus meint: Dem homo peccator kann, sofern er sich im Blick auf sein Heil auf das Kriterium der Gesetzeswerke stützt, von der Tora immer nur der Tod und nicht das von ihr verheißene Leben zugesprochen werden. In dieser vom stellvertretenden Fluchtod Christi definierten anthropologischen Situation ist es nach Überzeugung des Paulus aber auch und gerade der stellvertretende Fluchtod Christi, der dem Sünder in seiner ausweglosen Situation Heil vermittelt. Im Sühnetod Christi erweist sich Gott als der, der den Sünder, der am Kriterium der Gesetzeswerke scheitern muß, rechtfertigt: nicht aufgrund seiner Gesetzeswerke, sondern aufgrund der glaubenden Identifikation mit dem den Fluchtod heilsam sterbenden Christus. So ist es letztlich der im Lichte der Tora gedeutete Kreuzestod Christi, der Paulus zur Aufstellung eines neuen Heilsparadigmas veranlaßt: das Tun des Gesetzes (als Heilsparadigma für die Gesetzes-Täter) wird abgelöst durch den Glauben an Christus (als Heilsparadigma für die Sünder). In diesem Zusammenhang ist dann auch Röm 10, 4 zu verstehen: „Christus ist das Ende des Gesetzes." Paulus plädiert hier nicht für die Abschaffung der Tora. Er meint vielmehr: Seit Christus kann die Tora nicht mehr als Heilsweg beansprucht werden; nicht weil sie prinzipiell kein Heilsweg sein könnte, sondern weil die sie Beanspruchenden Sünder sind. Für sie gibt es Heil nur in Form der in Christus eröffneten Möglichkeit des Glaubens an den Gott, der die Toten lebendig (Röm 4, 17) und die Gottlosen gerecht macht (Röm 4, 5). Nur im Glauben kann die so erreichte Gerechtigkeit dann auch durchgehalten werden. Ein erneuter Versuch des Glaubenden, mit

Hilfe des Kriteriums der Gesetzeswerke Heil zu erlangen, würde ihn wiederum in die Position des Sünders zurückversetzen.

Das bedeutet allerdings nicht, daß das Gesetz für den Glaubenden keinerlei Verbindlichkeit mehr hätte. Paulus ist davon überzeugt, daß der Glaubende nicht mehr die Werke des Fleisches tut, sondern die Frucht des Geistes erbringt (vgl. Gal 5, 16–24). Damit erfüllt er ganz selbstverständlich das ganze Gesetz, das Paulus – wohl in Analogie zu der in Christus erwiesenen Liebe Gottes (vgl. Röm 8, 31–39; Gal 2, 20) – im Gebot der Nächstenliebe (Lev 19, 18) zusammengefaßt sieht (Gal 5, 14; Röm 13, 8–10). Die sittliche Verpflichtung der Tora bleibt für den Glaubenden also bestehen. Nicht mehr übernommen wird von Paulus hingegen der kultisch-rituelle Bereich der Tora. Konkret abgelehnt werden die Beschneidung und die Einhaltung der Speisegebote und eines bestimmten Festkalenders (so vor allem im Galaterbrief). In der Beobachtung der Speisegebote und der Festtage kann Paulus bestenfalls ein Erfordernis brüderlicher Liebe (gegen die Schwachen) sehen (vgl. 1 Kor 8; 10, 23 – 11, 1; Röm 14, 1 – 15, 12). Er wehrt sich aber entschieden gegen jede prinzipielle Verpflichtung der Heidenchristen auf ein auch nur minimales rituelles Reinheitsprogramm (vgl. Gal 2, 11–21).[33] Er sieht darin einen Rückfall in das in Christus überholte Heilsparadigma der Gesetzeswerke. Nun könnte man allerdings fragen, warum er die Erfüllung der rituellen Gebote nicht ebenso zur Ordnung des Glaubens rechnen konnte, wie er ja auch die Liebe, in der die sittliche Verpflichtung der Tora zusammengefaßt ist, als Äußerung des Glaubens interpretieren konnte (vgl. Gal 5, 6). Sicherlich spielen missionsstrategische Gründe eine Rolle. Auch gab es im Diasporajudentum schon länger die Tendenz, die rituellen Gesetzesvorschriften allegorisch umzudeuten bzw. die sittlichen Verpflichtungen (Gerechtigkeit und Menschenliebe, Dekalog, soziale Reihe) als den eigentlichen Gesetzesinhalt hervorzuheben.[34] Doch läßt sich damit nicht die Grundsätzlichkeit des paulinischen Votums erklären. Gerade diese Grundsätzlichkeit hat m. E. mit dem Verständnis des Todes Jesu als Sühnetod zu tun. Es wurde bereits herausgestellt

---

[33] Leider erfahren wir nicht, wie der sog. Antiochenische Zwischenfall ausgegangen ist. Aus dem Schweigen des Paulus ist wohl eher zu schließen, daß man in Antiochia anders entschieden hat, als Paulus wollte. Möglicherweise sind im Anschluß an den Zwischenfall in Antiochia bestimmte Minimalforderungen festgelegt worden, die das Zusammenleben von Juden- und Heidenchristen regeln sollten. Inhaltlich hat man dann wohl an Regeln nach Art der sog. Jakobusklauseln (vgl. Apg 15, 20.29) zu denken, die sich an Lev 17; 18 orientieren. Paulus hat sich daraufhin von Antiochien (und Barnabas) getrennt.

[34] Vgl. dazu K. Berger, Die Gesetzesauslegung Jesu. Ihr historischer Hintergrund im Judentum und im Alten Testament, Teil I (WMANT 40), Neukirchen-Vluyn 1972.

(s. o. 3.3), daß insbesondere das kulttypologische Verständnis des Sühnetodes Christi es den Christen unmöglich machte, weiterhin am Jerusalemer Kult teilzunehmen. Die entsprechenden Vorschriften der Tora (die eigentliche Kulttora) konnten nur mehr übertragen bzw. typologisch rezipiert werden. Darin war Paulus mit den Hellenisten (und möglicherweise auch mit der Urgemeinde von Jerusalem) einig. Das eigentliche Problemfeld waren jene Gesetzesvorschriften, die zwar ebenfalls kultische Sinnrichtung hatten, aber eben nicht nur den Tempelbetrieb, sondern das praktische Leben eines Juden bestimmten. Dazu zählten vor allem die Speisevorschriften und der Festkalender. Gerade in diesen beiden Punkten bleibt Paulus – auch innerchristlich – unnachgiebig. Offensichtlich hat Paulus die Konsequenzen eines zum Kult antitypischen Sühnetodes Christi energischer ausgezogen als die Urgemeinde von Jerusalem oder die Hellenisten in Antiochia. Konnte er die sittlichen Bestimmungen der Tora in der aus dem Glauben erwachsenden Liebe (vgl. Gal 5,6) zusammengefaßt sehen, so traten für ihn die rituellen Vorschriften bzw. deren christliche Praktizierung in scharfe Konkurrenz zum Sühnetod Christi. Der Sühnetod Christi vermittelte jene eschatologische Heiligkeit, die dem Glaubenden unmittelbaren Zugang zu Gott verschaffte (vgl. Röm 5,1 f und die Aussagen über die Heiligkeit der Gemeinde). Für den an Christus Glaubenden war eschatologisch verwirklicht, was die rituellen Vorschriften intendierten. Sie nach dem Tod Christi noch weiterhin als Mittel der Heiligung zu praktizieren hieße, die eschatologische Wirksamkeit des Sühnetodes Christi in Frage zu stellen.[35] Aus dem gleichen Grund ist Paulus wohl auch daran gehindert, den vom pharisäischen und dann vom rabbinischen Judentum eingeschlagenen Weg mitzugehen und dem Toragehorsam eine dem Kult analoge Bedeutung beizumessen.[36]

Sofern die hier dargebotene Erklärung zutrifft, bleibt noch festzustellen, daß es dem paulinischen Votum gegen eine Verpflichtung zur Fortsetzung der kultisch-rituellen Praxis nicht um die Abschaffung eines Teiles der Tora geht. Das kultisch-rituelle Anliegen der

---

[35] Für den Glaubenden ist alles rein: ἐν κυρίῳ Ἰησοῦ ist Paulus davon überzeugt, daß nichts an sich unrein ist (Röm 14,14; vgl. 14,20); denn dem Herrn (= Christus?) gehört die Erde und alles, was sie erfüllt (1 Kor 10,26).

[36] Vgl. dazu: J. Neusner, Geschichte und rituelle Reinheit im Judentum des 1. Jahrhunderts n. Chr., in: ders., Das pharisäische und talmudische Judentum. Neue Wege zu seinem Verständnis (Texte und Studien zum Antiken Judentum 4), Tübingen 1984, 74–92. Selbstverständlich kommen für Paulus auch die üblichen rabbinischen Sühnemittel wie Versöhnungstag, Leiden, Tod und Buße nicht mehr in Frage.

Tora ist nicht außer Kraft gesetzt, wohl aber (im Sinne seiner Verwirklichung) aufgehoben im Sühnetod Christi.

3.5 Der Sühnegedanke im johanneischen Schrifttum und im Hebräerbrief

Nach diesen ausführlichen Erörterungen zur Traditionsgeschichte
des Sühnegedankens von Jesus bis Paulus sollen die übrigen einschlägigen Aussagen des Neuen Testaments, um das Bild zu vervoll-
ständigen, wenigstens kurz vorgestellt werden. Eine genauere
traditionsgeschichtliche Einordnung ist nicht angezielt.

a) Im *Johannesevangelium* tritt der Sühnegedanke nicht sonder-
lich hervor. Jesus erscheint als „das Lamm, das die Sünden der Welt
hinwegnimmt" (Joh 1,29). Die Rede vom „Hingeben des Lebens für
…" erinnert an die Dahingabeformel (Joh 10,11.15.17; 15,13; vgl.
Joh 3,16). Manche möchten die Sühneaussagen nicht dem Evangelisten, sondern erst der Redaktion zuschreiben.[37] Eindeutig in kultischen bzw. kulttypologischen Kategorien wird der Tod Jesu im
1. Johannesbrief beschrieben. Das bestätigt der Verweis auf das
„Blut" Jesu (1 Joh 1,7; vgl. 5,6.8), dessen sündenvergebende Wirkung als „Reinigen" verstanden wird (1 Joh 1,7.9). Im übrigen wird
Jesus Christus ausdrücklich als „Sühne für unsere Sünden" bezeichnet (1 Joh 2,2; 4,10).

b) Direkt zum theologischen Konzept erhoben wird die kulttypologische Sicht des Todes Jesu im *Hebräerbrief*. Jesus erscheint als
der „barmherzige und treue Hohepriester" (2,17; vgl. 3,1; 4,14f;
u.ö.), dessen Aufgabe es ist, „die Sünden des Volkes zu sühnen"
(2,17). Als Hoherpriester nach der Ordnung des Melchisedek
(5,5–10) überbietet er das aaronitisch-levitische Priestertum
(7,1–24). Er, der heilige, sündenlose und über die Himmel erhöhte
Hohepriester, hat es nicht nötig, wie die irdischen Hohenpriester
zuerst für die eigenen Sünden und dann für die des Volkes Opfer
darzubringen (7,26–28; 9,7; vgl. 5,3 und Lev 9,7; 16,6.11.15f). Jesu
Tod wird in typologischer Überbietung von Lev 16 als Voll- zug des
eschatologischen   Versöhnungstages   gedeutet   (9,11–28;
10,10–14.18; vgl. 13,11f): Mit seinem eigenen Blut ist Jesus eingegangen in das himmlische Heiligtum, um ein für allemal Sühne für
die Sünden zu schaffen und ewige Erlösung zu bewirken. Er ist der
Mittler des besseren Bundes (8,6), wobei sowohl auf Jer 31,31–34
(LXX) (8,7–13; 10,16f) als auch auf Ex 24,8 (9,15–22; vgl. 10,29)

---

[37] So z.B. B. Becker, Das Evangelium nach Johannes, 2 Bde. (ÖTK 4/1,2), Gütersloh/
Würzburg 1979/1981, z.St.

verwiesen wird. Interessant ist, daß auch Jes 53, 12 im kulttypologischen Verstehensrahmen des Versöhnungstagritus rezipiert ist (9, 28).

4. Abschließende Überlegungen im Blick auf das christlich-jüdische Gespräch

In den vorausgehenden Ausführungen wurden die wichtigsten Aussagen des Neuen Testaments zum Thema „Sühne" zusammengestellt. Darüber hinaus wurde versucht, zumindest ein Stück weit den geschichtlichen Prozeß verständlich zu machen, der zum Bekenntnis des Sühnetodes Christi und zu seinen unterschiedlichen Artikulationen geführt hat. Jedoch, was nützt ein solches historisches Verstehen? Was hilft es im Blick auf das christlich-jüdische Gespräch?

4.1 Das Frühjudentum als der gemeinsame Wurzelgrund

Geschichtliches Verstehen und die Einsicht in geschichtliche Prozesse können uns befähigen, Definitionen und Abgrenzungen zu hinterfragen und vergessene Zusammenhänge wieder neu zu entdecken. Judentum und Christentum sind heute eindeutig voneinander abgrenzbare Größen. Selbstverständlich wird ein Jude das Bekenntnis zum Sühnetod Jesu nicht nachsprechen können. Möglicherweise wird er darin sogar etwas Unjüdisches erkennen. Und möglicherweise werden Christen dem beipflichten und das Unjüdische sogar als Anti-Jüdisches verstehen. Von der geschichtlichen Genese her ist der Sachverhalt jedoch völlig anders: Das Thema des Sühnetodes Jesu war anfangs ein jüdisches Thema bzw., sofern man es doch schon christlich nennen mag, wenigstens kein unjüdisches Thema. Als Sühnetod gedeutet wurde der Tod *Jesu von Nazaret.* Jesus war Jude. Schon eher könnte man darüber streiten, ob Jesus auch Christ war. Die Frage ist wohl eher zu verneinen. In jedem Fall zeigt die Frage, wie anachronistisch spätere definitorische Abgrenzungen sind. Die *ersten, die Jesu Tod als Sühnetod deuteten, waren ebenfalls Juden.* Dabei kann es hier dahingestellt bleiben, ob Jesus selbst den Anfang gemacht hat. Schon die Urgemeinde scheint das Bekenntnis von 1 Kor 15, 3 gekannt zu haben. Theologisch ausgebaut und weitergeführt haben es die „Hellenisten", also griechisch sprechende Diasporajuden, die sich in Jerusalem zusammengefunden hatten. Letzteres zeigt übrigens, daß man sich unter ihnen nicht liberale, sondern durchaus konservative, fromme Leute vorzustellen hat. Was sie nach Jerusalem gezogen hatte, war wohl die Nähe zum Tempel

und die Hoffnung auf eine Bestattung im Land Israel. Als sie sich
dem Messias Jesus zuwandten und sein Sterben als Sühnetod bekannten, hatten sie es da aufgegeben, Juden zu sein? Und hat Paulus, als er ihre Interpretation des Todes Jesu übernahm und zur
Grundlage seiner Rechtfertigungslehre machte, aufgehört, Jude zu
sein? Zumindest nach eigener Einschätzung war Paulus wohl der
Überzeugung, die Kontinuität der biblisch-jüdischen Tradition besser zu bewahren als seine Kontrahenten. Als der *sachliche Grund der
Sühnedeutung des Todes Jesu* konnte die *eschatologische Qualität der
historischen Person Jesu* ausgewiesen werden. Nun kann man gewiß
darüber streiten, ob diese Wertung zutrifft oder nicht. Dies ist eine
Frage des religiösen Bekenntnisses. Die Antwort wird negativ oder
positiv ausfallen, je nachdem, ob der Antwortende Jude oder Christ
ist. Dies gilt zumindest, seit Judentum und Christentum zwei defini-
torisch zu unterscheidende Größen sind. Um so wichtiger dürfte der
historische Befund sein, daß der Streit um die eschatologische Bedeutung Jesu zunächst ein *innerjüdischer Streit* war. Kephas und die
Zwölf meinten das eschatologische Israel zu sammeln, als sie ihrem
Volk den Messias Jesus verkündeten. Und die „Hellenisten" über-
trugen die jüdische Vorstellung von der präexistenten Weisheit
(Tora) auf Jesus, als sie ihn als „Wort" und „Sohn" Gottes präzidier-
ten.

So verwundert es denn auch nicht, daß die Kategorien, die man
zur Sühnedeutung des Todes Jesu heranzog, *jüdische Kategorien* waren. Sicherlich sind auch hellenistische Ideen wirksam gewesen.
Doch blieb deren Einfluß mehr oder weniger peripher. Die Vorstel-
lungsmuster, die die Aussagen vom Sühnetod Jesu substantiell prä-
gen, entstammen der biblischen Tradition. Insbesondere waren es
die Vorstellung vom leidenden Gottesknecht und bestimmte Institu-
tionen des Kultes (Sündopfer, Versöhnungstag), die man auf Jesus
übertrug bzw. als Typos zur Erklärung seines als eschatologisches
Geschehen geglaubten Todes verwendete.

Die Einsicht in den jüdischen Wurzelgrund der neutestamentlichen Sühneaussage könnte für Christentum und Judentum nützlich
sein, weil sie an einem konkreten Beispiel die Verwandtschaftsver-
hältnisse klären hilft. Es zeigt sich, daß bestimmte, bewußt oder unbewußt von der einen oder anderen Seite unterlegte Verhältnisbe-
stimmungen nicht zutreffen oder wenigstens nicht präzise genug
sind. Nur mit Einschränkungen richtig ist, wenn man das Judentum
als die Wurzel des Christentums bezeichnet, zumindest so lange, als
man sich mit der Definition des Judentums am heutigen Judentum
orientiert. Selbstverständlich noch weniger richtig ist, wenn man so
tut, als sei das Christentum der eigentliche Erbe der Bibel, wie es

mehr oder weniger die bis in unsere Tage christlich geläufige Spätjudentumstheorie unterstellt hat. Nach dieser Konstruktion kann das Judentum als Größe nach dem Spätjudentum (das man zeitlich in der sog. zwischentestamentarischen Zeit ansiedelte), also als gleichsam post-spätjüdische Größe, theologisch eigentlich nur mehr ein Nullum sein. Das ist natürlich Unfug, wenngleich wir feststellen müssen, daß dieser Unfug nicht nur in den Köpfen geblieben ist, sondern zu ganz abscheulichen Taten zumindest mit beigetragen hat. Richtig ist, daß das heutige Judentum und das heutige Christentum zwar nicht unmittelbar aus einer gemeinsamen Wurzel, aber doch aus einem gemeinsamen Volksverband hervorgingen, der sich nie nur als ethnische Größe nach Art der Völker (= Heiden), sondern stets auch als Erwählungsgröße definierte. Nicht zuletzt deshalb kam es aber auch zu enormen internen Differenzen und Spannungen, weil die Antwort auf die Frage nach den Kriterien des Erwählungskollektivs keineswegs apriorisch vorlag. So entstand eine vielfältig gegliederte geistige und theologische Landschaft, die Sadduzäern und Apokalyptikern, Pharisäern, Zeloten und Qumran-Essenern, aber auch Bewegungen wie der um Jesus von Nazaret und der nachösterlichen Jüngergemeinde Platz bot. Ihr unterschiedlicher, ja gegensätzlicher Charakter läßt sich nicht zuletzt an ihrer Einstellung zum Tempel ermessen. Für die Sadduzäer war der Kult die Grundlage Israels schlechthin. Die Pharisäer haben das nicht bestritten, sich darüber hinaus jedoch bemüht, auch das alltägliche Leben in Analogie zum Kult zu gestalten. Die Zeloten wird man wohl in der Nähe der Pharisäer ansiedeln dürfen, wobei ihr verzweifelter Kampf um den Tempel unterstreicht, wie sehr ihr Denken tempelorientiert war. Die Qumran-Essener lehnten den Kult in Jerusalem ab, zogen sich in die Wüste zurück und verstanden sich, die Gemeinde der „Einung", als Tempelersatz. Gar nicht so unähnlich ist die Haltung der Jesusjünger, die sich ebenfalls als Tempel Gottes betrachteten, freilich mit dem Unterschied, daß sie meinten, auf den eschatologischen Kult nicht mehr warten zu müssen, weil er im Tode Jesu bereits seine Vollendung erfahren hatte. Aus dem Pharisäismus entwickelte sich nach 70 das rabbinische Judentum, das bis in unsere Tage die maßgebliche theologische Größe des Judentums geblieben ist. Dieses so formierte Judentum besitzt gegenüber dem Christentum zweifellos das Privileg, mit dem Frühjudentum auch in ethnisch-genealogischer Kontinuität zu stehen. Das Christenum entwickelte sich aus der Jesusjüngergemeinde. Nach den Zeugnissen des Neuen Testaments ist das Verhältnis zum Judentum noch relativ ungeklärt. Doch zeigt noch der polemische Anspruch der Christen, das wahre Israel zu sein, von wo her diese sich selbst definierten.

Die Trennung des Christentums vom Judentum war spätestens dann
vollzogen, als ersteres – anders noch als Paulus! – die genealogische
Kontinuität zu Israel als Kriterium der eigenen Definition aufgab
und sich nur noch theologisch als Erwählungskollektiv begriff.

4.2 Die ganze Tora

Ist einmal die gemeinsame Abstammung aus dem Frühjudentum erkannt, so läßt sich selbst in der Differenz noch eine weitere Gemeinsamkeit zwischen Judentum und Christentum erkennen. Ausgangspunkt der folgenden Überlegungen ist der Befund, daß der
Pentateuch auf weite Strecken kultorientiert, also Kulttora, ist. Hier
liegt denn auch ein gewisses Problem für das pharisäische Judentum, das nach 70 ohne Kult bzw. Tempel mit der Tora zurechtkom-
men mußte. Zwar hatten die Gelehrten durch ihre Theorie vom
Toragehorsam als Kultanalogie die Voraussetzung geschaffen, daß
das pharisäische Judentum nach 70 weiterleben und schließlich zum
Träger jüdischer Identität schlechthin werden konnte. Und gewiß
konnte die Rabbinen auch die entfallenen kultischen Sühnemittel
durch andere Sühnemittel auffangen, die nach der klassischen Aufzählung des Rabbi Jischmael († um 135) Versöhnungstag, Tod, Leiden und Buße umfassen (Mekhilta de R. Jischmael, Bachodesch 7,
zu Ex 20,7; ARN 29; bJoma 86 a; jJoma 45 b.c [8,8]; tJoma 4[5],6–8).
Interessant ist dabei übrigens, daß der Versöhnungstag auch ohne
Opfer seine sühnende Funktion beibehielt (vgl. Sifra, Achare, Pereq
8,1, zu Lev 16,30; jJoma 45 c). Dennoch bleibt festzuhalten, daß ein
guter Teil der Tora, wie etwa die Regelungen bezüglich der Opfer,
ohne aktuelle Funktion waren. In dieser Situation ist es bemerkenswert, daß die Rabbinen sich keinesfalls dem Opfersystem widersetz-
ten, sich vielmehr weiterhin um die Opfergesetze bemühten und
beispielsweise anstelle der Opfer zum Studium der Opfertora aufrie-
fen oder sogar den Opfern, „von denen die Bibel nicht sagt, daß sie
für irgendeine besondere Sünde sühnen, ... eine spezifische Sühn-
funktion" zuwiesen.[38] Dahinter steht wohl der Gedanke, daß die
ganze Tora von Gott gegeben und damit dem Verfügungszugriff des
Menschen grundsätzlich entzogen ist.

An diesem Punkt scheint das Christentum einen gänzlich anderen
Weg eingeschlagen zu haben und die kultisch-rituellen Teile der
Tora tatsächlich eliminiert zu haben. Das trifft für das praktische
christliche Verständnis zweifellos zu, wobei der innerchristliche

---

[38] E. P. Sanders, Paulus und das palästinische Judentum. Ein Vergleich zweier Religionsstrukturen (StUNT 17), Göttingen 1985, 152f, Zitat 153.

Streit der Reformationszeit den Affront gegen das „Zeremonialgesetz" noch zusätzlich verstärkte. Um so wichtiger erscheint eine Rückbesinnung auf die eigenen Ursprünge. Die Entstehung und Entwicklung der neutestamentlichen Sühneaussage vermag nämlich den Blick dafür zu schärfen, daß es keineswegs die Intention des Urchristentums war, einen Teil der Tora abzuschaffen oder für ungültig zu erklären. Nicht weil die Opfertora ungültig geworden war, sondern weil sie nach christlicher Überzeugung im Kreuzestod Jesu eschatologisch erfüllt war, konnte sie christlicherseits nicht weiter praktiziert werden. Dies dürfte auch der Ansatz des Paulus gewesen sein, der in seiner Konsequenz am weitesten ging und das gesamte rituelle Reinheitsprogramm der Tora für nicht prolongierbar hielt, im übrigen aber keine Schwierigkeiten hatte, den Sühnetod Jesu typologisch mit Kategorien des Kultes zu beschreiben.

In gewisser Weise ist die Sühnedeutung des Todes Jesu der pharisäischen Theorie vom Toragehorsam als Kultanalogie vergleichbar. Erstere verhinderte eine weitere christliche Teilnahme zumindest am Sühnekult im Tempel, letztere ermöglichte ein jüdisches Überleben ohne den Tempel. Entscheidend ist bei aller Differenz, daß in beiden Fällen die Verbindlichkeit der *ganzen Tora* grundsätzlich gewahrt wird. Diese Einsicht könnte christlicherseits zu einer intensiveren, nicht nur historisch, sondern auch theologisch relevanten Beschäftigung mit dem gesamten Pentateuch beitragen. Das Judentum könnte in der christlichen Aussage vom Sühnetod Jesu den gewiß ungewohnten, aber durchaus ernst gemeinten Versuch erkennen, sich der Tora in ihrer Ganzheit zu stellen.

4.3 Sühne als gnädige Gabe Gottes

Abschließend ist wenigstens kurz auf die eingangs angedeutete Sachfrage zurückzukommen. Es dürfte deutlich geworden sein, daß der Satisfaktionsgedanke wenig geeignet ist, um den neutestamentlichen Sachverhalt angemessen wiederzugeben. Der stark forensisch ausgerichtete Satisfaktionsbegriff erschwert vor allem den Zugang zu den kultisch beeinflußten bzw. kulttypologisch konzipierten neutestamentlichen Sühneaussagen. Hinzu kommt, daß auch der dazugehörige Sündenbegriff überwiegend forensisch gedacht wird. Sünde reduziert sich dann sehr leicht auf persönliche Schuld, die der einzelne zu tragen und vor seinem Gewissen bzw. vor Gott zu verantworten hat. Sünde wird zu einem Vorgang bzw. Tatbestand des forum internum. Demgegenüber besitzt der biblische Sündenbegriff eine etwas andere Ausrichtung. Sünde ist eine konkrete, fast dingliche Wirklichkeit: Tat-Wirklichkeit, die durch bewußte oder unbewußte Fehltat gesetzt wird und als solche zur Aus-wirkung kommt. Es reicht daher nicht aus, Sünde als Beleidigung Gottes oder persönliche Schuld zu werten. Sünde ist zugleich eine Störung der menschlichen Lebenssphäre, als welche Gott Recht (מִשְׁפָּט) und Gerechtigkeit (צְדָקָה) über die Erde gebreitet hat. Durch die Sünde wird gleichsam die Atmosphäre und der Lebensraum des Menschen vergiftet. Der biblische (und überhaupt der antike) Mensch wußte noch (was wir Heutigen uns in schmerzlicher Erfahrung erst wieder aneignen), daß die Tat-Wirklichkeit der Sünde auf den Täter zurückschlägt. Erst wenn sie sich im Sinne des Tun-Ergehen-Zusammenhangs am Täter selbst aus-gewirkt hat, kommt sie zur Ruhe. Erst wenn der Täter vernichtet ist, wenn also gleichsam der Strahlungsherd der Tat-Wirklichkeit Sünde beseitigt ist, ist die Sünde aus der Welt geschafft.

In diesem Kontext ist der biblische Sühnegedanke anzusiedeln. Es wurde bereits darauf aufmerksam gemacht, daß die alttestamentlichen Sühneriten nicht als menschliche Leistungen oder Vorleistungen zur Besänftigung Gottes zu betrachten sind (s. o. 3.4 d). Gerade die kultische Sühne ist vielmehr als *gnädige Gabe Gottes* zu verstehen. Der Priester, der die Sühnehandlung vollzieht, will nicht Gott beschwichtigen. Er ist nur kultischer Mittler, Repräsentant Gottes, der das eigentliche Subjekt der Sühnehandlung ist.[39] Gott schenkt dem Sünder die Möglichkeit, aus dem Teufelskreis der Sünde zu entkommen. An der todbringenden Wirklichkeit der Sünde wird festgehalten. Das Opfertier übernimmt die Identität des Sünders, so daß im Opfer des Tieres der Tod des Sünders kultisch vollzogen und diesem durch das Todesgericht hindurch neues Leben gewährt wird.

Vor diesem Hintergrund ist auch die neutestamentliche Aussage vom Sühnetod Jesu zu würdigen. Dabei ist noch einmal zu betonen, daß es sich nicht um eine Übertragung der alttestamentlichen Kultvorstellung (Menschenopfer!), sondern um eine Typologie handelt (s. o. 2 Ende).

Inhaltlich äußert die neutestamentliche Aussage die Überzeugung, daß am Kreuz Jesu Christi alle Sünden dieser Welt in all ihrer schrecklichen Wirklichkeit aufgehoben sind, weil sich am Gekreuzigten alle Tat-Wirklichkeit der Sünde aus-gewirkt hat. Der todbringende Teufelskreis der Sünde, die auf den Sünder zurückschlägt und ihn vernichtet, ist damit eschatologisch (endgültig) durchbrochen. Der Tod Jesu ist nicht die Vorbedingung zur Beschwichtigung eines blutrünstigen Gottes. Unter Zugrundelegung des dargestellten Sühneverständnisses erscheint der Tod Jesu vielmehr als Zeichen der

---

[39] Vgl. B. Janowski, Sühne (s. Anm. 22) 249–265.

Liebe Gottes, der sich nicht mit einem billigen Wort des Verzeihens zufriedengibt, sondern sich einläßt in die sündige Wirklichkeit des Menschen, diese am fleischgewordenen Sohn zum Austrag kommen läßt (vgl. Röm 8,3) und gerade so dem Sünder, der an sich den Tod verdient hat, Leben eröffnet. Diese Sicht ist in zweifacher Hinsicht noch zu präzisieren:

1. Selbstverständlich betrifft die christliche Überzeugung von der umfassenden und endgültigen Sühne, die Gott im Gekreuzigten geschenkt hat, eine Wirklichkeit, die dem Zugriff unmittelbarer Erfahrung entzogen und dem *Glauben vorbehalten* ist. Der Glaube an die im Tode Jesu gewährte Sühne nimmt die eschatologische Wirklichkeit vorweg, die von der Wirklichkeit der Erfahrung erst noch eingeholt werden muß. Als eschatologische Wirklichkeit vermittelt der Tod Jesu aber auch die Gewißheit, daß die durch ihn vermittelte Sühne die endgültige Wirklichkeit ist, die von keiner noch so negativen Erfahrungswirklichkeit mehr in Frage gestellt werden kann.

2. Selbstverständlich muß die im Tode Jesu gewährte Sühne auch *subjektiv angeeignet* werden. Dies geschieht grundsätzlich im Akt des Glaubens, paulinisch gesprochen also in der Identifizierung mit dem gekreuzigten Christus in der Überzeugung, daß Gott den Sünder rechtfertigt. Diese Glaubenshaltung muß im praktischen Leben konkretisiert werden. Dies geschieht wieder in zweifacher Weise:

a) Die geglaubte Wirklichkeit der am Kreuz endgültig überwundenen Tat-Wirklichkeit der Sünde muß die Praxis des Glaubenden bestimmen. Diese Praxis läßt sich von der von der Sünde gezeichneten, selbstzerstörerischen Erfahrungswirklichkeit nicht einschüchtern, sondern versucht gerade diese Wirklichkeit auf die eschatologische Wirklichkeit hin zu verändern.

b) Die durch den Tod Jesu vermittelte Sühne muß auch im Blick auf die eigene Existenz und das eigene Versagen angeeignet werden. Der grundsätzliche Akt des Glaubens muß auch in dieser Hinsicht konkretisiert werden. Dabei ist zu betonen, daß die glaubende Identifizierung mit dem Gekreuzigten Akte der Umkehr und der bewußten, willentlichen Annahme von Leiden und Tod keineswegs ausschließt. Insofern deckt sich die christliche Aneignung des Sühnetodes Jesu zumindest teilweise mit den oben angesprochenen klassischen Sühnemitteln des Judentums. Um den eschatologischen Charakter des Sühnetodes Jesu zu wahren, scheint es mir allerdings besser zu sein, christlich nicht von Sühnemitteln, sondern von Aneignungen der Sühne bzw. des Sühnetodes Jesu zu sprechen. Andererseits ist der damit angedeutete Unterschied zwischen jüdischem und christlichem Sühneverständnis nicht so groß, wie es zunächst erscheinen könnte. Denn auch die jüdische Rede von den Sühnemitteln wäre falsch interpretiert, wenn man in den Sühnemitteln menschliche Leistungen sehen wollte. Auch für das jüdische Verständnis sind die Sühnemittel nicht denkbar ohne die vorausgehende Gnade Gottes. Die Erwählung Israels und der Bund Gottes mit Israel stellen die Voraussetzung und den Rahmen für die Inanspruchnahme der Sühnemittel dar.[40] Insofern könnte man die Sühnemittel des Judentums durchaus auch als Aneignungen der zuvor gewährten Güte Gottes ansehen, die auch dem Sünder, der im Bund verbleibt, eine Lebenschance gewährt.

In der so gefundenen Analogie jüdischen und christlichen Sühnegedankens zeigt sich allerdings auch die eigentliche Differenz recht deutlich. Sie besteht – kurz gesagt – in der unterschiedlichen Definition der jeweils als vorgängig geglaubten Gnade Gottes. Für das Judentum zeigt sich diese Gnade in der Erwählung und im Bund, für das Christentum im heilsamen Sterben Jesu Christi. Dabei ist es selbstverständlich so, daß der christliche Glaube an den Heilstod Christi nicht ohne die gleichzeitige Ernstnahme des Bundes Gottes mit Israel auskommen kann, wie man umgekehrt ja wohl auch daran erinnern darf, daß der Glaube Israels an den mit ihm geschlossenen Bund die Perspektive eschatologischer Erneuerung oder Vollendung nicht ausschließt (vgl. etwa die Vorstellung vom neuen Bund bei Jer 31,31–34, vgl. Bar 2,34f; Ez 36,26–28). Dies zeigt immerhin, daß selbst in der Differenz noch analoge Strukturen zu finden sind bzw. daß die Differenz letztlich aus einer unterschiedlichen Inanspruchnahme der gleichen biblischen Strukturen resultiert. Dies ist ein bleibender Ansporn zum Gespräch und zur gegenseitigen Ermunterung zum Glauben an den gnädig erwählenden und erlösenden Gott.

---

[40] Vgl. dazu E. P. Sanders, Paulus (s. Anm. 38) 147–169.

3. Gericht und Heil

Zur heilsamen Funktion des Gerichts bei Johannes dem Täufer,
Jesus und Paulus

Anton Vögtle zum 80. Geburtstag

(5) Ich bin der Herr, und sonst niemand;
außer mir gibt es keinen Gott.
Ich habe dir den Gürtel angelegt,
ohne daß du mich kanntest,
(6) damit man vom Aufgang der Sonne
bis zu ihrem Untergang erkennt,
daß es außer mir keinen Gott gibt.
Ich bin der Herr, und sonst niemand.
(7) Ich erschaffe das Licht und mache das Dunkel,
ich bewirke das Heil und erschaffe das Unheil.
Ich bin der Herr, der das alles vollbringt.
(Jes 45,5–7)

Mit diesem Wort Gottes an Kyros betreibt Deuterojesaja eine gewagte, letztlich aber konsequente Theologie. Das gilt auch dann, wenn man nicht die Auffassung Claus Westermanns zu teilen vermag, daß hier die Grenze überschritten wird, die Gen 1 und 3 gezogen haben[1]. Schwerlich ist das »Dunkel«, das Gott »macht«, identisch mit der chaotischen Finsternis von Gen 1, und noch schwerer ist es vorstellbar, daß das »Unheil«, das Gott »erschafft«, sich im Gegenzug zu Gen 3 auch auf das (sittlich) Böse beziehen soll[2]. Das »Dunkel«, von dem Deuterojesaja spricht, markiert nicht wie in Gen 1 den Gegensatz zur Schöpfung, sondern dient – zusammen mit dem »Licht« – zur Umschreibung für »das ganze kosmische Geschehen«, das in seiner ganzen Umfänglichkeit auf die schöpferische Tätigkeit Gottes zurückgeführt wird[3]. Entsprechend soll mit der Rede vom »Bewirken« des »Heils« und vom »Erschaffen« des »Unheils« die alles umfassende Geschichtssouveränität Gottes herausgestellt werden. Gott steht dem Unheil nicht passiv gegenüber, muß sich nicht reaktiv mit ihm arrangieren, um die Kontrolle über den Lauf der Geschichte zu behalten. Das Unheil, das die Menschen und Völker trifft, ist vielmehr ein positives, von Gott gewolltes und geschaffenes Mittel, um Geschichte zu

---

1 *C. Westermann*, Das Buch Jesaja, Kapitel 40–66 (ATD 19), Göttingen 1966, 132.
2 Gegen *Westermann*, ebd. 132.
3 *K. Elliger*, Deuterojesaja 40,1 – 45,7 (BK XI/1), Neukirchen-Vluyn 1978, 500.

gestalten und zu lenken. Auch in dieser Karl Elliger verpflichteten Interpretation ist das Wort des Deuterojesaja noch aufregend genug. Denn es
behauptet nicht nur, daß der Lauf der Geschichte einem dem Menschen
zwar nicht einsichtigen, dennoch aber logischen bzw. theo-logischen Konzept folgt, sondern setzt darüber hinaus auch voraus, daß das Unheil letztlich sogar eine Heilsfunktion besitzt.

In seiner Weise bringt Deuterojesaja damit zum Ausdruck, was auch sonst
für die prophetische Tradition der Bibel bezeichnend ist. Werner H.
Schmidt betont, daß Unheils- und Heilsverkündigung trotz ihrer Grund-
verschiedenheit nicht in zwei unabhängige Teile auseinanderfallen, sondern eine sachliche Einheit bilden: »Heil vollzieht sich nur im Gericht«[4].
In noch konsequenterer und radikalerer Fassung bestimmt der Gedanke
heilsamen Gerichts den Sühnekult. Sühne ist alles andere als menschliche
Leistung zur Besänftigung des göttlichen Zorns[5]. Sühne ist vielmehr gnädige Gabe Gottes, die im Tod des Opfertiers den verdienten Tod des Sünders vollziehen läßt und diesem so neues Leben eröffnet. Sühne ist – wie
es Hartmut Gese bündig ausgedrückt hat – »ein Zu-Gott-Kommen durch
das Todesgericht hindurch«[6].

Damit ist der Rahmen für unser Thema abgesteckt. Es beschäftigt sich mit
der Frage, ob und wie auch im Neuen Testament Gericht und Heil zusammengedacht sind bzw. ob und wie auch dort der Gedanke eines heilsamen
Gerichts vorkommt. Als Sondierungsfelder werden die Gerichtspredigt
Johannes des Täufers, die Heilsverkündigung Jesu und das Kerygma des
Paulus ausgewählt, wobei im einzelnen nicht die Erhebung des vollständi-
gen, sondern des typischen Befundes angezielt ist.

I. Johannes der Täufer

1.   Johannes gilt als der Gerichtsprediger des Neuen Testaments
schlechthin[7]. Das bevorstehende Gericht ist der Ausgangspunkt seiner
Predigt. Mit ihm konfrontiert er seine Zuhörer: »Schlangenbrut, wer hat

---

4   *W. H. Schmidt*, Zukunftsgewißheit und Gegenwartskritik. Grundzüge prophetischer
Verkündigung (BSt 64), Neukirchen-Vluyn 1973, 85; konkret geht es an der Stelle um
Hosea.
5   Zum Sühneverständnis vgl. vor allem *B. Janowski*, Sühne als Heilsgeschehen. Studien
zur Sühnetheologie der Priesterschrift und zur Wurzel KPR im Alten Orient und im Alten
Testament (WMANT 55), Neukirchen-Vluyn 1982.
6   *H. Gese*, Die Sühne, in: *ders.*, Zur biblischen Theologie. Alttestamentliche Vorträge,
Tübingen ²1983, 85–106, hier 104.
7   Aus der reichhaltigen Literatur zu Johannes sei hier nur auf zwei Titel verwiesen: *J.
Becker*, Johannes der Täufer und Jesus von Nazareth (BSt 63), Neukirchen-Vluyn 1972; *J.
Ernst*, Johannes der Täufer. Interpretation – Geschichte – Wirkungsgeschichte (BZNW
53), Berlin / New York 1989. Zur näheren Begründung der hier vorgetragenen Sicht vgl.
H. Merklein, Jesu Botschaft von der Gottesherrschaft (SBS 111), Stuttgart 3., überarbeite-
te Aufl. 1989, 27–33.

euch unterwiesen, dem kommenden Zorn zu entrinnen?« (Mt 3,7b par).
Die Anrede »Schlangenbrut« steht im Gegensatz zur (physischen) Abrahamskindschaft, die Johannes als Berufungsinstanz für ein kommendes
Heil nicht mehr gelten läßt: »Meint nicht bei euch sagen zu können: Wir
haben Abraham zum Vater!« (Mt 3,9a par). Der kommende Zorn steht
zudem unmittelbar bevor: »Schon ist die Axt an die Wurzel der Bäume
gelegt« (Mt 3,10a par). Der Kommende steht bereits mit der Schaufel bereit (Mt 3,12a par). Wohl im Gefolge deuteronomistischer Verkündigung
ist Johannes davon überzeugt, daß ganz Israel mit dem Gericht Gottes
konfrontiert ist[8]. Das ergibt sich aus der Apodiktik der Gerichtsaussage
und vor allem aus der gedachten Alternative, mit der Johannes für den
Fall einer nicht erfolgten Umkehr die Treue Gottes aufrechterhalten will:
»Ich sage euch: Gott kann aus diesen Steinen da dem Abraham Kinder
erwecken!« (Mt 3,9b par). Diese Perspektive hätte keinen Sinn, wenn Johannes der Meinung gewesen wäre, er müsse nur eine bestimmte Gruppe
oder eine bestimmte Schicht in Israel zur Umkehr rufen. Denn unter dieser Voraussetzung würde Gott seiner Bundeszusage an Abraham auch
dann treu bleiben, wenn er gegebenenfalls das restliche Israel als Kinder
Abrahams anerkennen würde. Johannes operiert jedoch nicht mit dem
Restgedanken[9], sondern mit dem Gedanken der Neuschöpfung. Die Gerichtsaussage ist also total und zudem radikal, weil Johannes – anders als
die deuteronomistische Umkehrpredigt – auch den Väterbund nicht mehr
als Hoffnungsinstanz gelten läßt. Die Heilsperspektive der Vergangenheit
läßt sich nicht auf die Gegenwart übertragen. Bisherige Heilstaten Gottes
an Israel werden – soweit das spärliche Material diesen Schluß erlaubt –
nicht als Modell und Analogie eines etwaigen künftigen Heils herangezogen. In dieser Hinsicht denkt Johannes konsequent apokalyptisch[10].

2.   Es besteht also kein Zweifel, daß die Verkündigung des Johannes
vom Gerichtsgedanken beherrscht ist. Jürgen Becker meint sogar, daß die
Gerichtsbotschaft »beim Täufer einziges Thema« sei[11]. Allerdings muß

---

8   Zur traditionsgeschichtlichen Einordnung der Täuferpredigt vgl. *St. von Dobbeler,*
Das Gericht und das Erbarmen Gottes. Die Botschaft Johannes des Täufers und ihre Rezeption bei den Johannesjüngern im Rahmen der Theologiegeschichte des Frühjudentums
(BBB 70), Frankfurt a.M. 1988, 83–131. Zum prophetischen Erbe vgl. *G. von Rad,* Theologie des Alten Testaments II. Die Theologie der prophetischen Überlieferungen Israels
(EETh 1), München [5]1968, 123–139.182–194; *W.H. Schmidt,* Die prophetische »Grund-
gewißheit«. Erwägungen zur Einheit prophetischer Verkündigung, EvTh 31 (1971) 630–
650; *ders.,* Zukunftsgewißheit (s. oben Anm. 4).
9   Vergleichbar ist unter dieser Rücksicht etwa Am 9,1–4; vgl. auch Am 9,7–10 (Gleich-
stellung Israels mit den Völkern); Jer 7,1–15; Mi 3,12.
10   Zur Apokalyptik vgl. bes. *K. Müller,* Art. Apokalyptik/Apokalypsen III. Die jüdische Apokalyptik. Anfänge und Merkmale, in: TRE III (1978) 202–251. Nach Müller besteht das »Grundwissen« der Apokalyptik in der »Beziehungslosigkeit zwischen Geschichte und Erlösung« (212).
11   *Becker,* Johannes 106.

Becker einräumen, daß »versteckt unter dem Schatten der Gerichtsworte
. . . sich ein kleiner Hoffnungsschimmer erhalten« hat[12]. Tatsächlich läßt
die Drohung, daß »jeder Baum, der keine gute Frucht bringt, umgehauen
und ins Feuer geworfen wird« (Mt 3,10b par), zumindest die Möglichkeit
offen, daß es auch Bäume mit guter Frucht gibt. Vom »Kommenden«, der
die Spreu vom Weizen trennen wird, heißt es immerhin auch, daß er »den
Weizen in seine Scheune bringen« wird (Mt 3,12bα par). Gewiß ist es bezeichnend, daß die Vision von der Spreu, die »im unauslöschlichen Feuer
verbrennen« wird, den Schlußpunkt setzt (Mt 3,12bβ par). Dennoch ist
nicht zu bestreiten, daß die Verkündigung des Johannes auch die Heilsperspektive kennt. Ohne diese wäre der Ruf »Bringt also würdige Frucht
der Umkehr!« (Mt 3,8 par) ein sinnloses Unterfangen. Im übrigen zielt
die für Johannes so typische Taufe, die ihm den Beinamen »der Täufer«
eingetragen hat[13], auf die »Vergebung der Sünden« (Mk 1,4) und damit
auf die Reinigung Israels. Die Taufe »beseitigt . . . die anthropologische
Ursache des Gerichts. Fehlt diesem der Anlaß, kann es ausbleiben«[14].
Die Taufe besitzt also zumindest indirekt auch soteriologische Kraft, sofern ihr Empfang vor dem kommenden Gericht zu bewahren bzw. die
Voraussetzung für den Heilsempfang zu schaffen vermag. »Die Domi-
nanz des Zorns bleibt« allerdings »gewahrt«[15]. Es scheint Johannes weniger um die Frage zu gehen, »wie Israel *Heil* finden kann, sondern darum,
wie es dem *Gericht* entgehen kann«[16]. Insofern ist das Gericht, wenngleich nicht das einzige, so doch das entscheidende Thema des Täufers;
das Heilsthema tritt demgegenüber zurück und wird nur indirekt into-
niert.

3.   Dieses Ergebnis, das weithin mit Konsens rechnen kann, gilt es jetzt
noch einmal zu hinterfragen, und zwar aus hermeneutischen Gründen.
Die vorgenommene Verhältnisbestimmung von Gericht und Heil steht
ganz eindeutig unter der hermeneutischen Prämisse, daß Heil und Gericht als Gegensätze oder wenigstens als Alternative zu verstehen sind.
Der Zorn Gottes steht im Gegensatz zu seinem Heilshandeln. Der
Mensch steht vor der Entscheidung, ob er dem Gericht anheimfallen
oder, indem er diesem entrinnt, noch eine letzte Möglichkeit des Heils ergreifen will. Zu fragen bleibt, ob diese hermeneutische Prämisse die einzig
mögliche ist und – noch wichtiger – ob sie der Botschaft des Täufers adäquat ist. Als hermeneutische Alternative bietet sich die eingangs erwähnte alttestamentlich-biblische Sicht an. Könnte Johannes nicht analog dazu Gericht und Heil viel enger zusammengedacht haben, so daß das

12   Ebd. 22.
13   Der Beiname ist auch bei *Josephus*, Ant XVIII 116, bezeugt.
14   *Becker,* Johannes 22.
15   Ebd. 22.
16   *Merklein,* Botschaft 33.

Gericht nicht als purer Gegensatz zum Heil, sondern in einer bestimmten Weise als notwendiger Schritt auf dem Weg zum Heil und damit selbst als heilsames Geschehen erscheint? Tatsächlich ergibt sich unter dieser Prämisse eine sehr viel konsistentere und damit wohl auch zutreffendere Auslegung der Täuferpredigt.

Mt 3,7b par ist dann keine bloß rhetorische Frage mit paränetischer Zielsetzung, sondern realistische Situationsbeschreibung: *Niemand* kann dem kommenden Zorn entgehen! Mt 3,8 par stellt keine Konzession dar, die das Urteil von V. 7b wieder einschränkt, sondern formuliert dessen strikte Konsequenz (οὖν). Weil niemand dem kommenden Zorn Gottes entrinnen kann, ist es nötig, würdige Frucht der Umkehr zu erbringen, wobei deren Inhalt sich dann auch von V. 7b her bestimmt. Umkehr zielt nicht auf das Entrinnen vor dem Zorn Gottes, sondern auf dessen Anerkennung und die Bereitschaft, sich ihm zu stellen. Die »Frucht der Umkehr« als das geforderte »erkennbare äußere Zeichen«[17] ist wohl mit der Taufe selbst zu identifizieren[18]. Dazu würde auch die Bezeichnung »Taufe der Umkehr zur Vergebung der Sünden« (Mk 1,4) passen[19]. Die Taufe will also nicht den kommenden Zorn Gottes gegenstandslos machen, sondern ist dessen Vorwegnahme und Vollzug. Das Untertauchen im Wasser, das der Täufling passiv (!) an sich geschehen läßt, symbolisiert das Todesgericht über den Sünder[20]. Eben dieses Todesgericht hat aber positive Wirkung. Die Sünden sind vergeben (vgl. Mk 1,4), weil der Sünder als ihr Verursacher vernichtet ist. Was aus dem Wasser auftaucht, ist neue Schöpfung, ist Weizen, den der Kommende in seine Scheune sammelt (Mt 3,12bα par). Die Drohung, daß Gott aus toten Steinen dem Abraham Kinder erwecken könne (Mt 3,9b par), ist daher nicht nur eine *fiktive* Möglichkeit, um die Treue Gottes angesichts seines Zorns über Israel wahren zu können. Die darin angesprochene Neuschöpfung bietet Johannes mit seiner Taufe vielmehr auch als *reale* Möglichkeit an. Die symbolische Unterstellung unter das Todesgericht in der Taufe eröffnet die Möglichkeit neuer Schöpfung. Im vorweggenommenen Gericht geschieht Heil.

Natürlich bleibt auch bei dieser Deutung noch eine Differenz zwischen

---

17   *Ernst,* Johannes 45.
18   Vgl. *H. Merklein,* Die Umkehrpredigt bei Johannes dem Täufer und Jesus von Nazaret, in: *ders.,* Studien zu Jesus und Paulus (WUNT 43), Tübingen 1987, 109–126, hier 116f.
19   Daß diese Deutung »den Entscheidungscharakter des Umkehrrufs (verkennt)« (*Ernst,* Johannes 311 Anm. 142), trifft nicht zu. Denn aus der Taufe ergeben sich selbstverständlich auch ethische Konsequenzen für den nachfolgenden Lebenswandel.
20   Diese Symbolik des Wassers ist religionsgeschichtlich weit verbreitet. Für das Alte Testament vgl. zum Wasser als Symbol des Todes bzw. der Todesgefahr 2Sam 22,5f; Ps 18,17; 32,6; 69,2; 124,4f; 144,7; Klgl 3,54; als Symbol des Zornes und des Gerichtes Gottes vgl. die Sintflutgeschichte Gen 6–9, den Durchzug durch das Rote Meer mit dem Gericht über die Ägypter Ex 14.15, bes. Ex 15,7.8–10; vgl. Ps 106,11; Weish 10,19; 18,5 und vor allem die Gerichtsrede gegen Tyrus Ez 26.27, bes. Ez 26,19; 27,34; vgl. weiter Hos 5,10; Jes 28,2; 30,27f; Ps 88,17f; Weish 5,22.

dem jetzt (in der Taufe) vorweggenommenen und dem endgültigen Gericht. Der Text bringt diese Differenz durch die Gegenüberstellung von Wasser- und Feuertaufe zum Ausdruck (Mt 3,11* par). Gerade diese Opposition scheint aber die Richtigkeit der hier zugrundegelegten Hermeneutik zu bestätigen. Denn würde man Gericht und Heil als einfache Alternative betrachten, dann müßte man die Wassertaufe als pures Heils- oder Rettungszeichen dem Feuer des Gerichts gegenüberstellen. Dann aber wäre nicht recht einsichtig, warum Johannes seine Taufe nicht auch positiv als Heilsgeschehen deklariert hat und ausdrücklich als der letzte Heilsprediger vor dem aufziehenden Gericht aufgetreten ist. In Wahrheit ist die Opposition von Wasser- und Feuertaufe nicht einfach eine semantische Variante von Heil und Gericht. Beide Male geht es vielmehr um ein »Taufen«, d.h. um ein Untertauchen in ein lebensvernichtendes Element[21]. Beide Male geht es um den Tod als Gericht über den Sünder. Der eigentliche Unterschied besteht darin, daß es aus der Wassertaufe ein Auftauchen gibt – also Neuschöpfung durch das Gericht hindurch –, während bei der Feuertaufe die Spreu »im unauslöschlichen Feuer« verbrannt wird (Mt 3,12bβ par). Die Alternative lautet daher nicht: Heil oder Gericht (bzw. Entrinnen aus dem Gericht oder Gericht), sondern Anerkennung oder Nicht-Anerkennung des kommenden Zorns. Im ersten Fall führt der Vollzug des Gerichts zur Neuschöpfung, im zweiten Fall zur endgültigen Vernichtung. Grundlegend ist beide Male aber der Gerichtsgedanke: Wer sich dem Gericht Gottes stellt, wird neugeschaffen, wer ihm auszuweichen sucht, kommt um.

Von daher ist es in der Tat richtig, daß das Gericht »einziges Thema« des Täufers ist[22], freilich in einem viel konsequenteren und konsistenteren Sinn, als gemeinhin angenommen wird. Johannes kann sich ausschließlich auf die Gerichtspredigt konzentrieren, weil er das Gericht nicht nur als die einmal endgültige Abwesenheit des Heils, sondern zugleich als Möglichkeit göttlichen Heilschaffens zu bestimmen vermag. So gesehen, vertritt Johannes eine beeindruckende Theologie. In äußerster Ernsthaftigkeit wird der Realität der (sündigen) menschlichen Existenz Rechnung getragen und das Heil in letzter Konsequenz als die allein Gott mögliche Schöpfungstat in der für den Menschen immer tödlichen Begegnung mit dem Heiligen erwartet.

---

21 Daß Feuer und Wasser sich nicht ausschließen müssen, sondern als Bilder der Bedrohung und des Gerichtes sich ergänzen können, zeigt sich etwa in Jes 43,2f; Ps 66,12 (dort bezogen auf das rettende Handeln Gottes beim Gehen durch Feuer und Wasser) und in Offb 15,2f, wo die Geretteten auf dem mit Feuer vermengten kristallenen Meer stehen. An der letzten Stelle handelt es sich wohl um eine Verbindung von Ex 15 mit der Sodom-Geschichte (vgl. Weish 19,7ff.20); siehe dazu E. *Lohmeyer*, Die Offenbarung des Johannes (HNT 16), Tübingen ²1953, 131.
22 *Becker*, Johannes 106.

II. *Jesus*

Geht man davon aus, daß Jesus Johannes gekannt hat und vielleicht sogar sein Schüler war, dann muß er auch mit der Botschaft des Täufers vertraut gewesen sein und sie in irgendeiner Weise rezipiert haben. Sofern die kurzen Notizen von Joh 3,22; 4,1 historisch verwertbar sind, hat Jesus sogar getauft. Dies würde wohl ein ähnliches theologisches Konzept voraussetzen, wie es Johannes gehabt hat. Doch bewegen wir uns hier auf sehr hypothetischem Boden, da die Tradition aus dieser Frühphase Jesu, sofern es sie überhaupt gab, keine näheren Einzelheiten erhalten hat.

1.   In jedem Fall hat Jesus sich zu einem bestimmten Zeitpunkt vom Täufer getrennt[23]. Mit dem Ortswechsel von der lebensbedrohenden Wüste in das fruchtbare Galiläa vollzieht sich auch ein theologischer Paradigmenwechsel. Wie der Täufer das Gericht, so verkündet Jesus jetzt apodiktisch das Heil: »Nahegekommen ist die Gottesherrschaft« (Mk 1,15; Mt 10,7 par). Zwar weiß auch Jesus um die Sünde Israels; er teilt die Prämisse des Täufers, daß alle umkommen, wenn sie nicht umkehren (Lk 13,3.5)[24]. Doch konkretisiert sich diese Umkehr nicht in der Übernahme des Gerichts wie bei der Taufe des Johannes, sondern in der Annahme der Heilsbotschaft. Ausdrücklich genannt und vorausgesetzt wird das Gericht über den Satan: »Ich sah den Satan wie einen Blitz vom Himmel fallen« (Lk 10,18). Der himmlische Ankläger und Repräsentant der Sünde Israels ist gestürzt, der metahistorische Grund für die Verurteilung Israels ist damit entfallen, so daß Jesus von einem allgemeinen Schulderlaß, einer Art Generalamnestie, ausgehen kann. In Tischgemeinschaften und Begegnungen mit Zöllnern und anderen als Sünder eingestuften Menschen bringt Jesus diesen Heilsentscheid Gottes zeichenhaft zum Ausdruck und proklamiert das eschatologische Heil für das bei Johannes noch unter der akuten Gerichtsdrohung stehende Israel: »Selig die Armen, denn ihnen gehört die Gottesherrschaft« (Lk 6,20b par). Jetzt ist Heilszeit; jetzt geschieht, was Propheten und Könige ersehnt haben (Lk 10,23 par); jetzt erfüllt sich die Verheißung der Propheten (Lk 7,22f par). Wenn er, Jesus, Wunder vollbringt und Dämonen austreibt, dann ist die Gottesherrschaft schon präsent (Lk 11,20 par). Für das Gericht bleibt nurmehr ein konditionaler Platz. Es wird denen angedroht, die das Heilsangebot nicht annehmen[25].
Selbstverständlich weiß auch Jesus, daß das anbrechende Heil die unhei-

---

23   Zur näheren Begründung der hier vorgetragenen Sicht Jesu vgl. *Merklein*, Botschaft (s. oben Anm. 7).
24   Vgl. auch die Rede vom bösen Geschlecht in Mk 8,12; Lk 11,29 par Mt 12,39.
25   Zum konditionalen Charakter der Gerichtsaussage vgl. *H. Merklein*, Die Gottesherrschaft als Handlungsprinzip. Untersuchung zur Ethik Jesu (fzb 34), Würzburg ³1984, 146–149.

len Strukturen der Welt nicht einfach verschwinden läßt. Zum Teil verstärkt es sie sogar. Die Heilsbotschaft schafft nicht nur Frieden, sondern
auch Feindschaft. Sie führt zum »Haß« der eigenen Angehörigen (Lk
14,26 par) und zur Entzweiung der Familien (Lk 12,52f par)[26]. Insofern
ist Jesus nicht gekommen, den Frieden zu bringen, sondern das Schwert
(Mt 10,34 par); Feuer will er auf die Erde werfen (Lk 12,49). Möglicherweise hat Jesus bei seinen Jüngern Martyriumsbereitschaft vorausgesetzt
(Lk 14,27 par; Mk 8,34) und vielleicht sogar selbst mit einem gewaltsamen Geschick gerechnet: »Ich muß mit einer Taufe getauft werden, und
ich bin sehr bedrückt, solange sie noch nicht vollzogen ist« (Lk 12,50; vgl.
Mk 10,38f). Der ursprüngliche Sinn dieses Wortes ist jedoch schwer zu erheben; zudem kann nicht ausgeschlossen werden, daß es erst aus dem tatsächlichen Geschick Jesu erschlossen ist[27]. So wird man sich zunächst mit
folgender Feststellung begnügen müssen: Die Heilspredigt Jesu läßt zwar
die Möglichkeit tatsächlich (noch) geschehenden Unheils offen, doch
wird dieses nicht als göttliches Gericht gewertet, sondern apokalyptisch
als endzeitliche Drangsal bzw. deuteronomistisch als Prophetengeschick
verstanden[28].
Wo das Gericht Gottes in der Botschaft Jesu ausdrücklich thematisiert
wird, erscheint es als Konsequenz des abgelehnten Heils, nicht aber als
Voraussetzung und Ermöglichung des Heils. Die Predigt Jesu ist im wesentlichen Ansage des von Gott her unbedingten eschatologischen Heils.
Diese Art des Redens von Gott ist nicht weniger beeindruckend als die
Predigt des Täufers. Der Heilswille Gottes wird so konsequent ernst genommen, daß die Sündigkeit des Menschen zunächst einmal belanglos
wird.

2.   Unter dem Gesichtspunkt einer theologischen Systematik ergeben
sich allerdings auch Probleme, so z.B. bezüglich des von Jesus vorausgesetzten Schulderlasses. Was bedeutet es, wenn Jesus in Gleichnissen von

---

26   Von seinen Jüngern verlangt Jesus die Lösung von Familienbanden (Mt 8,21f par;
Mk 1,16-20).
27   Vgl. *L. Oberlinner,* Todeserwartung und Todesgewißheit Jesu. Zum Problem einer
historischen Begründung (SBB 10), Stuttgart 1980, 98-101; *A. Vögtle,* Todesankündigun
gen und Todesverständnis Jesu, in: *K. Kertelge* (Hg.), Der Tod Jesu. Deutungen im Neuen
Testament (QD 74), Freiburg/Basel/Wien 1976, 51-113, hier 80-88; *C.-P. März,* »Feuer
auf die Erde zu werfen, bin ich gekommen . . .«. Zum Verständnis und zur Entstehung von
Lk 12,49, in: A cause de l' Évangile. Études sur les Synoptiques et les Actes. FS *J. Dupont,*
Paris 1985, 479-511 (Lit.!), hier 481-484, plädiert für lukanische Redaktion.
28   Diese Linie wird dann auch nachösterlich in der Deutung des tatsächlichen Geschicks
Jesu fortgesetzt. Die markinischen Leidensansagen betonen die göttliche, d.h. heilsge-
schichtlich-eschatologisch begründete Notwendigkeit des Todesgeschicks Jesu (Mk 8,31;
9,31; 10,33f), während Worte wie Lk 13,34f par; 11,49-51 par (vgl. Lk 6,22f par; Lk
13,31-33) und das sog. Winzergleichnis Mk 12,1-12 die deuteronomistische Propheten-
aussage als Interpretationsmodell zugrunde legen. Zur apokalyptischen Drangsal vgl. auch
Mk 13.

Vergebung spricht und sie in zeichenhaften Handlungen Sündern gegenüber praktiziert? Ist damit nur die sündige Vergangenheit bewältigt, so daß diejenigen, die sich auf diese Vergebung einlassen, dann doch wieder sündigen können? Dann aber verlöre das Heil, in dessen Rahmen Jesus die Vergebung verkündigt, seine eschatologische Qualität: Es wäre doch nur wieder vorläufig. Vergebung und Schulderlaß als Voraussetzung und Kehrseite des von Jesus proklamierten *eschatologischen* Heils sind strenggenommen nur denkbar im Rahmen oder in der Perspektive einer Neuschöpfung, die den Sünder substantiell verändert, sein sündiges Wesen vernichtet und ihn als neues Wesen konstituiert (vgl. Ez 11,19f; 36,26f; Ps 51 u.ö.). Eschatologische Vergebung verlangt Neuschöpfung. Eschatologische Neuschöpfung aber ist – bezogen auf den Sünder – immer auch heilsames Gericht.

Wenn dem so ist, dann stellt sich um so mehr die Frage, warum Jesus den implizit zu seiner Heilsbotschaft gehörenden Gedanken eines heilsamen Gerichts nicht auch ausdrücklich artikuliert hat. Hat er diesen Aspekt seiner Heilsbotschaft nicht bedacht? Oder war er davon überzeugt, daß die von ihm verkündigte Vergebung, sofern sie angenommen wird, die Menschen substantiell so verändert, daß darin schon heilsames Gericht stattfindet und Neuschöpfung beginnt? Oder sah er seine Verkündigung wenigstens in der Perspektive einer so unmittelbar bevorstehenden Verwirklichung, daß die Differenz zwischen dem Zuspruch der Vergebung und der Verwirklichung des den Sünder heilsam richtenden Neuschöpfungsgeschehens praktisch vernachlässigt werden konnte? Oder muß die Heilsverkündigung Jesu gerade unter der hier erörterten Fragestellung in engstem sachlichen Konnex mit der Gerichtsbotschaft des Johannes gesehen werden? War nach Jesu Auffassung das für das Heil notwendige Gericht über den Sünder in der Johannestaufe als der realsymbolischen Vorwegnahme des eschatologischen Gerichts bereits hinreichend zur Geltung gekommen? War also die Johannestaufe gleichsam die objektive Voraussetzung für die Verkündigung Jesu, nicht in dem Sinn, daß das von Jesus verkündete Heil nur den von Johannes Getauften hätte zuteil werden können, wohl aber so, daß Jesus die Johannestaufe als objektives Zeichen eines grundsätzlich über Israel ergangenen heilsamen Gerichts gewertet hat? Ist vielleicht sogar die Vision vom Satanssturz (Lk 10,18)[29] eine Art metahistorische Bestätigung für diese Sicht? Dann bestand in der Tat keine Notwendigkeit, daß Jesus das Gericht als Teil eines den Sündern geltenden Heils eigens thematisierte. Er konnte es für seine Heilsproklamation als objektiv gegeben voraussetzen und davon ausgehen, daß das kommende bzw. schon gegenwärtige Heilsgeschehen die sich ihm öffnenden Sünder auch substantiell verändert. Doch bleibt auch dies nur eine Vermutung, so daß wir, was die mögliche Konkretion eines der Heilsbot-

---

29   Vgl. dazu *Merklein,* Botschaft 59–62; dort auch zum möglichen Zusammenhang mit der Taufe.

schaft Jesu impliziten heilsamen Gerichts betrifft, über Fragen letztlich nicht hinauskommen.

3. Etwas sichereren Boden betreten wir wieder mit Folgendem: Nach Ausweis unserer Quellen taucht der Gedanke heilsamen Gerichtes dann doch noch auf, nämlich am Ende des Wirkens Jesu, und zwar in der Form, daß Jesus seinen Tod als Lebenshingabe für »viele«, d.h. wohl für Israel, deutet. Dabei kann es hier auf sich beruhen, ob die Abendmahlstradition (Mk 14,24 par; vgl. 1Kor 11,23f; Lk 22,19f) oder Mk 10,45 traditionsgeschichtlich älter ist[30]. Inhaltlich ist wohl auf Jes 53 angespielt. Der Tod Jesu wird als Ersatzleistung, als Sühnopfer (אָשָׁם), verstanden. Jesus trägt die Sünden Israels und gilt die Strafe ab, die eigentlich die Sünder treffen müßte. Gerade so aber wird den Sündern Heil und Gerechtigkeit zuteil. Stellvertretend wird an Jesus das heilsame Gericht vollzogen.

Die Authentizität der hier angesprochenen Überlieferungen wird allerdings sehr kontrovers beurteilt[31]. Eine eindeutige Klärung des historischen Befundes wird sich schon aufgrund der prekären Quellenlage nicht herbeiführen lassen. Doch soll diese Diskussion hier nicht weitergeführt werden. Im Kontext unserer bisherigen Überlegungen ist ein anderer Gesichtspunkt viel wichtiger. Wenn es richtig ist, daß das von Jesus verkündete eschatologische Heil sachlich ein heilsames Gericht impliziert, dann ist die Sühnedeutung des Todes Jesu – unabhängig davon, ob sie von Jesus selbst oder erst von der Gemeinde stammt – mehr als bloß eine mehr oder weniger zufällige Folge eines kontingenten geschichtlichen Ereignisses, nämlich des faktischen Todesgeschicks Jesu. Dieser geschichtliche Zusammenhang soll hier selbstverständlich nicht bestritten werden. Doch muß auch die sachliche Konvergenz zwischen der Heilsverkündigung Jesu und der Sühnedeutung seines Todes festgehalten werden, wenn erstere bereits implizit den Gedanken eines heilsamen Gerichts enthielt. Unter dieser Voraussetzung erscheint die Aussage vom Sühnetod Jesu als Explikation eines implizit zur Verkündigung Jesu gehörigen Sachverhaltes, wobei die konkrete Form der Explikation durch das tatsächliche Geschick Jesu bedingt ist. Da wir nicht wissen, wie Jesus selbst den impliziten Sachverhalt (eines heilsamen Gerichts) gedacht hat bzw. ob er ihn überhaupt reflektiert hat, wird man auf eine nähere Definition im Sinne eines Konzeptes verzichten und es bei der allgemeinen Bezeichnung des Sachver-

---

30   Für die Authentizität von Mk 10,45 haben sich vor allem *W. Grimm*, Die Verkündigung Jesu und Deuterojesaja (ANTJ 1), Frankfurt a.M. / Bern 2., überarbeitete Aufl. 1981, 231–258(–276), und *P. Stuhlmacher*, Existenzstellvertretung für die Vielen: Mk 10,45 (Mt 20,28), in: *ders.*, Versöhnung, Gesetz und Gerechtigkeit. Aufsätze zur biblischen Theologie, Göttingen 1981, 27–42, ausgesprochen.

31   Kritisch hat sich vor allem *A. Vögtle* geäußert; vgl. zuletzt *ders.*, Grundfragen der Diskussion um das heilsmittlerische Todesverständnis Jesu, in: *ders.*, Offenbarungsgeschehen und Wirkungsgeschichte. Neutestamentliche Beiträge, Freiburg/Basel/Wien 1985, 141–167.

haltes belassen müssen. Eine prinzipielle soteriologische Konkurrenz zwischen dem von Jesus unbedingt verkündeten eschatologischen Heil und seinem Sühnetod besteht aber nicht[32].

Unter dem Eindruck der oben erwogenen Möglichkeit, das implizite heilsame Gericht mit der Gerichtspredigt bzw. der Taufe des Johannes in Verbindung zu bringen, bleibt aber immerhin bemerkenswert, daß Jesus nach Darstellung des Markusevangeliums in der (letztlich zu seinem Tode führenden) Auseinandersetzung mit der Tempelbehörde auf die Taufe des Johannes verwiesen hat (Mk 11,30). Gibt es möglicherweise einen Zusammenhang zwischen der Taufe des Johannes und dem Tod Jesu? Wie aber könnte ein derartiger Zusammenhang dann näher charakterisiert werden? Ist der Tod Jesu als stellvertretende Übernahme des von der Johannestaufe gemeinten heilsamen Gerichts über die Sünder zu verstehen? Hat Jesus (am Ende seines Lebens?) erkannt, daß er das von Johannes praktizierte Gericht, das er in seiner Heilsverkündigung voraussetzte, nun selbst stellvertretend übernehmen muß?[33] Will vielleicht gerade darauf das Wort von der Taufe, mit der Jesus getauft werden muß, aufmerksam machen (Lk 12,50; vgl. Mk 10,38f)?[34] Auch diese Fragen müssen wohl offenbleiben.

III. *Paulus*

Selbstverständlich kann es hier nicht um den Versuch gehen, eine auch nur annäherungsweise vollständige Übersicht über die paulinischen Heils- und Gerichtsvorstellungen zu geben. Wir konzentrieren uns wieder auf die eingangs gestellte Frage. Von vornherein interessiert uns daher weniger die Rede vom *kommenden* Zorn (vgl. etwa 1Thess 1,10; 5,9; 1Kor 4,3–5; Röm 2,3.5.8.16; 5,9), der definitiven Charakter hat. Immerhin zeigt diese Rede, daß Paulus zwischen Gericht und Heil sehr wohl unterscheidet und sogar definitiv unterscheiden kann. Eine vorschnelle Identifizierung und Nivellierung der Begriffe und Sachverhalte ist daher

---

32   Diese Konkurrenz gilt als wichtiges Argument gegen die Authentizität der Sühnedeutung; vgl. *P. Fiedler,* Jesus und die Sünder (BET 3), Frankfurt/Bern 1976, 277–281; auch für *Vögtle* liegt hier das entscheidende Argument: »Es scheint mir noch nicht gelungen zu sein, Jesu Konzeption eines heilseffizienten Sterbens seiner Gottes- und Gottesreichbotschaft überzeugend zu- und einzuordnen« (Grundfragen 165).

33   Da sich strukturell an der mutmaßlichen Konzeption nichts ändern würde, wenn sie erst von der nachösterlichen Gemeinde stammen sollte, bliebe sie auch dann noch bemerkenswert genug.

34   Einen Hinweis auf den als Gerichtsgeschehen zu verstehenden Tod Jesu sehen in dem Logion u.a. (in unterschiedlicher Weise) *G. Delling,* Βάπτισμα βαπτισθῆναι, in: *ders.,* Studien zum Neuen Testament und zum hellenistischen Judentum. Gesammelte Aufsätze 1950–1968, Göttingen 1970, 236–256; *P. Wolf,* Liegt in den Logien von der »Todestaufe« (Mk 10,38f; Lk 12,49f) eine Spur des Todesverständnisses Jesu vor? Diss. Freiburg 1972; *H. Patsch,* Abendmahl und historischer Jesu (CThM 1), Stuttgart 1972, 211.

nicht angezeigt. Dies muß nicht ausschließen, daß Gericht und Heil unter anderem Aspekt nicht auch in ein komplementäres oder kongruentes Verhältnis treten können.

1. Von der Terminologie her fällt der Blick zunächst auf *Röm 1,17f:*

(17) Denn Gerechtigkeit Gottes wird in ihm (im Evangelium) geoffenbart (ἀποκαλύπτε-ται) aus Glauben zum Glauben, wie geschrieben steht: Der Gerechte aber aus Glauben wird leben.
(18) Denn geoffenbart (ἀποκαλύπτεται) wird der Zorn Gottes vom Himmel her über alle Gottlosigkeit und Ungerechtigkeit der Menschen, die die Wahrheit durch Ungerechtigkeit niederhalten.

Parallel zur Offenbarung der Gerechtigkeit Gottes in V. 17 ist in V. 18 von der Offenbarung des Zorns Gottes die Rede, wobei die zweite Aussage die erste durch γάρ noch zu begründen scheint. Dennoch ist in der Forschung das inhaltliche Verhältnis der beiden Verse sehr umstritten. Ist (in Verbindung mit Röm 3,21–26) an ein zeitliches bzw. heilsgeschichtliches Nacheinander von Zorn und Gerechtigkeit Gottes gedacht? Beziehen sich die VV. 17.18 auf das gleiche Offenbarungsgeschehen? Oder sind zwei unterschiedliche Offenbarungen gemeint, die sich gleichzeitig vollziehen? Ulrich Wilckens kommt nach sorgfältiger Diskussion zu folgendem Ergebnis: »Darum gehört das 1,18 – 3,20 Gesagte zum Inhalt des Evangeliums, in dem beides enthüllt wird: der Zorn Gottes, der alle Sünder vernichtet, und seine Gerechtigkeit, die diese Wirkung seines Zornes selbst aufhebt. Die Parallelität der Sätze in VV. 17.18 unter dem gemeinsamen Verbum ἀποκαλύπτεται ist notwendig, weil Paulus das Heil nicht als Alternative zum Unheil, sondern als dessen Aufhebung denkt«[35]. Diese Würdigung, die in der Tendenz m.E. durchaus zutrifft, bedarf der Präzisierung. Denn gerade wenn es richtig ist, daß Paulus das Heil nicht als Alternative zum Unheil denkt, kann schwerlich im gleichen Atemzug gesagt werden, daß das Heil die Aufhebung des Unheils sei. Ohne in Definitionsstreitigkeiten über den Begriff »Alternative« eintreten zu wollen, scheint hier das gestellte Problem (gleiches Offenbarungsgeschehen oder zu unterscheidende Offenbarungen) sprachlich umspielt, nicht aber eindeutig beantwortet zu sein. Dies führt unter anderem dazu, daß Wilckens den Zorn dann schließlich doch »als heilsgeschichtlich vergangen« deutet[36], was er gegenüber Hans Lietzmann – mit Recht – abgelehnt hat[37]. Zutreffend ist, daß ἀποκαλύπτεται (Präsens) sich auf »die Offenbarung des Zornes Gottes in gegenwärtiger Verkündigung« (wie in V. 17: ἐν

---

35   *U. Wilckens*, Der Brief an die Römer. Teilbd. 1: Röm 1–5 (EKK VI/1), Zürich/Einsiedeln/Köln / Neukirchen-Vluyn ²1987, 103.
36   Ebd. 103.
37   Ebd. 101 Anm. 155.

αὐτῷ = ἐν τῷ εὐαγγελίῳ) bezieht[38]. Zugleich gilt, was Ernst Käsemann
festgestellt hat: »Die Weltgeschichte hat schon stets im Zeichen des End-
gerichtes und des Unterganges gestanden. Das gilt nicht erst seit der Verkündigung des Evangeliums. . ., wird aber zugleich mit ihm offenbart.«[39]
Eben dies ist der Punkt, um den es V. 18 geht: In der Verkündigung wird
der Zorn Gottes offenbar, der je schon immer sich gegen die Sünder gerichtet hat und richtet und diese vernichtet. In der Konstellation von Gott
und Sünder kann es, wenn man sie in ihrer elementaren Opposition von
heilig vs. unheilig betrachtet, von Gott her nur Zorn und für den Sünder
nur das Vernichtungsgericht geben. Insofern ist der Zorn Gottes (als Ausfluß der Heiligkeit Gottes) der diametrale Gegensatz zum Heil des (sündigen) Menschen. Wenn der (sündige) Mensch aus dieser Konfrontation
überhaupt heil davonkommen soll, dann nur so, daß Gott die angeführte
Elementarkonstellation heilsam modifiziert. Aber wie?
In diesem Zusammenhang ist es nicht unwesentlich zu wissen, inwiefern
Paulus sagen kann, daß im Evangelium der Zorn Gottes offenbar wird.
Daß Gottes Zorn gegen alle Gottlosigkeit und Ungerechtigkeit feststeht
und einmal endgültig über sie ergehen wird, ist eine (vor allem apokalyptische) Binsenweisheit. Dies zu offenbaren, bedarf es des Evangeliums
nicht! Es ist daher zu beachten, daß Röm 1,18 nur der Auftakt einer Argumentation ist, die darauf hinausläuft, *alle* als Sünder auszuweisen (Röm
3,9–20). Aus dem isolierten Vers Röm 1,18 ist dies zwar »noch nicht her-
auszuhören«[40]; dennoch zielt der Vers darauf ab und enthält – im Sinne
des Paulus – in nuce bereits diesen Sinn[41]. Mit dieser (wenigstens intentio-
nalen) Zielsetzung der Offenbarung eines alle umfassenden göttlichen
Zorns gewinnt die Aussage von Röm 1,18 überhaupt erst Profil. Zugleich
wird deutlich, wo die im Evangelium erfolgende Offenbarung des Zornes
Gottes ihren objektiven Grund hat. Daß alle Sünder sind, ist eine Erkenntnis, die Paulus nicht aus der Empirie, sondern aus der Christologie,
konkret vom Kreuz Christi her gewonnen hat[42]. Christus, der für uns, die
Menschen, zum Fluch geworden ist (Gal 3,13), erweist die Menschen als
Sünder.
Aber ist am Kreuz – durch den Sühnetod Christi – der Zorn Gottes nicht
gerade aufgehoben? Dann könnte jedoch kaum gesagt werden, daß er

---

38   Ebd. 102.
39   *E. Käsemann,* An die Römer (HNT 8a), Tübingen 4., durchgesehene Aufl. 1980, 34.
40   *Wilckens,* EKK VI/1 104.
41   Darauf deutet wohl auch der fehlende Artikel vor ἀνθρώπων. Es sollen nicht *diejeni-*
gen (bestimmten) Menschen angeführt werden, welche die Wahrheit niederhalten. Vielmehr sind die Menschen überhaupt gemeint und als solche, die die Wahrheit niederhalten,
festgehalten.
42   Vgl. dazu *H. Merklein,* Die Bedeutung des Kreuzestodes Christi für die paulinische
Gerechtigkeits- und Gesetzesthematik, in: *ders.,* Studien zu Jesus und Paulus (WUNT 43),
Tübingen 1987, 1–106, bes. 1–9.

durch die Verkündigung des Evangeliums geoffenbart wird. In der Verkündigung des Gekreuzigten wird vielmehr der Zorn Gottes gegen alle
Gottlosigkeit und Ungerechtigkeit festgehalten und je neu ausgesprochen. Wird dann am Kreuz wenigstens die Wirkung des Zornes Gottes
aufgehoben (Wilckens)? Auch dies ist noch nicht präzise genug. Denn
daß der Zorn Gottes die Glaubenden nicht vernichtet, liegt nicht daran,
daß er seiner Wirkung beraubt worden ist, sondern daran, daß Christus
die Wirkung auf sich genommen hat, den Zorn an sich aus-wirken ließ.
Weil Christus sich stellvertretend für die Sünder dem Fluch ausgeliefert
hat (Gal 3,13), ist das Zorngericht über diejenigen, die sich im Glauben
Christus anschließen, bereits ergangen und ihnen, da der stellvertretende
Tod Christi Sühne bewirkt, Gerechtigkeit geschenkt. Insofern ist die Offenbarung des Zornes Gottes im Evangelium zugleich auch Offenbarung
der Gerechtigkeit Gottes. Gott wahrt seine Bundestreue bzw. bleibt seiner Selbstverpflichtung treu, indem er dem Sünder, der Fluch verdient
hat, im stellvertretend an Christus vollzogenen Gericht Gerechtigkeit
schenkt. Die Offenbarung der Gerechtigkeit Gottes und die Offenbarung
des Zornes Gottes haben also die gleiche sachliche Grundlage, den Sühnetod Christi.
Wir können zusammenfassen: Gerechtigkeit Gottes und Zorn Gottes
werden in der gleichen Evangeliumsverkündigung offenbar. Die Offenbarung einer Gerechtigkeit Gottes, die die Sünder gerecht macht, deckt
zugleich auf, daß alle unter dem Zorn Gottes stehen und insgesamt Sünder sind. Dies hat seinen sachlichen Grund im Inhalt des Evangeliums: in
der Verkündigung des gekreuzigten Christus. Am Kreuz Christi kommt
die Gerechtigkeit Gottes gegen die Sünder im stellvertretend übernommenen und damit für die Sünder heilsamen Gericht zum Zuge. In diesem
heilsamen Gericht bilden Gerechtigkeit Gottes, die die Sünder rechtfertigt, und Zorn Gottes, der die Sünder vernichtet, eine sachliche Einheit,
die nicht aufgehoben werden darf. Selbst für die Glaubenden schließt die
im Evangelium offenbare Gerechtigkeit Gottes die Offenbarung des Zornes Gottes nicht aus. Auch die Glaubenden müssen das Evangelium als
eine beständige Offenbarung des Zornes Gottes annehmen. Nur so ist gewahrt, daß die Gerechtigkeit der Glaubenden je immer eine Gerechtigkeit der eigentlich zu vernichtenden und im Tode Christi stellvertretend
auch vernichteten Sünder bleibt. Der Zorn Gottes wird also weder aufgehoben noch seiner Wirkung beraubt, sondern (im Evangelium) gerade
festgehalten. Eben deshalb sind Gerechtigkeit Gottes und Zorn Gottes
trotz der am Kreuz Christi vorhandenen sachlichen Einheit (die Gott in
heilsamer Modifikation der an sich vernichtenden Gott-Sünder-Konstel-
lation konstituiert hat) doch auch zu unterscheiden. Dies ist in letzter (negativer) Konsequenz auch deswegen nötig, weil die Offenbarung der Gerechtigkeit Gottes »aus Glauben zum Glauben« erfolgt, also an die Glaubensentscheidung gebunden ist. Im Blick auf diejenigen, die sich der
Glaubensentscheidung verweigern und weder die Notwendigkeit noch

die Möglichkeit eines derart konzipierten heilsamen Gerichts anerkennen, bleibt daher letztlich nur die Feststellung des Zornes Gottes im Sinne des definitiven Vernichtungsgerichtes.

2. Sachlich hängt der Gedanke heilsamen Gerichts bei Paulus offensichtlich mit der Aussage vom Sühnetod Christi zusammen. Darauf ist noch etwas näher einzugehen. Zunächst ist ein Blick auf die Dahingabe- und Sterbensformel zu werfen, die Paulus aus der Tradition übernommen und verschiedentlich abgewandelt hat. Es läßt sich eine Kurz- und Langform unterscheiden. Erstere spricht vom »(Dahin-)Geben *für uns* (bzw. für ihn, mich)« (Röm 8,32; Gal 2,20; vgl. Eph 5,2.25; Tit 2,14; siehe auch 1Tim 2,6) bzw. vom »Sterben *für uns* (bzw. für ihn, für alle)« (Röm 5,6.8; 14,15; 1Kor 8,11; 2Kor 5,15; 1Thess 5,10; vgl. 1Petr 2,20; 3,18). Die Langform hingegen spricht vom »Sterben *für unsere Sünden*« (1Kor 15,3b) bzw. vom »(Dahin-)Geben *für unsere Sünden*« bzw. » *wegen unserer Sünden*« (Gal 1,4; Röm 4,25). Bei der Kurzform wird man nicht ausschließen können, daß zumindest die personal adaptierende Formulierung (»für uns« o.ä.) unter griechischem Einfluß steht. In der griechisch-hellenistischen Welt ist die Vorstellung vom Sterben für seine Freunde, seine Verwandten, seine Vaterstadt oder dergleichen verbreitet[43]. Ein solches Sterben ist eine heroische Tat *zugunsten* anderer, z.B., um diese zu retten oder vor größerem Übel zu bewahren. Der Gedanke der Stellvertretung im eigentlichen Sinn oder gar der Gedanke stellvertretender Sühne ist damit nicht verbunden. Bedeutet dies, daß hinter der paulinischen Kurzform womöglich auch nur die Vorstellung vom »Sterben zugunsten . . .« steht?

Am deutlichsten ist die griechische Idee bei Paulus in *Röm 5, 7b* aufgegriffen. Im Kontext lautet die Stelle:

(6) Ἔτι γὰρ Χριστὸς ὄντων ἡμῶν ἀσθενῶν
ἔτι κατὰ καιρὸν ὑπὲρ ἀσεβῶν ἀπέθανεν.
(7) μόλις γὰρ ὑπὲρ δικαίου τις ἀποθανεῖται ·
ὑπὲρ γὰρ τοῦ ἀγαθοῦ τάχα τις καὶ τολμᾷ ἀποθανεῖν ·
(8) συνίστησιν δὲ τὴν ἑαυτοῦ ἀγάπην εἰς ὑμᾶς ὁ θεός,
ὅτι ἔτι ἁμαρτωλῶν ὄντων ἡμῶν Χριστὸς ὑπὲρ ἡμῶν ἀπέθανεν.

Als schwierig erscheint vor allem die Logik des Gedankengangs in V. 7a.b, die als unglücklich und überstrapaziert empfunden wird[44].

---

43 *K. Wengst,* Christologische Formeln und Lieder des Urchristentums (StNT 7), Gütersloh 1972, 67f; dort auch zum Sterben für eine Idee.

44 Vgl. *Käsemann,* HNT 8a 128: »6 ist ihm (= Paulus) aus den Fugen geraten. 7a bringt eine unglückliche Analogie, die in 7b nicht sehr geschickt korrigiert wird, und erst 8 findet mit der Aufnahme von 6 und dem Anschluß an 5b zum Ziel.« Mit Recht lehnt es Käsemann allerdings ab, VV. 6f bzw. V. 7 oder 7b als Glosse auszuscheiden (128). Nach *Wilckens,* EKK VI/ 1 294, ist »die Argumentation in ihrer Stringenz aufs äußerste strapaziert«. Seiner Auslegung zufolge will V. 7 die Aussage von V. 6 »scheinbar« relativieren: »Gibt es das

Eine annehmbare Logik ergibt sich, wenn man ἀποθνήσκω in V. 7a sinngemäß als Passiv zu ἀποκτείνω versteht, was philologisch durchaus möglich ist[45]. Der Gedankengang wäre dann folgender: Ziel der Argumentation ist die Veranschaulichung der »Liebe Gottes« (V. 5). Dazu verweist Paulus darauf, daß Christus, als wir noch schwach waren, also für Gottlose, gestorben ist (V. 6). In V. 7a begründet er (γάρ) die Aussage, daß Christus für Gottlose gestorben ist, mit dem Stellvertretungsgedanken: Für einen Gerechten wird schwerlich einer (stellvertretend) den Tod erleiden[46]. Es geht also nicht um die (subjektive) Bereitschaft, für einen Gerechten zu sterben, sondern um die (objektive) Notwendigkeit eines stellvertretenden Todes. Den Gedanken subjektiver Bereitschaft bringt Paulus dann in V. 7b ins Spiel, wo er den objektiv auszuschließenden Gedanken, daß einer stellvertretend ὑπὲρ δικαίου sterben muß, aufgreift und im griechischen Sinn des »Sterbens zugunsten« weiterentwickelt: Für den Guten (ὑπὲρ τοῦ ἀγαθοῦ)[47] ist einer vielleicht sogar (spontan) geneigt (τομλᾷ) zu sterben. Doch wäre dies dann eben nicht ein Ausdruck der Liebe (zum Sünder), wie sie Paulus veranschaulichen will, sondern eine, wenngleich heroische, im Rahmen der griechischen Tugendethik aber doch nicht völlig undenkbare Tat. Paulus greift die griechische Vorstellung vom »Sterben zugunsten . . .« also nicht auf, um die traditionelle Aussage vom Sterben Christi »für uns« in ihrem Sinn zu interpretieren, sondern um zu verdeutlichen, daß das Sterben Christi, da es ein Sterben für Gottlose war (V. 6), eben nicht nach dem Muster heroischer Tugendethik zu deuten ist (V. 7b). Gerade darin sieht Paulus ein Zeichen der alle menschlichen Maßstäbe brechenden Liebe Gottes. Deshalb lautet dann auch das Fazit in V. 8, daß Gott seine Liebe zu uns gerade dadurch erwiesen hat, daß Christus, als wir noch Sünder waren, für uns gestorben ist.

In jedem Fall (also auch unabhängig von der hier vorgetragenen Interpretation von V. 7) wird durch die Aussage von V. 8 sichergestellt, daß es Paulus nicht um ein bloßes »Sterben zugunsten« geht, sondern um ein stellvertretendes Sterben, das Sühne bewirkt. Christus stirbt stellvertretend für die Sünder; er erleidet das Geschick, das an sich diese wegen ihrer Sünden verdient hätten, so daß sie, da die Tat-Wirklichkeit ihrer Sünden sich an Christus ausgewirkt hat, nicht mehr den Tod zu befürchten haben. Dieses Verständnis ist auch für die anderen, oben angeführten Formeln vorauszusetzen. Sie stehen unter dem Einfluß des letztlich biblisch vermittelten frühjüdischen bzw. christlichen Gedankens vom stellvertretenden Sühnetod. Zumindest bei der Langform ist der Einfluß von Jes 53 auch sprachlich noch einigermaßen greifbar[48]. In jedem Fall sind die hier zur Debatte stehenden Aussagen vom Sühnetod Jesu sachlich der Sicht

nicht auch unter Menschen, daß einer für den anderen stirbt? Gewiß – jedoch ›kaum‹ so, daß ein Gerechter für einen Ungerechten stirbt, sondern allenfalls, wenn überhaupt, für einen Gerechten.« Damit ist allerdings V. 7a stillschweigend unter den Tisch gefallen.

45   Vgl. *H. G. Liddell – R. Scott*, A Greek-English Lexicon, Oxford 1968, s.v. II; *F. Passow*, Handwörterbuch der griechischen Sprache I, Darmstadt 1983 (= Leipzig ⁵1841), s.v.: ». . . nicht bloss von dem natürlichen Tode, sondern auch vom gewaltsamen: den Tod erleiden, umgebracht werden, hingerichtet, mit dem Tode bestraft werden«.

46   Oder: Für einen Gerechten muß schwerlich einer sterben. Das Futur ἀποθανεῖται ist gnomisch zu verstehen (*F. Blass – A. Debrunner – F. Rehkopf*, Grammatik des neutestamentlichen Griechisch, Göttingen ¹⁵1979, § 349,1).

47   Wegen der Parallele zu ὑπὲρ δικαίου ist m.E. die maskulinische Deutung zu bevorzugen; mit *Käsemann*, HNT 8a 129, gegen *Wilckens*, EKK VI/1 294.

48   Besonders deutlich bei Röm 4,25: παρεδόθη (Jes 53,12 LXX); <u>διὰ</u> τὰ παραπτώματα ἡμῶν (Jes 53,5 [vgl. V. 12] LXX).

des vierten Gottesknechtliedes vergleichbar. Ein Gerechter (Jesus, Gottesknecht) trägt die Sünden der Gottlosen[49] und erleidet stellvertretend für die Sünder, und damit für diese heilsam, den Tod. Ob Jes 53,10 mit dem אָשָׁם, als welches der Gottesknecht sein Leben hingibt, direkt oder indirekt auf einen kultischen Hintergrund verweist, ist umstritten[50] und muß hier nicht weiter erörtert werden[51].

3. Die angeführten Formeln sind im wesentlichen der Tradition entnommen, die sich traditionsgeschichtlich oder wenigstens sachlich auf der Linie von Jes 53 bewegt. Gibt es darüber hinaus auch eine spezifisch paulinische Sicht des Stellvertretungsgedankens?
In *Gal 3,13* sagt Paulus:

Χριστός ἡμᾶς ἐξηγόρασεν ἐκ τῆς κατάρας τοῦ νόμου
γενόμενος ὑπὲρ ἡμῶν κατάρα,
ὅτι γέγραπται · ἐπικατάρατος πᾶς ὁ κρεμάμενος ἐπὶ ξύλου.

Hinter der Partizipialwendung von V. 13aβ steht sachlich der Gedanke stellvertretender Sühne, wie er ähnlich auch aus den traditionellen Sterbens- und Dahingabeformeln bekannt ist. Paulus aber begnügt sich nicht mit dem traditionellen ὑπὲρ ἡμῶν. Er präzisiert, indem er hinzufügt, daß Christus κατάρα geworden ist. γενόμενος . . . κατάρα läßt sich sachlich als Interpretament von ἀπέθανεν aus der Sterbensformel verstehen. Paulus beläßt es also nicht bei der Feststellung des stellvertretenden Todes, sondern spricht vom stellvertretenden *Fluchtod*. Dies ist zunächst durch den Kontext bedingt, wo es Paulus darum geht, Christus als den herauszustel-

---

49 Zum Tragen der Sünden im Sinne von Fortschaffen vgl. *C. Breytenbach*, Versöhnung. Eine Studie zur paulinischen Soteriologie (WMANT 60), Neukirchen-Vluyn 1989, 209f.
50 Für kultischen Hintergrund plädieren z.B. *R. Rendtorff*, Studien zur Geschichte des Opfers im alten Israel (WMANT 24), Neukirchen-Vluyn 1967, 207–212; *K. Koch*, Sühne und Sündenvergebung um die Wende von der exilischen zur nachexilischen Zeit, EvTh 26 (1966) 217–239, hier 235; vgl. *D. Kellermann*, Art. אָשָׁם in: ThWAT I (1973) 463–472, hier 470; skeptisch ist *O. H. Steck*, Aspekte des Gottesknechts in Jes 52,13 – 53,12, ZAW 97 (1985) 36–58, hier 53.
51 Allerdings ist der Umstand, daß »in der LXX . . . sich die Wendung ἐὰν δῶτε περὶ ἁμαρτίας (53,10) nicht mehr auf den Gottesknecht« bezieht, kein Einwand gegen ein mögliches kultisches Verständnis (gegen *Breytenbach*, Versöhnung 212); vgl. Lev 4,14, wo die Gemeinde einen Stier περὶ ἁμαρτίας darbringt. Mit περὶ ἁμαρτίας rückt אָשָׁם, sofern man es vom Schuldopfer (Lev 5,14–26) her interpretieren darf, sogar näher an das Sündopfer (Lev 4,1 – 5,13; 16: חַטָּאת, in der LXX meist mit ἁμαρτία wiedergegeben; zu περὶ ἁμαρτίαος = לְחַטָּאת vgl. Lev 4,3.14; 5,7.11; 16,15.27), das – wenn man so will – einen viel kultischeren Hintergrund (im Sinne des Opfers; vgl. den Blutritus Lev 4,5-7.16-18.25.30.34; 16,14f) als das mehr rechtlich an der Ersatzleistung der Schuldverpflichtung (vgl. dazu *R. Knierim*, Art. אָשָׁם *asam* Schuldverpflichtung, in: THAT I [1971] 251–257) orientierte אָשָׁם (LXX meist πλημμέλεια). Allerdings ist die Grenze zwischen Sünd- und Schuldopfer bereits im Alten Testament fließend (vgl. Lev 5,1-13; für die LXX besonders 5,6).

len, der die unter dem Fluch des Gesetzes Stehenden befreit[52]. Konkret folgt Paulus einer frühjüdischen Auslegungstradition, die den Kreuzestod im Lichte von Dtn 21,23 als Fluchtod deutet. In Kombination mit dem Stellvertretungsgedanken ergibt sich eine Zuspitzung desselben. Der traditionelle Gedanke geht davon aus, daß ein *Gerechter* für die Sünder stirbt: Er setzt an ihrer Stelle sein Leben (als Ersatz) ein bzw. trägt die Sünden der Sünder, indem er die Wirkung der Sünden im eigenen Todesgeschick austrägt, so daß die Sünder nicht mehr sterben müssen, sondern weiterleben können. In der paulinischen Version ergibt sich das Paradox, daß der Gerechte, der stellvertretend stirbt, nun selbst und ausdrücklich als *Verfluchter* (χατάϱα = abstractum pro concreto) erscheint. Das soll selbstverständlich nicht heißen, daß der Gerechte jetzt zum Sünder aufgrund subjektiver Missetat erklärt wird. Vielmehr soll zum Ausdruck gebracht werden, daß er objektiv die Identität der Sünder angenommen hat: Der Gerechte stirbt als Sünder für die Sünder, d.h., indem er den Tod der Sünder (Kreuzestod als Fluchtod!) stirbt, stirbt er als Repräsentant des homo peccator schlechthin, so daß in seinem stellvertretenden Tod (realsymbolisch) die Sünder selbst sterben. Am Kreuz werden demnach nicht nur die Sünden beseitigt, nicht nur die Tat-Wirklichkeit des Sündigens aus der Welt geschafft; am Kreuz ergeht das Gericht über den homo peccator: Der Mensch als Sünder wird vernichtet, und gerade indem dies geschieht, wird ihm neues Leben geschenkt.

Es bleibt zu betonen, daß die Vorstellung von der (objektiven) Identifizierung des Gerechten mit den Sündern bzw. von der Übernahme der Identität der Verfluchten durch den Gerechten nicht als Gegensatz oder gar als Widerspruch zum traditionellen Stellvertretungsgedanken ausgelegt werden darf[53]. Sachlich könnte man eher von einer letzten Konsequenz der traditionellen Vorstellung sprechen[54]. Doch handelt es sich um eine Konsequenz, die – wegen ihrer Paradoxie – erst einmal gewagt werden muß[55].

---

52   Zu betonen ist, daß der Fluch des Gesetzes über die Nicht-Täter des Gesetzes ergeht (Gal 3,10b). Gal 3,10a will also nicht das Tun des Gesetzes in sich als (sündhafte) Leistung disqualifizieren. Gal 3,10a formuliert das Heilsparadigma, an dem Sünder (!) immer scheitern müssen.

53   Das ergibt sich etwa schon daraus, daß auch bei der Identitätsvorstellung die Sünder, deren Tod am Kreuz vollzogen wird, faktisch nicht sterben. Dennoch handelt es sich um unterschiedliche Akzentuierungen, sofern es im traditionellen Vorstellungsbereich vorwiegend um die Bewahrung vor dem Todesgericht geht, während bei der Identitätsvorstellung die Eröffnung neuen Lebens (durch das Todesgericht hindurch) im Vordergrund steht.

54   Da der Identitätsgedanke in sich schon den Stellvertretungsgedanken impliziert, ist nicht auszuschließen, daß die traditionelle Stellvertretungsformulierung (ὑπὲϱ ἡμῶν o.ä.) gerade in der paulinischen Zuspitzung gelegentlich dann doch eine stärker finale Ausrichtung im Sinne von »uns zugute« erhalten könnte. Doch handelt es sich auch dann nicht um einen Gegensatz, da das traditionelle »anstelle« immer auch ein »zugute« enthält.

55   Bei Paulus kommt diese Konsequenz wohl daher, daß er sich mutig der Herausforderung des *Kreuzes*todes stellt, der entsprechend der von ihm geteilten Auslegungstradition von Dtn 21,23 als Fluchtod gewertet werden muß.

Gal 3,13 steht im Corpus Paulinum keineswegs allein. Nahezu strukturgleich taucht der Identitätsgedanke in 2Kor 5,21 auf: »Er (Gott) hat den,
der die Sünde nicht kannte, für uns *zur Sünde gemacht* (ὑπὲρ ἡμῶν ἁμαρτίαν ἐποίησεν)«. In aller nur wünschenswerten Klarheit wird zudem der
Identitätsgedanke – als paulinische Konsequenz des traditionellen Stellvertretungsgedankens – kurz vorher gleichsam als Leseanweisung mitge-
liefert: »Einer ist für alle gestorben, also sind alle gestorben (εἷς ὑπὲρ
πάντων ἀπέθανεν, ἄρα οἱ πάντες ἀπέθανον)« (2Kor 5,14b). Der Tod
Christi ist der Tod der Sünder, der Tod des homo peccator. In Röm 8,3
heißt es: »Gott sandte seinen Sohn ἐν ὁμοιώματι σαρκὸς ἁμαρτίας und
für die Sünde (περὶ ἁμαρτίας) und verurteilte die Sünde in dem Fleische«. ἐν ὁμοιώματι könnte direkt mit »in der Identität« wiedergegeben
werden. Besonders deutlich wird hier, daß die »für die Sünde« erfolgende
Identifizierung mit dem sündigen Menschen als Gerichtsgeschehen gedacht wird[56].

Religionsgeschichtlich dürfte die Identitätsvorstellung unter dem Eindruck kultischen Sühnegeschehens stehen[57]. Es ist daher wohl kein Zufall, daß in 2Kor 5,21 und Röm 8,3 auch terminologische Anklänge an
das Sündopfer von Lev 4; 5 und 16 (חַטָּאת = ἁμαρτία; לְחַטָּאת = περὶ
ἁμαρτίας) auftauchen[58]. Im Rahmen unserer Fragestellung ist die religionsgeschichtliche Herkunft allerdings nur von untergeordneter Bedeutung[59]. Sachlich bedeutsam hingegen ist, daß an allen angeführten

---

56 Den Gerichtsgedanken an den oben genannten Stellen betont auch *Breytenbach*,
Versöhnung 211.213.

57 Vgl. dazu besonders *Janowski*, Sühne (s. oben Anm. 5) 359: ». . . das Wesentliche in
der kultischen Stellvertretung (ist) nicht die Übertragung der *materia peccans* auf einen rituellen Unheilsträger und dessen anschließende Beseitigung, sondern die *im Tod des Opfertieres*, in den der Sünder hineingenommen wird . . ., *symbolisch sich vollziehende Lebenshingabe des homo peccator.*« Vgl. auch *Merklein*, Bedeutung (s. oben Anm. 42) 26f.

58 Sachlich ist noch auf Röm 3,25f zu verweisen. Zum Ganzen vgl. ebd. 28–34; *ders.*,
Der Tod Jesu als stellvertretender Sühnetod. Entwicklung und Gehalt eines zentralen neutestamentlichen Aussage, in: *ders.*, Studien (s. oben Anm. 42) 181–191, hier 185–188.

59 Doch sei wenigstens die Bemerkung erlaubt, daß die Animosität gegen den kultischen Sühnegedanken häufig dem eigenen Vorverständnis zu entspringen scheint, das mit
kultischen Kategorien nichts Rechtes mehr anzufangen weiß bzw. eine als unerlaubt erscheinende Deutung des Todes Jesu als Kultgeschehen befürchtet. Doch verbaut man sich
mit derartigen Ängsten die Möglichkeit zu einem wirklich sachgerechten religionsgeschichtlichen Vergleich. Unter dieser Rücksicht muß auch die Ablehnung kultischer Deutekategorien in der ansonsten verdienstvollen Untersuchung von *Breytenbach*, Versöhnung (s. oben Anm. 49), zurückgewiesen werden. Eine detaillierte Auseinandersetzung
kann hier allerdings nicht stattfinden. Doch sei wenigstens im Zusammenhang mit der ebd.
211–215 erörterten Frage, wie der als Gerichtsgeschehen verstandene Tod Christi zum
Heil gereichen kann, darauf hingewiesen, daß gerade kultisch beeinflußte Denkstrukturen
den »merkwürdigen Gedanken« (wieso »merkwürdig«?) von Gal 3,13; 2Kor 5,21; Röm
8,3 (ebd. 211) zwanglos erklären. Insbesondere der Identitätsgedanke, den Breytenbach
allerdings nicht herausarbeitet, findet von Jes 53 her keine ausreichende Erklärung; auch
der Hinweis auf »die Vorstellung der Sühne durch Gericht« (*Breytenbach*, ebd. 213, führt
Dan 9,24 und Jes 27,9 an) hilft hier nicht weiter.

Stellen das *Todesgericht über den Sünder* mit einem ἵνα-Satz ausdrücklich *als heilsames Geschehen* dargestellt wird. Im Sterben vollzieht sich der Identitätswechsel des homo peccator. Wie Christus für die Sünder zur Sünde wurde, so werden diese in Christus zur Gerechtigkeit Gottes (2Kor 5,21b). Es kommt zu einem Existenzwechsel, der die Gerichteten und Gestorbenen nicht mehr nach dem Fleisch, sondern nach dem Geist leben läßt (Röm 8,4). Wie die Variation des Gedankens in 2Kor 5,15 (καὶ ὑπὲρ πάντων ἀπέθανον, ἵνα οἱ ζῶντες μηκέτι ἑαυτοῖς ζῶσιν ἀλλὰ τῷ ὑπὲρ αὐτῶν ἀποθανόντι καὶ ἐγερθέντι) erkennen läßt, geht es letztlich um Auferstehung aus dem Tode bzw. um Neuschöpfung (2Kor 5,17!), die in der die σάρξ überwindenden Gabe des πνεῦμα schon jetzt stattfindet und die Hoffnung künftiger Auferweckung eröffnet (vgl. auch Röm 6,4f; 8,9-11). Gerade diese Konkretion des natürlich immer als heilsam gedachten stellvertretenden Sterbens dürfte durch den Identitätsgedanken ermöglicht oder wenigstens verstärkt worden sein. Der Gedanke, daß im Tode Christi der Sünder selbst stirbt, legt es nahe, die dadurch erworbene neue Lebensmöglichkeit in Analogie zur Auferweckung zu beschreiben. Anders gesagt: Der Identitätsgedanke eröffnet bzw. fördert die Möglichkeit, die zunächst rein christologische Aussage von der Auferweckung Jesu auch soteriologisch zur Entfaltung des aus dem stellvertretenden Sterben resultierenden Heils zu benutzen. So trägt gerade die Zuspitzung der Stellvertretungsaussage durch den Identitätsgedanken dazu bei, den Gedanken des heilsamen Gerichts über den Sünder in einer spezifischen Weise zu profilieren.

Der Identitätsgedanke spielt dann auch bei der *Aneignung des Heils* eine wichtige Rolle. Wie Christus die Identität der Sünder und Verfluchten angenommen hat, so müssen diese die Identität Christi annehmen. Dies kann bei Paulus ganz allgemein etwa so ausgedrückt werden, daß diejenigen, die auf Christus (εἰς Χριστόν) getauft sind, Christus angezogen haben (Gal 3,27). Meist aber wird der Gedanke spezifiziert. Es geht letztlich um die Identität mit dem Gekreuzigten. Der Glaubende kann sagen: »Mit Christus bin ich gekreuzigt (Χριστῷ συνεσταύρωμαι). Nicht mehr ich lebe, sondern Christus lebt in mir« (Gal 2,19f). Die Glaubenden haben ihr Fleisch gekreuzigt (Gal 5,24). Sie finden sich in Christus, sind seinem Tod gleichgestaltet (συμμορφιζόμενος τῷ θανάτῳ αὐτοῦ) (Phil 3,9f)[60].

Ähnlich kann auch die Taufe als Identifizierung mit dem Gekreuzigten ausgelegt werden. Wer auf Christus Jesus (εἰς Χριστὸν Ἰησοῦν) getauft ist, ist auf seinen Tod (εἰς θάνατον αὐτοῦ) getauft (Röm 6,3). Die Getauften sind durch die Taufe mit Christus begraben in den (= seinen) Tod hinein (συνετάφημεν αὐτῷ εἰς τὸν θάνατον) (Röm 6,4). Ihnen ist (in der Taufe) die Identität seines Todes angeboren (σύμφυτοι γεγόναμεν τῷ ὁμοιώματι

---

60 In Anwendung auf die apostolische Existenz findet sich der Gedanke in 2Kor 4, 10-12.

τοῦ θάνατου αὐτοῦ) (Röm 6,5). Der alte Mensch, der homo peccator, ist mitgekreuzigt (συνεσταυρώθη) (Röm 6,6).

In Glaube und Taufe geht es also um Identitätsfindung. Es gilt, sich am Kreuz wiederzufinden, sich im Glauben mit dem Gekreuzigten zu identifizieren bzw. sich in der Taufe mit ihm identifizieren zu lassen. Gerade so findet der Mensch zu seiner wahren Identität als homo peccator. Indem er diese Identität aber *in Christus* findet, gereicht die Identifizierung ihm zum Heil. Dies wird auch an allen genannten Stellen zum Ausdruck gebracht. Die Identifizierung mit dem Gekreuzigten führt zu einer neuen Identität, die terminologisch sehr stark unter dem Eindruck des Auferweckungskerygmas und der damit verbundenen Neuschöpfungsvorstellung steht (vgl. besonders Phil 3,10f; Röm 6,4.5).

Im Rahmen unserer Fragestellung verdient aber nicht nur die Heilsperspektive der glaubenden Identifizierung mit Christus, sondern auch deren Kehrseite festgehalten zu werden. Denn gerade der Identitätsgedanke stellt sicher, daß der Heilsempfang immer auch ein Gerichtsgeschehen ist. Indem der Glaubende bzw. Getaufte die Identität des Gekreuzigten übernimmt, unterstellt er sich dem eigenen Todesgericht, das in Christus bereits vollzogen ist. Dabei ist es für Paulus sehr wichtig, daß dies nicht ein einmaliger Akt am Beginn der christlichen Existenz ist. Der Gekreuzigte, an dem der Fluch des Gesetzes zur Wirkung kommt, ist nicht nur Durchgangsstadium, sondern die permanente Identität des Christen. Gerade indem im Glauben an Christus die σάρξ beständig der Vernichtung anheimgegeben wird, ist der Glaubende nicht mehr ἐν σαρκί, sondern ἐν πνεύματι (Röm 8,9) bzw. – wie es vorsichtiger in Gal 2,20 ausgedrückt ist – lebt, soweit er faktisch noch ἐν σαρκί lebt, im Glauben an den Sohn Gottes, der ihn geliebt und sich für ihn hingegeben hat, d.h. den sarkischen Tod des Glaubenden schon gestorben ist. Die Aneignung des Heils vollzieht sich daher immer auch als Aneignung des Gerichts, das im gekreuzigten Christus über den homo peccator ergeht und diesem so durch das Gericht hindurch die Neuheit des Lebens eröffnet (vgl. Röm 6,4).

Ausgangspunkt unserer Überlegungen war die Frage, ob und in welcher Weise es bei Johannes, Jesus und Paulus die Vorstellung eines heilsamen Gerichts gibt. Was Johannes betrifft, so spricht einiges dafür, daß die von ihm angebotene Taufe eben nach diesem Muster zu verstehen ist. Bei Jesus ist die Sachlage etwas schwieriger zu beurteilen, da sein stellvertretender Tod traditionsgeschichtlich nicht zweifelsfrei einzuordnen ist. Doch wird man auch für die Heilsverkündigung Jesu wenigstens das sachliche Implikat eines heilsamen Gerichts voraussetzen müssen. Zwischen seiner Heilsbotschaft und der (späteren) Sühnedeutung seines Todes besteht daher kein prinzipieller Gegensatz. Ob es darüber hinaus erlaubt ist, den stellvertretenden Tod Jesu mit der Johannestaufe in traditionsgeschichtliche oder wenigstens sachliche Verbindung zu bringen, wird offenbleiben müssen. Eindeutig ist die Vorstellung eines heilsamen Gerichts bei Paulus vorhanden. Am Kreuz ergeht das Gericht über den homo peccator, dessen Identität Christus übernommen hat. Umgekehrt findet der homo peccator gerade in der Vernichtung am Kreuz eine neue Identität in Christus. Angeeignet wird die neue Identität im Glauben bzw. in der Taufe, wo in der realsymbolischen Identifizierung mit dem Gekreuzigten neues Leben geschenkt wird, dessen adäquater Verstehenshorizont die Auferweckung Christi ist. Phänomenologisch könnte man die paulinische Vorstellung als eine Kombination der bei Johannes und Jesus angetroffenen Sachverhalte verstehen, wobei der stellvertretende Sühnetod Jesu die objektive Seite des heilsamen Gerichtsgeschehens darstellt, das dann in der Taufe subjektiv angeeignet werden muß. Ob dieser phänomenologische Befund auch traditionsgeschichtlich ausgewertet werden darf, bedürfte einer gesonderten Untersuchung. In allen hier besprochenen Spielarten zielt der Gedanke eines heilsamen Gerichts auf eine neue Schöpfung, die gerade durch das Todesgericht über den Sünder ermöglicht werden soll.

Damit ist die Paradoxie des Gedankens noch einmal in aller Deutlichkeit festgehalten. Das Konzept eines Heil bewirkenden Gerichts stellt sich mutig der furchterregenden urmenschlichen Ahnung, daß die Begegnung mit dem heiligen Gott für den (sündigen) Menschen immer tödlich ausgeht. Gerade damit verbindet sich aber auch die faszinierende Hoffnung, daß die tödliche Begegnung, weil sie Begegnung mit *Gott* ist, in ein jenseits aller Todesgrenzen stehendes Leben führt. Dieser zugleich furchterregende wie faszinierende Gedanke entzieht sich freilich den üblichen menschlichen Verifikationsmöglichkeiten. Er bleibt ein existentielles Wagnis, da niemand aus eigener Erfahrung wissen kann, ob der eigene Tod zur Begegnung mit Gott oder in die endgültige Vernichtung führt. Erst der Tod selbst wird das Geheimnis lüften. Der christliche Glaube besteht das Wagnis im Blick auf den Gekreuzigten. Der Glaubende lebt von der Hoffnung, daß der eigene Tod nur die endgültige Ratifizierung dessen ist, was er in Christus je schon immer gelebt hat: das Sterben des Sünders, welches das Leben in Gerechtigkeit ermöglicht.

4. Eschatologie im Neuen Testament

Jeder, der sich in der Materie auch nur halbwegs auskennt, weiß, daß das Thema „Eschatologie im Neuen Testament" seine Probleme, um nicht zu sagen seine Tücken hat[1]. Denn ganz abgesehen von der Vielschichtigkeit der neutestamentlichen Phänomene, die hier zusammengefaßt und dargestellt werden sollen, ist man ständig mit der grundsätzlichen Frage nach der inhaltlichen Bedeutung und dem theologischen Stellenwert der Eschatologie konfrontiert. Vom Wortsinn her bedeutet „Eschatologie" die Rede bzw. Lehre vom Letzten oder – wie es die Schultheologie meist formulierte – die Lehre von den Letzten Dingen. Aber was heißt das? Ist Eschatologie nur Vorausblick auf das Ende, sei es des Individuums, sei es der Welt überhaupt? Oder tangiert die eschatologische Zukunft bereits immer die Gegenwart? Wie verhalten sich dann Eschatologie und Existenz, Eschatologie und Welt, Eschatologie und Geschichte? Oder, um das Problem noch deutlicher auf die Schlagworte der spezifisch christlichen Debatte zuzuspitzen: Wie verhalten sich Eschatologie und Christologie, Eschatologie und Heilsgeschichte, Eschatologie und Apokalyptik?

---

[1] Die Literaturhinweise sind notwendigerweise selektiv, teilweise auch auf die Bedürfnisse und Interessen einer breiten Leserschaft ausgerichtet. An umfassenderen Arbeiten zum Thema „Eschatologie" seien angeführt (hier, wie auch sonst, in chronologischer Abfolge): *A. Vögtle,* Das Neue Testament und die Zukunft des Kosmos (KBANT) (Düsseldorf 1970); *P. Fiedler – D. Zeller* (Hrsg.), Gegenwart und kommendes Reich. Schülergabe A. Vögtle (SBB) (Stuttgart 1975); *G. Greshake – G. Lohfink,* Naherwartung – Auferstehung – Unsterblichkeit. Untersuchungen zur christlichen Eschatologie (QD 71) (Freiburg – Basel – Wien 1975, [5]1986); *H. Vorgrimler,* Hoffnung auf Vollendung. Aufriß der Eschatologie (QD 90) (Freiburg – Basel – Wien [2]1984); *R. Schnakkenburg* (Hrsg.), Zukunft. Zur Eschatologie bei Juden und Christen (Schriften der Kath. Akademie in Bayern 98) (Düsseldorf 1980); *W. H. Schmidt – J. Bekker,* Zukunft und Hoffnung (Kohlhammer-Taschenbücher 1014) (Stuttgart – Berlin – Köln – Mainz 1981); *G. Klein,* Art. „Eschatologie IV. Neues Testament", in: TRE X (Berlin 1982) 270–299 (Lit.).

Sie werden Verständnis dafür haben, daß ich im Rahmen dieses Vortrags nicht in eine grundsätzliche Erörterung dieser oder ähnlicher philosophischer und theologischer Fragen eintreten kann. Daß man dennoch den entscheidenden Konflikten, die sich gerade von den neutestamentlichen Texten her stellen, nicht entfliehen kann, wird sich – so hoffe ich – spätestens am Ende meiner Ausführungen erwiesen haben. So viel an Grundsätzlichem sei jedoch vorweggenommen, daß ich die häufig vertretene Unterscheidung und Gegenüberstellung von Eschatologie und Apokalyptik nicht teilen kann. Daß christliche Eschatologie aufgrund ihrer Verquickung mit der Christologie immer auch präsentischen Charakter hat, berechtigt noch nicht zur christlichen Beschlagnahmung des Begriffs. Die religionsgeschichtliche Redlichkeit erfordert es vielmehr, auch der Apokalyptik eine ihr spezifische Eschatologie zu belassen[2].

Im übrigen sehe ich meine eigentliche Aufgabe zunächst darin, Ihnen den neutestamentlichen Befund zum Thema Eschatologie vorzustellen. Daß es dabei nicht um eine vollständige Bestandsaufnahme gehen kann, ist selbstverständlich. Doch soll wenigstens den Hauptlinien nachgegangen werden, nach Möglichkeit in chronologischer bzw. traditionsgeschichtlicher Abfolge.

[2] Die Unterscheidung von Eschatologie und Apokalyptik ist vor allem im Gefolge der existentialen Interpretation *Rudolf Bultmanns* üblich geworden (vgl. *R. Bultmann*, Geschichte und Eschatologie [Tübingen [2]1964], bes. 30–43; *ders.*, Das Urchristentum im Rahmen der antiken Religionen [Zürich – Stuttgart 1949, [3]1963], bes. 85–100; *ders.*, Ist die Apokalyptik die Mutter der christlichen Theologie? Eine Auseinandersetzung mit Ernst Käsemann, in: *ders.*, Exegetica. Aufsätze zur Erforschung des Neuen Testaments [Tübingen 1967] 476–482, bes. 476; vgl. auch den „Definitionsversuch" von *E. Jüngel*, Paulus und Jesus. Eine Untersuchung zur Präzisierung der Frage nach dem Ursprung der Christologie [HUTh 2] [Tübingen [4]1972], 285–289); mit Nachdruck ist diese Unterscheidung neuerdings wieder von *G. Klein*, Eschatologie (s. Anm. 1), vertreten worden. Die „Profilierung" des Eschatologiebegriffs, die man durch seine Festlegung auf das spezifisch christliche Phänomen der Verkoppelung mit der Christologie erreicht, ist jedoch kein echter Gewinn: Neben dem bereits erwähnten religionsgeschichtlichen Nachteil, den „Eschatologien" anderer religiöser Strömungen kaum gerecht werden zu können, besteht die Gefahr einer christlichen Nivellierung des Begriffs, d. h. die Gefahr einer Paneschatologisierung des Christlichen. – Zu einer sachgerechten Würdigung der Apokalyptik vgl. jetzt: *K. Müller*, Art. „Apokalyptik/Apokalypsen III. Die jüdische Apokalyptik. Anfänge und Merkmale", in: TRE III (Berlin 1978) 202–251.

1. Die Eschatologie Jesu

Von der Eschatologie Jesu reden hieße eigentlich: seine gesamte
Verkündigung darstellen, die – wie *Rudolf Bultmann* zutreffend
geurteilt hat – insgesamt als „eschatologische Botschaft" zu charakterisieren ist[3]. Ich beschränke mich hier auf den mit „*Gottesherrschaft*" zur Sprache gebrachten Sachverhalt, der ganz ohne Zweifel
im Zentrum der Verkündigung Jesu steht[4].

Mit dem Begriff der Königsherrschaft Gottes greift Jesus eine
Hoffnung auf, die seit Deuterojesaja (bes. 52,7) die *frühjüdische Tradition* durchzieht und gerade in Krisenzeiten zu je neuem Leben erwachte (vgl. Mi 2,12f; 4,6–8; Sach 14,6–11.16f; Jes 24,21–23; Ps
22,28–30; Dan 2,34f.44f; 7,13f; TestDan 5,10b–13; AssMos 10,1;
u. ö.). Von Gott und dem endgültigen Sich-Durchsetzen seiner Königsherrschaft erwartete man die Beseitigung der Not und die Befreiung Israels aus der Knechtschaft der Heidenvölker. Mit der
Restauration eines irdischen, davidischen Königtums hat die Vorstellung von der Königsherrschaft Gottes prinzipiell nichts zu tun.
In der Apokalyptik gerät die Gottesherrschaft sogar in Diskontinuität zu einer linear gedachten Heilsgeschichte und wird als neues
Heils- bzw. Erwählungshandeln Gottes verstanden. Das Heil der
Gottesherrschaft gilt zunächst Israel bzw. dem Erwählungskollektiv,
das insbesondere in apokalyptischer Sicht nicht in nationaler Definition aufgeht. Eine Teilhabe der Heiden am endzeitlichen Heil ist
damit keineswegs ausgeschlossen. Überhaupt muß man sich davor
hüten, die enge Verbindung von Gottesherrschaft und Israel als nationale oder gar nationalistische Idee zu verdächtigen. Diese Verbindung ist vielmehr eine Folge des Bekenntnisses Israels zu Jahwe
als dem einen Gott, dessen Einzigkeit eben noch verborgen ist, solange die Götter der Heiden offensichtlich die mächtigeren sind.
Letztlich geht es der Erwartung der Gottesherrschaft um einen theo-

---

[3] *R. Bultmann*, Geschichte (s. Anm. 2) 36; gegen *G. Klein*, Eschatologie
(s. Anm. 1) 274,17f.

[4] Zur Botschaft Jesu allgemein vgl. *W. G. Kümmel*, Verheißung und Erfüllung.
Untersuchungen zur eschatologischen Verkündigung Jesu (AThANT 6) (Basel
1945, Zürich 1953, [3]1956); *G. Bornkamm*, Jesus von Nazareth (UB 19) (Stuttgart 1956, [12]1980); *R. Schnackenburg*, Gottes Herrschaft und Reich. Eine bi-
blisch-theologische Studie (Freiburg – Basel – Wien 1959, [4]1965); *H. Schürmann*, Gottes Reich – Jesu Geschick. Jesu ureigener Tod im Lichte seiner
Basileia-Verkündigung (Freiburg i. Br. 1983); *H. Merklein*, Jesu Botschaft von
der Gottesherrschaft. Eine Skizze (SBS 111) (Stuttgart 1983, [2]1984).

logischen Sachverhalt, den wir bei Sach 14,9 bündig zusammengefaßt finden:

> „Dann wird Jahwe König sein über die ganze Erde.
> An jenem Tag wird Jahwe der einzige sein
> und sein Name der einzige."

Genau diesen Sachverhalt – das Sich-Durchsetzen und In-Erschei-
nung-Treten der Einzigkeit Gottes als Urgrund und Inbegriff eschatologischen Heils – finden wir auch in der Botschaft Jesu, wenn er
seine Jünger beten lehrt:

> „Vater,
> dein Name werde geheiligt,
> deine Königsherrschaft komme." (Lk 11,2 par)

Gerade weil das eschatologische Heil für Jesus primär *theologisch*
qualifiziert ist, verwundert es nicht, wenn die Gottesherrschaft aller
menschlichen Realisierungsmöglichkeit und Verfügbarkeit entzogen ist (vgl. Mk 4,26–29; Lk 17,20 f). Dies schließt allerdings nicht
aus, daß sie auf dieser Erde Platz greifen wird. Selbstverständlich
impliziert die Botschaft Jesu auch die Befreiung Israels aus der
Knechtschaft der Römer. Daß Jesus diese Erwartung nicht thematisiert hat, hängt wahrscheinlich damit zusammen, daß er in der politischen und sozialen Notlage seines Volkes nur die Außenseite eines
viel radikaleren Unheils gesehen hat. In Übereinstimmung mit der
deuteronomistischen Gerichtspredigt und im Anschluß an Johannes
den Täufer geht Jesus davon aus, daß Israel, wie es sich vorfindet,
sündig ist (vgl. Mt 3,7–10 par; Lk 13,3.5). Wenn Jesus dann dennoch
das Heil verkündet, setzt dies einen radikalen Umschwung der Situation Israels vor Gott voraus. Tatsächlich ist nach Auffassung Jesu
die endzeitliche Entscheidungsschlacht bereits geschlagen und der
Satan aus dem Himmel gestürzt (Lk 10,18). Der eschatologische
Heilsentschluß Gottes zugunsten Israels ist gefallen, so daß Jesus
proklamieren kann:

> „Nahegekommen ist die Gottesherrschaft!"
> (Mk 1,15; Lk 10,9 par) |

Sicherlich war bei Jesus mit dieser Ansage die Erwartung verbunden, daß die Gottesherrschaft sich auch in *allernächster Zeit* realisieren wird[5]. Doch geht die angesagte Nähe nicht in zeitlichen Kategorien auf. Dies zeigen besonders deutlich die Seligpreisungen (Lk 6,20 f par). Einerseits verweisen sie (in ihren Nachsätzen) in die Zukunft und verheißen das Heil. Andererseits berührt und qualifiziert dieses Heil aber schon die *Gegenwart,* wenn Israel als das vom Unheil gezeichnete Volk der Armen, Weinenden und Hungernden (in den Vordersätzen) seliggepriesen und damit jetzt schon zum eschatologischen Heilskollektiv proklamiert wird. Die Schuldvergangenheit der „verlorenen Schafe des Hauses Israel" (vgl. Mt 10,6) ist ausgelöscht, das verlorene Schaf gefunden (vgl. Lk 15,4–7 par), wie Jesus in provozierender Zeichenhaftigkeit durch seinen Umgang mit Zöllnern und Sündern verdeutlicht (vgl. Lk 7,34 b par; Lk 7,36–50; 15,1 f; 19,1–10; Mk 2,15–17). Bereits jetzt ereignet sich die eschatologische Konstituierung Israels, die Jesus – ebenfalls zeichenhaft – in der Berufung der Zwölf vorwegnimmt (vgl. Mk 3,13–19 par). Seine Heilungen und Exorzismen kommentiert Jesus mit dem Wort:

> „Wenn ich mit dem Finger Gottes die Dämonen austreibe, dann ist die Gottesherrschaft bereits zu euch gelangt." (Lk 11,20 par)

Das eschatologische Heil der Gottesherrschaft, wie es Jesus verkündet, ist demnach eine *dynamische Größe,* ein *Geschehen, das sich jetzt schon ereignet* und unaufhaltsam auf seine Vollendung hindrängt (vgl. Mk 4,30–32 par). Wer sich von diesem Geschehen erfassen läßt, hat – um in den Metaphern der Gleichnisse Jesu zu sprechen – den Schatz und die kostbare Perle gefunden, die sein Leben radikal umkrempeln (vgl. Mt 13,44.45 f) und ein Handeln in grenzenloser Güte ermöglichen (vgl. Mt 5,39 b.40; 5,44 f.48 par; u. ö.).

An der Gültigkeit seiner eschatologischen Botschaft hat Jesus auch im Angesicht seines *Todes* festgehalten (Mk 14,25). Sofern die in den Abendmahlsworten enthaltene Sühnedeutung (Mk 14,24 par; Lk 22,19 f; 1 Kor 11,24; vgl. Mk 10,45) authentisch ist[6], hat Jesus seinen Jüngern sogar eine positive Deutung seines Todes gegeben.

---

[5] Vgl. *E. Gräßer,* Das Problem der Parusieverzögerung in den synoptischen Evangelien und in der Apostelgeschichte (BZNW 22) (Berlin – New York 1957, ³1977), bes. 1–75; *ders.,* Die Naherwartung Jesu (SBS 61) (Stuttgart 1973).

[6] Dann wohl in Anlehnung an Jes 53, wie das „für viele" in Mk 14,24 nahelegt;

Er ist ihm dann in dem ausdrücklichen Bewußtsein entgegengegangen, daß selbst die offenkundige Ablehnung seiner Botschaft und seiner Person das Geschehen der Gottesherrschaft nicht aufhalten kann und das Heilshandeln Gottes an Israel nicht wirkungslos zu machen vermag. Gerade im gewaltsamen Tod, durch den Jesus und seine Botschaft liquidiert werden sollen, geschieht vielmehr Sühne für das sich verweigernde Israel.

Unabhängig davon, ob diese Auswertung der Abendmahlstradition zutreffend ist oder nicht, wird man festhalten müssen, daß die dynamische Eschatologie Jesu, bei der die Heilszukunft bereits die Gegenwart einholt, unablöslich an die *Person Jesu* gebunden ist (vgl. neben Lk 11,20 par auch Lk 12,8f par). Jesus ist demnach nicht nur der prophetische Bote, sondern – im strikten Sinn – der Repräsentant des eschatologischen Heils. Die Bindung der Eschatologie an die Person Jesu begründet eine *implizite Christologie,* die ihrerseits selbst wesentlich zum Gehalt der Eschatologie Jesu gehört.

2. *Frühe nachösterliche Eschatologien*

2.1 Das österliche Glaubensbekenntnis

Um Stellenwert und Gehalt nachösterlicher Eschatologie zu erfassen, muß zuallererst auf das österliche Bekenntnis selbst verwiesen werden[7]. Seine älteste Gestalt ist wohl in der Formel erhalten:

> „Gott hat Jesus von den Toten auferweckt." (vgl. 1 Thess 1,10; 1 Kor 6,14; 15,5; 2 Kor 4,14; Gal 1,1; Röm 4,24; 10,9b; Kol 2,12; Eph 1,20; Apg 3,15; 4,10; 13,33; u.ö.)

In diesem Bekenntnis ist die apokalyptische Vorstellung von der *endzeitlichen Totenauferstehung* auf Jesus übertragen. Das Osterereignis selbst und die Gegenwart der Jüngergemeinde sind damit in höchstem Maße eschatologisch qualifiziert. Das Geschehen der

---

gemeint damit ist die Gesamtheit des Erwählungskollektivs, also unmittelbar Israel.

[7] Zur Osterbotschaft: *A. Vögtle – R. Pesch,* Wie kam es zum Osterglauben? (Düsseldorf 1975); *P. Hoffmann,* Art. „Auferstehung" (I/3; II/1), in: TRE IV (Berlin 1979) 450–467 478–513 (Lit.). Vgl. jetzt auch die allgemeinverständliche Übersicht von *J. Kremer,* Das Evangelium von Jesu Tod und Auferstehung (Kleine Reihe zur Bibel 26) (Stuttgart 1985).

Gottesherrschaft, das bereits von Jesus als gegenwärtiges Ereignis proklamiert wurde, ist dem österlichen Bekenntnis zufolge in ein neues Stadium eingetreten, ja mehr noch, es hat im auferweckten Jesus seine definitive Qualität erreicht und ist in ihm paradigmatisch zum Abschluß und zur Vollendung gekommen. Am auferweckten Jesus ist neue Schöpfung (vgl. 2 Kor 5, 17) bereits verwirklicht. Gott, auf dessen alleiniges Königsein die Erwartung der Gottesherrschaft abzielt, hat sich als der eschatologische Herr erwiesen, der die Toten lebendig macht (Achtzehngebet 2; vgl. Röm 4, 17). Diese Sicht hat Konsequenzen, wobei zunächst auf das aramäisch sprechende Christentum Palästinas eingegangen werden soll.

2.2 Eschatologische Perspektiven des aramäisch sprechenden Judenchristentums

Die erste Folge der eschatologischen Interpretation der Ostererfahrung ist die Ausbildung einer *expliziten Christologie*[8]. Der namenlose Menschensohn, der bereits nach Auffassung Jesu seinen endzeitlichen Richterspruch von der Stellungnahme zu Jesus abhängig machen wird (Lk 12, 8f par), konnte und mußte nun mit Jesus identifiziert werden (vgl. Lk 17, 24.26f par; u. ö.). Jesu Auferweckung konnte als Einsetzung in das messianische Amt des „Sohnes Gottes" gedeutet werden (Röm 1, 3f; vgl. Apg 2, 32; 13, 33), der die Funktion des Menschensohnes ausüben und vor dem kommenden Zorn erretten wird (1 Thess 1, 10). Damit ist schon angedeutet, daß die Christologie, die der eschatologischen Deutung der Ostererfahrung entstammt, selbst unmittelbar eschatologische Perspektive enthält und letztlich auf die *Parusie* des Menschensohn-Christus ausgerichtet ist (neben 1 Thess 1, 10 vgl. Apg 3, 20f; Mk 13, 21 f.26; Mt 25, 31–46; u. ö.)[9].

Die Deutung des Ostergeschehens mit Hilfe apokalyptischer Kategorien mußte fast zwangsläufig zu einer hochgespannten *Nah-*

---

[8] Vgl. dazu: *H. Merklein,* Die Auferweckung Jesu und die Anfänge der Christologie (Messias bzw. Sohn Gottes und Menschensohn), in: ZNW 72 (1981) 1–26; zu den religionsgeschichtlichen Voraussetzungen: *M. Hengel,* Der Sohn Gottes. Die Entstehung der Christologie und die jüdisch-hellenistische Religionsgeschichte (Tübingen 1975).

[9] Zur damit implizierten Erhöhungsaussage vgl. *W. Thüsing,* Erhöhungsvorstellung und Parusieerwartung in der ältesten nachösterlichen Christologie (SBS 42) (Stuttgart o. J. [1969?]).

erwartung führen[10], die durch pneumatische Erfahrungen und prophetische Begabungen wohl noch geschürt wurde (vgl. Apg 2; 11,28; 21,8f.10f). Die von Jesus proklamierte Nähe der Gottesherrschaft mußte in diesem Kontext vorrangig als zeitliche Terminansage verstanden werden. Die sogenannten Terminworte Mt 10,23 und Mk 9,1 geben indirekt davon Zeugnis, wenngleich zumindest das letztere wahrscheinlich schon die erste Verzögerungsproblematik reflektiert[11]. Das sehnsuchtsvolle Gebet „Maranatha" („Unser Herr, komm!"), das uns noch in der aramäischen Fassung erhalten ist (1 Kor 16,22; vgl. Offb 22,20), scheint die gottesdienstlichen Versammlungen, besonders die Feier des Abendmahls (vgl. 1 Kor 11,26; Mk 14,25), beherrscht zu haben.

Falsch wäre es allerdings, daraus den Schluß zu ziehen, die Urgemeinde und das aramäische Judenchristentum seien von der Naherwartung so in den Bann gezogen worden, daß durch den starren Blick auf die Parusie alles Geschichtsbewußtsein ausgeschaltet und alle Aktivität gelähmt gewesen sei. Tatsächlich hinderte die Naherwartung weder *Kirchenbewußtsein* noch *Mission*. Schon früh dürfte die Urgemeinde sich als das eschatologische Volk Gottes („ἐκκλησία τοῦ θεοῦ") verstanden haben[12], das sich für die kommende Gottesherrschaft sammelt. Israel erneut das von Jesus proklamierte Heilsangebot vorzutragen ist die Konsequenz, welche die hinter der Logienquelle Q stehende Gruppe aus der Ostererfahrung zieht; freilich, angesichts der andauernden Ablehnung kehrt man die Heilspredigt bald in Gerichtsdrohung um und beginnt wohl auch vorsichtig mit einer Öffnung hin zu den Heiden (vgl. Mt 8,5–13 par)[13].

---

[10] Ob von der Auferweckung Jesu (als des „Erstlings der Entschlafenen", vgl. 1 Kor 15,20; Kol 1,18) sofort auf eine Auferstehung *aller* geschlossen wurde, muß eher fraglich bleiben; vgl. *J. Becker*, Auferstehung der Toten im Urchristentum (SBS 82) (Stuttgart 1976).

[11] Zu den sog. Terminworten vgl. *L. Oberlinner*, Die Stellung der „Terminworte" in der eschatologischen Verkündigung des Neuen Testaments, in: P. Fiedler – D. Zeller (Hrsg.) Gegenwart (s. Anm. 1) 51–66.

[12] Vgl. dazu *H. Merklein*, Die Ekklesia Gottes. Der Kirchenbegriff bei Paulus und in Jerusalem, in: BZ NF 23 (1979) 48–70. Zur sachlichen Grundlegung bei Jesus vgl. *G. Lohfink*, Wie hat Jesus Gemeinde gewollt? Zur gesellschaftlichen Dimension des christlichen Glaubens (Freiburg – Basel – Wien ⁶1985).

[13] Zur Eschatologie von Q vgl. *D. Lührmann*, Die Redaktion der Logienquelle (WMANT 33) (Neukirchen-Vluyn 1969), *D. Zeller*, Der Zusammenhang der Eschatologie in der Logienquelle, in: P. Fiedler – D. Zeller (Hrsg.), Gegenwart (s. Anm. 1) 67–77; *G. Dautzenberg*, Der Wandel der Reich-Gottes-Verkündi-

2.3 Eschatologische Perspektiven des griechisch sprechenden vorpaulinischen Christentums

Muß man im Zusammenhang mit dem aramäisch sprechenden Judenchristentum im wesentlichen von einer futurischen Eschatologie mit apokalyptischer Struktur sprechen, so ist nun auf eine mehr _präsentisch ausgerichtete Eschatologie_ zu verweisen. Ihr sachlicher Ausgangspunkt dürfte das konsequent eschatologische Verständnis des Sühnetodes Jesu gewesen sein. Dieses geht wohl schon auf die hellenistischen Judenchristen im Umkreis des Stephanus (vgl. Apg 6) zurück, die dann nach ihrer Vertreibung aus Jerusalem von Antiochia aus in die hellenistische Welt hineinwirkten[14].

Wenn in Jesu Tod eschatologische Sühne geschehen war (vgl. Röm 3,25 f), dann hatte der Tempel als Vollzugsort kultischer Sühne ausgedient. Mehr noch: Da gerade nach hellenistisch-jüdischer Auffassung der Tempel als Sitz und Wirkungsort der präexistenten Weisheit galt, mußten die Attribute der Weisheit nun auf Jesus übertragen werden[15]. Der Eschatologie konnte eine Protologie vorangestellt werden, die den Präexistenten als Schöpfungsmittler zeichnete. Der eschatologischen Deutung des Todes Jesu entsprang in diesem Kontext eine _kosmische Christologie,_ die den Auferweckten und den Erhöhten als Sieger über die kosmischen Mächte besingen und die bereits stattgefundene Versöhnung der Welt preisen konnte (vgl. Phil 2,6–11; Kol 1,15–20*; Joh 1,1–18*).

Analog zur Christologie war das Verständnis der _christlichen Existenz_ vorwiegend präsentisch-eschatologisch eingefärbt. In diesen Kontext dürfte das (schon vorpaulinische) Axiom von Gal 3,28 gehören, das die Taufe als eschatologische Überwindung bisheriger Unterschiede interpretierte[16]:

gung in der urchristlichen Mission, in: ders. u.a. (Hrsg.), Zur Geschichte des Urchristentums (QD 87) (Freiburg – Basel – Wien 1979) 11-32.

[14] Zu den sog. Hellenisten vgl. _M. Hengel,_ Zwischen Jesus und Paulus. Die „Hellenisten", die „Sieben" und Stephanus, in: ZThK 72 (1975) 151–206. Zur Sühnevorstellung vgl. _H. Merklein,_ Der Tod Jesu als stellvertretender Sühnetod. Entwicklung und Gehalt einer zentralen neutestamentlichen Aussage, in: Pastoralblatt 37 (1985) 66–73.

[15] Vgl. dazu: _H. Merklein,_ Zur Entstehung der urchristlichen Aussage vom präexistenten Sohn Gottes, in: G. Dautzenberg u.a. (Hrsg.), Geschichte (s. Anm. 13) 33–62.

[16] Zu Gal 3,28 vgl. _D. Lührmann,_ Wo nicht mehr Sklave und Freier ist. Überlegungen zur Struktur frühchristlicher Gemeinden, in: WuD 13 (1975) 53–83; _H. Paulsen,_ Einheit und Freiheit der Söhne Gottes – Gal 3,26–29, in: ZNW 71

„Da gibt es nicht mehr Jude noch Grieche,
nicht mehr Sklave noch Freier,
nicht mehr männlich und weiblich;
denn ihr alle seid einer in Christus Jesus."

Schon die Leute aus dem Stephanuskreis hatten in Antiochia die
Schranken zwischen Juden und Heiden überwunden und mit der
Heidenmission begonnen (vgl. Apg 11,20). Diese Konsequenz hatte
man wohl aus der Sühnedeutung des Todes Jesu gezogen, der – typologisch gesehen – den Tempelkult und die ihn regelnde Kulttora
zum eschatologischen Abschluß gebracht hatte und nunmehr dem
Glauben an den Christus Jesus als das entscheidende Kriterium für
die Zugehörigkeit zum heiligen Volk Gottes erscheinen ließ. Die
Aufhebung der übrigen in Gal 3,28 genannten Unterschiede dürfte
durch die eschatologische Auslegung von Joel 3,1–5 beeinflußt sein.
Für das Gemeindeleben brachte der Grundsatz von Gal 3,28 sicherlich gute, innovatorische Impulse (z. B. eine weitgehende Gleichstel-
lung der Frau); er wurde allerdings auch von bestimmten Gruppen
als Aufhebung der Schöpfungsordnung gedeutet und u.a. zur Begründung libertinistischer oder radikaler sexualaszetischer Parolen
mißbraucht[17]. Überhaupt war die Folge eines extrem präsentisch-
eschatologischen Bewußtseins nicht selten ein *Enthusiasmus,* der
durch pneumatische und ekstatische Phänomene noch weiter genährt wurde. Eine künftige eschatologische Vollendung trat unter
dieser Voraussetzung kaum in das Blickfeld. Die Hoffnung richtete
sich bestenfalls auf „die endgültige Befreiung von der Leiblichkeit"[18]; eine Auferweckung der Toten konnte aus dieser Sicht nur
abgelehnt werden (vgl. 1 Kor 15,12; 2 Tim 2,18).
Doch handelt es sich hierbei eindeutig um eine Depravation, die

(1980) 74–95; *G. Dautzenberg,* Zur Stellung der Frauen in den paulinischen
Gemeinden, in: ders. u. a. (Hrsg.), Die Frau im Urchristentum (QD 95) (Freiburg – Basel – Wien 1983) 182–224, hier 214–221; *ders.,* „Da ist nicht männlich
und weiblich". Zur Interpretation von Gal 3,28, in: Kairos 24 (1982) 181–206.
– Ob dem Existenzverständnis, wie es in Gal 3,28 zum Ausdruck kommt, auch
eine Tauftheologie parallel ging, die explizit (wie in Kol 2,12; Eph 2,5f) „die
Taufe als Mitsterben und -auferstehen mit Christus begreift" (so: *G. Klein,*
Eschatologie [s. Anm. 1] 278,16f), ist umstritten und kann hier auf sich beruhen.
[17] Mit derartigen Parolen muß sich Paulus in 1 Kor 6 (vgl. V. 12) und 7 (vgl.
    V. 1 b) auseinandersetzen.
[18] *G. Klein,* Eschatologie (s. Anm. 1) 278,27f.

die christologisch gebotene Notwendigkeit, Eschatologie auch präsentisch zu interpretieren, nicht in Frage stellen kann.

3. Die Eschatologie bei Paulus und im paulinischen Traditionsbereich

3.1 Die Eschatologie der authentischen Paulusbriefe

Gemessen an den eschatologischen Entwürfen vor ihm, steht Paulus gleichsam in der Mitte, indem sich bei ihm Züge futurischer wie präsentischer Eschatologie finden[19]. Umstritten ist, ob es eine Entwicklung im paulinischen Denken gegeben hat und welcher der beiden Aspekte als hermeneutischer Ansatzpunkt anzusehen ist. Meiner Meinung nach verbindet Paulus futurische und präsentische Eschatologie zu einer spannungsvollen Einheit, die gerade in ihrer Polarität aufrechtzuerhalten ist.

Von der Vorstellungswelt und von den Motiven her ist die Eschatologie des Paulus im wesentlichen *apokalyptisch* geprägt. Zeit seines Lebens lebt er in Naherwartung, wenngleich das Ungestüm der anfänglichen Hoffnung allmählich einem ruhigeren Ausblick weicht (vgl. 1 Thess 4, 13–18 mit 1 Kor 15 und Röm 13, 11 f; ferner: 1 Kor 7, 29; 10, 11; 16, 22). Die „Gottesherrschaft", die bei Jesus im Mittelpunkt stand, spielt bei Paulus nur mehr eine periphere Rolle. Seine Zukunftshoffnung ist vorrangig christologisch bestimmt, d.h. auf die *Parusie* hingeordnet (vgl. neben 1 Thess 4, 16 auch Phil 3, 20;

---

[19] Aus der reichhaltigen Literatur hier eine sehr begrenzte Auswahl: *E. Käsemann*, Zum Thema der urchristlichen Apokalyptik (1962), in: ders., Exegetische Versuche und Besinnungen II (Göttingen 1964, ³1968) 105–131; *P. Hoffmann*, Die Toten in Christus. Eine religionsgeschichtliche Untersuchung zur paulinischen Eschatologie (NTA NF 2) (Münster 1966, ²1969); *P. Stuhlmacher*, Erwägungen zum Problem von Gegenwart und Zukunft in der paulinischen Eschatologie, in: ZThK 64 (1967) 423–450; *P. Siber*, Mit Christus leben. Eine Studie zur paulinischen Auferstehungshoffnung (AThANT 61) (Zürich 1971); *W. Harnisch*, Eschatologische Existenz. Ein exegetischer Beitrag zum Sachanliegen von 1. Thessalonicher 4, 13 – 5, 11 (FRLANT 110) (Göttingen 1973); *J. Baumgarten*, Paulus und die Apokalyptik. Die Auslegung apokalyptischer Überlieferungen in den echten Paulusbriefen (WMANT 44) (Neukirchen-Vluyn 1975); *F. Froitzheim*, Christologie und Eschatologie bei Paulus (FzB 35) (Würzburg 1979); *W. Radl*, Ankunft des Herrn. Zur Bedeutung und Funktion der Parusieaussagen bei Paulus (BET 15) (Frankfurt – Bern – Cirencester 1981); *H.-H. Schade*, Apokalyptische Christologie und Eschatologie in den Paulusbriefen (GTA 18) (Göttingen 1981, ²1984).

4, 5; u. ö.). Im Zusammenhang mit ihr erwartet er die *Auferweckung* bzw. *Verwandlung* der Entschlafenen (1 Thess 4, 16 f; 1 Kor 15, 51 f). An eine allgemeine Totenauferstehung scheint Paulus nicht zu denken, es geht ihm um die „Toten in Christus" (1 Thess 4, 16). Umgekehrt scheinen Auferweckung und Verwandlung nur die Vehikel zu sein, um endgültig „mit dem Herrn" vereinigt zu sein (1 Thess 4, 17; vgl. 4, 14). Von daher kann Paulus gelegentlich sogar die Perspektive einer „individuellen" Eschatologie eröffnen, wenn er sich danach sehnt, „aus dem Leibe auszuwandern und daheim beim Herrn zu sein" (2 Kor 5, 8; vgl. Phil 1, 21–24).

Diesem christologisch bestimmten Ziel der eschatologischen Hoffnung entspricht ihre Grundlegung im christologischen Bekenntnis. Es ist gewiß kein Zufall, daß die eschatologischen Ausführungen in 1 Thess 4 und 1 Kor 15 mit dem Glaubensbekenntnis eingeleitet werden, daß „Jesus gestorben und auferstanden" ist (1 Thess 4, 14; 1 Kor 15, 3–5). Das heißt, der eschatologische Ausblick ist begründet durch das, was *christologisch bereits vollendet* ist. Die Sendung des Sohnes markiert die „Fülle der Zeit" (Gal 4, 4). Jesus Christus ist der eschatologische Mensch, der dem ersten Adam antitypisch gegenübergestellt werden kann (Röm 5, 12–21). Von daher muß Paulus auch die *gegenwärtige Existenz des Christen* eschatologisch *qualifizieren.* Wer „in Christus ist, der ist neue Schöpfung" (2 Kor 6, 2). Schon jetzt vollzieht sich die endzeitliche Krisis zur Rettung oder zum Verderben (1 Kor 1, 18; 2 Kor 2, 14–16). Schon jetzt offenbart sich die neuschöpferische Kraft der Gerechtigkeit Gottes (Röm 1, 16 f), indem sie im Glauben die Gottlosen gerecht macht (vgl. Röm 4, 5).

Trotz der betonten Präsenz des Eschatologischen verfällt Paulus nicht dem Enthusiasmus, den er in seinen Gemeinden (besonders in Korinth) auf das schärfste bekämpft. „Auf Hoffnung hin sind wir gerettet", sagt Paulus in Röm 8, 24. In aller Regel unterscheidet er sogar terminologisch sehr sorgfältig zwischen „Gerechtmachen/ Rechtfertigen" (δικαιοῦν), womit er die *gegenwärtige* Existenz bezeichnet, und „Retten" (σῴζειν, σωτηρία), das er auf die *künftige* Heilsvollendung bezieht (Röm 5, 9 f; 10, 9; vgl. Phil 3, 20; Röm 13, 11). Analog dazu nimmt Paulus das christologische Perfekt von Tod und Auferstehung Jesu in bezug auf die christliche Existenz auseinander: Der Glaubende ist zwar mit Christus gekreuzigt, gestorben und begraben (Gal 2, 19; 5, 24; Röm 6, 3 f), aber er *wird* erst mit ihm auferweckt *werden* (Futur!: 2 Kor 4, 14; 13, 4; Röm 6, 5–8).

Die eschatologische Existenz des Christen bewegt sich also zwischen dem *Schon* der bereits geschenkten Rechtfertigung und dem *Noch-nicht* der endgültigen Rettung. Mit diesem *eschatologischen Vorbehalt* bringt Paulus einen doppelten Sachverhalt zum Ausdruck; zunächst einen anthropologischen: Eschatologische Existenz muß, da sie „im Fleische" und in „dieser Weltzeit" zu leben ist, sich immer erst noch bewähren (vgl. 1 Kor 10, 12 und besonders 1 Kor 7, 29–31; Röm 13, 2). Noch wichtiger aber ist der theologische Sachverhalt: Eschatologische Existenz ist ausschließlich im „Extra nos" der Tat Gottes begründet und daher bleibend auf das stetige Zu-Kommen Gottes angewiesen; letztlich gibt es also nur im Vertrauen auf die Treue Gottes Aussicht auf endgültige Rettung (vgl. Phil 1, 6; 1 Kor 1, 8 f; u. ö.).

Von dem zuletzt Gesagten darf man sich allerdings nicht dazu verführen lassen, die Zukünftigkeit des Heils rein existentiell zu interpretieren. Die Zukunftsaussage hat bei Paulus nicht nur eine theologische, sondern auch eine höchst *reale* Funktion. Denn zwischen gegenwärtiger Existenz und künftigem Heil bleibt ein realer Abstand, so wie zwischen Glauben und Schauen eine qualitative Differenz besteht (vgl. 1 Kor 13, 12; 2 Kor 5, 7). Christliche Existenz ist Existenz der Hoffnung, der das Schauen noch verwehrt ist (Röm 8, 24 f); ist Existenz des Seufzens, die – wenngleich vom Geiste unterstützt (Röm 8, 26), der als „Angeld" (!) gegeben ist (Röm 8, 23; vgl. 2 Kor 1, 22; 5, 5) – als solche teilhat am Seufzen der gesamten Schöpfung (Röm 8, 22). Mögen diese Aussagen aus Röm 8 auch primär unter anthropologischer Perspektive stehen[20], die Erwähnung der noch ausstehenden „Erlösung unseres Leibes" (8, 23) macht doch überaus deutlich, daß die endgültige Verwirklichung des menschlichen Heils sich nur vollziehen kann im Konnex mit der Befreiung der ganzen Schöpfung aus der Knechtschaft des Verderbens (8, 21)[21].

---

[20] Zu einseitig hervorgehoben von *H. Schwantes*, Schöpfung der Endzeit. Ein Beitrag zum Verständnis der Auferweckung bei Paulus (AVTRW 25) (Berlin 1963) 43–52; *A. Vögtle*, Das Neue Testament (s. Anm. 1) 183–208.

[21] Vgl. *U. Wilckens*, Der Brief an die Römer II (EKK VI/2) (Zürich – Einsiedeln – Köln – Neukirchen-Vluyn 1980) 145–169. Zur Sache vgl. *K. Müller*, Die kosmische Relevanz des Christusglaubens, in: W. Strolz (Hrsg.), Kosmische Dimensionen religiöser Erfahrung (Freiburg – Basel – Wien 1978) 213–249; *G. Friedrich*, Ökologie und Bibel. Neuer Mensch und alter Kosmos (Stuttgart – Berlin – Köln – Mainz 1982); *W. Bindemann*, Die Hoffnung der Schöpfung. Römer 8, 18–27 und die Frage einer Theologie der Befreiung von Mensch und Natur (NStB 14) (Neukirchen-Vluyn 1983).

Deshalb muß Paulus sogar seine Christologie in gewisser Weise in die eschatologische Spannung von ‚schon' und ‚noch nicht' hineinstellen. Das christologische Perfekt wird dadurch nicht zurückgenommen. Aber die Herrschaft, die Christus kraft seiner Erhöhung schon erlangt hat, muß die Welt erst noch durchdringen: Erst wenn alle feindlichen Mächte (besonders der Tod) besiegt und eliminiert sind, ist Christi Herrschaft vollendet; dann wird er sie Gott, dem Vater, übergeben, damit Gott alles in allem sei (1 Kor 15,23–28)[22].

Sosehr also die Eschatologie bei Paulus christologisch zentriert ist, so bleibt seine Christologie selbst wiederum eschatologisch ausgerichtet, d.h., sie zielt darauf ab, das absolute Herrsein Gottes eschatologisch durchzusetzen.

3.2 Die Eschatologie der Deutero-Paulinen

Auf die *Pastoralbriefe* kann nicht eingegangen werden. Sie bieten gegenüber Paulus eschatologisch ohnehin kaum etwas Neues, nur Blasseres.

Kurz einzugehen ist aber auf den *2. Thessalonicherbrief.* Er hat sich mit der Behauptung auseinanderzusetzen, daß der Tag des Herrn schon da sei (2,2)[23]. Diese These wurde unter Berufung auf Paulus vertreten und sollte wohl im Handstreich die Problematik der Parusieverzögerung aus der Welt schaffen. Demgegenüber entwirft der Autor des 2. Thessalonicherbriefes eine Art eschatologischen Fahrplan mit einzelnen Stationen[24], die erst noch durchlaufen werden müssen, bevor die Parusie zu erwarten ist (2,3–12). Damit kann er den eschatologischen Vorbehalt des Paulus aufrechterhalten. Durch die massive apokalyptische Konkretisierung des Zeitfaktors wird allerdings die spannungsvolle paulinische Polarität von ‚schon' und ‚noch nicht' zugunsten einer futurischen Eschatologie verschoben.

[22] Zur Herrschaft Christi vgl. jetzt auch: *F. Mußner,* Das Reich Christi. Bemerkungen zur Eschatologie des Corpus Paulinum, in: M. Böhnke – H. Heinz (Hrsg.). Im Gespräch mit dem dreieinen Gott. Elemente einer trinitarischen Theologie (FS für W. Breuning) (Düsseldorf 1985) 141–155.

[23] Über die vielfältigen Probleme von 2 Thess 2,1–12 unterrichtet ausführlich: *W. Trilling,* Der zweite Brief an die Thessalonicher (EKK XIV) (Zürich – Einsiedeln – Köln – Neukirchen-Vluyn 1980) 68–117.

[24] Es muß zum Abfall kommen, der Widersacher wird auftreten, und – zuvor noch – muß das retardierende Moment des (sowohl maskulinisch als auch neutrisch formulierten) „Aufhaltenden" („κατέχον": V. 6, bzw. „κατέχων": V. 7) beseitigt werden.

Ein völlig anderes Bild begegnet uns im *Kolosser- und Epheser-*
brief[25]. Beide denken nicht in den zeitlich-linearen Kategorien der
Apokalyptik, sondern in den Kategorien einer räumlich definierten
Welt. Vor allem dem Kolosserbrief ist deutlich zu entnehmen, daß
diese Welt von der christlichen Gemeinde zunehmend bedrohlicher
bzw. als vom Zusammenbruch bedroht empfunden wurde[26]. Viel un-
geschützter als Paulus erinnern demgegenüber die Briefautoren an
die kosmische Christologie, welche die verunsicherte Gemeinde
selbst – zumindest im Gottesdienst – vertritt und worin sie Christus
als den kosmischen Heilbringer preist, der die Welt bereits befriedet
hat (vgl. Kol 1,15–20; Eph 2,14–18). Weit über Paulus gehen sie
aber hinaus, wenn sie das christologische Perfekt in vollem Umfang
auf christliche Existenz übertragen und versichern, daß die Christen
nicht nur mit Christus gestorben und begraben, sondern auch schon
mit ihm auferweckt, in den Himmel versetzt und damit gerettet sind
(Kol 2,12f; 3,1; Eph 2,5f; vgl. Kol 1,12f; Eph 1,3); die Kirche wird
dementsprechend zum himmlischen Anwesen (vgl. dazu auch Eph
2,19–22 und die vor allem von Eph 1,23 vertretene Vorstellung, daß
die Kirche das πλήρωμα = die „Fülle" Gottes bzw. Christi ist).
Der Sache nach ist diese Konzeption zwar nicht gänzlich unpauli-
nisch; sie vermag sogar den auch von Paulus emphatisch vorgetragenen Gedanken von der eschatologischen Existenz, die nichts mehr
zu befürchten hat (vgl. Röm 8,31–39), ins helle Licht zu stellen. Ausgeblendet wird dabei aber der eschatologische Vorbehalt, zumindest
in der Form und Terminologie, wie wir ihn von Paulus her kennen.
Man hat deshalb schon von einer „Aufhebung der Zeit" gesprochen[27]. Doch sollte man mit solcher Charakterisierung vorsichtig
sein. Denn abgesehen davon, daß beide Briefe auch traditionelle
(apokalyptische) Zukunfts- und Zeitvorstellungen transportieren

---

[25] Vgl. u.a.: *F. J. Steinmetz*, Protologische Heils-Zuversicht. Die Strukturen des
soteriologischen und christologischen Denkens im Kolosser- und Epheserbrief (FThSt 2) (Frankfurt a. M. 1969); *A. Lindemann*, Die Aufhebung der Zeit.
Geschichtsverständnis und Eschatologie im Epheserbrief (StNT 12) (Gütersloh 1975); *H. Merklein*, Paulinische Theologie in der Rezeption des Kolosser-
und Epheserbriefes, in: *K. Kertelge* (Hrsg.), Paulus in den neutestamentlichen
Spätschriften. Zur Paulusrezeption im Neuen Testament (QD 89) (Freiburg –
Basel – Wien 1981) 25–69; *H. E. Lona*, Die Eschatologie im Kolosser- und
Epheserbrief (FzB 48) (Würzburg 1984).

[26] Zur „Philosophie" des Kol (2,6–23) vgl. vor allem *E. Schweizer*, Der Brief an
die Kolosser (EKK) (Zürich – Einsiedeln – Köln – Neukirchen-Vluyn 1976)
z. St., bes. 100–104).

[27] Vgl. den gleichnamigen Titel von *A. Lindemann* (s. Anm. 25) in bezug auf Eph.

(Kol 3,24f; Eph 4,30; 5,16; 6,13), bleibt zu beachten, daß sie den sachlichen Kern des eschatologischen Vorbehalts in ihrer Weise wahren. Der Kolosserbrief betont, daß die himmlische Existenz der Christen erst noch offenbar werden wird (Kol 3,1–4), und der Epheserbrief stellt immer wieder heraus, daß der (himmlische) Heilsraum der Kirche (πλήρωμα) von dieser selbst erst noch durchmessen werden muß (vgl. Eph 2,21f; 3,18f; 4,13.15f). Das unter den Heiden verkündigte Evangelium (Kol) bzw. die Kirche aus Juden *und* Heiden (Eph) sind die Medien, durch die der gesamte Kosmos in die eschatologische Heilsfülle Gottes hineingezogen werden soll (vgl. Kol 1,5f.18–20.24–29; Eph 1,10.23; 3,8–12; 4,10.15f). Insgesamt bleibt freilich zu konstatieren, daß die eschatologischen Akzente im Kolosser- und Epheserbrief gegenüber Paulus verschoben sind, und zwar – gegenläufig zum 2. Thessalonicherbrief – diesmal zugunsten einer präsentischen Eschatologie.

3.3 Die Eschatologie des Schreibens an die Hebräer

Nur am Rande sei an dieser Stelle auf das Schreiben an die Hebräer verwiesen[28]. Sein Weltbild ist im wesentlichen von einer „transzendenten Räumlichkeit" bestimmt[29]. Die eigentliche Wirklichkeit ist die himmlische Welt, die irdische Welt ist nur Abbild und Schatten (vgl. 8,5; 10,1). Das eschatologische Heil ist deshalb oben zu suchen, wo Christus, der wahre Hohepriester, bereits ein für allemal eschatologische Sühne bewirkt hat (8,1–10,18). In ihm, dem Vorläufer, sind die Glaubenden bereits in der oberen Welt verankert (6,19f; vgl. 2,10); allen, die ihm gehorchen, ist er somit Urheber des ewigen Heils geworden (5,9).

Dennoch fehlt auch nicht die auf *Zukunft gerichtete Erwartung.* Das oben angesiedelte Heil wird zugleich als das „kommende" (μέλλων) dargestellt (2,5; 6,5; 9,11; 10,1; 13,14), und in den Paränesen wird die Naherwartung eingeschärft (10,25.27.37). Der Aus-

---

[28] Daß Hebr sachlich nicht zum paulinischen Traditionsbereich gehört, ist heute allgemein anerkannt; vgl. die Einleitungswerke. Zur Eschatologie vgl. vor allem: *F. J. Schierse,* Verheißung und Heilsvollendung. Zur theologischen Grundfrage des Hebräerbriefes (MThS.H 9) (München 1955); *E. Gräßer,* Der Glaube im Hebräerbrief (MThSt 2) (Marburg 1965), bes. 171–184; *B. Klappert,* Die Eschatologie des Hebräerbriefs (TEH 156) (München 1969); *F. Laub,* Bekenntnis und Auslegung. Die paränetische Funktion der Christologie im Hebräerbrief (BU 15) (Regensburg 1980), bes. 221–265.

[29] *E. Gräßer,* a.a.O. 174 (im Original gesperrt).

gleich zwischen den beiden Aussagereihen ist wahrscheinlich darin zu suchen, daß die Gemeinde durch den Blick auf das *schon vollendete Heilsgeschehen* in der himmlischen Welt in der Gewißheit der Verheißung bestärkt und auf ihrer Wanderschaft (vgl. 3,7–4,11) zum Festhalten an der *künftigen Heilserfüllung* ermutigt werden soll (3,6.14; 6,11 f.15.18; 10,19.23.35 f).

4. Die Eschatologie der Synoptiker

4.1. Das Markusevangelium

Hier ist vor allem die Endzeitrede von *Mk 13* anzusprechen[30]. Der bisherige Konsens, daß der Evangelist eine apokalyptische Vorlage entapokalyptisiert habe, ist in jüngster Zeit wohl zu Recht bestritten worden[31]. Der Evangelist vertritt vielmehr selbst eine apokalyptisch zugeschnittene Eschatologie. Grundsätzlich hält er an der Naherwartung fest (13,30; vgl. 9,1), wenngleich er sie aus der Verkoppelung mit den Ereignissen des Jüdischen Krieges (so die Tradition in 13,14–20) löst (13,7 f.21–23). Dem korrespondiert, daß er die Frage nach dem genaueren Termin theologisch reserviert (nur „der Vater" kennt den „Tag" oder die „Stunde": 13,32) und zur bleibenden Wachsamkeit mahnt (13,33–37). Sachlich ist damit die Gemeinde, die das Kommen des Menschensohnes erwartet (vgl. 13,24–27), auf den gegenseitigen Dienst und die Evangeliumsverkündigung verwiesen, durch welche sie in die Nachfolge des zum Kreuz gehenden Menschensohnes eintritt (vgl. 8,31.34f; 9,31.33–37; 10,28–30.33 f.42–45; 13,9–13). Im Wort des Evangeliums ist im übrigen das Reich Gottes den Glaubenden schon präsent (vgl. 1,14f; 4,1–34).

Anmerkungsweise sei darauf hingewiesen, daß Mk 13 keineswegs die weitverbreitete These bestätigt, daß das frühe Christentum generell mit dem Problem einer enttäuschten Naherwartung zu kämpfen

---

[30] Vgl. dazu: *E. Gräßer*, Problem (s. Anm. 5), bes. 152–170; *R. Pesch*, Naherwartungen. Tradition und Redaktion in Mk 13 (KBANT) (Düsseldorf 1968); *ders.*, Das Markusevangelium II (HThK II/2) (Freiburg – Basel – Wien 1977) 264–318; *F. Hahn*, Die Rede von der Parusie des Menschensohnes Markus 13, in: R. Pesch – R. Schnackenburg (Hrsg.), Jesus und der Menschensohn (FS für A. Vögtle) (Freiburg – Basel – Wien 1975) 240–266; *E. Brandenburger*, Markus 13 und die Apokalyptik (FRLANT 134) (Göttingen 1984).

[31] So vor allem von *E. Brandenburger*, Markus 13 (s. Anm. 30).

hatte. Mk 13 belegt eher das Gegenteil. Zumindest teilweise mußte man auch noch in späterer Zeit eine allzu ungestüme Naherwartung zurückdämmen, die meist durch konkrete geschichtliche Krisensituationen (hier durch den Jüdischen Krieg) ausgelöst wurde[32].

4.2 Das Matthäusevangelium

Bei Matthäus spielt die Frage der Naherwartung keine nennenswerte Rolle[33]. Die Eschatologie ist vielmehr sehr eng mit der *Ethik* (der Frage nach dem rechten Tun) verknüpft. Einen relativ breiten Raum nimmt daher die Schilderung des Endgerichts ein, das nach dem Tun der Weisung Jesu über Heil und Unheil entscheidet (vgl. neben 7, 21–27 bes. 25, 31–46). Doch ist die Gegenwart nicht nur Bewährung für das Eschaton, sondern durch den *Christus praesens* selbst eschatologisch qualifiziert. Dies jedenfalls ist die Gewißheit, mit der der Auferstandene seine Jünger in die Missionsaufgabe einweist: „Seid gewiß: Ich bin bei euch alle Tage bis zum Ende der Welt" (28, 20).

4.3 Das lukanische Doppelwerk

Lukas entfaltet bekanntermaßen eine *heilsgeschichtliche Konzeption,* deren Etappen meist mit ‚Zeit der Verheißung' (Altes Testament), ‚Jesuszeit' und ‚Zeit der Kirche' angegeben werden[34]. Ob diese Kon-

---

[32] Zum Weiterleben der Naherwartung vgl. auch: *K. Aland,* Das Ende der Zeiten. Über die Naherwartung im Neuen Testament und in der Alten Kirche, in: ders., Neutestamentliche Entwürfe (TB 63) (München 1979) 124–182.

[33] Zur Eschatologie vgl.: *G. Bornkamm,* Enderwartung und Kirche im Matthäusevangelium, in: ders. – G. Barth – H. J. Held, Überlieferung und Auslegung im Matthäusevangelium (WMANT 1) (Neukirchen-Vluyn 1960, [7]1975) 13–47; *W. Trilling,* Das wahre Israel. Studien zur Theologie des Matthäus-Evangeliums (1959) (StANT 10) (München [3]1964); *G. Strecker,* Der Weg der Gerechtigkeit. Untersuchung zur Theologie des Matthäus (FRLANT 82) (Göttingen 1962, [3]1971); *A. Kretzer,* Die Herrschaft der Himmel und die Söhne des Reiches. Eine redaktionsgeschichtliche Untersuchung zum Basileiabegriff und Basileiaverständnis im Matthäusevangelium (SBM 10) (Stuttgart – Würzburg 1971); *P. Fiedler,* Der Sohn Gottes über unserem Weg in die Gottesherrschaft, in: ders. – D. Zeller (Hrsg.), Gegenwart (s. Anm. 1) 91–100.

[34] Grundlegend ist: *H. Conzelmann,* Die Mitte der Zeit. Studien zur Theologie des Lukas (BHTh 17) (Tübingen 1954, [5]1964). Aus der Fülle der übrigen Literatur sei verwiesen auf: *E. Gräßer,* Problem (s. Anm. 5) 178–215; *ders.,* Die Parusieerwartung in der Apostelgeschichte, in: J. Kremer (Hrsg.), Les Actes des

zeption ausschließlich oder wenigstens vorrangig durch die Parusie-verzögerung bedingt ist[35], mag hier dahingestellt bleiben.

Tatsache ist, daß Lukas – weit mehr noch als Markus – eine ungezügelte Naherwartung zurückdrängt und die Parusie gänzlich von der Frage der zeitlichen Nähe entlastet (vgl. Lk 17,20f; 19,11; 21,8; 24,21; Apg 1,6-8). Verständlich ist, daß unter dieser Voraus-setzung eine *„individuelle" Eschatologie* an Gewicht gewinnt (vgl. Lk 16,19-31; 23,43)[36]. Ist es aber berechtigt, die lukanische *Heils-geschichte als Ersatz für die Eschatologie* zu werten, wie dies weit-hin geschieht?[37] Zwei Einwände sind demgegenüber vorzubringen: Zum einen ist zu beachten, daß Lukas an der *futurischen Eschato-logie* festhält, also das Kommen des Reiches Gottes (Lk 11,2; 22,18; vgl. Apg 14,22), die Parusie Christi (Lk 17,22-37; 21,25-28; Apg 1,11; 3,19-21; 10,42; 17,31) und eine (allgemeine) Auferste-hung der Toten (Lk 14,14; Apg 4,2; 23,6-8; 24,15) erwartet. Noch entscheidender aber ist, daß die Zäsur zwischen der zweifellos eschatologisch qualifizierten Jesuszeit (vgl. nur Lk 4,16-21) und der *Zeit der Kirche* keineswegs so tief ist, daß man letzterer die *eschatologische Qualifizierung* bestreiten dürfte. Jesuszeit und Zeit der Kirche sind vielmehr durch den Geist miteinander verbunden.

Apôtres. Traditions, rédaction, théologie (BEThL 48) (Paris – Gembloux – Leuven 1979) 99-127; *H. Flender*, Heil und Geschichte in der Theologie des Lukas (BEvTh 41) (München 1965 ²1968); *E. E. Ellis*, Die Funktion der Escha-tologie im Lukasevangelium, in: ZThK 66 (1969) 387-402; *W. G. Kümmel*, Lu-kas in der Anklage der heutigen Theologie (1970), in: ders., Heilsgeschehen und Geschichte II. Gesammelte Aufsätze 1965-1977, hrsg. von E. Gräßer – O. Merk (MThSt 16) (Marburg 1978) 87-100; *G. Schneider*, Parusiegleichnisse im Lukas-Evangelium (SBS 74) (Stuttgart 1975); *ders.*, Lukas, Theologe der Heilsgeschichte. Aufsätze zum lukanischen Doppelwerk (BBB 59) (König-stein/Ts. – Bonn 1985); *J. Ernst*, Herr der Geschichte. Perspektiven der lukani-schen Eschatologie (SBS 88) (Stuttgart 1978); *R. Maddox*, The Purpose of Luke-Acts (FRLANT 126) (Göttingen 1982); *R. Schnackenburg*, Die lukani-sche Eschatologie im Lichte von Aussagen der Apostelgeschichte, in: E. Grä-ßer – O. Merk (Hrsg.), Glaube und Eschatologie (FS für W. G. Kümmel) (Tübingen 1985) 249-265; *E. Gräßer*, Ta pari tès basileias (Apg 1,6; 19,8), in: À cause de l'Évangile. Études sur les Synoptiques et les Actes (FS für J. Du-pont) (LeDiv 123) (Paris 1985) 709-785.

[35] So u. a. *H. Conzelmann*, Mitte (s. Anm. 34); *E. Gräßer*, Problem (s. Anm. 5).

[36] Vgl. dazu *J. Dupont*, Die individuelle Eschatologie im Lukasevangelium und in der Apostelgeschichte, in: P. Hoffmann (Hrsg.), Orientierung an Jesus. Zur Theologie der Synoptiker (FS für J. Schmid) (Freiburg – Basel – Wien 1973) 37-47.

[37] Vgl. dazu auch *G. Klein*, Eschatologie (s. Anm. 1) 292-294.

Der Geist, der in Jesus wirksam war (Lk 4,18; 10,18), ist jetzt auf die Kirche ausgegossen (Apg 1,8; 2,4.33; 5,32; u.ö.), die dadurch zum Zeugnis befähigt wird. Die kirchliche Verkündigung ist keineswegs bloß „die institutionell abgesicherte Memoria der zur Vergangenheit gewordenen Jesuszeit"[38]. Vielmehr setzen schon die Jünger Jesu (Lk 9,2.60; 10,9.11) und dann die nachösterliche Kirche (Apg 8,12; 19,8; 20,15; 28,23.31) Jesu Verkündigung vom Reiche Gottes (Lk 4,43; 8,1; 9,11; 16,16; Apg 1,3) fort. Die Präsenz des Reiches Gottes, die die Jesuszeit qualifiziert hatte (Lk 11,20; vgl. 10,9.11; 17,31), ist damit auch für die Zeit der Kirche gewährleistet.

Das heilsgeschichtliche Konzept des Lukas dient also nicht zum Ersatz, sondern zur (gewiß spezifischen) Auslegung der überkommenen Eschatologie. Nicht das Fieber gebannter Naherwartung ist nach Lukas die adäquate Antwort auf das mit Jesus bereits gekommene und doch noch erwartete Eschaton des Reiches Gottes, sondern missionarische Zeugenschaft (vgl. Apg 1,6–11), die damit selbst zum eschatologischen Geschehen wird.

5. Die Eschatologie des „johanneischen" Schrifttums

5.1 Das Johannesevangelium

Im allgemeinen geht man heute davon aus, daß das kanonische Johannesevangelium kein einheitliches Werk ist[39]. Das ursprüngliche Evangelium schloß mit Joh 20,30f; Kapitel 21 ist also nachgetragen. Dies gilt wahrscheinlich auch von den Kapiteln 15–17 (vgl. den nahtlosen Übergang von 14,31 zu 18,1). Darüber hinaus wird man noch mit kleineren Einfügungen und Bearbeitungen rechnen müssen. Insgesamt empfiehlt es sich, zwischen dem ursprünglichen „Evangelium" bzw. dem „Evangelisten" und der späteren „Redaktion" zu unterscheiden. Diese Unterscheidung ist gerade auch für unser Thema von erheblicher Bedeutung[40].

---

[38] Gegen *G. Klein*, a.a.O. 293,26f.

[39] Von einem Konsens kann freilich keine Rede sein; zur Orientierung vgl. *R. Schnackenburg*, Das Johannesevangelium IV. Ergänzende Auslegungen und Exkurse (HThK IV/4) (Freiburg – Basel – Wien 1984) 90–102.

[40] Zur johanneischen Eschatologie vgl.: *R. Schnackenburg*, Das Johannesevangelium II (HThK IV/2) (Freiburg – Basel – Wien 1971, ²1977) 530–544 (Lit.);

Wenden wir uns zunächst dem „*Evangelisten*" zu. Bei ihm begegnen wir einer bis zum äußersten zugespitzten *präsentischen Eschatologie.* In *Joh 3, 16.18* lesen wir:

> „So sehr hat Gott die Welt geliebt, daß er seinen einzigen Sohn hingab, damit jeder, der an ihn glaubt, nicht zugrunde geht, sondern *das ewige Leben* hat.
>
> Wer an ihn glaubt, wird nicht gerichtet; wer nicht glaubt, *ist schon gerichtet,* weil er an den Namen des einzigen Sohnes Gottes nicht geglaubt hat."

Diese Sätze stellen eine Art Kurzfassung des Kerygmas des Evangelisten dar. Für uns bedeutsam ist, daß Begriffe wie „ewiges Leben" oder „Gericht", die in der Apokalyptik mit der eschatologischen Zukunft verkoppelt sind, bei Johannes mit der Glaubensentscheidung verbunden werden: Der Glaubende *hat schon* das ewige Leben, der Nicht-Glaubende *ist schon* gerichtet. Eine noch deutlichere Sprache spricht *Joh 5, 24 f*:

> „Amen, Amen, ich sage euch: Wer mein Wort hört und dem glaubt, der mich gesandt hat, *hat das ewige Leben; er kommt nicht ins Gericht, sondern ist aus dem Tod ins Leben hinübergegangen.*
>
> Amen, Amen, ich sage euch: Die Stunde kommt, *und sie ist schon da,* in der die Toten die Stimme des Sohnes Gottes hören werden; und alle, die sie hören, werden leben".

Fast schon das Entmythologisierungsprogramm vorwegnehmend, werden hier in „existentialer" Interpretation die nach apokalyptischer Auffassung *künftigen* Endzeitereignisse – das ewige Leben, das Gericht, die Parusie, die Auferstehung der Toten – in die *Gegenwart der Glaubensentscheidung* verlagert. Die Frage nach dem Wann und Wie der Endzeitereignisse ist damit hinfällig geworden. In *Joh 11, 25 f* wird denn auch die apokalyptisch orientierte Hoffnung der Marta, daß ihr Bruder Lazarus „auferstehen wird bei der Auferstehung am Letzten Tag" (11, 24), reduziert auf ihren christologisch-existentiellen Kern:

G. Richter, Präsentische und futurische Eschatologie im 4. Evangelium (1975), in: ders., Studien zum Johannesevangelium, hrsg. von J. Hainz (BU 13) (Regensburg 1977) 346–382; *J. Becker,* Das Evangelium des Johannes. Kapitel 1–10 (ÖTK 4/1) (Gütersloh – Würzburg 1979) 244–247 (Lit. 158 234 f).

„Jesus erwiderte ihr: Ich bin die Auferstehung und das Leben.
Wer an mich glaubt, wird leben, auch wenn er stirbt,
und jeder, der lebt und an mich glaubt, wird auf ewig nicht sterben. Glaubst du das?"

Ob solche Eschatologie von der „Frage nach der Überwindung der
tödlichen Vergänglichkeit" als der eigentlichen „Existenzfrage des
Menschen" angetrieben wurde[41], mag hier dahingestellt bleiben. In
jedem Fall ist der Tod für solches Denken bedeutungslos geworden.

Was ist von dieser Eschatologie zu halten, die so auf das Präsens
des christologischen Glaubens zugespitzt ist, daß sie keine selbständige Bedeutung mehr zu haben scheint? Ist der Evangelist „durch
enthusiastisches Erbe bestimmt"[42]? Der Enthusiasmusvorwurf
scheitert jedoch daran, daß das eschatologische Heil *allein im Glauben* gewährt ist. Überhaupt ist beim Evangelisten – anders als in der
Gnosis, in deren Nähe man ihn ebenfalls gebracht hat[43] – das Heil
bleibend auf das *Extra nos* des Heilbringers angewiesen; es impliziert daher auch eine eschatologische *„Zukunft"* wenigstens insofern, als das schon präsentische „ewige Leben" erst in der postmortalen Existenz (Joh 14,2f ?) zu seiner Endgültigkeit findet (vgl.
12,25f; auch: 6,27; 11,25f)[44].

Gehen wir nun über zur *„Redaktion"*. Sie ist nicht zuletzt dadurch
gekennzeichnet, daß sie die originelle, innovatorische Eschatologie
des Evangelisten wieder stärker in den Rahmen traditionellen Denkens einbindet. Die *apokalyptische, futurisch-eschatologische Kom-
mentierung* des oben zitierten Wortes aus *Joh 5* (V. 24f) in den
VV. 28f mag dies exemplarisch verdeutlichen:

„... Die Stunde kommt, in der alle, die in den Gräbern sind,
seine Stimme hören
und herauskommen werden: Die das Gute getan haben, werden
zum Leben auferstehen, die das Böse getan haben, zum Gericht."

Dieses Verfahren sollte man nicht mit dem Schlagwort der Reapoka-
lyptisierung abtun[45]. Es ist vielmehr von der Absicht geleitet, das

[41] So *J. Becker*, Auferstehung (s. Anm. 10) 146 (im Original z. T. kursiv).
[42] So *E. Käsemann*, Jesu letzter Wille nach Johannes 17 (Tübingen 1966, ⁴1980)
39.
[43] Vgl. ebd. 61f (naiver Doketismus).
[44] So zu Recht: *G. Klein*, Eschatologie (s. Anm. 1) 289,14–23.
[45] Das betont auch *G. Klein*, ebd. 290,8f.

Evangelium einer gnostischen (doketischen) Interpretation zu ent-
reißen, wie sie wohl von einem Teil des johanneischen Kreises selbst
vertreten wurde. Darüber kam es zum Schisma (vgl. 1 Joh 2, 19); in
Reaktion darauf schließt sich die hinter der Redaktion stehende
Gruppe stärker an Organisation und theologische Tradition der sogenannten Großkirche an.

In diesem Zusammenhang ist nun auch auf den *1. Johannesbrief* zu
verweisen, der zum offenen Kampf gegen die doketischen Gegner
aus den eigenen Reihen angetreten ist (2, 22 f; 4, 2 f; 5, 5 f). Seine
Eschatologie ist entsprechend traditionell geprägt. Er erwartet die
Parusie (2, 28), den Tag des Gerichts (4, 17) und eine gottähnliche,
künftige Existenz der Christen (3, 2). Die „Stunde", die beim Evangelisten „das eschatologische Offenbarungsereignis" meinte, „das
Vergangenheit, Gegenwart und Zukunft versammelt sein läßt" (vgl.
Joh 4, 23; 5, 25; u. ö.)[46], wird im 1. Johannesbrief zur „letzten
Stunde" (2, 18), welche die Gegenwart als die letzte Periode eines li-
near-apokalyptisch gedachten Weltlaufs charakterisiert.

5.2 Die Offenbarung des Johannes

Am Ende unseres Durchgangs durch das Neue Testament ist noch
auf die Offenbarung des Johannes einzugehen[47]. Daß sie hier im
Rahmen des „johanneischen" Schrifttums behandelt wird, hat rein
formale Gründe. Die Frage, ob und inwieweit ihr Verfasser in Verbindung mit dem eigentlichen „johanneischen" Kreis stand (dem
wir Evangelium und Briefe verdanken), soll bewußt offengelassen
werden.
    Die Offenbarung des Johannes ist die einzige selbständige *apoka-
lyptische Schrift* des Neuen Testaments. Sie will in bedrängter Situation – konkret handelt es sich wohl um die Verfolgung unter
Domitian (93–95) – Mut machen zum Durchhalten und Trost zu-

---

[46] Ebd. 290, 28 f.
[47] Aus der Literatur sei verwiesen auf den Kommentar von *J. Roloff,* Die Offen-
    barung des Johannes (ZBK.NT 18) (Zürich 1984) sowie auf: *O. Böcher,* Die
    Johannesapokalypse (Erträge der Forschung 41) (Darmstadt 1975) (Lit.);
    A. Strobel, Art. „Apokalypse des Johannes", in: TRE III (1978) 174–189 (Lit.);
    H. W. Günther, Der Nah- und Enderwartungshorizont in der Apokalypse des
    heiligen Johannes (FzB 41) (Würzburg 1980); *A. Vögtle,* Das Buch mit den sie-
    ben Siegeln. Die Offenbarung des Johannes in Auswahl gedeutet (Freiburg –
    Basel – Wien 1981).

sprechen. Die erlebte Drangsal wird als Teil der Endereignisse verstanden (vgl. die Hinweise auf Domitian: 17,11; 11,7; 13,1–10.18; 17,8). Dem Ende selbst sieht man daher mit gespannter *Naherwartung* entgegen (1,1.3; 3,11; 16,15; 22,7.10.12.20). Die *Terminangaben* sind jedoch bloße apokalyptische Chiffren und können zur chronologischen Berechnung nicht verwendet werden[48].

Das Endgeschehen wird in gut apokalyptischer Manier als Kampf zwischen Gott und dem Satan bzw. zwischen göttlichen und widergöttlichen Mächten dargestellt. Das Heil wird entsprechend im wesentlichen in der Zukunft erwartet, also nach Besiegung der Mächte und nach der Neuschöpfung von Himmel und Erde (vgl. 22,1.5). Wir haben also vom Ansatz her eine *futurische Eschatologie* vor uns. Interessant ist in diesem Zusammenhang beispielsweise, daß dem Satan selbst nach seinem Sturz, der in der Verkündigung Jesu die Heilswende markierte (Lk 10,18), nach Offb 12,7–18 noch eine wenngleich befristete Wirksamkeit auf der Erde eingeräumt wird. Doch wird man diese Aussage nicht pressen dürfen, wie man sich überhaupt hüten muß, aus dem Nacheinander der Bilder und Visionen eine Chronologie der Endereignisse zu konstruieren. Dasselbe kann mehrmals dargestellt werden[49], und Gleichzeitiges kann in der apokalyptischen Optik des Verfassers linear aufgefächert werden.

Im übrigen bleibt zu beachten, daß die futurische Eschatologie der Offenbarung insofern auch eine *präsentische Note* enthält, als „die Fülle der apokalyptischen Bilder ... vom christologischen Bekenntnis umklammert" ist[50]. Nicht zufällig wird Christus – wie Gott selbst – der Erste und der Letzte genannt (2,8; 22,13), der alle Weltzeit umspannt. Als das geschlachtete Lamm eröffnet und beschließt Christus die Endereignisse (vgl. die Öffnung der Siegel 5; 6 sowie 19,7; 22). Durch sein Blut hat er ein Volk erworben (vgl. 5,9f; 7; 12,10f), dessen Angehörige bereits endgültig das Siegel Gottes auf ihrer Stirn tragen (14,1; vgl. 13,8). In dieser Gewißheit kann die Gemeinde getrost dem Kommenden entgegengehen.

---

[48] So sind beispielsweise die 3½ Jahre in 11,2f; 12,6.14; 13,5 ein Topos, der aus Dan 7,25; 12,7 übernommen ist.

[49] Vgl. etwa die Parallelität von Offb 8,2 – 14,20 mit 15,1 – 20,5; dazu: *Ph. Vielhauer,* Geschichte der urchristlichen Literatur. Einleitung in das Neue Testament, die Apokryphen und die Apostolischen Väter (GLB) (Berlin – New York 1975) 499.

[50] *E. Lohse,* Grundriß der neutestamentlichen Theologie (ThW 5) (Stuttgart 1974) 160.

Zwei *Einzelprobleme* sollen noch kurz angesprochen werden: In 21,1 ist von einem *neuen Himmel* und einer *neuen Erde* die Rede; ausdrücklich wird betont, daß der erste Himmel und die erste Erde vergangen sind. Ähnliche Aussagen finden wir auch in *2 Petr 3, 7–13*[51] (vgl. Hebr 1,11 f; 12,26). Ist damit jedwede Kontinuität zwischen eschatologischem Heil und gegenwärtiger Welt bestritten? Läßt sich von daher noch eine christliche Verantwortung für diese Welt ableiten?[52] Nun wird man die Metaphern von 21,1 nicht überziehen dürfen. Sofern die eschatologische Welt nicht einfach ein Produkt der gegenwärtigen Welt sein kann, sondern allein der Möglichkeit Gottes entstammt, besteht die Aussage von 21,1 theologisch sogar zu Recht. Mehr sollte man aber auch nicht in sie hineingeheimnissen! Daß das eschatologische Heil sich fernab von dieser unserer Welt verwirklichen soll, wird man weder dem Seher der Offenbarung noch überhaupt dem biblischen Denken unterstellen dürfen. Heilsbedürftig ist ja gerade die gegenwärtige Welt, die erste Erde und der erste Himmel. Eben deshalb muß es eine neue Erde und einen neuen Himmel geben!

Die „Betonung der Welthaftigkeit des Heils", wie es ein Theologe einmal genannt hat[53], führt den Autor wohl sogar zu der merkwürdigen Vorstellung vom *tausendjährigen Reich des Messias* (20, 1–10). Auf ihren theologischen Gehalt reduziert, besagt diese Vision wahrscheinlich nichts anderes, als daß auch die vorfindliche Welt samt ihrer Geschichte der Herrschaft Gottes unterworfen werden muß[54].

6. Das Fazit

Was ergibt sich nun als Fazit aus unseren Beobachtungen? Ich will zunächst versuchen, eine Art Quintessenz des neutestamentlichen Befundes zu geben.

---

[51] Zur Eschatologie des 2. Petrusbriefes vgl. *G. Klein,* Eschatologie (s. Anm. 1) 295.

[52] Zur Problematik von Offb 21,1 vgl. jetzt besonders: *A. Vögtle,* „Dann sah ich einen neuen Himmel und eine neue Erde …" (Apk 21,1), in: E. Gräßer – O. Merk (Hrsg.), Glaube (s. Anm. 34) 303–333.

[53] *J. Roloff,* Offenbarung (s. Anm. 47) 191.

[54] Vgl. *J. Roloff,* ebd.

6.1. Die Quintessenz des Befundes

a) Zu beginnen ist mit einer *negativen Feststellung.* Bestimmte Problemkreise unserer traditionellen Eschatologie werden im Neuen Testament nicht oder nur peripher berührt. So fehlt zum Beispiel der Topos eines Läuterungsortes (Fegefeuer) völlig. Der Vorstellungskreis der sogenannten individuellen Eschatologie (also der Gedanke des besonderen Gerichts nach dem Tod und eines postmortalen Heils) taucht zwar auf (vgl. Lk, Joh-Ev), wird jedoch mehr am Rande behandelt und vor allem hinsichtlich seiner Relation zum Komplex der allgemeinen Eschatologie nicht näher reflektiert. Auch der Gedanke der Hölle spielt eine eher untergeordnete Rolle bzw. ist im allgemeinen Kontext der Gerichtsaussagen zu sehen. Diese freilich begegnen im Neuen Testament recht häufig, jedenfalls weit häufiger, als dies mein Vortrag zu erkennen gibt. Zu betonen bleibt jedoch, daß die Gerichtsaussagen keine selbständige Funktion haben, sondern entweder als Folie für die Heilsaussage dienen oder paränetisch auf die Folgen des ausgeschlagenen Heilsangebotes aufmerksam machen. Das endgültige Heil ist das eigentliche Ziel und der Kernpunkt der eschatologischen Aussagen des Neuen Testaments, so daß die Konzentration darauf, die in diesem Vortrag schon aus zeitlichen Gründen nötig war, auch sachlich ihr Recht hat.

b) Das Neue Testament kennt eine *Vielzahl von eschatologischen Entwürfen.* Sie lassen sich nicht zu einem homogenen Konzept einer Eschatologie des Neuen Testaments systematisieren. Schon eine Klassifizierung ist nur sehr bedingt möglich. Grob gesprochen, könnte man *zwei Typen* eschatologischer Erwartung unterscheiden: eine *apokalyptisch-zeitlich bestimmte Eschatologie* und eine *transzendent-räumlich orientierte Eschatologie.* Vereinfacht ausgedrückt, liegt das endgültige Heil für den ersten Typ in der *Zukunft,* für den zweiten Typ *oben, im Himmel.* Vertreter der ersten Vorstellungsreihe sind von ihrem Ansatz her Jesus, die synoptischen Evangelien, Paulus, die Redaktion des Johannesevangeliums und die Offenbarung des Johannes, Vertreter der zweiten Reihe etwa der Kolosser- und Epheserbrief sowie der Johannes-Evangelist. Religionsgeschichtlich spiegelt sich in den beiden Typen – wiederum vereinfacht ausgedrückt – der Einfluß jüdischen und hellenistischen Denkens[55], des-

---

[55] Zum letzteren vgl. jetzt: *N. Walter,* „Hellenistische Eschatologie" im Neuen Testament, in: E. Gräßer – O. Merk (Hrsg.), Glaube (s. Anm. 34) 335–356.

sen Vermengung aber schon die eschatologischen Vorstellungen des Judentums selbst geprägt hatte.

Falsch wäre es allerdings, die beiden Typen exklusiv zu verstehen. Denn selbstverständlich enthält auch die apokalyptisch ausgerichtete Eschatologie schon insofern ein transzendentes Moment, als sie das Heil allein durch das Eingreifen Gottes gewährleistet sieht. Das kann sogar so weit gehen, daß – wie in Offb 21, 1 – mit dem Gedanken einer neuen Erde und eines neuen Himmels operiert wird. Andererseits kann auch die transzendent orientierte Eschatologie nicht gänzlich auf die Kategorie der Zeitlichkeit verzichten, da sie das oben angesiedelte Heil auf die noch nicht abgeschlossene Existenz geschichtlicher Subjekte beziehen muß. Dieser Bezug kann wiederum in recht unterschiedlicher Weise konkretisiert werden: als Pilgerschaft des irdischen Gottesvolkes zum himmlischen Ruheort (Hebr), als Offenbarwerden der bereits gegebenen himmlischen Existenz der Christen (Kol) oder auch nur als endgültige Fixierung der Glaubensentscheidung in der Todesstunde (Joh-Evangelist).

c) Daß trotz der unterschiedlichen Entwürfe nicht nur von Eschatologien, sondern von neutestamentlicher Eschatologie (im Singular) gesprochen werden kann, hängt im wesentlichen damit zusammen, daß alle diese Entwürfe in der Christologie eine gemeinsame Konvergenzlinie besitzen. Das bedeutet nicht, daß überall die gleiche Christologie zugrunde liegt. Der Differenz in der Eschatologie entspricht durchaus eine Differenz in der Christologie! Dennoch läßt sich die formale These aufstellen, daß *die Christologie die Konstante der neutestamentlichen Eschatologie* ist. Zu dieser Schlußfolgerung kommt auch die erst jüngst erschienene Untersuchung von *Günter Klein* zu unserem Thema[56]. Ihm ist im Prinzip auch darin zuzustimmen, wenn er die genannte formale These dahingehend erläutert, daß jeder eschatologische Entwurf des Neuen Testaments „auf seine Weise das Futurum durch das christologische Perfektum erschlossen sein (läßt)"[57]. Problematisch wird es aber, wenn *Klein* diese Aussage so absolut setzt, daß er christliche Eschatologie gänzlich „von genuiner Apokalyptik ebenso wie von Jesu Zukunftserwartung konstitutiv geschieden" sein lassen muß[58]. Ist christliche Eschatologie nicht doch auch bleibend auf das Futurum etwa der „Gottesherrschaft" angewiesen, in deren Zukunft – um die These

[56] *G. Klein,* Eschatologie (s. Anm. 1), bes. 295–297.
[57] Ebd. 295, 33 f.
[58] Ebd. 295, 34 f.

Kleins dialektisch umzudrehen – das christologische Perfektum sich überhaupt erst endgültig erschließen wird? Damit sind wir aber schon mitten in hermeneutischen Überlegungen, die wenigstens skizzenhaft noch anzustellen sind[59].

6.2 Hermeneutische Überlegungen

a) Selbstverständlich läßt sich die *eschatologische Naherwartung,* wie wir sie bei Jesus oder Paulus kennengelernt haben, nicht beliebig über die ablaufende Zeit hinweg verlängern. Dieses Problem ist bereits von den späteren Schriften des Neuen Testaments erkannt und reflektiert worden, sei es, daß sie die Parusieverzögerung direkt thematisieren (2 Thess; 2 Petr 3), sei es, daß sie diese positiv – als Zeit zur Mission (Apg) – interpretieren. Allerdings kann eine simple Umstellung von einer Naherwartung auf eine Stetserwartung nur eine Hilfskonstruktion sein, die, für sich genommen, bestenfalls eine Zeitlang, aber keineswegs über Jahrtausende hinweg das eigentliche Problem lösen kann.

b) Tatsächlich läßt sich die eschatologische Hoffnung des Neuen Testaments nur aufrechterhalten, wenn sie eingebunden ist – um wiederum mit *Klein* zu sprechen – in „das christologische Perfektum" eines „in Christus bereits erschienenen und bleibend gegenwärtigen Heil(s)"[60]. Es ist daher keineswegs ein Zufall, daß die unterschiedlichen eschatologischen Entwürfe zumindest formal in der Christologie konvergieren. Diese christologische Zentrierung ist im übrigen auch der Grund, daß die Parusieverzögerung nicht zu einer grundsätzlichen Krise des Urchristentums führte.

Gerade unter der Voraussetzung, daß die *Christologie der Ermöglichungsgrund für das Festhalten an der Eschatologie ist,* scheint mir ein Gedanke von besonderer Bedeutung zu sein, der vor allem Paulus bewegt hat. Der Apostel betont mit allem Nachdruck, daß das christologische Bekenntnis zu dem auferweckten Christus Jesus sich auf den *Gekreuzigten* bezieht und *ihn* festhält (vgl. 1 Kor 1, 23; 2, 2). Das bedeutet doch, daß das eschatologische Handeln Gottes durch den Zusammenbruch menschlicher Zukunftsperspektiven nicht au-

---

[59] Vgl. dazu auch: *D. Zeller,* Exegese als Anstoß für systematische Eschatologie, in: P. Fiedler – D. Zeller (Hrsg.), Gegenwart (s. Anm. 1) 153–164.

[60] *G. Klein,* Eschatologie (s. Anm. 1) 295, 32–34.

ßer Kraft gesetzt werden kann, sondern gerade *darin* seine Kraft erweist (vgl. Röm 4, 17). Alle aus menschlicher Erfahrung kommenden Einwände gegen ein eschatologisches Heilshandeln Gottes – seien sie zeitlich oder sachlich motiviert – sind damit christologisch außer Kraft gesetzt. Wenn ich glauben darf, daß Gott Jesus von den Toten auferweckt hat, dann darf ich legitimerweise ebenso hoffen, daß Gottes schöpferische Kraft auch an meiner offensichtlich unheilen Existenz nicht scheitern wird, obwohl diese Existenz aus sich selbst weder jetzt noch in Zukunft die Perspektive eines wirklich heilvollen Wandels entlassen kann.

Im Neuen Testament sind es vor allem Paulus und der Johannes-Evangelist, die von dieser christologisch begründeten Hoffnung so sehr beseelt sind, daß sie die christliche Existenz – gegen alle Erfahrung – schon jetzt als „neue Schöpfung" (2 Kor 5, 17) und „ewiges Leben" (Joh 3, 15 f; 5, 24; u. ö.) charakterisieren.

c) Angesichts dieser christologischen Verwurzelung ist es verständlich, daß es nicht an Versuchen gefehlt hat, die Eschatologie überhaupt auf Christologie zu reduzieren und die uns schwierig erscheinenden räumlichen oder zeitlichen Implikate neutestamentlicher Eschatologie zu bloßen Chiffren für das bleibende Extra nos des christologisch begründeten Heils zu entmythologisieren[61]. In der von *Rudolf Bultmann* und seinen Schülern geübten „existentialen Interpretation" läuft Eschatologie dann letztlich auf den Ruf zur Glaubensentscheidung hinaus[62]. Dieses hermeneutische Konzept kann sich im Ansatz zwar insbesondere auf den Johannes-Evangeli-

---

[61] Zur Eschatologie als christologisches Problem vgl. die Übersicht bei *H. R. Balz*, Methodische Probleme der neutestamentlichen Christologie (WMANT 25) (Neukirchen-Vluyn 1967), bes. 204–271.

[62] Vgl. *R. Bultmann*, Geschichte und Eschatologie im Neuen Testament (1954), in: ders., Glauben und Verstehen. Gesammelte Aufsätze III (Tübingen 1960, ³1965), 91–106: „Die wahre Lösung des Problems dürfte in dem Verständnis des Paulus und Johannes liegen, nämlich in dem Gedanken, daß Christus das stets jeweils gegenwärtige oder stets jeweils gegenwärtig werdende eschatologische Ereignis ist. Das heißt: das Jetzt erhält eschatologischen Charakter durch die Begegnung mit Christus oder mit dem Wort, das ihn verkündet, weil in der Begegnung mit ihm die Welt und ihre Geschichte zu ihrem Ende kommen und der Glaubende als neues Geschöpf ‚entweltlicht' ist" (105). „Das Paradox von Geschichte und Eschatologie besteht darin, daß sich das eschatologische Geschehen in der Geschichte ereignet hat und sich überall in der Predigt wieder ereignet. Das heißt: Eschatologie in ihrem echten christlichen Verständnis ist nicht das künftige Ende der Geschichte, sondern die Geschichte ist von der Eschatologie verschlungen" (106).

sten berufen, greift aber dennoch zu kurz, weil es ausschließlich das Individuum erfaßt und ein Eschaton von Welt und Geschichte überhaupt nicht in den Blick bekommt[63].

Unter dieser Rücksicht ist das von *Gerhard Lohfink* (im Anschluß an *Gisbert Greshake)* entwickelte Interpretationsmodell schon erwägenswerter. Er setzt „die Eschata, nicht nur des einzelnen, sondern auch der Welt, *im Tode*" an[64]: „… jeder Mensch (trägt) ein Stück der Welt und ein Stück der Geschichte vor Gott hin, und mit jedem Menschen, der stirbt, versammelt sich immer mehr Welt und immer mehr Geschichte vor Gott und wird vor ihm verwandelt und verklärt."[65] Eine wesentliche Rolle spielt dabei „die Dimension verklärter Zeit" (als „ein Drittes" „zwischen der Ewigkeit Gottes und der Zeit des Menschen")[66], die als „jenseitige Zeit" irdischer Zeit nicht kommensurabel ist[67], so daß „das ständige Hineingezeitigtwerden des unendlichen Geflechts der Gesamtgeschichte in die Vollendung … nicht mehr in unserem *Früher* und *Später,* nicht mehr verteilt über Jahrtausende, sondern in einem analogen, für uns nicht mehr vorstellbaren ‚Gleichzeitig' (geschieht)"[68]. Doch bleiben auch hier noch Fragen offen[69].

---

[63] Vgl. *R. Bultmann,* ebd. 102: „Während die Geschichte des Volkes und der Welt an Interesse verliert, wird jetzt ein anderes Phänomen entdeckt: die echte Geschichtlichkeit des menschlichen Seins. Die entscheidende Geschichte ist nicht die Weltgeschichte, die Geschichte Israels und der anderen Völker, sondern die Geschichte, die jeder Einzelne selbst erfährt. Für diese Geschichte ist die Begegnung mit Christus das entscheidende Ereignis, ja, in Wahrheit das Ereignis, durch das der Einzelne beginnt, wirklich geschichtlich zu existieren."

[64] *G. Lohfink* in: G. Greshake – G. Lohfink, Naherwartung (s. Anm. 1) 77.

[65] Ebd. 71.

[66] Ebd. 73.

[67] Ebd. 77.

[68] Ebd. 72.

[69] Der apokalyptische „Irrtum" in der Zeitvorstellung Jesu ist damit nicht aufgehoben. Das eschatologische futurum, das Jesus selbst gemeint hat, war weder der Tod noch die im jeweiligen Jetzt auf den einzelnen zu-kommende Entscheidungssituation; beides sind Übersetzungen, die nicht nur die Form, sondern auch den Inhalt berühren. Darüber hinaus vermag das Modell *Lohfinks* zwar eine Art „Naherwartung" aufrechtzuerhalten (vgl. a.a.O. 77). Die bei Jesus mit der Ansage zeitlicher Nähe *zugleich* gegebene sachliche Nähe der Gottesherrschaft (vgl. *H. Merklein,* Botschaft [s. Anm. 4] 51–58), die das Jetzt unmittelbar eschatologisch qualifiziert, wird jedoch nicht genügend deutlich gemacht (dies hat die existentiale Interpretation m. E. kongenialer erfaßt). Hier zeigt sich einerseits, daß das Postulat, es dürfe „nicht mehr von dem Zeit- und Geschichtsschema der Apokalyptik ausgegangen" werden (a.a.O. 61),

In jedem Fall ist es aus biblischer Sicht nur zu begrüßen, wenn heute wieder stärker das Bewußtsein dafür erwacht, daß die eschatologische Hoffnung des Menschen nur im Rahmen einer gesamtweltlichen Perspektive möglich und denkbar ist. Gerade dann aber darf christliche Eschatologie trotz all ihrer christologischen Bedingtheit nicht einfach mit Christologie identifiziert werden. Im Blick auf ein endgültiges Heil der Menschen und der Welt *insgesamt* muß Christologie vielmehr selbst eschatologisch offen sein, wie dies oben im Zusammenhang mit Paulus deutlich wurde. Desgleichen muß die Spannung von ‚schon' und ‚noch nicht', die für die christliche Eschatologie so bezeichnend ist, auch hinsichtlich ihres futurischen Pols ausgehalten werden.

d) Dann allerdings wird man auf (im weitesten Sinn) *apokalyptische Bilder und Metaphern* kaum gänzlich verzichten können, so wenig wie man zur Beschreibung der eschatologischen Transzendenz die räumlichen Kategorien entbehren kann. Man wird sich dabei bewußt bleiben müssen, daß es sich um Bilder und Metaphern handelt, wenn man will, sogar um bloße Vehikel, die man austauschen und ersetzen kann. Dennoch lassen sie sich nicht gänzlich abkoppeln, weil sonst auch die sogenannte eigentliche Aussage – ein menschlich Unsägliches – bewegungslos auf der Strecke bliebe. Das christologische Perfektum und das Schon der christlichen Existenz müssen auch in die Zukunft hinein durchgehalten und für die Zukunft der Menschheit und der Schöpfung insgesamt entfaltet werden. Vielleicht müssen wir heute andere Bilder und Metaphern für diese Projektion entwerfen: das Bild einer ökologisch harmonischen Welt oder die Option einer gerechten Welt, in der die Gegensätze von Ost

nicht konsequent durchgeführt ist: Ist die Ansiedlung der Eschata im Tode nicht doch nur eine aufgeklärte Variante eines zeitlich-linearen Denkens, wie es für die Apokalyptik bestimmend war (vgl. dazu die Interpretation, die schon *J. Weiß,* Die Predigt Jesu vom Reiche Gottes [Göttingen ³1964 = ²1900] 246 f, vorgelegt hat)? Andererseits scheint mit der Vorstellung der „verklärten Zeit" das futurum aus der Botschaft Jesu letztlich doch eliminiert zu sein (vgl. dagegen: a. a. O. 54), wenn – abgesehen von der kurzen Zukunft einzelner Lebensgeschichten – alle Geschichte dann doch im „Gleichzeitig" der jenseitigen Zeit zusammenfällt. Im übrigen ist der Denkansatz *Lohfinks* vielleicht doch noch zu anthropozentrisch, wenn er die Eschata der Welt im Tode des *Menschen* bündelt. M. E. ist hier noch zu wenig Ernst gemacht mit dem in der Bibel zumindest angelegten, heute aber dringend zu reflektierenden Gedanken, daß der Mensch (nur) Teil einer *gesamten* Schöpfung ist, deren Geschick und Geschichte nicht schlechterdings (und selbstherrlich!) auf Geschick und Geschichte des Menschen reduziert werden dürfen.

und West, von Arm und Reich aufgehoben sind. In jedem Fall aber bedarf die Eschatologie der Bilder. Sie gänzlich entmythologisieren zu wollen geht auf Kosten der Sache selbst!

Darüber hinaus sollte man nicht unterschätzen, daß gerade Bilder ein enormes Handlungspotential zu motivieren vermögen. Und auf *Handeln* zielt christliche Eschatologie letztlich ab[70]. Im Handeln muß Eschatologie sich bewähren, nicht weil der Mensch das eschatologische Heil nun doch in seine eigenen Hände nehmen müßte oder könnte, sondern weil es mit der eschatologischen Hoffnung unvereinbar ist, sich mit dem Unheil in der gegenwärtigen Welt abzufinden.

---

[70] Vgl. dazu u.a.: *U. Luz* u.a., Eschatologie und Friedenshandeln. Exegetische Beiträge zur Frage christlicher Friedensverantwortung (SBS 101) (Stuttgart 1981, ²1982); *H. Merklein*, Politische Implikationen der Botschaft Jesu?, in: LS 35 (1984) 112–121.

5. Integrative Bibelauslegung?

Methodische und hermeneutische Aspekte[*]

Getragen vom Geist des II. Vatikanischen Konzils, brach in den 60er Jahren in der katholischen Kirche ein „biblischer Frühling" aus. Die historisch-kritische Methode, mit der sich die offiziellen Stellen bislang schwer getan hatten, wurde auf breiter Front rezipiert. Es gab Nachholbedarf. Doch war die Rezeption auch von der Hoffnung beflügelt, daß die Rückbesinnung auf die Ursprünge zur Erneuerung der Kirche beitragen könne. Inzwischen ist der „biblische Frühling" verblüht, und es fällt schwer, die Gegenwart in Fortführung der jahreszeitlichen Metaphorik zu beschreiben. Zwar ist die historisch-kritische Exegese an den katholischen Fakultäten fest etabliert, ihre kirchliche Effizienz ist jedoch gering. Dies hat verschiedene Gründe, auf die hier nicht weiter eingegangen werden kann. Mit dazu beigetragen hat sicherlich auch die Methodendiskussion, die teils von der Exegese selbst ausgelöst wurde, teils von außen über sie hereinbrach. Der Monopolanspruch der historisch-kritischen Bibelauslegung wurde in Frage gestellt. In Ergänzung oder als Alternative zu ihr wurden und werden neue Methoden propagiert und praktiziert. Diejenigen, die sich aus pastoraler Verantwortung oder aus eigenem Interesse um eine reflektierte Bibelauslegung bemühen, stehen vor einer verwirrenden Situation. Wie soll nun die Bibel gelesen werden: historisch-kritisch, linguistisch, strukturalistisch, soziologisch, sozialgeschichtlich, psychologisch, tiefenpsychologisch?

Die folgenden Überlegungen wollen neuere Zugänge zur Bibel, wie sie in diesem Heft vorgestellt werden, unter dem Blickwinkel einer möglichen Integration mit der herkömmlichen historisch-kritischen Methode überdenken. Dies allerdings nicht so, daß die Vereinbarkeit mit der historisch-kritischen Methode zum Maßstab linguistischer, soziologischer oder psychologischer Bibelauslegung gemacht wird. Vielmehr wird davon ausgegangen, daß *jede* Methode sich von ihrem Gegenstand her rechtfertigen muß, d. h. den Gegebenheiten und Ansprüchen des biblischen Textes gerecht werden muß. |

---

[*] Etwas vereinfacht kann man zwischen Methodik und Hermeneutik so unterscheiden: *Methodik* meint das konkrete operationale Verfahren zur Analyse des Bibeltextes, *Hermeneutik* hingegen das (bewußt oder unbewußt) vorausgesetzte Konzept, welches das Analyseergebnis als Verstehen des im Text Gemeinten erscheinen läßt.

Die Bibel begegnet als Text und muß daher mit textwissenschaftlichen Methoden ausgelegt werden

Die grundsätzliche Möglichkeit und Notwendigkeit, dem Bibeltext jenseits der von ihm ausgehenden unmittelbaren Betroffenheit aus der Distanz wissenschaftlicher Analyse zu begegnen, hat bereits *Ottmar Fuchs* in seinem Beitrag ausführlich dargelegt[1]. Es bliebe noch hinzuzufügen, daß auch die wissenschaftliche Analyse auf Kommunikation angewiesen ist.

Daß Exegese Textanalyse verlangt, ist natürlich eine Binsenweisheit. Bibelauslegung wurde seit jeher textanalytisch im weiteren Sinn des Wortes betrieben. Das gilt für die Exegese der Kirchenväter und des Mittelalters genauso wie für die historisch-kritische Exegese. Zu letzterer gehörte schon immer auch eine *philologische Analyse*, die den Text nach Syntax und Stil untersuchte. Besonders ältere Kommentare, deren Autoren oftmals zugleich hervorragende Altphilologen waren, liefern hierfür glänzende Beispiele.

Aufs Ganze gesehen, ist jedoch festzustellen, daß die philologische Analyse häufig im Bannkreis des historischen Interesses stand, so daß die Frage nach der Entstehung des Textes sehr schnell in den Vordergrund drängte und der Text in seiner vorliegenden Gestalt dann doch zu kurz kam. Hier hat die *moderne Linguistik* eine neue Sensibilität geweckt. Man spricht vom *Primat der Synchronie vor der Diachronie*. Gemeint ist, daß ein Text vorrangig als gleichzeitiges (synchrones) Zeichensystem zu betrachten ist, bevor nach seinen ungleichzeitigen (diachronen) Elementen und seiner Entstehungsgeschichte gefragt werden kann.

Für das methodische Vorgehen hat es sich vielfach als nützlich erwiesen, den drei hauptsächlichen (semiotischen) Textdimensionen zu folgen und den Text nach seiner *Syntax* (Relation der sprachlichen Zeichen untereinander), *Semantik* (inhaltliche Seite der Zeichen) und *Pragmatik* (Wirkung der Zeichen) zu befragen. Ohne auf Einzelheiten eingehen zu können, sei wenigstens auf einige textwissenschaftliche Fragestellungen aufmerksam gemacht, die mehr oder weniger bereits zum gängigen Instrumentarium moderner Exegese gehören. So hat sich neben der klassischen Grammatik die *Konstituentensyntax* bewährt. Semantisch aufschlußreich ist vor allem die Frage nach den *Oppositionen* und den *Sinnlinien* eine Textes. Für die pragmatische Analyse lassen sich Erkenntnisse der *Rezeptionsästhetik* und der *Sprachphilosophie* (z. B. die Sprechakttheorie) nutzen. Aber auch *psychologische* Einsichten und Verfahren (z. B. die konfrontative Therapie) können – wie *Walter Rebell* in seinem Beitrag gezeigt hat – fruchtbar gemacht werden[2]. Selbstverständlich können nicht alle Texte nach dem gleichen

---

[1] O. Fuchs, Kontext und Bedeutung sprachanalytischer Zugänge zur Bibellektüre: BiKi 44 (1989), 98–103.

[2] W. Rebell, Psychologische Bibelauslegung. Möglichkeiten und Grenzen: BiKi 44 (1989), 111–116.

Schema analysiert werden. Die erzählenden Texte der Evangelien verlangen ein etwas anderes Verfahren als die mehr argumentativen Texte der Briefliteratur.

Schon diese knappe Übersicht zeigt, daß die Einbeziehung der modernen Textlinguistik der Exegese von Bibeltexten nur nützen kann. Die synchrone Textanalyse tritt an die Stelle der herkömmlichen philologischen Untersuchung, präzisiert diese aber durch differenziertere Syntaxanalysen und erweitert sie zugleich, indem sie die in der historisch-kritischen Exegese oft zu kurz gekommene semantische und pragmatische Textdimension bewußt macht.

Es war vom Primat der Synchronie vor der Diachronie die Rede. Dem entspricht es, daß die synchrone Analyse in der Regel *vor* der diachronen (historisch-kritischen) Analyse durchgeführt wird. Doch darf daraus kein Prinzip gemacht werden. Denn Synchronie im Sinne der Gleichzeitigkeit mit dem | Text gibt es auf ganz unterschiedlichen Ebenen. Zunächst einmal rezipiert ein *heutiger Leser* den biblischen Text in dem Sinne synchron, daß er den Text als ihm, dem heutigen Leser, gleichzeitiges Sprachsystem entschlüsselt. Das ist – zumindest als Ausgangspunkt – durchaus legitim. Abschließende Ergebnisse ließen sich auf diesem Wege aber nur unter der *hermeneutischen Voraussetzung* erzielen, daß der Text eine zeitunabhängige Größe ist. Dies ist aber sehr problematisch. Schon als Referenzsystem hat Sprache immer auch ihren spezifischen geschichtlichen Ort. So entdeckt man den „Witz" des Gleichnisses vom Pharisäer und Zöllner (Lk 19,9–14) eigentlich erst, wenn man – wie der damalige jüdische Hörer – zunächst einmal vom Pharisäer und nicht vom Zöllner als Identifikationsfigur ausgeht. Die geschichtlich verortete Referenz sprachlicher Zeichen ist im Falle der Bibel ganz besonders ernst zu nehmen. Biblische Begriffe und Aussagen sind vielfältig in einer Tradition verwurzelt, die dem ursprünglichen Leser bzw. Hörer der Texte beim Akt des Lesens oder Hörens zumindest teilweise präsent war. Wer den Text nur als in sich geschlossenes Verweissystem entschlüsselt, würde gerade diesen (traditionellen) Verstehenshorizont ausblenden. Auch eine synchrone Textanalyse kann sich daher nicht mit der Synchronie zwischen Text und heutigem Leser zufrieden geben. Sie muß vielmehr die Synchronie zwischen dem Text und seinem *ursprünglichen Leser* bzw. zwischen dem Text und dem von ihm selbst *intendierten Leser* ins Auge fassen. Es zeigt sich, daß synchrone und diachrone Analyse sich gegenseitig ergänzen und nur im Verbund miteinander sinnvoll durchzuführen sind.

Die biblischen Texte sind geschichtlich verortet und müssen daher historisch analysiert werden

Hier betreten wir das ureigenste Feld der *historisch-kritischen Methode*. Von ihren Ursprüngen her geht | es der historischen Kritik um die historische Wahrheit bzw. um den historischen Befund, der hinter den Texten steht. Die Möglichkeiten einer rein historischen Fragestellung sind im Fall der Bibel allerdings begrenzt. Aufgrund der mageren Quellenlage muß mit vielen Hypothesen gearbeitet werden. Überdies besteht die Gefahr, daß die über das Historische hinausgehenden Perspektiven des Textes vernachlässigt werden. Es ist daher kein Zufall, daß die historisch-kritische Exegese im Laufe dieses Jahrhunderts immer mehr zu einem *literaturwissenschaftlichen* Selbstverständnis vorgestoßen ist. Man sucht jetzt nicht mehr einfach nach den historischen Fakten, die hinter den Texten stehen, sondern versucht die Entstehungsgeschichte der Texte selbst nachzuvollziehen. Dabei stehen historische Situation und inhaltliche Aussage der Texte in einem wechselseitigen Erschließungsverhältnis.

Die einzelnen Schritte der historisch-kritischen Exegese sind wohl bekannt, so daß einige Andeutungen genügen. Selbstverständlich beginnt der wissenschaftliche Arbeitsgang mit der *Textkritik*, die im integrativen Methodenverbund schon vor der synchronen Analyse zu erfolgen hat. Weitere Schritte sind: *Literarkritik* (Quellenkritik bzw. Frage nach der Abgrenzung und Einheitlichkeit des Textes), *Redaktions- und Traditionskritik, Form- und Gattungskritik.* Vielfach hat sich eingebürgert, diese (auf „-kritik") endenden Termini für den eigentlichen Analysevorgang (vom Text zu seinen Vorstadien) zu verwenden, während die klassischen Begriffe wie z. B. Traditions- und Form*geschichte* mehr der Synthese (von den Vorstadien zum vorliegenden Text) vorbehalten werden.

Es wurde bereits darauf aufmerksam gemacht, daß der spezifische Charakter der biblischen Texte es erforderlich macht, die synchronen Befunde durch diachrone Beobachtungen zu präzisieren. Umgekehrt kann aber auch die synchrone Betrachtung die historisch-kritische Untersuchung vielfältig befruchten und ergänzen. Generell gilt, daß jede der diachron herausgefundenen Textschichten wiederum | synchron befragt werden kann. Aber auch einzelne Schritte der diachronen Analyse erhalten durch textwissenschaftliche Erkenntnisse nützliche Hilfestellungen. So läßt sich etwa die literarkritische Quellenscheidung, deren Kriterien (z. B. Brüche und Spannungen im Text) dem subjektiven Ermessen einen weiten Spielraum lassen, durch eine vorgängige *Kohärenzprüfung* auf synchroner Ebene erheblich objektivieren. Erkenntnisse der *strukturalistischen Erzählforschung* können zu einer präziseren Definition von Gattungen beitragen (z. B. Gleichnissen und Wundererzählungen). Die Beispiele ließen sich ohne Schwierigkeit vermehren. Es zeigt sich auch hier wieder: Textwissenschaftliche und historisch-kritische Methode sind keine Alternativen, sondern ergänzen sich gegenseitig und sind gerade im Verbund fruchtbar zu praktizieren.

Dieser Verbund ist allerdings kein in sich geschlossenes System, sondern offen für weitere Fragestellungen. Unter dieser Rücksicht besteht kein prinzipielles Problem, auch *Soziologie* und *Psychologie* methodisch nutzbar zu machen. Zu Recht bemerkt *Thomas Schmeller* in seinem Beitrag, daß die sozialgeschichtliche bzw. soziologische Fragestellung wenigstens implizit schon in der herkömmlichen historisch-kritischen Exegese enthalten ist (Frage nach dem „Sitz im Leben"!)[3]. Zwar sind für eine *soziologisch orientierte Exegese* noch etliche hermeneutische und methodisch-operative Probleme zu lösen. Doch gibt es bereits eine Reihe von praktischen Beispielen, die vielversprechend sind. Inhaltlich sind vor allem genauere Aufschlüsse über die Überlieferungsträger und überhaupt über die soziale Struktur des Urchristentums zu erwarten.

Vielfach können hierbei auch *psychologische bzw. sozialpsychologische* Erkenntnisse weiterhelfen. Dies gilt vor allem für Texte, die in Konfliktsituationen neue Integrationsmöglichkeiten schaffen wollen (z. B. der 1. Korintherbrief). Um Einseitigkeit zu vermeiden, ist ein mehrdimensionaler Ansatz wünschenswert, der *lerntheoretische, psychodynamische und kognitive Aspekte* berücksichtigt. Auch hier handelt es sich nicht um eine Alternative zur sprachlichen oder geschichtlichen Analyse, sondern um deren Erweiterung um eine Fragestellung, die – wenngleich vielfach unreflektiert – bei jedem Auslegungsprozeß eine Rolle spielt. *Walter Rebell* hat das in seinem Beitrag klar herausgestellt[4]. Seine Anregung, mit Hilfe der *Lernpsychologie* urchristliche Traditionsprozesse besser verständlich zu machen, verdient Interesse und weitere Anstrengungen.

Die Auslegung muß den theologischen Anspruch biblischer Texte erschließen

Hierbei geht es weniger um eine zusätzliche Methodik als vielmehr um die hermeneutische Frage, wie biblische Texte als für den Menschen von heute bedeutsam auszulegen sind. Von der vielschichtigen Problematik können hier nur einige Facetten angedeutet werden. Auch ist die Exegese hier nicht allein gefordert, sondern die gesamte Theologie, ja die Kirche überhaupt.

Zunächst ist festzustellen, daß die *Ergebnisse der bisher vorgestellten textwissenschaftlichen und historisch-kritischen Exegese immer auch theologischer Art* sind. Sofern die zu analysierenden Texte den Anspruch erheben, Heilsbotschaft zu sein, stellen sie den Exegeten und den Exegeserezipienten letztendlich vor die Frage, ob sie die bei der Analyse eingenommene Distanz zum Text beibehalten oder sich dem Anspruch des Textes beugen wollen.

Das Neue Testament enthält das verbindliche Glaubenszeugnis der apostolischen Kirche. Auf diesen ihren *Ursprung* hat die Kirche sich stets neu zu besinnen. Sofern die historisch-kritische Exegese diese | Reflexion mit wissenschaftlichen Mitteln betreibt, erfüllt sie eine eminent theologische Aufgabe. Ihre Ergebnisse enthalten ein enormes *Erneuerungspotential*. So ist etwa die Erkennt-

---

[3] T. SCHMELLER, Soziologisch orientierte Exegese des Neuen Testaments. Eine Bestandsaufnahme: BiKi 44 (1989), 103–110.

[4] Vgl. o. Anmerkung 2.

nis ja nicht nur von historischer Relevanz, daß nach paulinischer Auffassung die Gemeinden zwar auf die Gemeinschaft untereinander angewiesen, aber doch je für sich „Kirche Gottes" sind und keineswegs einer zentralen Leitung oder Legitimation bedürfen. Ergebnisse wie dieses stellen natürlich vorhandene Zustände und herrschende Praxis in Frage. Manchem Vertreter der sog. Amtskirche wird es denn auch ganz recht gewesen sein, als die Exegese in eine immer spezialisiertere Wissenschaftlichkeit marschierte und ihr kritisches Potential im Wissenschaftsbetrieb weitgehend selbst paralysierte.

Die einfachste, wirkungsvollste und bleibend grundlegende *hermeneutische Regel* lautet: Ein (theologisches) Verstehen der Bibel setzt voraus, daß sie in der *Gemeinschaft der Glaubenden* gelesen wird. Diese Regel spricht nicht gegen eine wissenschaftliche Auslegung. Denn als theologische Disziplin versteht auch die wissenschaftliche Exegese ihre Tätigkeit als Dienst an der Glaubensgemeinschaft, wobei sie diese – gemäß ihrer ureigensten Aufgabenstellung – vor einer eigenmächtigen Lektüre bewahren und zum Gehorsam des Hörens anleiten möchte. Die Exegese muß sich allerdings die Kritik gefallen lassen, daß sie diese *kirchliche Funktion* und Dimension ihrer Arbeit zu wenig gesehen und beachtet hat. Umgekehrt steht die Exegese vor dem Problem, daß sie die Glaubenserfahrungen des Urchristentums in eine Kirche hineinspricht, die zwar wohl organisiert ist, sich aber nur wenig als *Erfahrungsgemeinschaft von Glaubenden* darstellt. Die aus der Bibel zu erhebenden Glaubenserfahrungen lassen sich so kaum mehr übertragen bzw. werden aus dem eigenen *Erfahrungsdefizit* heraus nur mehr undeutlich wahrgenommen. Unter diesem Defizit leidet natürlich auch das Sensorium der Exegese. Kirche und Exegese stehen daher vor einer gemeinsamen Aufgabe. Die Exegese muß ihre kirchliche Funktion energischer wahrnehmen, und die Kirche muß kirchlicher (im Sinne ihrer ureigensten Bestimmung) werden. Je kirchlicher die Kirche ist, um so besser kann sie – und die Exegese – das Wort der Bibel verstehen. Und je bewußter die Exegese sich ihrer kirchlichen Funktion stellt, um so mehr kann sie verändernd zur Kirchlichkeit der Kirche beitragen.

Der Umstand, daß die Gemeindewirklichkeit nur mehr beschränkt eine hermeneutische Funktion erfüllt, hat wohl mit dazu beigetragen, daß der Verstehensprozeß der Bibel stärker in den Bereich des *Individuums* verlagert wurde. Dies ist, wenn man von einer gewissen Perspektivenverengung einmal absieht, keineswegs nur ein negativ zu bewertender Vorgang. Die Tendenz dazu gab es auch in der historisch-kritischen Exegese, jedenfalls soweit diese sich das Programm der sog. *existentialen Interpretation* aneignete. Im katholischen Raum übt heute die sog. *tiefenpsychologische Interpretation* eine große Faszination aus. Sie bedient sich vor allem der Archetypenlehre der analytischen Psychologie. Nach C.G. Jung hat es Religion insbesondere mit dem Archetypus des Selbst zu tun, so daß religiöse Symbole als Äußerungen einer archetypischen Selbstverwirklichungstendenz gedeutet werden können. Es liegt auf der Hand, daß sich unter diesem Blickwinkel ganz neue Dimensionen biblischer Texte erschließen lassen. Das ist im Prinzip zu begrüßen, wie alle Perspektivenerweiterungen zu begrüßen sind, da sie die standortbedingten Betriebsblindheiten des Auslegers korrigieren helfen. In diesem Zusammenhang könnte man auch auf die *feministische Bibellektüre* verweisen, der bereits 1984 ein eigenes Heft von „Bibel und Kirche" gewidmet war. Der spezifische Vorteil tiefenpsychologischer Auslegung besteht darin, daß sie es erlaubt, die Texte in unmittelbarer Betroffenheit zu lesen. In den als Symbol archetypischer Wirklichkeit verstandenen biblischen Erzählungen kann sich der Leser selbst wiederfinden. Indem er sich dabei z. B. der eigenen Ängste bewußt wird, die ihn in seiner Selbstfindung hindern, kann von den Texten eine unmittelbare therapeutische Wirkung ausgehen. Allerdings sind auch die Grenzen einer | derartigen Auslegung zu beachten. Abgesehen von der dringend nötigen Grundsatzreflexion, ist u. a. auf das Problem der relativen Mehrdeutigkeit aufmerksam zu machen, die den Symbolen eigen ist. Will man nicht im Sinne einer radikal pragmatischen Texttheorie den Leser zum eigentlichen Konstituenten des Textes machen, so bedarf es der Kriterien, die die Auslegung kontrollieren. Könnte hier vielleicht das Postulat weiterhelfen, daß der tiefenpsychologisch erschlossene Sinn in einer zumindest perspektivischen Verschränkung mit der ursprünglichen Intention des Textes stehen muß, in jedem Fall aber nicht gegen diese gerichtet sein darf? Dies hätte etwa zur Folge, daß man bei der Anwendung tiefenpsychologischer Auslegung sehr differenziert vorgehen müßte. Mag diese bei Sagen und Legenden auf ihr einigermaßen kongeniale Stoffe treffen, so wird sie beispielsweise bei eindeutig christologischen Texten oder Textgehalten ihre Aussagen nur in einem sehr abgeleiteten Sinn machen können. Es besteht sonst die Gefahr, daß Christologie und Anthropologie verwischt werden. Diese Gefahr besteht allerdings – wie bei der existentialen Interpretation – schon vom Ansatz her, da in beiden Fällen mit *hermeneutischen Universalien* gearbeitet wird. In dem einen Fall ist es die stets gleichbleibende menschliche „Existenz", im anderen Fall *das kollektive Erbe der Archetypen*, die bzw. das es dem Leser erlaubt, den Zeitabstand zu überbrücken und den Text als universal gültige und unmittelbar anwendbare Größe zu verstehen. Nun hat natürlich auch die historisch-kritische Exegese die Tendenz, die Singularität der Textaussagen einzuebnen. Sofern sie hermeneutisch mit dem Grundsatz der *Analogie* arbeitet, steht sie immer in Gefahr, nur das für historisch möglich zu halten, was sie selbst als Wirklichkeit erlebt. Doch weiß der Historiker auch um die Einmaligkeit geschichtlicher Phänomene, so daß er die Analogie nicht zum alleinigen Verstehensprinzip machen wird.

In jedem Fall müssen der *einmalige Anspruch* und der *geschichtliche Charakter* der biblischen Aussagen gewahrt werden. Beides gehört aufs engste zusammen. Die Evangelien sind gewiß mehr als bloße Geschichtsbücher, aber es gehört zum Gehalt ihrer religiösen Botschaft, daß sie diese an die Person und Geschichte Jesu von Nazareth binden. Und ebenso ist das Ostergeschehen, obwohl es den Rahmen der Geschichte sprengt, nicht abzulösen vom historischen Fixpunkt des Kreuzestodes Jesu. Christologische Einmaligkeit und geschichtlicher Charakter dürfen auch deswegen nicht ausgeblendet werden, weil die biblischen bzw. neutestamentlichen Texte im (Rück-)Blick auf das christologisch Einmalige eine erst noch einzuholende *Zukunft* begründen, die alles übersteigt, was in dieser Welt jemals zu finden ist. So wird es z. B. kaum ausreichen, eine Wundergeschichte als archetypische Erzählung zu verstehen, die mir hilft, zu mir selbst zu finden. Sie ist m.E. weit mehr noch eine Geschichte der kommenden Welt. Insofern hat sie nicht nur therapeutische Funktion. Sie vermittelt eine Hoffnung, die selbst in der nicht mehr therapiefähigen Not noch ihre Kraft behält. Dieser in geschichtlicher und gesellschaftlicher Hinsicht eschatologische Charakter gehört zum Wesen biblischer Heilsaussagen.

Fazit

(1) Die in diesem Heft vorgestellten neueren Zugänge zur Bibel und die herkömmliche historisch-kritische Exegese sind nicht als Alternative zu verstehen. Es handelt sich vielmehr um unterschiedliche Fragestellungen, die sich in methodischer und hermeneutischer Hinsicht gegenseitig ergänzen. Wie die Verzahnung zu erfolgen hat, ist noch nicht abschließend geklärt. Am weitesten fortgeschritten ist der Verbund von textwissenschaftlicher und historisch-kritischer Methode. Aber auch für die Einbeziehung soziologischer und psychologischer Erkenntnisse gibt es bereits gute Ansätze. Am wenigsten geklärt ist noch das Verhältnis von (herkömmlicher) Exegese und Tiefenpsychologie. Ein konstruktiver Dialog wäre hier sehr zu begrüßen. |

(2) Die Praxis der Exegese wird durch das Hinzukommen neuer Fragestellungen und Methoden komplexer und komplizierter. Es ist abzusehen, daß Exegese noch mehr als bisher Spezialistenarbeit wird. Dies ist angesichts der allgemeinen gesellschaftlichen Entwicklung weder aufzuhalten noch prinzipiell als negativ zu bewerten. Allerdings wird die Exegese um ihrer kirchlichen und gesellschaftlichen Funktion willen um so stärker darauf zu achten haben, daß die theologische Dimension ihrer Arbeit nicht zu kurz kommt. Gerade hier hat die herkömmliche Exegese erhebliche Defizite. Der theologischen Dimension der Auslegung wird jedoch nicht dadurch Rechnung getragen, daß am Ende der Exegese einige simplifizierende Anwendungsgedanken aufgesetzt werden. Die theologische Dimension ist vielmehr für den gesamten Auslegungsvorgang zu beanspruchen und zu verdeutlichen. Die (alte) Erkenntnis, daß die Kirche der hermeneutische Ort der Exegese ist, muß von der Exegese neu bedacht werden, fordert allerdings auch eine neue Ortsbestimmung der Kirche.

(3) Angesichts einer immer komplexer werdenden Methodik fällt den Pfarrern, Religionslehrern und Katecheten als Vermittlern wissenschaftlicher Exe-

gese eine wichtige Aufgabe zu. Selbstverständlich gehört der exegetische Erkenntnisprozeß in aller Regel nicht auf die Kanzel oder in den Unterricht. Und auch bei der persönlichen Aneignung des zu vermittelnden biblischen Textes wird der Vermittler nicht jedesmal den gesamten Methodenduktus abschreiten können. Doch wäre es vor dem Text und gegenüber den Hörern nicht zu verantworten, wenn der Vermittler um eines schnellen und vielleicht auch attraktiven „Ergebnisses" willen sich auf einen einzigen (dann meist auch alternativ verstandenen) methodischen Aspekt fixieren würde. Selbst wenn in der Praxis der Vermittlung gelegentlich der eine oder andere Aspekt in den Vordergrund tritt, bleibt das Postulat, daß der Vermittler im Prinzip den gesamten Methodenduktus zu überschauen und in Grundzügen auch zu handhaben vermag. Dazu gehört auch die Fähigkeit, die hermeneutischen Implikationen der einzelnen Methoden zu durchschauen.

(4) Exegese ist letztlich ein Akt des Gehorsams, ein Akt des Hinhörens auf den Text. Ihn und nicht sich selbst hat der Vermittler zur Sprache zu bringen. Dazu will das methodisch reflektierte Arbeiten am Text beitragen. Daran sind aber auch die angewandten Methoden zu messen. Gerade in der strikten Ausrichtung auf den Text und das daraus sprechende Wort Gottes wird der Auslegungsvorgang auch zu einem persönlichen Zeugnis des Interpreten.

II. Studien zu Jesus
(Evangelien)

6. Die Reich-Gottes-Verkündigung Jesu

I.
DIE VORAUSSETZUNGEN:
DIE GOTTESHERRSCHAFT IM ALTEN TESTAMENT
UND IM FRÜHJUDENTUM

Die christliche Rede vom „Reich Gottes" hat ihren Grund in der Botschaft Jesu. Begriff und Vorstellung sind allerdings keine Erfindung Jesu. Er greift damit vielmehr ein Thema auf, das in der Tradition seines Volkes bereits eine lange Geschichte hat. Davon soll in dieser ersten Vorlesung die Rede sein.

1. Der Sprachgebrauch

Ich beginne mit einem Wort zum Sprachgebrauch. Der Begriff „Reich" oder „Herrschaft" Gottes begegnet im Alten Testament selten. Es handelt sich um eine relativ späte, frühjüdische Abstraktbildung. Am Anfang steht die verbale Aussage: „JHWH malak" bzw. „malak JHWH". Gemeint damit ist, daß Jahwe König *ist* und als König *herrscht* bzw. seine Königsherrschaft noch durchsetzen *wird*. Es geht also weniger um ein territoriales „*Reich* Gottes" als vielmehr um den Akt des *Herrschens* Gottes. Von daher ist die Übersetzung „Königsherrschaft Gottes" oder „Gottesherrschaft" zu bevorzugen. Allerdings muß man dabei wieder alle repressiven Konnotationen und Assoziationen ausscheiden. Es zeigt sich, daß jede Übersetzung nur ein Notbehelf ist. Um so wichtiger ist die Frage nach den Sachverhalten, die hinter den Begriffen und Übersetzungen stehen. Dieser Frage wollen wir uns nun zuwenden.

2. Die vorexilische Vorstellung

Die Bezeichnung Jahwes als König ist keine ureigene Schöpfung Israels, sondern ein *Erbe Kanaans,* genauer gesagt, das Ergebnis der Auseinandersetzung mit dem Königtum kanaanäischer Götter. Relativ problemlos konnte dabei Jahwe an die Stelle von *El* treten, der in der kanaanäischen Mythologie die Funktion des Götterkönigs und Schöpfergottes ausübte. Die Verquickung von Königtum und Schöpfung erklärt übrigens, daß am Anfang der biblischen Entwicklung das *universale* Königtum Jahwes stand und nicht etwa sein Königsein über Israel: „Jahwe ist König über die ganze Erde" (Ps 47,8). Auf Jahwe übertragen wird auch die Vorstellung vom Götterkönig: „Ein großer Gott ist Jahwe, ein großer König über allen Göttern" (Ps 95,3; vgl. Ps 96,4; 97,7.9). Als König ist Jahwe den heidnischen Göttern überlegen. Diese werden dann bald noch weiter depotenziert. Sie fungieren als himmlischer Hofstaat Jahwes, bis sie ganz für nichtig erklärt werden (vgl. Ps 96,5). Viel problematischer gestaltete sich hingegen die Rezeption des Königtums *Baals,* der im Alten Testament überhaupt als der Erzfeind Jahwes erscheint. Baal ist der kanaanäische Wetter- und Vegetationsgott, der der Erde Fruchtbarkeit spendet und über Leben und Tod der Menschen gebietet. Mythologisch erringt er sein Königtum im Kampf gegen den Meeresgott Jam und den Todesgott Mot. Sein Sieg über die Chaosmächte entspricht wahrscheinlich dem jahreszeitlichen Wechsel von Sommer und Winter, von Trockenzeit und Regenzeit. Diesen Mythos vom Götterkampf kann Israel natürlich nicht auf Jahwe übertragen. Israel setzt an die Stelle des Mythos die geschichtliche Tat Jahwes zugunsten Israels. Konkret war es wahrscheinlich der *Salomonische Tempelbau,* der das Theologumenon vom Königtum Jahwes beflügelte. Der Tempel war der sichtbare Ausdruck dafür, daß Jahwe den Zion in Besitz genommen hatte, um von da aus seine Herrschaft über die Welt auszuüben: „Gott stieg empor unter Jubel ... Gott wurde König über alle Völker" (Ps 47,6.9; vgl. Ps 24). Für Israel, das von Heidenvölkern umgeben war, bedeutete dies Sicherheit. Es wußte sich im Schutz des auf dem Zion thronenden Jahwe. Es zeigt sich, daß die Königsherrschaft Gottes auch politische Dimensionen hat.

In besonderem Maß profitierte das davidische Königshaus von der Gott-König-Theologie. Hatte doch Jahwe selbst – gleichsam im

Gegenzug zum Salomonischen Tempelbau – der davidischen Dynastie ewigen Bestand zugesagt und den jeweiligen Nachfahren Davids
als Sohn angenommen (2 Sam 7,11–16; Ps 2). Diese Sicht barg allerdings auch Gefahren in sich. Das Königtum Jahwes konnte leicht zu
einer Ideologie werden, die nur mehr den status quo zu bestätigen
hatte (vgl. Ps 20; 21; 45), ohne daß die tatsächliche Politik sich allzusehr um die religiösen und ethischen Implikate des Königseins Jahwes zu kümmern brauchte. Das klassische Beispiel einer derartigen
Politik liefert uns der König Ahas im 8. Jahrhundert vor Christus.
Angesichts der andrängenden Assyrer setzt er alles auf realpolitische
Erwägungen und schlägt die religiös begründeten Überlegungen des
Propheten Jesaja in den Wind (vgl. Jes 7). Es ist kein Zufall, daß
gerade in dieser Situation das Königtum Jahwes bedrohliche Züge
für Israel annimmt. Aufschlußreich ist die *Berufungsvision des Jesaja*
(Jes 6). Das Bild Gottes, das der Prophet schaut, ist majestätisch und
furchterregend. Es ist so gewaltig, daß schon die Säume des göttli-
chen Gewandes den Tempel ausfüllen (6,1). Das Dreimal-Heilig der
Serafim (6,3) läßt die Türschwellen des Tempels erbeben (6,4). Jahwe
läßt sich nicht im Tempel domestizieren. Seine Herrlichkeit erfüllt
die ganze Erde (6,3). Seine Heiligkeit entlarvt die Unreinheit Israels.
Jesaja kann nur rufen: „Weh mir, ich bin verloren! Denn ich bin ein
Mann mit unreinen Lippen und lebe in einem Volk mit unreinen
Lippen, und meine Augen haben den König, den Herrn der Heere,
gesehen" (6,5). Ein so verstandenes Königtum Jahwes ist nicht als
Legitimationsmechanismus sogenannter Realpolitik zu gebrauchen.
In der Vision des Propheten wird vielmehr deutlich, daß die Nähe
Jahwes für Israel auch gefährlich werden kann. Die Herrschaft Jah-
wes über die Völker soll an sich dem Schutze Israels dienen. Doch
kann Jahwe auch die Völker aufbieten, um mit Israel ins Gericht zu
gehen. Bei Ezechiel ist das ausgesprochen: „Ich will mit starker Hand
und hocherhobenem Arm über euch als König herrschen und meinen
Zorn über euch ausgießen ... Ich bringe euch in die Wüste der Völker; dort trete ich euch von Angesicht zu Angesicht gegenüber und
gehe mit euch ins Gericht" (Ez 20,33.35).
  Diese prophetische Kritik an einer Gott-König-Ideologie ist eine
der Voraussetzungen dafür, daß gerade das Königtum Jahwes zur
entscheidenden Hoffnungsinstanz werden konnte, als das politische
Königtum Israels bzw. Judas im babylonischen Exil sein Ende fand.

3. Die nachexilische Prophetie

Der Kronzeuge dafür ist *Deutero-Jesaja* (Jes 40–55), der gegen Ende
der Exilszeit wirkte. Bezeichnenderweise fehlt bei ihm der Gedanke
an eine Restauration des davidischen Königtums. Alle Hoffnung
richtet sich auf Gott selbst, der dezidiert als Gott und König *Israels*
bezeichnet wird (44,6; vgl. 41,21; 43,14.15; 44,6; 52,7). Jetzt, wo
Israel am tiefsten erniedrigt ist, steigt Jahwe gleichsam „vom hohen
Podest des Weltherrn herab . . . und erklärt sich in atemberaubender
Unbedingtheit – zum König *Israels*" (W. Dietrich, Gott als König.
Zur Frage nach der theologischen und politischen Legitimität religiöser Begriffsbildung, in: ZThK 77 [1980] 251–268, hier 263.) Dies
ist freilich alles andere als eine nationale oder gar nationalistische
Trotzreaktion Israels zur Wahrung der eigenen Identität. Es ist viel-
mehr eine zutiefst theologische Konsequenz, die Israel um des Gott-
Seins Jahwes willen ziehen muß. Nach traditioneller Auffassung ist
Jahwe der König über die Götter der Heiden. Dem scheint aber der
tatsächliche Geschichtsverlauf zu widersprechen. Die machtpoliti-
schen Erfolge der Heiden erwecken eher den Eindruck, daß ihre Götter die mächtigeren sind. Gegen eine solche Deutung protestiert Deutero-Jesaja. Dabei spitzt er den traditionellen Gedanken vom Königtum
Jahwes noch zu. Denn für ihn ist Jahwe überhaupt der einzige,
und die Götter der Heiden sind nichts (41,21–29). Jahwe selbst mel-
det sich zu Wort: „Ich bin Jahwe, und sonst niemand; außer mir gibt
es keinen Gott . . . Ich erschaffe das Licht und das Dunkel, ich
bewirke das Heil und das Unheil" (45,5.7). Auch das Unheil des
Exils ist also Jahwes Werk und nicht das der nichtigen Heidengötter.
Dann aber muß Jahwe auch dafür sorgen, daß die Heiden sein
Gericht über Israel nicht zum Anlaß nehmen, um ihn, Jahwe, als den
Unterlegenen zu verspotten (vgl. 52,5). Als der einzige Gott muß
Jahwe als König *Israels* in Erscheinung treten, der sein Volk befreit,
es neu schafft (43,14 f) und wie ein Hirte zur Weide führt (40,11).
Und so sieht Deutero-Jesaja – dem tatsächlichen Geschichtsverlauf
vorauseilend – bereits den „Freudenboten", „der über die Berge eilt
und den Frieden ankündigt, der frohe Botschaft bringt und die Ret-
tung verheißt, der zu Zion spricht: König geworden ist dein Gott!"
(52,7) In bisher nicht dagewesener Weise ist bei Deutero-Jesaja das
Königtum Jahwes als die Herrschaft des *einzigen* Gottes reflektiert.
Eben deshalb muß er die Gottesherrschaft auch so dezidiert als Heil

für Israel bzw. als Befreiung aus der Knechtschaft der Heiden interpretieren. Wie die vorexilische Jahwe-König-Theologie hat auch
diese Sicht politische Implikationen, die diesmal allerdings nicht auf
die Bestätigung, sondern gerade auf die Veränderung des status quo
abzielen. Doch entwirft Deutero-Jesaja keine realpolitischen Strategien. Die hauptsächliche Triebkraft seiner Botschaft ist die Hoffnung, daß *Gott* sein Recht in dieser Welt durchsetzen wird. Damit ist
der Hoffnung auf eine *eschatologische* Verwirklichung der Gottesherrschaft der Boden bereitet.

Jedenfalls läßt Israel, das ja weiterhin unter heidnischer Oberherr-
schaft leben muß, die deutero-jesajanische Hoffnungsvision nicht
mehr los. Schon aus Zeitgründen muß ich darauf verzichten, die
Geschichte dieser Hoffnung im einzelnen nachzuzeichnen. Man
müßte auf die nachexilische Bearbeitung des *Micha-Buches* (Mi
2,12 f; 4,1–5) und auf *Zefanja* (Zef 3,9 f.15–20) verweisen. Aber auch
die Bearbeitungen des *Jesaja-Buches* selbst wären zu nennen, so z. B.
das *33. Kapitel,* wo in fast schon jesuanischer Weise von der Gottesherrschaft die Heilung von Krankheit und die Vergebung der Schuld
erwartet wird (V. 24).

Eine etwas ausführlichere Würdigung verdient die sogenannte
Jesaja-Apokalypse (Jes 24–27), die vermutlich schon in seleukidische
Zeit hinaufreicht (ca. 200 v. Chr.): „An jenem Tage wird der Herr im
Himmel das himmlische Heer zur Verantwortung ziehen und auf der
Erde die Könige der Erde . . . Dann muß der Mond sich schämen
und die Sonne erbleichen. Denn der Herr der Heere ist König auf
dem Berg Zion und in Jerusalem und offenbart seinen Ältesten seine
strahlende Pracht" (Jes 24,21–23). Die Parallelisierung von irdischen
Herrschern und metahistorischen, himmlischen Mächten ist bereits
typisch apokalyptisch. Trotz dieser kosmischen Dimension bleibt die
Gottesherrschaft aber doch konkret an den Zion und an Jerusalem
gebunden. Dies bestätigt auch der weitere Text: „Der Herr der Heere
wird auf dem Berg Zion für alle Völker ein Festmahl geben mit den
feinsten Speisen, ein Gelage mit erlesenen Weinen . . . Er zerreißt auf
diesem Berg die Hülle, die alle Nationen in Dunkel hüllt, und die
Decke, die alle Völker bedeckt . . . Gott, der Herr, wischt die Tränen
ab von jedem Gesicht. Auf der ganzen Erde befreit er sein Volk von
der Schande" (Jes 25,6–8). Bemerkenswert ist, daß hier die Heiden
ausdrücklich in das Heil der Gottesherrschaft einbezogen werden.
Der Autor greift damit eine schon ältere Vorstellung auf: Sobald das

Heil für Israel verwirklicht ist, werden die Heidenvölker in einer grandiosen Wallfahrt zum Zion ziehen, um den Gott Israels als ihren Gott zu verherrlichen (Jes 2; Mich 4; Jes 60). Interessant ist vielleicht noch, daß ein späterer Redaktor in den eben zitierten Text noch den Satz einfügt: „Gott beseitigt den Tod für immer" (Jes 25,8a). Gottesherrschaft und Auferstehung sind damit direkt verbunden (vgl. auch Ps 22,30).

Ein kurzes Wort ist noch zu *Trito-Sacharja* (Sach 12–14) zu sagen. Er stellt das Israel der Endzeit als reine Kultgemeinde dar, an der allerdings auch die Heidenvölker Anteil haben (14,20 f). Bemerkenswert ist vor allem aber, daß Trito-Sacharja die Einzigkeit Jahwes betont und den theologischen Grund für das eschatologische Königtum Gottes in nahezu klassischer Weise zusammenfaßt: „Dann (= an jenem Tage) wird der Herr König sein über die ganze Erde. An jenem Tag wird der Herr der einzige sein und sein Name der einzige" (14,9).

4. Die Apokalyptik

Wenden wir uns nun einigen *apokalyptischen Texten* zu. Die bisherige alttestamentlich-frühjüdische Tradition hatte das Heil im wesentlichen als Kontinuum der jetzt ablaufenden Geschichte verstanden. Eben diese Zuversicht geht der Apokalyptik verloren. Ihr Grundwissen besteht – nach der Definition von Karlheinz Müller (TRE III 212) – in der „Beziehungslosigkeit zwischen Geschichte und Erlösung". Der theologische Sinneswandel hat seine geschichtlichen Bedingungen. Zu Beginn des 2. Jahrhunderts vor Christus gerät Israel unter den Druck eines massiven Hellenisierungsprogramms. Es geht aus von den seleukidischen Herrschern, wird aber auch von einflußreichen Kreisen der jüdischen Oberschicht getragen. Es führt schließlich zu einer Umwandlung Jerusalems in eine hellenistisch-heidnische Polis. Vielen, vor allem vielen Frommen in Israel scheint das theologische Konzept einer kontinuierlichen Heilsgeschichte nicht mehr tragfähig zu sein. Und so setzt man alle Hoffnung darauf, daß in Kürze Gott selbst eingreifen müsse, um den Lauf der Unheilsgeschichte abzubrechen und auf einer völlig neuen Ebene eine neue und heilsame Geschichte in Gang zu setzen. Das klassische biblische Zeugnis für dieses Konzept liefert das *Daniel-Buch*. Nach *Dan 2* werden die bisherigen vier Weltreiche „ohne Zutun von Menschenhand"

(2,34.45), also von Gott selbst, vernichtet. An ihrer Stelle „wird der Gott des Himmels ein Reich errichten, das in Ewigkeit nicht untergeht" (2,44). Als exklusiv von Gott gewirkte Größe transzendiert dieses Reich die jetzt ablaufende Geschichte. Doch weder ist sein Platz im Jenseits, noch ist es geschichtslos. Denn wenn der Text fortfährt, daß „dieses Reich keinem anderen Volk überlassen wird" (2,44), dann ist doch gemeint, daß die Weltherrschaft Israel übertragen wird. Dieses Konzept, das mit einer totalen Änderung des status quo rechnet, ist natürlich von höchster politischer Brisanz. Um so bemerkenswerter ist es, daß die Träger dieses Konzeptes kaum politische Aktivitäten entfalten. Sie erwarten alles von Gott und üben sich im übrigen in der Gerichtsexhomologese, d. h. im Bekenntnis, daß Israel gesündigt hat und daß Gott im Recht ist, wenn er Israel straft. Zu diesem Befund paßt, daß dem erwarteten Reich jedwede realpolitische Kontur fehlt. Ein Messias, d. h. ein Herrscher aus dem Haus Davids, spielt keine Rolle. Statt dessen erscheint in *Dan 7* eine himmlische Gestalt „wie ein Menschensohn" (7,13). Ihm werden „Herrschaft, Würde und Königtum gegeben" (7,14). Wahrscheinlich ist diese menschenähnliche Gestalt mit Michael, dem Völkerengel Israels, gleichzusetzen. Wir würden dann wiederum dem bereits erwähnten Phänomen begegnen, daß nach apokalyptischer Sicht der Gang der irdischen Geschichte durch die Konstellation metahistorischer, himmlischer Mächte präfiguriert wird (vgl. auch 1 QM 1; 17,5–8).

In etwas anderer Weise ist dies auch in einem Text aus dem *Testament des Dan* (TestDan 5,10–13) der Fall, den wir allerdings nicht mehr genau datieren können. Dort wird die Gottesherrschaft ausdrücklich der Herrschaft Beliars bzw. Satans gegenübergestellt. Deutlicher könnte die apokalyptische Diskontinuität von gegenwärtiger Geschichte und kommendem Heil nicht ausgedrückt werden. Eine ähnliche Aussage findet sich in der *Himmelfahrt des Mose,* aus der ich etwas ausführlicher zitieren möchte: „Und dann wird seine (= Gottes) Herrschaft über seine ganze Schöpfung erscheinen, und dann wird der Teufel nicht mehr sein . . . Denn (es wird aufstehen) der Himmlische vom Sitz seiner Herrschaft und heraustreten aus seiner heiligen Wohnung mit Empörung und Zorn wegen seiner Kinder. Und die Erde wird erbeben . . . Die Sonne wird kein Licht mehr geben und sich in Finsternis (verwandeln) . . . und der Kreis der Sterne wird verwirrt . . . Denn der höchste Gott . . . wird offen hervortreten, um die Heiden zu strafen, und alle ihre Götzenbilder wird er vernichten. Dann wirst du glücklich sein, Israel, und du wirst auf die Nacken und Flügel des Adlers hinaufsteigen, und so werden sie ihr Ende haben. Und Gott wird dich erhöhen, und er wird dir festen Sitz am Sternenhimmel verschaffen, am Ort ihrer Wohnung. Und du wirst von oben herabblicken und deine Feinde auf Erden sehen und sie erkennen und dich freuen, und du wirst Dank sagen und dich zu deinem Schöpfer bekennen" (AssMos 10,1–10). Der Text ist ziemlich genau datierbar. Er fällt in etwa in die Zeit Jesu und stellt eine Art Reaktion auf die Ereignisse des Jahres 6 n. Chr. dar. In diesem Jahr wurde Judäa unmittelbar dem römischen Kaiser bzw. einem von ihm beauftragten Präfekten unterstellt. Diese unmittelbare Konfrontation mit dem heidnischen Regime wirkte auf viele Juden wie ein Schock. Die Situation der seleukidischen Religionsverfolgung schien sich zu wiederholen. Und wieder erwachte die Erwartung, daß Gott eingreifen und die Not wenden wird. Sprachlich arbeitet der Text mit einer Fülle von traditionellen Anleihen und entwickelt so ein großartiges, bis in kosmische Dimensionen reichendes Szenario. Dies darf jedoch nicht darüber hinwegtäuschen, daß das eigentliche Anliegen des Textes die Befreiung Israels ist. Überhaupt liegt für die Apokalyptik das eschatologische Heil nicht im Jenseits. Es betrifft diese Erde, die freilich eschatologisch neugestaltet werden muß. Der deutlich antirömische Charakter verleiht unserem Text auch politische Relevanz. Dennoch entfalten seine Tradenten – ähnlich wie die hinter dem Daniel-Buch stehende Gruppe – keine politische Aktivität, sondern erwarten das Heil allein von Gott.

5. Die Zeloten

Darin unterscheiden sie sich diametral von einer anderen Gruppe, die sich ebenfalls in Reaktion auf das Jahr 6 n. Chr. formierte. Ich meine die *Zeloten*. Ihr Denken ist von einer radikalen Auslegung des ersten Gebotes beherrscht: Weil Jahwe der *einzige* Herr ist, darf es außer ihm keinen anderen Herrscher über Israel geben. Die heidnische Römerherrschaft muß deshalb beseitigt werden, notfalls mit Waffengewalt. Es ist jedoch falsch, den Zeloten zu unterstellen, sie wollten durch *menschliche* Aktivität das Reich Gottes herbeizwingen. Die Zeloten wollten nicht Gott in Zugzwang bringen, sondern es war – nach ihrem Verständnis – Gottes Gebot, das *sie* nötigte, das Herr-

scherrecht Gottes zu verteidigen. Der ungestüme Eifer und die Naherwartung der Zeloten mögen apokalyptisch beeinflußt sein. Dennoch sind sie keine Apokalyptiker, die in der Stunde der Not alles
auf Gottes Aktivität setzten. Hier zeigt sich deutlich, daß die Zeloten
theologisch unter dem Einfluß der Pharisäer stehen, die – realpoli-
tisch viel nüchterner – mit der Gottesherrschaft die Erwartung eines
messianischen Königs verbinden (vgl. PsSal 17). Wahrscheinlich
haben denn auch die zelotischen Führer messianische Würde beansprucht. Damit ist die Spannweite der Reich-Gottes-Erwartung zur
Zeit Jesu in etwa abgesteckt. Sie reicht von der – politisch gesprochen – utopischen Hoffnung apokalyptischer Kreise bis zum realpolitischen Programm der Zeloten. In dieses Spannungsfeld hinein
ertönt die Botschaft Jesu.

6. Die Theokratie

Bevor wir aber Jesus selbst ins Auge fassen, ist wenigstens andeutungsweise auf einen Faktor zu verweisen, den wir bisher gänzlich
vernachlässigt haben. Wir haben im Gefälle prophetisch-apokalyptischer Tradition die Königsherrschaft Gottes als künftige bzw. eschatologische Größe beschrieben. Dies ist im Blick auf Jesus auch
berechtigt. Man darf aber nicht vergessen, daß es im Frühjudentum
auch Kreise gab, die eine eschatologische Erwartung ablehnten und
allein das ewige Königsein Gottes betonten. Soziologisch handelt es
sich im wesentlichen um Angehörige der Oberschicht: neben wirt-
schaftlich und politisch einflußreichen Leuten vor allem um die Jerusalemer Priesteraristokratie, die den Tempel kontrollierte. Die Tradenten der eschatologischen Hoffnung wird man dagegen eher in den
unteren Volksschichten zu suchen haben: unter der Landbevölke-
rung und im Landlevitentum, in jedem Fall aber bei den Leuten, für
die eine Änderung des status quo erstrebenswert erschien. In der
Forschung wird der angedeutete Gegensatz meist unter den Stich-
wörtern „Eschatologie" und „Theokratie" verhandelt. Dabei ist
klar, daß es sich um eine idealtypische Beschreibung handelt. In
Wirklichkeit waren die Übergänge natürlich fließend.

Ich muß darauf verzichten, die Entwicklung der nachexilischen
Theokratie hier näher nachzuzeichnen. Maßgeblich für ihre Entstehung war unter anderem die maßvolle Politik der Perser, die gegen

eine *religiöse* Autonomie ihrer Untertanen nichts einzuwenden hatten, solange diese ihre *politische* Oberhoheit anerkannten. So entstand in Judäa das Gebilde des Tempelstaates, dessen inneres Ordnungsgefüge vom Kult und vom Gesetz (Tora) bestimmt wurde. Nach priesterlich-theokratischer Definition war Israel die heilige Kultgemeinde, die sich um den Tempel scharte. Die alte Vorstellung vom Zion, wo Jahwe als König Israels und der Welt herrschte, wurde wieder lebendig (vgl. Ps 93; 96–99). Allerdings vermied es die Theokratie bewußt, daraus politische Konsequenzen zu ziehen. Der König Jahwe bediente sich gleichsam der Perser als Schutzmacht, um seinem Volk vom Tempel aus Heil zuzuwenden. Im Prinzip ist es für das theokratische Konzept gleichgültig, wer die politische Herrschaft ausübt, solange die konkreten Herrscher den Kult respektieren. So verwundert es nicht, daß die Theokratie sich nach den Persern auch mit den Griechen, den Hasmonäern und schließlich den Römern arrangieren konnte. Zur Zeit Jesu wird die theokratische Richtung von der Gruppe der *Sadduzäer* repräsentiert, unter der man sich im wesentlichen die Priesteraristokratie vorzustellen hat. Sie halten sich streng an den Wortlaut der Tora, die ja überwiegend Kultgesetz ist. Nach ihrer Auffassung ist der Tempel, wo Jahwe präsent ist, der Garant der göttlichen Königsherrschaft. Im Kult gewährt Gott Sühne für die Sünden, so daß Israel sich im Tempel jeweils neu als heilige Gemeinde konstituiert (vgl. Jom 6,2c; 4,1c). Ein eschatologisches Heil liegt außerhalb des sadduzäischen Horizontes. Sie waren im Gegenteil sehr skeptisch gegen entsprechende Strömungen und Stimmungen im Volk. Vor allem aber reagierten sie äußerst sensibel, wenn jemand im Namen einer eschatologischen Gottesherrschaft sich gegen den Tempel wandte. Diese Empfindsamkeit bekam auch Jesus zu spüren.

II.

DER GEHALT DER BOTSCHAFT JESU

Nach dem Zeugnis der Evangelien steht im Zentrum der Verkündigung Jesu der Ruf: „Die Gottesherrschaft ist nahegekommen" (Mk 1,15; Lk 10,9 par). Schon die Formulierung zeigt, daß Jesus grundsätzlich auf der Linie der *eschatologischen Tradition* steht, die wir von Deutero-Jesaja bis zur Apokalyptik verfolgt haben.

1. Die Übereinstimmung mit der Tradition

1. 1 *Der apokalyptisch-theologische Charakter der Botschaft Jesu*

Die Gottesherrschaft ist für Jesus demnach zunächst eine *künftige* Größe. Im Vaterunser weist er seine Jünger an zu beten: „Dein Reich komme" (Lk 11,2 par). Davor erscheint die Bitte: „Dein Name werde geheiligt". Das erinnert an Deutero-Jesaja und Trito-Sacharja, wo die eschatologische Gottesherrschaft eng mit dem Glauben an die Einzigkeit Jahwes verbunden war. Auch Jesus geht es um ein streng *theo*-logisches Anliegen: um die endgültige Durchsetzung des Gott-Seins Gottes und um die Verwirklichung seines königlichen Herrscherrechtes in der Welt.

Unbeschadet einer später noch einzubringenden Präzisierung wird man die *Nähe des Reiches Gottes* zunächst im *zeitlichen* Sinn zu verstehen haben (vgl. die sog. Terminworte: Mt 10,23; Mk 9,1; 13,30). Jesus lebt also in *apokalyptischer Naherwartung.* Auch sonst bewegt sich seine Botschaft deutlich im Rahmen apokalyptischer Vorgaben. Dazu gehört vor allem die Überzeugung, daß es *Gott selbst* ist, der seine Herrschaft heraufführen wird: *„Von selbst* bringt die Erde Frucht . . ."* (Mk 4,26–28; vgl. Lk 17,20b). Das erinnert an das danielische „Reich", das „ohne Zutun von Menschenhand" kommen wird (Dan 2,34.45). Wie die Tradenten des Daniel-Buches verbindet auch Jesus mit der Nähe der Gottesherrschaft keine politischen oder militärischen Aktionsprogramme. Alle zelotischen Ambitionen fehlen bei ihm.

Apokalyptischer Denkweise entspricht es auch, daß Jesus die Gottesherrschaft als *Gegensatz zur Herrschaft Satans* begreift: „Ich sah den Satan wie einen Blitz vom Himmel fallen" (Lk 10,18). Das Wort setzt wahrscheinlich die Vorstellung von einem himmlischen Entscheidungskampf voraus. Als der ungenannte Kontrahent Satans ist dann wohl Michael, der Völkerengel Israels, zu vermuten (vgl. Offb 12,7–9), der – apokalyptisch verschlüsselt – auch „wie ein Menschensohn" in Erscheinung treten kann (vgl. Dan 7,13; 10,13.21; 12,1). Von da aus wird verständlich, daß die *Gestalt des Menschensohnes* in der Jesusüberlieferung einen so großen Stellenwert erhält.

Dagegen ist die *Gestalt des Messias* in einem derartigen Konzept – religionsgeschichtlich gesehen – eher ein Fremdkörper. Es ist daher unwahrscheinlich, daß Jesus als Messias aufgetreten ist. Das gilt zumindest dann, wenn man im landläufigen Sinn den „Messias ben

David" im Blick hat, der die davidische Dynastie wiederherstellen soll. Schon eher ist denkbar, daß Jesus im Anschluß an Deutero- und Trito-Jesaja sich als der Freudenbote gewußt hat, der mit Geist gesalbt ist (Jes 52,7; 61,1; vgl. den „Messias des Geistes" in 11 Q Melch 2,18).

1. 2   *Die Gottesherrschaft als Heil für Israel*

Ganz im Zuge der alttestamentlichen und frühjüdischen Tradition liegt es, wenn Jesus die Gottesherrschaft primär als *Heil für Israel* verkündet. Zwar hat Jesus keine Berührungsängste gegenüber den Heiden. Seine Sendung aber gilt Israel. Der heidnischen Frau aus der Gegend von Tyros entgegnet er schroff: „. . . es ist nicht recht, das Brot den Kindern wegzunehmen und den Hunden vorzuwerfen" (Mk 7,27). Als er die Jünger aussendet, weist er sie an, nicht zu den Heiden, sondern „zu den verlorenen Schafen des Hauses Israel" zu gehen (Mt 10,5 f). Sie will er sammeln. Er beruft den Zwölferkreis (vgl. Mk 3,13–19): eine prophetische Zeichenhandlung, in der er die endzeitliche Wiederherstellung des Zwölfstämmevolkes vorwegnimmt. Die Konzentration auf Israel bedeutet freilich nicht, daß die Heiden vom Heil ausgeschlossen sind. Schon die Tradition rechnete mit einer endzeitlichen Wallfahrt der Völker zum Zion (vgl. Jes 2,2–5; Mi 4,1–4). Aber diese Völkerwallfahrt setzt eben voraus, daß Israel *zuerst* das Heil schaut.

1. 3   *Die Konkretheit des Heils*

Die Gottesherrschaft ist allein von Gott zu verwirklichen. Insofern ist sie eine transzendente Größe. Dennoch besteht kein Anlaß, sie im Jenseits anzusiedeln. In Übereinstimmung mit der Tradition wird Jesus die Gottesherrschaft auf Erden erwartet haben. In jedem Fall ist das Heil konkret: Es beseitigt die Armut, es bringt die Weinenden zum Lachen und sättigt die Hungernden (vgl. Lk 6,20 f par). Als seine adäquate Metapher erscheint das große Festmahl (vgl. Lk 14,15–24 par).

Zur Konkretheit des erwarteten Heils gehört ganz sicher auch die *Befreiung Israels aus der Knechtschaft der Römer*. Es ist nahezu der cantus firmus der eschatologischen Tradition, daß Königsherrschaft Gottes und Unfreiheit Israels nicht vereinbar sind. Solange Israel von Heiden beherrscht wird, ist die Einzigkeit Jahwes nicht evident. Es verwundert daher nicht, daß die römische Besatzung von vielen

Zeitgenossen Jesu als schmerzende Wunde empfunden und von den Zeloten sogar mit Waffengewalt bekämpft wurde. In diesem Kontext wird auch die Botschaft Jesu bei vielen auch politische Hoffnungen geweckt haben.

Nach allem, was wir wissen, hat aber Jesus selbst diesen Aspekt seiner Verkündigung nie ausdrücklich thematisiert. Der Grund dafür läßt sich nur vermuten. Wahrscheinlich hat Jesus in der äußeren Not Israels nur die Außenseite eines viel tieferen Unheils gesehen. Das entspricht ganz apokalyptisch-deuteronomistischer Tradition, die das aktuelle Unheil als Folge der Sünden Israels und als Ausdruck des Gerichtes Gottes versteht (vgl. das Gebet des Daniel: Dan 9, 4–19; sowie: Bar 1,15–3,8).

2. Die Besonderheit der Botschaft Jesu

2. 1 Die Übereinstimmung mit Johannes dem Täufer

Tatsache ist, daß Jesus wenigstens anfänglich im Bannkreis der Gerichtspredigt Johannes des Täufers gestanden hat. Johannes herrscht seine Zuhörer an: „Schlangenbrut, wer hat euch gelehrt, ihr könntet dem kommenden Zorn entgehen?" (Mt 3,7b par) Israel ist offensichtlich so tief in Sünden verstrickt, daß Johannes ihm das Anrecht streitig macht, sich noch auf frühere Heilszusagen Gottes berufen zu können: „Meint nicht, bei euch sagen zu können: Wir haben ja Abraham zum Vater!" (Mt 3,9a par) Gott wird nicht wortbrüchig, wenn er das vorfindliche Israel verurteilt, denn – so meint Johannes: „Gott kann aus diesen Steinen da dem Abraham Kinder erwecken!" (Mt 3,9b par) Was Israel in dieser bedrohlichen Situation allein noch helfen kann, ist eine „würdige Frucht der Umkehr" (Mt 3,8 par). Gemeint damit ist wahrscheinlich der Empfang der Taufe, die Johannes im Jordan spendet. Sie allein vermag vor der kommenden Feuertaufe der endgültigen Vernichtung zu bewahren (vgl. Mt 3,11 par; Mk 1,4). Insofern ist die Gerichtspredigt des Täufers nicht ohne Heilsperspektive. Aber es ist bezeichnend, daß Johannes diese Perspektive nicht in eine positive Heilszusage überführt.

Wir werden bald sehen, daß Jesus unter dieser Rücksicht sich ganz erheblich von Johannes unterscheidet. Dennoch bleibt festzuhalten, daß Jesus im Urteil über Israel mit Johannes übereinstimmt. Eines Tages wird Jesus mit zwei tragischen Ereignissen konfrontiert: Pilatus hatte einige Galiläer ermorden lassen, die eben im Tempel ihr

Opfer darbringen wollten. Außerdem hatte ein umstürzender Turm am Schiloachteich 18 Menschen erschlagen. Die beiden Unglücksfälle haben offensichtlich die Gemüter erregt und zur Frage geführt, ob die so Umgekommenen größere Sünder gewesen sind als die übrigen Bewohner Jerusalems oder Galiläas. Jesus läßt sich auf diese Frage gar nicht ein. Er kehrt vielmehr das Schicksal der Umgekommenen in eine Anklage um: „Wenn ihr nicht umkehrt, werdet ihr *alle* umkommen" (Lk 13,3.5). Wie Johannes ist also auch Jesus davon überzeugt, daß ganz Israel in Sünden verstrickt ist und das Gericht zu erwarten hat, wenn es nicht umkehrt.

2. 2 *Die eschatologische Erwählung Israels*

Allerdings definiert Jesus die Umkehr ganz anders als Johannes. Das sieht man schon daran, daß er weder dessen Taufpraxis fortsetzt noch als Gerichtsprediger auftritt. Jesus wagt es vielmehr, dem als Sünder diagnostizierten Israel das Heil zu verheißen. Israel ist angesprochen, wenn Jesus ausruft: „Selig die Armen, denn ihnen gehört die Gottesherrschaft. Selig die Hungernden, denn sie werden gesättigt werden. Selig die Weinenden, denn sie werden lachen" (Lk 6,20b.21 par). Die Aussage ist aufregend. Denn Jesus stellt keine Forderungen, die Israel zuerst erfüllen muß, um aus seiner Gerichtssituation herauszukommen. Jesus proklamiert vielmehr, daß dem armen und in Sünden verstrickten Israel das eschatologische Heil der Gottesherrschaft bevorsteht. Von Israel wird dabei nur verlangt, daß es seine Armut und seine Schuld demütig in der Haltung der „Armen im Geiste" anerkennt (Mt 5,3; zur Armenfrömmigkeit: Jes 49,13; 61,1; 66,2; 1 QH 14,3; 1 QM 14,9). Insofern und in diesem Sinn kann auch Jesus von Umkehr sprechen. Das Entscheidende aber tut Gott, der noch vor aller menschlichen Reaktion und trotz allen Ungehorsams entschlossen ist, Israel das Heil zu schenken.

Die Verheißung, die Jesus in den Seligpreisungen ausspricht, ist alles andere als eine bloße Vertröstung auf eine unabsehbare Zukunft. Die Verheißung wirkt offensichtlich schon in der Gegenwart. Jedenfalls preist Jesus Israel *jetzt* schon selig. Das ist nur sinnvoll, wenn die Situation Israels sich grundlegend geändert hat und aus den Sündern, die das Gericht verdient haben, erneut Erwählte geworden sind, die das Heil erwarten dürfen. Dies ist geradezu der Sinn der Seligpreisungen Jesu: die erneute und eschatologische Erwählung Israels zu proklamieren. Selbst die Sünde Israels kann also die Treue Gottes nicht irritieren. Gott nimmt vielmehr die Armut und die Gerichtssituation Israels zum Anlaß, um es in einem Akt der Neuschöpfung endgültig zu seinem Volk zu machen, dem das Heil der Gottesherrschaft gewiß ist.

Unter dieser Rücksicht erschließt sich nun auch der volle Sinn jener Aussage, die als Zusammenfassung der Botschaft Jesu betrachtet werden darf: „Nahegekommen ist die Gottesherrschaft" (Mk 1,15). Es wird deutlich, daß eine *zeitliche* Qualifizierung der Nähe nicht ausreicht. Denn unter der Prämisse, daß Israel vom Gericht bedroht ist, kann es primär gar nicht darum gehen, daß ein zeitlich fernes Heil nähergekommen ist, sondern darum, daß die sachliche Heilsferne Israels aufgehoben ist. Wie die Seligpreisungen ist auch der Ruf „Nahegekommen ist die Gottesherrschaft" eine Proklamation. Er verkündet, daß von Gott her der Umschwung erfolgt ist, daß Gott sich entschlossen hat, Israel das eschatologische Heil zu schenken. Dieses Verständnis schließt keineswegs aus, daß Jesus aus der sachlichen Nähe des Heils auch auf seine baldige Verwirklichung geschlossen hat. Doch ist nicht die Kürze oder Länge der Zeit das Entscheidende, sondern der Umstand, daß *jetzt* Israel das eschatologische Heil zugesagt wird.

2.3 *Die Vergebung der Sünden*

Die Kehrseite und zugleich die objektive Grundlage dieser Heilszusage ist in einem Jesuswort festgehalten, das uns bereits kurz beschäftigt hat: „Ich sah den Satan wie einen Blitz vom Himmel fallen" (Lk 10,18). Der eschatologische Entscheidungskampf im Himmel ist entschieden. Satan ist aus dem Himmel gestürzt. Er hat seine Funktion als Ankläger Israels verloren. Gott hat die Sünden seines Volkes getilgt. Es ist daher nur konsequent, daß Jesus die Mahlgemeinschaft mit Zöllnern und Sündern sucht. Er praktiziert den Schuldenerlaß Gottes und interpretiert sein Tun in ergreifenden Gleichnissen. Jetzt, wo er mit Zöllnern zu Tisch sitzt, ereignet sich die Erwählung der Sünder. Und darüber – so bedeutet er seinen Kritikern – sollte man sich freuen, wie man sich freut über das Wiederfinden des verirrten Schafes und der verlorenen Drachme und über die Rückkehr des verlorenen Sohnes (Lk 15). Was Jesus in seinen Mahlgemeinschaften mit Zöllnern praktiziert, ist weit mehr als bloße Randgruppenpastoral. Die Mahlgemeinschaften mit Sündern sind symbolische Handlungen, in denen Jesus verdeutlicht, was jetzt mit Israel insgesamt geschieht. Für Israel bedeutet dies ein neues Gottesverhältnis. Das heißt nicht, daß Gott ein anderer geworden ist! Die Änderung betrifft Israel, das Gott mit neuen Augen sehen lernt. So wie der verlorene Sohn, den der Vater in die Arme schließt, überhaupt erst begreift, was es heißt, Sohn zu sein und einen solchen Vater zu haben. Das neue Gottesverhältnis führt zu einer neuen Gottesanrede: „Abba". So wie die Kinder im Kreis der Familie ihren Vater ansprechen, so soll Israel jetzt zu Gott sprechen: „Abba, mach, daß dein Name geheiligt wird, und laß deine Königsherrschaft kommen!"

2.4 Die Gegenwart und der Geschehenscharakter der Gottesherrschaft

Die kommende Gottesherrschaft berührt also schon die Gegenwart. Ihr Heil ist jetzt schon wirksam: in der Vergebung der Sünden und in der eschatologischen Erwählung Israels.

Von da ist es nur ein kleiner Schritt zu den direkten *Gegenwartsaussagen,* die für Jesus besonders charakteristisch sind. Ich kann hier nicht alle Worte besprechen, sondern nur einige Hinweise geben. Jesus ist davon überzeugt, daß in seinem Auftreten und Wirken in Erfüllung geht, was die Väter erwartet (Lk 10,23 f par) und die Propheten verheißen haben: „Blinde sehen, und Lahme gehen; Aussätzige werden rein und Taube hören; Tote werden auferweckt, und Armen wird die Frohbotschaft verkündet. Und selig ist, wer an mir keinen Anstoß nimmt" (Mt 11,5 f par). Die deutlichste Sprache aber spricht das folgende Logion: „Wenn ich mit dem Finger Gottes die Dämonen austreibe, dann ist die Gottesherrschaft schon zu euch gelangt" (Lk 11,20 par). Dieses in seiner Echtheit kaum bestrittene Wort ist in mehrfacher Hinsicht interessant. Es setzt voraus, daß Jesus Dämonen ausgetrieben hat (vgl. Mk 3,22; Lk 11,15–19 par). Dabei wird man weniger an *Teufels*austreibungen im strikten Sinn zu denken haben. Dämonen waren nach jüdischem Verständnis Schadensgeister, die u. a. Krankheiten hervorriefen. Dämonenbannungen und Krankenheilungen gehören daher engstens zusammen. Religionsgeschichtlich singulär ist, daß Jesus sein Wunderwirken *eschatologisch* qualifiziert. Er versteht seine Wunder nicht nur als Vorzeichen und Hinweise auf das kommende Heil. Er beansprucht vielmehr, daß eben dieses in seinen Wundern bereits präsent ist. Dabei wird deutlich, wie konkret sich Jesus das Heil der Gottesherrschaft vorstellt. Es hat keineswegs nur eine spirituelle Dimension, sondern zielt auf die Beseitigung irdischer Not und die Heilung des Menschen als leibliches Wesen. Zur verbalen Verkündigung der Gottesherrschaft gehört daher ganz wesentlich die heilsame und heilende Tat. Im Aussendungsbefehl ist beides verbunden und den Jüngern aufgetragen: „Heilt die Kranken und sagt: Nahegekommen ist die Gottesherrschaft" (Lk 10,9 par).

Damit wird das Heil der Gottesherrschaft nicht etwa vom Tun der Jünger abhängig gemacht. Es ist nicht so, daß die Jünger nun die Macht hätten, das Reich Gottes zu bauen, wie man gelegentlich in gutgemeinter, aber nichtsdestoweniger falscher Rede hören kann. Das Reich Gottes bleibt allein Gottes Tat. Aber Jesus gibt seinen Jüngern die Vollmacht, ihr heilsames Tun, das sie auf sein Geheiß hin vollbringen, als Ausdruck göttlichen Heil-Schaffens zu begreifen. Dabei ist es selbstverständlich, daß das, was die Jünger tun – und das gilt letztlich auch von dem, was Jesus selbst getan hat –, immer nur eine punktuelle Verwirklichung von dem Heil ist, das die Königsherrschaft Gottes in ihrer ganzen Fülle einmal verwirklichen wird. Aber das punktuelle Heil, das sich in der Gegenwart ereignet, eröffnet die Perspektive auf das Heil, das Gott einmal schaffen wird. Und nur in dieser Perspektive verdient das, was sonst unzulängliches Bruchstück wäre, den Namen Heil.

Nach der Verkündigung Jesu ist die Gottesherrschaft offensichtlich eine dynamische Größe, ein Geschehen, das sich jetzt schon ereignet und gerade so die Gewißheit ihrer endgültigen Verwirklichung aus sich entläßt. In vielerlei Gleichnissen versucht Jesus diesen Geschehenscharakter der Gottesherrschaft zu verdeutlichen. Entsprechend dem bäuerlichen Lebensraum Palästinas greift er bewußt auf natürliche Vorgänge zurück: auf den Sämann, auf die Saat, auf das Senfkorn (Mk 4,3–9.26–29.30–32 par). Das Senfkorn ist das kleinste unter den Samenkörnern. Wenn man es sieht, würde man nicht vermuten, daß etwas Großes daraus werden kann. Und doch weiß jeder aus Erfahrung, daß aus dem Senfkorn eine zwei bis drei Meter hohe Staude wird, unter der die Vögel des Himmels Schutz finden können. So ist es mit der Gottesherrschaft! Mit solchen und ähnlichen Bildern will Jesus Menschen dafür gewinnen, die Bescheidenheit und Geringfügigkeit gegenwärtigen Heils nicht als Indiz der Aussichtslosigkeit, sondern als Ausdruck eines göttlichen Geschehens anzusehen.

An diesem Punkt wird übrigens deutlich, wie sehr die Gottesherrschaft an das Wort und die Person Jesu gebunden ist. Denn nur durch das deutende Wort Jesu geraten die heilsamen Taten, die Jesus und seine Jünger vollbringen, in die Perspektive eines göttlichen Geschehens, das auf die Gottesherrschaft hinausläuft. Die Entscheidung, die die Botschaft Jesu verlangt, ist daher immer auch eine Entscheidung für oder gegen die *Person* Jesu.

3. Der Tod Jesu

3. 1   *Warum fand Jesus ein gewaltsames Ende?*

Indirekt sind wir damit bei einer Frage angelangt, bei der die Einheit von Verkündigung und Person Jesu noch einmal deutlich unterstrichen wird: Warum fand Jesus ein gewaltsames Ende? Historisch gesehen läßt sich diese Frage weder mit den Gesetzeskonflikten noch mit einem möglichen messianischen Anspruch Jesu hinreichend beantworten. Was Jesus religionsgesetzlich lehrte, unterschied sich gewiß in bezeichnender Weise von der Halacha anderer Gruppen, bewegte sich aber doch im Rahmen dessen, was im Frühjudentum prinzipiell möglich war. Das gilt auch für einen messianischen Anspruch, sofern ihn Jesus überhaupt erhoben hat. Der Konflikt mit der jüdischen Behörde scheint sich am Tempel entzündet zu haben. Die Evangelien berichten übereinstimmend, daß Jesus gegen die Geldwechsler und Taubenverkäufer im Tempelvorhof vorgegangen ist (Mk 11,15–19.27–33 par; Joh 2,13–22). Geldwechsel und Opfertierverkauf waren von höchster Stelle autorisiert und dienten der Aufrechterhaltung bzw. Reinheit des Kultes. Die Aktion Jesu hat also durchaus grundsätzliche Bedeutung (vgl. das sog. Tempellogion: Mk 14,58; 15,29 par; Joh 2,19; Apg 6,14).

In prophetischer Zeichenhandlung will Jesus darauf aufmerksam machen, daß der Tempel und die darauf gründende Heilserwartung Israel nichts nützen werden, wenn es dem eschatologischen Anruf Gottes jetzt nicht Gehorsam leistet. Der Konflikt mit der Priesteraristokratie der Sadduzäer war damit fast unausweichlich. Denn für die Sadduzäer war gerade der Tempel Garant für die heilsame Gegenwart Gottes. Vom Zion aus übte Gott seine königliche Herrschaft über Israel und die Völker aus. Im Kult gewährte Gott Sühne für die Sünden. Als Kultgemeinde konstituierte sich Israel immer wieder neu als heiliges Volk Gottes. Unter dieser Rücksicht mußte den Sadduzäern ein zukünftiges, die Gegenwart in Frage stellendes Heil, wie es Jesus verkündete, höchst suspekt, ja gefährlich erscheinen. Theokratisches und eschatologisches Verständnis der Gottesherrschaft prallten aufeinander. Der Konflikt endete bekanntermaßen mit der Hinrichtung Jesu.

Sie konnte nur von den Römern vollstreckt werden. Der römische Präfekt war an religiösen Streitigkeiten der Juden natürlich nicht interessiert. Da die Aktion Jesu im Tempel aber auch als Störung der tempelstaatlichen Ordnung ausgelegt werden konnte, war es ein leichtes, Jesus mit einer politischen Anklage an Pilatus zu überstellen und ihn als einen jener Messiasprätendenten auszugeben, wie sie damals häufiger auftraten. Die Römer machten in solchen Fällen kurzen Prozeß. So geschah es auch bei Jesus. Er wurde als „König der Juden" (Mk 15,26) ans Kreuz geschlagen.

3. 2   Hat Jesus seinen Tod gedeutet?

Nach Darstellung der synoptischen Evangelien (Mk 14,22–25) und des Paulus (1 Kor 11,23–26) hat Jesus am Abend vor seinem Leiden mit seinen Jüngern ein letztes Mahl gehalten. Die Möglichkeit eines gewaltsamen Todes stand ihm bereits vor Augen. Auch im Angesicht seines Todes hält Jesus an der Gültigkeit seiner Botschaft fest. Er verweist auf die kommende Mahlgemeinschaft im Reich Gottes: „Amen, ich sage euch: Ich werde vom Gewächs des Weinstocks nicht mehr trinken, bis ich von neuem davon trinken werde im Reich Gottes" (Mk 14,25).

Ob Jesus darüber hinaus seinem Tod direkt eine positive Deutung gegeben hat, ist in der Forschung bis heute umstritten. Meines Erachtens muß wenigstens mit der Möglichkeit gerechnet werden, daß Jesus seinen Tod – in Analogie zum Sterben des Gottesknechtes von Jes 53 – als Sühne „für viele" verstanden hat (vgl. Mk 14,24). „Für viele" ist dann wahrscheinlich zunächst auf Israel zu beziehen. Dem Heil der Gottesherrschaft, das Jesus als unbedingtes Heil verkündet hat, würde dadurch keine weitere Heilsbedingung hinzugefügt, wie gelegentlich behauptet wird. Vielmehr erweist Gott gerade in der Ablehnung seines Boten die eschatologische Gültigkeit und die Wirksamkeit seines Heilshandelns, indem er durch den Tod Jesu Sühne gewährt für das sich verweigernde Israel. Damit schließt sich der Kreis: Gott, der sich durch die Sünde Israels nicht in seiner Treue beirren ließ, bleibt auch jetzt ein und derselbe, nämlich der, der seine Herrschaft durchsetzen wird – zum Heil Israels.

Ob diese Botschaft auch heute noch aktuell ist und was sie für die Kirche und ihr Verhältnis zur Welt besagt, das soll abschließend behandelt werden.

III.
KONSEQUENZEN FÜR DIE CHRISTEN UND DIE KIRCHE

Nachdem die Voraussetzungen und der Gehalt der Reich-Gottes-Verkündigung Jesu bedacht wurden, gilt es nun, nach deren aktueller Bedeutung zu fragen. Dies kann sinnvollerweise allerdings nur geschehen, wenn man sich der damit verbundenen hermeneutischen Problematik bewußt ist.

1. Hermeneutische Vorüberlegungen

Zwei Fragen sind vor allem zu bedenken: 1. Die Botschaft Jesu richtete sich dezidiert an Israel. Mit welchem Recht kann dann eine Kirche aus den Heidenvölkern das Reich Gottes für sich in Anspruch nehmen? – 2. Jesus hat das Reich Gottes für die unmittelbare Zukunft erwartet. Mittlerweile sind fast 2000 Jahre vergangen. Macht die uneingelöste Naherwartung nicht die ganze Botschaft Jesu unglaubwürdig?

Ich beginne mit der letzten Frage. Man könnte erwidern, daß die zeitliche Nähe für Jesus gar nicht das Entscheidende gewesen ist. Jesus hat die Gottesherrschaft vielmehr als Geschehen verstanden, bei dem die Zukunft schon in die Gegenwart hineinreicht. Doch auch dann bleibt die Frage, ob man an ein Geschehen, das nach fast 2000 Jahren immer noch nicht zum Ziel gekommen ist, wirklich noch glauben kann.

Die Frage wäre in der Tat zu verneinen, wenn es nicht Ostern gegeben hätte, das der Verkündigung Jesu eine neue Dimension verleiht. Die Auferweckung Jesu ist die Bedingung und zugleich das Interpretament einer Reich-Gottes-Verkündigung nach dem Tode Jesu. Dabei ist hier vor allem zu betonen, daß die Auferweckung nicht nur die Bestätigung, sondern in einem bestimmten Sinn auch die Erfüllung der Botschaft Jesu ist. Die Ostergeschichten der Evangelien sind letztlich Geschichten vom Ende der Welt, aus deren Grab

durch Gottes Macht neue Schöpfung ersteht. Das Geschehen der
Gottesherrschaft, das Jesus proklamiert hat, ist also nicht 2000 Jahre
ins Leere gelaufen. Es hat sich – an Jesus – als wirksam erwiesen.
Seine Wirksamkeit erfährt aber auch der Glaubende. Er hat das
Ende seiner Unheilsgeschichte schon durchschritten: Er ist in der
Taufe mit Christus begraben (Röm 6,4) und in Christus bereits neue
Schöpfung (2 Kor 5,17). Er weiß sich von der gleichen eschatologi-
schen Erwählung getroffen, wie sie Jesus für Israel verkündet hat.
Denn der Glaube hat ja nichts anderes zum Inhalt, als daß Gott die
Sünder rechtfertigt und aus den Gottlosen Gerechte macht (vgl.
Röm 4,5).
Nur in diesem Glauben, daß das Geschehen der Gottesherrschaft
auch heute noch wirksam ist, läßt sich die Bitte Jesu um das Kom-
men des Reiches Gottes wiederholen und mit Paulus darauf hoffen,
daß die gesamte Schöpfung, die jetzt noch in Geburtswehen liegt,
einmal von der Knechtschaft der Vergänglichkeit befreit sein wird
(Röm 8,19–22).
Mit Ostern hängt es auch zusammen, daß die *Kirche* sich auf die
Botschaft Jesu berufen darf. Der Glaube, daß im Auferstandenen
das Heil der Gottesherrschaft bereits vollendet ist, ließ es geboten
erscheinen, im missionarischen Vorstoß auf die Heidenwelt die endzeitliche Völkerwallfahrt einzuleiten und auch den Heiden die eschatologische Erwählung Gottes zu verkünden. Das eschatologische
Israel, das Jesus zu sammeln begonnen hatte, weitete sich zum
Gottesvolk aus Juden und Heiden.
An diesem Punkt wird übrigens deutlich, wie sehr Gottesherrschaft und Kirche aufeinander bezogen sind. Die Kirche erscheint als
das Geschöpf des eschatologischen Erwählungshandelns Gottes und
als der Ort, von dem aus Gott sein Herrscherrecht gegenüber der
Welt geltend macht. Dennoch dürfen Kirche und Reich Gottes nicht
identifiziert werden. Das hieße Ursache und Wirkung vertauschen.
Wenn in und durch die Kirche das Geschehen der Gottesherrschaft
präsent wird, dann nicht, weil das Tun der Kirche dies bewirkt, sondern weil die Kirche selbst ein Teil des eschatologischen Handelns
Gottes ist.
Damit können wir uns den Konsequenzen zuwenden, die sich aus
der Reich-Gottes-Verkündigung Jesu für diese Kirche ergeben. Es
versteht sich von selbst, daß die folgenden Ausführungen nur exemplarischen Charakter haben können. Ich will in zwei Schritten vorge-

hen und zunächst auf die Konsequenzen für das Selbstverständnis
und dann auf die Konsequenzen für das Weltverhältnis der Kirche
eingehen.

2. Konsequenzen für das Selbstverständnis der Kirche

2. 1   Die Rolle Israels im Selbstverständnis der Kirche

Es hat sicherlich auch mit der jüngeren Geschichte zu tun, wenn ich
in diesem Zusammenhang zuerst an Israel erinnere. Gottesherrschaft
und Israel stehen für Jesus und die gesamte biblische Tradition in
enger Wechselbeziehung. Von daher wird sich die Kirche immer die
Frage stellen müssen, welche Rolle Israel in ihrem eigenen Selbstverständnis spielt.

Als Geschöpf des eschatologischen Erwählungshandelns Gottes
umfaßt die Kirche Juden und Heiden. Dieses theologische Konzept,
das im Neuen Testament noch festgehalten ist (vgl. Eph 2,11–22;
3,6), wurde vom tatsächlichen Gang der Geschichte schon bald überholt. Die Mehrheit des jüdischen Volkes widersetzte sich dem Evangelium. Nach kurzer Zeit wurde die Kirche zu einem rein heidenchristlichen Gebilde, das sich seinerseits wieder von Israel absetzte.
Ist daraus zu folgern, daß Israel zu einem Volk unter den Völkern
geworden ist und theologisch vernachlässigt werden kann?

Diese Frage ist entschieden zu verneinen! Historisch wie theologisch ist Israel die Wurzel der Kirche. Heilsgeschichtlich ist daher die
Kirche unablösbar an Israel gebunden. Es wäre aber auch ein folgenschwerer Irrtum, wenn die Kirche aus dem faktischen Bruch mit
Israel die Verwerfung des jüdischen Volkes und seine heilsgeschichtliche Ablösung durch die Kirche ableiten wollte. Unbeschadet aller
menschlichen Freiheit, sich Gott zu verweigern, ist theologisch daran
festzuhalten, daß göttliches Handeln ein *wirksames* Handeln sein
muß. Wenn daher das göttliche Erwählungshandeln, das Jesus für
Israel verkündet hat, sich letztendlich gerade an Israel als unwirksam
erweisen sollte, wäre die Botschaft Jesu selbst ad absurdum geführt.
Was könnte im übrigen der Kirche die Gewißheit geben, daß das
Erwählungshandeln, das sich Israel gegenüber als wirkungslos erwiesen hat, ausgerechnet an ihr wirksam sein soll? Die Gottesherrschaft
als immer noch wirksames Geschehen und das Selbstverständnis der
Kirche als eschatologisches Gottesvolk lassen sich nur aufrechterhalten in der Vision des Paulus, daß am Ende *ganz Israel* gerettet wer-

den wird (Röm 11,25–27). Heilsgeschichtlich und eschatologisch
bleibt die Kirche auf Israel angewiesen. Israel erinnert die Kirche an
ihre Herkunft und an die beiden gemeinsame Zukunft. Nur in der
Hoffnung, daß die Botschaft Jesu auch für Israel wirksam bleibt,
kann die Kirche ihrerseits auf das Reich Gottes hoffen.

Wenn dies immer klar und deutlich im Bewußtsein der Kirche
gestanden hätte, wäre dem jüdischen Volk wahrscheinlich viel von
seinem unsäglichen Leid erspart geblieben. Um so dringlicher ist es,
daß die Kirche und die Christen sich heute erneut ihrer Angewiesen-
heit auf Israel bewußt werden.

2.2 *Selbstverständnis und Praxis der Kirche*

Wenden wir uns nun der Kirche selbst zu! Wir haben sie als
Geschöpf der Gottesherrschaft bezeichnet und als den Ort, an dem
Gottesherrschaft schon wirksam ist. In der Praxis der Kirche muß
daher Gottesherrschaft erfahrbar werden. Dies geschieht, wenn die
Kirche die ihr zugesagte und von ihr geglaubte Erwählung zum
Modell ihres eigenen Handelns macht. Gott erwählt Sünder. Die
Kirche lebt aus der Vergebung. Erbarmen muß die Praxis der Kirche
bestimmen. Wo Schuld vergeben und Menschen neues Leben ermög-
licht wird, da kommt Gottesherrschaft zum Zuge.

Ein Gleichnis mag das verdeutlichen: ,,Mit dem Himmelreich ist es
wie mit einem König, der beschloß, von seinen Dienern Rechen-
schaft zu fordern" (Mt 18,23). Und dann kommt einer, der ist 10.000
Talente (ca. 40 bis 80 Millionen Mark) schuldig: eine Riesensumme,
mehr als der Steuerertrag einer ganzen Provinz. Als der Diener um
Zahlungsaufschub bittet, geschieht das Unerwartete. Der Herr wird
von Erbarmen gerührt und erläßt ihm die ganze Schuld. Das Bild
fängt ein, was geschieht, wenn Gottesherrschaft Platz greift. Der
Fortgang der Geschichte zeigt allerdings, daß der Diener nicht bereit
ist, sich diesem Geschehen wirklich auszusetzen. Er weigert sich, aus
dem Erbarmen zu leben. Er geht hinaus und läßt einen Mitknecht ins
Gefängnis werfen, obwohl ihm dieser nur die vergleichsweise lächer-
liche Summe von 100 Denaren (ca. 80 Mark) schuldet. Weil der
Diener die Barmherzigkeit, die er erfahren hat, nicht praktiziert,
steht er am Ende wieder als Schuldner da – wie am Anfang vor dem
Erbarmen des Königs.

Das Gleichnis zeigt, daß das Geschehen der Gottesherrschaft nicht
automatisch die Kirche erfaßt. Die Kirche muß sich ständig neu dem

Erbarmen stellen, aus dem sie selbst lebt. Wenn sich die Kirche um die reine Lehre sorgt, so ist das gewiß richtig. Noch wichtiger für die Kirche aber wäre es, sich beständig Sorge um ihre Praxis zu machen. Ist die Kirche wirklich der Ort der Barmherzigkeit in dieser Welt? Hat sie alle Möglichkeiten des Erbarmens ausgelotet? Eine falsche Lehre stiftet Verwirrung. Verpaßte Barmherzigkeit setzt das Kirche-Sein der Kirche aufs Spiel.

Weil das Erbarmen die Praxis der Gottesherrschaft ist, nimmt es nicht wunder, daß die meisten Forderungen Jesu um Vergebung und Liebe kreisen. Als Petrus fragt, wie oft er seinem Bruder vergeben muß: „Etwa siebenmal?", verweist ihn Jesus darauf, daß dem Jünger die Freiheit grenzenlosen Vergebens geschenkt ist (Mt 18,21 f). Dem Schriftgelehrten, der ihm bestätigt, daß die Liebe zu Gott und zum Nächsten weit wichtiger ist als alle kultischen Vollzüge, antwortet Jesus: „Du bist nicht mehr fern vom Reich Gottes" (Mk 12,34). Auf Diskussionen, wer der „Nächste" ist, den man dem Gesetz zufolge lieben muß (Lev 19,18), läßt sich Jesus nicht ein (vgl. Lk 10,29.30 bis 37). Die Liebe kann selbst vor dem Feind nicht haltmachen. Denn es gilt: „Werdet barmherzig, wie euer Vater barmherzig ist" (Lk 6,36 par).

Zum Reich Gottes gehört immer ein Volk. Als Praxis der Gottesherrschaft muß Liebe daher ekklesiale, gesellschaftliche Dimensionen annehmen. In der Apostelgeschichte lesen wir von der Urgemeinde: „Alle, die gläubig geworden waren, bildeten eine Gemeinschaft und hatten alles gemeinsam. Sie verkauften Hab und Gut und gaben allen davon, jedem so viel, wie er nötig hatte" (Apg 2,44 f; vgl. 4,32–35). Das Bild, das uns Lukas hier zeichnet, ist gewiß idealtypisch. Dennoch darf das Bild keine Utopie sein. Als Volk Gottes darf sich die Kirche nicht auf die gottesdienstlichen Vollzüge reduzieren lassen. Kirche ist mehr als der religiöse Anbieter auf dem Freizeitmarkt. Kirche ist die neue Gesellschaft, die Gott im Blick auf sein kommendes Reich schafft. Weil die Kirche aus eigener Erfahrung weiß, daß es Gerechtigkeit nur im Rahmen einer umfassenden Barmherzigkeit gibt, kann sie bereits die Gerechtigkeit des Reiches Gottes verwirklichen: nicht eine Gerechtigkeit, bei der jeder auf sein Recht pocht, sondern eine Gerechtigkeit, bei der jeder auf das Wohl des anderen bedacht ist. In der Apostelgeschichte findet sich die lapidare Feststellung: „Es gab keinen unter ihnen, der Not litt" (Apg 4,34). Das muß die permanente Wirklichkeit der Kirche sein.

Natürlich gehört zur gesellschaftlichen Struktur der Kirche mehr als nur die gemeinsame Sorge um das materielle Auskommen aller ihrer Glieder. Als die neue Gesellschaft ist die Kirche der Raum, wo die Gerechtigkeit der Bergpredigt gelebt werden kann. In der Kirche werden Konflikte in Brüderlichkeit ausgetragen – ohne Verunglimpfung des jeweiligen Kontrahenten. Gewalt wird nicht als Mittel zur Durchsetzung von Interessen verwendet. Die Gottesherrschaft schließt jedwede repressive Herrschaft von Menschen über Menschen aus. Insofern ist die Kirche herrschaftsfrei: „Ihr wißt, daß die, die als Herrscher gelten, ihre Völker unterdrücken und die über sie Mächtigen ihnen Gewalt antun. Bei euch soll es nicht so sein, sondern wer bei euch groß sein will, der soll euer Diener sein, und wer bei euch der Erste sein will, soll der Sklave aller sein. Denn auch der Menschensohn ist nicht gekommen, um sich bedienen zu lassen, sondern um zu dienen und sein Leben hinzugeben als Lösegeld für viele" (Mk 10,42–45). Dies schließt nicht aus, daß es in der Kirche Autorität gibt. Aber sie bestimmt sich ausschließlich als „Dienst". Das Neue Testament verzichtet in diesem Zusammenhang konsequent auf den Begriff *arche,* der profangriechisch für „Amt" stehen könnte, aber eben auch „Herrschaft" bedeutet. Das Matthäusevangelium ist sogar der Überzeugung, daß es Rangordnungstitel wie „Meister", „Vater" oder „Lehrer" in einer Gemeinde von Brüdern und Schwestern nicht geben soll (Mt 23,8–12).

Wenn das, was ich hier kurz angedeutet habe, sich nur teilweise mit unserer Kirchenerfahrung deckt, dann zeigt das nur, wie sehr die Kirche sich auf eine isolierte Religiosität zurückdrängen ließ. Die gesellschaftliche Dimension der Kirche ist leider weithin in Vergessenheit geraten. Sie neu zu entdecken und zu realisieren ist die vordringliche Aufgabe einer Kirche, die sich als Volk Gottes versteht, das inmitten einer säkularen Welt Platzhalter und Sachwalter des Reiches Gottes ist.

3. Konsequenzen für das Weltverhältnis der Kirche

Damit kann ich überleiten zum nächsten Punkt: dem Verhältnis der Kirche zur Welt. Bei Jesus steht die Gottesherrschaft im Gegensatz zur Satansherrschaft. Es bleibt jedoch zu betonen, daß letztere nicht einfach mit der Welt verrechnet wird. Es ist erstaunlich, mit welcher

Offenheit Jesus der Welt begegnet. In scheinbar ganz selbstverständlichen Phänomenen der Natur erkennt er das gnädige Walten Gottes. Es ist das Werk des himmlischen Vaters, wenn Sonnenschein und Regen den Guten und Bösen gleichermaßen zuteil werden (Mt 5,45). Jesus verweist auf die Vögel des Himmels und auf die Lilien des Feldes, die er von der Sorge Gottes umgeben weiß (Mt 6,26.28 par). Die Welt ist also das Herrschaftsgebiet Gottes. Allerdings weiß Jesus sehr wohl, daß auch Satan die Welt für sich beansprucht: „Mit dem Himmelreich ist es wie mit einem Mann, der guten Samen auf seinen Acker säte. Als aber die Leute schliefen, kam sein Feind und säte Unkraut unter den Weizen" (Mt 13,24 f). Entscheidend für Jesus ist, daß der Satan auf verlorenem Posten steht bzw. bereits gestürzt ist (vgl. Lk 10,18). Eben deshalb verkündet er, daß die Gottesherrschaft nahe ist (Mk 1,15), und interpretiert sein heilsames Tun als Ausdruck ihrer schon gegenwärtigen Wirksamkeit.

3. 1 *Das Zeugnis der Kirche*

Hier setzt auch die Aufgabe der Kirche ein. Sie hat zu bezeugen, daß die Welt Gott gehört und von ihm – auch eschatologisch – beansprucht wird. Die Kehrseite ist eine kritische Haltung gegenüber allen säkularen Herrschaftsansprüchen. Damit ist eine höchst aktuelle Aufgabe der Kirche umschrieben. Hat doch die moderne Industriegesellschaft den biblischen Auftrag an den Menschen, sich die Erde untertan zu machen (Gen 1,28), allzu oft pervertiert und daraus die Ermächtigung abgelesen, in absolutistischer Willkür mit der Schöpfung umgehen zu dürfen. In dieser Situation ist es tröstlich, daß die Kirche dann auch bezeugen darf, daß Gott sein Herrscherrecht sich nicht aus der Hand nehmen läßt. Selbst eine vom Menschen herbeigeführte Weltkatastrophe kann Gott nicht daran hindern, sein Königtum durchzusetzen und seine Welt zu verwirklichen, die von Gerechtigkeit und Frieden erfüllt ist. Diese Hoffnung hat die Kirche aufrechtzuerhalten. Sie hat den Menschen das Vertrauen zu vermitteln, daß sie trotz aller Schuld, die sie täglich auf sich laden, die Güte Gottes nicht außer Kraft setzen können. Gerade diese Güte soll sie zur Umkehr bewegen.

Das Zeugnis, das die Kirche der Welt zu geben hat, geschieht zunächst verbal: durch die (missionarische) *Verkündigung* der Kirche. Das entspricht dem Sendungsauftrag Jesu an seine Jünger: „Geht und verkündet: Die Gottesherrschaft ist nahe!" (Mt 10,7 f

par) Ihre Glaubwürdigkeit aber gewann diese Verkündigung schon
damals durch das Leben der Jünger, die bewußt von einer an Besitz
und Macht orientierten Wertordnung Abstand nehmen mußten (vgl.
Mt 10,9 f par). Auch heute ist die *Praxis* der Kirche das effizienteste
Zeugnis. Die Kirche muß als der Ort erkennbar sein, wo die Gottesherrschaft bereits von der Welt Besitz ergreift und die Gerechtigkeit
und der Friede des Reiches Gottes sich verwirklichen. Die Kirche
muß die Stadt auf dem Berge und das Licht der Welt sein (Mt 5,14).
Als Volk Gottes muß sie anziehend sein, so daß die Völker der Welt
herbeiströmen. Sie muß die Alternative zu einer rein säkularen
Gesellschaft sein. Kirche ist – wie man zu Recht gesagt hat (G. Lohfink u. a.) – „Kontrastgesellschaft".

3. 2 *Aktive Weltgestaltung*

„Kontrastgesellschaft" kann nun freilich nicht bedeuten, daß die
Kirche sich aus der Welt in den eigenen Binnenraum zurückzieht.
Die Gottesherrschaft zielt nicht darauf ab, die Welt durch die Kirche
zu ersetzen, sondern umgekehrt, durch die Kirche die Welt zu durchdringen. Der Kirche ist es daher aufgegeben, sich *aktiv* der Welt
zuzuwenden. Die Kirche kann sich niemals mit einer Welt abfinden,
in der die Gottesherrschaft nur dunkel zu erahnen ist. Sie muß vielmehr darauf drängen und daran mitarbeiten, die vorhandene Welt –
soweit nur irgend möglich – auf die Vision des kommenden Reiches
Gottes hin zu verändern. Wo immer das physische oder psychische
Leben von Menschen bedroht ist und deren Würde mißachtet wird,
muß die Kirche als der geborene Anwalt der Not auf den Plan treten
und durch eigenen Einsatz für Abhilfe sorgen. Und wo an der Not
nichts zu ändern ist, muß die Kirche wenigstens solidarisch an der
Seite der Armen stehen. Nachdrücklich ist zu betonen, daß das
soziale Engagement keineswegs nur eine sekundäre Aufgabe ist, die
von der Kirche gleichsam nur subsidiär wahrgenommen wird. Jesus
hat mit dem Auftrag zur Verkündigung ausdrücklich den Auftrag
zur Krankenheilung verbunden (Lk 10,9 par). Gerade die Beseitigung konkreter Not war für Jesus das Indiz, daß die Gottesherrschaft bereits die Gegenwart erfaßt hat.
   Wie aber soll der soziale Einsatz der Kirche konkret aussehen?
Genügt es, wenn die Kirche sich diakonisch-karitativ betätigt? Oder
ist auch *politisches Engagement* gefordert? Häufig drückt man sich
vor einer eindeutigen Antwort. Mit schuld daran ist sicherlich auch

die Praxis Jesu, der zwar (einzelne) Kranke geheilt, aber nichts unternommen hat, um durch sozialpolitische Strukturverbesserungen die Not seiner Zeit im größeren Umfang zu lindern. Diejenigen, die ein politisches Engagement der Kirche bestreiten, berufen sich denn auch gerne auf Jesus. Dies geht aber – so paradox es klingt – letztlich zu Lasten des Sachanliegens Jesu. Daß Jesus keine sozialpolitischen Aktivitäten entfaltet hat, dürfte im wesentlichen mit seiner Naherwartung zusammenhängen. Diese ist im apokalyptischen Kontext seiner Zeit zwar verständlich, heute aber nicht mehr aufrechtzuerhalten. Wenn Jesu Botschaft heute überhaupt noch von Bedeutung sein soll, dann muß sie unter den Bedingungen einer fortlaufenden Geschichte interpretiert werden. Unter dieser Voraussetzung aber ist der Versuch, Not unter Ausklammerung ihrer strukturellen und politischen Ursachen zu beseitigen, nicht nur aussichtslos, sondern auch unverantwortlich.

Dringend erforderlich ist das Konzept einer politischen Ethik, die nicht nur das Recht der Stärkeren und Besitzenden schützt, sondern in erster Linie darauf bedacht ist, den Armen zu ihrem Recht zu verhelfen. *Gerechtigkeit* in der Welt ist nicht mit bürgerlicher Rechtschaffenheit zu erreichen. Es bedarf einer neuen Sensibilität. Die einzelnen und die staatlichen Gemeinschaften müssen erkennen, daß sie auch die moralische Verantwortung für die wirtschaftliche Ordnung tragen, zu deren Funktionieren sie bewußt oder unbewußt beitragen. Aufgabe der Kirche wäre es, das politische Bewußtsein zu schärfen, Alternativen ins Gespräch zu bringen und bei der Erarbeitung konkreter Maßnahmen mitzuwirken: eine wahrhaft der Kirche würdige Aufgabe, dergegenüber viele ihrer sonstigen Probleme recht kleinkariert erscheinen.

Politisches Engagement ist von der Kirche auch in der Frage des *Friedens* gefordert. In der Bergpredigt wird empfohlen: „Wenn dich einer auf die rechte Wange schlägt, dann halt ihm auch die andere hin!" (Mt 5,39 par) Und wenig später lesen wir: „Liebet eure Feinde!" (Mt 5,44 par) Die Zeloten haben das Gegenteil praktiziert und die Feinde des Gottesvolkes mit Waffengewalt bekämpft. Vor diesem Hintergrund wird deutlich, daß die Forderungen Jesu auch eine politische Option enthalten. Die Feindesliebe ist gleichsam die Vorwegnahme und die Praxis jenes Friedens, der Israel und die Völker im Reich Gottes verbinden wird.

Unter dieser Rücksicht enthalten die Worte Jesu auch einen politi-

schen Auftrag. Doch wie soll man mit diesen Worten in der konkreten Praxis umgehen? Selbstverständlich kann nicht gemeint sein, daß
die Christen Gerechtigkeit und Menschenrechte widerstandslos
preisgeben dürfen. Die Worte Jesu sind offensichtlich keine Regeln
für alle Fälle. Sie bezeichnen eher den Rahmen christlicher Freiheit,
die auch im Falle des Angriffs und der Feindschaft noch die Kreativität besitzt, dem Gegner entgegenzukommen und ihm Möglichkeiten gewaltfreier Konfliktlösung aufzuzeigen. Im konkreten Einzelfall
wird immer eine Güterabwägung nötig sein, die ihre Kriterien aus
der rationalen Reflexion der Sachverhalte bezieht. Die Kirche wird
in diesem Prozeß der Entscheidungsfindung allerdings darauf bestehen müssen, daß jeweils auch die Frage nach der Vernünftigkeit der
Vernunft gestellt wird. Gerade hierbei erfüllen die Worte der Bergpredigt eine heilsame Funktion, weil sie nicht selten aufdecken, daß
manche scheinbar vernünftige Entscheidung nichts anderes als das
Ergebnis einer unbeweglichen Haltung ist, die nur auf die Wahrung
der eigenen Interessen bedacht ist. Für den Christen kann der heutige Stand der Ost-West-Politik keine Dauerlösung sein, da einer
Liebe zum Feind (wenn man sie denn wagen würde!) Kreativeres
einfallen muß, als den Feind immer nur abzuschrecken.

Ich komme zum Schluß. „Säkulare Welt und Reich Gottes" – so
lautet das Motto der diesjährigen Hochschulwochen. Der damit
angezeigte Gegensatz ist – vielleicht sogar bewußt gewollt – mehr-
deutig. Vom biblischen Befund her, wie ich ihn dargelegt habe, richtet sich die Hoffnung auf die Aufhebung dieses Gegensatzes. Das
heißt nicht, daß die Welt in Gott aufgehen oder ihres Eigenstandes
beraubt werden soll. Aber am Ende soll die Welt eindeutig das sein,
was sie immer schon war: die Welt Gottes. Das Reich Gottes behin-
dert nicht die Eigenständigkeit der Welt, sondern ist ihre eschatologische Vollendung.

7. Die Einzigkeit Gottes als die sachliche Grundlage der Botschaft Jesu[*]

Daß man über das Thema der Einzigkeit Gottes zu einer biblischen Theologie[1] vorstoßen könne, ist keine neue Einsicht bzw. These. Ich erinnere nur an die einschlägigen Arbeiten meines Bonner Kollegen *Werner H. Schmidt*[2] sowie an die Referate, die im letzten Jahr von den Kollegen *Ulrich Mauser, Peter Stuhlmacher* und *Horst Seebaß* vor dieser Seminargruppe gehalten wurden[3]. In den Diskussionen, die sich daran entzündeten, konnte eine beachtliche Übereinstimmung im Grundsätzlichen erzielt werden. Strittig blieb vor allem die Frage, auf welchem konkreten Wege der Nachweis gelingen könne, daß die Einzigkeit Gottes das grundlegende Sachanliegen einzelner neutestamentlicher Schriften oder Traditionsschichten bzw. des Neuen Testaments überhaupt sei. Ich möchte im folgenden einen entsprechenden Versuch in bezug auf die Botschaft Jesu vorlegen, wobei ich, was den materialen Gehalt dieser Botschaft betrifft, von den Ergebnissen meiner Untersuchung »Jesu Botschaft von der Gottesherrschaft« ausgehe[4].

[*] Der Aufsatz gibt das Referat wieder, das (in etwas gekürzter Form) am 20. August 1985 vor der von *U. Mauser* und *P. Stuhlmacher* geleiteten Seminargruppe 12 (»Inhalt und Probleme einer neutestamentlichen Theologie«) im Rahmen des 40. General Meetings der »Studiorum Novi Testamenti Societas« in Trondheim/Norwegen gehalten wurde.

1 Zum Diskussionsstand im allgemeinen vgl. *H. Seebaß*, Biblische Theologie, VF 27 (1982) 28–45; *H. Graf Reventlow*, Hauptprobleme der Biblischen Theologie im 20. Jahrhundert (EdF 203), Darmstadt 1983; *M. Oeming*, Gesamtbiblische Theologien der Gegenwart. Das Verhältnis von Altem Testament und Neuem Testament in der hermeneutischen Diskussion seit Gerhard von Rad, Stuttgart/Berlin/Köln/Mainz 1985.

2 *W. H. Schmidt*, Das erste Gebot. Seine Bedeutung für das Alte Testament (TEH 165), München 1969; *ders.*, Vielfalt und Einheit alttestamentlichen Glaubens. Konstruktionsversuch an einem Pfeiler der Brücke »Biblische Theologie«, in: *H.-G. Geyer u.a.* (Hg.), »Wenn nicht jetzt, wann dann?« (FS H.-J. Kraus), Neukirchen-Vluyn 1983, 13–22; *ders.*, Die Frage nach der »Mitte« des Alten Testaments im Spannungsfeld von Religionsgeschichte und Theologie, in: *K. Jürgensen u.a.* (Hg.), Gott loben, das ist unser Amt (FS D.J. Schmidt), Kiel 1984, 55–65.

3 Die Referate sind im Jahrbuch für Biblische Theologie 1 (1986) veröffentlicht: *U. Mauser*, Εἷς θεός und Μόνος θεός in Biblischer Theologie, 71–87; *P. Stuhlmacher*, Biblische Theologie als Weg der Erkenntnis Gottes. Zum Buch von Horst Seebaß: Der Gott der ganzen Bibel, 91–114; *H. Seebaß*, Gerechtigkeit Gottes. Zum Dialog mit Peter Stuhlmacher, 115–135; vgl. auch *ders.*, Der Gott der ganzen Bibel. Biblische Theologie zur Orientierung im Glauben, Freiburg/Basel/Wien 1982.

4 *H. Merklein*, Jesu Botschaft von der Gottesherrschaft. Eine Skizze (SBS 111), Stuttgart (1983) ²1984.

1   Der unmittelbare textliche Befund

Orientiert man sich ausschließlich am unmittelbaren textlichen Befund, so spielt der Gedanke der Einzigkeit Gottes in der Jesustradition eine auffallend geringe Rolle. Die ausdrückliche Rede von εἷς (ὁ) θεός bzw. κύριος findet sich bei den Synoptikern nur in vier Überlieferungsstücken: (1) In der Perikope von der Heilung des Gelähmten (Mk 2,1–12) überlegen die Schiftgelehrten: τίς δύναται ἀφιέναι ἁμαρτίας εἰ μὴ εἷς ὁ θεός; (Mk 2,7; par Lk 5,21: εἰ μὴ μόνος ὁ θεός). (2) In der Perikope von der Frage nach dem Weg zum ewigen Leben (Mk 10,17–22) sagt Jesus: τί με λέγεις ἀγαθόν; οὐδεὶς ἀγαθὸς εἰ μὴ εἷς ὁ θεός (Mk 10,18; par Lk 18,19; diff Mt 19,17: εἷς ἐστιν ὁ ἀγαθός). (3) In der formgeschichtlich verwandten Perikope von der Frage nach dem wichtigsten Gebot (Mk 12,28–31.32–34) zitiert Jesus das Schᵉma: ἄκουε, Ἰσραήλ, κύριος ὁ θεὸς ἡμῶν κύριος εἷς ἐστιν (Mk 12,29 = Dtn 6,4b LXX; diff Mt/Lk). Der Schriftgelehrte sekundiert in Anlehnung an Dtn 4,35 und Jes 45,21: καλῶς, διδάσκαλε, ἐπ᾽ ἀληθείας εἶπες ὅτι εἷς ἐστιν καὶ οὐκ ἔστιν ἄλλος πλὴν αὐτοῦ (Mk 12,32; diff Mt/Lk). (4) In Mt 23,9 gebietet Jesus: καὶ πατέρα μὴ καλέσητε ὑμῶν ἐπὶ τῆς γῆς, εἷς γάρ ἐστιν ὑμῶν ὁ πατὴρ ὁ οὐράνιος.

Für unsere Frage nach der Bedeutung der Einzigkeit Gottes im Rahmen der Botschaft des geschichtlichen Jesus tragen diese Stellen jedoch bestenfalls mittelbar etwas aus. Denn abgesehen davon, daß ihre Authentizität eher zweifelhaft, zumindest aber umstritten ist, bleibt zu beachten, daß das Motiv der Einzigkeit Gottes in ihnen – von Mk 2,7 einmal abgesehen (s.u. 3.5) – in paränetischer Abzweckung erscheint. Die Gottesverkündigung und Eschatologie Jesu könnte aufgrund dieser Stellen kaum erklärt werden.

Dieses negative Ergebnis aus dem unmittelbaren textlichen Befund muß für die Sache selbst freilich nicht viel bedeuten. Es könnte ja sein, daß es zwischen der Botschaft Jesu, die wir unter dem Begriff der »Gottesherrschaft« zusammenfassen können, und dem Gedanken von der Einzigkeit Gottes einen *sachlichen* Zusammenhang gibt. Unter dieser Rücksicht verdient eine traditions- und motivgeschichtliche Beobachtung unsere Aufmerksamkeit.

2   Die Einzigkeit Gottes als das grundlegende semantische Merkmal der traditionellen Idee von der Königsherrschaft Gottes

Die Rede von der »Gottesherrschaft« begegnet im Alten Testament und im Frühjudentum in recht unterschiedlichen Zusammenhängen[5]. Im Blick auf Jesus sind natürlich besonders jene Texte von Interesse, in denen

---

5 Eine gute Zusammenstellung des Materials findet sich bei *O. Camponovo*, Königtum, Königsherrschaft und Reich Gottes in den frühjüdischen Schriften (OBO 58), Freiburg (Schweiz) / Göttingen 1984.

die »Gottesherrschaft« als künftige oder eschatologische Größe erscheint. Gerade in diesen Texten steht die »Gottesherrschaft« in einem fast stereotypen semantischen Beziehungsgefüge.

2.1 *Die »Gottesherrschaft« und die Opposition von Israel und Heiden*

Eine gewisse Sonderstellung nimmt *Ezechiel* ein, bei dem die Königsherrschaft Gottes mit dem Gerichtsgedanken verbunden ist. In Analogie zum Exodusgeschehen erweist Jahwe sein Königtum, indem er sein Volk »in die Wüste der Völker« führt, um dort mit ihm ins Gericht zu gehen und es dann – geläutert – wieder zurückzuführen (Ez 20,33–38). Die damit bereits angedeutete eschatologische Perspektive bestimmt dann von *Deutero-Jesaja* an die gesamte *prophetische Tradition,* wobei die Gottesherrschaft nun ausschließlich mit Heilsvorstellungen verbunden ist. Semantisch konstitutiv und konstant sind dabei folgende Merkmale:

(1) Gottes Königsherrschaft bringt die Sammlung, Restitution und Rückführung Israels aus der Knechtschaft der Heidenvölker mit sich (Jes 52,7–10; Mi 2,12f; 4,6f; Zeph 3,14–20).

(2) Der Befreiung Israels entspricht auf seiten der Heiden deren Unterwerfung durch Jahwe. Letztere kann sowohl als Gericht über die Heiden als auch als Bekehrung der Heiden gedacht werden, wobei beide Motive sich nicht auszuschließen brauchen (vgl. bes. Zeph 3,19 und Sach 14,3.16; weiter Jes 40,23f; 45,14; 47; 63,1–6; 66,23).

(3) Es ist nur eine Konsequenz der beiden ersten Punkte, wenn der Hoffnung auf die Gottesherrschaft, die man sich meist als vom Zion bzw. von Jerusalem ausgehend denkt, die Vorstellung von der Herrschaft Israels parallel geht (bes. Ob 17–21; Mi 4,7f; vgl. Jes 60).

Die »Gottesherrschaft« steht also in enger Korrelation zur Opposition von Israel und Heidenvölkern. Sie zielt darauf ab, diese Opposition, die sich in einem Knechtschaftsverhältnis Israels äußert, zugunsten Israels aufzuheben oder umzukehren. Diese semantische Struktur der »Gottesherrschaft« wird im Prinzip auch von den *apokalyptischen Texten* durchgehalten.

Nach der kleinen *Jesaja-Apokalypse* (Jes 24–27) werden, wenn Jahwes Königtum auf dem Zion sich offenbart, die »Könige der Erde« gerichtet (24,21f), und Israel wird »auf der ganzen Erde . . . von der Schande befreit« werden (25,8). Das Völkerwallfahrtsmotiv wird aufgenommen, wenn erwartet wird, daß der Herr dann auf dem Zion »für alle Völker ein Festmahl geben« und »die Hülle, die alle Nationen in Dunkel hüllt«, zerreißen wird (25,6f). Ähnlich äußert sich *Ps 22,28–30.* Nach *Dan 2* und *7* werden die heidnischen Weltreiche vernichtet, wenn Gott sein Königreich aufrichtet. Daß in Dan 7 die Königsherrschaft, die zunächst dem Menschenähnlichen (der wohl als der Völkerengel Israels zu gelten hat) übergeben wird (7,13f), letztendlich dem »Volk der Heiligen des Höchsten« übertragen wird (7,27), ist kein sekundär aufgesetzter Gedanke, sondern nur die Folge der traditionellen Vorstellung von der Parallelität von Gottesherrschaft und Herrschaft Israels. Schon in Dan 2 war dieser Gedanke indirekt angesprochen, wenn es dort hieß, daß das Königreich, das Gott aufrichtet, »keinem anderen Volk überlassen« wird (2,44).

Es wäre ein folgenschwerer Irrtum, wenn man die enge Beziehung der Gottesherrschaft zu Israel bzw. deren Opposition zur Herrschaft der Heidenvölker als eine nationale oder gar nationalistische Idee verdächtigen wollte. Dagegen spricht schon der Umstand, daß Israel nach eigenem Selbstverständnis letztlich in Gottes Erwählung konstituiert ist und keineswegs in nationaler Definition aufgeht. Besonders in apokalyptischen Texten wird die Frage nach dem wahren Israel in aller Schärfe gestellt und nicht selten ohne Rücksicht auf die empirische Nationalität beantwortet, so daß die klassische Demarkationslinie zwischen Israel und den Heidenvölkern mitten durch Israel hindurchgehen und die traditionelle Opposition von Israel und Heiden als Opposition von Gerechten und Sündern variiert werden kann. Schon in Dan 7 dürfte »das Volk der Heiligen des Höchsten« mit dem empirischen Volk Israel nicht mehr völlig deckungsgleich sein. Im Gefolge solchen Denkens ist es nur konsequent, wenn als der eigentliche Feind Israels, und das heißt nun, des wahren Israel, nicht mehr einfach die empirischen Heidenvölker figurieren, sondern letztlich – als das metahistorische Über-Ich der Gottlosen – Satan bzw. Belial. Die Gottesherrschaft tritt damit in Opposition zur Herrschaft Satans bzw. Belials. Doch bleibt festzuhalten, daß dies nur eine (apokalyptische) Variante der bisher gefundenen semantischen Konstanten der Gottesherrschaft ist. Dies wird vor allem durch Texte wie *TestDan 5,10b–13* und *AssMos 10,1.7–10* bestätigt, in denen der Satan und die Feinde Israels parallelisiert werden. Auch die traditionelle Parallelität von Gottesherrschaft und Herrschaft Israels (nun: des wahren Israel) bleibt erhalten. Indirekt klingt sie schon in den beiden zuletzt genannten Texten an. Ihren klassischen Ausdruck findet sie in *1QM 17,7f*, wo in typisch apokalyptischer Weise der Aufrichtung der Herrschaft Michaels (als des Völkerengels Israels) im Himmel die Errichtung der Herrschaft Israels auf Erden entspricht.

2.2 Die Einzigkeit Jahwes als der sachliche Grund für die semantische Korrelation der »Gottesherrschaft« zur Opposition von Israel und Heiden

Es wurde bereits klargestellt, daß die semantische Korrelation der »Gottesherrschaft« zur Opposition von Israel und Heiden nicht einer nationalen oder nationalistischen Idee entspringt. Der wahre Grund für diese semantische Struktur der »Gottesherrschaft« ist vielmehr im theologischen Grundbekenntnis Israels zur Einzigkeit Jahwes (vgl. Dtn 6,4f; Ex 34,14; Hos 13,4) zu suchen[6].

---

6 Auf die vielfältige Problematik der Entstehung des Monotheismus in Israel kann hier nicht eingegangen werden. Vgl. *F.-L. Hossfeld*, Einheit und Einzigkeit Gottes im frühen Jahwismus, in: *M. Böhnke – H. Heinz* (Hg.), Im Gespräch mit dem dreieinen Gott. Elemente einer trinitarischen Theologie (FS W. Breuning), Düsseldorf 1985, 57–74 sowie den von *E. Haag* herausgegebenen Sammelband: Gott, der einzige. Zur Entstehung des Monotheismus in Israel (QD 104), Freiburg/Basel/Wien 1985.

Es ist wohl kein Zufall, daß die Vorstellung vom Königtum Jahwes gerade seit dem Exil aus ihrem ursprünglichen Sitz im Leben kultischer Anamnese (Ex 15,18; Dtn 33,5; vgl. Num 23,21f) und kultischer Homologese (vgl. die Gott-König-Psalmen) heraustritt (zur Verbindung der Vorstellung mit dem Tempel vgl. Jes 6,5) und stärker in die geschichtliche Prospektive prophetisch-apokalyptischer Überlieferung übernommen wird. Tatsächlich steht die kultische oder allgemein religiöse Beteuerung des Königtums Jahwes in ganz erheblicher Spannung zur exilisch und nachexilisch nahezu permanenten Wirklichkeit Israels, nämlich ein von Fremdvölkern abhängiges und beherrschtes Volk und Land zu sein. Solange Israel unter der Knechtschaft der Heiden lebt, sind eben die Götter der Heiden die stärkeren und geschichtsmächtigeren. Der Gedanke der Überlegenheit Jahwes über die Götter, der in Absetzung von der kanaanäischen Religiosität schon früh mit dem Königtum Jahwes verbunden ist (vgl. Ps 29,1f.9f; 82; 95,3; 96,3f.10; 97,1.7.9 u.ö.)[7] und schließlich das Bekenntnis zur Ausschließlichkeit und Einzigkeit Jahwes aus sich entläßt, kann angesichts der faktischen geschichtlichen Erfahrung Israels nicht unreflektiert und kommentarlos tradiert werden. Die Einzigkeit und Überlegenheit Jahwes (die sich auch auf die Völker bezieht: Ps 47,3f.9; 96,7–10.13; 98,9; 99,1f; Jer 10,7) nötigen vielmehr dazu, das Bekenntnis zum Königtum Jahwes mit einer futurisch-eschatologischen Perspektive zu versehen, wobei die erwartete Königsherrschaft Jahwes sich gerade darin erweisen wird, daß dann die Götter der Heiden entmachtet sein werden und Jahwe als der einzige dastehen wird. Als innergeschichtliche Konsequenz dieser erschatologischen Bereinigung der metahistorischen himmlischen Machtverhältnisse ergibt sich – logisch stringent – die Befreiung Israels vom Joch der Feinde und die Unterwerfung bzw. Bekehrung der Heidenvölker. Der apokalyptische Gedanke von der Besiegung Satans stellt sowohl eine traditionsgeschichtliche Variante zum Sieg Jahwes über die Götter dar als auch die metahistorische Parallele zur Überwindung der Feinde des wahren Israel.

Textlich kommt die Einzigkeit Jahwes als Grund für die aufgezeigte semantische Struktur der »Gottesherrschaft« am klarsten bei *Deutero-Jesaja* zum Ausdruck, also in jener Schrift, die man traditionsgeschichtlich wohl als die Quelle der prophetisch-apokalyptischen Erwartung einer endzeitlichen Königsherrschaft Gottes zu betrachten hat. Bei Deutero-Jesaja wird die Einzigkeit Jahwes geradezu zum theologischen Konzept erhoben. Jahwe, der »König Jakobs«, geht mit den Göttern der Heiden ins Gericht und erweist ihre Nichtigkeit (41,21–29; 43,10 u.ö.). Positiv kommt die Einzigkeit Jahwes in dessen totaler und exklusiver Kompetenz für Schöpfung, Geschichte und Heil zum Ausdruck. Im Spruch an Kyros ist dies zusammengefaßt: »Ich bin der Herr, und sonst niemand;

---

7   Vgl. dazu *W.H. Schmidt*, Königtum Gottes in Ugarit und Israel. Zur Herkunft der Königsprädikation Jahwes (BZAW 80), Berlin ²1966.

außer mir gibt es keinen Gott. Ich habe dich zum Kampf gerüstet, ohne daß du mich kanntest, damit man vom Osten bis zum Westen erkenne, daß es außer mir keinen Gott gibt. Ich bin der Herr, und sonst niemand. Ich erschaffe das Licht und erschaffe das Dunkel, ich bewirke das Heil und bewirke das Unheil. Ich bin der Herr, der das alles vollbringt« (Jes 45,5-7). In der Einzigkeit Jahwes ist auch die Heilshoffnung Israels begründet, das Jahwe seinen »heiligen Gott«, seinen »König« und »Schöpfer« nennen darf (Jes 43,14f; vgl. 43,21; 44,2). Weil er der einzige ist, muß sich sein Königtum als befreiende Tat an seinem Volk erweisen: »Ich bin Jahwe, ich, und außer mir gibt es keinen Retter. . . . Ich allein bin Gott; auch künftig werde ich es sein« (Jes 43,11-13). »So spricht der Herr, Israels König, sein Befreier, der Herr der Heere: Ich bin der Erste und der Letzte, außer mir gibt es keinen Gott« (Jes 44,6). Und so kann sich Deutero-Jesaja schließlich dazu aufschwingen, den Freudenboten schon jetzt die baldige Rettung mit dem Ruf ankündigen zu lassen: »Dein Gott ist König« (Jes 52,7). Dann wird der »Name« Jahwes von den Bedrückern Israels nicht mehr »gelästert«, und Israel selbst wird den »Namen« Jahwes »erkennen« (Jes 52,5f)[8].

In der weiteren prophetisch-apokalyptischen Tradition der eschatologischen Gottesherrschaft wird die Einzigkeit Gottes ausdrücklich nur mehr selten hervorgehoben. Als das entscheidende sachliche Motiv steht sie aber stets deutlich im Hintergrund, etwa wenn, wie in Mi 4,7, die *Ewigkeit* oder, wie in AssMos 10,1, die *Universalität* des Königtums Jahwes betont wird, die nach Ps 22,30 sogar auf die *Totenwelt* ausgedehnt wird. In Dan 2 kommt die Einzigkeit Jahwes in der Exklusivität zum Zuge, mit der alle bisherigen Weltreiche durch das *eine* Reich Gottes ersetzt werden (V. 35; vgl. V. 44). Vergleichbar damit ist auch 1QM 17,5, wo dem Gott Israels die ausschließliche Kompetenz für die gesamte *Geschichte* zugesprochen wird.

Ausdrücklich sei noch auf eine Stelle verwiesen, die den sachlichen Zusammenhang von Gottesherrschaft und Einzigkeit Jahwes in bündiger Form auf einen Nenner bringt: »*Dann wird der Herr König sein über die ganze Erde. An jenem Tag wird der Herr der einzige sein und sein Name der einzige*« (Sach 14,9)[9].

Die eschatologische Gottesherrschaft zielt also darauf, daß Jahwe sich als der einzige erweist und sein Name als der einzige gepriesen wird. Damit

---

8 Zur Verbindung des »Namens« Jahwes mit dem Gedanken der Einzigkeit s. Jes 42,8; 48,11. Nach Ez 36,22-24 wirkt sich die Heiligung des Namens Jahwes in der Sammlung und Rückführung Israels aus, was wiederum konstitutiv zum semantischen Inventar der »Gottesherrschaft« gehört; vgl. auch Ez 20,33f.41f.44.
9 Zum Zusammenhang von Königsherrschaft und Namen Gottes vgl. auch das *Qaddisch:* »Verherrlicht und geheiligt werde sein großer Name, in der Welt, die er nach seinem Willen schuf. Er lasse herrschen seine Königsherrschaft zu euren Lebzeiten und zu euren Tagen und zu Lebzeiten des ganzen Hauses Israel in Eile und Bälde. Gepriesen sei sein großer Name von Ewigkeit zu Ewigkeit« (Text nach *G. Dalman*, Die Worte Jesu I, Leipzig [1]1898, 305).

dürfte überhaupt das fundamentale semantische Merkmal der (eschatologischen) Gottesherrschaft genannt sein, das seinerseits deren strukturell konstante Korrelation zu Israel und deren Opposition zu den Heidenvölkern bzw. Satan aus sich entläßt und bedingt.

3 Die Einzigkeit Gottes und die Botschaft Jesu

Wenn man Jesus nicht völlig von der Tradition seines Volkes isolieren will, so wird man schon in der Tatsache, daß er die »Gottesherrschaft« verkündet hat, ein Indiz dafür sehen dürfen, daß es auch ihm der Sache nach letztlich um die Einzigkeit Gottes ging. Tatsächlich findet sich das oben aufgewiesene semantische Beziehungsgeflecht – wenngleich teilweise in bezeichnender Variation – auch bei Jesus. Dies soll im folgenden etwas näher erläutert werden.

3.1 Die Gottesherrschaft und der Name Gottes

Im Vaterunser, dessen Authentizität kaum bestritten wird, wenden sich die ersten beiden Bitten unmittelbar an Gott. Sie lauten: πάτερ, ἁγιασθήτω τὸ ὄνομά σου · ἐλθέτω ἡ βασιλεία σου (Lk 11,2 par). Ähnlich wie im Qaddisch wird also auch von Jesus die Bitte um die Königsherrschaft Gottes mit der Bitte um die Heiligung des Namens Gottes verbunden. Beide Bitten stehen zueinander parallel und interpretieren sich gegenseitig. Nun kann es im Kontext alttestamentlich-frühjüdischer Tradition kaum einem Zweifel unterliegen, daß die Heiligung des Namens Gottes letztlich auf die (von Gott selbst herbeigeführte) Anerkennung seiner Einzigkeit hinausläuft. Jahwes Name ist geheiligt, wenn Jahwe als der einzige gepriesen wird. Für das Verständnis der zweiten Bitte bedeutet dies, daß das Kommen der Gottesherrschaft primär – noch vor allen Konsequenzen, die dieses Kommen für Israel und die Welt hat – auf die Durchsetzung der Einzigkeit Gottes hinausläuft[10]. Was im Zusammenhang mit Sach 14,9 als das fundamentale semantische Merkmal der (eschatologischen) Gottesherrschaft bezeichnet werden konnte, prägt also auch die Vorstellung Jesu. Mit der Verheißung und Ansage der kommenden Gottesherrschaft zielt Jesus zuallererst auf die eschatologische Offenbarung der Einzigkeit Gottes. Vielleicht ist diese vorrangig *theologische* Ausrichtung seiner eschatologischen Verkündigung sogar der Grund dafür, daß Jesus den Begriff der Gottesherrschaft in frühjüdisch

---

10 *G. Lohfink*, Wie hat Jesus Gemeinde gewollt? Zur gesellschaftlichen Dimension des christlichen Glaubens, Freiburg/Basel/Wien 1982, 26–28 deutet unter Berufung auf Ez 20,41.44; 36,22–24 die Heiligung des Namens Gottes auf die Sammlung und Erneuerung Israels. Dies ist faktisch richtig. Dennoch sind »Heiligung des Namens Gottes« und »Sammlung Israels« keine synonymen Vorstellungen. Vielmehr ist die Erwartung, daß Gott – zunächst um seines Gottseins willen (!) – seinen Namen heiligen wird (und dies hat unmittelbar mit der Einzigkeit Gottes zu tun), die Voraussetzung für die Hoffnung, daß dann auch sein Volk zu Ehren kommt. Vgl. auch o. Anm. 8.

analogieloser Weise zum Zentrum seiner Botschaft macht und auch die Heilsvorstellungen im wesentlichen unter diesen Begriff subsumiert. Ist es einmal klar, daß bei Jesus die »Gottesherrschaft« grundlegend vom Gedanken der Einzigkeit Gottes getragen wird, dann verwundert es nicht, daß auch die übrigen semantischen Konstanten der Gottesherrschaft, die als Konsequenzen des Glaubens an die Einzigkeit Gottes erwiesen werden konnten, sich in der Botschaft Jesu finden.

3.2 Die Gottesherrschaft und Israel

Als eine wesentliche semantische Konstante der Vorstellung von der Gottesherrschaft erwies sich die *Korrelation zu Israel.* Weil der Gott Israels der einzige ist, muß das Heil der eschatologischen Gottesherrschaft sich zuallererst an Israel selbst auswirken. Es ist heute nahezu Allgemeingut, daß Jesus sich primär, wenn nicht ausschließlich, an Israel gewandt hat. Die Seligpreisung »Selig die Armen, denn ihrer ist die Gottesherrschaft« (Lk 6,20b par) bezieht sich auf Israel[11]. Mit der Einsetzung der Zwölf (Mk 3,13ff) bringt Jesus zeichenhaft den eschatologischen Zugriff Gottes auf ganz Israel zum Ausdruck. Seine Jünger schickt er »zu den verlorenen Schafen des Hauses Israel« (Mt 10,6)[12]. Selbst das ὑπὲρ πολλῶν aus der Abendmahlsüberlieferung (Mk 14,24) wird man, soweit es überhaupt authentisch ist, m.E. zunächst nicht universalistisch zu interpretieren haben, sondern auf Israel beziehen müssen (s.u. 3.6).

Die Einzigkeit Gottes, auf deren Anerkennung die eschatologische Gottesherrschaft abzielt, fordert theologisch das eschatologische Heil Israels. Es gibt niemanden, der dies so klar erkannt hätte wie Jesus selbst. Deshalb verkündet er Israel das Heil der Gottesherrschaft, obwohl er davon ausgeht, daß Israel von sich aus nur mehr das Gericht Gottes zu erwarten hat. Davon wird noch zu sprechen sein.

3.3 Die Gottesherrschaft und die Opposition Israel vs. Heiden bzw. Gott vs. Satan

Die *Opposition Israel vs. Heiden* ist traditionsgeschichtlich so fest mit dem Gedanken der Gottesherrschaft verbunden, daß man m.E. davon ausgehen muß, daß auch Jesu Botschaft von der Gottesherrschaft die Hoffnung auf eine Befreiung Israels aus der Knechtschaft der Heidenvölker, hier konkret der Römer, in sich schloß. Um so auffälliger ist der Befund, daß Jesus aus dieser Implikation seiner Botschaft keine Konsequenzen für das Handeln Israels zog und nicht wie die Zeloten den Aufstand gegen Rom als ethische Konsequenz aus der Einzigkeit Gottes ableitete. Nach Lage unserer (allerdings lückenhaften) Quellen scheint Jesus diese

---

11 Zu dieser Deutung siehe: *Merklein*, Botschaft (s.o. Anm. 4) 45–51.
12 Zu Mk 3,13ff par und Mt 10,6 vgl. *M. Trautmann*, Zeichenhafte Handlungen Jesu. Ein Beitrag zur Frage nach dem geschichtlichen Jesus (FzB 37), Würzburg 1980, 170–233. Auch in dem wohl nachösterlichen Logion Mt 8,11f par, in dem die Teilhabe der Heiden an der Gottesherrschaft als Drohung gegen Israel eingesetzt wird, scheint noch deutlich durch, daß der eigentliche und primäre Adressat der Botschaft Jesu Israel war.

Implikation seiner Verkündigung überhaupt nicht thematisiert zu haben. Diesen Befund gilt es zu erklären.

Er dürfte im wesentlichen damit zusammenhängen, daß Jesus in der politischen und ökonomischen Notlage seines Volkes, die er nach Ausweis der Seligpreisungen keineswegs übersehen hat, nur die Außenseite eines viel tiefer gehenden Desasters erkannte. Wie Johannes der Täufer dürfte Jesus von der Prämisse ausgegangen sein, daß Israel, wie es sich vor-findet, vom Gericht Gottes bedroht ist und von sich aus kein Anrecht mehr besitzt, frühere Heilszusagen Gottes (z.B. den Abrahamsbund) für sich und eine heilvolle Zukunft in Anspruch zu nehmen (vgl. Mt 3,7b–10 par; Lk 13,3.5)[13]. Jesus nahm diesen Gedanken offensichtlich so ernst, daß er es vermied, mit Hilfe der traditionellen Opposition von Israel und Heiden ein Heilsvorrecht Israels festzuschreiben und das eschatologische Heil einfachhin als Befreiung aus der Knechtschaft der Heiden zu beschreiben. Dies hätte allzu leicht über die tatsächliche Gerichtssituation Israels hinwegtäuschen und seine Zuhörer in der trügerischen Sicherheit wiegen können, schon aufgrund völkischer Zugehörigkeit zu Israel ein verfügbares Recht auf Gottes eschatologische Heilstat zu besitzen. Faktisch stand Israel, da es nun selbst zu den Sündern gehörte, auf der Seite seiner traditionellen Opponenten, nämlich der Heidenvölker[14]. Unter dieser Prämisse hat es wenig Sinn, in traditioneller Weise von den Heiden als Opponenten der Gottesherrschaft zu sprechen.

Um so mehr trifft dies aber auf Satan zu, der Israel und Heiden gleichermaßen unter seiner Herrschaft hält. Tatsächlich ist die *Opposition Gott vs. Satan* in der Jesustradition realisiert, am deutlichsten in Lk 10,18: ἐθεώρουν τὸν σατανᾶν ὡς ἀστραπὴν ἐκ τοῦ οὐρανοῦ πεσόντα. Auf die darin zum Ausdruck kommende Gegenwart des Heils soll später eingegangen werden. In unserem Zusammenhang ist von Bedeutung, daß das eschatologische Heil als Besiegung Satans ausgelegt wird, der als Ankläger die Gerichtssituation Israels vor Gott repräsentiert. Darüber hinaus steht hinter Lk 10,18 wohl auch das apokalyptische Motiv vom eschatologischen Entscheidungskampf zwischen Satan und Gott bzw. Michael, dem Völkerengel Israels, wie es auch in apokalyptischen Schriften und in Qumran anzutreffen ist[15]. Dies würde noch unterstrichen, wenn man den »Menschensohn« traditionsgeschichtlich mit der Völkerengelvorstellung (Michael) in Verbindung bringen dürfte[16]. Doch mag das hier auf sich be-

---

13   Dies ist im Rahmen der prophetisch-apokalyptischen Tradition Israels nichts Ungewöhnliches. Für das Frühjudentum vgl. z.B. Dan 9,4–19; die Zehnwochenapokalypse (bes. äthHen 93,8f); Qumran (bes. 1QS 1,22–26; 11,9f; 1QH 4,34f u.ö.); 4Esr 8,31–36.
14   Positiv fügt sich in diesen Zusammenhang der Umstand, daß Jesus das eschatologische Heil, sofern er es nicht rein theologisch (als Kommen Gottes) beschreibt, vorwiegend als Vergebung der Sünden verkündet bzw. praktiziert (vgl. Lk 7,33–35 par; Lk 7,36–50; 15; 18,10–14; 19,1–10; Mk 2,1–12; 2,15–17; Mt 18,23–34 u.ö.).
15   Vgl. dazu *P. von der Osten-Sacken*, Gott und Belial. Traditionsgeschichtliche Untersuchungen zum Dualismus in den Texten aus Qumran (StUNT 6), Göttingen 1969.
16   Vgl. *Merklein*, Botschaft (s.o. Anm. 4) 154–158.

ruhen. Zur weiteren Verifizierung der Opposition Gott vs. Satan könnte man auf den Spruch vom Stärkeren, der dem Besiegten die Beute nimmt, in Mk 3,27 verweisen. Auch Lk 11,20 par (Q) gehört indirekt wohl in diesen Zusammenhang: εἰ δὲ ἐν δακτύλῳ θεοῦ ἐγὼ ἐκβάλλω τὰ δαιμόνια, ἄρα ἔφθασεν ἐφ᾽ ὑμᾶς ἡ βασιλεία τοῦ θεοῦ. Einschränkend ist freilich darauf zu verweisen, daß Satan und Dämonen religionsgeschichtlich nicht unbedingt zusammengehören[17].

Als vorläufiges Fazit kann festgehalten werden: Die apokalyptische Opposition Gott vs. Satan und die aufgrund der Einzigkeit Gottes geforderte eschatologische Überwindung Satans ist integraler Bestandteil der Basileia-Verkündigung Jesu. Daß die Opposition zu den Heiden nicht realisiert ist, hängt mit dem Urteil Jesu über die faktische Situation, in der er Israel vorfindet, zusammen.

Dennoch fällt der mit der Tradition der Gottesherrschaft relativ fest verbundene Topos der *Heiden* auch in der Verkündigung Jesu nicht völlig aus; er ist allerdings in signifikanter Weise modifiziert. Auffallend ist, daß das Motiv vom *Gericht über die Heiden* kaum vorkommt. Indirekt ist es etwa in Lk 10,13f par angesprochen[18]; doch ist bezeichnend, daß Tyrus und Sidon, die traditionellen Exponenten des Heidentums, hier zur Verstärkung der Gerichtsdrohung gegen die jüdischen Städte Chorazin und Betsaida eingesetzt werden. Diese zurückhaltende Behandlung der Heiden in bezug auf das Gericht, mit dessen voller Schärfe aber Israel bedroht wird, dürfte letztlich wiederum eine Folge der mit Johannes geteilten Prämisse vom faktischen Sünderstatus des vorfindlichen Israel und der damit gegebenen Einebnung des Erwählungskollektivs in die Menge der Sünder sein.

Nun besteht die Mission Jesu darin, gerade diesem sündigen und vom Gericht bedrohten Israel das Heil der Gottesherrschaft zuzusagen (s.o. 3.2). Wenigstens prinzipiell muß dann aber – nicht zuletzt unter dem Gesichtspunkt der Einzigkeit Gottes – auch *den Heiden eine heilvolle Zukunft* eingeräumt werden. Die Heiden können nicht mehr, wie teilweise in der Tradition, als die selbstverständlichen Adressaten des Gerichtshandelns Gottes gelten. Gott wäre nicht ein und derselbe, wenn er, der dem gerichtsbedrohten Israel mit neuschöpferischer Erwählung begegnet, die sündigen Heiden von diesem neuschöpferischen Handeln ausnehmen würde. Explizit ist diese soteriologische Konsequenz der Einzigkeit Gottes zwar erst in der Rechtfertigungslehre des Paulus gezogen (vgl. Röm

---

17   Vgl. *M. Limbeck,* Satan und das Böse im Neuen Testament, in: *H. Haag* (Hg.), Teufelsglaube, Tübingen 1974, 271–388, hier 283f; anders *H. Kruse,* Das Reich Satans, Bib. 58 (1977) 29–61, bes. 29–37. Wenn zwischen Dämonen und Satan kein unmittelbarer Zusammenhang besteht, dann würde Lk 11,20 par doch stärker auf die äußere Notlage abheben, wobei allerdings bezeichnend bleibt, daß diese nicht politisch (im Kontext der Opposition von Israel und Heiden) beschrieben, sondern – durchaus vergleichbar der Opposition Gott vs. Satan – auf ihre metahistorischen Verursacher (Dämonen) zurückgeführt wird.
18   Die Authentizität von Lk 10,13f par ist allerdings umstritten.

3,29f). Indirekt gibt es aber auch bei Jesus zumindest einen Hinweis darauf, und zwar im Zusammenhang mit dem Gebot der Feindesliebe (Mt 5,44f.48 par).

Ich gehe dabei davon aus, daß bei den ἐχθροί, die nach Mt 5,44f par zu lieben sind, nicht nur die persönlichen, individuellen Feinde gemeint sind, sondern daß zugleich die Heiden als die angestammten Feinde Israels miteingeschlossen sind[19]. Begründung und Motiv der geforderten Feindesliebe sind der Sache und wahrscheinlich auch dem Textbefund nach in der eschatologischen Barmherzigkeit Gottes zu suchen (vgl. Lk 6,36 par Mt 5,48)[20], die Jesus als Vergebung und Neuerwählung dem vom Gericht bedrohten Israel zuspricht und zuhandelt. Gerade im Blick auf die Einzigkeit Gottes ist bemerkenswert, daß Jesus diese eschatologische Barmherzigkeit mit dem Hinweis auf Gottes gnädiges Schöpferwalten erläutert, mit dem er zunächst die Feindesliebe motiviert: ἀγαπᾶτε τοὺς ἐχθροὺς ὑμῶν . . . ὅπως γένησθε υἱοὶ τοῦ πατρὸς ὑμῶν, ὅτι τὸν ἥλιον αὐτοῦ ἀνατέλλει ἐπὶ πονηροὺς καὶ ἀγαθοὺς καὶ βρέχει ἐπὶ δικαίους καὶ ἀδίκους (Mt 5,45 par). Eschatologisches Heilshandeln und Schöpferhandeln Gottes stehen für Jesus also in einem analogen Verhältnis (vgl. auch Lk 12,4–7.22–31 par). Dies erinnert an Deutero-Jesaja, der Gott als Schöpfer *und* Retter gezeichnet und diese Einheit gerade mit der Einzigkeit Gottes begründet hatte. Bei Jesus ist die Analogie des eschatologischen Heilshandelns zum Schöpferwalten Gottes alles andere als zufällig. Denn die dem sündigen Israel zugesprochene eschatologische Erwählung stellt de facto eine Art neue Schöpfung dar. Wenn aber das eschatologische Heil in Analogie zum Schöpfungswalten Gottes geschieht, wo Gott sich als der gegen jedermann – gegen Gerechte *und Ungerechte* – Gütige erweist, dann müssen in diesem Heilshandeln alle eingeschlossen sein: Gerechte *und Sünder,* also auch die Heiden, zumal die traditionelle Unterscheidung von Gerechten und Sündern nur mehr theoretisch ist. Indirekt – im ethischen Gewand – ist hier dann doch die soteriologische Konsequenz der Einzigkeit Gottes angedeutet. Die Feindesliebe, die die traditionsgeschichtlich angestammte Opposition von Israel und Heiden überwindet, ist der durch Jesu Verkündigung geforderte und ermöglichte Vorgriff auf das letztlich *eine* Volk Gottes, das allein dem einzigen Gott entspricht.

---

19   Das entspricht z.B. auch den Übersetzungsgewohnheiten der LXX, vgl. *W. Foerster,* Art. ἐχθρός κτλ., ThWNT II (1935) 810–815, hier 811f.
20   Ob Mt 5,44f par und Mt 5,48 par eine überlieferungsgeschichtlich ursprüngliche Einheit darstellen, ist umstritten. Vgl. einerseits *H. Merklein,* Die Gottesherrschaft als Handlungsprinzip. Untersuchung zur Ethik Jesu (FzB 34), Würzburg ³1984, 222–237, andererseits *P. Hoffmann,* Tradition und Situation. Zur »Verbindlichkeit« des Gebots der Feindesliebe in der synoptischen Überlieferung und in der gegenwärtigen Friedensdiskussion, in: *K. Kertelge* (Hg.), Ethik im Neuen Testament (QD 102), Freiburg/Basel/Wien 1984, 50–118, hier 51–57.64–72.

3.4 Die Einzigkeit Gottes und das gegenwärtige Heil

Es gehört nahezu zum Konsens der neutestamentlichen Forschung, daß Jesus das eschatologische Heil der Gottesherrschaft nicht nur angesagt und für die nächste Zeit erwartet (vgl. Lk 10,9 par; Mk 1,15), sondern als schon in die Gegenwart hinein wirksam verstanden hat (vgl. Lk 11,20 par; 10,23f par; 7,22f par; 11,31f par; Mk 2,19a; 3,27 par). Meist – und wohl auch zu Recht – wird in diesen sog. Gegenwartsaussagen die differentia specifica der Botschaft Jesu gesehen.

Damit ist im Grunde schon angedeutet, daß die Gegenwartsaussagen und die konkrete Art, wie sie Jesus macht, letztlich unableitbar sind. Dennoch muß auch hier die Frage nach der religionsgeschichtlichen, historischen und eventuell sogar psychologischen Möglichkeit derartiger Aussagen gestellt werden. Unter religionsgeschichtlicher Rücksicht verweist man in diesem Zusammenhang meist auf den dynamischen Charakter der »Gottesherrschaft« oder auf das Phänomen einer präsentischen Eschatologie in Qumran[21]. Historisch und psychologisch rechnet man gewöhnlich mit einem Offenbarungserlebnis Jesu, wobei es hier dahingestellt bleiben mag, ob man es mit der Taufe oder, wie ich glaube, stärker mit Lk 10,18 in Verbindung zu bringen hat[22]. Auffällig ist, daß kaum einmal die *Frage nach der theologischen Möglichkeit* der eschatologischen Gegenwartsaussagen Jesu gestellt wird.

Gerade unter dieser Rücksicht ist m.E. aber ernsthaft zu überlegen, ob nicht speziell das Bekenntnis zur Einzigkeit Gottes die theologische Ermöglichung für eine Ansage gegenwärtigen Heils darstellt. Ich meine, daß dies der Fall ist, wobei es mir um den Sachzusammenhang und nicht um den Nachweis geht, daß Jesus seine Gegenwartsaussagen bewußt und ausdrücklich aus dem Gedanken der Einzigkeit Gottes deduziert hat. Mit in Rechnung zu stellen ist dabei wiederum die von Jesus mit Johannes geteilte Prämisse, daß Israel wegen seiner Sünden vom Gericht Gottes bedroht ist. Ihre spezifisch apokalyptische Note erhält diese Prämisse dadurch, daß Jesus wie Johannes einen Rückgriff auf frühere Heilsprivilegien Israels (z.B. den Abrahamsbund) zur Begründung einer (heils)geschichtlich vermittelten Heilszukunft nicht zulassen[23].

Nun stehen aber derartige Situationsanalysen, welche die Gegenwart Israels nicht mehr als selbstverständliches Kontinuum zwischen Vergangenheit und Heilszukunft zu werten vermögen, in eklatanter Spannung

---

21   Vgl. bes. *J. Becker*, Das Heil Gottes. Heils- und Sündenbegriffe in den Qumrantexten und im Neuen Testament (StUNT 3), Göttingen 1964, 197-217; *H.-W. Kuhn*, Enderwartung und gegenwärtiges Heil. Untersuchungen zu den Gemeindeliedern von Qumran (StUNT 4), Göttingen 1966, 176-204.
22   Für ersteres vgl. *J. Jeremias*, Neutestamentliche Theologie I. Die Verkündigung Jesu, Gütersloh 1971, 56-62, für letzteres *Merklein*, Botschaft (s.o. Anm. 4) 59-62.
23   Bei Johannes ist dieser Rückgriff ausdrücklich negiert (vgl. Mt 3,9 par), bei Jesus findet er de facto nirgends statt. Mt 8,11f par stellt sogar eine sachliche Parallele zu Mt 3,9 par dar, doch ist das Logion wohl nicht authentisch.

zum Glauben Israels an die Einzigkeit Jahwes, der als der einzige ja auch durch alle geschichtlichen Veränderungen hindurch ein und derselbe bleiben muß. Das wäre aber nicht mehr der Fall, wenn das verheißende und erwählende Handeln Jahwes an Israel letztlich wirkunsglos bliebe. Ich möchte daher die These aufstellen: Angesichts der Einzigkeit Gottes sind Situationsanalysen wie die geschilderte nur aufrechtzuerhalten, wenn sie entweder als Momentaufnahmen mit überwiegend pädagogisch-paräne-tischer Funktion eingesetzt werden oder wenn die vorausgesetzte ge-richtsreife Gegenwart mit einem *neuen* Heilshandeln Gottes zusammen-gedacht wird, das (sachlich und zeitlich) mehr oder minder unmittelbar die Gegenwart berührt.

Insofern könnte man die Einzigkeit Gottes als die *Grundvoraussetzung apokalyptischen Denkens* überhaupt bezeichnen[24].

Als in der Zeit der seleukidischen Religionsverfolgung nach dem Urteil der Asidäer der Bestand Israels selbst auf dem Spiele stand, war es nicht nur eine Frage des eigenen Überlebens, sondern auch – wenn man so sa-gen darf – eine Frage des Überlebens des Gottes Israels, des einzigen, wenn man sich zu der ausschließlich theologisch begründeten Hoffnung aufschwang, daß dieser Gott nun ein neues Heilshandeln veranstalten würde[25]. Dabei scheint es bezeichnend zu sein, daß dieses Heilshandeln um so näher an die Gegenwart herangeführt wird, je negativer man die gegenwärtige Situation Israels empfindet; so operiert beispielsweise das auf dem Höhepunkt der Religionsverfolgung abgeschlossene Daniel-Buch mit der überschaubaren Frist von ca. 3 1/2 Jahren (Dan 7,25; 8,14; 12,11f). Umgekehrt läßt sich beobachten, daß diejenigen apokalyptischen Schriften, die das Eschaton (in unbestimmte Zeit) hinausschieben, auch die Negativität der Gegenwart relativieren und diese nur als Vorstufe ei-ner noch viel größeren Bosheit und Heillosigkeit werten (vgl. etwa die Pa-ränesen des äthHen 92.94–104, bes. 100.102; auch äthHen 91,6f; Jub 23,16–21). Das andere Extrem wird etwa von der Zehnwochenapokalyp-se (äthHen 93,1–10; 91,12–17) repräsentiert, die im abschätzigen Urteil über die faktische Situation Israels durchaus mit Johannes und Jesus zu vergleichen ist: Das nachexilische Israel wird insgesamt als ein »abtrünni-ges Geschlecht« bezeichnet, dessen Tun in dem Wort zusammengefaßt werden kann: »zahlreich werden seine Taten sein und alle seine Taten werden Abfall sein« (äthHen 93,9). Dieses negative Pauschalurteil über Israel kann die Zehnwochenapokalypse m.E. aber nur treffen, weil sie zu-gleich von dem Bewußtsein beflügelt wird, daß genau am potentiellen

---

24 Zur frühjüdischen Apokalyptik vgl. jetzt besonders: *K. Müller*, Art. Apokalyptik/ Apokalypsen III. Die jüdische Apokalyptik. Anfänge und Merkmale, TRE III (1978) 202–251.

25 Dahinter steht das Motiv vom Völkersturm gegen die Gottesstadt, der ein Eingreifen Gottes zur Folge hat; vgl. Ps 46,5–8; 48,5–8; 76,2–8; Jes 8,9f; 17,12–14; 29,5–8; 31,4f.8f; Joel 2; Mi 4,11f; Sach 12.

»Nullpunkt« Israels ein neues Erwählungshandeln Gottes einsetzt[26], das nach dem esoterischen Selbstverständnis der Schrift allerdings nur der eigenen Gruppe (als dem wahren Israel) gilt: »Am Ende derselben (d.i. der siebten Woche) werden die auserwählten Gerechten der ewigen Pflanze der Gerechtigkeit auserwählt werden, um siebenfache Belehrung über seine ganze Schöpfung zu empfangen« (äthHen 93,10)[27]. Das erhoffte Heilshandeln Gottes berührt also wenigstens insofern bereits die Gegenwart, als es sich jetzt schon als Erwählungsgeschehen auswirkt.

Bei Johannes dem Täufer ist das Verdikt über das vorfindliche Israel bis zur äußersten Konsequenz zugespitzt. Zumindest theoretisch kann er mit einem so ausnahmslosen und radikalen Gericht über Israel rechnen, daß er sogar mit der Möglichkeit jongliert, Gott könne seine Treue zu sich selbst (eine Variante der Einzigkeit Gottes) auch in völliger Diskontinuität zum empirischen Israel dadurch wahren, daß er aus Steinen dem Abraham Kinder erweckt (Mt 3,9 par). Allerdings bleibt zu beachten, daß diese Möglichkeit des eschatologischen Heilswirkens Gottes – ganz abgesehen davon, daß sie im Rahmen einer Umkehrpredigt offensichtlich paränetische Funktion hat – nicht nur theoretisch ist oder rein futurisch gedacht wird, sondern – auch bei Johannes – in gewisser Weise bereits die Gegenwart tangiert. Denn das neuschöpferische Handeln Gottes (an den Steinen), mit dem Johannes seine Zuhörer bedroht, ist zugleich die einzige Chance des gerichtsträchtigen Israel. Und tatsächlich nimmt dieses neuschöpferische Handeln auch an Israel schon seinen Anfang, wenngleich Johannes sich scheut, in positiver und direkter Weise davon zu sprechen. Immerhin aber hat man davon auszugehen, daß er mit seiner Taufe die Zusage der Sündenvergebung verbunden hat (vgl. Mk 1,4) und die Bewahrung im eschatologischen Gericht in Aussicht gestellt hat (vgl. Mt 3,11f* par)[28]. Auch für Johannes gilt also: Das radikale Verdikt über Israel und der Glaube an den einzigen, sich selbst treu bleibenden Gott sind gleichzeitig nur aufrechtzuerhalten, wenn die Gerichtssituation Israels nicht als Ende göttlichen Heilshandelns, sondern geradezu als dessen akuter Fall, ja als Beginn des eschatologischen Handelns Gottes interpretiert wird.

Unter dieser Voraussetzung ist es nur konsequent, wenn Jesus, der von Johannes die Negativanalyse Israels übernimmt, dann auch den Beginn

---

26   Ein vergleichbares Denken findet sich auch in Qumran; vgl. o. Anm. 13.
27   Der in Qumran überlieferte Text (4QEn⁸) weicht etwas von der äthiopischen Version ab: »[. . . Und an ihrem Ende] werden aus [ihm] ausgewählt werden alle Zeugen der Wahrheit aus der ewigen Pflanzung der Wahrheit, denen siebenmal Weisheit samt Erkenntnis gegeben werden wird« (Übersetzung nach *K. Beyer,* Die aramäischen Texte vom Toten Meer, Göttingen 1984, 248). Leider fehlen die vorausgehenden Zeilen, so daß der Bezugsrahmen der Aussage (derselbe wie äthHen 93,9?) nicht deutlich ist.
28   Dies ergibt sich aus der Gegenüberstellung von Wasser- und Feuertaufe. Der Vergleich mit dem Kommenden, der »stärker ist als ich . . .«, dürfte der Q-Redaktion entstammen; vgl. *P. Hoffmann,* Studien zur Theologie der Logienquelle (NTA NF 8), Münster 1972, 18–25.28–33.

des eschatologischen Heils nicht nur andeutet, sondern direkt artikuliert und das gerichtsbedrohte Israel als erneutes Erwählungskollektiv seligpreist (Lk 6,20f par). Gewiß ist damit weder die konkrete Ausformung der Gegenwartseschatologie Jesu geklärt noch die Frage beantwortet, wie Jesus dazu kam, die genannte Konsequenz zu ziehen. Vielleicht spielte dabei der reine Zeitfaktor (also etwa der Umstand, daß eine Gerichtsaussage nach Art des Johannes nicht beliebig prolongierbar ist) ebenso eine Rolle wie persönliche Erfahrungen, die theologisch als Offenbarung zu qualifizieren sind (vgl. Lk 10,18). Vielleicht haben auch die therapeutischen und exorzistischen Fähigkeiten, die der Charismatiker Jesus besessen hat, das Ihre dazu beigetragen. Letzteres würde besonders gut zu der religionsgeschichtlich wohl nicht ableitbaren Verbindung von Eschatologie und Wunder passen, wie wir sie etwa aus Lk 11,20 par kennen[29]. Doch kann das alles hier offenbleiben. Mir ging es nicht um den spezifischen Charakter der Gegenwartsaussagen Jesu, sondern um eine viel fundamentalere Feststellung, die ich noch einmal zusammenfassen darf: Die eschatologischen Gegenwartsaussagen Jesu sind der Sache nach zutiefst eine Folge des Grundbekenntnisses Israels zur Einzigkeit Gottes. Insbesondere die Gerichtssituation Israels, wie sie Jesus voraussetzt, nötigt geradezu dazu, die zerbrochene heilsgeschichtliche Kontinuität Israels in der Kontinuität des einen, sich selbst treu bleibenden Gottes neu zu begründen und eben dieses Israel als Gegenstand eschatologischer Erwählung zu proklamieren.

3.5   *Die Einzigkeit Gottes und die Christologie*

Hier müssen einige allgemeine Hinweise genügen. Vor allem kann nicht auf die Frage eingegangen werden, ob Jesus selbst irgendwelche christologischen Titel für sich beansprucht hat. Die Forschungslage ist hier viel zu kontrovers, als daß man daraus begründete oder kommunikable Schlußfolgerungen ableiten könnte. Ich beschränke mich daher auf das nahezu allgemein anerkannte Faktum einer sog. impliziten Christologie, wie es sich etwa aus der Souveränität, in der Jesus den Gotteswillen verkündet (vgl. Mk 7,15; Mt 5,21f*.27f*; 5,32*; 5,39b.40.44f.48 par), bzw. überhaupt aus Jesu eschatologischem Anspruch ergibt. Für das letztere ist insbesondere Lk 11,20 par signifikant. Die implizite Christologie ergibt sich hier aus der Verbindung von Eschatologie und Wunder, konkret also aus der Behauptung Jesu, daß das eschatologische Tun *Gottes* – das Geschehen der Gottesherrschaft – sich in *seinem* (exorzistischen) Tun ereignet. Dies ist zur Genüge bekannt. Es sei in diesem Zusammenhang allerdings darauf aufmerksam gemacht, daß aus der Verbindung von Eschatologie und Tun Jesu schlüssig nur dann eine Christologie resultiert, wenn

---

29   Vgl. Lk 10,23f par; 7,22f par; zur Sache: *G. Theißen*, Urchristliche Wundergeschichten. Ein Beitrag zur formgeschichtlichen Erforschung der synoptischen Evangelien (StNT 8), Gütersloh 1974, 274–277; *Kuhn*, Enderwartung (s.o. Anm. 21) 201–204.

der Glaube an die Einzigkeit Gottes als selbstverständliche Prämisse vorausgesetzt wird. Weil Gott ein einziger ist, der nach Deutero-Jesaja alles wirkt: die Schöpfung am Anfang und das eschatologische Heil am Ende, weil Gott seine Einzigkeit gerade dadurch erweist, daß er seine Königsherrschaft eschatologisch aufrichtet, und weil dies (nach gemeinjüdischer Vorstellung)[30] *sein alleiniges* Werk ist, muß Jesus, sofern sein Tun als Anbruch der Gottesherrschaft zu qualifizieren ist, zwangsläufig mit Gott zusammengedacht und in die Nähe Gottes gerückt werden. Es ist daher durchaus konsequent, daß bereits Jesus selbst seine Person zum Kriterium des eschatologischen Gerichtes erhoben hat (Lk 12,8f par). Unter dieser Rücksicht ist es dann auch korrekt, wenn die nachösterliche Überlieferung das sündenvergebende Wort Jesu in Mk 2,5b von den Schriftgelehrten mit der Frage kommentieren läßt: τί οὗτος οὕτως λαλεῖ; βλασφημεῖ · τίς δύναται ἀφιέναι ἁμαρτίας εἰ μὴ εἷς ὁ θεός; (Mk 2,7)[31].

Die Einzigkeit Gottes kann vor der Botschaft und der Person Jesu letztlich nur in alternativ-exklusiver Weise durchgehalten werden. Entweder man spricht – wie in der Perikope Mk 2,1–12 – Jesus selbst die Funktion des Menschensohnes zu (Mk 2,10) und prägt schließlich eine explizite Christologie aus, die Jesus als den »Christus« und »Sohn (Gottes)« bekennt[32], oder aber man lehnt Jesus gerade in dieser christologischen Funktionalität ab. Beide Wege wurden eingeschlagen, und zwar, wenn man von allen möglichen äußeren Ursachen absieht, letztlich aus theologischen Gründen, d.h. um des *einen* Gottes willen. Der eine Weg führte zum pharisäisch-rabbinisch geprägten Judentum, der andere zur christlichen Kirche.

Ein Mittelweg, der versucht, Jesus für beide Seiten dadurch akzeptabel zu machen, daß man ihn als prophetische Gestalt (unter anderen Propheten) oder als Lehrer (etwa nach rabbinischem Muster) zeichnet, hat nur eine sehr begrenzte Reichweite. Zwar sollten vor allem entsprechende jüdische Versuche von seiten der christlichen Kirche mit höchstem Respekt aufgenommen werden. Nach allem, was im Namen Jesu christlicherseits den Juden angetan wurde, können Christen für ein derartiges jüdisches

---

30   Auch bei den Zeloten wird das eschatologische Tun Gottes nicht vom menschlichen Handeln *abhängig* gemacht. Ihre militanten Aktionen, die auf eine Veränderung der Verhältnisse abzielen, sollen nicht Gott unter Zugzwang setzen, sondern geschehen nach zelotischem Selbstverständnis in Erfüllung der Gehorsamspflicht gegenüber dem in der Tora verbürgten Gotteswillen (1. Gebot!).

31   Ob Jesus explizit und im Einzelfall von Sünden losgesprochen hat (vgl. neben Mk 2,1–12 noch Lk 7,36–50), kann hier auf sich beruhen. In jedem Falle gehört die Vergebungsbotschaft integral zur Verkündigung Jesu, und zwar als Konsequenz seiner *eschatologischen* Botschaft; vgl. *Merklein*, Gottesherrschaft (s.o. Anm. 20) 193–206.

32   Zur Entwicklung der Christologie vgl. bes. *M. Hengel*, Der Sohn Gottes. Die Entstehung der Christologie und die jüdisch-hellenistische Religionsgeschichte, Tübingen 1975. Meine eigene Sicht habe ich dargelegt in: Die Auferweckung Jesu und die Anfänge der Christologie (Messias bzw. Sohn Gottes und Menschensohn), ZNW 72 (1981) 1–26; Zur Entstehung der urchristlichen Aussage vom präexistenten Sohn Gottes, in: *G. Dautzenberg u.a.* (Hg.), Zur Geschichte des Urchristentums (QD 87), Freiburg/Basel/Wien 1979, 33–62.

Interesse an Jesus[33] nur Hochachtung und Dankbarkeit empfinden. Tatsächlich besteht in der Kirche ein Nachholbedarf bezüglich des Bewußtseins, daß Jesus Jude war und bis an sein Ende für sein Volk gelebt hat. Der genannte »Mittelweg« kann daher durchaus Zugänge zueinander schaffen und Möglichkeiten des Gespräches zwischen Juden und Christen eröffnen. Dennoch kann dieser »Mittelweg« nicht als Konkordienformel dienen, da er den eschatologischen Charakter der Botschaft und der Person Jesu vernachlässigen oder relativieren muß. Die eschatologische Qualität Jesu ist aber gerade der Grund, der nach Ostern und aufgrund der Ostererfahrung – zumindest nach christlicher Auffassung – zur Ausbildung einer expliziten Christologie und schließlich einer Trinitätslehre nötigt. Beide sind nichts anderes als der (christliche) Versuch, die Einzigkeit Gottes im Medium der Botschaft und Person Jesu zu wahren[34]. An diesem Punkt zeigt sich sehr deutlich, daß die Einzigkeit Gottes keine abstrakte Formel ist, deren Inhalt in einer bloß formal-numerischen Einzigkeit aufgeht. Darin sind sich Christen wie Juden übrigens einig. Für Israel war das Bekenntnis zur Einzigkeit Gottes immer ein inhaltlich gefülltes Bekenntnis. Dazu gehört beispielsweise, daß dieser *eine* Gott Jahwe heißt und mit Baal nicht kontaminiert werden darf. Für Christen wird der *eine* Gott immer der sein müssen, der in und an Jesus eschatologisch gehandelt hat. Das Bekenntnis zur Einzigkeit Gottes ist daher sowohl das einigende Band zwischen Juden und Christen als auch der Grund für die jeweilige differentia specifica. Für eine biblische Theologie, die unter der Perspektive der Einzigkeit Gottes Altes und Neues Testament und die dahinter stehenden geschichtlichen Entwicklungen zusammensehen möchte, bedeutet dies, daß sie gerade nach den Inhalten bzw. nach der Geschichte der Inhalte der Einzigkeit Gottes fragen muß.

3.6 *Die Einzigkeit Gottes und der Sühnetod Jesu*
Ob Jesus seinem Tod sühnende Funktion zugeschrieben hat oder nicht, ist nach wie vor umstritten. Für beide Möglichkeiten lassen sich beachtliche Argumente anführen[35]. In jedem Fall aber sollte klar sein, daß der Tod Je-

---

33 Vgl. u.a. *J. Klausner*, Jesus von Nazareth. Seine Zeit, sein Leben und seine Lehre, Jerusalem [3]1952; *Sch. Ben-Chorin*, Bruder Jesus. Der Nazarener in jüdischer Sicht, München 1967; *D. Flusser*, Jesus in Selbstzeugnissen und Bilddokumenten (RoMo 140), Reinbek bei Hamburg 1968 (u.ö.); *P. Lapide*, Der Rabbi von Nazaret. Wandlungen des jüdischen Jesusbildes, Trier 1974; *ders.*, Ist das nicht Josephs Sohn? Jesus im heutigen Judentum, Stuttgart/München 1976.

34 Zur Kontinuität von Jahweglauben und Christologie vgl. *W. Thüsing*, Zwischen Jahweglauben und christologischem Dogma. Zu Position und Funktion der neutestamentlichen Exegese innerhalb der Theologie, TThZ 93 (1984) 118–137.

35 Die Befürworter haben in jüngerer Zeit immerhin zugenommen: *H. Patsch*, Abendmahl und historischer Jesus (CThM A 1), Stuttgart 1972, 180–182.227; *R. Pesch*, Das Abendmahl und Jesu Todesverständnis (QD 80), Freiburg/Basel/Wien 1978, 107–111; *M. Hengel*, Der stellvertretende Sühnetod Jesu. Ein Beitrag zur Entstehung des urchristlichen Kerygmas, IKaZ 9 (1980) 1–25.135–147, hier 145f; *P. Stuhlmacher*, Existenzstellvertretung für die Vielen: Mk 10,45 (Mt 20,28), in: *R. Albertz u.a.* (Hrsg.), Werden und Wirken des Alten Testaments (FS C. Westermann), Göttingen/Neukirchen-Vluyn 1980, 412–427; *Lohfink*, Jesus (s.o. Anm. 10) 34–37. Vgl. jedoch auch die kritischen Anmer-

su keine zusätzliche Bedingung zu dem Heil darstellen kann, das Jesus als unbedingtes verkündet hat. Läßt sich aber ein heilswirksamer Tod Jesu als integraler Bestandteil und als Konsequenz des von Jesus proklamierten und repräsentierten eschatologischen Heilsgeschehens darstellen, so entfällt m.E. auch jede theologische Nötigung, die Möglichkeit einer entsprechenden Deutung für Jesus selbst auszuschließen[36].

Auf die Diskussion, ob die authentische Deutung des Todes Jesu sich in Mk 10,45 oder in der Abendmahlsüberlieferung erhalten hat und was aus letzterer eventuell als ipsissima vox zu rekonstruieren ist, kann hier nicht eingegangen werden[37]. Sofern aber Jesus seinem Tod Heilsbedeutung beigemessen hat, dann dürfte dies zeitlich zwischen dem Zusammenstoß mit der Tempelbehörde und seinem Tod, also wahrscheinlich beim letzten Mahl, geschehen sein; nur in dieser Situation läßt sich eine Reflexion Jesu über ein mögliches Todesgeschick historisch plausibel machen. Inhaltlich dürfte bei dieser Reflexion Jes 53 eine Rolle gespielt haben; dafür spricht u.a. der überlieferungsgeschichtliche Befund[38]. Dabei ist wohl davon auszugehen, daß ὑπὲρ πολλῶν (Mk 14,24; vgl. ἀντὶ πολλῶν Mk 10,45) in Analogie zum sonstigen frühjüdischen Sprachgebrauch sich zunächst auf die Gesamtheit des Erwählungskollektivs, d.h. auf Israel bezog[39].

Doch welche Rolle spielt dabei der Gedanke der Einzigkeit Gottes? Selbstverständlich kann es nicht um den Nachweis gehen, daß Jesus die Sühnedeutung seines Todes aus dem Gedanken der Einzigkeit Gottes deduziert hat. Aber es gibt doch einen Sachzusammenhang.

Schon beim Konflikt mit der sadduzäischen Tempelbehörde (vgl. Mk 11,15–18.27–33) ging es letztlich um die Einzigkeit Gottes. Den Sadduzäern mußte eine Infragestellung des Kultes, wie sie in der Tempelaktion Jesu zum Ausdruck kam, als Preisgabe Gottes erscheinen, in dessen Namen sie bisher Sühne für Israel vollzogen hatten. Für Jesus stand nicht weniger die Selbigkeit Gottes auf dem Spiel. Denn solange Israel unter Berufung auf das kultische Sühnegeschehen einer eindeutigen Entscheidung für die Botschaft Jesu auswich, distanzierte es sich von dem Gott, dessen eschatologisches Heilshandeln Jesus proklamierte. Gottesverständnis stand gegen Gottesverständnis. Ein Konflikt bahnte sich an, der gerade wegen der Einzigkeit Gottes und der Unteilbarkeit seines Anspruchs keine Kompromisse duldete. Er endete mit dem Tod Jesu. Angesichts der konkreten Machtverhältnisse war dies nicht anders zu erwarten.

Auch Jesus selbst wird keinen anderen Ausgang gesehen haben. Dann aber war die theologische Krise unvermeidlich. War der Gott, dessen Heil

kungen von *A. Vögtle*, Grundfragen der Diskussion um das heilsmittlerische Todesverständnis Jesu, in: *Ders.*, Offenbarungsgeschehen und Wirkungsgeschichte. Neutestamentliche Beiträge, Freiburg/Basel/Wien 1985, 141–167.

36   Vgl. *Merklein*, Botschaft (s.o. Anm. 4) 137–144.
37   Mk 10,45 wird u.a. favorisiert von *Stuhlmacher*, Existenzstellvertretung.
38   Vgl. *H. Merklein*, Erwägungen zur Überlieferungsgeschichte der neutestamentlichen Abendmahlstraditionen, BZ NF 21 (1977) 88–101.235–244.
39   Vgl. dazu *Pesch*, Abendmahl (s.o. Anm. 35) 99f; *Lohfink*, Jesus (s.o. Anm. 10) 36f.

von den Repräsentanten Israels gleichsam offiziell abgelehnt und dessen Bote durch Hinrichtung offiziell eliminiert werden konnte, nicht doch ein anderer als der, den Israel als den einzigen bekannte? Und blieb dieser Gott, dessen eschatologisches Erwählungshandeln Jesus Israel gegenüber verkündet hatte, noch ein und derselbe Gott, wenn dieses Erwählungshandeln gerade an Israel sich weitgehend als unwirksam erwies? Natürlich ist es denkbar, daß Jesus in einem heroischen und trotzigen »Dennoch« an seinem, ihm nun nicht mehr verständlichen Gott festhielt. Andererseits gewinnt gerade im Kontext der geschilderten theologischen Krise die Überlieferung an Glaubwürdigkeit, daß Jesus seinen Tod im Sinne von Jes 53 gedeutet hat. Denn hierbei handelt es sich nicht um irgendeine Interpretation unter mehreren möglichen, sondern um *die* Interpretation, die exakt und umfassend die Antwort auf die entstandene Krise darstellt. Wenn Jesus seinen Tod als Sühne für Israel verstehen durfte, dann war dieser Tod eben nicht das Fiasko des eschatologischen Heilshandelns Gottes, das Jesus bislang verkündet hatte. Dann konnte die Verwerfung Jesu und seine Eliminierung aus Israel nicht die Wirksamkeit der eschatologischen Erwählung Israels in Frage stellen oder gar rückgängig machen. Vielmehr erweist Gott noch und gerade in der Ablehnung seines Boten die Wirksamkeit seines heilschaffenden Handelns, indem er durch dessen Tod Sühne gewährt für das sich verweigernde Israel. Gott bleibt in der Verkündigung und im Tode Jesu somit ein und derselbe.

3.7   *Zusammenfassung und Ausblick*

(1)   Daß die Botschaft Jesu in der Einzigkeit Gottes ihre sachliche Grundlage besitzt, läßt schon der Begriff der »Gottesherrschaft« vermuten, mit dem Jesus seine Verkündigung zusammenfaßt. Vor dem Hintergrund der frühjüdischen Tradition ist die Rede von der »Gottesherrschaft« freilich nichts Neues, wenngleich die Häufigkeit und die Zentralität des Begriffs bei Jesus Indizien dafür sein könnten, daß es dem eschatologischen Denken Jesu ganz dezidiert und vorrangig um *Gott* ging, d.h. sachlich: um die Einzigkeit Gottes.

(2)   Dies schließt eine »anthropologische« Perspektive der Eschatologie keineswegs aus. Sie zeigt sich bei Jesus vor allem darin, daß er das Heil der Gottesherrschaft als *eschatologische Erwählung Israels* auslegt und proklamiert. Diese Konzentration auf Israel hängt traditionsgeschichtlich wiederum mit dem Glauben Israels an die Einzigkeit Jahwes zusammen. Insofern bewegt sich die Korrelation von Gottesherrschaft und Israel ganz im Rahmen der alttestamentlich-frühjüdischen Tradition. Signifikant für die Verkündigung Jesu ist, daß er Gottes Heilshandeln für *ganz* Israel in Anspruch nimmt und auch die Sünder und Zöllner davon nicht ausschließt. Dies ist letztlich eine Folge seiner Überzeugung, daß das von ihm proklamierte eschatologische Heilshandeln Gottes auf ein Israel trifft, das sich faktisch insgesamt im Status des Sünders befindet.

(3)   Vor diesem Hintergrund läßt sich die mit der Gottesherrschaft an

sich fest verbundene *Opposition von Israel und Heiden* – letztlich wiederum eine Konsequenz der Einzigkeit Gottes, der die Götter der Heiden entmachten und die Feinde Israels in die Schranken weisen wird – in der traditionellen Weise nicht mehr halten. Die Einzigkeit Gottes erweist sich vielmehr primär in der *Besiegung Satans*, in dessen Knechtschaft sich Israel und Heiden gleichermaßen befinden. Die daraus zu ziehende soteriologische Konsequenz, daß ein Heilshandeln des *einen* Gottes an Israel dann prinzipiell auch den Heiden gelten muß, wird bei Jesus explizit nicht entfaltet; sie findet ihren Niederschlag aber darin, daß in der geforderten Liebe zum Feind die eschatologische Wirklichkeit des *einen* Gottesvolkes aus Israel und Heiden praktisch bereits vorweggenommen wird.

(4)   Vom Bekenntnis zur Einzigkeit Gottes fällt m.E. auch neues Licht auf die *eschatologischen Gegenwartsaussagen Jesu*. Denn angesichts des negativen Urteils über Israel läßt sich die Einzigkeit Gottes wohl nur aufrechterhalten, wenn die Gerichtssituation Israels nicht als Ende, sondern als Neubeginn göttlicher Erwählung angesehen wird. In diesen Kontext gehört dann auch die *Sühnedeutung des Todes Jesu*, mit deren Hilfe Jesus trotz aller Ablehnung an der Wirksamkeit des eschatologischen Heilshandelns Gottes an Israel festhalten kann.

(5)   Nicht ableitbar – auch nicht aus dem Gedanken der Einzigkeit Gottes – ist das Faktum, daß Jesus *das eschatologische Handeln Gottes mit seiner Person verbindet*. Akzeptiert man diesen Zusammenhang, dann nötigt er zur Ausbildung einer (impliziten und expliziten) *Christologie*, weil nur so die Einzigkeit Gottes zu wahren ist.

(6)   Nimmt man alle Beobachtungen zusammen, dann dürfte die Schlußfolgerung gerechtfertigt sein, daß die Einzigkeit Gottes die *sachliche Grundlage der Botschaft Jesu* darstellt. Diese läßt sich verstehen als eine spezifische, d.h. als eschatologische und an die Person Jesu gebundene Interpretation des Grundbekenntnisses Israels zum einen Gott. Der oben erhobenen Forderung nach einer inhaltlichen Füllung der Einzigkeit Gottes ist damit zugleich Rechnung getragen.

(7)   Im Blick auf eine *biblische Theologie* bleibt zu überprüfen, ob sich die Einzigkeit Gottes über die Botschaft Jesu hinaus auch als Grundlage der nachösterlichen Theologie(n) des Neuen Testaments erweisen läßt. Ich halte eine derartige Überprüfung für erfolgversprechend. Ich erinnere hier nur an die *vorpaulinische Missionspredigt*, wie sie in 1Thess 1,9b.10 festgehalten ist[40], und an Röm 3,27–31, wo Paulus seine *Rechtfertigungslehre* als Auslegung des εἷς ὁ θεός darstellt[41]. An beiden Stellen wird übrigens wieder deutlich, daß die Einzigkeit Gottes nicht als eine rein formale, sondern als inhaltlich gefüllte Vorstellung tradiert wurde.

---

40   Vgl. dazu: *P. Stuhlmacher,* Das paulinische Evangelium I. Vorgeschichte (FRLANT 95), Göttingen 1968, 258–266.
41   Vgl. dazu: *E. Gräßer,* »Ein einziger ist Gott« (Röm 3,30). Zum christologischen Gottesverständnis bei Paulus, in: *N. Lohfink u.a.* (Hg.), »Ich will euer Gott werden«. Beispiele biblischen Redens von Gott (SBS 100), Stuttgart ²1982, 177–205.

8. Wie hat Jesus seinen Tod verstanden?

Es muß von vornherein festgestellt werden, daß die im Thema gestellte Frage unter historischer Rücksicht nur hypothetisch zu beantworten ist. Zuvor müssen wir uns überdies erst noch mit einer anderen Frage befassen.

1. Wie kam es zum Tode Jesu?

Auch hier ist die Antwort keineswegs so einfach, wie es zunächst erscheint. Aus dem, was die Evangelien über Passion und Tod Jesu zu berichten wissen, ergibt sich kein einheitliches Bild der historischen Abläufe[1]. Das Johannesevangelium zeichnet die Passion Jesu völlig anders als die Synoptiker. Und auch diese sind von Einmütigkeit weit entfernt. Dies muß in keiner Weise verwundern. Die Evangelien sind in erster Linie Glaubenszeugnisse und daher nur indirekt als historische Quellen verwertbar.

Historischer Fixpunkt der Passionsüberlieferung ist die Kreuzigung Jesu. Die Kreuzesinschrift (der sog. titulus crucis) „der König der Juden" (Mk 15,26) gibt mit hoher Wahrscheinlichkeit historische Realität wieder. Man kann also davon ausgehen, daß Jesus von den Römern aufgrund messianischer Anschuldigungen hingerichtet wurde. Messianische Ansprüche standen aus römischer Sicht immer unter dem Verdacht politischer Ambitionen; und dies mit einer gewissen inneren Konsequenz, sollte doch nach landläufiger jüdischer Meinung der Messias das Reich Davids wiederherstellen. Von Josephus wissen wir, daß die Römer im Falle messianischer Ansprüche meist kurzen Prozeß gemacht haben. Potentielle Messias- bzw. Königsanwärter wurden festgenommen und in aller Regel hingerichtet.

Prozeß vor dem Synhedrium oder Verhör durch die Tempelbehörde?

Folgt man der markinischen Passionsgeschichte, kamen die messianischen Anschuldigungen im Falle Jesu von seiten des Hohen Rates, der zuvor Jesus in einem *offiziellen (förmlichen) Verfahren* wegen seines Messiasanspruchs verurteilt hatte (Mk 14,61–64). Ob dies historisch zutrifft, ist allerdings keineswegs sicher. Das Johannesevangelium kennt nur eine Befragung durch den bzw. die Hohenpriester und weiß nichts von einem jüdischen Prozeß gegen Jesus (Joh 18,19–24).

---

[1] Zum historischen Ablauf insgesamt vgl. *W. Bösen*, Der letzte Tag des Jesus von Nazareth. Was wirklich geschah, Freiburg–Basel–Wien 1994.

Hinzu kommt, daß der von Markus dargestellte Prozeß Jesu – sofern man das mischnische Strafrecht zugrundelegt – gewisse *Irregularitäten* aufweist. So schreibt die Mischna vor (mSanh IV,1), daß Kriminalfälle im Unterschied zu Zivilsachen am Tage verhandelt und entschieden werden müssen. Ferner mußte zwischen Beweisführung und Urteilsverkündung mindestens ein Tag verstreichen. Überhaupt waren Verhandlungen am Rüsttag eines Sabbats oder Feiertags verboten. Diesen Schwierigkeiten wollte man mit der These entgehen, daß Jesus nicht nach pharisäischem (mischnischem), sondern nach sadduzäischem Recht abgeurteilt wurde[2]. Doch auch hier bleiben Probleme. Neuerdings wurde daher die Auffassung vertreten, daß es im Falle fundamentaler religiöser Verstöße gar keine Unterschiede zwischen pharisäischer und sadduzäischer Rechtsprechung gegeben habe[3]. Zu diesen fundamentalen religiösen Vergehen gehörten vor allem der in Dtn 13 und 17 behandelte Abfall von Gott und die Verführung zum Götzendienst durch falsche Propheten und Verführer. In diesem Fall konnte tatsächlich auch in der Nacht verhandelt und das Urteil sofort verkündet werden (tSanh X,11). Die Hinrichtung sollte sogar – mit Rücksicht auf Dtn 17,13 – an einem der großen Wallfahrtsfeste vollstreckt | werden (tSan XI,3.7). Damit könnte man die genannten Irregularitäten des Prozesses Jesu erklären. Im Falle Jesu hätte es sich nicht um einen gewöhnlichen Strafprozeß, sondern um einen religiösen Spezialfall gehandelt. Doch warum hätte man Jesus als falschen Propheten oder Verführer im Sinne von Dtn 13 und 17 anklagen sollen? Aus der historisch verifizierbaren Botschaft Jesu ist ein derartiger Vorwurf jedenfalls nur schwer abzuleiten.

Als Fazit kann festgehalten werden: Ein offizieller jüdischer Prozeß gegen Jesus ist zumindest nicht über alle Zweifel erhaben. Es ist nicht auszuschließen, daß Jesus lediglich durch die sadduzäische Hochpriesterschaft verhört und dann Pilatus überstellt wurde.

Was war der Grund, daß man Jesus von jüdischer Seite für schuldig befunden hat?

Das Markusevangelium gibt als Grund unmittelbar einen *messianischen Anspruch* Jesu an. Der Hohepriester fragte Jesus: „Bist du der Messias, der Sohn des Hochgelobten?" Als Jesus bejahte, hatte der Hohe Rat sofort das Urteil parat: „Er ist des Todes schuldig" (Mk 14,61–64). In der Antwort Jesu spiegelt sich zweifellos das Bekenntnis der jungen Christengemeinde, durch das sie sich von anderen jüdischen Gruppen unterschied. Unter historischer Rücksicht er-

---

[2] Das ist die These der großangelegten Untersuchung von *J. Blinzler*, Der Prozeß Jesu, Regensburg [4]1969.

[3] *A. Strobel*, Die Stunde der Wahrheit. Untersuchungen zum Strafverfahren gegen Jesus (WUNT 21), Tübingen 1980.

scheint es aber zweifelhaft, ob ein messianischer Anspruch jüdischerseits ein hinreichender Grund war, um einen Volksgenossen zu verurteilen oder den Heiden auszuliefern. Es gab in der Zeit bis zum Zweiten Jüdischen Krieg immer wieder Juden, die als messianische Führer auftraten, ohne daß eine jüdische Behörde eingeschritten wäre. Das prominenteste Beispiel ist Bar Kochba. Im übrigen steht historisch nicht einmal fest, ob Jesus selbst sich als Messias verstanden oder ausdrücklich so bezeichnet hat.

Als weiterer Grund für eine jüdische Verurteilung werden die *Gesetzeskonflikte* Jesu angeführt. Doch auch hier ist unter historischen Prämissen Vorsicht geboten. Zwar finden sich in der Bergpredigt einige Worte Jesu, die mit der Auffassung der Pharisäer oder Sadduzäer nicht konform gehen. Nicht zuletzt durch die Qumran-Schriften wissen wir aber, daß die halachischen (religionsgesetzlichen) Differenzen im Frühjudentum relativ groß waren. Der Umstand, daß eine konkrete Halacha über den unmittelbaren Wortlaut der Tora hinausging, hinderte nicht, sie als Offenbarung vom Sinai zu verstehen. Unter dieser Rücksicht ist festzuhalten, daß alles, was Jesus gelehrt hat, im Rahmen des frühjüdisch Möglichen blieb, so daß man ihm kaum den Vorwurf der Mißachtung des Gesetzes machen konnte. Dies schließt nicht aus, daß Jesus durch seine Lehre und seine Praxis sich Feinde geschaffen hat. Ein direkter Grund, ihn zu töten, ergibt sich daraus aber nicht.

Historisch gesehen, wird man den Hauptgrund für eine jüdische Verurteilung Jesu in einem *Wort bzw. einer Aktion Jesu gegen den Tempel* sehen müssen. Nach der Schilderung des Markusevangeliums hat sich dabei folgendes zugetragen (Mk 11,15–19):

Und sie kommen nach Jerusalem. Und er ging in das Heiligtum und begann diejenigen, die im Heiligtum Handel trieben und kauften, hinauszuwerfen, und die Tische der Geldwechsler und die Stände der Taubenhändler stieß er um und ließ nicht zu, daß jemand etwas durch das Heiligtum trug. Und er belehrte sie und sagte: Mein Haus soll ein Haus des Gebetes für alle Völker heißen (Jes 56,7). Ihr aber habt es zu einer Räuberhöhle gemacht (Jer 7,11).

Vor allem die Schriftzitate in dem abschließenden Jesuswort deuten das Geschehen als Tempel*reinigung*. Bei Licht betrachtet ist die dargestellte Handlung allerdings weit mehr als bloß eine Aktion zur Reinerhaltung des Heiligtums. Man muß sich klar machen, welche Funktion und Bedeutung der Verkauf von Tieren und der | Geldwechsel vor dem Tempel oder im Vorhof des Tempels hatten. Es ging nicht ums Geschäftemachen am heiligen Ort. Im Gegenteil, beides diente der Aufrechterhaltung eines geordneten Kultbetriebes. Man konnte nicht irgendwelche Tiere zum Opfer herbeibringen. Es mußten kultisch einwandfreie Tiere sein. Damit nicht jedes herbeigebrachte Tier eigens von den Priestern geprüft werden mußte, hatte man im Vorhof oder an den Treppen des Tempels einen lizensierten Opfertierhandel eingerichtet. Nicht minder bedeutsam war der Geldwechsel. Jeder männliche Israelit mußte vom Alter von zwanzig Jahren an jährlich einen Halbschekel (Doppeldrachme) als Tempelsteuer zahlen (vgl. Ex 30,11–16). In neutestamentlicher Zeit wurde diese Steuer in tyrischer Währung entrichtet. Die Geldwechsler waren also nicht private Bankiers, die in die eigene Tasche wirtschafteten, sondern Angestellte bzw. Beauftragte der Tempelbehörde. Damit wird das Ausmaß der Aktion Jesu deutlich. Wenn er die Taubenhändler vertrieb, dann unterband er den Verkauf von *Opfer*tieren. Wenn er den Geldumtausch störte, dann verhinderte er die Zahlung der für den *Tempel* nötigen Zahlung. Kurzum: Die Aktion Jesu war keine Tempel*reinigung*, sondern stellte den Kultbetrieb in Frage. Das wird auch durch das sogenannte *Tempellogion* bestätigt (Mk 14,58; 15,29 par; Joh 2,19; vgl. Apg 6,13f), das wahrscheinlich ebenfalls in diesen Zusammenhang gehört. Der ursprüngliche Wortlaut ist wohl nicht mehr zu rekonstruieren. Nach Markus lautet das Wort (14,58):

Ich werde diesen von Menschenhand gemachten Tempel niederreißen und in drei Tagen einen anderen errichten, der nicht von Menschenhand gemacht ist.

Das die (sadduzäische) Priesteraristokratie auf derartige Reden und Aktionen allergisch reagierte, wissen wir von einem ähnlich gelagerten Vorgehen gegen einen Propheten namens Jesus Ben Ananja, von dem uns Josephus berichtet (Jos. Bell. 6,300–305):

Vier Jahre vor dem Krieg (62 n. Chr.)... kam ein gewisser Jesus, Sohn des Ananias, ein ungebildeter Mann vom Lande, zum (Laubhütten-)Fest... in das Heiligtum und begann unvermittelt zu rufen: „Eine Stimme vom Aufgang, eine Stimme vom Niedergang, eine Stimme von den vier Winden, eine Stimme über Jerusalem und den Tempel, eine Stimme über Bräutigam und Braut, eine Stimme über das ganze Volk!"[4] *So ging er in allen Gassen umher und schrie Tag und Nacht. Einige angesehene Bürger, die sich über das Unglücksgeschrei ärgerten, nahmen ihn fest und mißhandelten ihn mit vielen Schlägen. Er aber gab keinen Laut von sich, weder zu seiner Verteidigung noch eigens gegen die, die ihn schlugen, sondern stieß beharrlich weiter dieselben Rufe aus wie zuvor. Da glaubten die Obersten, was ja auch zutraf, daß den Mann eine übermenschliche Macht treibe und führten ihn zu dem Landpfleger, den die Römer damals eingesetzt hatten. Dort wurde er bis auf die Knochen durch Peitschenhiebe zerfleischt, aber er flehte nicht und weinte auch nicht, sondern... antwortete auf jeden Schlag: „Wehe dir, Jerusalem!" Als aber Albinus – denn das war der Landpfleger – fragte, wer er sei, woher er komme und weshalb er solches Geschrei vollführe, antwortete er darauf nicht das geringste, sondern fuhr fort, über die Stadt zu klagen und ließ nicht ab, bis Albinus urteilte, daß er wahnsinnig sei und ihn laufen ließ.*

Tempelkritische Worte und Aktionen mußten der hochpriesterlichen Tempelbehörde[5] verdächtig erscheinen. Sie stellten nicht nur deren wirtschaftliche

---

[4] Eine Unheilsprophetie über Stadt, Volk und Tempel. Inhaltlich führt sie Jer 7,34; 16,9 weiter.

[5] Zum „Konsistorium" der Hohenpriester vgl. *W. Bösen;* Der letzte Tag (s. Anm. 1) 167f.

Existenzgrundlage in Frage, sondern auch die theologische Basis Israels, dessen Heil – nach sadduzäischer Auffassung – durch den Kult (Sühne!) gewährleistet war. Von da aus wird verständlich, daß die Hochpriesterschaft den Plan faßte, Jesus zu beseitigen. Da ihr selbst die Kompetenz dazu fehlte, überstellte man Jesus, sobald man seiner habhaft geworden war, der römischen Behörde. Die messianische Anschuldigung war dabei sicherlich ein Interpretament der Tempelbehörde, ent|behrte aber insofern nicht der sachlichen Grundlage, als man Aktionen gegen den Tempel auch als politischen Umsturzversuch deuten konnte. Damit ist allerdings noch nicht geklärt, was Jesus selbst mit seinem provozierenden Reden und Tun im Tempel intendierte.

Was hat Jesus mit der Aktion im Tempel intendiert?

Ob das Vorgehen Jesu im Tempel und überhaupt sein Wirken in Jerusalem durch die Erfahrung zunehmender Ablehnung seiner Botschaft von der Gottesherrschaft veranlaßt war („galiläische Krise") oder einfach in der Konsequenz dieser Botschaft lag, muß hier nicht erörtert werden. Von Albert Schweitzer stammt das Diktum, daß Jesus nach Jerusalem hinaufgezogen sei, „einzig um dort zu sterben"[6]. Jesus hätte also die endzeitliche Drangsal an sich vollziehen lassen, um so das Kommen der Gottesherrschaft herbeizuzwingen. Das ist wohl eine grandiose Überinterpretation. Richtig aber ist, „daß Jesus am Ende seines Wirkens nicht gedankenlos nach *Jerusalem* gezogen ist. Hier suchte er in der Tat ganz *bewußt* die Entscheidung."[7] Daß Jesus um die Gefährlichkeit dieses Unternehmens gewußt haben wird, kann man wohl auch ohne die kaum authentischen Leidensansagen (Mk 8,31; 9,31; 10,33f) annehmen. Dennoch bleibt festzuhalten: Jesus wollte „den Glauben ‚provozieren', nicht seine Hinrichtung".[8]

Um welche Entscheidung aber ging es Jesus in Jerusalem? Zunächst wird man annehmen dürfen, daß schon die *Wahl des Ortes* von zeichenhafter Bedeutung war. Wenn Jesus den Anspruch seiner Botschaft auf ganz Israel aufrechterhalten wollte, mußte er sie auch in Judäa und vor allem in Jerusalem ausrichten. Jerusalem war die heilige Gottesstadt und das traditionelle religiöse Zentrum Israels. Warum aber suchte Jesus die *Entscheidung gerade im Tempel* bzw. warum spitzte er die fällige Entscheidung so zu, daß er mit der sogenannten Tempelreinigung den Kultbetrieb in Frage stellte? Wollte er den Tempelkult abschaffen? Das halte ich für ausgeschlossen. Wie jeder andere Jude seiner Zeit wird auch Jesus den Kult als von Gott gesetzte Ordnung begriffen haben. Nicht Tempel und Kult als solche waren für Jesus das Problem, sondern die Art und Weise, wie man sie – an

---

[6] *A. Schweitzer,* Geschichte der Leben-Jesu-Forschung, 2 Bde. (Siebenstern-Taschenbuch 77–80), Hamburg ²1972, 444f.

[7] *E. Gräßer,* Die Naherwartung Jesu (SBS 61), Stuttgart 1973, 95.

[8] *L. Oberlinner,* Todeserwartung und Todesgewißheit Jesu. Zum Problem einer historischen Begründung (SBB 10), Stuttgart 1980, 129.

seiner Botschaft vorbei – beanspruchte. Man muß die Aktion Jesu also vor dem
Hintergrund seiner eschatologischen Botschaft sehen. Seine Aktion hatte die
Qualität einer prophetischen Zeichenhandlung. Insofern wollte Jesus sicherlich
provozieren. Es tritt hier eine Spannung zutage, die für das Frühjudentum geradezu konstitutiv ist. Sie führte immer wieder zu mehr oder weniger großen Er-
schütterungen und war maßgeblich an der Gruppenbildung im Frühjudentum
beteiligt. Die beiden Pole der Spannung werden in der Forschung meist mit den
Begriffen „Theokratie" und „Eschatologie" bezeichnet[9]. Aus theokratischer
Sicht konnte man tatsächlich der Auffassung sein, daß Tempel und Kult für das
Heil Israels genügen. Der Kult war die von Gott gesetzte Einrichtung, um Israel
von seinen Sünden zu entsühnen. Jedes Jahr am großen Versöhnungstag wurde
diese Entsühnung eindrucksvoll zelebriert. Ein Priester am Tempel wird sich daher von der prophetischen Botschaft eines Johannes des Täufers oder eines Jesus von Nazaret nur mäßig betroffen gefühlt haben. Aber auch für das einfache
Volk, das solchen Propheten gegenüber Sympathie empfunden haben mag,
blieb der Tempel eine eindrucksvolle Heilsinstitution. Er war das große Symbol
der Anwesenheit Gottes inmitten seines Volkes.

Angesichts dieser Situation scheint es mir nur folgerichtig gewesen zu sein,
daß *Jesus die Entscheidung im Tempel herbeizuführen suchte.* Wollte er seine
Botschaft vom Heil der hereinbrechenden Gottesherrschaft nicht der Beliebig-
keit rein subjektiver Einschätzung preisgeben, mußte er sie mit dem Heilsan-
spruch des Tempelkultes konfrontieren. Er mußte deutlich machen, daß Tempel
und Kult nichts nützen, wenn diejenigen, die den Kult vollziehen, sich nicht dem
eschatologischen Anspruch seiner Botschaft stellen. | Johannes der Täufer und
Jesus hatten die Situation eschatologisch gedeutet. Johannes hatte das drohende
Gericht verkündet und Umkehr verlangt (Mt 3,7–10.11 f par). Jesus hatte – unter
derselben Prämisse – ein Gnadenjahr Gottes ausgerufen.[10] Er wollte ganz Israel
für das jetzt beginnende endzeitliche Heil der Gottesherrschaft sammeln. Es
galt, sich zu entscheiden. Ganz Israel war aufgerufen, wieder an dem von Johannes markierten Nullpunkt zu beginnen und das von Jesus verkündete Gnadenhandeln Gottes anzunehmen. An dieser Entscheidung konnte und durfte man
sich auch nicht unter Berufung auf die Heilsmöglichkeit des Tempelkultes vor-
beidrücken. Dies zum Ausdruck zu bringen, war wohl das Anliegen der provozierenden Aktion Jesu im Tempel. Dabei mag es auf sich beruhen, ob Jesus mit
seinem Handeln bereits das Gericht Gottes im prophetischen Zeichen vorweg-
nehmen oder lediglich in drastischer Weise vor den Folgen einer Ablehnung sei-

---

[9] Grob gesprochen, setzte die „Theokratie" auf die bestehenden Heilsinstitutionen (vor allem Tempel und Kult), während die „Eschatologie" das Heil von einem kommenden Eingreifen Gottes erwartete. Grundlegend ist die Arbeit von *O. Plöger,* Theokratie und Eschatologie
(WMANT 2), Stuttgart (1959) [3]1968.

[10] Zu Johannes und Jesus vgl.: *H. Merklein,* Jesu Botschaft von der Gottesherrschaft. Eine
Skizze (SBS 111), Stuttgart [3]1989.

ner Botschaft warnen wollte. Beides muß sich nicht widersprechen, sondern kann in prophetischer Sprechweise ineinanderfließen. In jedem Fall richteten sich Tempelwort und Tempelaktion nicht gegen Tempel und Kult als solche, sondern waren in erster Linie eine theologische Provokation derer, die den Kult betrieben und an ihm teilnahmen. Sie sollten in harter und schmerzlicher Konfrontation vor die jetzt fällige Entscheidung für das jetzt hereinbrechende Heil der Gottesherrschaft gestellt werden.

Jesus dürfte sich bewußt gewesen sein, daß sein provozierendes Handeln vor allem die (sadduzäische) Hochpriesterschaft treffen mußte, die sich als Hüterin eines auf dem Kult beruhenden Israel verstand. Daß die *Situation für ihn bedrohlich* wurde, muß ihm spätestens dann klar geworden sein, als er von höchst offizieller Seite wegen seiner Tempelaktion zur Rede gestellt wurde, wie man aus der Perikope von der Vollmachtsfrage Mk 11,27b–33 vielleicht noch erschließen kann.

Als er im Tempel umherging, kamen die Hohenpriester, die Schriftgelehrten und die Ältesten zu ihm und fragten ihn: In welcher Vollmacht tust du das? Oder wer hat dir diese Vollmacht gegeben, daß du dies tust? Jesus sagte zu ihnen: Nur eine Frage will ich euch vorlegen. Antwortet mir, und ich werde euch sagen, in welcher Vollmacht ich das tue: Die Taufe des Johannes, war sie vom Himmel oder von den Menschen? Antwortet mir! Da überlegten sie und sagten zueinander: Wenn wir antworten: Vom Himmel, dann wird er sagen: Warum habt ihr ihm nicht geglaubt? Sollen wir vielmehr sagen: Von den Menschen? Sie fürchteten die Leute, denn alle glaubten, daß Johannes wirklich ein Prophet sei. Und sie sagten zu Jesus: Wir wissen es nicht. Da sagte Jesus zu Ihnen: Dann sage auch ich euch nicht, mit welcher Vollmacht ich dies tue.

Die Perikope, die in ihrer jetzigen Form sicherlich Züge sekundärer Gestaltung aufweist, dürfte ursprünglich mit der Tempelreinigung (Mk 11,15–18) eine Überlieferungseinheit gebildet haben (vgl. Joh 2,13–17.18–22). Erst unter dieser Voraussetzung macht die sonst ziemlich merkwürdig motivierte Frage „In welcher Vollmacht tust du das?" (Mk 11,28) einen Sinn[11]. Auch der Verweis Jesu auf die Johannestaufe (Mk 11,30) erscheint so bestens begründet. Wenn es richtig ist, daß Jesus die Nutzlosigkeit und Vergeblichkeit eines Kultes herausstellen wollte, der ohne Einsicht in die wahre Situation und ohne die jetzt fällige Entscheidung zu treffen ausgeübt wurde, dann war es nur sachgerecht, wenn Jesus auf Johannes zurückgriff. Wer nicht anerkannte, daß die Taufe des Johannes eine von Gott geschenkte Möglichkeit war, um dem sonst sicheren Gericht zu entrinnen, von dem war kaum zu erwarten, daß er die Botschaft Jesu vom eschatologischen Gnadenhandeln Gottes existentiell und theologisch für not-wendig hielt. Er konnte weiterhin und ungebrochen das traditionelle Kultgeschehen als

---

[11] Nach dem jetzigen Kontext wird sie durch das „Umhergehen" im Tempel ausgelöst (Mk 11,27; diff Mt und Lk!).

ausreichendes Heilsmittel begreifen und hatte kaum Anlaß, auf ein eschatologisches Heilshandeln Gottes zu hoffen. Theokratie und Eschatologie prallten in Form unversöhnlicher Gegensätze aufeinander. Jesus ging es | um die Geltung seiner eschatologischen Botschaft. Sie mußte auch in Jerusalem und dem Tempel gegenüber zur Geltung gebracht werden.

2. Wie hat Jesus seinen Tod verstanden?

Wenn die bisherigen Ausführungen zutreffen, wird man davon ausgehen müssen, daß Jesus in den Tagen seines Jerusalemaufenthaltes mit der Möglichkeit oder sogar Gewißheit seines Todes gerechnet hat. Dafür spricht nicht zuletzt das mit großer Mehrheit für authentisch gehaltene Wort Mk 14,25, das im Zusammenhang mit Jesu letztem Mahl überliefert wird und dort wohl auch seinen Ursprung hat:

Amen, ich sage euch: Vom Gewächs des Weinstocks werde ich nicht mehr trinken bis zu jenem Tag, an dem ich von neuem davon trinke in der Gottesherrschaft.

Unabhängig davon, wie das Wort im einzelnen zu verstehen ist, spricht daraus die Gewißheit des nahen Todes. Wie ist Jesus mit dieser Gewißheit umgegangen? Wie hat er sich in dieser Situation seinen Jüngern gegenüber verhalten? Der Abendmahlstradition zufolge hat Jesus sein letztes Mahl dazu benutzt, um den Jüngern seinen Tod zu erklären und zu deuten. Unter diesem Gesichtspunkt hängt die Frage, wie Jesus seinen Tod verstanden hat, engstens mit der weiteren Frage zusammen:

Wie zuverlässig ist die Abendmahlsüberlieferung unter historischer Rücksicht?

Die mit dieser Frage verbundenen Probleme sind vielfältig und können hier nicht im einzelnen diskutiert werden. Doch sei wenigstens auf einige Gesichtspunkte hingewiesen, die für unseren Zusammenhang von Bedeutung sind. Das letzte Abendmahl Jesu wird im Neuen Testament in zwei unterschiedlichen Varianten überliefert. Der eine Strang findet sich im Markusevangelium (Mk 14,22–24), von dem wiederum das Matthäusevangelium abhängig ist (Mt 26,26–28). Den anderen Strang repräsentiert die paulinische Überlieferung (1 Kor 11,23–25), mit der die lukanische Version eng verwandt ist (Lk 22,19f). Beide unterscheiden sich nicht unerheblich. Ich beschränke mich hier auf die für uns relevanten Differenzen. Bei Markus ist das Brotwort ganz kurz und ohne jede Deutung: „Dies ist mein Leib". Das parallel gebaute Kelchwort „Dies ist mein Blut" enthält dagegen gleich zwei Deutungen, indem das Blut als „Blut des Bundes, das für die vielen vergossen wird" charakterisiert wird. Das „Blut des Bundes" erinnert an den Sinaibund (Ex 24,8). „Für die vielen" ist wohl eine Anspielung auf das vierte Gottesknechtslied (Jes 53). Demgegenüber ist in der paulinischen und lukanischen Version bereits das Brotwort mit einer Deutung versehen: „Dies ist mein Leib, der für euch (gegeben wird)". Darüber hinaus wird im Kelchwort nicht das sakramentale Element (Blut) bezeichnet, sondern der Kelch gedeutet: „Dieser Kelch ist der neue Bund in meinem Blute (Lk: das für euch vergossen wird)". Das Bundesmotiv spielt hier nicht auf den Sinaibund, sondern auf den neuen Bund von Jer 31,31–34 an. Literarkritisch stellt sich die Frage, welche Version die ursprüngliche ist. Oder enthalten beide Versionen Elemente einer traditionsgeschichtlich erst zu erschließenden ursprünglicheren Fassung? Für uns ist die Beantwortung dieser Fragen von untergeordneter Bedeutung. Wichtiger ist die Beobachtung, *daß* der Tod Jesu als Sühnegeschehen und als Bundesstiftung bzw. als Bundeserneuerung gedeutet wird. Dann aber stellt sich die für uns entscheidende Frage: Gehen diese Deutungen auf Jesus selbst zurück?

Exegeten, die eine radikal *formgeschichtliche Position* vertreten, bezweifeln das.[12] Man sagt: Die neutestamentlichen Abendmahlstexte sind durch die liturgische Praxis der sie gebrauchenden Gemeinden geprägt. Die Suche nach den „ipsissima verba" sei daher aussichtslos. Was die Form betrifft, mag dieses Urteil weitgehend zutreffen. | Doch ist damit noch nicht geklärt, was die Gemeinde dazu bewog, den Tod Jesu mit dem Sühne- und Bundesmotiv zu deuten und diese Deutung auf das letzte Mahl Jesu zurückzuprojizieren. Unter dieser Rücksicht scheint es mir immer noch am plausibelsten zu sein, daß bereits Jesus selbst beim letzten Mahl den Jüngern seinen Tod in irgendeiner Weise als *heilsames Geschehen* erklärt und gedeutet hat.

Welcher konkreten *Deutekategorien* sich Jesus dabei bedient hat, ist damit noch nicht gesagt. Hier wird man unterscheiden müssen. Es fällt auf, daß der Bundesgedanke in der Verkündigung Jesu kaum eine Rolle spielt. Es ist daher nicht von der Hand zu weisen, daß das Bundesmotiv erst der nachösterlichen Reflexion entstammt, wobei es hier dahingestellt bleiben kann, welcher Bundesgedanke (Sinaibund oder neuer Bund) zuerst herangezogen wurde[13]. Um so mehr ist dann zu prüfen, ob wenigstens das Sühnemotiv als authentische Deutung des Todes Jesu in Frage kommt. Dabei wird man mit der Mehrheit der Exegeten davon ausgehen müssen, daß der markinischen Formulierung „für viele" (‚hyper pollôn' Mk 14,24) gegenüber der applizierenden Version „für euch" bei Paulus und Lukas (1 Kor 11,24; Lk 22,19.20) die Priorität zukommt.

---

[12] Formgeschichtlich spricht man von „Kultanamnese", „Kultätiologie" oder einfach von „Kulttexten".

[13] Vgl. dazu *H. Merklein*, Erwägungen zur Überlieferungsgeschichte der neutestamentlichen Abendmahlstraditionen, in: *ders.*, Studien zu Jesus und Paulus (WUNT 43), Tübingen 1987, 157–180, bes. 161. 176f.; außerdem: *ders.*, Der (neue) Bund als Thema der paulinischen Theologie, in: ThQ 176 (1996) 290–308 (= Beitrag 16 in diesem Band).

Es wurde bereits erwähnt, daß das Motiv vom stellvertretenden Sterben „für viele" auf den Gottesknecht von Jes 53,12 verweist. Nun macht man gegen die Authentizität dieser Anspielung nicht selten geltend, daß Jes 53 im theologischen Denken des Frühjudentums kaum eine Rolle gespielt hat, während der allgemeine Gedanke eines stellvertretenden Sühnetodes eher im hellenistischen Judentum beheimatet war. Nicht wenige Exegeten vertreten daher die Meinung, daß erst im Einflußbereich hellenistisch-juden-christlichen Denkens das Sühnemotiv in die Abendmahlsüberlieferung aufgenommen wurde. Ich halte das nicht für überzeugend. Man darf nicht übersehen, daß Jesus ein Mann höchster theologischer Kreativität war. Warum sollte man ihm etwas bestreiten, was man der Gemeinde zutraut? Warum sollte Jesus – noch dazu in außergewöhnlicher Situation – nicht die schöpferische Kraft besessen haben, Jes 53 für sich nutzbar zu machen, zumal seine Verkündigung auch sonst deutliche Einflüsse der deutero-jesaianischen Überlieferung aufweist[14]? Der Sache nach spitzt sich das Problem auf die *theologische* Frage zu, ob und inwieweit die Vorstellung vom Sühnetod mit der sonstigen Verkündigung Jesu zusammenpaßt.

Wie verhält sich der Sühnetod zur sonstigen Verkündigung Jesu?

Auch von seiten der katholischen Exegese hat man unter dieser Rücksicht Bedenken angemeldet[15]. Man verweist darauf, daß Jesus die Gottesherrschaft nicht nur als künftiges Heil verheißen, sondern sie bereits als *gegenwärtiges Heilsgeschehen* proklamiert hat. Noch gewichtiger erscheint ein anderer Gesichtspunkt: Das Heil, das Jesus verkündet, wird Israel von Gott *bedingungslos* geschenkt bzw. ist nur an die eine „Bedingung" gebunden, daß Israel Gottes Erwählungshandeln akzeptiert und sich davon erfassen läßt. Wäre es dann aber nicht – so fragt man – ein Widerspruch, wenn Jesus kurz vor seinem Tod dieses Heil nun doch an eine weitere „Bedingung", nämlich an sein stellvertretendes Sterben, gebunden hätte? Würde dadurch das Heil der Gottesherrschaft, das er proklamiert hat, nicht relativiert und zu einem rein verbalen Geschehen degradiert, dem die letzte Wirksamkeit fehlt?

Die Frage, ob Jesus seinen Tod im Sinne stellvertretender Sühne gedeutet hat, läßt sich daher nur im Rahmen einer *Verhältnisbestimmung von Botschaft und*

---

[14] Vgl. nur Jes 52,7–10 und die deutero- und tritojesajanische Armenfrömmigkeit. Sachlich kommt hinzu, daß Jes 53 „im Rahmen des Schriftbeweises" der frühen christlichen Gemeinde „eine auffällig geringe Rolle" gespielt hat (*H. Patsch*, Abendmahl und historischer Jesus, Stuttgart 1972, 158–176 [Zitat 181]. Die These von einer Rückprojektion aus nachösterlicher Sicht ist daher mindestens ebenso schwierig wie die These, daß Jesus selbst seinen Tod im Sinne stellvertretender Sühne gedeutet hat.

[15] Vgl. *A. Vögtle*, Grundfragen der Diskussion um das heilsmittlerische Todesverständnis Jesu, in: *ders.*, Offenbarungsgeschehen und Wirkungsgeschichte. Neutestamentliche Beiträge, Freiburg–Basel–Wien 1985, 141–167.

Tod Jesu beantworten. Dabei ist davon auszugehen, daß schon die bloße Möglichkeit eines gewaltsamen Todes, die Jesus wenigstens in den letzten Tagen seines Jerusalemaufenthaltes vor Augen gestanden haben muß, ein ernstes theologisches Problem darstellte. Denn ein solcher Tod stellte ja auch die Gültigkeit der Botschaft und die Legitimität der Sendung Jesu in Frage. Wollte sich Jesus einem möglichen gewaltsamen Geschick nicht durch Flucht entziehen, muß er eine Möglichkeit | gesehen haben, diesen Tod als integralen Bestandteil des von ihm proklamierten und repräsentierten Geschehens der Gottesherrschaft zu begreifen. Natürlich könnte man annehmen, daß Jesus so sehr von dem göttlichen Auftrag seiner Sendung überzeugt war, daß er sich mit der formalen Einsicht zufriedengab, daß auch sein Tod „eine Möglichkeit dieses Wirkens Gottes" sein müsse[16]. Dies würde zur Begründung einer Aussage wie Mk 14,25 notfalls genügen. Aber er fragt sich, ob ein solches Gottvertrauen menschlich überhaupt vollziehbar war, wenn nicht wenigstens ein grundsätzliches Denkmodell dafür vorhanden war, *wie* das Scheitern des Boten als Teil der von ihm proklamierten Gottesherrschaft verstanden werden konnte.

Wie wir bereits gesehen haben, bietet die neutestamentliche Abendmahlsüberlieferung ein solches Denkmodell in Gestalt des Sühnemotivs an. Es ist – das will ich im folgenden ausführen – auch historisch plausibel. Das oben dargestellte theologische Problem (von der Unvereinbarkeit der Heilsverkündigung Jesu mit der Annahme seines Sühnetodes) erweist sich bei näherem Zusehen als Scheinproblem. Es erledigt sich, wenn man den Sühnetod Jesu nicht als *zusätzlichen* Heilsfaktor zum Heil der Gottesherrschaft, sondern als Ereignis im Geschehen der Gottesherrschaft begreift. Dies legt sich auch durch die konkrete Formulierung des Sühnemotivs nahe. Mit den „Vielen", für die Jesu Tod Sühne schaffen soll, ist „die viele einzelne umfassende Gesamtheit" gemeint[17]. Allerdings wird man im frühjüdischen und jesuanischen Kontext kaum unmittelbar an die Völker, sondern an Israel zu denken haben. Die universale Bedeutung im Sinne einer Sühne für alle Menschen ist damit nicht ausgeschlossen. Man muß hier nur an das traditionelle Motiv von der Völkerwallfahrt erinnern: Wenn das Heil für Israel vollendet ist, werden die Völker zum Zion strömen, um Gott als den einzigen Herrn anzuerkennen (Jes 2; Mich 4,1–4).

Gerade der unmittelbare *Bezug der „Vielen" auf Israel fügt sich in den Gesamtkontext der Botschaft Jesu und insbesondere in den situativen Kontext des Jerusalemer Konflikts* adäquat ein. Was Jesus theologisch zu bewältigen hatte, war ja nicht nur die Möglichkeit eines gewaltsamen Todes. Er mußte sich speziell mit der Möglichkeit auseinandersetzen, daß es die Tempelbehörde und die Hochpriesterschaft waren, die an seiner Eliminierung Interesse hatten. Sein Tod lief

---

[16] *L. Oberlinner*, Todeserwartung (s. Anm. 8) 133.

[17] *J. Jeremias*, in: ThWNT VI 545,23f. Die Einheitsübersetzung hat daher zu Recht mit „alle" übersetzt.

also auf eine Verwerfung durch die offiziellen Repräsentanten Israels hinaus. Seine Botschaft, die auf ganz Israel abzielte und das eschatologische Heil für ganz Israel proklamierte, war damit weit mehr in Frage gestellt als durch die Ablehnung durch viele einzelne, die Jesus wohl auch schon bisher erfahren hatte. Hinzu kam noch ein weiteres: Eine Beseitigung Jesu durch die offiziellen Vertreter des jüdischen Tempelstaates war die augenfälligste und noch dazu öffentliche Bestätigung für die Legitimität und Suffizienz des von ihnen repräsentierten Kultbetriebs. Jesus aber hatte durch seine Tempelaktion gerade darauf aufmerksam gemacht, daß der Kult nicht von der jetzt fälligen eschatologischen Entscheidung dispensieren konnte. Das heißt, mit dem Tod Jesu war der von ihm aufgebrachte Entscheidungsruf offensichtlich ins Unrecht gesetzt.

Nun hätte sich Jesus – so könnte man erwägen – in dieser Situation mit der Einsicht zufrieden geben können, daß diejenigen, welche *gegen* die von ihm geforderte Entscheidung am bestehenden Kult festhielten, dem Gericht Gottes verfallen werden. Damit wäre aber nur die eine Seite des Problems gelöst gewesen, sofern die *anthropologische* Konsequenz aus der Ablehnung göttlichen Heilshandelns festgestellt war. Es blieb das eigentlich *theologische* Problem nach der Wirksamkeit des göttlichen Heilswillens, der nach Jesu Botschaft ja auf das endgültige Heil *ganz* Israels ausgerichtet war. Zwar wird man konzedieren müssen, daß eine Verwerfung durch die Hochpriesterschaft noch keine Ablehnung durch ganz Israel war. Doch wird man den repräsentativen Charakter einer hochpriesterlichen Ablehnung nicht übersehen können, die nicht ohne Auswirkung auf die Mehrheit des Volkes bleiben konnte. Das eschatologische Erwählungs|handeln Gottes, das Jesu für *ganz* Israel verkündet hatte, war damit in seiner Qualität als *göttliches* Geschehen erheblich beeinträchtigt, wenn nicht sogar – als offensichtlich *unwirksames* Geschehen – ad absurdum geführt.

Der Sühnegedanke, der sich auch durch den situativen Kontext – den Streit um die Sinnhaftigkeit des bestehenden Kultes – nahelegte, bot die Möglichkeit, dieser theologisch schwerwiegenden Folgerung entgegenzusteuern. Jesus hätte dann – wohl unter Rückgriff auf Jes 53 – beim letzten Mahl seinen (zu erwartenden) Tod als Sühne für Israel gedeutet, dessen mehrheitliche Ablehnung sich deutlich abzeichnete. Damit war sichergestellt, daß selbst die Verweigerung den eschatologischen Heilsentschluß Gottes nicht rückgängig machen und die Wirksamkeit des göttlichen Erwählungshandelns nicht in Frage stellen kann. Das eschatologische Handeln Gottes erwies sich vielmehr gerade im Tode seines Repräsentanten als *wirksames* Geschehen, indem Gott den Tod seines eschatologischen Boten zum Akt der Sühne werden ließ. Israel blieb weiterhin Adressat und Objekt göttlichen Heilshandelns.

Jesu Sühnetod begründet demnach kein neues Heil, das auch nur im entferntesten in Spannung steht zu jenem Heilsgeschehen, das Jesus seit Beginn seines Wirkens proklamiert und repräsentiert hat. Das Heil des Sühnetodes Jesu ist vielmehr integraler Bestandteil eben dieses Geschehens der Gottesherrschaft.

Die Deutung des Todes Jesu im Sinne des Sühnetodes liegt daher so sehr in der Konsequenz seiner Botschaft, daß meines Erachtens doch ernsthaft mit der Möglichkeit zu rechnen ist, daß diese Deutung auf Jesus selbst zurückgeht.

Unter dieser Voraussetzung ist zugleich der sachliche Grund benannt, warum Jesus beim letzten Mahl das in *Mk 14,25* überlieferte Wort sprechen konnte (s. o.). Das Wort ist weit mehr als eine „Verzichterklärung"[18]. Es ist Todesprophetie und in ihr zugleich Vollendungsverheißung[19]. Im Angesicht des Todes hält Jesus an der Gültigkeit seiner Botschaft fest und verweist auf das endgültige Hereinbrechen der Gottesherrschaft. Er gibt sogar seiner Gewißheit Ausdruck, daß sein Tod ihn nicht daran hindern kann, am vollendeten Heilsmahl der Gottesherrschaft teilzunehmen. Damit ist die für die Verkündigung Jesu so bezeichnende unauflösliche Verbindung von Botschaft und Person Jesu auch über seinen Tod hinaus gewahrt.

3. Ausblick: Die Bedeutung der Sühneaussage

Mit der Aussage, daß jemand sein Leben stellvertretend zur Sühne einsetzt, tun wir uns schwer. Ich möchte im Sinne eines Ausblicks wenigstens eine kleine Hilfestellung geben. Um zu verstehen, welchen Sinn die Aussage von der stellvertretenden Sühne hat, sollte man nicht von der Satisfaktionstheorie Anselms von Canterbury ausgehen und fragen: Wie kann Gott das Opfer eines Unschuldigen verlangen? Für das biblische Denken ist Sünde eine konkrete, fast dingliche Wirk-lichkeit, die durch (bewußte oder unbewußte) Fehltat gesetzt wird und dann zur Wirkung kommt. Sünde ist daher nicht in erster Linie eine Beleidigung Gottes, sondern eine Störung der menschlichen Lebenssphäre, die Gott in Form von Recht und Gerechtigkeit – wiederum fast dinglich verstanden – über die Erde gebreitet hat. Indem die Sünde diese Atmosphäre von Recht und Gerechtigkeit stört, vergiftet sie den Lebensraum der Menschen. Nach gemeinantiker Vorstellung schlägt die Sünde insbesondere auf den Sünder zurück (Tun-Ergehen-Zusammenhang). Als Wirk-lichkeit kommt Sünde erst zur Ruhe, wenn ihre Ursache, der Sünder, vernichtet ist. Erst wenn der Strahlungsherd der Sünde beseitigt ist, wenn Sünde sich am Sünder aus-gewirkt hat, ist die Wirk-lichkeit der Sünde beseitigt. Das heißt, die entscheidende Frage lautet nicht: Wie wird ein erzürnter Gott besänftigt?, sondern: Wie kann der sündige Mensch mit der Wirklichkeit der Sünde leben, ohne daran zugrundezugehen? Gibt es ein Entrinnen aus dem tödlichen Kreislauf von Sünde und Tod?

---

[18] So *J. Jeremias*, Die Abendmahlsworte Jesu, Göttingen ⁴1967, 199.

[19] *F. Hahn*, Die alttestamentlichen Motive in der urchristlichen Abendmahlsüberlieferung: EvTh 27 (1967) 337–374, hier 340; vgl. *H. Schürmann*, Jesu ureigener Tod. Exegetische Besinnungen und Ausblick, Freiburg–Basel–Wien 1975, 42f. 57.

Nach biblischer Auffassung ist Sühne (in ihren verschiedenen Formen) eine, wenn nicht *die* Antwort auf diese existenzbedrohende Wirk-lichkeit. Es wäre ein grobes Mißverständnis, wenn man in den alttestamentlichen Sühneriten Vorleistungen zur Besänftigung Gottes sehen wollte. Sühne ist Gabe Gottes. Die Sühneriten sind von Gott gewährte Symbole, mit deren Hilfe der Sünder, der durch die Wirk-lichkeit der Sünde sein Leben ver-wirkt hat, neue Lebensperspektive gewinnen kann. Als Symbol der Sühne tritt meistens ein „Stellvertreter" auf, dessen Symbolik sich allerdings – je nach zugrundeliegendem Sühneritus – auf recht unterschiedlichen Ebenen bewegt.

Die gröbste Form der Symbolik begegnet uns im Sündenbockritus (Lev 16), wo durch Handauflegung die fast dinglich verstandene sündige Materie auf einen Ersatzträger, den Sündenbock, übertragen wird, durch den sie dann in die Wüste abtransportiert wird. Auch hierbei handelt es sich nicht eigentlich um ein magisches Ritual, sondern um ein Symbol, das dem Menschen die von Gott gewährte Sündenbeseitigung handgreiflich vor Augen stellt. Die Gefahr magischen Mißverständnisses ist hier allerdings besonders groß. Möglicherweise ist dies mit ein Grund dafür, daß der Sündenbockritus im Neuen Testament nicht als Deutekategorie aufgegriffen wurde.

Viel subtiler ist die Symbolik des Sündopfers (Lev 4,1–5,13; 16[20]). Die Handauflegung (Handaufstemmung), die ebenfalls zum Ritus gehört, dient hier nicht der Übertragung der sündigen Materie, sondern wahrscheinlich der Identifizierung des Sünders mit dem in den Tod gehenden Opfertier[21]. Das Opfertier ist nicht Ersatz für den Sünder, vielmehr vollzieht sich im Tod des geschlachteten Tieres symbolisch der Tod des Sünders. Die konstitutiv zum Sündopfer gehörige Applikation des Blutes (an den Altar bzw. die Deckplatte *[kapporet]* der Bundeslade) symbolisiert darüber hinaus die Lebenshingabe an das Heilige *und* die darin gewährte neue Gemeinschaft mit Gott. Es handelt sich also nicht nur um einen „negative(n) Vorgang einfacher Sündenbeseitigung oder bloßer Buße. Es ist ein Zu-Gott-Kommen durch das Todesgericht hindurch"[22]. Als Deutekategorie hat die Symbolik des Sündopfers die nachösterliche Reflexion des Todes Jesu erheblich

---

[20] In Lev 16 werden verschiedene Sühneriten zusammengestellt. Zu unterscheiden sind insbesondere der Bock „für den Herrn" und der Bock „für Asasel" (V. 8). Der Bock für Asasel ist der Sündenbock, an dem der oben geschilderte Eliminationsritus vollzogen wird (vgl. dazu: *B. Janowski* – *G. Wilhelm*, Der Bock, der die Sünden hinausträgt. Zur Religionsgeschichte des Azazel-Ritus Lev 16,10.21f, in: *B. Janowski*, – *K. Koch*, – *G.Wilhelm* (Hrsg.), Religionsgeschichtliche Beziehungen zwischen Kleinasien, Nordsyrien und dem Alten Testament [OBO 129], Freiburg/Schweiz – Göttingen 1993, 109–169). Der Bock für den Herrn dient zum Sündopfer, das gleich zu würdigen ist.

[21] Zum Sündopfer vgl. *B. Janowski*, Sühne als Heilsgeschehen. Studien zur Sühnetheologie der Priesterschrift zur Wurzel KPR im Alten Orient und im Alten Testament (WMANT 55), Neukirchen-Vluyn 1982, bes. 198–276.

[22] *H. Gese*, Die Sühne, in: *ders.*, Zur biblischen Theologie. Alttestamentliche Vorträge, Tübingen ²1983, 85–106, hier 104.

beeinflußt. Sie floß beispielsweise ein in die vorpaulinische Formel von Röm 3,24f, wo Christus als der von Gott gesetzte eschatologische Sühneort (in Analogie zur *kapporet*[23]) verstanden wird. Sie bestimmte vor allem das paulinische Denken: Gott „hat ihn (Christus) für uns zur Sünde gemacht, damit wir in ihm Gerechtigkeit Gottes würden" (2 Kor 5,21)[24]. Der Tod Christi ist *unser Tod*, so daß, wenn Christus „für uns gestorben ist, alle gestorben sind" (2 Kor 5,14). Die Glaubenden sind mit Christus gekreuzigt (Gal 2,19). Wer getauft ist, ist mit Christus begraben (Röm 6,3–6). Was die positive Seite betrifft, kann Paulus sagen, daß die Glaubenden „in seinem Blute" neuen „Zugang" zu Gott haben (Röm 5,2.9) bzw. daß die Sünder – in Umkehrung, daß Christus den Tod des Sünders gestorben ist – „in Christus" eine neue Identität gewinnen, so daß vom mit-gekreuzigten Glaubenden gilt: „nicht mehr ich lebe, sondern Christus lebt in mir" (Gal 2,20).

Die Kategorie des Sterbens „für alle", die nach den obigen Ausführungen bereits Jesus selbst zur Deutung seines Todes eingesetzt hat, rekurriert noch einmal auf eine andere Art von Sühne, die ihre eigene Symbolik hat. Im Hintergrund steht Jes 53. Der Gottesknecht gibt „sein Leben als Sühnopfer" (V. 10). Das hebräische Wort, das die Einheitsübersetzung mit „Sühnopfer" wiedergibt, meint eigentlich das „Schuldopfer" (*ascham*). Das (kultische) Schuldopfer (Lev 5,14–26) geht von der Ableistung einer Schuldverpflichtung bzw. einer Ersatzleistung aus[25], die in Jes 53 allerdings – einmalig im Alten Testament – personalisiert ist. Der Gerechte (Gottesknecht) nimmt die Schuld der vielen auf sich (V. 11) und trägt die Sünden der vielen (V. 12). Wegen unserer Verbrechen und Sünden wird er mißhandelt (V. 5; vgl. V. 8). Auf ihm liegt die Strafe (V. 5), all unsere Sünden wirft der Herr auf ihn (V. 6). In der letztlich tödlichen Züchtigung, die ihn trifft (VV. 7f), erleidet er dem|nach das Geschick der Sünder. Die für das Sündopfer bezeichnende Identitätssymbolik fehlt[26]. Im wesentlichen operiert der Text mit dem Gedanken der Ersatzleistung, wonach ein Gerechter *an die Stelle* der Sünder tritt und sein Leben zur Ableistung der Schuldverpflichtung der Sünder einsetzt (VV. 10.12).

Gerade an dieser Stelle werden wir aber mit aller Macht auf eine fundamentale moderne Schwierigkeit gestoßen. Nach neuzeitlichem Subjektverständnis kann Schuld nicht durch einen Stellvertreter bewältigt werden. Schuld haftet unvertretbar am Subjekt. Niemand kann seine Schuld auf einen anderen abwälzen. Niemand kann die Schuld eines anderen übernehmen. Das ist richtig, übersieht allerdings – als Einwand gegen den biblischen Sühnegedanken – dessen symboli-

---

[23] Luther sprach zu Recht vom „Gnadenthron".

[24] Vgl. auch Gal 3,13, wo Paulus im Blick auf den Fluchtod des Kreuzes sagt, daß Christus „für uns zum Fluch geworden" ist.

[25] Vgl. *R. Knierim*, Art. *,ascham'* Schuldverpflichtung, in: THAT I (1971) 251–257.

[26] Eine Identifizierung des Gottesknechtes mit den Sündern wird höchstens indirekt – über das falsche (!) Urteil der Menschen (vgl. bes. V. 4b) – hergestellt, die ihm bei den Gottlosen sein Grab geben (V. 9a) und ihn zu den Verbrechern rechnen (V. 12).

sche Dimension. Der biblische Sühnegedanke will nicht das Subjekt entmündigen oder aus seiner Verantwortung entlassen. Wenn die Bibel von Sühne und Stellvertretung redet, dann beschreibt sie keinen magischen Mechanismus, der die Wirk-lichkeit der Sünde un-wirk-lich macht und die Schuld des Subjekts für gegenstandslos erklärt. Die biblische Rede von Sühne und Stellvertretung ist keine mechanistische Beschreibung innersubjektiver Vorgänge. Nicht Deskription des Subjekts, sondern Erschließung symbolischer Wirklichkeit ist ihr Ziel. Im Gegensatz zu einer bloß verbalen Vergebung, die nicht minder dem magischen Mißverständnis ausgesetzt ist, läßt gerade die Symbolik der Sühne keinen Zweifel an der Wirk-lichkeit der Sünde, ja sie führt dem Sünder diese Wirk-lichkeit in der Symbolik des Stellvertreters unübersehbar vor Augen. Und wenn zur Sühne gewiß auch der Gedanke der Vergebung durch Gott gehört, so macht die Vergebung nicht die Schuld ungeschehen, sondern eröffnet dem Schuldigen eine neue Lebensmöglichkeit. Stellvertretung bedeutet nicht, daß der Stellvertreter dem schuldigen Subjekt die Schuld wegnimmt. Der Stellvertreter ist vielmehr das Symbol einer von Gott gewährten Lebensmöglichkeit für den Sünder, der ohne dieses Symbol – den Tod vor Augen – zerbrechen oder seine Schuld verdrängen müßte. Gerade die Symbolik der Sühne eröffnet dem schuldigen Subjekt die Möglichkeit, sich uneingeschränkt zur eigenen Schuld zu stellen, im Symbol des Stellvertreters den verdienten eigenen Tod zu bejahen und eben darin sich mit neuer Lebensmöglichkeit beschenken zu lassen. Erst in dieser Konstellation kann Vergebung verantwortet akzeptiert werden. Dem heutigen Menschen mag ein geopfertes Tier, ein sterbender Gottesknecht und ein hingerichteter Jesus als allzu drastisches Symbol erscheinen. Das ist eine Frage kulturgeschichtlichen Empfindens. Sachlich entspricht das Symbol jedenfalls der drastischen Wirklichkeit der Sünde, die unweigerlich den Tod produziert und – das will das Symbol aufrechterhalten – nur im Tod ausgehalten und bewältigt werden kann.

Die Dimension des Symbolischen kann hier nicht weiter reflektiert werden. Nur so viel sei gesagt: Wir müssen uns von der Auffassung frei machen, als sei die symbolische Wirklichkeit nur eine mindere, *uneigentliche* Wirklichkeit. Das Gegenteil ist der Fall! Die greifbare Wirklichkeit ist immer nur vordergründig. Die „bruta facta" lassen sich beschreiben, haben ohne erschließende Deutung aber keinen Sinn. Erst im Wagnis einer symbolischen Welt erreichen wir den eigentlichen Sinn der Wirklichkeit. Die Symbole vermitteln uns eine Sinnwelt, deren Eigentlichkeit uns ohne Symbole gar nicht zugänglich ist.

Die eingangs gestellte Frage lautete: Wie hat Jesus seinen Tod verstanden? Ich möchte sie mit dem einfachen Satz beantworten: Jesus hat seinen Tod als Sühnetod verstanden. Das bedeutet: Nach Jesu eigener Einschätzung ist sein Tod nicht das Ende, sondern der Garant des ungebrochenen Heilswillens Gottes für sein Volk Israel. Die Kirche sieht im Tode Jesu das Zeichen, daß auch die Heiden in das endzeitliche Heil einbezogen sind. Deshalb feiert die Kirche den Tod Jesu, bis er wiederkommt.

9. Die Heilung des Besessenen von Gerasa (Mk 5,1–20)

Ein Fallbeispiel für die tiefenpsychologische Deutung
E. Drewermanns und die historisch-kritische Exegese

Gemessen am Aufsehen, das die Bücher und Äußerungen Eugen Drewermanns in der kirchlichen und sonstigen Öffentlichkeit erregen, ist das Echo in der exegetischen Fachdiskussion eher bescheiden. Sieht man von einigen grundsätzlichen Stellungnahmen ab[1], so fehlt eine Diskussion im Kontext konkreter Textanalysen fast vollständig. Dies mag daran liegen, daß Drewermann und die historisch-kritische Exegese auf so unterschiedlichen Ebenen sprechen, daß eine Verständigung nur schwer möglich erscheint[2]. Auch im folgenden geht es nicht darum, einen vermittelnden Code zu finden oder gar eine Methode zu installieren, die es erlaubt, historisch-kritische und tiefenpsychologische Einsichten miteinander zu verbinden, so wichtig dies wäre[3]. Das Vorhaben ist viel bescheidener. Es geht schlicht um einen Vergleich. Es soll vorgeführt werden, wie Drewermann und wie historisch-kritisch arbeitende Exegese einen konkreten Einzeltext auslegen, und am Ende soll gefragt werden, was an theologischem Ertrag jeweils herauskommt. Die Beschränkung auf den Einzeltext schließt von vornherein aus, daß es hier auch nur um den Versuch gehen könnte, die tiefenpsychologische Exegese als falsch oder die historisch-kritische als richtig zu erweisen. Beide Zugangsweisen sollen vielmehr zumindest als prinzipiell möglich vorausgesetzt werden.

---

1. Vgl. G. LOHFINK - R. PESCH, *Tiefenpsychologie und keine Exegese. Eine Auseinandersetzung mit Eugen Drewermann* (SBS, 129), Stuttgart, Katholisches Bibelwerk, 1987, ²1988; R. SCHNACKENBURG, *Exegese und Tiefenpsychologie*, in A. GÖRRES - W. KASPER (eds.), *Tiefenpsychologische Deutungen des Glaubens? Anfragen an Eugen Drewermann* (QD, 113), Freiburg, Herder, 1988, pp. 26-48; W. REBELL, *Psychologische Bibelauslegung. Möglichkeiten und Grenzen*, in *BiKi* 44 (1989) 111-117.

2. Daß psychologische und historisch-kritische Auslegung nicht auf Konfrontationskurs gehen müssen, zeigt vor allem das Buch von G. THEISSEN, *Psychologische Aspekte paulinischer Theologie* (FRLANT, 131), Göttingen, Vandenhoeck & Ruprecht, 1983.

3. Vgl. dazu: H. MERKLEIN, *Integrative Bibelauslegung? Methodische und hermeneutische Aspekte*, in *BiKi* 44 (1989) 117-123.

I. Die Auslegung Drewermanns

Obgleich Drewermann[4] mit einem Referat der »historisch-kritische(n) Fragen und Ergebnisse« beginnt[5], ist er selbst daran nicht interessiert. Was er als Ertrag historisch-kritischer Exegese vorführt, dient ihm nur als Folie seiner eigenen Auslegung. Im Mittelpunkt seines Interesses steht die Unmittelbarkeit des Betroffenseins, die er über die Gleichheit der Empfindungen und Gefühle herstellt: »Wie furchtbar hat der Besessene von Gerasa gelitten, und – sogleich in die Gegenwart übertragen – wie furchtbar leiden die Menschen auch heute noch unter der Qual ihrer Seelenzerrissenheit!«[6] Wenn man daher wahrnehmen will, was die Geschichte »uns Heutigen sagen könnte, darf man sich gerade nicht für die urkirchliche Gemeinde vor 1900 Jahren interessieren, ... man muß sich für das interessieren, was die Geschichte selber wirklich berichtet: für die Personen der Erzählung, für ihre Gefühle, für ihre Ängste, für ihre Ausweglosigkeit und Verzweiflung, für ihre Ohnmacht und für ihre Ausgeliefertheit, kurz: für die *menschliche*, nicht für die 'historische' Seite der Wundererzählung muß man sein Herz aufschließen, um zu verstehen, wie sehr der Leser auch heute noch in den Erfahrungen und verdichtenden Bildern einer solchen Erzählung selbst vorkommt und was er darin von Gott her heilend und helfend zu finden vermag«[7]. Damit steht das Programm der Auslegung fest. Die Widersprüche, die die Geschichte in sich birgt, »sind nicht literarischer, sondern psychischer Art, und es kommt sehr darauf an, die innere Zerrissenheit zu begreifen, unter der dieser Mann psychologisch leidet«[8].

Die Einleitung der Geschichte schildert den Besessenen »als einen Mann, der zutiefst an sich selber leidet und dessen gesamtes Handeln und Verhalten von quälenden Gegensätzen geprägt ist«[9]. Die Gräber,

---

4. E. Drewermann, *Tiefenpsychologie und Exegese I. Die Wahrheit der Formen: Traum, Mythos, Märchen, Sage und Legende*, Olten - Freiburg i.Br., Walter, 1984, ²1985; Id., *Tiefenpsychologie und Exegese II. Die Wahrheit der Werke und Worte: Wunder, Vision, Weissagung, Apokalypse, Geschichte, Gleichnis*, Olten - Freiburg i.Br., Walter, 1985; Id., *Das Markusevangelium. Erster Teil: Mk 1,1 bis 9,13*, Olten - Freiburg i.Br., Walter, 1987, ⁶1990; Id., *Das Markusevangelium. Zweiter Teil: Mk 9,14 bis 16,20*, Olten - Freiburg i.Br., Walter, 1988, ³1990. Das folgende Referat bezieht sich auf: *Tiefenpsychologie II*, pp. 247-277, und *Markusevangelium I* (= *Mk I*), pp. 360-365. – Zum Verständnis der Hermeneutik Drewermanns ist weiter zu verweisen auf: Id., *Strukturen des Bösen. Die jahwistische Urgeschichte in exegetischer, psychoanalytischer und philosophischer Sicht I-III* (Paderborner Theologische Studien, 4-6), Paderborn, Schöningh, 1976, ⁵1984 (= I); 1977, ⁴1983 (= II); 1978, ⁴1983 (= III).

5. E. Drewermann, *Tiefenpsychologie II*, pp. 247-251. Referiert wird vor allem: R. Pesch, *Der Besessene von Gerasa. Entstehung und Überlieferung einer Wundergeschichte* (SBS, 56), Stuttgart, Katholisches Bibelwerk, 1972; Id., *Das Markusevangelium I* (HTKNT, II/1), Freiburg, Herder, 1976, ³1984.

6. *Tiefenpsychologie II*, p. 250.   8. *Ebd.*, p. 251.

7. *Ebd.*, pp. 250f.   9. *Ebd.*, p. 252.

in denen er sich aufhält, sind ein Bild der »Daseinszerstörung« eines
Menschen, der »sein Zuhause ... dort sucht, wo es kein Zuhause gibt«,
»der längst gestorben ist und der dennoch physisch weiter leben
muß«[10]. Was den Besessenen quält, ist »die Hölle der Freiheit«[11]. Er
verteidigt seine Freiheit, aber nicht in dem Gefühl der Stärke, sondern
aus Angst[12]. Obwohl er, wie sein Schreien erkennen läßt, Hilfe braucht,
um seiner Einsamkeit zu entrinnen, empfindet er jeden, der sich ihm
naht, »als Kettenbringer und Fesselträger, als Zwingherren und Frei-
heitsräuber«[13], wie umgekehrt die »Helfer« sich ihm kaum anders
nahen können als »mit der einschnürenden Forderung, daß er sich den
anderen beugen und fügen müsse, um durch Einordnung und 'Bindung'
wieder ein Mitglied der zivilisierten Menschheit zu werden«[14]. Die »an
gewisse schizoid-paranoische Zustände gemahnende Verfolgungsangst«
des Besessenen weist »auf ein grundsätzliches Problem der menschlichen Existenz«[15]: »Inmitten seiner Angst ist das Selbst des Menschen
seiner eigenen Zerrissenheit schutzlos und unentrinnbar ausgesetzt«[16].
Die Freiheit, um die der Besessene »in seiner Einsamkeit kämpft, ist
eine Freiheit, die sich vertut im Nichts«[17]. Sie ist »wie eine einzige
Flucht nicht nur vor den anderen, sondern zunächst und wesentlich vor
sich selbst«[18]. Zum Vorschein kommt »ein ewiger Teufelskreis aus
Egozentrik und Selbsthaß, aus Angst und Einsamkeit, aus Kampf und
Vergeblichkeit«[19]. Diese Widersprüchlichkeit kommt auch im Verhalten Jesus gegenüber zum Ausdruck. Der Besessene, der Jesus ent-
gegenläuft und sich ihm zu Füßen wirft, fleht nicht »um Erlösung aus
der Hölle seiner Einsamkeit und Verlorenheit«, sondern ganz im
Gegenteil, er bestürmt Jesus, »ihm *nicht* zu helfen und ihn, buchstäblich
um Himmels willen, in Ruhe zu lassen«[20]. Drewermann erklärt diesen
»Hilferuf zur Nichthilfe« aus der psychotherapeutischen Praxis, die um
der heilenden Begegnung mit der Wahrheit willen dem seelisch Kranken
ebenfalls ein gewisses Maß an Leiden zumuten müsse[21]. Wie man dann
nachträglich aus V. 8 erfährt, war es auch Jesus selbst, der mit seinem
Ausfahrbefehl die Leidenseruption des Besessenen erst erzeugt hat[22].
Dabei ist es Drewermann wichtig, »daß bei all dem nur scheinbar von
exorbitanten Schicksalen und abnormen menschlichen Verhaltens-
weisen die Rede ist«[23]. Letztlich steht hinter dem »Paradox der kämp-
ferischen Anhänglichkeit eines Menschen an sein Leid« die Scheu vor
der eigenen Wahrheit, die man sich »aus Angst vor der Meinung der

10. *Ebd.*, p. 252.
11. *Ebd.*, p. 253.
12. *Ebd.*, p. 254.
13. *Ebd.*, p. 254.
14. *Mk I* (s. Anm. 4), p. 361.
15. *Tiefenpsychologie II*, p. 254.
16. *Ebd.*, p. 255.

17. *Mk I* (s. Anm. 4), p. 361.
18. *Tiefenpsychologie II*, p. 256.
19. *Mk I* (s. Anm. 4), p. 363.
20. *Tiefenpsychologie II*, p. 257.
21. *Ebd.*, p. 257.
22. *Ebd.*, p. 262.
23. *Ebd.*, p. 260.

(oder aller) anderen« nicht zu leben getraut[24]. Geholfen werden kann einem solchen Menschen nur »von innen her«, nicht von außen[25]. Dies ist auch der Grund, weswegen der Ausfahrbefehl Jesu keinen Erfolg hat. »Jesus muß deshalb noch einmal von vorn beginnen, indem er sich nach dem *Namen* des ‚Besessenen‘ erkundigt«[26]. Diese Frage, die dem Besessenen einräumt, zu seiner eigenen Wahrheit zu stehen, »ist die einzige Frage, die wirklich zu heilen vermag«[27]. Die Wahrheit, die zum Vorschein kommt, ist allerdings furchtbar: Der Besessene hat »überhaupt kein Ich ..., mit dem man reden könnte«[28]. Aus dem Besessenen spricht »Legion«, d.h.: »‚... Mein Ich – das ist ein Haufen von Komplexen (die Mutterbindung, die sexuelle Gehemmtheit, die oralen Schuldgefühle, die Riesenerwartungen und Ohnmachtsgefühle, der Vaterhaß und die kleinkindliche Sehnsucht nach Geborgenheit etc., etc.) die alle irgendwie zusammenhängen und eine unheimliche Einheit bilden‘«[29]. Besessenheit erscheint als »Erfahrung innerer Zerrissenheit und Ausgeliefertheit«, eine Erfahrung, die »von einem jeden Menschen mehr oder minder mitempfunden werden kann«[30]. Heilung aus solch verzweifelter Situation gibt es nur, wenn der Besessene »seine ‚bösen Geister‘ in einer enormen Orgie aggressiver Zerstörung nach außen abgibt«[31]. Die Bitte der Dämonen, in die Schweine fahren zu dürfen, und die Erlaubnis, die Jesus dazu gibt, sind »von der Tiefenpsychologie her« zu verstehen: die verinnerlichten Ängste, die Konflikte der Kindheit, »die ganze ‚Schweinerei‘ eines so zerstörerisch verinnerlichten Unlebens« muß sich entladen und austoben »bis zum Ende, bis zum Untergang«[32]. Ein solches Abreagieren geschieht »gegen die Aufsicht der ‚Schweinehirten‘«, die Drewermann als »die Kontrolle des Überichs« interpretiert[33]. Freilich, die »Erlaubnis zur Nachreifung und Selbstentfaltung« verlangt von der Umgebung ihren Preis, so daß die Aufforderung der Schweinehirten, Jesus möge ihr Gebiet verlassen, verständlich ist[34]. Drewermann sieht darin eine Solidarisierung mit den Dämonen[35]. Im »Kampf zwischen Jesus und ‚Dämonen‘ ... verdichtet sich« so »ein grundsätzlicher Konflikt zwischen Angst und Glauben, der in jedem Menschen, in jeder Gesellschaft, in jeder Kultur immer von neuem aufbrechen muß«[36]. Es ist der Konflikt zwischen der Forderung der »Wahrheit« und »Freiheit« des »einzelnen Menschen« und den »Spielregeln des bürgerlichen Zusammenlebens mit ihrem schier unendlichen Bedürfnis nach Sicherheit, Ruhe und Ordnung«[37].

---

24. *Ebd.*, p. 260.
25. *Ebd.*, p. 264.
26. *Mk I*, p. 362.
27. *Mk I*, p. 363.
28. *Mk I*, p. 363.
29. *Tiefenpsychologie II*, p. 265.
30. *Ebd.*, p. 265.

31. *Ebd.*, p. 268.
32. *Mk I*, p. 364.
33. *Tiefenpsychologie II*, p. 269.
34. *Ebd.*, p. 270; *Mk I*, p. 364.
35. *Tiefenpsychologie II*, p. 271.
36. *Ebd.*, p. 272.
37. *Ebd.*, p. 272.

Daß Jesus die Bitte des Geheilten, bei ihm bleiben zu dürfen, ablehnt und ihn statt dessen nach Hause zu seiner Familie schickt, wertet Drewermann als »Chance, ... mit Menschen zu leben und sie als ... Hausgenossen kennenzulernen«[38]. In der Flexibilität, mit der Jesus auf den einzelnen reagiert, statt eine allgemeingültige Lebensform festzulegen, sieht Drewermann eine »Sensibilität«, die »die Person Jesu in die Sphäre des Göttlichen« rückt[39]. So verkündet der Geheilte, wenn er gemäß der Aufforderung Jesu das Erbarmen Gottes verkündet, »was *Jesus* ihm Großes getan hat«[40]. Die historische Einmaligkeit, die damit in den Blick rückt, wird allerdings alsbald wieder relativiert, wenn Drewermann in seiner Schlußreflexion den theologischen Wert seiner »nicht in historischer Distanz und objektivierender Nonchalance« erfolgenden Auslegung reflektiert[41]. Jesus bleibt letztlich der Therapeut, der Typus des Heilers. Die Geschichte von der Heilung des Besessenen wird zur »Einladung«, wie »ein jeder ... sein eigenes Wesen, seinen eigenen Namen zurückgewinnen kann«[42]. »Sprechen von Gott« wird zur Beschreibung, »wie heilend einander Menschen zu begegnen vermögen, wenn sie nicht mit 'Binden' und 'Ketten' einander traktieren, sondern langsam und geduldig die Kunst einüben und erlernen, welche die Wunderheiler der 'richtigen Worte' und der heilenden 'Musik' zu allen Zeiten und Zonen beherrscht haben müssen: das Wesen des anderen zum Klingen zu bringen und ihm die ursprüngliche Melodie seines Herzens wiederzugeben«[43].

II. Zur historisch-kritischen Exegese

Schon aus Raumgründen muß auf eine ausführliche historisch-kritische Analyse verzichtet werden. Es seien aber wenigstens die grundlegenden Textbeobachtungen (1), einige literarkritische Hypothesen (2) und ein eigener Lösungsvorschlag (3) vorgestellt.

1. *Textbeobachtungen*

1.1. Ausgangspunkt aller historisch-kritischen Schlußfolgerungen sind die *Unebenheiten und Wiederholungen*, die die Geschichte in vergleichsweise hohem Maße aufweist.

---

38. *Mk I*, p. 364.
39. *Mk I*, p. 365.
40. *Tiefenpsychologie II*, p. 275.
41. *Ebd.*, p. 276.
42. *Ebd.*, p. 276.
43. *Ebd.*, pp. 276f.

Doppelt erwähnt werden:
Die Begegnung mit dem Besessenen (Vv. 2.6),
sein Aufenthalt in den Gräbern (Vv. 2f.5),
die Bitte des Dämons bzw. der Dämonen um Konzessionen (Vv. 10.12),
der Bericht über den Vorgang der Heilung (Vv. 14.16).

Einige dieser Doppelungen enthalten zugleich gewisse Spannungen:
In V. 2, als Jesus aus dem Boot steigt, tritt ihm »sofort« der Besessene
gegenüber (ὑπήντησεν); in V. 6 hingegen sieht der Besessene Jesus »von
weitem« und läuft ihm entgegen.
In V. 2 werden die Gräber als μνημεῖα, in Vv. 3.5 als μνήματα bezeichnet.
In V. 10 wird der Dämon, dessen Name »Legion« ist (V. 9), singularisch
(παρεκάλει), in V. 12 dagegen pluralisch (παρεκάλεσαν) eingeführt. Die (neu-
trischen) πνεύματα ἀκάθαρτα (V. 13), die auch in V. 10 neutrisch (αὐτά)[44]
angesprochen werden, reden in V. 9 selbst maskulinisch (πολλοί ἐσμεν).

Weitere Unebenheiten sind:
In V. 1 kommen Jesus und seine Jünger ans jenseitige Ufer; im folgenden ist
aber nurmehr von Jesus die Rede.
Die ausdrückliche Bemerkung, daß der Geheilte »bekleidet« dasitzt (V. 15),
erweckt den Eindruck, daß er vorher unbekleidet war, was aber in der einleiten-
den Situationsbeschreibung (Vv. 2-5) nicht erwähnt war.
In V. 15 wird der Geheilte noch als δαιμονιζόμενος bezeichnet (sachgerechter
ist diese Bezeichnung im Rückblick des V. 16); V. 18 spricht korrekt von
δαιμονισθείς.
In V. 19 schickt Jesus den Geheilten »nach Hause zu den Seinen«, daß er ihnen
verkünde (ἀπαγγέλλειν); in V. 20 verkündet (κηρύσσειν) er in der Dekapolis.
Als Referenz der Verkündigung ist in V. 19 angegeben ὅσα ὁ κύριός (Gott) σοι
πεποίηκεν ..., in V. 20 ὅσα ἐποίησεν αὐτῷ ὁ Ἰησοῦς.

Schwerfällig ist die Abfolge von Kommen ἐκ τῶν μνημείων in V. 2 und
Wohnen ἐν τοῖς μνήμασιν in V. 3. Ungeschickt, da überflüssig, ist V. 12c (ἵνα
εἰς αὐτοὺς εἰσέλθωμεν). Ungeschickt angehängt wirkt ὡς δισχίλιοι (V. 13), τὸν
ἐσχηκότα τὸν λεγιῶνα (V. 15) und καὶ περὶ τῶν χοίρων (V. 16). Nachklappend ist auch der Ausfahrbefehl von V. 8. Im übrigen ist der Schlußteil
auffallend zerdehnt. Ein erster Schlußpunkt ist bereits mit V. 15 (eventuell
sogar schon mit V. 14) erreicht. Aber auch V. 17[45] oder V. 19 ergäben ein
passendes Ende.

1.2. Ein schwieriges Problem stellt der Ort des Geschehens dar

Aufgrund der Eingliederung in den Kontext (4,35-41: Sturmstillung; 5,1:
Überfahrt εἰς τὸ πέραν τῆς θαλάσσης; 5,18: Besteigen des Bootes; 5,21:
Überfahrt πάλιν εἰς τὸ πέραν) und der effektvollen Ausfahrt der Dämonen, die
eine ganze Schweineherde εἰς τὴν θαλάσσην stürzen lassen (5,13), will die
Geschichte zweifellos am See Genesaret spielen. Dazu paßt allerdings nur
schwer die Lokalisierung im »Land der Gerasener« (5,1), die zudem suggeriert,

---

44. D und der sog. Mehrheitstext lesen allerdings αὐτούς.
45. Vgl. die Parallele bei Mt 8,34.

daß die in 5,14 erwähnte »Stadt« die zur »Dekapolis« (5,20) gehörige Stadt Gerasa sei[46]. Gerasa aber liegt zwei Tagreisen (54 km Luftlinie) vom See Genesaret entfernt, eine Distanz, die – unabhängig von der Frage, was dämonisierten Schweinen an Laufleistung zuzumuten ist – gegen die von der Narrativität der Geschichte geforderte Einheit von Ort und Geschehen verstößt. Wohl aus diesem Grunde hat bereits die Parallelstelle Mt 8,28 das »Land der Gerasener« durch das »Land der Gadarener« ersetzt. Dies hat zweifellos den Vorteil, daß die zum Seesturz der Dämonen (5,13) und zur Benachrichtigung der Stadt (5,14) zu überwindende Distanz erheblich verkürzt ist. Die ebenfalls zur Dekapolis gehörige Stadt Gadara (Umm Keis)[47] liegt 9 km Luftlinie südöstlich des Sees. Allerdings hat diese Lösung den Schönheitsfehler, daß zwischen Gadara und See der tief eingegrabene und ein steiles Nordufer aufweisende Jarmuk liegt. Wollte man aber die Schweineherde nordwestlich des Jarmuk weiden lassen, so befände man sich dort aller Wahrscheinlichkeit nach schon auf dem Gebiet von Hippos (Susitha)[48]. Das heißt, bei einer Überfahrt über den See an das Ostufer gelangt man weder in das Land der »Gerasener« noch in das der »Gadarener«. Will man dennoch Ort und Geschichte harmonisieren, so bleibt nur die bereits von Gustaf Dalman vorgeschlagene Lösung. Er denkt an das von Origenes (*Comm. in Joh.* 6,41: PG 14,IV,270-272) und dann von Eusebius (*Onomasticon*: GCS 11/1,74) favorisierte »Gergesa«, dessen Name in der Ortslage von Chirbet Kursi am Ostufer des Sees südlich des Wadi es-Samakh fortlebt[49]. Neuere Ausgrabungen haben die Vermutung Dalmans insofern bestätigt, als in der Nähe der am See gelegenen Chirbet ein bis ins späte 5. Jahrhundert zurückreichendes Kloster gefunden wurde, das offensichtlich auf Pilgerbetrieb ausgerichtet war und mit einer an der nahen Bergschulter gelegenen Kapelle (mit Turm) auf den in Mk 5,13 erwähnten »Abhang« Bezug nehmen wollte[50]. Es bleibt freilich das Problem, daß der Name »Gergesa« nur in christlichen Quellen belegt ist, wobei die örtlichen Angaben von Origenes und Eusebius wohl nicht den topographischen Gegebenheiten entnommen, sondern eher aus der neutestamentlichen Geschichte erschlossen sind[51]. Umgekehrt fehlt für das talmudisch bezeugte »Kursi« (כורסי) eine klare geographische Bestimmung. Erst über eine christliche Notiz aus dem 6. Jahrhundert[52] läßt sich eine Identifizierung eines »Chorsia« mit der heute als Kursi bekannten

---

46. Zu Gerasa vgl. E. SCHÜRER, *Geschichte des jüdischen Volkes im Zeitalter Jesu Christi II*, Hildesheim - New York, Olms, 1970 (Nachdr. d. Ausg. von 1907), pp. 177-189; ID., *The History of the Jewish People in the Age of Jesus Christ (175 B.C. - A.D. 135)* II. A new English Version, rev. and ed. by G. VERMES, F. MILLAR, M. BLACK, Edinburgh, Clark, 1979, pp. 149-155.

47. Zu Gadara vgl. E. SCHÜRER, *Geschichte*, pp. 157-161; ID., *History*, pp. 132-136.

48. G. DALMAN, *Orte und Wege Jesu*, Darmstadt, Wissenschaftliche Buchgesellschaft, ⁴1967 (= Nachdr. d. 3. Aufl., Gütersloh, Mohn, 1924), p. 192.

49. G. DALMAN, *Orte*, p. 190. Dort, pp. 191-193, auch Kritik an den Vorschlägen von Zahn und Lagrange.

50. Vgl. V. TZAFERIS, *The Excavations of Kursi – Gergesa* (ʿAtiqot. English series, XVI), Jerusalem, The Government Printer at Graphpress, 1983; zur Identifikation bes. pp. 43-48.

51. Nach Origenes ist Gergesa eine alte Stadt nahe beim See von Tiberias, wo ein Abhang ist. Eusebius kennt Gergesa als Dorf auf dem Berge.

52. V. TZAFERIS, *Excavations* (s. Anm. 50), p. 46.

byzantinischen Pilgerstätte durchführen. Sicher beweisen diese Informationen nur, daß die christliche Tradition die Heilung des von der Legion Besessenen vom 3. Jahrhundert an bei einem am See gelegenen Gergesa lokalisierte und daß man seit dem 5. Jahrhundert dieses Wunders bei der Ortslage des heutigen Kursi gedachte. Ob dies die Annahme rechtfertigt, daß der ursprüngliche Schauplatz bei Gergesa fälschlicherweise (von Mk) in Gerasenisches Gebiet verlagert wurde, um dann – ebenfalls nicht ganz zur Geschichte passend – von Mt im Land der Gadarener lokalisiert zu werden, mag dahingestellt bleiben. Mindestens ebenso plausibel ist die Vorstellung, daß die ursprünglich mit Gerasa in Verbindung stehende Geschichte (Mk 5,1) gerade wegen der darin liegenden geographischen Problematik zunächst nach Gadara (Mt) und dann nach Gergesa bzw. Kursi (Origenes, byzantinische Tradition) als dem dazu passenden Ort verlagert wurde[53].

2. *Literarkritische Hypothesen*

Der Stand der literarkritischen Diskussion kann hier nur exemplarisch dargeboten werden. Ausgesucht wurden die einschlägigen Ausführungen von F. Annen, J. Ernst, J. Gnilka, R.A. Guelich, D. Lührmann, R. Pesch, W. Schmithals und E. Schweizer[54], deren Vorschläge allerdings auch nur summarisch referiert werden können[55]. Den Befund etwas vereinfachend, lassen sich die Hypothesen in zwei Gruppen zusammenfassen.

Die erste Gruppe rechnet mit nur zwei Schichten, einer markinischen Bearbeitung und einer vormarkinischen Erzählung (Annen, Gnilka, Lührmann, Schmithals). Dabei nimmt Annen eine umfangreichere Redaktion an (Vv. 1.2a.3b.4*.7*.8a.9*.10.15a.17f.19*.20), während die übrigen eine relativ sparsame Bearbeitung postulieren (Gnilka: Vv. 1f*.8.18a*.20; Lührmann: Vv. 1f*.8.18a*; Schmithals: Vv. 1*.8). Die zweite Gruppe unterscheidet drei bzw. vier Schichten. Unter der

---

53. Diese Abfolge würde auch zur textkritischen Situation bzw. zur Textgeschichte von Mk 5,1 parr passen; vgl. B.M. METZGER, *A Textual Commentary on the Greek New Testament. A Companion Volume to the United Bible Societies' Greek New Testament (third ed.)*, London - New York, United Bible Societies, 1971, pp. 23f.84.145.

54. F. ANNEN, *Heil für die Heiden. Zur Bedeutung und Geschichte der Tradition vom besessenen Gerasener (Mk 5,1-20 parr.)* (Frankfurter Theologische Studien, 20), Frankfurt, Knecht, 1976; J. ERNST, *Das Evangelium nach Markus* (RNT), Regensburg, Pustet, 1981, pp. 152-158; J. GNILKA, *Das Evangelium nach Markus, 1. Teilband: Mk 1–8,26* (EKK, II/1), Zürich-Einsiedeln-Köln, Benziger - Neukirchen-Vluyn, Neukirchener, 1978, pp. 199-208; R.A. GUELICH, *Mark 1-8,26* (Word Biblical Commentary, 34A), Dallas, TX, Word Books, 1989, pp. 271-289; D. LÜHRMANN, *Das Markusevangelium* (HNT, 3), Tübingen, Mohr, 1987, pp. 98-101; R. PESCH, *Das Markusevangelium* (s. Anm. 5), pp. 282-295 (vgl. die weitere, in Anm. 5 genannte Arbeit von Pesch); W. SCHMITHALS, *Das Evangelium nach Markus. Kapitel 1–9,1* (ÖTK, II/1), Gütersloh, Mohn - Würzburg, Echter, 1979, pp. 264-282; E. SCHWEIZER, *Das Evangelium nach Markus* (NTD, 1), Göttingen, Vandenhoeck & Ruprecht, [5]1978, pp. 57-59.

55. Wegen der relativ eindeutigen Referenz wird im folgenden jeweils nur der Autorenname genannt.

Annahme einer nur geringfügigen (Schweizer, Guelich: V. 20) oder ganz fehlenden (Pesch, Ernst) markinischen Redaktion rechnet man mit einer Bearbeitung anläßlich der Eingliederung in einen schon vormarkinischen Wunderzyklus, wobei die so bearbeitete Geschichte bereits vorher eine Erweiterung erfahren hatte. Auf Einzelheiten kann hier nicht eingegangen werden. Doch sind wenigstens einige Konstanten in der Beurteilung hervorzuheben. Der Redaktion des vormarkinischen Wunderzyklus wird die Anbindung an den See zugeschrieben, so daß sich ihre Spuren vor allen in Vv. 1f.18-20 finden (bei Guelich dazu noch in Vv. 10.12f.16, jedoch nicht in V. 19b). Die davorliegende Erweiterung, die auf Jes 65,4-7 (vgl. Ps 67,7 LXX) zurückgreift und von antiheidnischer Polemik geleitet ist, wird vor allem in Vv. 3-6 (Guelich; Pesch: 3f.5*.6; Schweizer: 3-5) und in Vv. 8 bzw. 9-13 (Guelich: 9; Ernst: 8.12f; Schweizer: 9-12.13*; Pesch: 9.12.13*) greifbar. Übrig bleibt dann ein im Gebiet der Gerasener (bei Ernst fraglich) lokalisierter Exorzismus, dessen Grundelemente in den Vv. 1f*.5* (Pesch).6(Schweizer, Ernst).7.8(Schweizer, Pesch, Guelich).9f(Ernst).11(Pesch, Ernst, Guelich).13*(Schweizer, Pesch).14.15-17*(Schweizer, Pesch, Guelich) erhalten sind.

Welche Gruppe der Hypothesen man bevorzugt, hängt im wesentlichen von der Einschätzung der Leistungsfähigkeit der Literarkritik ab. Relativ einleuchtend ist, daß bei Eingliederung der Geschichte in das Markusevangelium bzw. in den vormarkinischen Wunderzyklus Bearbeitungen an den Rändern, also im Bereich der Vv. 1f.18-20, erfolgt sein müssen. Mit einer gewissen Plausibilität läßt sich auf der gleichen Ebene auch die lokale Spannung (zwischen Gerasa und See Genesaret) lösen[56]. Weitergehende Rekonstruktionen besitzen eine deutlich geringere Plausibilität. Insofern kommen die unterschiedlichen Beurteilungen innerhalb der zweiten Hypothesengruppe nicht von ungefähr. Mit der Differenz läßt sich allerdings nicht das grundsätzliche Recht derartiger Hypothesen bestreiten. Aufgrund dessen, was wir sonst über den Werdegang der synoptischen Tradition wissen, ist es zumindest wahrscheinlich, daß eine derart spannungsreiche Geschichte wie Mk 5,1-20 das Produkt eines längeren Wachstumsprozesses ist.

Man kann allerdings die grundsätzliche Frage stellen, ob das textgenetische *Schichten*-Modell, wie es in der Literarkritik (bewußt oder unbewußt) häufig vorausgesetzt wird, wirklich zutrifft. Es versteht literarische Bearbeitungen in Analogie zur *Abschrift*, so daß die Differenzen als

---

56. Zwei Möglichkeiten sind denkbar: Entweder ist die (markinische oder vormarkinische) Redaktion für die Verlagerung der ursprünglich bei Gerasa spielenden Geschichte verantwortlich (Schweizer, Pesch, Guelich) oder Gerasa ist der Eintrag eines ortsunkundigen Redaktors (Mk: Schmithals) bzw. nachmarkinischen Abschreibers (Gnilka) in die nun Anfang an am See lokalisierte Erzählung. Heuristische Priorität ist m.E. der ersten Möglichkeit zuzuerkennen. Ihr Modell besitzt traditionsgeschichtlich eine immanente Stringenz, während die zweite Möglichkeit mit dem zufälligen Faktor eines ortsunkundigen Bearbeiters rechnen muß.

Addition, Subtraktion oder Substitution einzelner Elemente zu erklären sind. Meines Erachtens ist jedoch die Vorstellung einer *Nachschrift* hilfreicher und zutreffender, bei der ein Bearbeiter *sein* Konzept einer ganzheitlich rezipierten Vorlage – unter Rückgriff auf vorhandene Formulierungen – niederschreibt. Unter dieser Voraussetzung verlagert sich das analytische Interesse von der Abgrenzung unterschiedlicher Einzelelemente hin zur Auffindung zu unterscheidender narrativer Konzepte. Methodisch ist dann weniger nach offenkundigen Spannungen und Widersprüchen zu fragen als vielmehr positiv nach den vorhandenen narrativen Isotopien bzw. nach der narrativen Struktur der Geschichte.

3. *Eigener Lösungsvorschlag*

Historisch-kritischer Anknüpfungspunkt ist die formgeschichtliche Erkenntnis, daß Mk 5,1-20 in seiner Erzählstruktur weitgehend der vorgegebenen Topik des Exorzismus verpflichtet ist. Dazu gehören vor allem folgende Erzählelemente: 1. Situationsangabe bzw. Krankheitsbild, 2. Begegnung von Exorzist und Besessenem, 3. Abwehrversuch des Dämons, 4. Ausfahrbefehl, 5. Ausfahrt mit Demonstration, 6. Reaktion der Zuschauer. Unter dieser Rücksicht weist Mk 5,1-20 eine auffällige Verwandtschaft mit Mk 1,23-28 auf, die teilweise noch durch wörtliche Übereinstimmungen unterstrichen wird (ἄνθρωπος ἐν πνεύματι ἀκαθάρτῳ: 1,23 = 5,2; τί ἡμῖν καὶ σοί, Ἰησοῦ ... / τί ἐμοὶ καὶ σοί, Ἰησοῦ ...: 1,24 = 5,7; ἔξελθε ἐκ: 1,25 = 5,8). In Mk 1,23-28 sind die einzelnen Formelemente in einfacherer, in ihrer Funktion aber um so eindeutigerer Weise realisiert. Insofern bietet sich Mk 1,23-28 – mehr noch als ein abstraktes Formschema – als Vergleichsparadigma an, um die narrative Eigenart von Mk 5,1-20 zu erhellen[57].

Auffällig ist zunächst, daß die *Situationsangabe* bzw. das Krankheitsbild in Mk 5,2-5 ungleich ausführlicher geschildert wird als in Mk 1,23 (dort nur: »ein Mensch mit einem unreinen Geist« = Mk 5,2b), was den Erzähler dazu zwingt, die in Mk 5,2a nur kurz angedeutete *Begegnung* mit Jesus (so auch Mk 1,23) noch einmal zu erwähnen (Mk 5,6). Verantwortlich für die Ausführlichkeit ist unter narrativer Rücksicht gewiß die Erzählfreude, die mit der Konkretion und Steigerung des Krankheitsbildes die Geschichte noch spannender macht. Doch ist auch dem Umstand Rechnung zu tragen, daß der Aufenthalt des Besessenen ἐν τοῖς μνήμασιν und ἐν τοῖς ὄρεσιν (Mk 5,3.5) in Übereinstimmung mit Jes 65,4 (ἐν τοῖς μνήμασιν wie in Mk 5,3.5; anders: Mk 5,2: μνημεῖα) und 65,7 (ἐπὶ τῶν ὀρέων) formuliert ist, wo damit typisch heidnische Aufenthaltsorte bezeichnet sind. Die narrative Erweiterung

---

57. Die strukturelle Verwandtschaft von Mk 1,23-28 und 5,1-20 dürfte auch der Grund gewesen sein, daß Mt die erste Perikope ausläßt bzw. die zweite mit Referenz auf zwei (!) Besessene erzählt: Mt 8,28-34.

der Situationsangabe stünde dann zugleich unter der Zielsetzung, den Besessenen als Typos des Heidentums auszuweisen. Dazu würden auch die heidnische Stadt Gerasa (5,1; ebenso wie die »Dekapolis« 5,20) und die »am Berg weidende (unreine!) Schweineherde« (5,11) passen. Möglicherweise bildete die Kombination von »Gräbern« (5,2) und »Schweinen« die Brücke, über die Jes 65 assoziiert wurde, wo die gleiche Motivverbindung besteht[58].

Gegenüber Mk 1,24 fällt der *Abwehrversuch* des Dämons in Mk 5,7 deutlich schwächer aus, obwohl gerade hier die größten wörtlichen Übereinstimmungen bestehen. Wurde in Mk 1,24 die Kenntnis des Wesens Jesu noch durchaus als Mittel der Machtausübung eingesetzt, so wird der »Sohn des höchsten Gottes« in Mk 5,7 zum Prädikat, mit dem der Dämon Jesus unterwürfig anredet. Anstelle des aufbegehrend-trotzigen »Du bist gekommen, uns zu verderben!« steht nun das ins eigene Geschick ergebene, einlenkende »Ich beschwöre dich bei Gott: Quäle mich nicht!« Der Dämon kommt in gewisser Weise bereits als Untertan zu Jesus, weswegen die Geschichte das, was vom Abwehrversuch noch übriggeblieben ist, mit einer Proskynese einleitet (Mk 5,6b). Entsprechend fehlt der in Mk 1,25 nötige Verstummungsbefehl.

Damit ist aber auch der (der Topik zufolge) fällige *Ausfahrbefehl* nicht mehr recht motiviert bzw. müßte unter Berücksichtigung der Bitte des Dämons (Mk 5,7c) konditioniert werden. Da der Erzähler aber zu solch radikalem Eingriff in die exorzistische Topik sich offensichtlich nicht entschließen kann, begründet er (Mk 5,8a) mit dem nun nachgeschoben wirkenden Ausfahrbefehl die devote Einlassung des Dämons und schafft so Raum für die erwartete Konditionierung. Dabei beläßt er es jedoch nicht bei der bloßen Konzession, daß der Dämon in die bereitstehende Schweineherde fahren darf, sondern inszeniert sie mit einer Namensbefragung (Mk 5,9), die ihre strukturelle Wurzel aber durchaus in der Topik des Exorzismus hat. Mk 1,23-28 als Paradigma vorausgesetzt, läßt sie sich als Umkehrung (Parodierung) des dämonischen Abwehrversuchs verstehen. Anstatt daß der Dämon auch nur den Versuch macht, mit Hilfe seines Wissens um den Namen bzw. das Wesen Jesu Macht über diesen zu gewinnen, zeigt nun Jesus, daß *er* es ist, der dem Dämon sein Geheimnis entreißt; und dieser gibt es auch bereitwillig preis.

Der Name des Dämons »Legion ..., denn viele sind wir« kommt nicht von ungefähr. Zumindest die narrative Virtualität dazu findet sich auch in Mk 1,23-28. Den Tradenten dieser Geschichte kam es offenbar darauf an, nicht nur eine Episode aus dem Leben Jesu zu referieren. Vielmehr wollten sie mit der Geschichte auf den Punkt bringen, was mit dem Auftreten Jesu grundsätzlich an neuer Wirklichkeit gesetzt ist: Die Herrschaft der Dämonen ist gebrochen! Deshalb spricht schon der

---

58. Jes 65,4: »Sie sitzen in Gräbern ... und essen das Fleisch von Schweinen ...«.

Dämon von Mk 1,23-28 im Plural »Was haben *wir* mit dir zu tun?« und stellt kategorisch fest: »Du bist gekommen, *uns* zu verderben« (V. 24)[59]. Der Dämonenname »Legion« läßt sich so geradezu als narrative Konkretion einer auch in Mk 1,23-28 angelegten spezifisch christlichen bzw. christologischen Variante exorzistischer Topik verstehen.

Eine andere Frage ist es, ob die Geschichte durch den lateinischen Namen – noch dazu in Verbindung mit den Schweinen, in die »Legion« fährt[60] – eine spezifisch antirömische Tendenz erhält[61]. Kann man sagen, daß die Geschichte »in symbolischer Handlung ... den aggressiven Wunsch (befriedigt), sie (= die Römer, Anm. d. Verf.) wie Schweine ins Meer zu schicken«?[62] Allerdings würde man sie dann doch lieber im jüdischen Mutterland lokalisiert sehen. Die Einwohner der Dekapolis (eine römische Schöpfung!) waren an einer Vertreibung der Römer nicht interessiert. Die von Josephus berichteten jüdischen Angriffe auf Orte der Dekapolis im Jahre 66 n. Chr. waren eine Reaktion auf das Judenpogrom von Caesarea (Bell 2,457-460). Hintergrund für das Überschwappen des Konflikts in das Ostjordanland waren Spannungen mit der dortigen Bevölkerung, die seit der hasmonäischen Eroberung vielfach antijüdisch eingestellt war. Eine direkt antirömische Ausrichtung hatten die jüdischen Übergriffe auf das Gebiet der Dekapolis im Jahre 66 nicht. Die Römer waren in die Auseinandersetzungen auch nicht involviert. So ließe sich eine mögliche antirömische Intention von Mk 5,1-20 höchstens so erklären, daß durch die Beseitigung der römischen Schutzmacht die Voraussetzung für die Restauration der jüdischen Herrschaft in der Dekapolis geschaffen werden soll. Ein derartiges christliches bzw. judenchristliches Interesse wird man aber füglich in Frage stellen müssen.

So bleibt eine unmittelbar politische Ausrichtung der Geschichte eher unwahrscheinlich. Dies schließt in keiner Weise aus, daß der römische Name des Dämons, noch dazu in Verbindung mit den Schweinen, der weiteren Qualifizierung und Konkretisierung seines *heidnischen* Wesens dient[63]. Ob die so erreichte Profilierung dem gleichen narrativen Impetus

59. Mk interpretiert das Wunder daher durchaus sachgerecht als »neue Lehre in Vollmacht« (1,27; vgl. 1,22).

60. Die Legio X Fretensis, die seit 6 n. Chr. in Syrien stationiert ist, sich am Jüdischen Krieg beteiligt und dann in Jerusalem ihr Lager aufgeschlagen hat (vgl. dazu H. GEVA, *The Camp of the Tenth Legion in Jerusalem. An Archaeological Reconsideration*, in *IEJ* 34 [1984] 239-254), führt u.a. das Bild des Ebers als Zeichen; vgl. W. KUBITSCHEK – E. RITTERLING - A. SCHULTEN, *Art. Legio*, in *PRE* XII (1924-25) 1186-1837, hier 1671-1678; W. LIEBENAM, *Art. Feldzeichen*, in *PRE* VI,2 (1909) 2151-2161, hier 2156f.

61. Dazu vor allem: G. THEISSEN, *Urchristliche Wundergeschichten. Ein Beitrag zur formgeschichtlichen Erforschung der synoptischen Evangelien* (StNT, 8), Gütersloh, Mohn, 1974, pp. 251-256; ID., *Lokalkolorit und Zeitgeschichte in den Evangelien. Ein Beitrag zur Geschichte der synoptischen Tradition* (NTOA, 8), Freiburg/Schw, Universitätsverlag - Göttingen, Vandenhoeck & Ruprecht, 1989, pp. 115-119; vgl. T. REINACH, *Mon Nom est Légion*, in *Revue des études juives* 47 (1903) 172-178.

62. So G. THEISSEN, *Wundergeschichten* (s. Anm. 61), pp. 252f.

63. Ähnlich auch: F. ANNEN, *Heil* (s. Anm. 54), pp. 162-173 (dort auch Material ad vocem »Schwein«). Daß »Legion« in Mk 5,13 numerisch als 2000 und nicht, wie es der militärischen Wirklichkeit entspräche, als 6000 aufgelöst wird, scheint ein weiteres Indiz dafür zu sein, daß die politische Ebene nicht die primäre Referenz ist. Primär geht es um

verpflichtet ist wie die Ausgestaltung der Situationsangabe in Vv. 3-5, ist gut denkbar, wenngleich nicht zwingend zu folgern.

Zum unverzichtbaren Bestand des narrativen Grundprogramms der Geschichte gehören die Schweine, wobei die direkte Bitte des Dämons, in sie hineinfahren zu dürfen (Mk 5,12), eine den Dämon und damit das Heidentum noch zusätzlich ironisierende Erweiterung sein könnte. Hingegen dürfte der Umstand, daß die dämonisierten Schweine in den See bzw. das Wasser (θάλασσα) stürzen (Mk 5,13), wiederum Teil des Grundbestandes der Geschichte sein, der ohne diesen Zug geradezu die Pointe fehlen würde. Spektakuläre *Demonstrationen* (der Ausfahrt) gehören zur Topik des Exorzismus. Darüber hinaus dürfte auch die inhaltliche Konkretion der Demonstration von Bedeutung sein. Für die Antike war das Wasser immer auch Sinnbild des Chaos. Die Dämonen stürzen also in den ihnen gemäßen und sie zugleich vernichtenden Zustand einer durch Jesus überwundenen Welt. In der speziell antiheidnischen Abzweckung der Geschichte wird das Heidentum weiter karikiert: Es trägt seinen eigenen Untergang in sich bzw. betreibt ihn sogar selbst!

Hält man an der narrativen Ursprünglichkeit der θάλασσα fest, bleibt freilich die Spannung zur Lokalisierung im Land der Gerasener. Wenn man nicht dem oben angeführten Vorschlag Gustaf Dalmans beipflichten will, lassen sich noch folgende Möglichkeiten denken, um die Spannung auszugleichen: (a) Ursprünglich schloß die Geschichte mit einer anderen, ebenfalls vehementen, uns aber nicht mehr erkennbaren Reaktion der Schweineherde; (b) das »Wasser« ist als rein symbolische Größe zu verstehen; (c) die Schweine stürzten sich nicht in den See Genesaret, sondern in ein anderes Gewässer in der Nähe von Gerasa[64].

Nur schwer zu entschlüsseln ist die narrative Struktur des *Schlusses der Geschichte* (Mk 5,14-20). Legt man Mk 1,23-28 als Paradigma

---

die *Vielzahl*, die als solche das heidnische (= römische) Unverhältnis zu (dem *einen*) Gott signalisiert.

64. Nach dem topographischen und archäologischen Befund könnte man am ehesten an Birketein (ca. 2 km nördlich von Gerasa) denken, eine Anlage mit einem (Doppel-)Teich (88,5 × 43,5 m) und einem kleinen Theater (max. 1000 Plätze). Nachweislich wurde dort das Maiumasfest gefeiert, bei dem nackt vollzogene Wasserriten eine Rolle spielten. In christlich-byzantinischer Zeit wurde das Fest daher (mehr oder minder erfolgreich) verboten. Allerdings reichen die uns erhaltenen inschriftlichen Bezeugungen nur bis in das 2./3. Jahrhundert n. Chr. zurück. Dies schließt nicht aus, daß der Kult und eine dazugehörige Anlage in ältere Zeit zurückreichen. Vgl. C.C. McCown, *The Festival Theater at the Birketein*, in: C.H. Kraeling, *Gerasa. City of Decapolis*, New Haven, CT, American School of Oriental Research, 1938, pp. 159-167 (mit den Inschriften Nr. 153.197.198.279). Bei der (gewiß hypothetischen) Identifizierung des »Wassers« mit dem Teich von Birketein würde sich auch das erzählerisch überhaupt nicht vorbereitete Element, daß der Geheilte »bekleidet und vernünftig« dasitzt (Mk 5,15), erklären, und zwar als Spitze gegen die Freizügigkeit eines enthusiastischen Kultes.

zugrunde, dann ist neben der Reaktion der Zuschauer auch eine Verbreitungsnotiz zu erwarten. Als die der Erzählung gemäßen Zuschauer tauchen die Schweinehirten auf, die fliehen und die wunderbare Kunde sogleich weiter vermelden (Mk 5,14). Damit ist, was narrativ als Abschluß der Geschichte unbedingt erforderlich ist, in einfachster Form verwirklicht. Alles weitere, was erzählt wird, ist Entfaltung dieses narrativen Basisprogramms, allerdings auf unterschiedlichen Ebenen. Eine Erweiterung der Zuschauerreaktion stellt Mk 5,15 dar. Die durch die Kunde der Hirten herbeigelockten Leute verfallen – der Begegnung mit dem Heiligen entsprechend – ebenfalls in Furcht. Im Sinne der Reaktion auf das mysterium tremendum könnte man auch V. 17 verstehen[65]. Die etwas umständliche (und nach V. 14a auch nicht zu erwartende) Einleitung in V. 16 macht jedoch darauf aufmerksam, daß hier vielleicht doch ein weiterer, über die bloße Zuschauerreaktion hinausgehender Erzählimpetus am Werk ist (s.u.). Eine Erweiterung der zum narrativen Basisprogramm gehörigen Verbreitungsnotiz auf höherer Ebene stellen die Vv. 19.20 dar. Aus dem (dem Wunder selbst inhärierenden) Drang zur Bekanntmachung des wunderbar Erfahrenen wird nun die vom Geheilten explizit verlangte missionarische Verkündigung des hinter dem wunderbaren Geschehen stehenden Gottes bzw. Jesu. Dabei sieht V. 20 auf den ersten Blick wie eine Weiterung und (missionarische) Konkretisierung des in V. 19 Gesagten aus[66]. Jedoch enthält auch schon die Geschichte von Mk 1,23-28 am Schluß eine konkrete geographische Angabe des Verkündigungsgebietes (Galiläa). Dies als Paradigma genommen, könnte man Mk 5,20 als die heidenmissionarische Transformation bzw. Variante dieses Elements der Geschichte verstehen. Dann allerdings wird man die Vv. 19b.20 als Einheit verstehen müssen. Ihr narrativer Impetus liegt auf einer ähnlichen Isotopieebene wie die Erweiterung der Situationsangabe in Vv. 3-5 und die römisch-heidnische Qualifizierung des Dämons im Mittelteil der Geschichte, wobei es dahingestellt bleiben mag, ob man die missionarische Aktivität nur als Konklusion oder als die unmittelbare Kehrseite der Entdämonisierung des Heidenlandes zu würdigen hat. Unter dem Einfluß der missionarischen Abzweckung der Geschichte könnte auch V. 17 (inklusive seiner Einleitung in V. 16) stehen. Vielleicht will der Vers (unbeschadet seiner Funktion, die bereits in Vv. 14f. festgehaltene Furchtreaktion zu verstärken) nur erklären, warum nicht Jesus selbst, sondern erst die von

---

65. G. THEISSEN, *Lokalkolorit* (s. Anm. 61), p. 177: »Jesus wird auf sanfte Weise des Landes verwiesen«. THEISSEN, pp. 177f., sieht darin eine Analogie zur Toleranz, mit der die Gerasener auf die jüdischen Unruhen (66 n. Chr.) reagierten (nach Josephus, *Bell.*, 2,480, haben die Gerasener den Juden nichts zuleide getan bzw. die Emigrationswilligen bis zur Grenze geleitet). Dies kann m.E. jedoch nicht überzeugen.

66. Eine Übertretung des gelegentlich mit dem Wunder verbundenen Geheimhaltungsgebotes (wie in Mk 1,44f., 7,36) liegt in Mk 5,19f. nicht vor. Dies schließt nicht aus, daß der Evangelist die Notiz so verstanden haben könnte.

ihm Geheilten die Mission im Land der Gerasener betrieben haben. Unberücksichtigt blieb bislang V. 18, der zumindest in seiner ersten Hälfte eine Transposition der Geschichte an den See Genesaret (vgl. V. 1) voraussetzt. Ob auch die Bitte, bei Jesus bleiben zu dürfen, mit dieser Veränderung zu verrechnen ist, ist schwer zu entscheiden. Entsprechend ist die Einleitung von V. 19 einzuschätzen.

Als *Fazit* kann festgehalten werden: Die Geschichte von Mk 5,1-20 läßt eine relativ klare Struktur erkennen, die in den Grundzügen der vorgegebenen Topik des Exorzismus verpflichtet ist. Erweiterungen oder Abweichungen lassen sich übergeordneten narrativen Tendenzen zuordnen. Als solche sind zu erkennen: (a) die Tendenz zur (heilsgeschichtlichen) Generalisierung (Jesus beendet die Dämonenherrschaft); (b) die Tendenz zur (kosmischen) Universalisierung (die Welt wird von der sie durchdringenden Macht des Chaos befreit); (c) die antiheidnische Tendenz (das Heidentum als Repräsentant der Chaosmacht wird überwunden; Heimholung des heidnischen Landes in die Gott unterworfene Welt); (d) die missionarische Tendenz (den Heiden wird das Erbarmen Gottes bzw. Jesu verkündet). Konkret verortet ist die Geschichte im Gerasener Land, das als dämonenbesetztes, heidnisches Land das gemeinsame Substrat aller Tendenzen bildet. Möglicherweise steht hinter der konkreten Verortung der historische Vorgang der urchristlichen Gerasa- bzw. Dekapolis-Mission, der dann aber nicht als isolierter Einzelvorgang wahrgenommen, sondern als exemplarisches Geschehen von grundsätzlicher Bedeutung dargestellt wird.

Wertet man die unterschiedenen narrativen Isotopien als Anzeichen eines diachronen Wachstumsprozesses, so läßt sich auch die *Traditionsgeschichte* von Mk 5,1-20 bis zu einem gewissen Grade nachvollziehen. Eine direkte Zuordnung von narrativer Tendenz und traditionsgeschichtlicher Schicht ist allerdings problematisch, weil die unterschiedenen Tendenzen nicht von gegenläufiger, sondern von explizierender bzw. ergänzender Art sind. Auf eine auf den Wortlaut abzielende Isolierung der Schichten wird aus grundsätzlichen Erwägungen (s.o. 2. Ende) ohnehin verzichtet. In aller Vorsicht läßt sich vielleicht aber doch das folgende Modell der Traditionsgeschichte erstellen[67]:

(1) Am Anfang steht ein Exorzismus, der von der Erzählstruktur her der Geschichte von Mk 1,23-28 ähnelt. Wie diese will auch er den grundsätzlichen Charakter des Geschehens festhalten. Dies geschieht vor allem durch die Demonstration, die den Dämon die umfassende Vielzahl seines (bösen) Wesens an einer ganzen Schweineherde abreagieren läßt. Ob auf der ältesten Stufe die Namensbefragung, der

---

67. Die im folgenden genannten Verszahlen sind nicht im Sinne einer literarischen Abgrenzung, sondern lediglich als inhaltliche Referenzverweise zu verstehen.

römische Name »Legion« (V. 9) und die Konzessionsbitte (Vv. 10-12) enthalten waren oder ob nur – ähnlich knapp wie in Mk 1,24-26 – Abwehrversuch (V. 7), Ausfahrbefehl (!) (V. 8) und Demonstration (V. 13) erzählt wurden, ist schwer zu sagen. Das in Vv. 9-12 Entfaltete könnte auch schon zur nächsten Schicht gehört haben oder eine die ursprüngliche Tendenz weiter ausdeutende Zwischenschicht darstellen. In jedem Fall hat die Geschichte von Anfang an heidnische Konnotationen, wozu das Land der Gerasener (V. 1), die Gräber (V. 2) und die Schweine (V. 13) gehören. Den ursprünglichen Abschluß der Geschichte könnte V. 14 (vielleicht aber auch schon V. 15) gebildet haben.

(2) Einem zweiten Stadium der Geschichte sind alle jene Elemente zuzuschreiben, die das heidnische Wesen des Dämons herausarbeiten. Dazu gehört vor allem die unter dem Einfluß von Jes 65 stehende Erweiterung der Situationsangabe in Vv. 3-5, möglicherweise auch der römische Name »Legion« und V. 15 als Abschluß.

(3) Da die missionarische Tendenz nur die Kehrseite der antiheidnischen ist, ist es schwer zu entscheiden, ob die missionarischen Elemente der Geschichte ein eigenes drittes Stadium konstituieren oder noch zum zweiten gehören. Zu nennen sind vor allem die Vv. 16f.19f, zumindest in ihrem erzählerischen Grundbestand.

(4) Sicherlich ein eigenes Stadium stellt die Verlagerung der Geschichte an den See Genesaret dar, gleichgültig, ob dies im Rahmen einer vormarkinischen Wundersammlung oder der Eingliederung in das Evangelium geschehen ist. Hinweise auf dieses Stadium finden sich in den Vv. 1a.2a.18.

III. Der Ertrag der Auslegungen

Klaus Berger hat in seiner kürzlich erschienenen *Historische(n) Psychologie des Neuen Testaments* auf »den historischen und sozialen Aspekt der psychologischen Fragestellung« aufmerksam gemacht[68] und postuliert, daß methodisch erst einmal die Andersartigkeit der im Neuen Testament referierten »Anschauungen und Erlebnisweisen der Psyche« vorauszusetzen ist[69]. Was dies für die Auseinandersetzung mit Drewermann und anderen psychologischen oder tiefenpsychologischen Interpretationen bedeutet, bedarf erst noch einer intensiven Diskussion, deren Ergebnisse abzuwarten sind. Im folgenden wird zunächst einmal vorausgesetzt, daß es legitim ist, das antike bzw. neutestamentliche Phänomen der Besessenheit als Zustand personaler Zerrissenheit und

---

68. K. Berger, *Historische Psychologie des Neuen Testaments* (SBS, 146/147), Stuttgart, Katholisches Bibelwerk, 1991, p. 18.

69. *Ebd.*, p. 20.

Gespaltenheit zu deuten. Gerade wenn es beim Exorzismus um die
»Machtfrage« geht[70], kann die zweifellos entscheidende Opposition
von Gott und Dämon[71] nicht ohne Einbeziehung des betroffenen
menschlichen Subjekts bedacht werden. Und hier empfindet auch das
Neue Testament die dämonische Bemächtigung eines Menschen (im
Gegensatz zur göttlichen Bemächtigung) als Abnormität bzw. Krankheit. Zu deren Beschreibung dürfte die Kategorie der Gespaltenheit
nicht unangemessen sein, da auch der antike Mensch die (dämonische)
Besessenheit als Perversion und Verhinderung menschlicher Identitäts-
suche wahrgenommen hat. Dies gilt nicht nur für den in eine Vielzahl
zerfallenden Dämon von Mk 5, sondern grundsätzlich für jede Besessenheit.

Unter dieser Voraussetzung ist die *tiefenpsychologische Auslegung
Drewermann* prinzipiell legitim. Tatsächlich führt sie zu Ergebnissen, die
für eine heutige Rezeption der Geschichte hilfreich sind. Dies gilt vor allem dann, wenn man die Gespaltenheit nicht nur als Beschreibung einer
krankhaften Abnormität, sondern als Kennzeichen einer existentiellen
Zerrissenheit des Menschen versteht. In dieser Hinsicht ist das hermeneutische Verfahren Drewermanns übrigens durchaus mit der existentialen Interpretation Rudolf Bultmanns vergleichbar. In beiden Fällen
wird von der (existential-philosophisch bzw. tiefenpsychologisch definierten) menschlichen Existenz als anthropologischer Universalie ausgegangen, die den historischen Abstand überbrückt. Auf diese Weise
macht es die tiefenpsychologische Interpretation Drewermanns möglich, daß der heutige Mensch sich in dem Besessenen von Gerasa wieder-
findet[72]. Der gequälte Mensch kann die Geschichte von Mk 5,1-20 als
(von Gott geschenkte) Ermutigung lesen, die eigene Wahrheit anzunehmen und in sich selbst die Freiheit zu gewinnen, die nicht durch Selbst-
isolation und aggressive Abgrenzung zu erhalten ist. Im akuten Fall kann
er darauf hoffen, daß ihm ähnlich heilende Begegnung zuteil wird wie
dem Besessenen von Gerasa durch Jesus, und er kann umgekehrt selbst
versuchen, anderen Gequälten zum einfühlsamen Heiler zu werden.

Problematisch wird es allerdings, wenn Drewermann die gesamte Erzählung von Mk 5,1-20 in ihren Einzelelementen nach dem Muster und
dem Vorgang einer psychotherapeutischen Behandlung interpretieren
will. Dies muß fast zwangsläufig zu einer Überforderung der Geschichte
und einer Mißachtung *ihrer* erzählerischen Intentionen führen. Mag
man in dem »Hilferuf zur Nichthilfe«[73] noch eine angemessene Über-

70. *Ebd.*, pp. 71f.
71. *Ebd.*, pp. 74f.77f.
72. Obwohl Angst zur Grundbefindlichkeit menschlicher Existenz gehört, ist sie m.E.
doch auch ein spezifisches Phänomen unserer Zeit. Für eine differenziertere Hermeneutik
wäre jedenfalls zu berücksichtigen, daß Befreiung von der Angst nicht die führende
soteriologische Kategorie der Bibel und des Neuen Testaments darstellt, so sehr deren
Erlösungsvorstellungen auch Angstbefreiung implizieren.
73. E. DREWERMANN, *Tiefenpsychologie II* (s. Anm. 4), p. 257.

setzung des dämonischen Abwehrversuchs (V. 7) erkennen, so geht die
Auskunft, daß Jesus mit seinem Ausfahrbefehl keinen Erfolg gehabt habe
und deshalb mit der Frage nach dem Namen (V. 9) »noch einmal von
vorn beginnen« müsse[74], an der exorzistischen Topik und dem Duktus
der konkreten Geschichte vorbei. An den Haaren herbeigezogen ist
m.E. die Deutung der Schweinehirten als Symbol des Überichs[75]. Nach
dem Erzählprogramm der Geschichte haben die Schweinehirten keine
andere Funktion, als durch ihre Reaktion das Geschehen als mysterium
tremendum auszuweisen und zu verbreiten. Eine direkte Beziehung
zwischen ihnen und dem Besessenen besteht überhaupt nicht. Bestenfalls indirekt beteiligt sind sie bei der Bitte der Gerasener, Jesus möge
ihr Gebiet verlassen (V. 17). Ob man darin aber die Spannung zwischen
der Freiheit des einzelnen und den »Spielregeln des bürgerlichen
Zusammenlebens« symbolisiert sehen darf[76], bleibt sehr die Frage. Die
Geschichte selbst ist am Konflikt zwischen Jesus und dem Dämon,
nicht aber an einem Konflikt zwischen dem Besessenen und seiner
Umgebung interessiert[77]. Die Bitte der Gerasener in V. 17 reflektiert
das in Jesus erfahrene mysterium tremendum und nicht »die Kosten«
der Heilung[78]. Eben deshalb wird Jesus des Feldes verwiesen, während
der Geheilte – zum Zwecke der Verkündigung – in seine angestammte
Umgebung zurückgeschickt werden kann (V. 19). Im höchsten Maße
fraglich bleibt schließlich, ob die spektakuläre Ausfahrt des Dämons in
die sich in den See stürzende Schweineherde hinlänglich mit dem
Modell des Abreagierens verinnerlichter Ängste und Konflikte zu interpretieren ist. Denn in der Geschichte von Mk 5,1-20 wird das Böse und
Dämonische nicht nur abreagiert, sondern abgespalten, während die
Psychotherapie letztlich darauf abzielt, es als Teil der eigenen Identität
zu akzeptieren und zu integrieren. An dieser Stelle wird sichtbar, daß
Psychotherapie und Exorzismus doch zwei recht verschiedene Dinge
sind, so sehr beide auf Heilung ausgerichtet sind und insofern auch
miteinander verglichen werden können.

Fazit: Zur Interpretation von Mk 5,1-20 erweist sich die Tiefenpsychologie als hilfreiches Instrumentarium, das die erzählte Geschichte
als Geschichte eigenen Erlebens und eigener Erfahrung zu lesen gestat-

---

74. E. DREWERMANN, *Mk I* (s. Anm. 4), p. 362.
75. E. DREWERMANN, *Tiefenpsychologie II*, p. 269. In *Mk I* wird diese Deutung
allerdings nicht mehr wiederholt. Vielleicht hat Drewermann selbst die Überinterpretation
empfunden.
76. E. DREWERMANN, *Tiefenpsychologie II*, p. 272.
77. Bestenfalls indirekt könnte man einen derartigen Konflikt in den »Ketten« und
»Fußfesseln« von Vv. 3f. angedeutet sehen, sofern man voraussetzt (was die Geschichte
aber nicht erzählt), daß die in Vv. 14f. herbeigeeilten Leute (oder die Schweinehirten
selbst) diejenigen waren, die den Besessenen gefesselt hatten.
78. Gegen E. DREWERMANN, *Tiefenpsychologie II*, p. 271.

tet. Eine Übertragung der einzelnen Erzählzüge nach dem Modell psychotherapeutischer Praxis bleibt aber fragwürdig.

Wenden wir uns nun dem theologischen Ertrag der *historisch-kritischen Exegese* zu. Selbstverständlich ist beispielsweise die Frage, ob die Geschichte ursprünglich bei Gerasa, bei Gadara oder am See Genesaret lokalisiert war, keine Frage von theologischem Gewicht. Und gewiß ist es auch von untergeordneter Bedeutung, daß in Mk 5,1-20 ein Stück urchristlicher Missionsgeschichte festgehalten ist. Immerhin, für den Glaubenden, dessen Überzeugung ganz wesentlich vom Zeugnis und der Kette der Zeugen lebt, ist dies bereits mehr als ein rein historischer Befund. Daß man, wenn man die Bedeutung von Mk 5,1-20 für die heutige Zeit erfassen will, sich gerade nicht für die historische und traditionsgeschichtliche Dimension dieser Geschichte interessieren darf[79], ist in dieser Einseitigkeit jedenfalls schlechterdings falsch. Von durchaus fundamentaler theologischer Bedeutung ist die elementare Erkenntnis, daß die Geschichte von Mk 5,1-20 – im Rahmen eines historisch verorteten und verortbaren Evangeliums – an die historische Person Jesu von Nazaret gebunden ist. Dies hindert nicht ihre exemplarische Bedeutung, auf die Drewermann abzielt, wenn er die Geschichte als Einladung zu heilsamer Begegnung unter den Menschen auslegt. Die Jünger bekommen ja auch von Jesus den Auftrag, sein heilendes Wirken fortzuführen (Lk 10,9 par)[80]. Doch ist das heilende und zumal das Dämonen bannende Tun Jesu weit mehr als nur das beispielhafte Initialgeschehen, das dann fortzusetzen und zu multiplizieren ist. Gerade der historisch-kritische Durchgang hat das deutlich gemacht. Was dargestellt wird, ist der grundsätzliche Machtwechsel, der sich nach Überzeugung der überliefernden Gemeinde mit dem Auftreten Jesu vollzogen hat. Die dämonische Welt, die sich mit ihren vielfältigen, chaotischen Kräften gerade im Heidentum eine knechtende, zerstörerische Herrschaft geschaffen und im heidnischen Land ein von Gräbern gezeichnetes Territorium der Unreinheit erobert hat, muß weichen. Voll Sarkasmus erzählt man, wie der Dämon als Repräsentant solchen Dominiums beim Anblick Jesu in die Rolle des Untertanen schlüpft, in Gestalt des von ihm dirigierten Besessenen den Kniefall vollzieht und bei der ihm selbst unausweichlich erscheinenden Kapitulation ein letztes Stückchen Herrschaft zu retten versucht, mit der er – auf gewiß niedrigerem, schweinischem Niveau – sein altes Herrschaftsgebiet erhalten möchte. Doch – und das wird man mit einem erlösenden Lachen erzählt haben – die unreinen Schweine, die der Legion der Dämonen als neue Beherrschte zugestanden werden, stürzen ihre Herren in das ihnen

---

79. So E. Drewermann, *Tiefenpsychologie II*, pp. 250f.

80. Die Parallelstelle Mt 10,7 ergänzt den (aus Q stammenden) Auftrag zur Krankenheilung sogar ausdrücklich u.a. um den Befehl zur Dämonenaustreibung.

gemäße Wasser des Chaos, wo sie (wohl die Schweine und die Dämonen) ihren Untergang finden. Die Geschichte hat also eine ausgesprochen *heilsgeschichtlich-eschatologische* Note, die Jesus nicht nur als den gelegentlich Heilenden, sondern als den Repräsentanten und Initiator der neuen, endgültig göttlich beherrschten Welt (Reich Gottes) ausweist[81]. Der Dämon hat diese einmalige, heilsgeschichtlich-eschatologische Funktion und Bedeutung Jesu mit sicherem Gespür erfaßt und sie in der Anrede »Sohn des höchsten Gottes« *christologisch* adäquat zum Ausdruck gebracht. Selbstverständlich wußte das Urchristentum, daß der eschatologische Machtwechsel, der in Mk 5,1-20 narrativ in Szene gesetzt ist, in einer noch ablaufenden Zeit unter eschatologischem Vorbehalt steht. Insofern ist Mk 5,1-20 (wie andere Wundergeschichten auch) eine Geschichte der kommenden Welt. Das in Jesus erfahrene Erbarmen Gottes wird zur heilsamen Hoffnung. Sie zu verkünden ist Aufgabe des Geheilten und derer, die seine Geschichte überliefern und bezeugen. In der Praxis dieses Erbarmens wird die Welt aus der Umklammerung des Chaos befreit und heimgeholt in die allein Leben ermöglichende Sphäre Gottes.

Der theologische Ertrag historisch-kritischer Exegese braucht sich also nicht zu verstecken. Was als Ergebnis unter dem Strich herauskommt, ist nicht bloße »Schriftgelehrsamkeit«, die »an die Stelle des wirklichen Lebens getreten« ist[82]. Die Einsicht in den heilsgeschichtlichen, eschatologischen und christologischen Charakter von Mk 5,1-20 will die erzählte Geschichte nicht durch theologische Lehrsätze ersetzen, sondern sie neu lesen und praktizieren lehren. An dieser Stelle konvergieren die Anliegen beider Auslegungen. Und gerade wer – durch Drewermanns Auslegung ermutigt – auf heilsame mitmenschliche Begegnung wartet und zu heilender Tat aufbricht, tut gut daran, den theologischen Ertrag historisch-kritischer Exegese mitzubedenken und in seine Hoffnung und Praxis zu integrieren. Denn ob man sich nach Heilung sehnt oder selbst heilend wirkt, man wird jeweils bald an Grenzen stoßen. Zu den Bedingungen dieser Welt und mit den Möglichkeiten unseres Herzens und unserer Hände ist Heilung immer nur unvollkommen zu verwirklichen. Der eschatologische Vorbehalt gehört wesentlich zum Inhalt der Frohen Botschaft, nicht um sich mit den bestehenden Zuständen abzufinden, sondern um nie zu resignieren. Was den Traum zur Hoffnung und die Hoffnung zur Tat werden läßt, ist der Glaube, daß in Jesus Christus alles bedrohende Chaos grundsätzlich überwunden, die Zukunft der Welt also nicht mehr offen, sondern

---

81. Wohl nicht zufällig werden in Lk 11,20 par die Dämonenaustreibungen als Zeichen der schon angebrochenen Gottesherrschaft gewertet.
82. E. DREWERMANN, *Tiefenpsychologie II*, p. 250.

zugunsten einer von Gott beherrschten Welt entschieden ist. Die Hoffnung, daß Gott uns ein neues Herz geben und die Welt neu schaffen wird, läßt uns die Herzen heilen und die Welt verändern.

10. Mk 16,1–8 als Epilog des Markusevangeliums

Die klassische Literarkritik, die sich als Quellenscheidung versteht, tut sich mit dem Markusevangelium besonders schwer. Die zu Gebote stehenden Kriterien sind bescheiden. Die Stilkritik ist schon aufgrund des relativ geringen Umfangs des Evangeliums problematisch. Sofern sie – wie es häufig geschieht – als bloße Stilstatistik betrieben wird, ist sie methodisch ohnehin kaum brauchbar[1]. Die immer wieder angeführten »Brüche«, »Sprünge«, »Widersprüche«, »Doppelungen« etc. können gewiß weiterhelfen. Ihre Beurteilung hängt jedoch stark vom subjektiven Ermessen ab. Zudem besteht die Gefahr, daß derartige Beobachtungen – als Instrument diachroner Fragestellung – zu schnell auf die Zerlegung des Textes abzielen, wo es diesen zunächst einmal zu verstehen gälte.

Im folgenden wird versucht, die zur möglichen Quellenscheidung führenden Beobachtungen aus einer vorgängigen synchronen, näherhin narrativen Analyse zu gewinnen[2]. Ausgegangen wird von den einzelnen

---

1. Zur Kritik: T. KAUT, *Befreier und befreites Volk. Traditions- und redaktionsgeschichtliche Untersuchung zu Magnifikat und Benediktus im Kontext der vorlukanischen Kindheitsgeschichte* (BBB, 77), Frankfurt am Main, 1990, pp. 15-31; S. DECK, *Wortstatistik – ein immer beliebter werdendes exegetisches Handwerkszeug auf dem (mathematischen) Prüfstand*, in *BN* 60 (1991) 7-12. Vgl. auch die Ausführungen von F. MUSSNER u.a., *Methodologie der Frage nach dem historischen Jesus*, in K. KERTELGE (ed.), *Rückfrage nach Jesus. Zur Methodik und Bedeutung der Frage nach dem historischen Jesus* (QD, 63), Freiburg-Basel-Wien, 1974, pp. 118-147, spec. pp. 130-131, und die Kritik von M. REISER in *BZ NF* 30 (1986) 132-134 an P. DSCHULNIGG, *Sprache, Redaktion und Intention des Markus-Evangeliums und ihre Bedeutung für die Redaktionskritik* (SBB, 11), Stuttgart, 1984.

2. Aus der umfangreichen Literatur können hier nur einige wenige Titel aufgeführt werden. Zur Theorie narrativer Analyse: V.J. PROPP, *Morphologie des Märchens*, München, 1972; A.J. GREIMAS, *Sémantique structurale. Recherche de méthode*, Paris, 1966; C. BRÉMOND, *Logique de récit*, Paris, 1973; E. GÜTTGEMANNS, *Einleitende Bemerkungen zur strukturalen Erzählforschung*, in *LB* 23/24 (1973) 2-47; DERS., *Narrative Analyse synoptischer Texte*, in *LB* 25/26 (1973) 50-73; R. BARTHES, *Introduction à l'analyse structurale des récits*, in *Communications* 8 (1966) 1-27. Hilfreich ist m.E. auch: W. ISER, *Der Akt des Lesens. Theorie ästhetischer Wirkung* (UTB, 636), München, 1976. Einführungen in den Diskussionsstand finden sich bei: E. GUELICH – W. RAIBLE, *Linguistische Textmodelle. Grundlagen und Möglichkeiten* (UTB, 130), München, 1977, pp. 192-314; D. MARGUERAT, *Strukturale Textlektüren des Evangeliums*, in *Theologische Berichte* 13, Zürich-Einsiedeln-Köln, 1985, pp. 41-86; W. EGGER, *Nachfolge als Weg zum Leben. Chancen neuerer exegetischer Methoden, dargelegt an Mk 10,17-31* (ÖBS, 1), Klosterneuburg, 1979, pp. 6-48; DERS., *Methodenlehre zum Neuen Testament. Einführung in linguistische und historisch-kritische Methoden*, Freiburg-Basel-Wien, 1987, pp. 119-129. Beispiele für die Anwendung narrativer Analysen auf neutestamentliche Texte: W. EGGER, *Nachfolge* (s.o.); J. HINTZEN, *Verkündigung und Wahrnehmung. Über das*

Segmenten des Textes. Deren narrative Funktion ergibt sich nicht nur aus ihrem Inhalt, sondern mehr noch aus ihrer Sequenz und ihrer textuellen und kontextuellen Verzahnung. Zu erschließen ist die narrative Strategie des Textes sowohl auf der (semantischen) Ebene der Erzählung selbst (narrative Konzeption) als auch im Blick auf deren (pragmatische) Wirkung beim Leser (narrative Intention). Eine derartige Untersuchung zielt von ihrem Ansatz her natürlich nicht auf literarkritische Quellenscheidung. Sie will im Gegenteil die vorliegende Geschichte zunächst einmal als in sich kohärente Erzählung verständlich machen. Dies schließt aber nicht aus, daß die Geschichte unterschiedliche (unter Umständen auch in Spannung stehende) Erzählfäden enthält, die sich möglicherweise sogar zu unterscheidbaren Isotopien zusammenordnen lassen. In diesem Fall besteht eine gute Chance für Rückschlüsse auf die Textgenese, insbesondere dann, wenn die Isotopien mit sukzessiven narrativen Konzepten in Verbindung gebracht werden können.

I. Narrative Analyse von Mk 16,1-8

In der Sequenz des Textes lassen sich 33 Segmente (= S) unterscheiden (1. Spalte: Verszahl; 2. Spalte: Segment-Nummer)[3]:

Mk 16,1-8

1	1	Καὶ διαγενομένου τοῦ σαββάτου
	2	Μαρία ἡ Μαγδαληνὴ καὶ Μαρία ἡ τοῦ Ἰακώβου καὶ Σαλώμη
	3	ἠγόρασαν ἀρώματα
	4	ἵνα ἐλθοῦσαι ἀλείψωσιν αὐτόν.
2	5	καὶ λίαν πρωῒ τῇ μιᾷ τῶν σαββάτων
	6	ἔρχονται ἐπὶ τὸ μνημεῖον
	7	ἀνατείλαντος τοῦ ἡλίου.
3	8	καὶ ἔλεγον πρὸς ἑαυτάς·
	9	τίς ἀποκυλίσει ἡμῖν τὸν λίθον ἐκ τῆς θύρας τοῦ μνημείου;

Verhältnis von Evangelium und Leser am Beispiel Lk 16,19-31 im Rahmen des lukanischen Doppelwerkes (BBB, 81), Frankfurt am Main, 1991; speziell zu Mk 16,1-8: E. GÜTTGE-MANNS, *Linguistische Analyse* (s. Literaturhinweise); L. MARIN, *Frauen* (s. Literaturhinweise). Die hier vorgelegte Analyse ist keinem bestimmten Verfahren verpflichtet, sondern stellt einen eigenständigen Versuch dar, der allerdings auf Elemente anderer Verfahren (bes. C. BRÉMOND, W. ISER) zurückgreift.

3. Zur Unterscheidung von der herkömmlichen Einteilung (in Kapitel und Vers) werden im folgenden die (durchnumerierten) Segmente durch vorangestelltes »S« gekennzeichnet. Soweit (in der herkömmlichen Weise) Stellen aus dem Markusevangelium angeführt werden, geschieht dies in der Regel ohne Angabe von »Mk« (also z.B. nur: 15,42).

4 10 καὶ ἀναβλέψασαι θεωροῦσιν
    11 ὅτι ἀποκεκύλισται ὁ λίθος·
    12 ἦν γὰρ μέγας σφόδρα.
5 13 Καὶ εἰσελθοῦσαι εἰς τὸ μνημεῖον
    14 εἶδον νεανίσκον
    15 καθήμενον ἐν τοῖς δεξιοῖς
    16 περιβεβλημένον στολὴν λευκήν,
    17 καὶ ἐξεθαμβήθησαν.
6 18 ὁ δὲ λέγει αὐταῖς·
    19 μὴ ἐκθαμβεῖσθε·
    20 Ἰησοῦν ζητεῖτε τὸν Ναζαρηνὸν τὸν ἐσταυρωμένον·
    21 ἠγέρθη,
    22 οὐκ ἔστιν ὧδε·
    23 ἴδε ὁ τόπος
    24 ὅπου ἔθηκαν αὐτόν.
7 25 ἀλλὰ ὑπάγετε
    26 εἴπατε τοῖς μαθηταῖς αὐτοῦ καὶ τῷ Πέτρῳ
    27 ὅτι προάγει ὑμᾶς εἰς τὴν Γαλιλαίαν·
    28 ἐκεῖ αὐτὸν ὄψεσθε,
    29 καθὼς εἶπεν ὑμῖν.
8 30 Καὶ ἐξελθοῦσαι ἔφυγον ἀπὸ τοῦ μνημείου,
    31 εἶχεν γὰρ αὐτὰς τρόμος καὶ ἔκστασις·
    32 καὶ οὐδενὶ οὐδὲν εἶπαν·
    33 ἐφοβοῦντο γάρ.

Segment 1: S 1 verweist zurück auf die Szene von 15,42-47, die am »Rüsttag« (παρασκευή) spielte, der als »Vortag des Sabbat« (προσάββα-τον) erläutert wurde (V. 42). Eben dieser in 15,42-47 noch bevorstehende Sabbat ist nun vorüber.

Segment 2: Die Frauenliste verweist zurück auf 15,47. Übereinstimmend wird beide Male Μαρία ἡ Μαγδαληνή genannt. Über 15,40, wo Μαρία ἡ Ἰακώβου τοῦ μικροῦ zugleich als Ἰωσῆτος μήτηρ bezeichnet wird, ergibt sich zudem, daß auch die Μαρία ἡ (τοῦ) Ἰακώβου von 16,1 identisch ist mit der Μαρία ἡ Ἰωσῆτος von 15,47. In 15,40 findet sich auch die in 15,47 nicht genannte Σαλώμη, so daß die Frauenliste von 16,1 insgesamt auf die in 15,40-41 namentlich genannten Frauen zurückweist.

Während jedoch aus 15,40-41 noch kein Vorverweis auf 16,1-8 zu erkennen ist, eröffnet 15,47 mit ἐθεώρουν ποῦ τέθειται eine Perspektive, die eine erzählerische Konstellation von Frauen und Grab – etwa einen Besuch der Frauen am Grab – erwarten läßt.

Segmente 3 und 4: S 3 und S 4 gehören zusammen, sofern das Kaufen der ἀρώματα die Voraussetzung für die Verwirklichung der in S 4 genannten Salbungsabsicht ist. Vor dem Hintergrund von 15,42-47 sind S 3/4 für den Leser überraschend, da dort durch nichts angedeutet war, daß das Begräbnis – etwa aus Zeitmangel – überstürzt abgewickelt und der Leichnam Jesu noch nicht abschließend für die letzte Ruhe präpariert worden wäre. Josef von Arimathäa hatte noch Zeit, um ein Leinentuch zu kaufen (15,46). Die Frauen hingegen blieben untätig und schauten nur zu (15,47).

Ist die Salbungsabsicht im Rückblick auch überraschend, so wird vorausschauend damit dem Leser signalisiert, daß im weiteren Fortgang der Geschichte die Frauen nicht nur – wie von 15,47 her zu erwarten – zum Grab gehen werden (um es zu besuchen), sondern auch in dieses hineingehen wollen bzw. werden. Insofern weist ἐλθοῦσαι ἀλείψωσιν über S 6 hinaus auf S 13 und indirekt sogar auf S 30. Die partizipiale Formulierung ἐλθοῦσαι ἀλείψωσιν ist offensichtlich bewußt auf εἰσ-ελθοῦσαι und ἐξ-ελθοῦσαι in S 13 bzw. 30 hin gestaltet. So wird durch S 3/4 die durch 15,47 vorgegebene narrative Perspektive eines möglichen Grabbesuchs überlagert bzw. ergänzt durch die Perspektive eines zu erwartenden Hineingehens in das Grab.

> Vom Thema her erinnern S 3/4 an die Salbung Jesu durch die (ungenannte) Frau in 14,3-9. Aus der dort gemachten Bemerkung προέλαβεν μυρίσαι τὸ σῶμά μου εἰς τὸν ἐνταφιασμόν (V. 8) darf kein Widerspruch zu S 3/4 konstruiert werden, als ob nach 14,3-9 eine Salbung des Leichnams Jesu überflüssig sei. Der Leser ist durchaus in der Lage, die Salbung von 14,3-9 als symbolische Vorwegnahme der nun in S 3/4 angekündigten Salbung des nun tatsächlich toten Jesus zu verstehen. Einen Vorverweis auf eine tatsächlich zu erwartende Salbung des Leichnams stellt 14,8 allerdings nicht dar. Umgekehrt gewinnt die zunächst überraschende Salbungsabsicht von S 3/4 durch 14,3-9 für den Leser zumindest ein gewisses Maß an Plausibilität, und zwar unabhängig davon, ob er von der Ungebräuchlichkeit von Totensalbungen im Judentum wußte oder nicht [4].

Segment 6: Daß die Frauen zum Grab »kommen«, entspricht der Erwartung, die der Leser seit 15,47 hegt. Von 15,47 her war ein Gang zum Grab allerdings nur für Maria Magdalena und für die Maria des Joses abzusehen. Erst über S 2 ist dem Leser klar, daß nicht nur sie, sondern alle in 15,40 genannten Beobachterinnen der Kreuzigung Jesu zum Grab gehen werden. Erst S 3/4 setzen den Leser zudem in die Lage, das ἔρχεσθαι ἐπὶ τὸ μνημεῖον von S 6, das im Lichte von 15,47

---

4. Das Salben von Toten wird in der rabbinischen Tradition nur beiläufig erwähnt; vgl. Str-B II 52-53 (bes. Schab 23,5). Die Salbung eines bereits bestatteten Leichnams ist nicht belegt (vgl. R. Pesch, *Mk II* [s. Literaturhinweise], pp. 529-530). Die Salbung von Gebeinen (vgl. N. Haas, *Anthropological Observations on the Skeletal Remains from Giv ͨat ha-Mivtar*, in *IEJ* 20 [1970] 38-59, spec. pp. 40-49.59) ist ein mit Mk 16,1 nicht vergleichbarer Vorgang (vgl. H.-W. Kuhn, *Der Gekreuzigte von Giv ͨat ha-Mivtar. Bilanz einer Entdeckung*, in C. Andresen – G. Klein [ed.], *Theologia crucis, signum crucis. FS E. Dinkler*, Tübingen, 1979, pp. 303-334, spec. p. 328). Ein gewisses Problem stellt der Begriff der ἀρώματα dar, der eigentlich Gewürze bzw. Würzkräuter bezeichnet (LSJ, s.v.). Man wird wohl an »pflanzliche Essenzen« zu denken haben (so: J. Gnilka, *Mk II* [s. Literaturhinweise], p. 340).

auf einen Besuch am Grab hindeutet, als bloße Voraussetzung für ein nachfolgendes εἰσέρχεσθαι εἰς τὸ μνημεῖον (S 13) wahrzunehmen.

Insofern bestätigt S 6 den Befund einer Verquickung bzw. Überlagerung von zwei unterscheidbaren narrativen Perspektiven, deren eine von 15,47 ausgeht, während die andere erst durch S 3/4 eingeführt wird und auf die tatsächliche Fortsetzung der Geschichte in S 13-30 hinzielt.

Segmente 5 und 7: Durch die Zeitangaben erscheinen die Tätigkeiten von S 3 und S 6 als unterbrochene, wenngleich in sich zusammenhängende Handlungsfolge. Während das Kaufen der ἀρώματα aufgrund von S 1 nach Sonnenuntergang anzusetzen ist, soll durch λίαν πρωῖ in S 5 der ganz frühe Morgen des folgenden Tages angezeigt werden. Dazwischen liegt also die Nacht, in der das in S 4 intendierte Handeln offenbar nicht möglich war. Vor dem Hintergrund der in S 1 – 4 aufgebauten Handlung fällt der Zeitangabe in S 5 die Aufgabe zu, die Intention von S 4 so früh wie möglich in die Tat umsetzen zu lassen. Eine nähere Terminierung der Zeitangabe λίαν πρωῖ ist über das Lexem πρωῖ nicht möglich[5]. Vom Erzählduktus her ist man am ehesten geneigt, an die Morgendämmerung zu denken, weil sie den frühestmöglichen Zeitpunkt darstellt, der einen Gang zum Grab erlaubt.

Syntaktisch wie erzählerisch nachklappend wird dann allerdings in S 7 erklärt, daß der sehr frühe Zeitpunkt mit dem Sonnenaufgang zusammenfällt. Doch dürfte es dem Leser kaum Schwierigkeiten bereiten, die beiden Zeitangaben zu kombinieren[6]. Er wird sich das erzählte Geschehen wohl so vorstellen, daß die Frauen beim ersten Morgengrauen aufgebrochen und bei Sonnenaufgang beim Grab angelangt sind.

Bemerkenswert ist vielleicht noch, daß die Zeitangaben in proportionaler Kohärenz zu den beiden bereits erwähnten Erzählperspektiven stehen. Unter der Perspektive, daß die Frauen *zum Grab* gehen wollen, ist die erste Morgendämmerung der gegebene Zeitpunkt (was nicht ausschließt, daß dann auch die Sonne aufgeht). Unter der Perspektive, daß die Frauen *in das Grab* hineingehen wollen (um den Leichnam zu salben), ist der Sonnenaufgang der angemessene Zeitpunkt (was wiederum nicht ausschließt, daß die Frauen schon bei der ersten Morgendämmerung aufgebrochen sind)[7]. Denn die Salbung in einem nur durch die Eingangsöffnung

---

5. Aus 13,35 läßt sich nicht ableiten, daß πρωῖ generell die vierte Nachtwache bedeute. λίαν πρωῖ gibt einfach einen sehr frühen Zeitpunkt an, der sowohl noch in der letzten Phase der Nacht (so 1,35; vgl. Joh 20,1) als auch bereits in der ersten Phase des Tages (so wohl 11,20; 15,1) liegen kann.

6. Erleichtert wird dies durch ἔρχεσθαι (S 6), das semantisch den Verlauf des Hingehens voraussetzt bzw. assoziieren läßt.

7. Diese Abfolge von Aufbruch bei Morgendämmerung und Ankunft am Grabe bei Sonnenaufgang wird allerdings erst durch die Rezeption des Lesers hergestellt. Folgt man strikt der grammatischen Syntax des Textes, erscheinen S 5 und S 7 als gleichzeitige Akte.

erhellten Felsengrab benötigt, sofern man nicht künstliches Licht voraussetzen will (was in der Geschichte aber überhaupt nicht bedacht wird und daher auszuscheiden ist), wohl doch die Helligkeit des Tagesgestirns, welches das Innere des Grabes wenigstens mit Dämmerlicht erfüllt.

Die Tagesangabe τῇ μιᾷ τῶν σαββάτων stellt inhaltlich sicher, daß der Gang zum Grab am Tag unmittelbar nach dem in 15,42-47 bevorstehenden und in S 1 zu Ende gegangenen Sabbat stattfindet. Doch war dies auch aus der Perspektive von 15,47 oder S 1 kaum anders zu erwarten.

Auffällig ist die Formulierung τῇ μιᾷ τῶν σαββάτων, die einen Hebraismus darstellt[8]. Da dieser jedoch schon bald in die christliche Eigensprache eingegangen ist (vgl. 1 Kor 16,2; Apg 20,7), dürfte ihn der Leser nicht als fremdartig empfunden haben. Ob er damit zugleich an die christliche Sonntagsfeier erinnert wurde (bzw. werden sollte), läßt sich aus der Geschichte heraus nicht entscheiden und bedürfte genauerer traditionsgeschichtlicher Recherchen. Unter dieser Rücksicht dürfte es nicht uninteressant sein, daß die gleiche Formulierung – abgesehen von den synoptischen Parallelstellen (Lk 24,1; vgl. Mt 28,1) – auch in Joh 20,1 auftaucht, noch dazu in einer vergleichbaren syntagmatischen Verbindung (siehe dazu unten II,1).

Segmente 8 und 9: Die bisher nur handelnden Frauen beginnen nun, zueinander zu sprechen (S 8)[9]. Die Frage in S 9 stellt das genaue Widerlager zu 15,46 dar. Die Frauen überlegen, wer ihnen eben *den* (τόν) Stein, den Josef von Arimathäa *an* die Tür (ἐπὶ τὴν θύραν) des Grabes *heran*gewälzt hat (προσεκύλισεν) wieder *von* der Tür (ἐκ τῆς θύρας) *weg*wälzen wird (ἀποκυλίσει).

Sofern es sich bei dem Stein um einen der in Palästina gebräuchlichen Rollsteine handelt, erscheint die in S 9 geäußerte Frage als unbegründet. Ein Rollstein soll ein Grab vor wilden Tieren schützen, ist aber von Menschenhand relativ leicht zu betätigen. Man wird also voraussetzen müssen, daß der Erzähler derartige Realien nicht kannte bzw. auch bei seinen Lesern nicht als bekannt voraussetzte. Dennoch – auch vor dem Hintergrund des bisherigen Erzählduktus – kommt die Frage für den Leser einigermaßen überraschend. Denn sofern die Frauen den Leichnam Jesu *salben* wollten (S 4), hätten sie das Problem von S 9 schon vor ihrem Aufbruch zum Grab bedenken können bzw. müssen.

Daß die Frage von S 9 erst jetzt gestellt wird, zeigt allerdings auch, daß sie erzählstrategisch gar nicht die Funktion hat, das technische Problem der Graböffnung einer Lösung näher zu bringen. Die Proble-

---

8. Zum philologischen Befund vgl. E. LOHSE, σάββατον κτλ., in *TWNT* 7 (1964) 1-35, spec. pp. 6-8.
9. Es ist, wie sich zeigen wird, die einzige Sprechhandlung, die von den Frauen berichtet wird.

matisierung des Steins dient vielmehr dazu, den Leser auf eine neue, bisher nicht absehbare Entwicklung der Geschichte vorzubereiten, die in irgendeiner Weise mit dem Stein zusammenhängen muß. Insofern haben S 8/9 präludierende (auf S 11 verweisende), nicht eigentlich, wie oft gesagt wird, retardierende Funktion.

Segmente 10 bis 12: Rückblickend hat S 10 zunächst die Funktion, wenigstens nachträglich den für die Rede von S 8/9 nötigen erzählerischen Spielraum zu schaffen. Der Leser könnte sich sonst fragen, warum die Frauen – in S 6 am Grabe angekommen – noch die Frage von S 9 stellen, obwohl doch – wie aus S 11 gleich zu erfahren ist – der Stein weggewälzt ist. Durch S 10 wird die Vorstellung vermittelt, daß die Frauen erst einmal das Problem des Steins diskutieren, bevor sie das Grab selbst in Augenschein nehmen. Es bleibt allerdings festzuhalten, daß diese narrativ epexegetische Funktion von S 10 ausschließlich an ἀναβλέψασαι, präzise sogar an dem *ἀνα-βλέπειν*, und nicht an θεωροῦσιν oder dem Sehen als solchem hängt. Dieses ist für die Wahrnehmung des folgenden S 11 unerläßlich.

Auf erzählsemantischer Ebene zeigt S 11, daß die in S 9 anklingende Sorge der Frauen überflüssig war. Für den Leser schafft S 11 eine völlig neue Situation. Sie war durch keine der bisherigen Erzählperspektiven angedeutet, stellt diese im Gegenteil sogar in Frage. Wie die Geschichte sich weiterentwickeln wird, ist für den Leser an dieser Stelle nicht absehbar. Insofern markiert S 11 einen potentiellen Wendepunkt: Werden die Frauen Besuchs- und Salbungsabsicht – von Furcht gepackt – vergessen und fliehen? Oder werden sie – für die wunderbare Fügung der Graböffnung dankend – um so eifriger zur Verwirklichung ihrer ursprünglichen Absicht schreiten? Vielleicht – so mag der Leser erwarten – gibt ihm die emotionale Reaktion der Frauen eine erste Tendenzanzeige. Diese Erwartung wird allerdings enttäuscht, sofern die Frauen – wie gleich aus S 13 zu erfahren ist – einfach in das Grab hineingehen, ohne den weggewälzten Stein emotional auch nur zu registrieren.

Die erzählerische Härte, die sich aus einer unmittelbaren Sequenz von S 11 und S 13 ergeben würde, wird allerdings durch S 12 abgemildert. Semantisch weist S 12 zurück auf die Frage von S 9 und erklärt nachträglich deren (überraschenden) Inhalt. Unter dieser Rücksicht wäre es allerdings effektiver gewesen, S 12 unmittelbar nach S 9 zu plazieren bzw. direkt in die Rede der Frauen und damit in das Handlungsgefüge selbst einzubauen. Daß dies nicht geschehen ist, zeigt, daß die tatsächliche Funktion von S 12 über die (semantische) Ebene des narrativen Konzeptes hinausgeht. Der Erzählsequenz zufolge beansprucht S 12, Begründung (γάρ) für S 11 zu sein. Auch dies macht auf rein semantischer Ebene nur wenig Sinn. Die Funktion von S 12 ist offensichtlich pragmatischer Art, d. h., der Befund von S 11 soll dem *Leser* begründet bzw. ergründet werden. Ihm wird signalisiert, daß das

Wegwälzen des Steins, der jetzt anders als noch in 15,46 als μέγας σφόδρα bezeichnet wird, auch »überaus große« Kräfte verlangt. Der Leser beginnt zu ahnen, daß hier übermenschliche Mächte am Werk sind. Indirekt wird in ihm jener heilige Schauer geweckt, der narrativ eigentlich bei den Frauen zu erwarten gewesen wäre. Dies ist auch der Grund, daß der Leser den narrativ relativ harten Übergang von S 11 nach S 13 nicht so stark empfindet. Er ist auf ein außergewöhnliches Widerfahrnis vorbereitet und folgt insofern gespannt den scheinbar emotionslos agierenden Frauen ins Grab.

Segment 13: Wenn das ἔρχεσθαι der Frauen das Ziel haben soll, den Leichnam Jesu zu salben (S 4), dann muß das ἔρχεσθαι ἐπὶ τὸ μνημεῖον (S 6) in ein εἰσέρχεσθαι εἰς τὸ μνημεῖον überführt werden. Eben dies geschieht in S 13. An der Salbungsabsicht der Frauen hat sich durch den erstaunlichen Befund von S 11 offenbar nichts geändert. Den weggewälzten Stein scheinen sie lediglich als Möglichkeit wahr-zunehmen, ins Grab zu gelangen.

Es wird deutlich, daß der Erzähler an der Realisierung der sich in S 11 potentiell anbahnenden Wende nicht interessiert ist und die mit S 4 eröffnete Erzählperspektive, die in das Grab weist, aufrechterhalten will.

Segmente 14 bis 16: Zwar ist der Leser durch S 11/12 auf ein außergewöhnliches Ereignis vorbereitet. In der Konkretion aber trifft er genauso unvermutet auf den Jüngling wie die Frauen.

> Einen Rückverweis auf den νεανίσκος von 14,51 wird der Leser – trotz vergleichbarer Konstruktion (jeweils verbunden mit περιβεβλημένος und Akkusativ) – nicht erkennen. Daß der dort nackt fliehende, unbestimmte (τις) Jüngling nun im Grab sitzen soll, ist durch nichts in der narrativen Struktur der Geschichte vorbereitet.

Aufgrund seines weißen Gewandes (S 16) ist der Jüngling als Wesen aus der himmlischen Welt zu agnostizieren. Auf diese Assoziation, die dem antiken Menschen ohnehin geläufig sein dürfte[10], ist der Leser des Markusevangeliums zudem durch die Verklärungsgeschichte 9,2-10 vor-bereitet. Die himmlische Welt, in die Jesus dort u. a. durch seine strahlend weißen Kleider eingetaucht erschien (9,3), leuchtet jetzt in Gestalt des weiß gekleideten Jünglings den Frauen entgegen.

> Den Jüngling mit Jesus selbst zu identifizieren kommt dem Leser allerdings nicht in den Sinn. Die Übereinstimmung mit 14,62, wo der Menschensohn als ἐκ δεξιῶν καθήμενος τῆς δυνάμεως (!) gekennzeichnet ist, bleibt auf der rein lexematischen bzw. (teilweise) syntaktischen Ebene und berührt

---

10. Vgl. Joh 20,12; Apg 1,20, und vor allem die mit weißen Gewändern bekleideten Erwählten in Offb 4,4; 6,11; 7,9.13.

nicht die (durch den Kontext völlig anders definierte) begriffliche und narrative Semantik.

Die »rechte« Seite (S 15) ist hier wohl als die Glück verheißende Seite zu verstehen[11], so daß Frauen und Leser Gutes von dem so sitzenden Jüngling erwarten dürfen.

Segment 17: Trotz dieser prinzipiell positiven Perspektive ist die Reaktion der Frauen stilgemäß (Angelophanie). Ἐκθαμβέομαι heißt wie das Simplex θαμβέομαι »erschreckt werden, (sich) erschrecken« (vgl. 9,15; 14,33; 1,27; 10,24.32). Eine technische Bedeutung im Sinne des heiligen Schauers ist nicht vorauszusetzen. Doch ist es sachgemäß, daß das »Erschrecken« sich gerade in der Begegnung mit dem Heiligen einstellt (vgl. bes. 1,27 mit 1,25). Vergleichbare Reaktionen kennt der Leser aus Wundererzählungen (2,12; 4,41; 5,33.42; 6,51), nicht zuletzt von der Verklärung (9,6).

Daß die Reaktion der Frauen, die man ähnlich schon nach S 11 hätte erwarten können, erst jetzt erfolgt, ist für die Erzählstruktur der Geschichte aufschlußreich. Es bestätigt sich (siehe zu S 13), daß der Erzähler den potentiellen Wendepunkt in S 11 nur als Vorspiel für die eigentliche – nun im Grab zu erwartende – Wende verstanden wissen will.

Segmente 18 und 19: Mit μὴ ἐκθαμβεῖσθε im Munde des himmlischen Boten wird die erzählte Welt (die Reaktion der Frauen in S 17) zur besprochenen Welt. Eben dadurch soll das Erschrecken überwunden werden. Im übrigen gehört S 19 als Redeeinleitung (wie vorher schon S 17) zum Stil von Angelophanien. Frauen und Leser sind darauf eingestimmt, daß ihnen eine wichtige, menschlich unerfindliche Botschaft zuteil wird.

Segmente 20 bis 24: Bevor der Jüngling seine eigentliche Botschaft ausrichtet, spricht er in S 20 – wie vorher schon in S 19 – noch einmal direkt die Frauen an[12]. Ἰησοῦν ζητεῖτε verweist zurück: nicht nur auf das »Zum-Grab-Kommen« der Frauen in S 6, sondern dezidiert auf deren Salbungsabsicht in S 4. Von den beiden Appositionen zu »Jesus« ist ὁ Ναζαρηνός dem Leser bereits aus der bisherigen Darstellung des Evangeliums geläufig (1,24; 10,47; 14,67). Von Bedeutung ist, daß mit ὁ Ναζαρηνός bis auf den Anfang der im Markusevangelium erzählten Geschichte Jesu zurückverwiesen wird, die damit begonnen hat, daß »in jenen Tagen Jesus ἀπὸ Ναζαρὲτ τῆς Γαλιλαίας gekommen und von

---

11. Vgl. Str-B I 980-981; W. GRUNDMANN, δεξιός in *TWNT* 2 (1935) 37-39, spec. p. 37.

12. S 20 gibt ihn – seiner himmlischen Herkunft entsprechend – als Wissenden zu erkennen.

Johannes im Jordan getauft worden ist« (1,9)[13]. Die zweite Beifügung ὁ ἐσταυρωμένος erinnert an die Passionsgeschichte, vor allem an Mk 15, wo die an Jesus vollzogenen Handlungen im »Kreuzigen« gipfeln (15,13.14.15.20.24.25.27; vgl. 15,21.30.32). Ein Bezug auf kerygmatische Formulierungen ist wenig wahrscheinlich[14]. Die Botschaft, die der Jüngling ausrichtet: ἠγέρθη (S 21), kommt narrativ nicht gänzlich unvorbereitet. Unmittelbar verweist sie zurück auf 14,28: μετὰ τὸ ἐγερθῆναί με προάξω ὑμᾶς εἰς τὴν Γαλιλαίαν. Dieser Rückbezug wird in S 27 dann auch ausdrücklich thematisiert. Sachlich ist an die Leidensansagen zu erinnern, die durchweg die Auferstehungsaussage einschließen (8,31; 9,31; 10,34). Allerdings scheinen die Jünger diese Aussage nicht verstanden zu haben (9,10.32; vgl. 8,32). Das gilt auch für die Frauen, wie nicht zuletzt ihre Salbungsabsicht bestätigt. Bemerkenswert ist allerdings, daß die Begrifflichkeit der Leidensansagen in Mk 16 nicht aufgegriffen wird[15]. Ἐσταυρωμένος verweist auf den narrativen Kontext von Mk 15, ἠγέρθη dagegen erinnert an kerygmatische Formulierungen, näherhin an die sogenannte Auferweckungsformel (ὁ θεὸς ῾Ιησοῦν ἤγειρεν ἐκ νεκρῶν bzw. ὁ ἐγείρας [τὸν] ῾Ιησοῦν ἐκ νεκρῶν)[16], die teilweise auch passivisch begegnet (ἠγέρθη: Röm 4,25)[17]. Insofern ist S 21 für den Leser nichts Neues. Neu ist lediglich, daß er die aus dem Kerygma bekannte Botschaft *im (leeren) Grab* hört. Was soll damit zum Ausdruck gebracht werden?

Mit Blick auf S 20 und 22 könnte man daran denken, daß die Auferweckung als Entrückung interpretiert werden soll. Tatsächlich gehören die Motive von der Suche und der Unauffindbarkeit des Leichnams – zumindest teilweise – zur Topik von Entrückungen[18]. Offen bleibt freilich die

---

13. Vielleicht darf man in Ναζαρηνός auch einen Vorverweis auf Γαλιλαία in S 27 sehen, so daß sich auch von hier noch einmal der Bogen zu 1,9 spannen würde.

14. Vergleichbare Wendungen in 1 Kor 1,23; 2,2; Gal 3,1 sind spezifisch paulinische Ausdrücke, die nicht als allgemein geläufiger kerygmatischer Standard vorausgesetzt werden können. Auch die Rede von Jesus, ὃν ὑμεῖς ἐσταυρώσατε, in Apg 2,26 und 4,10 ist keine kerygmatische Formulierung, sondern geht auf das Konto der *lukanischen* Predigt vor Israel.

15. Statt vom »Töten« (ἀποκτείνειν: 8,31; 9,31; 10,34) spricht S 20 vom »Kreuzigen« (σταυροῦν), und an die Stelle des »Auferstehens« (ἀνίστημι: 8,31; 9,9.10.31; 10,34) tritt in S 21 das »Auferwecken« (ἐγείρειν).

16. Vgl. dazu: K. Wengst, *Christologische Formeln und Lieder des Urchristentums* (StNT, 7), Gütersloh, 1972, pp. 27-48, spec. p. 33.

17. Vgl. Röm 6,4.9; 7,4; 8,34; ἐγήγερται: 1 Kor 15,4; vgl. 1 Kor 15,12.13.14.16.17.20. Siehe auch: 1 Thess 1,10; Apg 4,10; 2 Kor 5,14; 2 Tim 2,8.

18. Dies gilt vor allem für den griechisch-römischen Traditionsbereich, vgl. dazu: P. Hoffmann, *Auferstehung II. Auferstehung Jesu Christi 1. Neues Testament*, in *TRE* 4 (1979) 478-513, spec. p. 499. Zum gesamten Material siehe G. Lohfink, *Die Himmelfahrt Jesu. Untersuchungen zu den Himmelfahrts- und Erhöhungstexten bei Lukas* (StANT, 26), München, 1971, pp. 32-74. Auf den Zusammenhang mit antiken Entrückungen verwies zuerst E. Bickermann, *Das leere Grab* (s. Literaturhinweise).

Frage, ob mit einer derartigen Würdigung die spezifische Funktion von
S 20 und 22 bzw. von S 20-24 getroffen ist. Darüber kann letztlich nicht
die Topik der Gattung, sondern nur die konkrete narrative Struktur der
Geschichte selbst Auskunft geben.

Folgt man dem narrativen Konzept der Geschichte, so ist für die
Funktionsbestimmung von S 21 zunächst S 20 als vorgegebener Hintergrund zu beachten. S 20 aber ruft mit 'Ιησοῦν ζητεῖτε S 4 in Erinnerung. Die Salbungsabsicht von S 4 bleibt auch der Horizont, vor dem
S 21 in den folgenden Segmenten weiter erläutert wird: Er ist nicht hier
(S 22); der »Platz« (τόπος), wo man ihn hingelegt hat, ist – wie die
Frauen sehen können – leer (S 23-24). Damit stößt die Salbungsabsicht
von S 4 genau an dem »Platz«, wo die Frauen meinten, sie verwirk-
lichen zu können, im wahrsten Sinn des Wortes ins Leere. Die Handlungsstrategie, die die Geschichte bisher beherrscht hat (Salbungsabsicht – zum Grab kommen – ins Grab hineingehen – salben), bricht
zusammen, weil ihr das intendierte Ziel entzogen und das sie leitende
Motiv ad absurdum geführt ist. Insofern markieren S 20-24 eine scharfe
Zäsur gegenüber dem bisherigen Handlungsgefüge der Geschichte.
Zugleich wird deutlich, daß die mit der Salbungsabsicht eröffnete
Erzählperspektive nur den Sinn hatte, die Frauen ins Grab zu bringen,
damit ihnen *dort* das Kerygma verkündet wird.

Um die Tragweite dieses demnach bewußt inszenierten Geschehens
abzuschätzen, ist noch einmal auf S 20 zurückzukommen. Nicht ohne
Absicht ist dort nicht nur »Jesus« genannt, sondern dezidiert »Jesus,
der Nazarener, der Gekreuzigte«. Aufgerufen ist damit die Geschichte
Jesu, und zwar in ihrem vollen Umfang, wie sie im Markusevangelium
dargestellt ist: als Geschichte, die von Nazareth ausgeht (1,9) und am
Kreuz endet (15,33-41). Das Grab ist die letzte Konsequenz dieser nun
beendeten Geschichte, und dem Erzähler liegt offensichtlich daran, die
Geschichte Jesu bis zu dieser Konsequenz in das Grab hinein zu
verfolgen. Unter dieser Rücksicht kommt der Verweis auf den τόπος
ὅπου ἔθηκαν αὐτόν in S 23/24 nicht von ungefähr. Die Formulierung
erinnert einerseits an Josef von Arimathäa, der ἔθηκεν αὐτὸν ἐν
μνημείῳ (15,46), und andererseits an die Frauen, die sahen, ποῦ
τέθειται (15,47).

Im Unterschied zu 15,47, wo ποῦ τέθειται das *Grab als solches* bezeichnet hat, bezieht sich der τόπος ὅπου ἔθηκαν αὐτόν in S 23/24 allerdings
präzise auf den *Platz im Grab*, wo die Salbung hätte stattfinden sollen.
Dies unterstreicht, daß S 23/24 fest mit der Perspektive der Salbung
verbunden ist, während zur narrativen Ausgestaltung von 15,47 ein Besuch
am Grab genügen würde.

Der Platz im Grab, wo man ihn hingelegt hat, ist die letzte Station des
Gekreuzigten (S 20) und damit zugleich der Ort, wo die gesamte im

Markusevangelium dargestellte Geschichte des Nazareners ihren – nach herkömmlichen Maßstäben – unwiderruflichen Endpunkt gefunden hat. Die von den Frauen beabsichtigte Salbung ist der adäquate letzte Dienst, der eine abgeschlossene Geschichte endgültig besiegelt. Damit wird aber auch deutlich, warum der Leser an diesen Ort geführt wird und an diesem Ort des letzten Endes die Auferweckungsbotschaft hören soll: nicht nur, um festzustellen, daß die Salbungsabsicht der Frauen vergeblich war, sondern um zu lernen, daß die durch diesen Ort scheinbar unwiderruflich festgelegte Wirklichkeit am Kerygma zerbricht. Gerade die *im Grab* verkündete Auferstehungsbotschaft macht eine abschließende Retrospektive auf die Geschichte Jesu unmöglich und lehrt, diese aus der fortdauernden und zukunftweisenden Perspektive des Kerygmas zu lesen. Die *im Grab* verkündete Auferstehungsbotschaft läßt die Geschichte des Nazareners in einem völlig neuen Licht erscheinen. Die abgeschlossene Geschichte wird neu aufgebrochen, sie wird neu qualifiziert, beziehungsweise, die Geschichte Jesu gewinnt ihre eigentliche Qualität im Sinne definitiven Ursprungs. Durch die Botschaft im Grab wird die beendete Geschichte zur ἀρχή, zum Anfang und zur Grundlegung des Evangeliums Jesu Christi, des Sohnes Gottes (1,1)[19]. Insofern ist die Grabesgeschichte nicht Epilog im Sinne eines Nachwortes oder Ausklangs, sondern Epilog im Sinne einer abschließenden Verifikation der bereits im ersten Vers des Markusevangeliums angekündigten und dem gesamten literarischen Unternehmen zugrundeliegenden Programmatik.

> Schon aus der Abfolge von S 21 zu S 22-24 wird man schließen dürfen, daß dem Erzähler nicht daran gelegen ist, das leere Grab als Beweis für die Auferweckung in Szene zu setzen. Eher gewinnt man den Eindruck, daß das Leersein des Grabes aus der (kerygmatischen) Auferweckungsaussage erschlossen ist. Doch läßt sich auch nicht übersehen, daß die narrative Verquickung von Kerygma und leerem Grab das Leserinteresse in besonderer Weise auf das leere Grab lenkt. Insofern darf man gespannt sein, wie der Erzähler mit der einmal hergestellten Konfiguration von Auferweckungsbotschaft und leerem Grab im weiteren Verlauf der Geschichte umgeht.

Segmente 25 bis 29: S 25 bis 29 gehören – als Teil der Rede des Jünglings – engstens mit S 19 bzw. 20 bis 24 zusammen. Allerdings ändert sich jetzt die Blickrichtung. Eine neue Erzählperspektive wird aufgebaut. Ging es der Geschichte bisher darum, die Frauen *in das Grab hinein* zu bringen (um sie *dort* das Kerygma hören zu lassen), so sollen die Frauen jetzt *aus dem Grab heraus* zu Botinnen für die Jünger werden.

---

19. Zu diesem Verständnis von ἀρχή vgl. besonders R. Pesch, *Das Markusevangelium I* (HThK, II,1), Freiburg-Basel-Wien, 1976, p. 75-76.

Der Inhalt der Botschaft, den die Frauen den Jüngern vermitteln sollen, ist diesen im Prinzip allerdings bereits bekannt. S 27 ist eine fast wörtliche (jetzt präsentisch formulierte) Wiederholung von 14,28. S 29 stellt sogar ausdrücklich sicher, daß diese Botschaft bereits vorhergesagt ist. Man könnte höchstens vermuten, daß die Jünger die Vorhersage von 14,28 – ähnlich wie die Ankündigung der Auferstehung in den Leidensansagen – vor Ostern nicht verstanden haben. So mag es auf der narrativen Ebene vielleicht noch sinnvoll erscheinen, 14,28 den Jüngern nach der Auferweckung noch einmal ins Gedächtnis zu rufen. Dies ändert jedoch nichts daran, daß der Leser aus dem Auftrag an die Jünger nichts erfährt, was ihm vorher nicht schon bekannt war. Zumindest er, der Leser, hat 14,28 verstanden. Zudem weiß er aus dem Glaubensbekenntnis, daß Jesus »erschienen« ist, sofern man Bekenntnisformulierungen wie zum Beispiel 1 Kor 15,3b-5 als bekannt voraussetzen darf: . . . καὶ ὅτι ὤφθη Κηφᾷ εἶτα τοῖς δώδεκα (V. 5; vgl. 1 Kor 15,6.7.8; Lk 24,34)[20]. Von daher wird der Leser auch nicht allzusehr erstaunt sein, wenn aus dem Kreis der Jünger Petrus eigens hervorgehoben wird[21]. So bringt die Botschaft, die den Frauen aufgetragen wird, dem Leser *inhaltlich* keinen Erkenntniszuwachs. Sie komplettiert im wesentlichen – insbesondere durch S 28 – das in S 21 gehörte Kerygma im Sinne des geläufigen Glaubensbekenntnisses.

Was der Leser an Neuem wahrnimmt, bewegt sich – mit der bereits angesprochenen Öffnung einer neuen Erzählperspektive – auf der *narrativen* Ebene. Was mit dieser neuen, aus dem Grab herausführenden Sinnrichtung an pragmatischer Intention verbunden ist, wird der Leser am Ende von S 25 -29 noch kaum abschätzen können. Soll ihm das aus dem Glaubensbekenntnis Bekannte aus der Perspektive des leeren Grabes bestätigt werden? Soll das Osterkerygma aus dem leeren Grab heraus zusätzlich begründet werden? Oder soll gar das an das leere Grab gebundene Kerygma den hermeneutischen Schlüssel für das Verständnis des gesamten Evangeliums bereitstellen? Die Fragen sind letztlich müßig. Was für den Leser in jedem Fall feststeht, ist, daß die Geschichte aufgrund der neuen Sinnrichtung zunächst einmal weitergeht.

20. Bemerkenswert ist die Formulierung von Lk 24,34: ὄντως ἠγέρθη ὁ κύριος καὶ ὤφθη Σίμωνι. Sie stimmt mit unserer Geschichte in S 21 (ἠγέρθη), S 26 (Σίμωνι - τῷ Πέτρῳ) und S 28 (ὤφθη - ὄψεσθε) überein. Zitiert Lk 24,34 eine Formel, die auch hinter Mk 16,6-7 steht, oder bringt Lk 24,34 lediglich auf den Nenner, was in Mk 16,6-7 virtuell (aus dem Kerygma erschlossen) angelegt ist?

21. Daß der Gemeinte nicht als »Kephas« (wie in der traditionellen Formel), sondern als »Petrus« bezeichnet wird, erklärt sich aus dem narrativen Kontext des Evangeliums, das nie »Kephas«, sondern fast immer »Petrus« verwendet. Von »Simon« ist in 1,16.29-30.36 und 3,16 die Rede. Von 3,16 an, wo Jesus dem »Simon« den Namen »Petrus« (gräzisierte Form des aramäischen »Kephas«) gibt, wird mit einer Ausnahme (14,37) nur noch von »Petrus« gesprochen (5,37; 8,29.32-33; 9,2.5; 10,28; 11,21; 13,3; 14,29.33.37.54.66-67.70.72; 16,7).

Wenigstens am Rande sei darauf aufmerksam gemacht, daß der Auftrag, den die Frauen erhalten (S 26), seinerseits nicht auf einen *Auftrag*, sondern nur auf eine *Mitteilung* an die Jünger abzielt (S 27-29). Zumindest werden diese *nicht aufgefordert, nach Galiläa zu gehen, damit* sie den Auferstandenen dort sehen. Der Gang nach Galiläa wird vielmehr als nahezu selbstverständlich vorausgesetzt, wenn festgestellt wird, daß Jesus *voraus*gehen wird, was dann wiederum nur die Voraussetzung ist für das (im Grunde schon feststehende) Sehen des Auferstandenen. Im übrigen fällt auf, daß die Frauen *nicht beauftragt werden, das eigentliche Kerygma des ἠγέρθη (S 21) zu bezeugen*[22]. Ob freilich der Leser die hier sensibel registrierten Leerstellen an dieser Stelle der Erzählung bewußt wahrnimmt, kann man füglich bezweifeln. Wahrscheinlich hat er das nicht direkt Gesagte aus einer positiven Erwartungshaltung heraus ergänzt bzw. als selbstverständlich vorausgesetzt. Der weitere Fortgang der Geschichte wird allerdings zeigen, daß die beobachteten Leerstellen nicht zufällig auftauchen, sondern im Duktus und im Dienste des noch zu explizierenden (überraschenden) Erzählverlaufs stehen.

Segmente 30 bis 33: Mit ἐξελθοῦσαι in S 30 wird εἰσελθοῦσαι von S 13 rückgängig gemacht und die Szene im Grab endgültig abgeschlossen. Die weitere (vom Hauptverb markierte) Bewegung der Frauen beginnt ἀπὸ (nicht ἐκ!) τοῦ μνημείου, also dort, wo die Frauen nach S 6 hingekommen waren: ἐπὶ τὸ μνημεῖον. Allerdings ist die (nun umgekehrte) Bewegung gegenüber S 6 intensiviert. Dem ἔρχεσθαι korrespondiert nicht ein ἀπ-έρχεσθαι, sondern ein φεύγειν. Als Motiv wird in S 31 angegeben, daß die Frauen »Zittern und Entsetzen« erfaßt hatte. Vor dem Hintergrund, daß die Frauen den Anblick des Jünglings eine ganze Weile ausgehalten und seine Botschaft bis zum Ende angehört haben, wird der Leser über die plötzliche Flucht und ihre Motivation überrascht sein.

Immerhin bietet ihm die Vergangenheitsform εἶχεν die Möglichkeit, die emotionale Reaktion von S 31 mit der von S 17 zusammenzusehen und das Zittern und Entsetzen als Explikation und Weiterführung des schon beim Anblick des Jünglings die Frauen befallenden Erschreckens zu werten. Das Erschrecken von S 17 war von vornherein allerdings überhaupt nicht auf eine (dem Leser) absehbare Flucht angelegt. Es gehörte vielmehr zur Topik der (in S 14-16 narrativ aufgebauten) Angelophanie, die ihrerseits wiederum auf die Übermittlung einer Botschaft abzielte (S 20-29). Im Rahmen dieser Angelophanie hatte das Erschrecken von S 17 in der Besprechung des Jünglings in S 19 seinen narrativen Widerpart gefunden,

---

22. In der matthäischen Rezeption wird diesem »Desiderat« Rechnung getragen. Die Mitteilung wird zum Auftrag ὅτι ἠγέρθη ἀπὸ τῶν νεκρῶν (Mt 28,7). Daß dadurch die gesamte Erzählstrategie verändert wird, sieht man vor allem daran, daß die Frauen sich dann auch sofort aufmachen, die Botschaft auszurichten (Mt 28,8). Vgl. auch – im Rahmen der sofort stattfindenden Erscheinung Jesu (Mt 28,9) – die relecture von S 25-28 (par Mt 28,7) in Mt 28,10: ὑπάγετε ἀπαγγείλατε τοῖς ἀδελφοῖς μου ἵνα ἀπέλθωσιν εἰς τὴν Γαλιλαίαν, κἀκεῖ με ὄψονται.

so daß die von S 17 geweckte Lesererwartung eigentlich bereits gesättigt war. Daß das μὴ ἐκθαμβεῖσθε – wie sich nun in S 31 herausstellt – nur die Funktion haben sollte, die Frauen für die Dauer der Botschaft im Grabe festzuhalten, bevor deren sich stauendes Zittern und Entsetzen in eine Fluchtbewegung ausbricht, war von vornherein zumindest nicht absehbar. Eine vom Duktus der Geschichte her einsichtige, mit S 31 identische oder vergleichbare Reaktion hätte man bestenfalls nach S 11 erwarten können. Dort hatte die Geschichte einen potentiellen Wendepunkt erreicht, der aber – unter Unterdrückung jeder emotionalen Reaktion der Frauen (!) – nicht realisiert wurde.

So wird trotz der (im Nachhinein sich ergebenden) Möglichkeit, S 31 mit S 17 zu kombinieren, in S 30-31 doch eine gewisse (semantische) Konstruiertheit der Geschichte deutlich. Ob der Leser diese Konstruiertheit in den hier analysierten Einzelheiten erkennt, ist eine andere Frage. Doch zeigt die Analyse immerhin, daß die Überraschung, mit der der Leser die Flucht der Frauen (S 30) einschließlich ihrer Motivation (S 31) registriert, nicht von ungefähr kommt, sondern in der Semantik des Textes angelegt ist.

Erzählpragmatisch hat die so erzeugte Überraschung des Lesers eine (im Rahmen der Leserlenkung) durchaus beabsichtigte Funktion. Gerade weil der Leser in S 30-31 eine andere Reaktion vorfindet, als er aufgrund von S 25-29 meinte voraussehen zu können, ist er gewarnt, sich vorschnell auf einen bestimmten Ausgang der Geschichte festzulegen. Die Möglichkeit, daß die Geschichte auch ganz anders ausgehen könnte als mit der Ausführung des Auftrags von S 25-26, ist zumindest offengehalten. Insofern ist S 30-31 Hinführung zu dem ungewöhnlichen Abschluß der Geschichte in S 32-33. Die Frauen sagen niemandem etwas (οὐδενὶ οὐδέν) (S 32). Als Motiv wird Furcht angegeben (S 33). Im durativen Imperfekt (ἐφοβοῦντο) formuliert, ist sie wohl als die Fortdauer der Haltung zu verstehen, die am Grab in emotionaler Reaktion hervorbrach (S 31). Entsprechend ist dann das »Niemandem-etwas-Sagen« die bleibend gültige Feststellung (εἶπαν: komplexiver Aorist) der schon hinter der Fluchtbewegung von S 30 stehenden Reaktion auf das leere Grab. Welche Funktion hat diese Wendung der Geschichte, die zugleich deren Ende darstellt?

Im Zusammenhang mit S 32 wird meist auf die sogenannten *Schweigegebote* verwiesen, die in der Tat eine vergleichbare Formulierung aufweisen[23]. Häufig sieht man in S 32 eine Art Inversion: Während die Schweigegebote zu Lebzeiten Jesu zum Teil ausdrücklich übertreten worden seien, werde jetzt – nach der Auferweckung, wo das gebotene

---

23. 1,44 καὶ λέγει αὐτῷ· ὅρα μηδενὶ μηδὲν εἴπῃς. 5,43 καὶ διεστείλατο αὐτοῖς πολλὰ ἵνα μηδεὶς γνοῖ τοῦτο. 7,36 καὶ διεστείλατο αὐτοῖς ἵνα μηδενὶ λέγωσιν. 8,30 καὶ ἐπετίμησεν αὐτοῖς ἵνα μηδενὶ λέγωσιν περὶ αὐτοῦ. 9,9 καὶ ... διεστείλατο αὐτοῖς ἵνα μηδενὶ ἃ εἶδον διηγήσωνται.

Schweigen nach Mk 9,9 nicht mehr gilt – tatsächlich geschwiegen. Gerade dadurch solle der Leser in das Evangelium zurückverwiesen werden; ihm solle signalisiert werden, daß das Verständnis der Osterbotschaft nur in der Nachfolge zum Kreuz gewonnen werden könne. So sehr diese Wertung ganz ohne Zweifel der Gesamtkonzeption des Markusevangeliums entspricht, so wenig vermag es zu überzeugen, daß eben dieses Anliegen durch S 32-33 zum Ausdruck gebracht werden soll.

> Die These von der Inversion fällt dahin, sobald man die sogenannten Schweigegebote in der angemessenen Weise differenziert. Soweit Schweigegebote durchbrochen werden, beziehen sie sich auf Wundertaten (1,44-45; 7,36), deren Größe sie dadurch unterstreichen sollen. Die eigentlichen Schweigegebote hingegen, die an die Adresse der Dämonen (1,34; 3,12) oder der Jünger (8,30; 9,9) gerichtet sind und sich auf das Geheimnis der Person Jesu beziehen, werden nie durchbrochen. Nur mit diesen Schweigegeboten könnte das Schweigen der Frauen verglichen werden, das dann aber keine Inversion zu diesen darstellen, sondern deren fortdauernde Gültigkeit (nun sogar gegen den anderslautenden Auftrag von S 25-29) zum Ausdruck bringen würde. Dies aber macht, nachdem die in 9,9 genannte Bedingung für die Beendigung des Schweigens durch S 21 eindeutig erfüllt ist, keinen Sinn.

Einen Rückverweis auf den Kreuzweg und eine Einweisung des Lesers in die für das Verstehen der Osterbotschaft nötige Nachfolge stellen S 32-33 nicht dar. Denn weder brechen die schweigenden Frauen zur Nachfolge auf, so daß sie dem Leser zum »Vorbild« werden könnten[24], noch kann umgekehrt vorausgesetzt werden, daß die Frauen in unangemessener, durch die eigene Praxis der Kreuzesnachfolge nicht abgedeckter Weise die Osterbotschaft verkündet hätten, wenn sie nicht geschwiegen hätten. Immerhin waren es gerade die Frauen, die Jesus bis unter das Kreuz nachgefolgt sind (15,40-41). So wird sich mit Hilfe der Schweigegebote das Rätsel von S 32-33 nicht lösen lassen.

Weiterhelfen kann auch hier nur eine Besinnung auf die *narrative Funktion* von S 32-33 im Rahmen der Gesamtstrategie der Geschichte. Es zeigt sich, daß nach dem Scheitern der in das Grab hineinführenden Erzählperspektive auch die aus dem Grab herausführende Erzählperspektive (S 25-29) nicht zum intendierten Ziel führt. *Semantisch* gesehen, stellt sich also die gesamte Geschichte als mißglückte Geschichte dar, in der auch das Kerygma, um dessentwillen die Frauen in das Grab geführt wurden, sich im Schweigen der Frauen zu verlieren scheint. Gänzlich anders stellt sich allerdings die Sache dar, sobald man die *Pragmatik* der Geschichte mitberücksichtigt. Kein (christlicher) Leser wird nämlich befürchten, daß aufgrund des nicht ausgeführten Auftrags

---

24. Gegen: J. Gnilka, *Mk II* (s. Literaturhinweise), p. 344.

der Frauen die Jünger nicht nach Galiläa gehen (vgl. S 27) und demzufolge dann auch den Auferstandenen nicht sehen (vgl. S 28) bzw. die Botschaft von der Auferweckung (vgl. S 21) überhaupt nicht erfahren werden. Von Auferweckung und Erscheinung weiß der Leser bereits aus dem Kerygma, und wahrscheinlich ist ihm auch Galiläa als Ort der Erscheinung aus der Überlieferung bekannt.

> Aus dem Blickwinkel dieser pragmatischen Betrachtensweise bestätigt sich nun auch, daß die oben beobachteten semantischen Leerstellen – das Fehlen eines direkten Auftrags an die Jünger und das Fehlen eines Auftrags zur Bezeugung des Kerygmas (siehe zu S 25-29) – mit Bedacht gewählt waren.

Die Botschaft von Auferweckung (und Erscheinung) ist also durch das Scheitern der in S 25-29 aufgebauten Erzählperspektive nicht gefährdet. Im Gegenteil! Wie die erste, in S 3-4 aufgebaute Erzählperspektive um des Kerygmas willen scheitern mußte, so lenkt gerade das Scheitern der zweiten Erzählperspektive wieder zum Kerygma zurück. Was dem Leser nach der Geschichte bleibt, ist das Kerygma. Dennoch ist die Geschichte mehr als nur schmückendes oder gar verzichtbares Beiwerk. Denn gerade das *im leeren Grab* ertönende Kerygma ist es, welches das in 1,1 vorgestellte Programm abschließend verifiziert und die Geschichte Jesu als Anfang und Grundlage des Evangeliums Jesu Christi begreifen läßt. Eben dieser hermeneutische Zusammenhang dürfte aber auch Grund dafür sein, daß der Erzähler sich genötigt fühlt, die narrativ hergestellte Verquickung wieder zu lösen und somit das Kerygma aus einer möglichen hermeneutischen Umklammerung des leeren Grabes zu befreien. Die Konfiguration von leerem Grab und Kerygma, die, sofern sie das Grab als Ende der Geschichte Jesu ad absurdum führte, zur adäquaten Interpretation der Geschichte Jesu im Sinne der markinischen Konzeption (als ἀρχὴ τοῦ εὐαγγελίου Ἰησοῦ Χριστοῦ) nötig war, wird reduziert auf das schon die Konfiguration strukturierende und hermeneutisch bestimmende Element des Kerygmas. Das endgültige Mißlingen der Geschichte auf der narrativen Ebene (S 30-33) hat also pragmatisch eben das zum Ziel, was das Mißlingen der ersten Erzählperspektive (S 20-24) auf der semantischen Ebene bezweckt hat: Die Bindung der Geschichte Jesu an das Kerygma, die dort hergestellt wurde, um diese Geschichte als Anfang und Grundlage des Evangeliums Jesu Christi wahrzunehmen, wird nun als *bleibender hermeneutischer Schlüssel* einer so zu lesenden Geschichte Jesu festgehalten.

Was sich aus der Sicht des Lesers im Schweigen der Frauen verliert, ist nicht das Kerygma. Dieses kennt er, und dieses wird ihm in der Geschichte sogar noch einmal ausdrücklich mitgeteilt. Was im Schweigen der Frauen zum Verstummen gebracht wird, ist der potentielle (d. h. durch die Geschichte selbst erst möglich gemachte) Wunsch des Lesers, nun seinerseits – wie die Frauen in der Geschichte – den Ort zu suchen, wohin man Jesus gelegt hat, um im leeren Grab sich des Kerygmas zu versichern und sich dort die Motivation für seine Verkündigung zu holen. Das leere Grab steht ganz im Dienste des Kerygmas bzw. im Dienste der theologischen Zielsetzung der narrativen Konzeption des gesamten Markusevangeliums und ist insofern auch konstitutiv. Eine selbständige, davon ablösbare Bedeutung kommt ihm aber nicht zu. Eine für das reale Interesse des Lesers oder die sachliche Begründung des Glaubens bedeutsame Funktionalisierung wird durch das Schweigen der Frauen verhindert. Nicht die »Evidenz« des leeren Grabes, sondern der Glaube an das Kerygma ist der tragende Grund christlicher Existenz. Der Leser wird daher nicht in das leere Grab, sondern insofern tatsächlich auf den Kreuzweg verwiesen.

II. Literarkritische Folgerungen (Diachronie)

Setzt man die gewonnenen Einsichten gemäß des eingangs aufgestellten methodischen Postulats um, so kommt man zu einem relativ klaren Ergebnis.

1. *Rekonstruktion und Gehalt der Vorlage*

Die vorliegende Geschichte ist von einem übergreifenden narrativen Konzept bestimmt. Entscheidend für seine Verwirklichung ist, daß die Frauen *in das Grab hinein*gehen, wenngleich das damit verbundene Handlungsziel dort zerbricht, wie umgekehrt auch das dort aufgebaute neue Handlungsziel sich im Schweigen der Frauen verliert. Beides steht im Dienste des Kerygmas, das als der entscheidende und bleibende Schlüssel für das Verstehen der Geschichte Jesu herausgestellt wird.

Unter dieser Rücksicht des in das Grab hineinführenden Erzählfadens stellen S 3-4, S 8-9, S 13-29 und S 32-33 einen festen Handlungszusammenhang dar, der der gleichen narrativen Isotopie angehört. Vor allem das im Grab stattfindende Geschehen (S 13-29), das durch εἰσελθοῦσαι (S 13) und ἐξελθοῦσαι (S 30) wie durch Klammern zusammengehalten wird, bildet ein kaum zu trennendes Handlungsgeflecht.

Nun hat die Analyse gezeigt, daß der in das Grab hineinführende Erzählfaden einen anderen, zwar untergeordneten, aber doch unterscheidbaren Erzählfaden überlagert. Er findet sich gerade in den eben nicht genannten Segmenten der Geschichte. Grundlegend für die Entfaltung seines narrativen Programms ist das *Kommen zum Grab* bzw. der *Besuch am Grab*. Daß wir es hier mit einem ursprünglich selbständigen Handlungszusammenhang zu tun haben, bestätigt vor allem der Befund, daß die Frauen in der jetzigen Geschichte die – an sich aufregende – Entdeckung des weggewälzten Steins (S 11) völlig reaktionslos registrieren. Die potentielle narrative Wende wird nicht realisiert bzw. sie wird unterdrückt, um die Frauen ohne Umschweife in das Grab gelangen zu lassen. Löst man die durch εἰσελθοῦσαι und ἐξελθοῦσαι inkludierte Szene im Grab (S 13-29) heraus, so folgt in S 30-31 genau jene Reaktion, die für den Befund von S 11 narrativ adäquat ist. Dazu paßt im übrigen auch die Formulierung von S 30. Das Fliehen ἀπὸ τοῦ μνημείου ist die genaue Umkehrung der für den Besuch am Grab konstitutiven Bewegung des Kommens ἐπὶ τὸ μνημεῖον.

Die Isolierbarkeit und ursprüngliche Selbständigkeit eines vom Kommen zum Grab bestimmten Erzählfadens finden ihre Bestätigung in der vorausgehenden Geschichte (15,42-47), die allein über diesen Erzählfaden mit 16,1 -8 verknüpft ist. Auf die semantische Differenz zwischen dem Ort ποῦ τέθειται (= das Grab als solches) in 15,47 und dem τόπος (im Grab) ὅπου ἔθηκαν αὐτόν in S 23-24 wurde bereits hingewiesen (siehe oben zu S 23-24)[25]. Dabei ist der Ort im Grab (S 23-24) nur von der Salbungsabsicht in S 4 her zu erklären, nicht aber – wie übrigens auch die Salbungsabsicht selbst nicht – von 15,42-47 abzuleiten. Auch darauf wurde bereits hingewiesen (siehe oben zu S 3/4). 15,46-47 läßt einen *Besuch der Frauen am Grab* erwarten, nicht aber ein Betreten der Grabkammer zum Zwecke der Salbung.

Umgekehrt gewährleistet der vom Besuch am Grab bestimmte Erzählfaden in 16,1-8 eine narrativ ausreichende und befriedigende Sättigung der in 15,47 noch unabgeschlossenen Geschichte von 15,42-47. Welche Elemente von 16,1-8 zu diesem Erzählfaden im einzelnen dazugehören, ist nun zu prüfen. Dabei kommt es weniger auf eine Rekonstruktion des Wortlautes an, wenngleich dieser hier – wie sich zeigen wird – noch relativ sicher zu greifen ist. Setzt man einen 15,42-47 weiterführenden Erzählduktus voraus, so ist nicht zu erwarten, daß die in 15,47 genannten Frauen gleich noch einmal genannt werden. Desgleichen ist nicht damit zu rechnen, daß der Kreis der zum Grab gehenden Frauen erweitert wird. Unter dieser Voraussetzung ist die Frauenliste in S 2 als Eintrag des an der Salbung interessierten Erzählers zu begreifen, der über die in 15,47 genannten Frauen hinaus auch die in 15,40 erwähnte Salome beteiligen will. Daß er die zweite Maria nicht als Μαρία ἡ Ἰωσῆτος wie in 15,47 oder in der vollen Bezeichnung von 15,40 als Μαρία ἡ Ἰακώβου τοῦ μικροῦ καὶ Ἰωσῆτος μήτηρ einführt, erklärt sich wohl aus dem bewußten Rückgriff auf 15,40 (vgl. Salome!) unter dem gleichzeitigen Bestreben der Vereinfachung.

Die gleiche vereinfachende Tendenz ist in 15,47 anzutreffen, wo ansonsten ja auch die vorhandene Bezeichnung Μαρία ἡ Ἰωσῆτος durch Ἰακώβου τοῦ μικροῦ καὶ ... μήτηρ von 15,40 hätte ergänzt werden müssen. Viel-

---

25. Eine semantische Differenz ergibt sich auch bezüglich des Plurals ἔθηκαν, der von einer Beteiligung mehrerer ausgeht, während 15,46 nur Josef von Arimathäa handeln läßt.

leicht stellt aber schon 15,40 eine unter dem Zwang der Vereinheitlichung stehende Kombination einer Μαρία ἡ 'Ιωσῆτος (15,47) und einer ursprünglich nur als ἡ 'Ιακώβου τοῦ μικροῦ bezeichneten Μαρία in 15,40 dar. Die ursprünglich als Frauen bzw. als Töchter des Jakobus und des Joses zu unterscheidenden Marien werden dann zu der *einen* Maria, die als *Mutter* sowohl »die des Jakobus« als auch »die des Joses« sein kann[26].

Ist aber neben S 3-4 auch S 2 aus der auf den Besuch am Grabe abzielenden Geschichte auszuscheiden, dann gilt das auch für S 1. Als Genitivus absolutus ist S 1 grammatisch und syntaktisch fest mit der Hauptaussage von S 3 verbunden. Diese bereitet es auch inhaltlich vor, indem es im Nachhinein das späte Handeln der Frauen zumindest indirekt mit dem Sabbat rechtfertigt[27].

Die narrativ ungezwungene Fortsetzung von 15,47 findet sich in S 5 und S 6. Auch S 7 ist narrativ mit S 5 vereinbar, wenngleich es wohl eher dem in das Grab hineinführenden Handlungsfaden zuzuordnen ist (siehe oben zu S 7). Zu diesem zählen dann auch S 8 und S 9, während S 10 (evtl. ohne ἀνα-βλέψασαι bzw. mit dem Hauptverb βλέπουσιν [vgl. oben zu S 10]) und S 11 wieder zur Grabbesuchsgeschichte zu rechnen sind und deren narrativen Wendepunkt darstellen, der dann die Reaktion von S 30-31 hervorruft.

Insgesamt läßt sich so aus 16,1-8 eine Geschichte herauslösen, die – als Fortsetzung von 15,42-47 – ein einheitliches narratives Konzept aufweist. Sieht man einmal davon ab, daß der Bearbeiter möglicherweise auch in die Formulierung eingegriffen hat, dann hat sie folgendermaßen gelautet:

15,42ff*	......
15,47	ἡ δὲ Μαρία ἡ Μαγδαληνὴ καὶ Μαρία ἡ 'Ιωσῆτος ἐθεώρουν ποῦ τέθειται.
16,2*	καὶ λίαν πρωῒ τῇ μιᾷ τῶν σαββάτων (S 5) ἔρχονται ἐπὶ τὸ μνημεῖον (S 6) .
16,4*	καὶ (ἀναβλέψασαι) θεωροῦσιν (bzw. βλέπουσιν) (S 10) ὅτι ἀποκεκύλισται ὁ λίθος (S 11).
16,8*	καὶ ἔφυγον ἀπὸ τοῦ μνημείου (S 30*). εἶχεν γὰρ αὐτὰς τρόμος καὶ ἔκστασις (S 31).

Bemerkenswert ist, daß das rekonstruierte Erzählstück inhaltlich (und teilweise auch wörtlich) das enthält, worin Mk 16,1-8 mit Joh 20,1-10 übereinstimmt:

---

26. Jedenfalls erklärt die (aus der narrativen Analyse resultierende!) Annahme, daß die Liste von 16,1 aus 15,40 und 15,47 erschlossen sei, das Nebeneinander der drei Listen besser als die häufig vertretene These, daß 15,40 die redaktionelle Kombination von 15,47 und 16,1 sei (so schon: J. WELLHAUSEN, *Mk* [s. Literaturhinweise], pp. 133-135). Vor allem die Hinzufügung von Jakobus in 15,40 bliebe dann nur schwer erklärlich.

27. Unter derselben Tendenz steht wohl auch καὶ ἤδη ὀψίας γενομένης in 15,42, evtl. auch der interpretierende Zusatz ὅ ἐστιν προσάββατον zu παρασκευή.

Joh 20,1-2   **Τῇ** δὲ **μιᾷ τῶν σαββάτων**
Μαρία ἡ Μαγδαληνὴ
ἔρχεται
πρωῒ σκοτίας ἔτι οὔσης
εἰς **τὸ μνημεῖον**
καὶ **βλέπει** τὸν **λίθον** ἠρμένον ἐκ τοῦ μνημείου.
τρέχει οὖν καὶ ἔρχεται πρὸς Σίμωνα Πέτρον ...

Möglicherweise ist dies ein Indiz dafür, daß beide Texte auf eine gemeinsame Tradition zurückgehen. Unter dieser Prämisse könnte man weiter fragen, ob die (zumindest als Auftrag erteilte) Sendung zu den Jüngern und speziell zu Petrus in S 26 nicht eine Reminiszenz bzw. eine Modifikation eines bei Joh 20,2 noch ursprünglich erhaltenen Laufs der Frau(en) zu Petrus ist. Das ist denkbar. Allerdings läßt sich S 26 auch ohne Zuhilfenahme dieser traditionsgeschichtlichen Hypothese erklären (siehe oben). Im übrigen ist die weitere Ausgestaltung der Geschichten bei Mk und Joh so unterschiedlich, daß sich methodisch einigermaßen Gesichertes kaum mehr sagen läßt.

> Erst recht kann man mit Verweis auf die beiden Engel, die Maria Magdalena nach Joh 20,12 im Grabe sitzen sieht, m. E. nicht behaupten, daß mit dem Gang zum Grab bereits ursprünglich eine irgendwie geartete Inspektion des Grabesinneren verbunden gewesen sein müsse. Das Nebeneinander von Joh 20,1-2.3-10 und 20,11-18 unterstreicht im Gegenteil, daß hier zwei unterschiedliche narrative Konzepte vorliegen.

Nun könnte man gegen die oben dargebotene Rekonstruktion den sachlichen Einwand erheben, daß die Tradierung einer Geschichte ohne jeden Verkündigungsinhalt (der in S 13-29 enthalten ist) in der christlichen Gemeinde nicht vorstellbar sei[28]. Dies ist allerdings schon methodisch ein fragwürdiges Argument, sofern ein theologisches Postulat zum Kriterium literarischer Rekonstruktion gemacht wird. Doch ist der Einwand auch inhaltlich nicht stichhaltig.

Dabei ist die Feststellung nicht unwichtig, daß der rekonstruierte Text 16,2*.4*.8a (= S 5-6.10-11.30*.31) keine selbständige Geschichte darstellt (die schon wegen ihrer Kürze merkwürdig wäre), sondern den Abschluß der sogenannten Grablegungsgeschichte 15,42-47 bildet. Der Sinn von 16,2*.4*.8a läßt sich daher nicht unabhängig von 15,42-47 erheben, wie umgekehrt auch 15,42-47 seinen (ursprünglichen) Sinn nur im Kontext mit 16,2*.4*.8a freigibt. Beide Texte sind Teil eines kohärenten narrativen Programms, das den Sinn der Einzelaussagen bestimmt. Was ergibt sich daraus für das Verständnis der Erzählung? Mit 15,46 scheint die Geschichte Jesu abgeschlossen zu sein. Der Stein, der

---

28. So: K.M. Fischer, *Ostergeschehen* (s. Literaturhinweise), p. 59; L. Oberlinner, *Die Verkündigung der Auferweckung Jesu* (s. Literaturhinweise), p. 177.

das Grab verschließt, ist ausdrucksstarkes Signum dafür. Die narrative
Perspektive, die sich mit 15,47 eröffnet, ist allerdings nur scheinbar neu.
Sie bleibt jedenfalls begrenzt, da sie – vor dem Hintergrund von 15,46 –
zunächst nicht weiter reicht als bis zur Erwartung eines Besuchs am
Grab, der seinem Charakter entsprechend das in 15,46 festgestellte
Ergebnis einer abgeschlossenen Geschichte wiederum nur memorieren
und insofern bestätigen würde. In diese Richtung weist auch der
tatsächliche Fortgang der Erzählung. Die Frauen gehen am ersten Tag
der Woche in aller Frühe zum Grab (S 5-6). Was immer an Handlung
am Grabe von ihnen hätte erwartet werden können, wird durch S 10-11
als nicht mehr realisierbar beiseite geschoben. S 10-11 stellen den
narrativen Wendepunkt der gesamten (in 15,42 begonnenen) Geschichte
dar. Das bislang verfolgte und (scheinbar) evidente narrative Konzept,
das auf das Begräbnis Jesu, das Zu-Ende-Bringen seiner Geschichte und
bestenfalls noch auf das Bewahren seines Gedächtnisses ausgerichtet
war, wird ad absurdum geführt. Das trotz sorgfältiger Verschließung
nun geöffnete Grab gibt dem Leser zu erkennen, daß die Geschichte
Jesu mit der Grablegung eben nicht abgeschlossen ist, sondern weitergeht, ja gerade an den Grenzen menschlicher Möglichkeiten erst ihre
entgrenzende und grenzüberschreitende Wirkung entfaltet.

Ob das Grab leer ist, wird, wenngleich es vom Erzähler wohl
vorausgesetzt wird, von den Frauen nicht festgestellt. Insofern ist es
narrativ richtig beobachtet, daß »der Stein ... nicht *für* die Frauen ...
weggewälzt worden« ist[29]. Ob man im Umkehrverfahren daraus
schließen darf, daß das Grab »für den aus dem Grab Befreiten, den
auferstandenen Jesus«, geöffnet wurde[30], bleibt jedoch fraglich. Die
Geschichte ist nicht daran interessiert, das Wie der Auferstehung zu
erklären (es geht also nicht um eine narrative Entfaltung der Auferstehungsbotschaft). Die Erzählung vom Grabbesuch der Frauen und
ihrer Entdeckung des geöffneten Grabes darf nicht für sich interpretiert
werden. Sie ist der Abschluß und das narrative Widerlager der vorher
erzählten Grablegung, deren (vordergründiges) Handlungsziel sie de-
struieren will. Dies zum Ausdruck zu bringen ist die Funktion des
weggewälzten Steins. Die Frauen, die zitternd und entsetzt vom Grab
fliehen, haben die damit intendierte Botschaft durchaus richtig verstanden: als erfahrungsweltlich nicht mehr erklärbares Zeichen, welches
das menschliche Urteil einer abgeschlossenen Geschichte Jesu radikal
durchkreuzt und aufhebt. Gerade so schafft die Erzählung den (imagi-
nativen) Spielraum, der den rezipierenden Leser die vorausgehende
Grablegung und überhaupt die gesamte Passionsgeschichte im Sinne
einer gottgewirkten Geschichte lesen läßt, die gerade am vermeintlichen

---

29. R. PESCH, *Mk II* (s. Literaturhinweise), p. 531.
30. *Loc. cit.*

Ende neue Zukunft eröffnet. Eine unmittelbare Verlautbarung des Kerygmas muß damit nicht verbunden sein, wenngleich dieses die selbstverständliche Voraussetzung dafür ist, daß der Leser das (an sich mehrdeutige) Motiv des weggewälzten Steins so aufnimmt, daß er die Geschichte in dem von ihr selbst intendierten Sinn wahrnehmen kann.

2. *Zur Redaktionsgeschichte von Mk 16,1-8*

Redaktionsgeschichtlich gesehen, besteht die literarische Leistung des »Erzählers« von 16,1-8 darin, daß er aus der ursprünglich zu 15,42-47 gehörigen Handlungssequenz von 16,2*.4*.8a (= S 5-6.11-12.30-31) eine Geschichte macht, die jetzt eine eigenständige Perikope darstellt, wiewohl sie sequentiell auch weiterhin an die (nun ebenfalls selbständige) Grablegungsgeschichte von 15,42-47 gebunden bleibt. Da die Intention der jetzt vorliegenden Geschichte auf der Isotopie des Gesamtwerkes liegt (s. o. zu S 20-24.25-29.32-33), ist der »Erzähler« dieser Geschichte redaktionsgeschichtlich als Evangelist zu bezeichnen.

Hinter der Gestaltung von 16,1-8 steht das Anliegen des Evangelisten, seinem Werk einen adäquaten, der Intention dieses Werkes selbst entsprechenden Abschluß zu schaffen, der in Analogie zum »Prolog« (1,1-13 bzw. 1,1-8)[31] dann als »Epilog« des Evangeliums zu verstehen ist. Wenn es die Absicht des Evangelisten war, die Geschichte Jesu von der Taufe des Johannes bis zum Tod Jesu am Kreuz als Anfang und Grundlage des Evangeliums Jesu Christi, des Sohnes Gottes, darzustellen (1,1), dann gab es keinen geeigneteren Ort als das Grab, um die dort (an und für sich) abgeschlossene Geschichte Jesu durch die Verkündigung der Auferstehungsbotschaft neu aufzubrechen und im Sinne von 1,1 bleibend in Gang zu setzen. Den Ansatz für diese Abzweckung der Geschichte fand der Evangelist bereits in der Vorlage, die – wie wir gesehen haben – ja ebenfalls den »Abschluß« der Geschichte Jesu negieren wollte. Die konkrete Durchführung seines Anliegens bewerkstelligt der Evangelist mit Hilfe der Auferweckungsbotschaft, die er im leeren Grab verlautbaren läßt. Doch auch hierfür findet er in der Vorlage insofern einen Anhaltspunkt, als bereits diese das Kerygma als Verstehenshorizont voraussetzte. So gesehen, macht der Evangelist die latente Hermeneutik der Vorlage zum narrativen Programm seiner Geschichte. Tatsächlich bedarf es zur traditionsgeschichtlichen Erklärung der Szene im Grab (S 13-29) keiner weiteren Tradition als des Kerygmas, etwa in Form von 1 Kor 15,3b-5.

---

31. Narrativ ist eine Ausdehnung des Prologs auf 1,1-15 jedenfalls nicht haltbar, da spätestens mit VV. 14-15 eine neue Szene (Zeit - und Ortswechsel!) beginnt, die bereits zum Corpus des Evangeliums gehört. Aufgrund von S 20 ist sogar zu überlegen, ob der »Prolog« nicht auf 1,1-8 zu begrenzen ist. Dies würde auch den markanten Neueinsatz mit καὶ ἐγένετο ἐν ἐκείναις ταῖς ἡμέραις in 1,9 gut erklären.

Die Einführung des Jünglings als Verkündiger der Botschaft erklärt sich hinlänglich als Motivübernahme aus der Gattung der Angelophanie. Die konkrete Ausgestaltung der Botschaft des Jünglings versteht sich als Explikation des Kerygmas im Sinne des Anliegens des Evangelisten. Dabei faßt S 20 die vergangene Geschichte des Nazareners ins Auge, deren Abgeschlossenheit durch die Osterbotschaft von S 21 negiert wird (vgl. S 22-24). So kann der Jüngling die baldigen Erscheinungen Jesu in Galiläa ankündigen (S 27-28). Auf diese Perspektive hatte der Evangelist Jünger und Leser bereits durch 14,28 vorbereitet, was angesichts des realen Scheiterns des Auftrags an die Frauen zumindest im Blick auf die Leser narrativ auch erforderlich war.

Unter der Voraussetzung, daß der Evangelist sein Anliegen mit Hilfe des im (nun leeren) Grab verkündeten Kerygmas verwirklichen will, verbleiben noch zwei Probleme. Das eine ist literarischer Art und relativ leicht zu lösen. Im Unterschied zur Vorlage, der zufolge die Frauen zum Grab kommen und vom Grab weg fliehen, müssen diese nun in das Grab gebracht werden. Der Evangelist bewerkstelligt dies mit dem Vorhaben einer Salbung (S 3-4), die er als zum Begräbnis gehörig aus 14,8 kennt. Für die weiteren Einzelheiten, mit denen der Evangelist den Gang der Frauen in das Grab inszeniert, kann auf die narrative Analyse verwiesen werden. Das zweite Problem ist theologischer Art. Auch hier ist das Wesentliche bereits im Rahmen der narrativen Analyse gesagt worden. So wichtig die Verbindung von Kerygma und leerem Grab ist, um die Geschichte Jesu im Sinne von 1,1 als Anfang und Grundlage des Evangeliums verständlich zu machen, so nachteilig könnte sie sich auswirken, wenn dadurch das Interesse der Leser auf das leere Grab konzentriert würde, so daß dieses geradezu als Bestätigung des Kerygmas erscheinen könnte. Damit geriete der Evangelist auch in Widerspruch zu seiner Vorlage, die mit dem Motiv vom geöffneten Grab nicht Interesse für dieses wecken, sondern gerade vom Grab weg auf die durch das Grab nicht beendete Geschichte Jesu hinlenken wollte. Dieser Intention bleibt der Evangelist treu. Zu diesem Zwecke läßt er den Auftrag, mit dem die Frauen betraut sind, in deren Flucht und Schweigen scheitern. Bei dieser Deutung wird ihm entgegengekommen sein, daß auch die Vorlage nichts von einer Nachricht von seiten der Frauen wußte, sondern lediglich deren Flucht unter Schrecken und Entsetzen festhielt. Diese, dem mysterium tremendum des geöffneten Grabes korrespondierende, *sprachlose* Reaktion wird dann, als der weggewälzte Stein nur mehr die Funktion hat, den Weg in das Grab hinein freizumachen, wo die entscheidende Botschaft ertönt, zur Reaktion des *Schweigens*, das in (gegenläufiger) Korrespondenz zu dem ausdrücklich erteilten Auftrag eben diesen unterdrückt.

So ist der merkwürdig erscheinende Schluß in S 32-33 durchaus auch aus der Genese der Geschichte zu verstehen und in der Vorgabe der verarbeiteten Tradition angelegt. In der jetzigen Geschichte ist das Schweigen der Frauen zudem das literarische Mittel, mit dessen Hilfe der Evangelist sich und seinen Lesern verständlich machen kann, warum die von ihm durch theologische Reflexion elaborierte Geschichte auf dem Wege historischer Traditionsübermittlung bislang noch nicht bekannt wurde. Sachlich entläßt der Evangelist mit dem Schweigen der Frauen die Leser aus der Bindung an das leere Grab und führt sie unmittelbar zurück zum Kerygma. Eben dieses Kerygma ist es, das die Perikope vom leeren Grab zum angemessenen Epilog eines Werkes macht, das den Anfang und die Grundlage des Evangeliums von Jesus Christus, dem Sohn Gottes, darlegen will.

Literaturhinweise zu Mk 16,1-8

1. *Kommentare*

J. Ernst, *Das Evangelium nach Markus* (RNT), Regensburg, 1981.

J. Gnilka, *Das Evangelium nach Markus II* (EKK, II/2), Zürich - Einsiedeln - Köln - Neukirchen-Vluyn, 1979.

W. Grundmann, *Das Evangelium nach Markus* (THKNT, 2), Berlin, [4]1968.

E. Haenchen, *Der Weg Jesu. Eine Erklärung des Markus-Evangeliums und der kanonischen Parallelen* (GLB), Berlin, [2]1968.

E. Klostermann, *Das Markusevangelium* (HNT, 3), Tübingen, [5]1971.

E. Lohmeyer, *Das Evangelium des Markus* (KEK, I/2), Göttingen, [7]1963.

D. Lührmann, *Das Markusevangelium* (HNT, 3), Tübingen, 1987.

R. Pesch, *Das Markusevangelium II* (HTKNT, II/2), Freiburg-Basel-Wien, 1977.

A. Schlatter, *Markus. Der Evangelist für die Griechen*, Stuttgart, 1935.

J. Schmid, *Das Evangelium nach Markus* (RNT, 2), Regensburg, [4]1958.

W. Schmithals, *Das Evangelium nach Markus II* (ÖTK, II/2), Gütersloh-Würzburg, 1979.

R. Schnackenburg, *Das Evangelium nach Markus II* (Geistliche Schriftlesung, II/2), Düsseldorf, 1971.

J. Schniewind, *Das Evangelium nach Markus* (NTD, 1), Göttingen, [10]1963.

E. Schweizer, *Das Evangelium nach Markus* (NTD, 1), Göttingen, [2]1968.

V. Taylor, *The Gospel According to St. Mark*, London, 1955.

J. Wellhausen, *Das Evangelium Marci*, Berlin, [2]1909.

2. *Abhandlungen und Aufsätze*

K. Aland, *Der Schluß des Markusevangeliums*, in Ders., *Neutestamentliche Entwürfe* (TB, 63), München, 1979, pp. 246-283.

K. Backhaus, *»Dort werdet ihr ihn sehen« (Mk 16,7). Die redaktionelle Schlußnotiz des zweiten Evangeliums als dessen christologische Summe*, in *TGl* 76 (1986) 277-294.

H.-W. Bartsch, *Der Schluß des Markusevangeliums*, in *TZ* 27 (1971) 241-254.

DERS., *Der ursprüngliche Schluß der Leidensgeschichte. Überlieferungsgeschicht-liche Studien zum Markus-Schluß*, in M. SABBE (ed.), *L'Évangile selon Marc. Tradition et rédaction* (BETL, 34), Gembloux-Leuven, 1974, pp. 411-433.

DERS., *Inhalt und Funktion des urchristlichen Osterglaubens*, in *ANRW* II.25.1 (Berlin - New York, 1982) pp. 794-843, mit einer Bibliographie von H. RUMPELTES, pp. 844-890.

P. BENOIT, *Marie-Madeleine et les disciples au tombeau selon Joh 20,1-18*, in W. ELTESTER (ed.), *Judentum - Urchristentum - Kirche. FS J. Jeremias* (BZNW, 26), Berlin, 1960, pp. 141-152, jetzt auch in dt. Übersetzung: *Maria Magdalena und die Jünger am Grabe nach Joh 20,1-18*, in P. HOFFMANN (ed.), *Überlieferung* (s.u.), pp. 360-376.

E. BICKERMANN, *Das leere Grab*, in *ZNW* 23 (1924) 281-292, jetzt auch in P. HOFFMANN (ed.), *Überlieferung* (s.u.), pp. 271-284.

J. BLINZLER, *Die Brüder und Schwestern Jesu* (SBS, 21), Stuttgart, 1967.

E.L. BODE, *The First Easter Morning. The Gospel Accounts of the Women's Visit to the Tomb of Jesus* (AnBib, 45), Rome, 1970.

T.E. BOOMERSHINE, *Mark 16:8 and the Apostolic Commission*, in *JBL* 100 (1981) 225-239.

DERS. - G.L. BARTHOLOMEW, *The Narrative Technique of Mark 16:8*, in *JBL* 100 (1981) 213-223.

I. BROER, *Das leere Grab. Ein Versuch*, in *Liturgie und Mönchtum* 42 (1968) 42-51.

DERS., *Zur heutigen Diskussion der Grabesgeschichte*, in *BibLeb* 10 (1969) 40-52.

DERS., *Die Urgemeinde und das Grab Jesu, Eine Analyse der Grablegungs-geschichte im Neuen Testament* (StANT, 31), München, 1972.

DERS., *»Seid stets bereit, jedem Rede und Antwort zu stehen, der nach der Hoffnung fragt, die euch erfüllt« (1 Petr 3,15). Das leere Grab und die Erscheinungen Jesu im Lichte der historischen Kritik*, in DERS. - J. WERBICK (ed.), *»Der Herr ist wahrhaft auferstanden« (Lk 24,34). Biblische und systematische Beiträge zur Entstehung des Osterglaubens* (SBS, 134), Stutt-gart, 1988, pp. 29-61.

L. BRUN, *Bemerkungen zum Markusschluß*, in *TSK* 84 (1911) 157-180.

DERS., *Der Auferstehungsbericht des Markusevangeliums*, in *TSK* 87 (1914) 346-388.

DERS., *Die Auferstehung Christi in der urchristlichen Überlieferung*, Oslo-Gießen, 1925, spec. pp. 9-31.

R. BULTMANN, *Die Geschichte der synoptischen Tradition* (FRLANT, 29), Göttingen, ⁶1964, spec. pp. 308-312.

H.J. CADBURY, *Mark 16,8*, in *JBL* 46 (1927) 344-345.

H. VON CAMPENHAUSEN, *Der Ablauf der Ostereignisse und das leere Grab* (Sitzungsberichte der Heidelberger Akademie der Wissenschaften, Philoso-phisch-historische Klasse, 1952, 4. Abhandlung), Heidelberg, ³1966.

J.-M. VAN CANGH, *La Galilée dans l'Évangile de Marc: un lieu théologique?*, in *RB* 79 (1972) 59-76.

W.L. CRAIG, *The Empty Tomb of Jesus*, in R.T. FRANCE - D. WENHAM (ed.), *Gospel Perspectives. Studies of History and Tradition in the Four Gospels II*, Sheffield, 1981, pp. 173-200.

DERS., *The Historicity of the Empty Tomb of Jesus*, in *NTS* 31 (1985) 39-67.

J.D. CROSSAN, *Mark and the Relatives of Jesus*, in *NT* 15 (1973) 81-113.

DERS., *Empty Tomb and Absent Lord (Mark 16:1-8)*, in W.H. KELBER (ed.), *The Passion in Mark. Studies on Mark 14–16*, Philadelphia, 1976, pp. 135-152.

M. DIBELIUS, *Die Formgeschichte des Evangeliums*, Tübingen, ⁵1966, spec. pp. 182.190-192.

D. DIETZFELBINGER, *Markus 16,1-8*, in H. SCHNELL (ed.), *Kranzbacher Gespräch der Lutherischen Bischofskonferenz zur Auseinandersetzung um die Bibel*, Berlin-Hamburg, 1967, pp. 9-22.

J.R. DONAHUE, *Introduction: From Passion Traditions to Passion Narrative*, in W.H. KELBER (ed.), *The Passion in Mark. Studies on Mark 14–16*, Philadelphia, 1976, pp. 1-20.

D. DORMEYER, *Die Passion Jesu als Verhaltensmodell. Literarische und theologische Analyse der Traditions- und Redaktionsgeschichte der Markuspassion* (NTAbh NS, 11), Münster, 1974, spec. pp. 221-237.

M.S. ENSLIN, ἐφοβοῦντο γάρ, *MARK 16,8*, in *JBL* 46 (1927) 62-68.

C.F. EVANS, *I will go before you into Galilee*, in *JTS* NS 5 (1954) 3-18.

K.M. FISCHER, *Das Ostergeschehen*, Göttingen, ²1980, spec. pp. 55-62.

R.H. FULLER, *The Formation of the Resurrection Narratives*, London, 1972, spec. pp. 50-70.

G. GHIBERTI, *La risurrezione di Gesù*, Brescia, 1982, spec. pp. 145-168.

H. GIESEN, *Der Auferstandene und seine Gemeinde. Zum Inhalt und zur Funktion des ursprünglichen Markusschlusses (Mk 16,1-8)*, in *SNTU/A* 12 (1987) 99-139.

M. GOGUEL, *La foi à la résurrection de Jésus dans le Christianisme primitif. Étude d'histoire et de psychologie religieuses* (Bibliothèque de l'École des Hautes Études. Sciences religieuses, 47), Paris, 1933, spec. pp. 173-233.

H. GRASS, *Ostergeschehen und Osterberichte*, Göttingen, ⁴1970, spec. pp. 15-23.

E. GÜTTGEMANNS, *Linguistische Analyse von Mk 16,1-8*, in *LB* 11 /12 (1972) 13-53.

H.-P. HASENFRATZ, *Die Rede von der Auferstehung Jesu Christi. Ein methodologischer Versuch* (Forum Theologiae Linguisticae, 10), Bonn, 1975, spec. pp. 87-131.

M. HENGEL, *Maria Magdalena und die Frauen als Zeugen*, in O. BETZ – M. HENGEL – P. SCHMIDT (ed.), *Abraham unser Vater. Juden und Christen im Gespräch über die Bibel. FS O. Michel*, Leiden-Köln, 1963, pp. 243-256.

P. HOFFMANN, *Auferstehung Jesu Christi 1. Neues Testament* in *TRE* 4 (1979) 478-513, spec. pp. 498-500.

DERS. (ed.), *Zur neutestamentlichen Überlieferung von der Auferstehung Jesu* (WdF, 522), Darmstadt, 1988.

P.W. VAN DER HORST, *Can a Book End with ΓΑΡ? A Note on Mark XVI.8*, in *JTS NS* 23 (1972) 121-124.

M. HORSTMANN, *Studien zur markinischen Christologie. Mk 8,27-9,13 als Zugang zum Christusbild des zweiten Evangelisten* (NTAbh NS, 6), Münster, 1969, spec. pp. 128-134.

B.M.F. VAN IERSEL, *»To Galilee« or »in Galilee« in Mark 14,28 and 16,7?*, in *ETL* 58 (1982) 365-370.

H. KESSLER, *Sucht den Lebenden nicht bei den Toten. Die Auferstehung Jesu*

Christi in biblischer, fundamentaltheologischer und systematischer Sicht, Düsseldorf, 1985, spec. pp. 118-125.

J. KREMER, *Zur Diskussion über »das leere Grab«. Ein Beitrag zum Verständnis der biblischen Überlieferung von der Entdeckung des geöffneten, leeren Grabes*, in É. DHANIS (ed.), *Resurrexit. Actes du Symposium International sur la résurrection de Jésus (Rome 1970)*, Città del Vaticano, 1974, pp. 137-159.

DERS., *Die Osterevangelien. Geschichten um Geschichte*, Stuttgart-Klosterneuburg, 1977, spec. pp. 30-54.

DERS., *Die Auferstehung Jesu Christi*, in W. KERN – H.J. POTTMEYER – M. SECKLER (ed.), *Handbuch der Fundamentaltheologie 2. Traktat Offenbarung*, Freiburg-Basel-Wien, 1985, pp. 175-196.

X. LÉON-DUFOUR, *Résurrection de Jésus et message pascal*, Paris, 1971, spec. pp. 149-186.

A.T. LINCOLN, *The Promise and the Failure: Mark 16:7,8*, in *JBL* 108 (1989) 283-300.

A. LINDEMANN, *Die Osterbotschaft des Markus. Zur theologischen Interpretation von Mk 16.1-8*, in *NTS* 26 (1980) 298-317.

G. LOHFINK, *Der Ablauf der Ostereignisse und die Anfänge der Urgemeinde*, in *TQ* 160 (1980) 162-176.

J. LUZARRAGA, *Retraducción semítica de φοβέομαι en Mc 16,8*, in *Bib* 50 (1969) 497-510.

L. MARIN, *Die Frauen am Grabe. Versuch einer Strukturanalyse an einem Text des Evangeliums*, in C. CHABROL – L. MARIN (ed.), *Erzählende Semiotik nach Berichten der Bibel*, München, 1973, pp. 67-85.

Ch. MASSON, *Le tombeau vide. Essai sur la formation d'une tradition*, in *RTP NS* 32 (1944) 161-174.

T.A. MOHR, *Markus- und Johannespassion. Redaktions- und traditionsgeschichtliche Untersuchung der Markinischen und Johanneischen Passionstradition* (ATANT, 70), Zürich, 1982, spec. pp. 365-403.

W. MUNRO, *Women Disciples in Mark?*, in *CBQ* 44 (1982) 225-241.

F. MUSSNER, *Die Auferstehung Jesu* (Biblische Handbibliothek, 7), München, 1969, spec. pp. 128-135.

W. NAUCK, *Die Bedeutung des leeren Grabes für den Glauben an den Auferstandenen*, in *ZNW* 47 (1956) 243-267.

F. NEIRYNCK, *Marc 16,1-8. Tradition et rédaction*, in *ETL* 56 (1980) 56-88.

DERS., *The Empty Tomb Stories*, in *NTS* 30 (1984) 161-187.

DERS., *ΑΝΑΤΕΙΛΑΝΤΟΣ ΤΟΥ ΗΛΙΟΥ (Mc 16,2)*, in *ETL* 54 (1978) 70-103.

F.-J. NIEMANN, *Die Erzählung vom leeren Grab bei Markus*, in *ZKT* 101 (1979) 188-199.

L. OBERLINNER, *Die Verkündigung der Auferweckung Jesu im geöffneten und leeren Grab. Zu einem vernachlässigten Aspekt in der Diskussion um das Grab Jesu*, in *ZNW* 73 (1982) 159-182.

DERS., *Zwei Auslegungen: Die Taufperikope (Mk 1,9-11 parr) und die Grabeserzählung (Mk 16,1-8 parr)*, in A. RAFFELT (ed.), *Begegnung mit Jesus? Was die historisch-kritische Methode leistet* (Freiburger Akademieschriften, 1), Düsseldorf, 1991, pp. 42-66.

R. OPPERMANN, *Eine Beobachtung in bezug auf das Problem des Markusschlusses*, in *BN* 40 (1987) 24-29.

G.R. Osborne, *The Resurrection Narratives. A Redactional Study*, Grand Rapids, MI, 1984, spec. pp. 43-72.195-219.

H. Paulsen, *Mk XVI 1-8*, in *NT* 22 (1980) 138-175, jetzt auch in P. Hoffmann (ed.), *Überlieferung* (s.o.), pp. 377-415.

R. Pesch, *Zur Entstehung des Glaubens an die Auferstehung Jesu. Ein Vorschlag zur Diskussion*, in *TQ* 153 (1973) 201-228.

Ders., *Der Schluß der vormarkinischen Passionsgeschichte und des Markusevangeliums: Mk 15,42-16,8*, in M. Sabbe (ed.), *L'Évangile selon Marc. Tradition et rédaction* (BETL, 34), Gembloux-Leuven, 1974, pp. 365-409.

Ders., *Das »leere Grab« und der Glaube an Jesu Auferstehung*, in *Internationale katholische Zeitschrift »Communio«* 11 (1982) 6-10.

Ders., *Zur Entstehung des Glaubens an die Auferstehung Jesu*, in *FZPT* 30 (1983) 73-98.

B. Rigaux, *Dieu l'a ressuscité. Exégèse et théologie biblique* (SBFLA, 4), Gembloux, 1973, spec. pp. 184-222.

H. Ritt, *Die Frauen und die Osterbotschaft. Synopse der Grabesgeschichten (Mk 16,1-8; Mt 27,62-28,15; Lk 24,1-12; Joh 20,1-18)*, in G. Dautzenberg – H. Merklein – K. Müller (ed.), *Die Frau im Urchristentum* (QD, 95), Freiburg-Basel-Wien, 1983, pp. 117-133.

W. Schenk, *Der Passionsbericht nach Markus. Untersuchungen zur Überlieferungsgeschichte der Passionstraditionen*, Gütersloh, 1974, spec. pp. 259-271.

L. Schenke, *Auferstehungsverkündigung und leeres Grab. Eine traditionsgeschichtliche Untersuchung von Mk 16,1-8* (SBS, 33), Stuttgart, 1968.

J. Schmitt, *Résurrection de Jésus dans le Kérygme, la Tradition, la Catéchèse*, in *DBS* 10 (1985) 487-582, spec. pp. 532-542.557-560.

G. Schneider, *Die Passion Jesu nach den drei älteren Evangelien*, München, 1973, spec. pp. 143-153.

E.L. Schnellbächer, *Das Rätsel des νεανίσκος bei Markus*, in *ZNW* 73 (1982) 127-135.

K. Schubert, *»Auferstehung Jesu« im Lichte der Religionsgeschichte des Judentums*, in É. Dhanis (ed.), *Resurrexit. Actes du Symposium International sur la résurrection de Jésus (Rome 1970)*, Città del Vaticano, 1974, pp. 207-224.

Ph. Seidensticker, *Die Auferstehung Jesu in der Botschaft der Evangelisten. Ein traditionsgeschichtlicher Versuch zum Problem der Sicherung der Osterbotschaft in der apostolischen Zeit* (SBS, 26), Stuttgart, 1967.

R.H. Stein, *A Short Note on Mark XIV.28 and XVI.7*, in *NTS* 20 (1974) 445-452.

B. Steinseifer, *Der Ort der Erscheinungen des Auferstandenen. Zur Frage alter galiläischer Ostertraditionen*, in *ZNW* 62 (1971) 232-265.

A. Vögtle, *Was heißt »Auslegung der Schrift«? Exegetische Aspekte*, in W. Joest – F. Mussner – L. Scheffczyk – A. Vögtle – U. Wilckens, *Was heißt Auslegung der Heiligen Schrift?*, Regensburg, 1966, pp. 29-83, spec. pp. 61-67.

Ders. – R. Pesch, *Wie kam es zum Osterglauben?*, Düsseldorf, 1975, spec. pp. 85-98.

U. Wilckens, *Auferstehung. Das biblische Auferstehungszeugnis historisch untersucht und erklärt* (Themen der Theologie, 4), Stuttgart-Berlin, 1970, spec. pp. 43-64.

H.-W. WINDEN, *Wie kam und wie kommt es zum Osterglauben? Darstellung, Beurteilung und Weiterführung der durch Rudolf Pesch ausgelösten Diskussion* (Disputationes Theologicae, 12), Frankfurt a. M. - Bern, 1982, spec. pp. 35-47.

11. Geschöpf und Kind

Zur Theologie der hymnischen Vorlage des Johannesprologs

Der Johannesprolog ist schon vielfach untersucht worden[1]. Im Vordergrund stand meist die literarkritische Frage nach einer möglichen Vorlage und deren Abgrenzung. Das theologische Interesse an der rekonstruierten Vorlage beschränkte sich – redaktionskritisch bedingt – weitgehend auf die dadurch mögliche Profilierung der Bearbeitung durch den Evangelisten[2].

Demgegenüber interessiert hier in erster Linie die Theologie der Vorlage, vornehmlich unter synchronem Aspekt. Erst am Ende soll ein kurzer Blick auf die redaktionelle Bearbeitung durch den Evangelisten geworfen werden. Die literarkritische Problematik wird nur insoweit ins Auge gefaßt, als es zur Schärfung einer problembewußten Textwahrnehmung tunlich und erforderlich erscheint. |

I. Zur Rekonstruktion der Vorlage

Die Abgrenzung des Textes Joh 1,1–18 dürfte unstrittig sein. Textkritische Probleme können für unsere Fragestellung vernachlässigt werden[3]. Schwierig ist die syntaktische Beziehung von ὃ γέγονεν am Ende von V. 3. Die Wendung wird anaphorisch („... nicht eines, was geworden ist")[4] oder kataphorisch („Was geworden ist, in ihm war Leben")[5] verstanden. Obwohl sich durch die katapho-

---

[1] Vgl. die Forschungsberichte von: *A. Feuillet,* Prologue du Quatrième Évangile: DBS VIII (1972) 623–688; *E. Malatesta,* St. John's Gospel 1920–1965. A Cumulative and Classified Bibliography of Books and Periodical Literature on The Fourth Gospel (AnBib 32), Rom 1967, 69–78: *H. Thyen,* Aus der Literatur zum Johannesevangelium: ThR 39 (1974) 53–69.222–252; *J. Becker,* Aus der Literatur zum Johannesevangelium (1978–1980): ThR 47 (1982) 249–301.305–347, hier 317–321; *ders.,* Das Johannesevangelium im Streit der Methoden (1980–1984): ThR 51 (1986) 1–78, passim; *M. Theobald,* Die Fleischwerdung des Logos. Studien zum Verhältnis des Johannesprologs zum Corpus des Evangeliums und zu 1 Joh (NTA NF 20), Münster 1988, 6–161; *W. Schmithals,* Johannesevangelium und Johannesbriefe. Forschungsgeschichte und Analyse (BZNW 64), Berlin – New York 1992, 260–277.

[2] Als eine der wenigen Ausnahmen, die dem Inhalt der Vorlage eine eigenständige Untersuchung widmen, sei auf *O. Hofius,* Struktur und Gedankengang des Logos-Hymnus in Joh 1,1–18: ZNW 78 (1987) 1–25, bes. 15–25, verwiesen.

[3] Textkritisch umstritten ist vor allem V. 18.

[4] So z.B. *R. Schnackenburg,* Das Johannesevangelium I (HThK IV/1), Freiburg – Basel – Wien ⁷1992, 208.

[5] So z.B. *R. Bultmann,* Das Evangelium des Johannes (KEK II) Göttingen ²¹1986, 21 Anm. 2; *J. Becker,* Das Evangelium des Johannes. Kapitel 1–10 (ÖTK 4/1), Gütersloh ³1991, 65.

rische Lösung eine ausgeglichenere Länge der Zeilen für den zu rekonstruie-
renden Hymnus erreichen ließe (siehe unten), ist aus sachlichen Gründen wohl
doch die anaphorische Lösung als die zwanglosere zu bevorzugen[6]. Nicht eindeutig ist die Beziehung des Partizips ἐρχόμενον εἰς τὸν κόσμον in V. 9. Denkbar ist ein Rückbezug auf φῶς[7] oder auf ἄνθρωπον[8]. Doch wäre ersteres syntaktisch doch recht ungewöhnlich und ungeschickt.

Fast allgemein wird angenommen, daß dem Prolog ein Traditionsstück hymnischen Charakters zugrundeliegt. Die Rekonstruktion der Vorlage ist allerdings sehr umstritten. Relative Einmütigkeit herrscht hinsichtlich der VV. 6–8
und 15, die überwiegend dem Evangelisten zugeschrieben werden. Die übrige
Rekonstruktion kann hier nur sehr gerafft und in typologischer Verkürzung
vorgestellt werden. R. *Bultmann* setzt ein Lied der gnostisierenden Täufer-Ge-
meinde voraus, die Johannes als Logos, Licht und Leben verehrte[9]. Neben den
polemischen Glossen VV. 6–8 und 15 gehören auch VV. 12c.13.17 f zu den Anmerkungen des Evangelisten[10]. Das Lied hatte zwei Strophen. Die erste (VV.
1–4) behandelte das vorgeschichtliche Sein des Logos (Präexistenz), die zweite
(VV. 5–18*) den Logos als Offenbarer in der | Geschichte[11]. Die These von der
täuferischen Herkunft der Tradition ist heute aufgegeben. Meist rechnet man
mit einer christlichen Tradition (so auch alle im folgenden aufgezählten Autoren). R. *Schnackenburg* unterscheidet vier Strophen (I. VV. 1.3ab; II: VV.
4ab.9ab; III: 10ac.11ab; IV: 14abe.16ab), die sachlich von der Präexistenz zum
vorinkarnatorischen Wirken und schließlich zur Inkarnation des Logos voran-
schreiten[12]. Anders als *Bultmann* und *Schnackenburg* bezieht E. *Käsemann* die
VV. 5–13 nicht auf das vorinkarnatorische Wirken, sondern bereits auf das geschichtliche Auftreten des Offenbarers[13]. Dann aber sind VV. 14–18 als Reinter-

---

[6] Vgl. O. *Hofius*, Struktur (s. Anm. 2) 4–8.

[7] So R. *Schnackenburg*, Joh I (s. Anm. 4) 230f.

[8] So R. *Bultmann*, (s. Anm. 5) 31f; J. *Becker*, Joh I (s. Anm. 5) 82f.

[9] R. *Bultmann*, Joh (s. Anm. 5) 4f.

[10] V. 2 sei ursprünglich stärker mythologisch formuliert gewesen; bei V. 10a handele es sich
entweder um eine Erweiterung des Evangelisten oder um die Unterdrückung einer ausführli-
cheren mythologischen Aussage (R. *Bultmann*, Joh [s. Anm. 5] 18 Anm. 3; 33 Anm. 3).

[11] In der zweiten Strophe kann dann noch einmal unterschieden werden zwischen VV. 5–13*
(Offenbarung durch die Schöpfung) und VV. 14–18* (Offenbarung durch Inkarnation), vgl. R.
Bultmann, Joh. (s. Anm. 5) 38.

[12] R. *Schnackenburg*, Joh I (s. Anm. 4) 202. Auch O. *Hofius*, Struktur (s. Anm. 2) 10–15,
rechnet mit einem vierstrophigen Hymnus (I: VV. 1–3; II: 4.5.9; III: 10.11.12ab [bis γενέσθαι];
IV: 14.16), wobei „die Strophen I und II von dem Logos *asarkos* und die Strophen III und IV
von dem Logos *ensarkos* reden" (25).

[13] E. *Käsemann*, Aufbau und Anliegen des johanneischen Prologs, in: *ders.*, Exegetische
Versuche und Bestimmungen II, Göttingen ³1968, 155–180. Neben den Täuferpartien VV.
6–8.15 hält *Käsemann* V. 9 für sekundär (der Vers hat die Funktion, den Anschluß an V. 5 wie-
derzugewinnen); V. 13 sei eine prosaische Anmerkung des Evangelisten. Im Gegensatz zu *Käsemann* beseitigt E. *Ruckstuhl*, Kritische Arbeit am Johannesprolog, in: *ders.*, Jesus im Hori-

pretation zu verstehen und nicht derselben Schicht wie VV. 5–12, sondern dem Evangelisten zuzuordnen. So erhält *Käsemann* zwei Strophen (I: 1.3.4; II: 5.10.11f), die vom vorgeschichtlichen Sein des Logos und seinem geschichtlichen Auftreten als Offenbarer sprechen. Modifiziert wurde dieser Vorschlag von *Ch. Demke,* der die VV. 14–16 wegen des Wir–Stils sowohl aus dem Rahmen des Hymnus wie aus der Schicht des Evangelisten herausfallen sieht[14]. Er wertet die Verse als Gemeindebekenntnis, das auf den Hymnus antwortet. Ganz ähnlich wird die Situation durch *J. Becker* beurteilt, der drei Stufen unterscheidet: ein selbständiges Logoslied (VV. 1–3–5.11.12ab), die Ergänzung durch die Gemeinde (VV. 14.16) und schließlich die literarische Bearbeitung durch den Evangelisten (VV. 2.6–10.12c–13.14d.15.17f)[15]. An den literar|kritischen Nähten vergleichbar, in der sachlichen Konzeption aber doch völlig anders urteilen *G. Richter*[16] und *H. Thyen*[17]. Sie unterscheiden sich von den bisher besprochenen Autoren vor allem dadurch, daß sie den entscheidenden V. 14 (bzw. VV. 14–18) einer Redaktion zuweisen, die das Werk des Evangelisten mit antidoketischem Interesse bearbeitet hat[18]. Einen literarkritisch abweichenden Weg hat *H. Zimmermann* beschritten[19], dem dann mit kleineren Modifikationen *M. Theobald* gefolgt ist[20]. Nach *Zimmermann* ist V. 2 nicht „als wiederholende Bekräftigung von V. 1b"[21] zu verstehen, sondern umgekehrt sei V. 1 eine Interpretation von V. 2[22]. Der Hymnus habe also erst mit V. 2 begonnen. Diese Entscheidung hat Konsequenzen. Der Hymnus ist nicht als „Logoshymnus", sondern als „Christushymnus" zu bezeichnen. „Dann ist anzunehmen, daß der Evangelist die Logosprädikation eingeführt hat und ihr eine besondere Bedeutung bei-

---

zont der Evangelien (SBA 3), Stuttgart 1988, 265–276, die vor allem zwischen VV. 11.12ab und V. 14 evidentermaßen bestehende Spannung dadurch, daß er VV. 11–13 ausscheidet. Er erhält so einen Hymnus mit sechs Strophen (I: VV. 1f; II: V. 3; III: VV. 4f; IV: V. 10; V: V. 14; VI: V. 16).

[14] *Ch. Demke,* Der sogenannte Logos-Hymnus im johanneischen Prolog: ZNW 58 (1967) 45–68.

[15] *J. Becker,* Joh I (s. Anm. 5) 71. Ähnlich: *U. B. Müller,* Die Geschichte der Christologie in der johanneischen Gemeinde (SBS 77), Stuttgart 1975, 13–21; *ders.,* Die Menschwerdung des Gottessohnes. Frühchristliche Inkarnationsvorstellungen und die Anfänge des Doketismus (SBS 140), Stuttgart 1990, 40–45.

[16] *G. Richter,* Die Fleischwerdung des Logos im Johannesevangelium, in: *ders.,* Studien zum Johannesevangelium, hrsg. v. J. Hainz (BU 13), Regensburg 1977, 149–198.

[17] *H. Thyen,* Literatur (s. Anm. 1).

[18] Der Redaktion schreibt *H. Thyen,* Literatur (s. Anm. 1) 248, die VV. 2 und 14–18 zu.

[19] *H. Zimmermann,* Christushymnus und johanneischer Prolog, in: *J. Gnilka* (Hrsg.), Neues Testament und Kirche. FS R. Schnackenburg, Freiburg – Basel – Wien 1974, 249–265.

[20] *M. Theobald,* Im Anfang war das Wort. Textlinguistische Studie zum Johannesprolog (SBS 106), Stuttgart 1983; *ders.,* Die Fleischwerdung des Logos. Studien zum Verhältnis des Johannesprologs zum Corpus des Evangeliums und zu 1 Joh (NTA NF 20), Münster 1988.

[21] So *R. Schnackenburg,* Joh I (s. Anm. 4) 203.

[22] *H. Zimmermann,* Christushymnus (s. Anm. 19) 253f.

mißt."[23] *Zimmermann* rekonstruiert dann einen dreistrophigen Hymnus (I: VV. 2a.3ab.4ab.5ab; II: VV. 10.11ab.12ab; III: VV. 14bcd.16a.17a[24] b). Ähnlich urteilt *Theobald,* mit dem Unterschied, daß er V. 10 (als Überleitung) und V. 17 (als Kommentarsatz) dem Evangelisten zuschreibt[25]. Mit dieser (keineswegs vollständigen) Übersicht dürften zumindest die anstehenden (literarkritischen) Probleme deutlich geworden sein. Um auf diesem Wege weiterzukommen, müßten die Argumente diskutiert und gewichtet werden, was hier zu weit führen würde. Statt dessen soll versucht werden, die mögliche Vorlage mit textanalytischen Mitteln herauszulösen. Sofern man für diese einen hymnischen Charakter voraussetzen darf, sind vor allem Kriterien der Syntax bzw. der syntaktischen Kohärenz zu berücksichtigen. |

Vers. 1 besteht aus drei Zeilen mit je zwei Gliedern. Die Kohärenz ist überdurchschnittlich dicht. Anstelle der in normaler Rede üblichen Anaphora (Pronomen, Substitution) wird jeweils das Nomen wiederholt. Dadurch entsteht ein kettenförmiger Stufenparallelismus.

a Im Anfang – *Logos*
b   *Logos* – bei *Gott*
c   *Gott* – Logos

Vers. 2 ist mit anaphorischem οὗτος angeschlossen. Der Vers lenkt zurück und resümiert, wobei aus allen drei Zeilen von V. 1 ein Glied aufgenommen wird: Dieser (= Logos) (c) – im Anfang (a) – bei Gott (b). Dadurch entsteht Dreigliedrigkeit anstelle der in V. 1 vorhandenen Zweigliedrigkeit.

Vers 3 bringt mit „Alles" ein neues Thema, das aber durch anaphorisches „durch ihn" sofort auf den Logos bezogen wird. Ansonsten wird die Zweigliedrigkeit von V. 1 fortgesetzt. Das gilt auch für den Stufenparallelismus, der jetzt allerdings antithetischer Art ist.

a Alles – *durch ihn*
b   *ohne ihn* – *nicht eines ...*

Verse 4 und 5 sind durch anaphorisches „in ihm" auf den Logos bezogen. Ansonsten begegnet wieder (genau wie in V. 1) ein kettenförmiger Stufenparallelismus, bei dem die Anaphora nicht durch Substitution oder Pro-nomen, sondern durch Wiederholung des gleichen Begriffs gebildet wird.

a In ihm – *Leben*
b   *Leben* – *Licht* der Menschen
c   *Licht* - in der Finsternis
d   Finsternis – nicht ergriffen

---

[23] *H. Zimmermann,* Christushymnus (s. Anm. 19) 254.
[24] Ohne „durch Mose".
[25] *M. Theobald,* Im Anfang (s. Anm. 20) 75f.

Verse 6 bis 8 beginnen syntaktisch gesehen mit einem völligen Neuansatz (ἐγένετο), der weder vorher kataphorisch angekündigt war noch – zunächst jedenfalls – anaphorisch mit dem Vorausgehenden verbunden ist. Die Anaphora hinkt mit dem „Licht" in V. 7 nach. In sich besitzen VV. 6–8 ihre Kohärenz durch das „Zeugnis" (μαρτυρία, μαρτυρέω) und die Antithese von „Licht" und „nicht Licht". Stilistisch unterscheiden sich die Verse vom Vorausgehenden. Anstelle der Parataxe findet sich Hypotaxe durch Partizip bzw. Finalsatz. Es handelt sich um Prosastil.|

Vers 9 ist die Antithese zu V. 8. Stilistisch bewegt sich der Vers auf derselben Ebene wie VV. 6–8 (Hypotaxe durch Relativsatz und Partizip).

Vers 10 greift die „Welt" von V. 9 auf, allerdings unter einem anderen Thema (bezogen auf den Logos). Die drei Zeilen des Verses sind wie in VV. 1.3.4.5 jeweils zweigliedrig. Miteinander sind sie kettenförmig verknüpft, jetzt allerdings nicht stufenförmig, sondern linear.

a   In der *Welt*   – war er
b   *Welt*   – durch ihn geworden
c   *Welt*   – erkannte ihn nicht

Verse 11.12ab: In V. 11 wird die „Welt" durch „das Eigene" substituiert. Ansonsten weist der Vers den gleichen kettenförmigen, linearen Parallelismus auf wie V. 10. V. 12ab enthält eine zweigliedrige Aussage, deren zweites Glied gegenüber dem bisherigen Befund durch seine Überlänge auffällt. Im übrigen aber ist V. 12ab mit V. 11 durch kettenförmigen, antithetischen Stufenparallelismus verbunden, wie er aus V. 3 bekannt ist.

a In das *Eigene*   – kam er
b die *Eigenen*   – *nahmen ihn nicht auf*
c   – *die ihn aufnahmen*   – denen gab er Macht, Kinder Gottes zu werden

Verse 12c.13 sprengen das bisherige Schema. Die Kohärenz wird durch parallele, lineare Substitution des ersten Gliedes der vorausgehenden doppelgliedrigen Aussage von V. 12ab hergestellt. Eine Entsprechung zum zweiten Glied fehlt jeweils.

die ihn aufnahmen   – denen gab er Macht ...
a *den an seinen Namen Glaubenden*
b *die nicht aus Blut*
  nicht aus Fleischeswillen
  nicht aus Manneswillen
c *sondern aus Gott geboren sind*

Vers. 14 stellt einen Neueinsatz dar, syntaktisch nur durch den Konnektor „und" mit dem Vorausgehenden verbunden. Doch kann nach VV. 11–13 kein Zweifel sein, daß V. 14a den V. 11a substituiert. Intern ergibt sich folgende Syntax: V.

14b substituiert das zweite Glied von V. 14a. Gegenüber dem bisherigen Textverlauf völlig neu ist der Wechsel in die 1. Person Plural. | V. 14c enthält wiederum eine zweigliedrige Aussage, wobei die 1. Person Plural des Verbums (ἐθεασάμεθα) das Pronomen „uns" (ἡμῖν) aus V. 14b aufgreift. V. 14de enthalten lineare Parallelismen zum zweiten Glied von V. 14c.

a Logos – *Fleisch geworden*
b *hat unter uns gewohnt*
c *wir* haben geschaut – seine *Herrlichkeit*
d *Herrlichkeit* des Einziggeborenen ...
e *voll Gnade u. Wahrheit*

Vers 15 bringt wieder einen syntaktischen Neueinsatz. Auch stilistisch ist der Vers (wie VV. 6–8) vom übrigen Text unterschieden. Die künstliche Verknüpfung mit dem Kontext, die nicht durch diesen selbst, sondern nur durch eine über den Prolog hinausgreifende Textsemantik bzw. –pragmatik begründet werden kann, wird auch durch
Vers 16 deutlich, der mit der „Fülle" (πλήρωμα) bzw. der „Gnade" V. 14e (πλήρης bzw. χάρις) substituiert.

voll Gnade und Wahrheit
a aus seiner *Fülle* – haben wir alle empfangen
b *Gnade über Gnade*

Verse 17f bringen einen Neueinsatz. Der Konnektor „denn" (ὅτι) wirkt künstlich, da „Gesetz" und „Mose" im bisherigen Text keinen Bezugspunkt haben. Die Syntax gehorcht hier nicht der Semantik, sondern ist pragmatisch zu erklären. V. 17 bildet einen Parallelismus, doch rein antithetischer Art, ohne kettenförmige Verbindung. Auch V. 18 setzt mit „Gott" neu ein. Durch die Rückkoppelung an V. 1 (Gott) und an V. 14 (einziggeboren) wirkt V. 18 wie ein Resümee des Ganzen. Stilistisch stellt V. 18 einen antithetischen Parallelismus dar, der aber durch Doppelungen (niemand, jemals – einziggeboren, an der Brust des Vaters) besonders massiv wirken will.
Ergebnis: Die geringste Kohärenzdichte gegenüber dem übrigen Text weisen VV. 6–8 und 15 auf. Auch stilistisch fallen sie aus dem Rahmen. Sollte dem Text eine hymnische Vorlage zugrundeliegen, dann können diese Verse unmöglich dazugehören. Dann aber ist auch V. 9 auszuscheiden. Ein relativ einheitliches syntaktisches und stilistisches Verfahren lassen die VV. | 1.3.4.5.10.11.12ab erkennen. V. 2 sieht in seiner Dreigliedrigkeit eher nach einem sekundären Resümee aus. Auch VV. 12c.13 wirken wie eine elaborierte, sekundäre Erläuterung zu V. 12a. Ein besonderes Wort ist zu VV. 14–18 zu sagen. V. 15 ist bereits ausgeschieden. V. 17 ist nur durch eine über den Prolog hinausgreifende Textsemantik bzw. -pragmatik zu begründen. Dann aber ist wohl auch V. 18 als Resümee des Ganzen auf sekundäre Bearbeitung zurückzuführen. Nicht ganz einfach sind

VV. 14 und 16 zu beurteilen. Das syntaktische Verfahren ähnelt in manchen Punkten dem von VV. 1.3.4.5.10.11.12ab. Bei genauerem Zusehen sind aber auch die Unterschiede nicht zu verkennen, so daß es sich eher empfiehlt, die VV. 14.16 für eine sekundäre Nachahmung zu halten und nicht zur Vorlage zu rechnen. Für eine andere Schicht spricht auch der auffällige Wechsel in den Wir-Stil, wobei es zunächst offen bleiben kann, ob man an die Gemeinde, den Evangelisten oder die Redaktion zu denken hat. Die hymnische Vorlage schloß also wahrscheinlich schon mit V. 12ab. Der abschließende Charakter würde auch die beobachtete Überlänge im zweiten Glied der Aussage von V. 12ab gut erklären.

Positiv weisen die VV. 1.3–5.10–12ab eine relativ geschlossene Syntax auf. Der Stil wird vor allem durch den Anschluß mit „und", durch Stufenparallelismus und Kettenanschluß geprägt, wie es für semitische Poesie charakteristisch ist. Dies spricht für eine Vorlage und für deren Abgrenzung auf die genannten Verse. Aus dem semitischen Stil wird man allerdings nicht unbedingt auf eine hebräische oder aramäische Vorlage schließen dürfen, da der semitische Einfluß auch über das hellenistische Judentum bzw. Judenchristentum vermittelt sein könnte[26].

Für die *Stropheneinteilung* sind zwei Möglichkeiten zu bedenken. Versteht man ὃ γέγονεν am Ende von V. 3 kataphorisch (siehe oben), so ergeben sich fünf Strophen zu je drei Zeilen (I: V. 1 a – b – c; II: V. 3 a – b –c. V. 4a; III: V. 4 b – V. 5 a – b; IV: V. 10 a – b – c; V: V. 11 a – b – V. 12ab). Doch läuft die zweite Strophe im Vergleich zu den anderen stilistisch und sachlich nicht ganz glatt. Bevorzugt man daher ein anaphorisches ὃ γέγονεν, so ergeben sich vier immer kürzer werdende Strophen (I: fünf, II: vier, III: drei, IV: zwei Zeilen + Schlußzeile). Inhaltlich wird die Ablehnung des Logos immer | drängender formuliert, bis dann in der Schlußzeile die Spannung aufgehoben wird. Der Hymnus lautet dann folgendermaßen:

I. Strophe:
1	Im Anfang war der Logos,
2	und der Logos war bei Gott,
3	und Gott war der Logos.
4	Alles wurde durch ihn,
5	und ohne ihn wurde auch nicht eines, was geworden ist.

II. Strophe:
1	In ihm war das Leben,
2	und das Leben war das Licht der Menschen,

---

[26] Zu den biblischen (alttestamentlichen) Motiven des Hymnus bzw. des Prologs vgl. vor allem *H. Gese*, Der Johannesprolog, in: *ders.*, Zur biblischen Theologie. Alttestamentliche Vorträge, Tübingen ²1983, 152–201. Vgl. im übrigen die religionsgeschichtlichen Hinweise bei *U. Schnelle*, Antidoketische Christologie im Johannesevangelium. Eine Untersuchung zur Stellung des vierten Evangeliums in der johanneischen Schule (FRLANT 144), Göttingen 1987, 231–245.

3 und das Licht leuchtet in der Finsternis,
4 und die Finsternis hat es nicht ergriffen.

III. Strophe:
1 In der Welt war er,
2 und die Welt ist durch ihn geworden,
3 und die Welt erkannte ihn nicht.

IV. Strophe:
1 In das Eigene kam er,
2 und die Eigenen nahmen ihn nicht auf.

3 Alle aber, die ihn aufnahmen, ihnen gab er Macht,
 Kinder Gottes zu werden.

II. Theologische Interpretation

I. Strophe: „Im Anfang" in Zeile 1 erinnert an Gen 1,1. Der Hymnus versteht sich also als eine Art metasprachliche Reflexion zum biblischen Schöpfungsbericht. Der Sache nach enthält schon der Schöpfungsbericht der Priesterschrift (Gen 1,1–2,4a) eine Theologie des Wortes. Ihr ist es um eine Entmythologisierung bzw. Entgötterung der Welt zu tun. Sonne, Mond, Gestirne und überhaupt alles, was als Welt begegnet, sind keine Götter, sondern geschaffen. Dies ist auch der wesentliche Unterschied zur formal vergleichbaren sogenannten memphitischen Schöpfungslehre, wo Ptah durch Sia, die Erkenntnis im Herzen, und Hu, den Ausspruch des Mundes, die Welt entstehen läßt[27]. Der ägyptischen „Schöpfungslehre" liegt der Gedanke | der Kosmogonie zugrunde. Was erzählt wird, ist die „Werdung", nicht eigentlich die Schöpfung der Welt. Anders als Ptah, der zum Gott der Künstler wird, ist der Gott der Bibel kein Bildner, sondern der Schöpfer, der die Welt nicht aus sich entstehen läßt, sondern als sein Gegenüber schafft. Insofern teilt das „Wort", das am Anfang bei Gott war, die biblische Aversion gegen das Bild. Es ist die Idee, der Begriff, mehr noch: der personal gedachte Logos, durch den Gott die Welt schafft. Die Andersheit zur Welt, aus der heraus Gott gedacht ist, führt jedoch weder zu einem Rückzug Gottes noch zu einer Verselbständigung der Welt. Die Transzendenz Gottes ist (soweit menschlicher Sprache überhaupt möglich) auf höchst geistige Weise gewahrt, indem die Bedingung der Möglichkeit einer in der Zeit („im Anfang") beginnenden beziehungsweise Zeit konstituierenden Schöpfung auf den göttlichen Logos zurückgeführt wird.

Die Zeilen 2 und 3 befassen sich mit der Relation des Logos zu Gott. Indem Zeile 2 ihn „bei Gott" sein läßt, unterscheidet sie ihn von Gott. Zeile 3 legt ihm selbst das Prädikat „Gott" bei. Der Hinweis auf die philonische Unterscheidung

---

[27] Vgl. die Übersetzung von *H. Brunner* in: *W. Beyerlin* (Hrsg.), Religionsgeschichtliches Textbuch zum Alten Testament (GAT 1), Göttingen 1975, 31f.

zwischen ὁ θεός (so auch in Zeile 2) und θεός (so in Zeile 3)[28] ist nur partiell hilfreich, da die auch im Hymnus vorausgesetzte Unterscheidung des Logos gegenüber Gott (Zeile 2) nicht – wie bei Philo – über das Nichtvorhandensein des Ar-
tikels reflektiert wird[29]. Mit dem artikellosen Prädikat θεός soll vielmehr die
trotz allen Unterschiedes bestehende „Gottheit" (nicht nur „Göttlichkeit" [θεῖ-
ος]) des Logos zum Ausdruck gebracht werden. Eine systematische Reflexion
dieser paradoxen Relation einer Unterscheidung (und damit wohl auch Unterordnung) des Logos gegenüber Gott und seiner gleichzeitigen Prädikation als
„Gott" faßt der Hymnus noch nicht ins Auge. Wirkungsgeschichtlich liegen hier
die Ansätze zur Trinitätslehre.

Die Zeilen 4 und 5 stellen den Logos als Schöpfungsmittler vor. Der antithetische Parallelismus kehrt die Totalität dieser seiner Rolle beziehungsweise
Funktion hervor. Es gibt nichts – der Hymnus betont „nicht eines" – | „was ge-
worden ist", das heißt: nichts außer Gott, das sich nicht dem Logos verdankt.
Ein gnostisches Verständnis der Welt ist damit ausgeschlossen. Gott und Welt
sind zwar getrennte, nicht aber dualistische Größen. Die Welt hat keine prinzipielle, sondern nur bedingte Relation zu Gott. Sie verdankt ihr Sein dem Logos,
durch den Gott alles Gewordene geschaffen hat.

2. Strophe: Die einzelnen Aussagen interpretieren sich fortlaufend gegenseitig. Der Schöpfungsmittler ist Lebensträger und Lebensspender. „In ihm *war*
Leben" setzt voraus, daß „in ihm", der im Anfang schon bei Gott war, „Leben
ist". „War" faßt wie in den drei Zeilen der ersten Strophe die – aus menschlicher
Sicht – „im Anfang" in Gang gesetzte und seither fortdauernde Zeit ins Auge.
Hier, in Zeile 1 der zweiten Strophe, gewinnt „war" seine spezifische Konnotation durch das imperfektische ἐγένετο der Zeile 4 der ersten Strophe, wodurch
das perfektische ὃ γέγονεν als Entstehend-Gewordenes und Geworden-Blei-
bendes gekennzeichnet wird. D.h., „in ihm war Leben" dient weniger der Charakterisierung des Logos als vielmehr der Qualifizierung seiner schöpfungsmittlerischen Tätigkeit. Es geht um die Leben spendende Qualität der Schöpfungs-
mittlerschaft des Logos. Damit wird der Blickwinkel zugleich verengt, beziehungsweise es wird deutlich, worauf der Blick von Anfang an gerichtet war: auf
die Welt als Menschenwelt. Dies muß keine anthropozentrische Hybris sein,
wenn man bedenkt, daß „Welt", so sehr sie von Gott durch den Logos geschaf-

---

[28] Som I 227–241, bes. 229f. Vgl. *U. Schnelle,* Christologie (s. Anm. 26) 234; *J. Becker,* Joh I
(s. Anm. 5) 88. Der Logos wird bei Philo als „erstgeborener Sohn" (πρωτόγονος υἱός) (Agr 51;
vgl. Conf 146f) und „zweiter Gott" (Quaest in Gen II 62) bezeichnet.

[29] Zu Recht betont *M. Theobald,* Im Anfang (s. Anm. 20) 45 Anm. 38, daß „V. 1b.c nicht de-
finierend *abgrenzen,* sondern im Gegenteil über die semantisch bedeutungsvolle Concatenatio
V. 1b/c, in deren Licht das Nebeneinander von ὁ θεός und θεός zunächst gesehen werden muß,
die *Verschränkung* von Gott und Logos betonen" will. *O. Hofius,* Struktur (s. Anm. 2) 16f, bestreitet jedwede Analogie zu Philo und erklärt θεός rein sprachlich als artikelloses Prädikats-
nomen: V. 1c kann dann „nur bedeuten, daß der Logos *Gott* – wahrer und wirklicher Gott – ist"
(17).

fen ist, erst dem Menschen und durch den Menschen in Erscheinung tritt. Erst in der Lebenswelt des Menschen wird das, „ was geworden ist", zur „Welt". Vielleicht ist es kein Zufall, daß die „Welt" als Begriff erst in der dritten Strophe auftaucht, wo durch die vorausgehende zweite Strophe der anthroplogische Bezug bereits deutlich ist. Vorab, in der zweiten Strophe, geht es um das „Leben", in dem das Geschaffene erst reflex werden kann.

Das Leben ist – noch vor jedem Weltbezug – das Unmittelbarste des Menschen, zugleich die unmittelbarste Verbindung zum Logos und damit zum Schöpfer. Deswegen ist es nicht verwunderlich, daß das Leben als „das Licht der Menschen" bezeichnet wird (Zeile 2). Mit „war" ($\mathring{\eta}\nu$) soll wieder das schöpferisch Gesetzte und für alles menschliche Leben Gültige angedeutet sein. Das Leben ist es, was die Existenz des Menschen licht macht. Das Leben ist die Lichtung der menschlichen Existenz. Zu leben ist der Sinn des Lebens. Das Leben ist es, das den Menschen mit Hoffnung erfüllt und ihm immer neue Perspektiven eröffnet. Welche Aussicht damit letztlich gemeint ist, kann im Zusammenhang mit dem Logos als Lebensspender nicht zweifelhaft sein. Es ist letztlich göttliche Aussicht, die dem Menschen durch das dem Logos verdankte Leben zukommt. Der Hymnus | meint also, daß der Mensch aufgrund seiner Geschöpflichkeit nicht nur von Gott beziehungsweise vom Logos herkommt, sondern auch auf Gott ausgerichtet ist. Diese Hinordnung macht Existenzangst eigentlich überflüssig.

Doch dann folgt die Einschränkung: „und das Licht leuchtet in der Finsternis". „Finsternis" kann hier kein ontologisch-dualistischer Begriff sein im Sinne einer gesetzten, dem Menschen entgegen-gesetzten feindlichen Welt. Wie Licht kann Finsternis hier nur ein Existenzbegriff sein, d. h. ein Begriff, der wie Licht die Wahrnehmung und Reflexion des Menschen in bezug auf das ihm geschenkte Leben spiegelt. Die Menschen erkennen die ihre Existenz lichtende und erhellende Perspektive des sich dem Logos verdankenden und auf den Logos ausgerichteten Lebens nicht. Ihre Existenz bleibt ihnen finster und aussichtslos. Fast klingt es tragisch, was Zeile 4 zu sagen hat.

Das Leben kommt von Gott her, ist Ausfluß göttlichen Lebens, das dem Logos eigen ist. Dies weiß auch der Mensch, er ahnt es zumindest, sonst wäre ihm das Leben nicht „Licht". Und doch erscheint ihm das Licht, das sein Leben für ihn ist, als Licht in der Finsternis, oder – wie es Zeile 3 ausdrückt: „Das Leben scheint ($\varphi\alpha\acute{\imath}\nu\epsilon\iota$) in der Finsternis". Gedacht ist wohl an die Vergänglichkeit und Zerbrechlichkeit, die das Leben verfinstern. Umgeben von solcher Finsternis „ergreift" der Mensch nicht die Bedeutung des Lichtes, das sein Leben ist. Zum Vorschein kommt ein gespaltener Mensch, der seine Herkunft von Gott ahnt, sie aber angesichts der ihm „erscheinenden" Finsternis nicht zu erkennen, anzuerkennen beziehungsweise zu ergreifen wagt. Die Finsternis scheint ihm keine Aussicht zu lassen, und so ergreift und begreift er sich auch nicht als Schöpfung. Er schneidet sich ab von dem Leben, das ihn mit dem Logos verbindet, und nimmt sich damit die Möglichkeit, die Finsternis nicht als Ende, sondern als Möglichkeit des Lichtes zu begreifen.

Woher diese fast tragische Gespaltenheit des Menschen kommt, wird nicht gesagt. Von einem Sündenfall ist nicht die Rede, wahrscheinlich ist auch nicht daran gedacht. Der Hymnus beschreibt rein phänomenologisch menschliche Existenz. Er tut es in fast existenzphilosophischer Sprache und in äußerster Präzision. Was gefordert wäre, wäre ein Mensch, der sich trotz seiner Vergänglichkeit als Geschöpf begreift, der das Licht in der Finsternis als Licht des Logos ergreift und in der Vergänglichkeit seines Lebens noch die Verheißung des Schöpfers sieht. Aber auf dieses Wagnis sich einzulassen, fällt dem Menschen offensichtlich schwer. An dieser Stelle deutet sich schon an, worin eine mögliche „Erlösung" aus dieser tragisch erscheinenden Situation liegen könnte: Nicht in einem Herausgerissen-Werden aus dieser Welt und aus diesem Leben, sondern in der Annahme dieses vergänglichen | Lebens als vom Schöpfer übereigneten Geschenks, dem – mit dem Logos verbindend – bleibende Zukunft eignet.

3. Strophe: Die dritte Strophe faßt die beiden vorausgegangenen zusammen. Der Begriff „Welt" greift das die gesamte Schöpfung umfassende „Alles ...., ... was geworden ist" aus den beiden Schlußzeilen der ersten Strophe auf, wie besonders die Zeile 2 der dritten Strophe erkennen läßt. Doch ist die „Welt" der dritten Strophe zugleich die Menschenwelt, wie die Zeile 3 unterstreicht, die die Strophe zu Zeile 4 der zweiten Strophe parallel setzt. Die „Welt" erscheint als Menschenwelt, welche die Welt repräsentiert. Vielleicht kann man auch sagen: In der Menschenwelt kommt die „Welt" zu sich, wird sich als „Welt" bewußt. Tatsächlich geben die Zeilen 1 und 2 die Welt im Spiegel menschlichen Bewußtseins wieder beziehungsweise sie geben wieder, wie „Welt" dem Menschen erscheinen könnte, wenn er sie im Lichte ihrer Relation zum Logos erkennen würde. Aber wie die zweite Strophe, so gipfelt auch die dritte in einer negativen Feststellung: „und die Welt erkannte ihn nicht".

Schwingt in dem Satz ein leiser Vorwurf mit, etwa in dem Sinn: Die Welt erkannte ihn nicht, obwohl sie ihn hätte erkennen können? Aber vielleicht ist es doch bezeichnend, daß Zeile 3 (wie schon Zeile 4 der zweiten Strophe) *nicht* anklagend, sondern als reine Feststellung formuliert ist. Darf man daraus schließen, daß der Hymnus vielleicht sogar der Meinung ist, daß es zu einem letzten, tiefen Erkennen des Logos in der Welt erst kommen kann, wenn das geschieht, was die nächste Strophe schildert? In jedem Fall wird es zu einem unmittelbaren Erkennen des Logos für die Welt erst dann kommen, wenn der Logos, durch den die Welt geworden ist, in die Welt kommt, d.h. selbst Teil der Welt wird. Sein Kommen in die Welt wäre dann nicht nur die Erlösung, sondern mehr noch die Vollendung und das Ziel der Schöpfung. Diese Sicht ließe dann auch den Spielraum, die vor- und außerchristliche Suche nach Gott nicht schlichtweg als verfehlt abzuqualifizieren. Um Gott wußte die Welt schon. Aber – so meint der Hymnus – erst das Kommen des Logos versetzt sie wirklich in die Lage, die Finsternis eines vergehenden Lebens nicht als Verneinung des Lichtes, sondern als Möglichkeit eines noch größeren Lebens anzunehmen.

4. Strophe: Wenn die beiden ersten Zeilen der vierten Strophe nicht bloß tautologische Variation der die beiden ersten Strophen zusammenfassenden dritten Strophe sein sollen, dann müssen sie eine neue Phase des Wirkens des Logos anzeigen. Dafür spricht das Prädikat von Zeile 1: „er kam" (ἦλϑεν). War bislang nur vom „seins"-mäßigen Verhältnis zur Welt die Rede | (vgl. das durative „er war" [ἦν]), so wird jetzt eine neue Relation ausgesagt: Der in der Welt (schon immer) „war", „kommt" in die Welt. Weil er schon immer in der Welt war und die Welt durch ihn geworden ist, kann die „Welt" in Zeile 1 als „das Eigene" (τὰ ἴδια) bezeichnet werden. Die Ersetzung des Neutrums durch das Maskulinum „die Eigenen" (οἱ ἴδιοι) in Zeile 2 zeigt wiederum an, daß die Welt durch die Menschenwelt repräsentiert wird[30]. Sachlich kann mit dem „Kommen" des Logos nur sein geschichtliches Auftreten in Jesus gemeint sein. Dafür spricht auch die Aoristform der Verben, die die ganze vierte Strophe beherrscht. Die Rede vom „Kommen" des Logos stellt ein christologisches Sprachproblem dar. Was ist damit gemeint: ein bloßes Erscheinen des Logos in Menschengestalt, eine wirkliche Menschwerdung? Das Problem ist dem oder den Verfassern offensichtlich noch nicht bewußt, beziehungsweise sie stehen noch nicht unter einem durch Mißverständnisse erzwungenen Erklärungsdruck.

Die neue Phase des Wirkens des Logos könnte man in Abhebung von der ersten schöpfungsmittlerischen Phase als Offenbarung ansprechen. Geoffenbart wird allerdings keine Botschaft, sondern der Logos selbst. Insofern geht es um Weiterführung und – vorbehaltlich späterer Präzisierung – um Vollendung der Schöpfung. Der Logos, durch den die Welt geworden ist, wird selbst ein Teil der Welt. Das verändert die Welt; zumindest schenkt es ihr eine neue Möglichkeit, sofern sie durch den in die Welt gekommenen Logos nun selbst an der Qualität des Logos partizipieren kann. Das neue Verhältnis läßt sich allerdings nicht mehr mit der Kategorie der Schöpfung ausdrücken. Man kann ja kaum sagen, daß dadurch, daß der Logos in die Welt gekommen ist, das Gegenüber von Schöpfer beziehungsweise Schöpfungsmittler und Geschöpf aufgehoben ist, so wenig wie man mit diesem Gegenüber das neue Verhältnis hinlänglich umschreiben kann. Darauf ist gleich zurückzukommen.

Zunächst aber stellt Zeile 2 fest, daß auch die neue Phase des Wirkens des Logos – wie vorher schon sein Schöpfungswirken – negativ registriert wird: „die Eigenen nahmen ihn nicht auf". Sachlich bedeutet dies allerdings eine Steigerung

---

[30] Ob hierbei, wie in der Weisheitsliteratur, aus der die Sendung des Logos (bzw. der Weisheit) religions- und traditionsgeschichtlich abzuleiten ist, konkret an das jüdische Volk zu denken ist (vgl. Sir 24 [bes. VV. 7–18]; Weish 9 [bes. V. 10]), das dann wieder stellvertretend für die Menschenwelt stehen würde, ist schwer zu sagen. Von der Formulierung her und unter Berücksichtigung des sachlichen Zusammenhangs mit der Schöpfungsmittleraussage ist wohl eher an die Menschenwelt allgemein zu denken.

gegenüber dem bisherigen Nicht-Ergreifen (2. Strophe, Zeile 4) und Nicht-Er-
kennen (3. Strophe, Zeile 3), da das „Nicht-Aufnehmen" (οὐ παρέλαβον) in
Opposition zum Kommen des Logos steht. Seinen konkreten | Ausdruck wird
das Nicht-Aufnehmen in der Ablehnung Jesu finden, die sich im Kreuzestod zuspitzt. Doch ist dies bestenfalls angedeutet.

Alles drängt förmlich auf die entscheidende Aussage am Ende hin: „Alle
aber, die ihn aufnahmen, ihnen gab er Macht, Kinder Gottes zu werden." Schon
von ihrer äußeren Gestalt her ist diese Aussage im Vergleich zum sonstigen
strengen Sprachrhythmus des Hymnus fast überschwenglich. Sachlich nimmt
sie die sich steigernde Sequenz des Nicht-Ergreifens, Nicht-Erkennens und
Nicht-Aufnehmens auf und überholt sie positiv. Zeile 3 der vierten Strophe ist
das eigentliche Ziel des Hymnus. Das preisende Bewußtsein, Kinder Gottes zu
sein, ist der Punkt, auf den hin der ganze Hymnus konzipiert ist. Damit ist auch
der Begriff genannt, der dem neuen Verhältnis zu Gott beziehungsweise zum
Wirken des Logos angemessen ist: *Kinder Gottes*. Es geht also nicht nur um das
Erkennen der eigenen Geschöpflichkeit. Das wäre die Erkenntnismöglichkeit
der zweiten und dritten Strophe gewesen. Es geht um mehr als die Erkenntnis,
„das Eigene" (τὰ ἴδια) beziehungsweise „die Eigenen" (οἱ ἴδιοι) Gottes beziehungsweise des Logos zu sein (Zeile 1 und 2 der vierten Strophe). Etwas Neues
kommt ins Spiel: die Kindschaft. Dabei ist zu betonen, daß Kindschaft nicht
bloß eine Metapher für das durch die Schöpfung gegebene Verhältnis zu Gott
ist. Die hier angesprochene Kindschaft ist durch den Logos qualifiziert, durch
den die Welt nicht nur geschaffen ist, sondern der nun auch selbst die Welt gekommen ist. Dieses Kommen begründet eine neue Existenzweise, die über die
bisherige schöpfungsmäßige hinausgeht. Der in die Welt gekommene Logos
schenkt den Menschen eine neue Möglichkeit, nämlich die ἐξουσία (Möglichkeit, Freiheit), Kinder Gottes zu werden.

Es wird deutlich, warum die herkömmliche Gegenüberstellung von Schöpfung und Erlösung nicht genau trifft. Die beiden Pole, um die der Hymnus
kreist, heißen Protologie und Eschatologie, Schöpfung und Neuschöpfung. Was
im Verlauf des Hymnus dargestellt wird, ist eine Art Heilsgeschichte, die die
Protologie unmittelbar mit der Eschatologie verbindet. Vom Logos her geht es
um die Bewegung von der Schöpfung hin zur Offenbarung. Dem entspricht auf
seiten der Welt beziehungsweise der Menschen die Möglichkeit einer Bewegung, die der fortschreitenden Ablehnung entgegen steigernd vom Geschöpf
zum Kind verläuft.

III. Ausblick: Die Bearbeitung der Vorlage durch den Evangelisten

Für den weiteren Gang der Entwicklung von der hymnischen Vorlage bis zum Prolog des kanonischen Johannesevangeliums wäre es natürlich wichtig zu wissen, was an VV. 2.6–9.12c.13.14–18 der Tradition, der Bearbeitung durch den Evangelisten oder der späteren Redaktion zuzuschreiben ist. Die Probleme, die sich in diesem Zusammenhang stellen, sind vielschichtig und können hier nicht in der ihnen gebührenden Weise aufgearbeitet werden. Dennoch soll im Sinne eines Ausblicks wenigstens angedeutet werden, wo der Evangelist seine Akzente gesetzt und in welcher Weise er die theologische Aussage der hymnischen Vorlage zum Prolog seines Evangeliums umgestaltet hat.

Gemessen an der theologischen Intention der Vorlage sind die VV. 6–8(9).15, die fast allgemein dem Evangelisten zugeschrieben werden, noch von geringerer Bedeutung. In diesen Versen wird nicht unmittelbar die Theologie der Vorlage weitergeführt. Vielmehr wird diese dem gattungsgemäßen Charakter eines Evangeliums angepaßt, in dem üblicherweise dem Wirken Jesu das Auftreten des Johannes vorangestellt ist[31]. Konkret geschieht die Verknüpfung mit dem Corpus des Evangeliums über den Begriff des „Zeugnisses". Für den Evangelisten ist Johannes der „Zeuge". Mit seinem Zeugnis über Jesus hebt das Evangelium an (Joh 1,19–28.29–34). Dies ist auch der Grund, weswegen in den VV. 7.8.15 speziell das Zeugnis des Johannes thematisiert wird[32]. Wenn in VV. 8f pointiert hervorgehoben wird, daß nicht Johannes, sondern der Logos das Licht war, so richtet sich dies wohl polemisch gegen die Johannesjünger, die in Konkurrenz zu den Chri|sten Johannes für die entscheidende eschatologische Gestalt (Messias?) hielten[33]. Vielleicht darf man dem verknüpfenden Charakter

---

[31] Vgl. das Markusevangelium als ältesten Vertreter der Gattung.

[32] Aus der Tatsache, daß VV. 6f sich auf das geschichtliche Auftreten des Johannes beziehen, hat man schon geschlossen, daß nach dem Verständnis des Evangelisten nicht erst V. 11 bzw. V. 14, sondern bereits V. 5 das *geschichtliche* Auftreten des Logos im Auge habe und nicht – wie ursprünglich in der Vorlage – die nicht erkannte Anwesenheit des Logos in der Schöpfung meine. Dies ist jedoch wenig wahrscheinlich. Denn auch der Johannes des Evangeliencorpus gibt Zeugnis von dem, den die Menschen nicht kennen (Joh 1,26), ja, den er selbst nicht kennt (Joh 1,31.33). Er gibt Zeugnis von dem nach ihm kommenden Mann, der aber ἔμπροσθέν μου γέγονεν, ὅτι πρῶτός μου ἦν (Joh 1,30). Insofern macht es guten Sinn, wenn der Evangelist das Zeugnis des Johannes auch schon auf den Logos bezieht, der „im Anfang bei Gott war". Deutet man VV. 6–8.9 auf das Zeugnis des Johannes über den unbekannten Kommenden (= Logos), so ist es durchaus konsequent, wenn der Evangelist nach der Inkarnationsaussage von V. 14 noch einmal das Zeugnis des Täufers in V. 15 anführt, übrigens mit fast den gleichen Worten, die dann der Täufer in der Begegnung mit Jesus gebraucht (Joh 1,30).

[33] Daß die Johannesjünger ihrerseits Johannes als Licht und präexistenten Logos proklamierten (so *R. Bultmann,* Joh [s. Anm. 5] 4f), wird man schwerlich daraus folgern können. Die Lichtthematik ist durch den (christlichen) Hymnus bedingt, kaum durch die These der Johannesjünger. Im übrigen würde eine solche These die Argumentation in V. 15 ad absurdum füh-

der VV. 6–8(9).15 entnehmen, daß das Corpus des Evangeliums schon fertiggestellt war, als der Evangelist den vorgefundenen Hymnus beziehungsweise den in seinem Sinn zum Prolog des Evangeliums ausgebauten Hymnus als Leseanweisung seinem Werk vorangestellt hat.

Schon stärker der theologischen Weiterführung der Vorlage ist *V. 2* verpflichtet, der ebenfalls von den meisten dem Evangelisten zugeschrieben wird. Der Vers scheint zunächst nur V. 1 zu resümieren. Doch macht solches Resümee nur Sinn, wenn es nicht zum Selbstzweck geschieht, sondern als Widerlager einer anderen, dem Evangelisten wichtigen Erweiterung dient. Letztlich dürfte V. 2 schon auf die Aussage von der Fleischwerdung des Logos in V. 14 zielen. Offensichtlich wollte der Evangelist noch einmal ausdrücklich festhalten, was er dann in V. 14 als *Subjekt* prädizieren wird: Der Logos, und zwar *dieser,* der *im Anfang bei Gott war* (V. 2), dieser Logos ist Fleisch geworden (V. 14). Damit ist schon ein gewisses Präjudiz für V. 14 ausgesprochen, auf den gleich noch einmal zurückzukommen ist.

Vorab sind die *VV. 12c.13* zu würdigen, die ebenfalls häufig dem Evangelisten zugeschrieben werden. Die Verse greifen die Aussage von V. 12ab auf und verdeutlichen sie. Das „Aufnehmen" (ἔλαβον) ist im Sinne des „Glaubens" (πιστεύειν) zu verstehen. Einer möglichen gnostischen Mißdeutung wird ein Riegel vorgeschoben. „Ihn aufnehmen" zielt nicht auf (erlösende) Erkenntnis oder Findung des eigenen Selbst. Der Glaube hat zum Objekt den „Namen", d. h. den Logos, der in der geschichtlichen Person Jesu einen (menschlichen) Namen bekommen hat. Dieser Name stellt vor die Entscheidung, die nur im Wagnis des Glaubens eingeholt werden kann. Die ungnostische Betonung des Glaubens stellt zudem sicher, daß die Gotteskindschaft eine erworbene, nicht eine wesensmäßig vorgegebene (und nun erkannte) ist. Man könnte auch sagen: Das „Glauben" und seine Erläuterung in V. 13 machen deutlich, daß γενέσϑαι in V. 12 b nicht im Sinne des „Seins", sondern strikt im Sinne des „Werdens" zu interpretieren ist, genauer gesagt: als „Gezeugt- beziehungsweise Geboren-Werden" (γεννᾶσϑαι). Die Gegenüberstellung des „*Aus-Gott-*gezeugt- beziehungsweise geboren-Werdens" zum dreifach abgelehnten Gezeugt- beziehungsweise Geboren-Werden „*aus* | *Blut*", „*aus Fleischeswillen*" und „*aus Manneswillen*" verstärkt noch diese Sicht des Kind-Gottes-Werdens, das nicht das göttliche Wesen des Menschen offenbaren (erkennen lassen), sondern den Menschen mit *neuem* Wesen beschenken will. Weitergeführt wird das Thema der Zeugung aus Gott im Nikodemusgespräch Joh 3,1–21.

Dienen somit VV. 12c.13 der Verdeutlichung von V. 12ab, so wenden sich *VV. 14.16* der Interpretation von V. 11 zu, wobei sie einerseits das „Kommen in das Eigene" von V. 11 a erläutern und andererseits die Bedeutung dieses Kommens

---

ren. Vgl. dazu: *R. Schnackenburg,* Das vierte Evangelium und die Johannesjünger: HJ 77 (1958) 21–38.

aus der Sicht der „Glaubenden" (von VV. 12c.13) – daher der Wechsel in den Wir-Stil – entfalten. Sind die Verse und insbesondere V. 14 ebenfalls dem Evangelisten zuzutrauen? Diese Frage gehört zu den umstrittensten der Johannesexegese. Hier ist zunächst an die alte Kontroverse zwischen *R. Bultmann* und *E. Käsemann* zu erinnern. Für *Bultmann* bedeutete der Satz ὁ λόγος σὰρξ ἐγένετο, daß der Logos „in purer Menschlichkeit ... der Offenbarer" ist[34]. Der Logostitel erscheint deshalb sachgerecht an dieser Stelle zum letzten Mal im Evangelium[35]. Allein in der σάρξ des Menschen Jesus, nicht durch sie hindurch, wird die „Herrlichkeit" (δόξα) des Offenbarers dem Glauben sichtbar[36]. Die Menschwerdung ist nicht das *Mittel* der Offenbarung (dies könnte auch gnostisch sein), sondern sie *ist* die Offenbarung. *Käsemann* dagegen hält V. 14ab nur für den Übergang zur Herrlichkeits-Aussage von V. 14cd[37]. Der Evangelist vertrete eine „Herrlichkeitschristologie", deren „Gefahr ... der Doketismus" sei, „der noch naiv sich geltend macht und als Gefahr noch nicht erkannt" sei[38] ... Ausführlich diskutiert wird die Frage dann bei *G. Richter*. Gegen *Käsemanns* Deutung bringt er vor allem sprachliche Gründe vor[39]. „Die Bedeutung, die Käsemann in Joh 1,14a hineinliest, wäre eher dann vorhanden, wenn statt γίνομαι ein anderes Verbum dastünde (etwa ‚erscheinen') oder | wenn sarx durch ‚wie' oder ‚ähnlich' abgeschwächt wäre."[40] Letztendlich kommt *Richter* zu dem Ergebnis, „daß der Satz ‚der Logos ist Fleisch geworden' nur im realen Sinn zu verstehen ist und die wahre, wirkliche Menschwerdung des Logos aussagen will, ja nicht bloß aussagen, sondern unmißverständlich betonen will."[41] Auf der Satzebene

---

[34] *R. Bultmann, Joh* (s. Anm. 5) 40.

[35] Ebd.

[36] *R. Bultmann, Joh* (s. Anm. 5) 41: „... das ist die Paradoxie, die das ganze Evg durchzieht, daß die δόξα nicht *neben* der σάρξ oder durch sie, als durch ein Transparent, *hindurch* zu sehen ist, sondern nirgends anders als in der σάρξ, und daß der Blick es aushalten muß, auf die σάρξ, gerichtet zu sein, ohne sich beirren zu lassen, – wenn er die δόξα sehen will."

[37] *E. Käsemann, Aufbau* (s. Anm. 13) 170–179.

[38] *E. Käsemann, Jesu letzter Wille nach Johannes 17*, Tübingen [4]1980, 61f.

[39] *G. Richter, Fleischwerdung* (s. Anm. 16) 154: „Das Verbum γίνομαι in Verbindung mit einem Prädiktsnomen sagt aus, daß eine Person oder eine Sache ihre Eigenschaft verändert oder in einen neuen Zustand tritt, etwas wird, was sie vorher nicht war. Es bezeichnet nicht die Begegnung oder die Berührung mit etwas, sondern das Werden zu etwas, es entsteht dabei etwas, was vorher nicht war."

[40] Ebd. 154f.

[41] Ebd. 158; vgl. *U. Schnelle, Christologie* (s. Anm. 26) 241f. *Th. Knöppler, Die theologia crucis des Johannesevangeliums. Das Verständnis des Todes Jesu im Rahmen der johanneischen Inkarnations- und Erhöhungschristologie* (WMANT 69), Neukirchen-Vluyn 1994, entgeht der einseitigen (da alternativen) Deutung von *Bultmann* und *Käsemann,* indem er (zu Recht) betont: „Es ist also weder von der sprachlichen Struktur des Textes her, noch von seiner traditionsgeschichtlichen Basis aus, noch aufgrund seines theologischen Inhalts möglich zu behaupten, die Rede von der σάρξ sei wichtig und die von der δόξα unwichtig, oder umgekehrt den δόξα-Gedanken als Nebengedanken und den σάρξ-Gedanken als Hauptgedanken zu deklarieren." (37) Vgl. vorher schon: *H. Kohler, Kreuz und Menschwerdung im Johannesevangeli-*

stimmt *Richter* also *Bultmann* zu, meint jedoch, daß *Käsemann* insofern im
Recht sei, als „eine solche Aussage ... der Tendenz des Evangelisten fremd" sei
und „einer anderen Hand zugewiesen werden" müsse[42]. *Richter* weist V. 14 beziehungsweise VV. 14–18 der Redaktion zu, die antidoketisch ausgerichtet sei[43].
Auf die einzelnen Argumente kann hier nicht eingegangen werden. Doch sind
sie weder in formaler noch in sachlicher Hinsicht zwingend. Aus dem schon von
Ch. Demke betonten Wechsel in die 1. Person Plural läßt sich höchstens folgern,
daß die VV. 14.16 nicht zur hymnischen Vorlage gehörten, ohne daß damit
schon sichergestellt wäre, daß die Verse der Gemeindetradition oder der Redaktion entstammen. Nimmt man 1 Joh 1,1–5 als formalen Parallelvorgang, so
könnte sich hinter dem Wir auch der Autor (in unserem Fall der Evangelist) ver-
bergen, der sich als Augenzeuge beziehungsweise als Repräsentant der Glaubenden vorstellen will. Entscheidender sind die Sachargumente *Richters*. Sie
operieren im wesentlichen mit der antidoketischen Tendenz von Joh 1,14, die
sich von der Sicht des Evangelisten abheben. Zwar sei auch der Evangelist „kein
Doketist" gewesen[44]. Es gehe ihm „nicht um die Bestreitung des Menschseins
Jesu, sondern um den Erweis der Göttlichkeit | Jesu"[45]. Dabei sei er jedoch „zu
Aussagen und Formulierungen" gelangt, „die den Doketisten ... sehr gelegen
waren und die ... doketistisch verstanden werden konnten und sicher auch so
verstanden worden sind"[46]. Dies sei ja auch „der Grund" gewesen, „warum man
sich dann genötigt sah, das Evangelium antidoketistisch zu redigieren"[47]. Dahinter scheint mir aber eine grundsätzliche Fehleinschätzung der Sicht des
Evangelisten zu stecken. Gegen die These *Käsemanns*, daß die „Herrlichkeit"
des Gottessohnes sich nicht in seiner σάρξ, sondern in den Wundern als Epipha-
nien Gottes offenbare, bleibt zu berücksichtigen, daß die Herrlichkeit, die tatsächlich in den Wundern zum Vorschein kommt (vgl. Joh 2,11; 11,4), mit dem
Glauben verbunden ist (Joh 2,11; zu 11,4 vgl. 11,25–27 und bes. 11,40). Wer nicht
glaubt, sieht in den Wundern nicht die Herrlichkeit. Göttliche Epiphanie sind
die Wunder (σημεῖα) nur für den, der in dem Menschen Jesus (d. h. in dem σάρξ
gewordenen Logos) den Sohn Gottes glaubt. Wer dies nicht tut, mißversteht die

---

um. Ein exegetisch-hermeneutischer Versuch zur johanneischen Kreuzestheologie (AThANT
72), Zürich 1987, 53: „Daß die Deutungen beider Autoren auf je verschiedene Weise *einseitig*
bleiben, legt die Vermutung nahe, daß beide Interpretationen ihre Evidenz nur mithilfe der
fragwürdigen Konstruktion einer insgesamt *falschen Alternative* erlangen. Gerade die Interpretation Käsemanns zeigt eindrücklich, daß mit dem Ausspielen von V. 14c (Doxa) gegen V.
14a (Sarx) ein einziger konsistenter Gedanke in zwei einander antithetisch gegenüberstehen-
de Aussagen zerlegt wird."
[42] Ebd. 158.
[43] Ebd. 158–196. Ähnlich auch *H. Thyen*, Literatur (s. Anm. 1) 248.
[44] *G. Richter*, Fleischwerdung (s. Anm. 16) 197.
[45] Ebd.
[46] Ebd.
[47] Ebd.

Wunder (als Mirakel) und mißdeutet Jesus[48]. Im übrigen wäre es falsch, das Schema vom Abstieg und Aufstieg des Offenbarers, welches das christologische Denken des Evangelisten zweifellos beherrscht, im Sinne gnostischer oder der Gnosis nahestehender Vorstellungen zu interpretieren[49]. Die Konzeption des Evangelisten steht und fällt mit der These, daß der Aufstieg mit dem Tod Jesu zusammenfällt. Der Tod Jesu ist kein Durchgangsstadium, sondern in äußerst paradoxer Weise selbst die Erhöhung (vgl. Joh 3,14f; 8,28; 12,32f). Die „Stunde", die das offenbarende Wirken Jesu bezeichnet, wird vom Evangelisten auf die Todesstunde Jesu konzentriert (Joh 7,30; 8,20). Die Stunde des Kreuzes ist die Stunde der Verherrlichung (Joh 12,23.27–33; 13,31)[50]. D.h., der Evangelist richtet den Blick auf die Herrlichkeit des vom Vater gesandten und zum Vater zurückkehrenden Sohnes, aber diese Herrlichkeit kann nicht anders geschaut werden als im Glauben, | daß der *Mensch* Jesus der Sohn Gottes und der Kreuzestod Jesu die Erhöhung beziehungsweise Verherrlichung ist. Hat somit der Evangelist seine Christologie derart an die Geschichte des Menschen Jesus gebunden, daß er den Aufstieg zur himmlischen Herrlichkeit mit dem Tode Jesu zusammenfallen läßt, dann bräuchte es nicht zu verwundern, sondern wäre im Gegenteil nur konsequent, wenn er auch den Abstieg im Sinne einer realen Menschwerdung interpretieren würde. Genau dies aber geschieht in Joh 1,14! Insofern ist der Vers in der Tat „die Klimax des Prologs"[51], allerdings nicht des vorgegebenen Hymnus, sondern des vom Evangelisten daraus gestalteten Prologs!

Daß „Logos" und σάρξ im weiteren Evangelium keine Rolle mehr spielen, muß in bezug auf den „Logos" überhaupt nicht befremden, da sich der Begriff der Vorgabe der hymnischen Vorlage verdankt. Daß die Menschwerdung des Logos mit σάρξ ἐγένετο bezeichnet wird, mag mit der Paradoxie zusammenhängen, die der Evangelist in diesem Zusammenhang liebt[52]. Daß die σάρξ dann in

---

[48] Vgl. die Pharisäer bei der Heilung des Blinden Joh 9,24: „Wir wissen, daß dieser Mensch ein Sünder ist!"

[49] Zur Herkunft der johanneischen Gesandtenvorstellung siehe *J.-A. Bühner,* Der Gesandte und sein Weg im 4. Evangelium. Die kultur- und religionsgeschichtlichen Grundlagen der johanneischen Sendungschristologie sowie ihre traditionsgeschichtliche Entwicklung (WUNT, 2. Reihe, 2), Tübingen 1977.

[50] Vgl. dazu meinen Beitrag „Gott und Welt. Eine exemplarische Interpretation von Joh 2,23–3,21; 12,20–36 zur theologischen Bestimmung des johanneischen Dualismus" in: *Th. Söding* (Hrsg.), Der lebendige Gott. Studien zur Theologie des Neuen Testaments. FS W. Thüsing (NTA), Münster 1996, 287–305 (= Beitrag 12 in diesem Band). Außerdem: *H. Kohler,* Kreuz (s. Anm. 41) 230–270; *Th. Knöppler,* theologia crucis (s. Anm. 41) 154–173.

[51] *M. Theobald,* Fleischwerdung (s. Anm. 20) 490.

[52] Vorbereitet wird der Begriff σάρξ durch die vorausgehende Antithese von V. 13, wo „Fleisch" als Gegenbegriff zu „Gott" figuriert. Als Prädikat zu „Logos" vermag σάρξ ἐγένετο daher in der Tat die Realität der Menschwerdung auf eine höchst paradoxe und eindrückliche Weise auszusagen. Möglicherweise haben auf die Wahl des Begriffes auch Aussagen urchristli-

der Christologie des Evangelisten keine Rolle mehr spielt, hängt nicht zuletzt mit der Perspektive des Prologs beziehungsweise des Evangeliums zusammen. Das Evangelium ist aus der Perspektive des *Menschen* Jesus geschrieben, d. h. der Mensch Jesus ist – der theologischen Konzeption nach – das Subjekt, das durch Prädikate wie „Sohn", „Gesandter vom Vater" und dergleichen prädiziert wird – auch dort, wo diese Titel in den Einzelaussagen als grammatische Subjekte fungieren. Der Prolog hingegen ist – der Vorgabe der hymnischen Vorlage folgend – aus der Perspektive des Logos geschrieben, d. h. der Logos ist das Subjekt, das durch die σάρξ prädiziert wird. Im Blick auf das Evangelium hat die in der Perspektive abweichende Prädikation des Prologs die Funktion, die Voraussetzung dafür zu schaffen, daß der *Mensch* Jesus – und nicht etwa nur der Logos – als „Sohn", „Gesandter vom Vater" und dergleichen prädiziert werden kann. Der σάρξ gewordene Logos ist der Mensch Jesus, von dem das Evangelium erzählt und den es mit christologischen Titeln prädiziert. Eine erneute σάρξ-Prädikation ist im Corpus des Evangeliums daher weder nötig noch sinnvoll. Joh 1,14 (und damit auch V. 16) ist dem Evangelisten also durchaus zuzutrauen. | Der Vers paßt – und gehört daher wohl auch – zur Konzeption des Gesamtwerks des Evangelisten.

Mit ὁ λόγος σὰρξ ἐγένετο καὶ ἐσκήνωσεν ἐν ἡμῖν interpretiert der Evangelist das Kommen des Logos in das Eigene (V. 11a). „Fleisch" ist Ausdruck für das reale Mensch-Werden, das die Hinfälligkeit und Vergänglichkeit des Menschenlebens einschließt[53]. Zum Fleisch-Werden gehört sachlich der Kreuzestod genauso wie der Beginn des menschlichen Lebens[54]. Das Fleisch-Werden umfaßt die gesamte Existenz der geschichtlichen Person Jesu. Einer möglichen doketistischen oder gnostischen Fehlinterpretation von V. 11a wird ein Riegel vorgeschoben. Der Logos tritt nicht nur in Erscheinung, er wird Fleisch, d. h. er bindet sich unwiderruflich an die geschichtliche Person Jesu. Dies ist die Voraussetzung, daß der Evangelist den Aufstieg zum Vater nicht als Rückkehr in den vorigen Stand (des Logos), sondern als Verherrlichung Jesu auslegen kann, dessen Tod am Kreuz dann – für die Augen des Glaubens – mit der Erhöhung zur himmlischen Herrlichkeit zusammenfällt. Damit ist zugleich deutlich, aus welcher Perspektive das Fleisch-Werden und Unter-uns-Wohnen des Logos überhaupt erst wahrgenommen werden kann: Es ist die Perspektive des Glaubens,

---

cher Tradition eingewirkt, wo die σάρξ ebenfalls zur Bezeichnung des Menschseins Jesu eingesetzt wird (vgl. Röm 1,3f; 1 Tim 3,16).

[53] Vgl. *R. Schnackenburg*, Joh I (s. Anm. 4) 243: „Das absolut stehende σάρξ ist nicht schlechthin eine Umschreibung für ‚Mensch' (wie πᾶσα σάρξ 17,2), sondern im joh. Denken Ausdruck für das Irdisch-Gebundene (3,6), Hinfällig-Vergängliche (6,63), gleichsam das Typische rein menschlicher Seinsweise im Unterschied zu allem Himmlisch-Göttlichen, Göttlich-Geistigen."

[54] Zu Recht betont *Th. Knöppler*, theologia crucis (s. Anm. 41) 66, daß „bereits Joh 1,14 im Kern eine theologia crucis (enthält)".

die umgekehrt durch das Fleisch-Werden des Logos ermöglicht wird. Das „Glauben an seinen Namen" verlangt die Entscheidung, in dem Menschen Jesus den fleischgewordenen göttlichen Logos anzuerkennen. Diese Entscheidung läßt sich nicht durch eine objektiv verifizierbare Begründung ersetzen, sondern gründet auf dem Zeugnis der Augenzeugen und überhaupt der Gemeinschaft der Glaubenden, die den Menschen Jesus als den fleischgewordenen und unter uns wohnenden Logos wahrzunehmen in der Lage sind und damit auch in ihm die Herrlichkeit des Einziggeborenen vom Vater sehen können[55]. Deshalb wechselt der Evangelist jetzt in die Wir-Form, die das glaubende „Sehen" als einen nur gemeinschaftlich zu vollziehenden Akt festhält (V. 14 cd). Auch Johannes wird in diesem Sinn als vorausweisender Zeuge für die zu glaubende Wahrheit angeführt (V. 15). Letztlich aber ist es die | Erfahrung der Glaubensgemeinschaft selbst, die sich von der Fülle der empfangenen Gnade zum Glauben überwältigt weiß (V. 16).

Es bleibt das Problem, daß der zwischen VV. 14 und 16 stehende V. 15 stilistisch aus dem Rahmen fällt. Während VV. 14 und 16 den Stil des Hymnus in gewisser (allerdings deutlich zu unterscheidender) Weise imitieren, ist V. 15 in prosaischem Stil verfaßt. Die plausibelste Erklärung dürfte sein, daß der Evangelist die hymnische Vorlage in einem ersten Durchgang bereits durch VV. 14.16 (dann wohl zusammen mit VV. 12c.13 und VV. 17f) interpretiert und zum Prolog im Sinne einer Leseanweisung ausgebaut hatte, bevor er diesen durch VV. 6–8(9) und 15 an das Evangelium anpaßte.

In V. 17 deutet sich die Auseinandersetzung mit dem Judentum an[56], die im Evangelium zum Teil scharfe Ausmaße gewinnt (vgl. Joh 8,30–59), während in V. 18 noch einmal das die eigene Identität vergewissernde Bewußtsein zum Zuge kommt, im Glauben an den μονογενὴς θεός , der „im Schoß des Vaters" ist, authentische Kunde von Gott zu haben.

Insgesamt wird man sagen dürfen: Unter christologischer Rücksicht ist die Interpretation des Evangelisten eher eine Weiterführung als eine kritische Auseinandersetzung mit der Theologie der Vorlage. Insofern haben wir dem unbekannten Autor der Vorlage nicht nur ein ergreifendes Zeugnis urchristlicher Theologie zu verdanken, sondern auch eine wichtige Anregung zur Gestaltung der Leseanweisung, mit welcher der Evangelist seine Leserinnen und Leser auf

---

[55] Zum Verhältnis von σάρξ und δόξα im Johannesevangelium und in Joh 1,14: *Th. Knöppler,* theologia crucis (s. Anm. 41) 26–66; vgl. auch: *Y. Ibuki,* Die Wahrheit im Johannesevangelium (BBB 39), Bonn 1972, 189–198.

[56] Inwieweit der syntaktisch festgestellte antithetische Parallelismus auf die semantische Ebene zu übertragen ist, muß hier nicht entschieden werden. Während *R. Schnackenburg,* Joh I (s. Anm. 4) 253, eine „Überbietung der bisherigen Gesetzesordnung durch die Gnadenwirklichkeit Jesu Christi" angezeigt sieht, soll nach *O. Hofius,* „Der in des Vaters Schoß" Joh 1,18: ZNW 80 (1989) 163–171, hier 170, „aufs entschiedenste negiert" werden, „daß die durch Mose gegebene Tora *Heils*ordnung sei, die zum Leben zu führen vermöchte und aus der man das ewige Leben gewinnen könnte".

den Weg seines Evangeliums schicken wollte. Vielleicht hat die Vorlage sogar auf die Konzeption des Johannes-Evangelisten abgefärbt. So könnte man sich gut vorstellen, daß die konsequent von der Protologie zur Eschatologie voranschreitende Sicht des Hymnus mit dafür verantwortlich war, daß der Evangelist seine Christologie und Soteriologie mit Hilfe einer präsentisch gedachten Eschatologie inszeniert hat.

12. Gott und Welt

Eine exemplarische Interpretation von Joh 2,23–3,21; 12,20–36
zur theologischen Bestimmung des johanneischen Dualismus

Für *Wilhelm Thüsing* war Exegese immer ein dezidiert theologisches Unternehmen.[1] Aus diesem Grund soll im folgenden auch die theologische Interpretation im Vordergrund stehen. Die dafür nötigen philologischen, literarischen und textwissenschaftlichen Entscheidungen werden hie und da angedeutet, meist aber vorausgesetzt.[2] Eine systematische Aufarbeitung des Problems des johanneischen Dualismus ist nicht angezielt[3], wenngleich die besprochenen Texte diesbezüglich

---

[1] Zu der hier behandelten Fragestellung hat *W. Thüsing* sich vor allem in einer in mehreren Auflagen erschienenen Monographie geäußert: Die Erhöhung und Verherrlichung Jesu im Johannesevangelium (NTA XXI,1–2), Münster ([1]1960; [2]1970) [3]1979. In der 2. Auflage findet sich ein wichtiges Nachtragskapitel (295–337), die 3. Auflage enthält einen kürzeren Nachtrag (338ff).

[2] Einer verbreiteten Auffassung zufolge gehe ich von einem „Evangelisten" und einer späteren „Redaktion" aus. Auf die kontroverse Debatte über die Entwicklung der johanneischen Theologie oder des johanneischen Gemeindeverbandes gehe ich nicht ein; vgl. dazu: *J. Becker*, Das Evangelium nach Johannes I/II (ÖTK 4/1.2), Gütersloh – Würzburg [3]1991 (1979.1981), I 47–62; *U. B. Müller*, Die Geschichte der Christologie in der johanneischen Gemeinde (SBS 77), Stuttgart 1975; *ders.*, Die Menschwerdung des Gottessohnes. Frühchristliche Inkarnationsvorstellungen und die Anfänge des Doketismus (SBS 140), Stuttgart 1990; *G. Strecker*, Die Anfänge der johanneischen Schule: NTS 32 (1986) 31–47; *ders.*, Die Johannesbriefe (KEK 14), Göttingen 1989, 19–28; *U. Schnelle*, Antidoketische Christologie im Johannesevangelium. Eine Untersuchung zur Stellung des vierten Evangeliums in der johanneischen Schule (FRLANT 144), Göttingen 1987; *K. Wengst*, Bedrängte Gemeinde und verherrlichter Christus. Ein Versuch über das Johannesevangelium, München [4]1992 ([1]1981); *K.-M. Bull*, Gemeinde zwischen Integration und Abgrenzung. Ein Beitrag zur Frage nach dem Ort der joh Gemeinde(n) in der Geschichte des Urchristentums (BET 24), Frankfurt u. a. 1992; *M. Hengel*, Die johanneische Frage. Ein Lösungsversuch; mit einem Beitrag zur Apokalypse von *J. Frey* (WUNT 67), Tübingen 1993.

[3] Auf die relativ umfangreiche Literatur zum johanneischen Dualismus kann nur beiläufig eingegangen werden; als Auswahl wichtiger Titel seien genannt: *O. Böcher*, Der johanneische Dualismus im Zusammenhang des nachbiblischen Judentums, Gütersloh 1965; *L. Schottroff*, Der Glaubende und die feindliche Welt. Beobachtungen zum gnostischen Dualismus und seiner Bedeutung für Paulus und das Johannesevangelium (WMANT 37), Neukirchen-Vluyn 1970; *Y. Ibuki*, Die Wahrheit im Johannesevangelium (BBB 39), Bonn 1972; *J. Becker*, Beobachtungen zum Dualismus im Johannes-

durchaus exemplarische Bedeutung haben dürften. Ihre Konturen gewinnt die im folgenden vorgetragene Interpretation vor allem durch die Auseinandersetzung mit dem Kommentar von *Jürgen Becker*[4], der von der Konzeption her nach dem von *Rudolf Bultmann*[5] vielleicht das klarste theologische Profil zeigt.

Läßt sich das Weinwunder von Kana (Joh 2,1–12) als (narrative) Themenangabe und die Tempelreinigung (Joh 2,13–22) als hermeneutische Leseanweisung (bes. V. 22) zum eigentlichen Corpus des Johannesevangeliums verstehen, so dienen die großen Reden der Kapitel 3 bis 12 vor allem der inhaltlichen Entfaltung des johanneischen Kerygmas vor der Öffentlichkeit. Eingerahmt werden diese Kapitel von zwei ähnlich strukturierten Reden (Joh 2,23–3,21; 12,20–36), die eine Art Explikation und Zusammenfassung darstellen.

1. Das Nikodemusgespräch Joh 2,23–3,21

Auf die literarkritischen Probleme der Perikope kann hier nicht näher eingegangen werden. Als Problem wird allgemein Joh 3,31–36 empfunden. Häufig plädiert man für Umstellung. *Rudolf Schnackenburg* schiebt die Verse zwischen Joh 3,12 und 13 ein.[6] *Rudolf Bultmann* hängt sie an Vers 21 an.[7] *Jürgen Becker* versteht Joh 3,31–36 als Zusatz der Redaktion.[8] Diese Lösung hat den Vorteil, daß der relativ klare Aufbau von Joh 3,1–21 nicht gestört zu werden braucht. Vielleicht sollte man aber auch den kritischen Konsens noch einmal kritisch überdenken und fragen, ob das Stück nicht doch als Rede des Täufers denkbar ist. Im folgenden wird vom vorliegenden Text Joh 2,23–3,21

---

evangelium: ZNW 65 (1974) 71–87; *W. Langbrandtner*, Weltferner Gott oder Gott der Liebe. Der Ketzerstreit in der johanneischen Kirche. Eine exegetisch-religionsgeschichtliche Untersuchung mit Berücksichtigung der koptisch-gnostischen Texte aus Nag-Hammadi (BET 6), Frankfurt u. a. 1977; *R. Bergmeier*, Glaube als Gabe nach Johannes. Religions- und theologiegeschichtliche Studien zum prädestinatianischen Dualismus im vierten Evangelium (BWANT 112), Stuttgart u. a. 1980; *T. Onuki*, Gemeinde und Welt im Johannesevangelium. Ein Beitrag zur Frage nach der theologischen und pragmatischen Funktion des johanneischen „Dualismus" (WMANT 56), Neukirchen-Vluyn 1984; *R. Kühschelm*, Verstockung, Gericht und Heil. Exegetische und bibeltheologische Untersuchung zum sogenannten „Dualismus" und „Determinismus" in Joh 12,35–50 (BBB 76), Frankfurt 1990; *G. Röhser*, Prädestination und Verstockung. Untersuchungen zur frühjüdischen, paulinischen und johanneischen Theologie (TANZ 14), Tübingen – Basel 1994.

[4] Joh I.II.

[5] Das Evangelium nach Johannes (KEK II), Göttingen [21]1986 (1941).

[6] Das Johannesevangelium I (HThK IV/1), Freiburg – Basel – Wien [7]1992 ([1]1965), 374–377.

[7] Joh 92f.

[8] Joh I 153f.

ausgegangen.[9] Die ganze Szene dürfte mehr oder minder vom Evangelisten gestaltet sein. Gelegentlich wird Joh 3,19ff der Redaktion zugeschrieben. Doch genügt wohl die Annahme, daß der Evangelist Tradition verarbeitet hat.[10] Es wird überhaupt an mehreren Stellen deutlich, daß der Evangelist traditionelle Aussagen aufgegriffen und in seinem Sinn gestaltet hat.[11]

a) Joh 2,23ff

Die Verse fungieren als Überleitung, die nur kurz gestreift werden soll. Viele kommen zum Glauben aufgrund der σημεῖα, die sie sehen.[12] Im Sinn des Evangelisten ist dies kein zureichender Glaube, bestenfalls der Anlaß für die eigentliche Glaubensentscheidung (vgl. Joh 4,48). Die Reaktion Jesu auf diesen Glauben ist daher zurückhaltend (V. 24). Er kennt *„den Menschen"* und weiß, was *„im Menschen"* ist (V. 25). So durchschaut er die Vordergründigkeit des in Vers 23 genannten Glaubens. Als Beispiel solchen Glaubens wird im Anschluß daran Nikodemus vorgeführt. Nikodemus versteht Jesus letztlich nicht. Doch gibt das dem Evangelisten Gelegenheit, sein Kerygma zu entfalten.

Joh 3,1–21 läßt sich in drei Szenen gliedern (Vv. 1ff. 4–8. 9–21).[13] Am Anfang steht jeweils ein Wort des Nikodemus, das Jesus zu immer länger werdenden Erwiderungen veranlaßt. Die Redeeinleitungen Jesu sind zusätzlich durch *„Amen, amen, ich sage dir"* gekennzeichnet (Vv. 3.5.11).

---

[9] So auch *W. Thüsing*, Erhöhung (s. Anm. 1) 254f; *U. Schnelle*, Christologie (s. Anm. 2) 200–212.

[10] So *J. Becker*, Joh I 154f.

[11] Dies gilt insbesondere für die Rede vom Eingehen in das Reich Gottes (Vv. 3.5), die Rede vom Menschensohn (Vv. 13f) und für die Aussage von der Sendung des Sohnes (Vv. 16f; Sendungsformel). Zur Tauftradition vgl. jetzt den bemerkenswerten Aufsatz von *R. Bergmeier*, Gottesherrschaft, Taufe und Geist. Zur Tauftradition in Joh 3: ZNW 86 (1995) 53–73.

[12] Zu den „Zeichen" vgl. *W. J. Bittner*, Jesu Zeichen im Johannesevangelium. Die Messias-Erkenntnis im Johannesevangelium vor ihrem jüdischen Hintergrund (WUNT II/26), Tübingen 1987 (mit etwas anderer Bewertung als der hier vorgetragenen); *Ch. Welck*, Erzählte Zeichen. Die Wundergeschichten des Johannesevangeliums literarisch untersucht; mit einem Ausblick auf Joh 21 (WUNT II/69), Tübingen 1994.

[13] *J. Becker*, Joh I 157; *R. E. Brown*, The Gospel according to John (I–XII) (AncB 29), Garden City/N. Y. ²1979 (¹1966), 136f; *Th. Söding*, Wiedergeburt aus Wasser und Geist. Anmerkungen zur Symbolsprache des Johannesevangeliums am Beispiel des Nikodemusgesprächs (Joh 3,1–21), in: K. Kertelge (Hg.), Metaphorik und Mythos im Neuen Testament (QD 126), Freiburg – Basel – Wien 1990, 168–219: 198. Eine andere Gliederung schlagen vor: *I. de la Potterie*, Ad dialogum Jesu cum Nicodemo (2,23–3,21). Analysis litteraria: VD 47 (1969) 141–150; *E. Ruckstuhl*, Abstieg und Erhöhung des johanneischen Menschensohns, in: ders., Jesus im Horizont der Evangelien (SBAB 3), Stuttgart 1988, 277–310.

b) Joh 3,1ff

In Vers 2 gibt sich Nikodemus als Repräsentant derer zu erkennen, die aufgrund des Sehens der σημεῖα geglaubt haben (vgl. Joh 2,23). Demgegenüber verweist Vers 3 auf die wahre Bedingung des Heils: Man muß ἄνωϑεν geboren sein, um das Reich Gottes sehen zu können. Ἄνωϑεν ist hier wohl mit „von oben" und nicht mit „von neuem" zu übersetzen.[14] Das ergibt sich aus dem Gegensatz von Geist und Fleisch und aus der Rede vom Aufstieg in den Himmel bzw. vom Abstieg vom Himmel in den Versen 5f und 13f. Das Reich Gottes ist für den Evangelisten entsprechend „oben", d. h. eine himmlische Größe. Wer dieses Reich Gottes sehen will, muß „*von oben geboren sein*".[15] Das ist dem Menschen von sich aus nicht möglich.[16] Der Dualismus, wie er sich hier andeutet, ist für die Sicht des Evangelisten bezeichnend. Seine Gegensätze werden markiert von Gott vs. Welt, oben vs. unten und – wie gleich zu sehen sein wird – von Geist vs. Fleisch. *Jürgen Becker* spricht von einem „horizontalen Schnitt zwischen unterer Menschenwelt und oberer Himmelswelt"[17]. Diese Sicht ist von ihrer Tendenz her gnostischer als die Sicht des Prologs, wo die Welt als Geschöpf Gottes bzw. des Logos erschienen war (Joh 1,3f.10). Entsprechend lag dort auch das Unheil der Menschen darin, daß sie den in der Welt anwesenden Logos nicht annahmen (Joh 1,5.10f), und nicht darin, daß sie nicht von oben geboren sind (3,3). Dennoch wird man sich hüten müssen, dem Evangelisten einen im gnostischen Sinn ontologischen Dualismus zu unterstellen. Denn ihm geht es letztlich nicht um die Feststellung ontologisch zu unterscheidender Menschenklassen, sondern um den Glauben, also um die Entscheidung, die der Mensch zu seinem Heil oder Unheil zu treffen hat. Allerdings ist der Evangelist der Meinung, daß der Mensch die Glaubensentscheidung nicht von sich aus fällen kann; sie ist keine Möglichkeit, die dem Menschen zu Gebote steht. Sie ergibt sich erst aus dem Kommen des Logos (Joh 1,11) bzw. – wie der Evangelist interpretiert – aus der Fleischwerdung des Logos (Joh 1,14).[18] Insofern schließt eine Aussage wie „*und die Welt hat ihn nicht erkannt*" (Joh 1,10) noch keine endgültige Verurteilung ein, son-

---

[14] *R. Schnackenburg,* Joh I 381f; anders: *R. Bultmann,* Joh 95.

[15] Vgl. *Th. Söding,* Wiedergeburt (s. Anm. 13) 207–210.

[16] *R. Bultmann,* Joh 97: „Wiedergeburt bedeutet . . . nicht einfach so etwas wie eine Besserung des Menschen, sondern bedeutet dieses, daß der Mensch einen neuen Ursprung erhält, – und den kann er sich offenbar nicht geben; denn alles, was er tun kann, ist von vornherein durch den alten Ursprung bestimmt, von dem er einmal seinen Ausgang genommen hat; durch das, was er schon immer war."

[17] Joh I 159.

[18] Zu der hier vorausgesetzten Einschätzung des Prologs vgl. meinen Beitrag: Geschöpf und Kind. Zur Theologie der hymnischen Vorlage des Johannesprologs, in: R. Kampling – Th. Söding (Hg.), Ekklesiologie des Neuen Testaments. FS K. Kertelge, Freiburg – Basel – Wien 1996, 161–183 (= Beitrag 11 in diesem Band).

dern hält nur den faktischen existentiellen Zustand der Welt bzw. des Menschen fest. Gerade der durch das Kommen des Sohnes ermöglichte Glaube eröffnet der Welt die Möglichkeit des Heils (vgl. Joh 1,12f). Umgekehrt erscheint der Unglaube dann folgerichtig als Verweigerung des Heils und als Ausdruck des Gerichts. Das eschatologisch Neue, das der Sohn vom Vater gebracht hat, ist für den Evangelisten so gewaltig und umstürzend, daß demgegenüber alles Bisherige relativiert wird. Die Grundstruktur seines theologischen Denkens läßt sich daher weniger unter das Konzept einer kontinuierlichen Heilsgeschichte subsumieren. Der Evangelist denkt das eschatologische Heil von der Diskontinuität her: als das jenseits der Welt liegende und auf die Welt zukommende Heil, bzw. in der Vorstellungswelt des Prologs gesprochen: nicht nur als Möglichkeit, sich als Geschöpf zu begreifen (vgl. Joh 1,1–10), sondern als Möglichkeit, *„Kinder Gottes zu werden"* (Joh 1,12).[19]

Dieses Konzept hat Vor- und Nachteile. Positiv erlaubt es dem Evangelisten, die eschatologische Qualität der Sendung des Sohnes in einer (diesem Aspekt durchaus adäquaten) Schärfe herauszuarbeiten, wie das einem heilsgeschichtlichen Entwurf überhaupt nicht möglich ist. Die Reduktion der Heilsgeschichte auf den eschatologischen Paradigmenwechsel bringt allerdings auch die Gefahr mit sich, daß der so entstandene Dualismus ontologisch und damit gnostisch mißverstanden wird. Um so mehr muß festgehalten werden, daß die sachgerechte Hermeneutik des johanneischen Dualismus (Evangelist) sich aus der Eschatologie – und nicht aus der Ontologie – ergibt: *Die eschatologische Offenbarung (in Jesus) begründet den Gegensatz von Gott und Welt und überwindet ihn zugleich, indem sie dem Menschen die Möglichkeit eröffnet, nicht mehr „aus der Welt" zu leben, sondern „aus Gott", d. h. nicht mehr die Welt, sondern Gott als Existenzgrundlage zu begreifen. Die Annahme dieser Möglichkeit nennt der Evangelist „Glauben".* Von daher wird nun auch deutlich, was es heißt, „von oben geboren zu werden". Es geht um die vom Offenbarer (Jesus) eröffnete Existenzmöglichkeit, die im Glauben (an Jesus) ergriffen werden muß.

c) Joh 3,4–8

Die zweite Szene beginnt mit einem der typisch johanneischen Mißverständnisse (V. 4).[20] Nikodemus versteht Jesus nicht, weil er welthaft, irdisch, fleischlich denkt. Er ist zwar bereit, Jesus als Lehrer anzuerkennen (3,2). Er erkennt in ihm aber nicht den Gesandten vom Va-

---

[19] Siehe dazu den in der vorigen Anm. genannten Beitrag.

[20] Zum „johanneischen Mißverständnis" vgl. *H. Leroy*, Rätsel und Mißverständnis. Ein Beitrag zur Formgeschichte des Johannesevangeliums (BBB 30), Bonn 1968, und den Exkurs bei *J. Becker*, Joh I 161ff (= Beitrag 11 in diesem Band).

ter, der es ermöglicht, „*aus dem Geist geboren*" zu werden.[21] Spätestens hier wird deutlich, daß der Wunderglaube, der die σημεῖα als gottgewirkte Taten zu würdigen vermag, noch lange nicht ein Glaube an den eschatologischen Offenbarer sein muß.

Vers 6 variiert den Dualismus von Gott vs. Welt in den von πνεῦμα vs. σάρξ.[22] Zwischen Fleisch und Geist gibt es offensichtlich keine Gemeinsamkeit. Das Fleisch kommt nicht über sich hinaus, es bleibt Fleisch und gebiert immer nur Fleisch. Der Mensch aber ist Fleisch und damit gebunden an das Gesetz des Fleisches, das von seiner Geburt an auf das sichere Ende zuläuft und in seinem Anfang bereits das Ende einschließt. Alles fleischliche Leben ist im Sinne des Evangelisten nur βίος, nicht ζωή.[23] Es ist dem Tod verfallen, letztlich mehr Tod als Leben, jedenfalls im Vergleich zur ζωή des „ewigen Lebens". Eben deshalb muß man „*aus dem Geist*" bzw. „*von oben*" geboren werden (Vv. 6f).

Die Metapher in Vers 8 ist nur im Hebräischen bzw. Griechischen möglich, wo רוּחַ/πνεῦμα sowohl „Wind" wie auch „Geist" heißen kann. Das Bild von dem Wind, von dem man (in der Antike) nicht weiß, woher er kommt und wohin er geht, will die Frage des Nikodemus aus Vers 4 (πῶς δύναται . . .) *ad absurdum* führen. Sprachlich handelt es sich bei „*aus dem Geist geboren werden*" um eine Analogiebildung zu „*aus dem Fleisch geboren werden*". Die Analogie läßt sich jedoch nicht einfach auf die sachliche Ebene übertragen. Aus dem Fleisch geboren zu werden, kann der Mensch bestimmen.[24] Aus dem Geist geboren zu werden, ist dem Menschen nicht verfügbar. Aus dem Geist ist geboren, wer auf die Stimme des Windes bzw. Geistes hört, d. h. sich auf das Geheimnis des Geistes einläßt.[25]

d) Joh 3,9–21

Nikodemus bleibt bei seinem hermeneutischen Code. Er will erklären, wo es zu glauben gilt (V. 9). Selbstverständlich ist γινώσκειν in

---

[21] Daß man „*aus Wasser und Geist geboren*" sein muß, ist möglicherweise eine Ergänzung der Redaktion, die den Glauben mit der Taufe verbindet bzw. in der Taufe eine Konkretion des Glaubens sieht; so: *R. Bultmann,* Joh 98 Anm. 2. Dies wird heute zunehmend in Frage gestellt (mit unterschiedlichen traditionsgeschichtlichen und inhaltlichen Erklärungen): vgl. *J. Becker,* Joh I 163f; *U. Schnelle,* Christologie (s. Anm. 2) 203f; *Th. Söding,* Wiedergeburt (s. Anm. 13) 210; *R. Bergmeier,* Gottesherrschaft (s. Anm. 11) 59–68.

[22] Zur Eigenart dieses johanneischen Gegensatzes (auch im Unterschied zu Paulus) siehe *R. Schnackenburg,* Joh I 385f; vgl. *E. Schweizer,* Art. πνεῦμα κτλ: ThWNT VI (1959) 387–453: 437f.

[23] Vgl. *F. Mußner,* ΖΩΗ. Die Anschauung vom „Leben" im vierten Evangelium unter Berücksichtigung des Johannesbriefe, München 1952, 70–73.

[24] Vgl. das im Prolog negierte Geborensein aus dem Blut, aus dem Willen des Fleisches oder aus dem Willen des Mannes (Joh 1,13).

[25] *R. Bultmann,* Joh 98: „πνεῦμα bedeutet die Kraft wunderbaren Geschehens."

der Antwort bzw. Gegenfrage Jesu (V. 10) kein Erkennen im Sinn des Nikodemus, sondern nach der Sprachregelung des Evangelisten die Glaubenserkenntnis bzw. der Glaube. Vers 11 wechselt plötzlich in den Plural: Aus dem Munde Jesu spricht die Gemeinde der an ihn Glaubenden, die sich von der Gemeinde der Nicht-Glaubenden absetzt.[26] Nicht einfach zu verstehen ist Vers 12. Denn *„die irdischen Dinge"* (τὰ ἐπίγεια), von denen Jesus gesprochen hat, können sich nur auf das zuvor Gesagte beziehen. Dort aber war von der Geburt von oben die Rede. Sind das „die irdischen Dinge"? In diesem Sinn sprechen sich namhafte Kommentatoren aus. Dann wäre die Geburt von oben erst der Anfang oder die Vorbedingung für den Empfang des eigentlichen (himmlischen) Heils.[27] Dagegen spricht jedoch, daß die Geburt von oben im Sinne des Evangelisten ganz und gar nichts Irdisches ist. Insofern ist zu präzisieren. Nicht die Geburt von oben soll unter die ἐπίγεια gerechnet werden. Die ἐπίγεια beziehen sich vielmehr auf die *Notwendigkeit* einer Geburt von oben.[28] Jesus hatte die *conditio humana* angesprochen, die Existenz des Menschen, der als γεγεννημένον ἐκ τῆς σαρκός (V. 6) eine Geburt von oben nötig hat. Das δεῖ ὑμᾶς γεννηθῆναι ἄνωθεν (V. 7b) hat Nikodemus nicht begriffen bzw. ist er nicht bereit anzuerkennen. Wie soll er dann *„das Himmlische"* (τὰ ἐπουράνια) glauben? Gemeint damit sind die folgenden Ausführungen, in denen die christologischen Voraussetzungen für die Geburt von oben erklärt werden. Vom Himmel kann in der Tat kein Mensch sprechen oder eine Vorstellung haben. Denn niemand war im Himmel außer dem, der aus dem Himmel herabgestiegen ist:[29] der Menschensohn.[30]

Wie in Joh 1,51 läßt der Verweis auf den „Menschensohn" etwas von der Herkunft und der Traditionsgeschichte der johanneischen Christologie erahnen. Am Anfang stand wohl das nachösterliche (judenchristliche) Bekenntnis, daß der auferweckte und erhöhte Jesus mit der Funktion des Menschensohnes betraut ist (vgl. 1 Thess 1,10)[31]. Die Rede von Jesus als dem Menschensohn, der nach frühjüdischer

---

[26] Vgl. *J. Becker,* Joh I 165, und die differenzierten Ausführungen *R. Schnackenburgs,* Joh I 388ff.

[27] So u. a. *J. Becker,* Joh I 166; *R. Schnackenburg,* Joh I 390–393. – *W. Thüsing,* Erhöhung (s. Anm. 1) 257, versteht unter τὰ ἐπουράνια die Offenbarung vom Himmel aus, d. h. das, „was Jesus als der in den Himmel Hinaufgestiegene durch den Parakleten redet".

[28] Ähnlich *R. Bultmann,* Joh 106f.

[29] Zur grundsätzlichen exegetischen Problematik dieser Aussage vgl. *J. Becker,* Joh I 166f.

[30] Zum Menschensohn im Johannesevangelium vgl. den Exkurs bei *R. Schnackenburg,* Joh I 411–423; ferner: *F. J. Moloney,* The Johannine Son of Man (BSRel 14), Roma ²1978 (¹1976).

[31] Vgl. dazu *H. Merklein,* Die Auferweckung Jesu und die Anfänge der Christologie (Messias bzw. Sohn Gottes und Menschensohn) (1981), in: ders., Studien zu Jesus und Paulus (WUNT 43), Tübingen 1987, 221–246: 236–245.

Tradition an sich ein himmlisches Wesen ist, führt konsequenterweise dazu, daß man für das irdische Wirken Jesu dann das Herabsteigen des Menschensohnes voraussetzen mußte. Im Johannesevangelium geschieht dies in der Weise, daß der Menschensohn als der Bote, als der Gesandte des Vaters bzw. als der Sohn erscheint, der den Vater vertritt.[32] Deswegen weiß er, wovon er redet, und bezeugt, was er gesehen hat (3,11; vgl. 1,18). Weil er Geist und nicht Fleisch, Gott und nicht Welt ist, kann er dem Fleisch die Möglichkeit einer Geburt von oben eröffnen. Wie geschieht dies?

Die Antwort geben die Verse 14f. *Jürgen Becker* bezieht die Erhöhung des Menschensohns nicht auf die Kreuzigung, sondern auf den Aufstieg in die himmlische Welt.[33] Das Kreuz ist dann nur „Durchgangsstadium".[34] Das hat weitreichende Folgen für das theologische Konzept des Evangelisten: „Der bleibende Grund der Theologie ist . . . nicht das Kreuz (Paulus), sondern – dogmatisch gesprochen – die *sessio ad dexteram patris*."[35] Nun ist es zweifellos richtig, daß ohne den Gedanken an die *sessio ad dexteram patris* das Kreuz nicht als Erhöhung gedacht werden kann.[36] Doch darf auch nicht auseinandergenommen werden, was der Evangelist zusammendenken will: Erhöhung am Kreuz und Erhöhung zur Rechten des Vaters. Beides ist ein und derselbe Akt.[37] Nur deswegen kann der Evangelist die Erhöhung am Kreuz als Verherrli-

---

[32] Vgl. dazu *J.-A. Bühner*, Der Gesandte und sein Weg im 4. Evangelium. Die kultur- und religionsgeschichtlichen Grundlagen der johanneischen Sendungschristologie sowie ihre traditionsgeschichtliche Entwicklung (WUNT II/2), Tübingen 1977.

[33] Joh I 171; ähnlich: *U. B. Müller*, Die Bedeutung des Kreuzestodes Jesu im Johannesevangelium. Erwägungen zur Kreuzestheologie im Neuen Testament: KuD 21 (1975) 49–71: 56–61.

[34] *J. Becker*, ebd.

[35] Ebd.

[36] Richtig bemerkt *H. Kohler*, Kreuz und Menschwerdung im Johannesevangelium. Ein exegetisch-hermeneutischer Versuch zur johanneischen Kreuzestheologie (AThANT 72), Zürich 1987, 271: „Das vierte Evangelium macht vom Kreuz Jesu einen solchen theologischen Gebrauch, daß es von der Menschwerdung Gottes reden kann. Anders gesagt: die Rede von der Menschwerdung des ewigen Logos zeigt präzis an, daß der Kreuzestod Jesu theologisch verstanden worden ist."

[37] Vgl. *R. Bultmann*, Joh 110 mit Anm. 2; *R. Schnackenburg*, Joh I 409; *ders.*, Das Johannesevangelium II (HThK IV/2) Freiburg – Basel – Wien ⁵1990 (¹1971), 498–512; *U. Schnelle*, Christologie (s. Anm. 2) 208. – In neueren Arbeiten wird verstärkt die Einheit von Kreuz und Erhöhung (im oben genannten Sinn einer *theologia crucis*) herausgearbeitet: *H. Kohler*, a.a.O. 248–270, bes. 251–255; *Th. Knöppler*, Die theologia crucis des Johannesevangeliums. Das Verständnis des Todes Jesu im Rahmen der johanneischen Inkarnations- und Erhöhungschristologie (WMANT 69), Neukirchen-Vluyn 1994, 154–165. Nur auf die Kreuzigung Jesu bezieht *W. Thüsing* das Erhöht-Werden: Erhöhung (s. Anm. 1) 3–12 (bes. 12); vgl. jedoch auch S. 26 und die Erläuterungen auf S. 300–310 in der 2. und 3. Auflage. In bestimmter Hinsicht ähnlich wie Thüsing urteilt *E. Ruckstuhl* (Abstieg [s. Anm. 13] 295–298), der „die Erhöhung ans Kreuz . . . als Einsetzung des Menschensohns in das Amt des eschatologischen Lebensspenders verstanden" wissen will (296).

chung auslegen (Joh 12,23.27.32f; siehe unten) und damit – das zu
beachten ist besonders wichtig – die Rückkehr zum Vater als die Inthronisation des Fleischgewordenen begreifen. Die Identifikation der
Erhöhung am Kreuz mit der Erhöhung zur Rechten des Vaters ist der
springende Punkt, um das christologische Schema vom Abstieg und
Aufstieg des Erlösers richtig zu verstehen. Wo diese Identifizierung
nicht beachtet wird, droht das doketische oder gnostische Mißverständnis, das die Rückkehr zum Vater als die Aufhebung der Inkarnation betrachtet. Die Erhöhung des Menschensohnes in Vers 14 ist daher auf Kreuz *und* Aufstieg zum Vater zu beziehen. Die Erhöhung Christi, die die Herrschaft des Lebens aufrichtet, geschieht nicht „durch
den anstößigen Kreuzestod hindurch"[38], sondern im Kreuzestod.

Dieses Verständnis fordert auch die johanneische Soteriologie. Nach
Jürgen Becker geschieht die Erlösung so: „Weil Jesu Herkunft vom
himmlischen Vater . . . und seine Rückkehr zu diesem . . . zusammen
. . . für den Menschen die Ermöglichung bilden, am himmlischen, also
ewigen Leben Anteil zu gewinnen (3,16; 5,24.26; 12,32), darum ist,
dem Woher Jesu analog, sein Heilsstand beschreibbar als Gabe eines
neuen Ursprungs von oben und als Partizipation an dem Wohin, das
Jesus eigen ist. Das Konzept eines im Irdischen fremden Offenbarers
bedingt eine *Soteriologie, die dieser Fremdheit* Rechnung trägt, indem sie
den Menschen an das christologische himmlische Woher und Wohin
Anschluß gewinnen läßt, also *Erlösung als Freiheit vom Kosmos und Anteil-
habe am Überirdischen göttlichen Bereich versteht.*"[39] Diese Darstellung kann
zumindest leicht mißverstanden werden. Denn so sehr einerseits daran
festzuhalten ist, daß die Erlösung nicht aus der Welt ist bzw. die Welt
aus der ihr eigenen Unfähigkeit befreit, so darf andererseits die Erlösung nicht als Entweltlichung der Welt verstanden werden. Dies übrigens auch aus theologischen Gründen nicht, weil sonst – gerade vor
dem Hintergrund des johanneischen Dualismus von Gott und Welt –
die (erlöste) Welt selbst Gott würde. Würde man Erlösung als Auszug
aus der Welt und als Auswandern aus dem Fleisch verstehen, dann
könnte auch die radikal präsentische Eschatologie des Evangelisten
nicht mehr adäquat gewürdigt werden. Das ewige Leben und das Heil,
die die Glaubenden jetzt schon besitzen sollen, wären etwas immer
noch Vorläufiges, bzw. sie wären erst vollendet, wenn die Gestalt der
Welt vergangen ist bzw. wenn das Individuum seine Fleischlichkeit im
Tod endgültig hinter sich gelassen hat. Dies ist wohl eher die Sicht des
Paulus. Der Johannesevangelist hingegen insistiert darauf, daß die
Glaubenden bereits jetzt im vollen Maß das ewige Leben haben, bereits jetzt „*vom Tod zum Leben hinübergegangen*" sind (Joh 5,24; vgl.

---

[38] So: *J. Becker,* Joh I 171.
[39] Joh I 164f (Hervorhebung von mir).

11,25f). D. h., die johanneische Eschatologie impliziert das soteriologische Paradox, daß der aus der Welt stammende und in der Welt lebende Mensch, der aus dem Fleisch geboren ist und auch weiterhin Fleisch bleibt, zugleich – sofern er glaubt – ein von oben, vom Geist Geborener ist (vgl. 3,3.5.7). Das Sehen des Reiches Gottes und das Eingehen in das Reich Gottes (3,3.5) geschehen daher – wie der Empfang des ewigen Lebens (3,15) – nicht erst postmortal jenseits der Welt und des Fleisches, sondern bereits jetzt, d. h. in der Welt und im Fleisch.

Der Grund für diese soteriologische Sicht liegt nicht darin, daß der Evangelist eine neue Lebensmöglichkeit *des Fleisches* entdeckt hat; auch nicht darin, daß der Gesandte des Vaters eine solche Lebensmöglichkeit des Fleisches aufgedeckt hat, sondern präzise darin, daß der Logos, der einziggeborene Sohn, der im Himmel beim Vater ist, *Fleisch geworden* ist (Joh 1,14). Eben deshalb kann die Existenz der aus dem Fleisch Geborenen nicht mehr aussichtslos und dunkel sein, selbst dort nicht, wo fleischliche Existenz am meisten zu sich selbst kommt, nämlich in der Vergänglichkeit und im Tod. Weil der Sohn Fleisch geworden ist, ist sein Tod nicht das Ende seines Fleisches, sondern seine (des fleischgewordenen Sohnes) und damit auch dessen (des Fleisches) Verherrlichung. Deshalb kann der Mensch, sofern er an die im Fleisch offenbare Herrlichkeit des Sohne glaubt, schon jetzt – im Fleische bzw. in der Welt – sich als vom Geist Geborenen und ewiges Leben Besitzenden begreifen. Eben dazu geschieht auch die Sendung, die Fleischwerdung des Sohnes.

Dies führt dann Vers 16 aus, der im übrigen die bisherige Deutung bestätigt. Der Dualismus von Gott und Welt ist kein ontologischer. Die Erlösung zielt nicht auf eine Entweltlichung der Welt. Sonst könnte der Evangelist nicht sagen: *„So hat Gott die Welt geliebt."*[40] Es geht vielmehr darum, der Welt, die von Gott zu unterscheiden ist, die Lebensmöglichkeit Gottes zu vermitteln, die sie (die Welt) von sich aus nicht hat. Wenn vom *„Geben"* (διδόναι: ἔδωκεν) und nicht vom „Dahingeben" (παραδιδόναι) des Sohnes die Rede ist, so darf das nicht dahingehend ausgelegt werden, als sei „kein direkter Bezug zum Leiden ausgesprochen"[41]. Hier ist traditionsgeschichtlich zu unterscheiden. Die Rede von der Dahingabe gehört zu der Vorstellung vom Sühnetod Jesu.[42] Joh 3,16 hingegen greift die sogenannte Sendungsformel auf:[43] „Gott

---

[40] Vgl. *K. Wengst,* Gemeinde (s. Anm. 2) 230–239.

[41] *J. Becker,* Joh I 172.

[42] Dahingeben für (παραδιδόναι ὑπέρ): vgl. Röm 8,32; Gal 2,20.

[43] Zur Sendungsformel vgl. *E. Schweizer,* Zum religionsgeschichtlichen Hintergrund der „Sendungsformel" Gal 4,4f; Röm 8,3f; Joh 3,16; 1 Joh 4,9 (1966), in: ders., Beiträge zur Theologie des Neuen Testaments. Neutestamentliche Aufsätze (1955–1970), Zürich 1970, 83–95.

sandte[44] seinen Sohn ..., damit ..." Auffällig ist also nicht, daß der Evangelist nicht vom „Dahingeben", sondern nicht vom „Senden" spricht. Wenn er sagt *„Gott gab seinen Sohn"*, so kehrt er die soteriologische Spitze der christologischen Aussage noch stärker hervor. Die Sendung des Sohnes wird als Gabe gedeutet, die der Welt die Möglichkeit ewigen Lebens eröffnet. Die Liebe Gottes zur Welt, die in der Gabe des Sohnes, d. h. in der Fleischwerdung des Sohnes, zum Ausdruck kommt, gibt dem Fleisch – im Glauben an den Fleischgewordenen – ewiges Leben.

Vers 17 variiert die Aussage von Vers 16. Jetzt fällt auch der traditionelle Terminus aus der Sendungsformel:

Gott s a n d t e (ἀπέστειλεν) seinen Sohn in die Welt,
nicht damit er die Welt richte,
sondern damit die Welt gerettet werde durch ihn.

Das Richten wird man nicht vordergründig auf das moralische Versagen der Welt beziehen dürfen. In der Konfrontation Gottes mit der Welt wird vielmehr erst die Weltlichkeit der Welt in ihrer ganzen Schärfe und Negativität aufgedeckt, nämlich als ihre Unfähigkeit, sich selbst einen Sinn zu geben, der vom Tode nicht in Frage gestellt wird. Die Weltlichkeit der Welt besteht in ihrer Unfähigkeit zum ewigen Leben. Nur die Anerkennung ihrer Geschöpflichkeit könnte diese Weltlichkeit unterlaufen. Doch eben dies tut die Welt nach Auskunft des Prologs nicht (Joh 1,5.10). So baut sich in der Konfrontation von Gott und Welt ein kritisches Potential für die Welt auf, das nicht nur die Weltlichkeit der Welt sichtbar macht, sondern auch die Welt auf ihre gottabgewandte und damit tödliche Kondition festzulegen droht. Eben diesen Sinn hat die Sendung des Sohnes *nicht*. Weil die Sendung als Fleischwerdung, als liebende Annahme des vergänglichen Fleisches durch den ewigen Sohn erfolgt, führt die Sendung zur Rettung der Welt. Dies allerdings nicht im Sinne einer ontologischen Umwandlung der Welt, welche die Differenz zwischen Gott und Welt aufheben würde. Die Differenz wird gewahrt. Die Welt bleibt Welt. Sie wird gerettet durch den Glauben.

Das expliziert Vers 18. Wer an den (fleischgewordenen) Sohn Gottes glaubt, wird nicht gerichtet.[45] Er bekommt eine Lebensmöglichkeit, die außerhalb seiner selbst liegt. Er muß sein vergängliches Leben nicht als Gericht verstehen: als Leben, dem das Todesurteil schon gesprochen ist. Wer aber nicht glaubt, ist bereits gerichtet.[46] Wer nicht

---

[44] πέμπειν (Röm 8,3), ἐξαποστέλλειν (Gal 4,4), ἀποστέλλειν (1 Joh 4,9).

[45] Zum Gerichtsgedanken und zum folgenden vgl. *J. Blank*, Krisis. Untersuchungen zur johanneischen Christologie und Eschatologie, Freiburg 1964, bes. 91–108.

[46] *R. Bultmann*, Joh 111f: „Das Gericht ist ... keine besondere Veranstaltung, die zum Kommen und Gehen des Sohnes noch hinzukommt; es ist nicht ein dramatisches kos-

die Lebensmöglichkeit ergreift, die der einziggeborene Sohn im Fleisch gebracht hat, definiert sich – gerade in Konfrontation mit dem Sohn, dem er den Glauben verweigert – als Welt und Nur-Welt, die als solche keine Lebensmöglichkeit hat. Gerade insofern stellt die Sendung des Sohnes die Welt vor die Entscheidung: Die glaubende Welt hört auf, Welt an und für sich zu sein; die glaubenden Menschen nehmen die Freiheit (ἐξουσία) wahr, Kinder Gottes zu werden (vgl. Joh 1,12). Die ungläubige Welt hingegen wird durch ihren Unglauben zur Welt an sich, zur Welt, die sich nur aus sich selbst definieren kann und will; sie wird zur gottfeindlichen Welt. Noch einmal wird deutlich, daß der johanneische Dualismus nicht ontologisch definiert, sondern durch die Entscheidung des Glaubens bedingt ist.

Eben deshalb fügen sich auch die Verse 19ff gut an das bisher Gesagte an. Die Verse, insbesondere die Ausführungen über die „*Werke*", dürften traditionell beeinflußt sein. Es ist jedoch klar, daß das Tun der Werke im Sinne des Evangelisten zunächst mit dem Glauben bzw. dem Unglauben zu identifizieren ist. Ein ähnliches Verständnis liefert der Evangelist in Joh 6,28f:

> *Da fragten sie ihn: Was müssen wir tun, um die Werke Gottes zu vollbringen?*
> *Jesus antwortete ihnen:*
> *Das ist das Werk Gottes, daß ihr an den glaubt, den er gesandt hat.*

Dann aber ist es höchst problematisch, wenn *Jürgen Becker* den Versen 19ff einen Determinismus unterstellt und den Dualismus dieser Verse vom Dualismus des Evangelisten absetzt: „. . . der Dualismus hat eine ganz andere Struktur als der von E. Er ist nicht an einem horizontalen Schnitt zwischen oben und unten interessiert, sondern teilt die Menschheit durch einen vertikalen Schnitt in zwei Klassen auf der Erde."[47] Das kann schon deswegen nicht richtig sein, weil die Verse selbst keineswegs nur mit einem vertikalen Schnitt operieren. Der Gegensatz von Licht und Finsternis (V. 19), der den Gegensatz von Gott und Welt variiert, wird zunächst durch einen horizontalen Schnitt konstituiert. Weil aber Gott diesen Gegensatz überschreitet: „*das Licht ist in die Welt gekommen*" (V. 19), kommt es zur Krisis der Welt. Die Welt muß sich in ihre Finsternis zurückziehen oder sich dem Licht Gottes aussetzen. So entsteht die vertikale Trennlinie. Gerade wenn der horizontal geschiedene Dualismus (oben vs. unten) des Evangelisten nicht ontologisch-gnostisch mißverstanden werden soll, muß er mit dem vertikal geschiedenen Dualismus der Entscheidung zusammengedacht werden.

misches Ereignis, das noch aussteht und auf das man noch warten muß. Vielmehr: die Sendung des Sohnes – in ihrer Abgeschlossenheit durch Herabkunft und Erhöhung – ist das Gericht."

[47] Joh I 173.

Identifiziert man das „*Tun des Bösen*" in Vers 20 mit dem Unglauben[48], dann geschieht die Verweigerung des Glaubens (das Nicht-zum-Licht-Kommen) zu dem Zweck, daß der Unglaube nicht aufgedeckt ⸱ird. Das wäre fast schon eine Tautologie. Auch sachlich ist ein derartiges Verständnis unzulänglich. Denn das Zurückweichen in die Finsternis bzw. das Bleiben in der Finsternis wird ja gerade vom Licht als *böses* Werk aufgedeckt. Es ist daher zu fragen, ob bei den ἔργα, die hier angesprochen sind, nicht mehr gemeint ist als nur der formale Akt des Glaubens bzw. Nicht-Glaubens. Man müßte dann an die Haltung und das Verhalten denken, die sich aus dem Glauben ergeben. Der Sache nach geht es um das Anliegen der Liebe, das sich die Redaktion dann auch explizit zu eigen machen wird.[49] Weil die Menschen zur Liebe nicht bereit sind bzw. weil sie Liebe als Liebe zur Finsternis betreiben (V. 19), hassen sie das Licht und kommen nicht ans Licht. Im Unglauben bleibt ihnen verborgen, daß ihre Werke „*böse*" (πονηρά; φαῦλα) sind. Im Bestreben, sich das Leben selbst zu beschaffen und zu erhalten, führen ihre Werke – als Selbstliebe – immer nur auf sie selbst zurück. Nur wer glaubt und die Wahrheit tut, kommt zum Licht (V. 21), wird fähig zu „*Werken*", die „*in Gott getan sind*", d. h. die von der Liebe Gottes ermöglicht sind.

2. Die Rede an die Griechen Joh 12,20–36

Joh 12,20–36 bildet strukturell und sachlich das Gegenstück zu Joh 3,1–21. War das Gespräch mit Nikodemus der Anlaß zur ersten Rede Jesu, mit der dieser seine öffentliche Wirksamkeit begonnen hat, so liefert das Gespräch mit den Griechen die Gelegenheit zur letzten öffentlichen Rede Jesu. Das folgende Stück Joh 12,37–43 ist ein metasprachlicher Text, der den Unglauben im Lichte von Jes 53,1 (Joh 12,38) und Jes 6,10 (Joh 12,40; vgl. Mk 4,12) reflektiert. Die anschließende Perikope Joh 12,44–50, in der Jesus noch einmal anhebt, wirkt im jetzigen Kontext etwas verloren. Manche Ausleger haben sie daher nach Vers 36a[50] oder vor Vers 37[51] eingeschoben. Wahrscheinlich han-

---

[48] R. *Schnackenburg* (Joh I 430) spricht differenzierend von den „bösen Werken" als dem „schuldhafte(n) Hintergrund des Unglaubens".

[49] Vgl. Joh 13,34f; 15,9–17. Noch stärker kommt das Anliegen in 1 Joh zum Zuge.

[50] So schon Tatian im Diatessaron.

[51] J. H. *Bernard,* A Critical and Exegetical Commentary on the Gospel according to St. John (ICC), Vol. I, Edinburgh ⁷1969 (¹1928), XXf; J. *Moffatt,* An Introduction to the Literature of the New Testament, Edinburgh ³1918. Nachdr. 1961 (¹1911), 556.

delt es sich aber um einen Zusatz der Redaktion.[52] Inhaltlich bringt Joh 12,44–50 nichts Neues.

Joh 12,20–36 dürfte im wesentlichen vom Evangelisten stammen. Davon auszunehmen sind die Verse 24ff, die einen Einschub der Redaktion darstellen dürften.[53]

- Die Verse unterbrechen den Zusammenhang der Verse 23.27f, die über die Begriffe „Stunde" und „verherrlichen" eine äußerst dichte semantische Kohärenz aufweisen.[54]
- Das verwendete Material ist ohnehin traditionell. Vers 25 besitzt Parallelen in der synoptischen Tradition: Mk 8,35 parr; Mt 10,39 par. Vers 26 erinnert an Mk 8,34; 10,45. Der Anklang von Vers 24 an 1Kor 15,35–44 dürfte eher zufällig sein.
- Vers 25 scheint das ewige Leben postmortal zu denken, während es für den Evangelisten den Glaubenden schon *jetzt* geschenkt ist (vgl. Joh 3,16).
- Auch die ethisierende Ausdeutung des Glaubens – als Verhalten nach dem Beispiel Jesu – verweist auf die Redaktion (vgl. Joh 13,34f; 15,9–17).
- Im übrigen scheinen die Verse 24–27 die Ausführungen von Joh 15,1–16,4 vorzubereiten, die das Thema vom Fruchtbringen (15,1–17) und vom Haß der Welt (15,18–16,4) weiter entfalten.

Obwohl also der Redaktion zuzuschreiben, müssen die Verse 24ff deswegen noch nicht als Störung des Gedankengangs des Evangelisten empfunden werden.[55] Eher handelt es sich um eine Explikation und Weiterführung dessen, was inhaltlich bereits beim Evangelisten angelegt ist.

a) Joh 12,20–23.27–36

Der Text des Evangelisten (12,20–23.27–36) ist thematisch sehr eng mit Joh 3,1–21 verwandt. Beide Male geht es um das „Sehen". Die Griechen (wohl hellenistische Juden oder Gottesfürchtige) wollen Jesus „sehen" (ἰδεῖν) (V. 21). Zu Nikodemus hatte Jesus gesagt (Joh 3,3):

Wer nicht von oben geboren ist, kann das Reich Gottes nicht sehen (ἰδεῖν).

---

[52] So *J. Becker,* Joh II 481; vgl. *R. Kühschelm,* Verstockung (s. Anm. 3) 131–139. – Einer früheren Stufe der johanneischen Schule will *M.-E. Boismard* das Stück zuweisen: Le caractère adventice de Jo., XII, 45–50, in: Sacra Pagina II, Paris – Gembloux 1959, 189–192; zur Kritik vgl. *R. Schnackenburg,* Joh II 524f.

[53] Mit *J. Becker,* Joh II 448f.

[54] Zum Passionskontext s. *J. Becker,* Joh II 452ff; zu Joh 12,27 vgl. Mk 14,34ff, zu Joh 12,23 vgl. Mk 14,41.

[55] Gegen *J. Becker,* Joh II 448.466f.

„Sehen" ist für den Evangelisten mehr als nur ein äußeres Wahrnehmen. „Sehen" wird letztlich erst „von oben" ermöglicht. Der Evangelist
verweist daher in Joh 3 und in Joh 12 auf die Christologie. Wer Jesus
„sehen" will, muß in ihm den Menschensohn erkennen, der vom Himmel herabgekommen ist und der jetzt erhöht werden soll (Joh 3,13f;
12,23.27f.32f.34). Das heißt: Jesus stellt vor die Entscheidung. In beiden Texten kommt es zum Mißverständnis (Joh 3,4.9; 12,29.34). Das
Sehen ist letztlich identisch mit dem Glauben. Beide Texte enden daher mit der Aufforderung zum Glauben, der als Wandel im Licht erläutert wird (Joh 3,19ff; 12,35f).

An Einzelheiten soll nur auf einige theologisch bedeutsame Aussagen verwiesen werden. Deutlicher als in Joh 3,9–21 ist hier zum Ausdruck gebracht, worauf die Sendung des Sohnes abzielt. Sie zielt auf
die *„Stunde",* die letztendlich mit der Stunde des Todes Jesu identisch
ist.[56] Aus 12,32f wird klar, daß die Erhöhung nicht auf die *sessio ad*
dexteram patris beschränkt werden darf. Erhöhung am Kreuz und Erhöhung zum Vater fallen zusammen.[57] Der Tod am Kreuz ist zugleich die
Verherrlichung. Dies allerdings nicht, weil der Tod Jesu der „Übergang
aus dieser Welt in die himmlische Heimat" ist.[58] Die Verse 32f stellen
vielmehr sicher, daß Tod und Herrlichkeit kein Nacheinander, sondern ein Ineinander sind: Der Gekreuzigte ist der Erhöhte, wie umgekehrt der Erhöhte der Gekreuzigte und Fleischgewordene bleibt.[59]

Aus Joh 12,20–23.27–36 wird im übrigen deutlich, daß die Offenbarung, von der das Johannesevangelium spricht, von ihrem Ende her
konzipiert ist, d. h. von der Verherrlichung und Erhöhung Jesu her, die
mit seinem Tod zusammenfallen. Wenngleich der Evangelist den Gedanken des Sühnetodes nicht oder nur sehr verhalten anspricht,[60] so
wird auf diese Weise doch sichtbar, daß auch der Johannesevangelist
im Tod Jesu den Kristallisationspunkt seines soteriologischen Denkens

---

[56] *R. Schnackenburg* (Joh II 484) spricht vom „doppelten Charakter als Todes- und Ver-
herrlichungsstunde"; nach *W. Thüsing* (Erhöhung [s. Anm. 1] 75f) „muß . . . *primär die*
Stunde des Leidens gemeint sein".

[57] *R. Bultmann,* Joh (s. Anm. 5) 331: „Jesu ὑψωϑῆναι ist . . . zugleich seine ‚Erhöhung' an
das Kreuz, die ja in paradoxer Weise zugleich sein δοξασϑῆναι ist." Vgl. im übrigen
oben Anm. 37.

[58] *J. Becker,* Joh II 463.

[59] *J. Blank,* Krisis (s. Anm. 45) 286f: „Die Erhöhung des Menschensohnes in der Kreuzigung ist schon die Erhöhung zur Herrschaft, die feierliche Einsetzung (Erhöhung!)
zum neuen kosmischen Herrn und Lebensspender." Vgl. *R. Schnackenburg,* Joh II
492.

[60] Das Urteil darüber hängt im wesentlichen von den literarkritischen und traditionsgeschichtlichen Prämissen ab, mit denen man die einschlägigen Stellen bemißt: Joh
1,29.36 (das Lamm, das die Sünden der Welt trägt); 6,51c (ἡ σάρξ μου . . . ὑπὲρ
τῆς τοῦ κόσμου ζωῆς); 11,50ff; 18,14 (ἀποϑνῄσκειν ὑπέρ); 10,11.15(17f); 15,13 (τὴν
ψυχὴν αὐτοῦ τιϑέναι ὑπέρ) – Zur Sache vgl. *Th. Knöppler,* theologia crucis (s. Anm. 37)
201–216.

gewonnen hat. Es ist der erhöhte Gekreuzigte und der gekreuzigte Erhöhte, der alle an sich ziehen wird (V. 32). Erst am Kreuz eröffnet sich
letztlich die Möglichkeit eines heilsbedeutsamen Glaubens.[61] Erst wer
den Gekreuzigten als den Erhöhten und Verherrlichten zu sehen wagt,
hat die ganze Dimension des Bekenntnisses von Joh 1,14 durchschritten:

Und das Wort ist Fleisch geworden.

Das Fleischwerden zielt auf die Stunde des Todes, wo das Fleisch zu
sich selbst kommt und seine wahre Befindlichkeit, seine Vergänglichkeit und Nichtigkeit, offenbart. Erst wer das Kreuz als den wahren
Flucht- und Zielpunkt der Inkarnation sieht, vermag in und trotz seiner
eigenen Fleischlichkeit, die unweigerlich ebenfalls zum Tode führt, ein
Leben zu erkennen, das nicht von diesem Tod bedroht wird. Es ist das
Leben, das seine Perspektive nicht aus dem Fleisch bezieht, sondern
alles auf Gott setzt, der die Welt geliebt und seinen Sohn in die Welt
gesandt hat, damit er Fleisch werde.
Ein besonderes Wort verdient Vers 28b:

Ich habe verherrlicht, und ich werde wieder verherrlichen.[62]

Der erste Teil der Aussage kann sich m. E. nur auf das bisherige
Wirken Jesu beziehen,[63] während der in die Zukunft gerichtete Teil die
Erhöhung und Verherrlichung am Kreuz ins Auge faßt.[64] Die Doppe-
lung der Verherrlichungsaussage läßt die Intention des Evangelisten besonders gut erkennen. Vor allem die Semeia-Quelle hatte die Wunder
Jesu als Offenbarung seiner Herrlichkeit dargestellt (Joh 2,11; vgl. 9,3;
11,4.40). Dem Evangelisten ist das zu wenig. Er bezieht die Herrlichkeit auf die Stunde Jesu. Erst im Konnex damit wird auch die Herrlichkeit der Wunder und überhaupt des irdischen Wirkens Jesu offenbar.
So verbindet er beides: *„Ich habe verherrlicht, und ich werde wieder verherrlichen.“* Der Satz ist nahezu das Programm, mit dem der Evangelist die
Tradition liest und bearbeitet.
In Vers 31 wird das Thema des Gerichtes angeschlagen:

Jetzt ist Gericht über diese Welt.

---

[61] Zur existentiellen Bedeutung vgl. *R. Bultmann,* Joh 331.
[62] Daß die Verherrlichung des Vaters (V. 28a) und die Verherrlichung des Sohnes
(V. 28b) „ein und derselbe Vorgang“ sind, betont *J. Becker* (Joh II 454) zu Recht.
[63] *R. Schnackenburg,* Joh II 486: „Am besten . . . bezieht man dieses ἐδόξασα auf das ganze
irdische Werk Jesu“; vgl. *R. Bultmann,* Joh 328.
[64] *R. Bultmann,* Joh 328: „Indem Gott ihn zum Offenbarer machte, hat Gott seinen eigenen Namen verherrlicht; wird er ihn weiter verherrlichen, so heißt das nichts anderes,
als daß Jesus weiter der Offenbarer bleiben wird, und zwar gerade durch seinen
Tod.“

In der Sendung des Sohnes und speziell in der Stunde seines Todes
ergeht das Gericht über die Welt. Vers 31 stellt die objektive (das
Heilswerk Christi reflektierende) Parallele zur Aussage von Joh 3,18
dar, die das subjektive Glaubensgeschehen bedachte:

Wer an ihn glaubt, wird nicht gerichtet;
wer nicht glaubt, ist schon gerichtet,
weil er an den Namen des einziggeborenen Sohnes nicht geglaubt hat.

Das Gericht über die Welt darf nicht einfach als Vernichtungsgericht ausgelegt werden (vgl. dagegen Joh 3,17!). Im Tode Jesu wird die
Welt vielmehr kritisch mit ihrer eigenen Nichtigkeit bzw. ihrer eigenen
nichtigen Weltlichkeit konfrontiert. Indem im Tode Jesu diese Nichtigkeit aber zugleich überwunden wird, gewinnt das Gericht auch positive
Bedeutung. Mythologisch ausgedrückt, wird der Herrscher dieser Welt
hinausgeworfen. Daß es sich hier um eine mythologische Aussage handelt, sieht man schon daran, daß nach dem dualistischen Konzept des
Johannesevangeliums, das nur Gott und Welt kennt, eigentlich gar
kein Ort bleibt, wohin der Herrscher der Welt geworfen werden
könnte.[65] Der *„Herrscher dieser Welt"* ist letztlich nichts anderes als die
Welt an und für sich, die Welt, die sich in sich und aus sich selbst
definiert.

b) Joh 12,24ff

Zum Schluß soll der Blick noch einmal auf die Verse 24ff fallen, die
sich der Redaktion verdanken. Wenn Verherrlichung und Erhöhung
Jesu mit seinem Tod zusammenzusehen sind, ist der Einschub nicht
ungeschickt und in jedem Fall sehr sachgerecht angebracht. Gewiß soll
Christus als „Urbild und Vorbild christlichen Wandels" herausgestellt
werden.[66] Aber dabei bleibt zu beachten, daß der Tod Jesu als der Tod
des fleischgewordenen Logos (V. 24)[67] erst die Ermöglichung einer
fruchtbaren Lebenshingabe seitens der ihm Nachfolgenden ist (Vv.
25f). Weil Jesus der Gesandte vom Vater ist, eröffnet sein Sterben die
Möglichkeit einer Liebe, die das eigene Leben nicht mehr festhalten
muß, sondern es fruchtbringend hingibt (vgl. Joh 13,34f; 15,9–17).[68]
Dann allerdings dürfte auch deutlich sein, daß die Kreuzesnachfolge,
die hier verlangt wird, keinen Gegensatz zum Glauben[69], sondern geradezu dessen Explikation darstellt.

---

[65] Eine Hölle kennt das Johannesevangelium nicht.
[66] *J. Becker,* Joh II 449.
[67] *W. Thüsing* (Erhöhung [s. Anm. 1)] 100–103) betont zu Recht, daß der Menschen-
　　sohn von V. 23 „als das sterbende und fruchtbringende Weizenkorn angesehen wer-
　　den" muß (103).
[68] Vgl. dazu: *W. Thüsing,* Erhöhung (s. Anm. 1) 107–141.
[69] Gegen *J. Becker,* Joh II 449.

3. Ergebnis

Der Dualismus des Johannesevangelisten ist nicht ontologischer Natur. Gott und Welt bilden keinen exklusiven bzw. prinzipiellen Gegensatz. Im Rückblick auf den Ursprung (Prolog) sieht der Evangelist Gott und Welt sich positiv – als Schöpfer und Geschöpf – gegenüberstehen. Im Blick auf die eschatologische Offenbarung ist bereits dieses protologische Gegenüber christologisch bestimmt. Der Logos ist der Mittler, durch den Gott zum Schöpfer und die Welt zur Schöpfung wird. Zum Gegensatz wird das Gegenüber erst dadurch, daß die Welt das Licht des Logos nicht erkennt. Aus der Gott gegenüberstehenden Welt der Schöpfung wird die sich Gott entgegensetzende und im Gegensatz zu ihm befindliche Welt. Der für den Evangelisten bezeichnende Dualismus beginnt sich abzuzeichnen. Doch ist er in dieser Form eher eine übernommene Implikation als die Voraussetzung der dualistischen Konzeption des Evangelisten. Diese hat ihren eigentlichen Grund in der eschatologischen Offenbarung, die der Evangelist mit der Sendung des Sohnes bzw. der Fleischwerdung des Logos identifiziert. Der Sohn stellt die Welt vor die Entscheidung, ihren Gegensatz zu Gott zu überwinden oder zu etablieren. Da die Offenbarung Gottes gegenüber der Welt mit dem Sohn ihren eschatologischen Höhepunkt erreicht, gewinnt auch die Entscheidung eschatologische Qualität. Die Ablehnung des Offenbarers durch die Welt führt zum Gericht über die Welt. Die Welt wird zur Nur-Welt, die sich selbst der Nichtigkeit ausliefert. Der Glaube an den Offenbarer überwindet den Gegensatz zwischen Gott und Welt, indem er die Menschen – ihr schöpfungsmäßiges Gegenüber zu Gott noch übersteigend – zu Kindern Gottes macht und ihnen ewiges Leben schenkt. Ermöglicht wird dies durch den Logos, der Fleisch wird und in der am Kreuz – und damit im Fleisch – stattfindenden Erhöhung dieses zur Verherrlichung führt.

Dem Dualismus von Gott und Welt läuft der von Geist und Fleisch parallel, obwohl letzterer im Johannesevangelium nur selten realisiert ist.[70] Wie die Welt ist auch das Fleisch an und für sich nichtig und nicht fähig, sich selbst Leben zu verschaffen. In der Konfrontation mit dem Sohn kommt die Fleischlichkeit des Fleisches in letzter (eschatologischer) Schärfe zum Vorschein, sei es, daß es in der Nichtigkeit und Todverfallenheit seines An-und-für-sich-Seins entlarvt wird, sei es, daß

---

[70] Ausdrücklich nur in Joh 3,6, wo er scharfen Gegensatz signalisiert. Der in Joh 1,14 angedeutete Gegensatz von Logos und Fleisch läuft parallel zum Gegensatz von Gott und Welt; vor dem Hintergrund des Kontextes läßt er die Möglichkeit schärfster Gegensätzlichkeit offen, obwohl er in der inhaltlichen Konkretion von Joh 1,14 eher der Aussage von 3,16f nahesteht. Schon diese Variationen zeigen, daß es nicht genügt, „Fleisch" mit Hilfe einer einzigen Opposition zu definieren. Der Begriff ist ähnlich wie „Welt" mehrschichtig und in der Opposition flexibel.

es gerade in Anerkennung seiner Nichtigkeit als Ort der nur Gott möglichen Geistzeugung geglaubt wird. Die Erlösung führt daher nicht zur
Entweltlichung, sondern zur Rettung der Welt.

Letztlich ist es also die eschatologische Offenbarung, die den johanneischen Dualismus begründet und zugleich überwindet. Die Sendung
des Sohnes enthüllt die ganze Spannbreite an Positionsbestimmung,
die der Welt im Gegenüber zu Gott zu Gebote steht bzw. angeboten
ist. Sie reicht vom Nichts der Gottesferne bis hin zur Nähe der Gotteskindschaft. Die Entscheidung fällt im Akt des Glaubens oder Unglaubens. Der Dualismus zwischen Gott und Welt kann daher nicht abgelöst werden vom Dualismus zwischen Glauben und Unglauben. Beide
Dualismen haben ihren gemeinsamen Schnittpunkt in der Offenbarung des Sohnes, die den Gegensatz zwischen Gott und Welt aufdeckt
und den Glauben ermöglicht.

III. Studien zu Paulus

13. Das paulinische Paradox des Kreuzes

Das Kreuz ist in unserer Welt allgegenwärtig. Ist es dadurch verständlich geworden? Oder hindert die Gewöhnung das Verstehen? Für Paulus und die antike Welt war das Kreuz ein Skandal[1].

1. Das „Wort vom Kreuz" 1 Kor 1, 18–25

1.1 Eine auffällige Semantik

Der Text wird von zwei Gegensätzen bestimmt: „Gott vs Welt" und „Weisheit vs Torheit"[2]. „Gott" und „Welt" stehen sich scharf und einander ausschließend gegenüber. Mit „Welt" ist nicht die Welt als Schöpfung gemeint, sondern die sich Gott entgegenstellende, gottfeindliche Welt. „Weisheit" und „Torheit" werden dialektisch verwendet. Während nach der üblichen Urteilslogik „Torheit" von Gott sich nicht aussagen läßt, wird „Torheit" hier geradezu auf der Seite Gottes verbucht (VV. 21b.25a), die „Torheit" aber zugleich als „Weisheit" Gottes gewertet, so daß menschliche „Weisheit" sich als „Torheit" erweist (V. 20b). Indem die „Welt" das törichte „Wort vom Kreuz" nicht als Weisheit Gottes anerkennt, konstituiert sie sich überhaupt erst als „Welt", die „Gott" nicht erkennt. Das „Wort vom Kreuz" schafft geradezu den Gegensatz von „Gott" und „Welt". Weil das Kreuz nach menschlicher Weisheit als „Torheit" erscheint, kann es – wiederum nach menschlicher Weisheit – mit Gott, dem nur „Weisheit" zuzutrauen ist, nicht zusammengedacht werden. Umgekehrt wird aber auch, indem im Kreuz Gottes „Weisheit" in Erscheinung tritt, die menschliche „Weisheit" als „Torheit" entlarvt. Das „Wort vom Kreuz" begründet also seine eigene Semantik und schafft seine eigene (sprachliche) Welt. Es konstituiert einen semantischen Paradigmenwechsel und verlangt seinen Nachvollzug[3]. Was Paulus zu dieser außergewöhn-

---

[1] Die folgenden Ausführungen gehen auf einen Vortrag zurück, der am 12. Dezember 1996 in der Karl-Rahner-Akademie in Köln gehalten wurde.

[2] Zu den exegetischen Einzelheiten der folgenden Darlegungen vgl. H. MERKLEIN, Der erste Brief an die Korinther. Kapitel 1–4 (ÖTK 7/1; GTB 511), Gütersloh–Würzburg 1992, 167–191.

[3] Die Textpragmatik zielt auf die Situation in Korinth, wo die Konkurrenz um die Weisheit Parteiungen hervorgerufen hat (1, 13). Die einen beriefen sich auf Paulus, die anderen auf Apollos, eine dritte Gruppe nahm die Autorität des Kephas (Petrus) in Anspruch. Und alle stützten sich auf Christus, der sie in diesem Fall aber nicht einte,

lichen Semantik veranlaßt, ist nicht die Spekulation mit theologischen Ideen, sondern die theologische Reflexion konkreter Erfahrung.

1.2 Das „Skandalon" des Kreuzes (1 Kor 1, 23)

Wohl ist das Kreuz für die Berufenen „Gottes Kraft und Gottes Weisheit" (V. 24), für die übrige Menschenwelt aber ist es „Anstoß" (für die Juden) und „Torheit" (für die Griechen bzw. Heiden) (V. 23). Für die Einschätzung des Kreuzestodes in der *nicht-jüdischen antiken Welt* genügt es[4], auf die Worte Ciceros in seiner Rede pro Rabirio (5, 16) aus dem Jahre 63 v. Chr. zu verweisen:

> Wenn schließlich der Tod angedroht wird, so wollen wir (wenigstens) in Freiheit sterben, doch der Henker, die Verhüllung des Kopfes und schon das bloße Wort Kreuz sei ferne nicht nur von Leib (und Leben) der römischen Bürger, sondern auch von (ihren) Gedanken, Augen und Ohren. Denn von all diesen Dingen ist nicht nur der Vollzug und das Erleiden, sondern schon die Möglichkeit, die Erwartung, ja selbst die Erwähnung eines römischen Bürgers und freien Mannes unwürdig.

Der römisch-heidnischen Welt wird daher ein gekreuzigter Erlöser weithin als *superstitio prava immodica*, als „wüster, maßloser Aberglaube", erschienen sein (vgl. Plinius min., Ep. X, 96, 8). Doch auch in der *jüdischen Welt* war ein gekreuzigter Messias keine Kategorie, die bereit stand und nur aufgegriffen werden mußte. Die Kreuzigung kommt aus der heidnischen Umwelt. Im jüdischen Raum wurde sie erst in hasmonäischer Zeit gelegentlich angewendet. Josephus berichtet, daß Alexander Jannai im Jahre 88 v. Chr. 800 Pharisäer, die einen Putsch gegen ihn anführten, habe kreuzigen lassen (Jos. Bell 1, 97 f.; Ant 13, 380–383; vgl. 4 QpNah I, 4–9). Auffällig ist, daß seit Beginn der Römerherrschaft im Jahre 63 v. Chr. bis zum jüdischen Krieg „alle uns bekannten Kreuzigungen in diesem Land, soweit das feststellbar ist, von Römern vorgenommen" wurden[5]. „Als jüdische Todesstrafe" scheint die Kreuzigung in dieser Zeit – und das gilt auch für die Regierung des Herodes – zumindest in der Praxis „verpönt"

---

sondern trennte. Dem kann im Rahmen unserer Fragestellung nicht weiter nachgegangen werden.

[4] Zum Kreuzestod in der Antike vgl. M. HENGEL, Mors turpissima crucis. Die Kreuzigung in der antiken Welt und die „Torheit" des „Wortes vom Kreuz", in: J. FRIEDRICH u. a. (Hg.), Rechtfertigung. FS E. Käsemann, Tübingen–Göttingen 1976, 125–184; H.-W. KUHN, Jesus als Gekreuzigter in der frühchristlichen Verkündigung bis zur Mitte des 2. Jahrhunderts: ZThK 72 (1975) 1–46; zur Art und Weise der Kreuzigung: H.-W. KUHN, Der Gekreuzigte von Giv'at ha-Mivtar. Bilanz einer Entdeckung, in: C. ANDRESEN – G. KLEIN (Hg.), Theologia crucis, signum crucis. FS E. Dinkler, Tübingen 1979, 303–334.

[5] H.-W. KUHN, Jesus (s. Anm. 4) 4.

gewesen zu sein[6]. Um so bemerkenswerter ist, daß die Gemeinde von Qumran die Kreuzigung als Strafe für Volksverrat vorsah (11 QTR [11 Q19] LXIV, 6b–13a)[7]:

Wenn (7) ein Mann *Nachrichten über sein Volk weitergibt* (vgl. Lev 19, 16) und er verrät sein Volk an ein fremdes Volk und fügt seinem Volk Böses zu, (8) dann sollt ihr ihn ans Holz hängen, so daß er stirbt. Auf Grund von zwei Zeugen und auf Grund von drei Zeugen (9) soll er getötet werden, und (zwar) hängt man ihn ans Holz. [(leer)] *Wenn ein Mann ein Kapitalverbrechen begangen hat* (vgl. Dtn 21, 22) und er flieht zu (10) den Völkern und er verflucht sein Volk, die Israeliten, dann sollt ihr ihn ebenfalls *an das Holz hängen,* (11) so daß er stirbt. *Aber es bleibe ihr Leichnam nicht am Holz über Nacht hängen, begrabe sie vielmehr bestimmt noch am selben Tag, denn* (12) *Verfluchte Gottes und der Menschen sind ans Holz Gehängte*[8], *und du sollst das Land nicht verunreinigen, das ich* (13) *dir zum Erbbesitz gebe* (Dtn 21, 23).

Bemerkenswert ist, daß der Text enge Berührungen zu Dtn 21, 22 f. aufweist[9]. Denkbar ist, daß der Text eine andere (ältere?) Version der uns bekannten Dtn-Stelle referiert. Wenigstens aber muß man annehmen, daß er eine vom Wortlaut der Dtn-Stelle abweichende Auslegungstradition wiedergibt. Der uns bekannte Dtn-Text spricht von der Aufhängung eines bereits Toten, wodurch der Hingerichtete der allgemeinen Schande ausgesetzt werden sollte. Im Text der Tempelrolle wird das Schriftwort auf

---

6   M. HENGEL, Mors (s. Anm. 4) 177.

7   Übersetzung nach J. MAIER, Die Qumran-Essener: Die Texte vom Toten Meer. Bd. 1. Die Texte der Höhlen 1–3 und 5–11 (UTB 1862), München 1995, 425; zu Zeile 12 s. die nächste Anm.

8   So die ältere (erleichternde) Übersetzung von J. MAIER, Die Tempelrolle vom Toten Meer (UTB 829), München–Basel 1978, 64. Ihr Hauptproblem besteht darin, daß sie „ans Holz Gehängte" im Plural lesen muß, obwohl der Text der Tempelrolle einen Singular angibt. Man wird daher *mēqôlᵉlē* mit „von Verfluchenden" bzw. (zur Not) mit „von Verfluchten" übersetzen müssen. So (ambivalent): J. MAIER, Qumran-Essener. Bd. I (s. Anm. 7) 425: „denn (12) ‹von Verfluchenden› (Verfluchten) Gottes und der Menschen ist ein ans Holz Gehängter". Im negativen Urteil über die Kreuzesstrafe stimmen beide Varianten überein: Im ersten Fall würden die Gehängten zu den (Gott) *Verfluchenden* gehören, d. h. sie wären eine Lästerung bzw. Blasphemie Gottes, im zweiten Falle würden sie zu den (von Gott) *Verfluchten* zählen (in sachlicher Übereinstimmung mit obiger Übersetzung). Zum Vergleich seien abschließend die beiden anderen textgeschichtlich bedeutsamen Versionen wiedergegeben: 1. Masoretischer Text: „denn ein Fluch Gottes ist ein Gehängter", 2. LXX: ὅτι κεκατηραμένος ὑπὸ θεοῦ πᾶς κρεμάμενος ἐπὶ ξύλου (= „denn verflucht von Gott ist jeder ans Holz Gehängte").

9   Dtn 21: (22) Und wenn ein Mann ein todeswürdiges Verbrechen begangen hat und getötet wird und du hängst ihn ans Holz, (23) so darf sein Leichnam nicht am Holze hängen (bleiben), sondern du sollst ihn noch am selben Tag begraben, denn ein Fluch Gottes ist ein Gehängter, und du sollst dein Land nicht verunreinigen, das dir der Herr, dein Gott, zum Erbbesitz geben wird.

den Kreuzestod bezogen[10]. Der Gekreuzigte wird zum Fluch Gottes und der Menschen[11]. Dieser Version bzw. Auslegungstradition ist – wie wir bald sehen werden – auch Paulus verpflichtet. Selbstverständlich läßt sich aus dem Qumrantext nicht folgern, daß Gekreuzigte aus jüdischer Sicht zwangsläufig als Verfluchte zu betrachten waren. Es wurden ja auch gesetzestreue Juden am Kreuz hingerichtet. Bezogen auf den *Messias* lag die Kreuzesstrafe aber wohl außerhalb des üblichen jüdischen Vorstellungsvermögens. Der Dialog Justins mit dem Juden Tryphon bestätigt dies:

> Daran zweifeln wir, ob der Messias aber auch so ehrlos gekreuzigt wurde, denn aufgrund des Gesetzes ist der Gekreuzigte verflucht ... Deutlich ist, daß die Schrift einen leidenden Messias verkündet. Wissen möchten wir aber, ob du auch beweisen kannst, daß das auch für das im Gesetz verfluchte Leiden gilt (89, 2). Beweise uns, daß er aber auch gekreuzigt wurde und so schändlich und ehrlos durch einen im Gesetz verfluchten Tod starb. Denn wir können uns das nicht einmal vorstellen (90, 1).

Martin Hengel vermutet wohl zu Recht, daß die genannte Auslegungstradition von Dtn 21, 23 der Grund war, daß „das Kreuz nie zum Symbol des jüdischen Leidens" wurde[12], obwohl zur Zeit der Römerherrschaft und insbesondere im jüdischen Krieg unzählige Juden die Kreuzigung erleiden mußten. „Auch ein gekreuzigter Messias konnte darum nicht akzeptiert werden."[13]

Damit können wir uns wieder Paulus zuwenden. Es ist deutlich geworden, daß die Aussage von 1 Kor 1, 23 sich nicht nur pragmatisch der Polemik gegen den korinthischen Weisheitsenthusiasmus verdankt, sondern zugleich das durchschnittliche antike Urteil über die paulinische Kreuzesbotschaft wiedergibt. Der hellenistisch-römischen Welt mußte ein gekreuzigter Erlöser als perverser Aberglaube erscheinen. In der jüdischen Welt mußte die Verkündigung eines gekreuzigten Messias auf Unverständnis stoßen bzw. dort, wo das von Qumran und Paulus bezeugte Verständnis von Dtn 21, 22 f. lebendig war, sogar damit rechnen, als Blasphemie bekämpft zu werden. Die auffällige Semantik von 1 Kor 1, 18–25 entspringt also nicht theologischer Spekulation, sondern hat ihren Grund im geläufigen („normalen") zeitgenössischen Wertesystem. Der Gekreuzigte zwingt Paulus, das „normale" Wertesystem auf den Kopf zu

---

[10] Vgl. die Formulierung „ihr sollt ihn an das Holz hängen, *so daß* er stirbt" in den Zeilen 8 und 10; vgl. dazu auch 4 QpNah (4Q169) 3–4 I 4–9.

[11] Sei es, daß er passiv ein (von Gott und den Menschen) Verfluchter ist, sei es, daß er aktiv als Fluch bzw. Lästerung Gottes und der Menschen erscheint; vgl. Anm. 8.

[12] M. HENGEL, Mors (s. Anm. 4) 177.

[13] Ebd.

stellen. Es bleibt zu fragen, was dies positiv bedeutet. Die Antwort kann exemplarisch in 1 Kor 1, 21 gefunden werden.

1.3 Das Kreuz als Signum göttlicher Weisheit (1 Kor 1, 21)

Die erste Hälfte des Verses lautet: „Denn da die Welt an der Weisheit Gottes Gott durch die Weisheit nicht erkannte . . .“ Im Klartext heißt das: Die Welt hat Gott an seiner Weisheit, wie sie etwa in Schöpfung oder Tora zutage tritt, mit Hilfe ihrer eigenen Weisheit nicht erkannt. Will Paulus damit sagen, daß alles menschliche Erkennen und alle menschliche Weisheit Unsinn sind? Will er sagen, daß alle Versuche menschlicher Gotteserkenntnis, die vor dem Kreuzestode Jesu und unabhängig von diesem unternommen wurden, nutzlos waren? Will Paulus sagen, daß man an der Schöpfung Gottes Weisheit nicht erkennen kann? Will er gar behaupten, daß der bisherige jüdische Weg des Gesetzesgehorsams nicht zu Gott führt? Eröffnet überhaupt erst das Kreuz den Weg zur Gotteserkenntnis?

Daß die Welt Gott „nicht erkannte", wäre dann *ontologisch* im Wesen des Menschen verankert. Wenn der Mensch aber Gott nicht erkennen *kann*, bleibt er schuldlos, wenn er ihn nicht erkennt. Es wäre ja sein *Wesen*, Gott *nicht zu erkennen*. Das kann offensichtlich nicht gemeint sein. V. 21a enthält vielmehr eine versteckte Anklage: Die Menschen, die Gott an seiner Weisheit hätten erkennen können, haben ihn *faktisch* nicht erkannt. Den besten Kommentar zu V. 21a liefert Röm 1, 18–3, 20. Dort führt Paulus aus, daß alle, Juden wie Heiden, Sünder sind. Auch dies ist kein prinzipielles, ontologisches Urteil. Vielmehr sind alle Sünder, weil sie faktisch das Gesetz nicht erfüllt haben[14]. Erkenntnis Gottes ist also nicht nur ein intellektueller Akt, sondern nach biblischem Sprachgebrauch immer auch ein Akt des Willens, d. h. ein Akt der Unterwerfung und des Gehorsams. Damit ist auch klar, warum die Welt Gott an seiner Weisheit nicht erkannt hat: Weil sie die göttliche Weisheit mit menschlicher Weisheit ergründen wollte, statt sich ihr im Gehorsam zu unterwerfen. Die Aussage von V. 21a stellt also weder ein erkenntnistheoretisches Defizit des Menschen fest, noch will sie die Schöpfung als unzureichenden Ausdruck göttlicher Weisheit qualifizieren; erst recht nicht soll gesagt werden, daß das Gesetz (Tora) kein Weg zur Gotteserkenntnis sei. Paulus behauptet vielmehr, daß man die in Schöpfung und Tora präsente Weisheit Gottes verfehlt, wenn man sie mit dem Maßstab menschlicher Weisheit vermißt. Konkret denkt Paulus an den gekreuzigten Christus. Das Wort vom Kreuz

---

[14] Vgl. H. MERKLEIN, Paulus und die Sünde, in: H. FRANKEMÖLLE (Hg.), Sünde und Erlösung im Neuen Testament (QD 161), Freiburg–Basel–Wien 1996, 123–163, hier 124–127.

erweist sich als das Kriterium, das mit letzter Konsequenz aufdeckt, wie der Mensch Gott zu begegnen bereit ist: mit dem Anspruch menschlicher Weisheit, der auch Gott unterworfen wird, oder im Gehorsam des Glaubens. Mit dem Rückgriff auf die eigene Weisheit definiert sich die Welt aber gerade als „Welt", die von Gott geschieden ist und ihn, indem sie ihn zu ihren Bedingungen erkennen will, verfehlt. Weltliche Weisheit definiert „Gott" immer nur als weltliche Größe. Menschenweisheit führt nicht zu Gott, sondern nur in die Welt und das ihr eigene Verderben; Rettung kann es nur von Gott her geben (vgl. 1 Kor 1, 18).

Eben dies wird in *V.21b* zum Ausdruck gebracht, der die Antithese zu V. 21a formuliert. Es ist wohl kein Zufall, daß Gott in V. 21a, wo die weisheitliche Gottsuche des Menschen ins Auge gefaßt wird, das *Objekt* bildet, während er in V. 21b als *Subjekt* erscheint. Nicht der Mensch ist es, der mit *seinem* Suchen und Erkennen Gott erreichen kann. Heilsame Gotteserkenntnis gibt es nur durch das Entgegenkommen *Gottes,* der sich rettend dem Menschen zuwendet[15]. Die Rettung verdankt sich dem eschatologischen Heilsentschluß Gottes: „es gefiel Gott" (εὐδόκησεν). Dem Kontext und der Formulierung nach kann hier nur an das Kreuz Christi gedacht sein. Gerade das Kreuz macht aber auch deutlich, warum Gott mit menschlicher Weisheit nicht zu erkennen ist. Denn daß am Kreuz heilsames Geschehen, ja das heilsame Geschehen schlechthin stattfinden soll, erscheint menschlicher Weisheit als Torheit. Rettung verlangt daher vom Menschen den Verzicht, Gott auf menschliche Weisheit festzulegen, und die Bereitschaft, die „Torheit der Verkündigung" als göttliche Weisheit im Gehorsam gegen Gott anzunehmen. Diesen Gehorsam nennt Paulus „Glauben". Es ist daher kein Zufall, daß in V. 21b nicht mehr der Begriff „Welt" auftaucht. Die Torheit der Verkündigung stellt vor die Entscheidung, scheidet in Glaubende (Gemeinde) und Nicht-Glaubende (Welt). Das törichte Wort der Verkündigung *schafft* Glaubende, indem es diese der Welt und ihrem Verderben entreißt und sie zu solchen macht, „die gerettet werden" (1 Kor 1, 18).

Trotz der aoristischen Formulierung εὐδόκησεν ὁ θεός („es gefiel Gott"), die zweifellos auf das geschichtlich fixierbare Kreuzesgeschehen Bezug nimmt, darf V. 21 nicht als heilsgeschichtliche Aussage gewertet werden, so daß V. 21a auf die vorchristliche und V. 21b auf die Zeit nach Christus zu beziehen wären. Daß V. 21a nicht nur für die Zeit vor Christus gilt, ergibt sich schon daraus, daß Paulus damit die Korinther treffen will, die mit ihrem konkurrierenden Weisheitsstreben Gefahr laufen, die

---

15 Vgl. 1 Kor 8, 2 f., wo dem aktiven „Erkennen" des Menschen das passive „Erkannt-Werden" von seiten Gottes entgegengestellt wird.

Weisheit Gottes zu verfehlen. Auch wird man aus V. 21a nicht folgern dürfen, daß vor Christus jedwede Gotteserkenntnis im Sinne des in V. 21b angeführten Glaubens *prinzipiell* ausgeschlossen war, auch wenn diese Möglichkeit im Rahmen der konkreten Argumentation hier nicht zur Debatte steht. Sachlich ist es immerhin bemerkenswert, daß Paulus im Galater- und Römerbrief Abraham als den Vater der Glaubenden vorstellt (Röm 4, 11 f. 16–18; vgl. Gal 3, 6–18; 4, 21–31). Abraham hat den Glauben an den Gekreuzigten als Weisheit Gottes vorweggenommen (vgl. Röm 4, 3; Gal 3, 6), indem er seine eigene Weisheit hintanstellte und die töricht erscheinende Verheißung Gottes im Gehorsam annahm (Röm 4, 18–21). Als Typos des Glaubens läßt sich Abraham verallgemeinern. In Anwendung auf 1 Kor 1, 21 heißt das: Wo immer Menschen – vor oder nach Christus – sich im Gehorsam des Glaubens der Weisheit Gottes gestellt haben, konnten sie Gott finden bzw. sich von ihm finden lassen. Eine rein heilsgeschichtliche Lektüre von V. 21 läuft Gefahr, im Kreuz eine soteriologische Notlösung sehen zu müssen. Das Kreuz wäre dann die *ultima ratio,* zu der Gott hätte greifen müssen, nachdem seine in der Schöpfung bzw. in der Tora präsente Weisheit an der mangelnden Erkenntnis der Menschen gescheitert war. Bereits das Urteil von V. 21a ist aus der Perspektive des Kreuzes gefällt. Die Torheit der Verkündigung ist nicht die heilsgeschichtliche Ablösung der in Schöpfung und Tora präsenten Weisheit Gottes. Das Neue und Heilsame der Torheit der Verkündigung ist nicht eine *andere* Weisheit Gottes, sondern die eschatologische Aufdeckung dessen, was Gott gegenüber von Anfang an gegolten hat und gilt: Die Weisheit Gottes verlangt Glauben und ist nicht nach den Kriterien der eigenen Weisheit zu definieren.

Damit dürfte deutlich sein, was die *Funktion* des „Wortes vom Kreuz" ist. Es deckt auf, wie Gott zu erkennen ist, schon immer zu erkennen war und nie anders zu erkennen sein wird. Es entlarvt die Unzulänglichkeit, ja Verfehltheit einer Semantik, die Weisheit nach herkömmlichen Plausibilitäten definiert. Weisheit, die das Kreuz als Torheit prädiziert, entpuppt sich als weltliche Weisheit, die nicht zum (heilsamen) Erkennen Gottes führt und nicht Rettung, sondern Verderben bringt (V. 18). Die am Kreuz konstituierte Weisheit Gottes ist die Krisis aller weltlichen und menschlichen Weisheit. Sie und die damit verbundenen Heilsansprüche[16] werden unter dem Kreuz zu Torheit gemacht (V. 20). Gerade die Paradoxie des Kreuzes macht deutlich, daß Gott nicht den Bedingungen der Menschen gehorcht und nicht zu den Bedingungen menschlicher Weisheit zu

---

[16] „Weisheit" ist für den antiken Menschen nie nur ein kognitiver Begriff, er enthält immer auch eine soteriologische Note.

erreichen ist. Gotteserkenntnis verlangt Entscheidung, d. h. *An*-Erkennt-
nis der Weisheit *Gottes*. Gotteserkenntnis gibt es nur im gläubigen
Gehorsam gegenüber Gott. Der Glaube ist Anerkennung des am Kreuz
konstituierten semantischen Systems. Es vermißt die vorhandene Welt neu
und schließt sogar die prinzipielle Möglichkeit einer Neudefinition
„Gottes" ein, sofern es die Bereitschaft verlangt, bisheriges Gott-Denken
und bisherige Gottesbegriffe aufzugeben oder zu relativieren.

Es bleibt anzumerken, daß die Gotteserkenntnis, die das „Wort vom
Kreuz" ermöglicht, nicht nur als kognitiver Akt zu werten ist. Gotteserkenntnis ist Heilsgeschehen, letztlich sogar Tat Gottes selbst, die zur
Rettung des Menschen führt. Das „Wort vom Kreuz" ist daher zugleich der
Inbegriff und der innerste Kern göttlichen Heilshandelns. Auch hier gilt,
daß das Kreuz kein neues Heil nach einem von Gott vorher geplanten
anderen Heil setzt. Das „Wort vom Kreuz" fördert vielmehr zutage, wie
Gott immer schon den Menschen retten will: nämlich in der Souveränität
göttlichen Heilshandelns, dessen schöpferische Kraft auch an der Sünde
des Menschen nicht zerbricht. Dies ist die Thematik der Rechtfertigungslehre, die in 1 Kor 1, 21 zwar angedeutet, nicht aber entfaltet wird.

2. Die conditio humana und die Funktion des Gesetzes

Was Dtn 21, 22 f. betrifft, so zeigt Paulus das gleiche Verständnis wie die
Qumrangemeinde bzw. folgt der gleichen Auslegungtradition wie diese.
Der Kreuzestod ist ein Fluchtod: *Christus hat uns freigekauft vom Fluch
des Gesetzes, indem er für uns zum Fluch wurde, denn es steht geschrieben:
Verflucht ist jeder, der am Holze hängt* (Gal 3, 13). Vielleicht war dieses
Verständnis sogar der Grund, daß Paulus den gekreuzigten „Messias" aus
Nazaret anfänglich bekämpfte und die junge Christengemeinde verfolgte.
Als ihm vor Damaskus durch Offenbarung klar wurde, daß dieser Jesus der
Sohn Gottes ist (Gal 1, 12. 15 f.), mußte seine bisherige theologische Welt
zusammenbrechen (vgl. Phil 3, 5–9). An der Gültigkeit des von der Tora
ausgesprochenen Fluches über den Gekreuzigten hat Paulus zeit seines
Lebens festgehalten. Dies nötigte ihn dazu, eine „neue" Theologie zu
entwerfen, die dem höchst paradoxen Befund gerecht werden mußte, daß
der Sohn Gottes unter dem Fluch des Gesetzes steht bzw. daß der am
Kreuz Verfluchte der Sohn Gottes ist. Das Paradox wird zur Mitte seiner
Theologie (vgl. 1 Kor 1, 18–25; Phil 2, 8; Gal 3, 1; 5, 11; 6, 14) und zum
letztlich allein maßgeblichen Inhalt seiner Verkündigung (1 Kor 2, 2)[17].

---

[17] Die Konzentration auf das Kreuz schmälert nicht die Bedeutung der Auferstehung. Ohne Auferstehung könnte Paulus nicht vom gekreuzigten Messias reden. In
soteriologischer Hinsicht ist aber für Paulus der Tod Jesu am Kreuz die entscheidende
Heilstat; vgl. H. MERKLEIN, Die Bedeutung des Kreuzestodes Christi für die

Die Paradoxie, aufgrund göttlicher Offenbarung einen Verfluchten als Messias und Sohn Gottes prädizieren und bekennen zu müssen, läßt Paulus erkennen, daß die sich auf das Gesetz stützende Gerechtigkeit, deren er sich vorher so sicher war, eine Selbsttäuschung ist (vgl. Phil 3, 6). Der Gekreuzigte zwingt ihn zu einer Kehrtwende im *anthropologischen Urteil.* Denn angesichts des vom Fluch getroffenen Gekreuzigten reicht es nicht mehr aus, den Tod Jesu im Sinne des traditionellen Kerygmas als Sterben „für unsere Sünden" zu deuten (vgl. 1 Kor 15, 3), so daß er, soweit und sofern wir gesündigt haben, an unsere Stelle tritt. Als „für uns" vom Fluch Gezeichneter erscheint er nicht mehr nur als der Gerechte, der für die Sünden der Sünder einsteht, sondern unmittelbar als unser Repräsentant, der uns, die Menschen, durchweg als Sünder ausweist. So kann Paulus in 2 Kor 5, 21 sagen: „Ihn, der die Sünde nicht kannte, hat er (Gott) für uns *zur Sünde* gemacht", oder in Gal 3, 13: Er (Christus) „wurde für uns *zum Fluch".* Im Klartext heißt das: Der gekreuzigte Christus wird selbst zum Verfluchten und zum Sünder[18]. Nicht weil er selbst gesündigt oder etwas Fluchwürdiges getan hätte, sondern weil er „für uns", „an unserer Stelle" und „uns zugute" zu unserem Repräsentanten, zum Repräsentanten des Menschen schlechthin geworden ist! Am Kreuz wird deutlich, was Menschwerdung in letzter Konsequenz bedeutet: Der Sohn Gottes unterwirft sich der conditio humana (vgl. Gal 4, 4), übernimmt die Identität des sündigen Menschen, so daß ihn am Kreuz der Fluch trifft, den das Gesetz über den Sünder ausspricht. Die anthropologische Kehrseite dieses für uns zum Fluch gewordenen Christus ist der Mensch, der am Kreuz zum Vorschein kommt: der homo peccator, der insgesamt und ausnahmslos unter dem Fluch des Gesetzes steht[19].

Entgegen einer verbreiteten Paulusexegese wird in diesem Zusammenhang deutlich, daß Paulus eine *prinzipiell positive Meinung vom Gesetz* hat. Wenn er vom Fluch des Gesetzes spricht, dann will er dieses nicht als negative Größe auf eine Ebene mit der Sünde oder dem Tod stellen[20]. Paulus bestreitet nicht die Lebensverheißung des Gesetzes. „Wer die

---

paulinische Gerechtigkeits- und Gesetzesthematik, in: DERS., Studien zu Jesus und Paulus (WUNT 43), Tübingen 1987, 1–106, hier 49–54.

[18] „Sünde" und „Fluch" sind jeweils als abstractum pro concreto zu verstehen. So auch der masoretische Text von Dtn 21, 23: qilᵉlat ᵃᵉlohîm = „ein von Gott Verfluchter" (L. KOEHLER-W. BAUMGARTNER, Hebräisches und aramäisches Lexikon zum Alten Testament, 3. Aufl. neu bearb. v. W. BAUMGARTNER – J. J. STAMM, Lieferung III, Leiden 1983, 1032; die LXX übersetzt korrekt: κεκατηραμένος ὑπὸ θεοῦ.

[19] Im Grunde ist dies ein einfacher Umkehrschluß: Wenn Christus „für uns" zum „Fluch" oder zur „Sünde" wurde, dann sind wir, die Menschen, Sünder, die unter dem Fluch des Gesetzes stehen.

[20] Vgl. H. MERKLEIN, Paulus und die Sünde (s. Anm. 14) 134–137.

Forderungen des Gesetzes erfüllt, wird durch sie leben", sagt er in Gal 3, 12. Und in Röm 2, 13 betont er: „Nicht die Hörer des Gesetzes sind vor Gott gerecht, sondern die Täter des Gesetzes werden gerechtfertigt werden." Paulus kennt also prinzipiell eine Rechtfertigung aus Werken des Gesetzes. Daß es faktisch dazu nicht kommt, liegt nicht am Gesetz, sondern am Menschen, der sündigt. Sünde ist Übertretung des Gesetzes. Das ist der Grund, daß „alle, Juden wie Griechen, unter der Herrschaft der Sünde stehen" (Röm 3, 9)[21]. Daß das Gesetz den Menschen nicht leben läßt, liegt nicht am Gesetz, sondern am Menschen, der es übertritt. So wird das Gesetz, das prinzipiell auch Leben vermitteln könnte, faktisch zum Spiegel der menschlichen Sünde. Das Gesetz, das dem Menschen das Leben verheißt, wird zum Ankläger und Fluchbringer.

3. Das Kreuz als Heilsgeschehen

Was bisher gesagt wurde, klingt relativ negativ. Das Kreuz entlarvt die menschliche Weisheit, die Gott ihren Kategorien unterwirft. Das Kreuz deckt auf, was der Mensch wirklich ist: ein Sünder, dem das Gesetz zu Recht das Todesurteil spricht. Allerdings, dies alles kann Paulus nur sagen, weil er im Kreuz das Zeichen des göttlichen Sieges und des menschlichen Heils sieht. Ihre strukturelle Voraussetzung hat diese Sicht im wesentlichen in der Kategorie der Sühne, mit deren Hilfe der Tod Jesu gedeutet wird. Paulus kann hier an eine bereits vorliegende Deutetradition anknüpfen, die auf die älteste Jerusalemer Gemeinde, vielleicht sogar auf Jesus selbst zurückgeht[22]. Sie deutet den Tod Jesu im Lichte des Gottesknechtes von Jes 53. Es sei hier nur an die Abendmahlsüberlieferung[23] oder an die traditionelle Sterbensformel (1 Kor 15, 3–5) erinnert.

Exkurs zur Bedeutung des biblischen Sühnegedankens:

Wir Heutigen tun uns mit der Aussage schwer, daß jemand sein Leben stellvertretend zur Sühne einsetzt[24]. Ein Teil unserer Schwierigkeit rührt sicherlich

---

[21] Die Juden haben das Gesetz, übertreten es aber (Röm 2, 17–29). Den Heiden, die das Gesetz nicht haben, ist „das Werk des Gesetzes in ihr Herz geschrieben" (Röm 2, 15). Doch auch sie haben Gott „nicht als Gott Ehre und Dank erwiesen" (Röm 1, 21).

[22] Vgl. dazu: H. MERKLEIN, Wie hat Jesus seinen Tod verstanden?, in: Pastoralblatt 48 (1996) 355–366.

[23] „Dies ist mein Leib, der für euch (gegeben wird)" (1 Kor 11, 24 [Lk 22, 19]); bei Mk 14, 24 ist die Sühnedeutung mit dem Kelchwort verbunden, wobei in der Formulierung ὑπὲϱ πολλῶν („für viele") noch am deutlichsten Jes 53 durchklingt.

[24] Vgl. dazu nur den neuesten Aufsatz zur Sache: W. ZAGER, Wie kam es im Urchristentum zur Deutung des Todes Jesu als Sühnegeschehen? Eine Auseinandersetzung mit Peter Stuhlmachers Entwurf einer „Biblischen Theologie des Neuen Testaments": ZNW 87 (1996) 165–186. Zager meint, daß „es für den Menschen seit dem

daher, daß wir von der Satisfaktionstheorie Anselms von Canterbury ausgehen und fragen: Wie kann Gott das Opfer eines Unschuldigen verlangen? Das biblische Denken hat einen ganz anderen Ausgangspunkt. Für das biblische Denken ist Sünde eine konkrete, fast dingliche Wirk-lichkeit, die durch (bewußte oder unbewußte) Fehltat gesetzt wird und dann zur Wirkung kommt. Sünde ist daher nicht in erster Linie eine Beleidigung Gottes, sondern eine Störung der menschlichen Lebenssphäre, die Gott in Form von Recht und Gerechtigkeit – wiederum fast dinglich verstanden – über die Erde gebreitet hat. Als in die Welt gesetzte Wirk-lichkeit muß die Sünde sich aus-wirken. Dies geschieht, indem sie auf den Sünder zurückschlägt und ihn vernichtet. Erst wenn die Ursache der Sünde beseitigt ist, ist auch die Wirk-lichkeit der Sünde zu Ende. Die entscheidende Frage lautet daher nicht: Wie wird ein erzürnter Gott besänftigt?, sondern: Wie kann der Mensch, der gesündigt hat und je immer wieder sündigt, mit der Wirk-lichkeit der Sünde leben, ohne daran zugrundezugehen? Gibt es ein Entrinnen aus dem tödlichen Strudel der Sünde?

Nach biblischer Auffassung ist Sühne eine, wenn nicht *die* Antwort auf diese existenzbedrohende Wirk-lichkeit der Sünde. Die alttestamentlichen Sühneriten sind alles andere als Vorleistungen zur Besänftigung Gottes. Sühne ist zuallererst eine Gabe Gottes. Die Sühneriten sind von Gott gewährte Symbole, mit deren Hilfe der Sünder, der in der von der Sünde gesetzten Wirk-lichkeit sein Leben ver-wirkt hat, neue Lebensperspektive gewinnen kann. In der Symbolwelt der Sühne tritt für den Sünder ein „Stellvertreter" auf, dessen Funktion je nach Sühneritus recht unterschiedlich konzipiert sein kann. Nun mag dem heutigen Menschen ein in den Tod gehender Stellvertreter – sei es ein geopfertes Tier oder ein Mensch, der sein Leben hingibt – als allzu drastisches Symbol erscheinen. Doch ist gerade dieses Symbol der adäquate Ausdruck der noch viel drastischeren Wirklichkeit der Sünde, die unweigerlich den Tod produziert und nur im Tod bewältigt werden kann. Ist unser Unbehagen vielleicht schon ein Teil eines unbewußten Verdrängungsmechanismus? Kann es nicht sein, daß wir nur die eigene Schuld beschönigen, wenn wir den Stellvertreter für unangebracht halten?

Eine andere Frage ist, ob Stellvertretung mit der Kategorie des Symbolischen angemessen zu umschreiben ist. Hier kommt alles auf das richtige Verständnis des Symbolischen an. Entgegen einem weitverbreiteten Mißverständnis ist symbolische Wirklichkeit keine „bloß symbolische", uneigentliche Wirklichkeit im

---

Zeitalter der Aufklärung ein inakzeptabler Gedanke" sei, „daß Jesus vor zwei Jahrtausenden in seinem Kreuzestod Schuld und Strafe aller Menschen ... auf sich genommen und beseitigt haben soll" (185). Das scheint mir der falsche Weg zu sein. Der Herausforderung der Aufklärung muß mit intensiverer Hermeneutik, nicht mit einem Rückzug aus den neutestamentlichen Sachaussagen begegnet werden. Wenn es sich mit der Sühneaussage so verhielte, wie Zager meint, dann wäre es m. E. konsequenter, die Gültigkeit paulinischer oder neutestamentlicher Heilsaussagen überhaupt in Frage zu stellen. Denn daß die Menschen „als vor Gott Schuldige ... auf seine Vergebung angewiesen" sind (186), ist ebenfalls eine mythologische Aussage; und wenn das Kreuz nur „in die Nachfolge" ruft (ebd.), wird Jesus zum exemplarischen Menschen und verliert seine eigentliche soteriologische Bedeutung.

Gegensatz zur „eigentlichen" Wirklichkeit der sogenannten realen Gegebenheiten. Im Symbol erschließt sich vielmehr erst die eigentliche Wirklichkeit, die letztlich sogar nur im Symbol zugänglich ist. Erst im Licht einer symbolischen Welt erschließen sich die ansonsten sinnleeren realen Gegebenheiten als sinnvolle Welt. Die symbolische Welt ist daher die notwendige Metaebene zu den realen Gegebenheiten, wenn man sich nicht a priori mit einer sinnlosen Welt abfinden will. Natürlich ist die Wirklichkeit der symbolischen Welt nicht einfach zuhanden, sondern muß in sprachlicher Deutung und im rituellen (sakramentalen) Vollzug gewagt (religiös gesprochen: geglaubt) werden. Doch erweist sich ihre Wirklichkeit in der Pragmatik eines ordnenden Umgangs mit den realen Gegebenheiten, die sich dadurch erst zur Wirklichkeit einer menschlich wahrnehmbaren Welt fügen bzw. erst zur sinnvollen Wirklichkeit werden. Bezogen auf die hier erörterten biblischen Zusammenhänge heißt das, daß im Symbol des Stellvertreters nicht nur die drastische Wirklichkeit der Sünde (die zu den realen Gegebenheiten gehört) vor Augen geführt wird, sondern zugleich eine Wirklichkeit aufgerufen wird, die es erlaubt, die sinnzerstörenden Gegebenheiten zu Möglichkeiten der Sinnstiftung umzuwerten. Diese Wirklichkeit wird nicht einfach durch das Tun des Stellvertreters gesetzt, das als solches ja auch nur eine – noch dazu episodale – Gegebenheit wäre. Sie hat vielmehr ihren Grund im Wagnis einer symbolischen Welt, in der der Stellvertreter als von Gott gesetztes Symbol geglaubt wird.

Mit dem Stichwort des Glaubens läßt sich eine weitere Schwierigkeit ausräumen, die dem Stellvertretungsgedanken anhaftet. Selbstverständlich ist Schuld unvertretbar. Niemand kann die Schuld auf einen anderen abwälzen. Niemand kann die Schuld eines anderen übernehmen. Eben deshalb ist es wichtig, die Symbolizität von Sühne und Stellvertretung ernst zu nehmen. Sühne ist keine magische Handlung, die aus sich selbst wirksam ist. Der Stellvertreter ist kein magischer Ersatz, der das sündige Subjekt so leben läßt, als hätte es nie gesündigt. Statt seine Schuld abzuwälzen, muß sich das schuldige Subjekt gerade zu seiner Schuld bekennen, wenn es das Symbol des Stellvertreters in Anspruch nimmt. In irgendeiner Weise muß es in Korrelation treten zum Todesgeschick des Stellvertreters, in dem es sein eigenes Geschick erkennen und anerkennen muß. In der Annahme des Symbols des Stellvertreters geschieht letztlich Subjektwerdung des Sünders, der so, aber auch nur so, den Stellvertreter zugleich als Symbol einer von Gott gewährten neuen Wirklichkeit und Sinnstiftung in Anspruch nehmen darf. Während die als Schöpfung gedeutete Welt dem Sünder zum lebensbedrohenden Chaos wird, kann sie in der Annahme des Stellvertreters erneut als Schöpfung, ja als neue Schöpfung gewagt werden.

Damit können wir wieder zu Jes 53 zurückkehren. Der Gottesknecht gibt sein Leben als Sühne bzw. – wie es wörtlich heißt – als „Schuldopfer" (*ʾāšām*)[25] (V. 10). Er nimmt die Schuld der vielen auf sich (V. 11) und trägt die Sünden der vielen (V. 12). Wegen unserer Verbrechen und Sünden wird

---

[25] Das (kultische) Schuldopfer (Lev 5, 14–26) geht von der Ableistung einer Schuldverpflichtung bzw. einer Ersatzleistung aus; vgl. R. KNIERIM, Art. *ascham*, Schuldverpflichtung, in: THAT I (1971) 251–257.

er mißhandelt (V. 5; vgl. V. 8). Auf ihm liegt die Strafe (V. 5), all unsere Sünden wirft der Herr auf ihn (V. 6). In der letzten tödlichen Züchtigung, die ihn trifft (VV. 7 f.), erleidet er demnach das Geschick der Sünder. Im wesentlichen operiert der Text mit dem Gedanken der Ersatzleistung, wonach ein Gerechter *an die Stelle* der Sünder tritt und sein Leben zur Ableistung der Schuldverpflichtung der Sünder einsetzt (VV. 10. 12). Auch hier wäre es selbstverständlich ein grobes Mißverständnis, Ersatzleistung und Stellvertretung im Sinne einer magischen Beseitigung von Schuld und Sühne zu werten. Im Symbol des Gottesknechtes begegnet eine von Gott geschaffene und garantierte Wirklichkeit, die vom Sünder gerade nicht objektiv beansprucht werden kann, sondern – im Eingeständnis der eigenen Schuld und unter unbeschönigter Anerkennung der durch die Sünde geschaffenen Wirklichkeit – nur im ebenso unvertretbaren Akt des Glaubens dankbar entgegengenommen werden kann.

Traditionen, die mit Hilfe von Jes 53 den Tod Jesu deuten, übernimmt Paulus an mehreren Stellen (1 Kor 15, 3; Gal 1, 4; Röm 4, 25)[26]. Doch bleibt Paulus bei diesem Gedanken nicht stehen, sondern spitzt ihn zu – und dies nicht an untergeordneten oder beiläufigen Stellen. Gal 3, 13 ist der christologische und soteriologische Höhepunkt der argumentatio des Galaterbriefes. 2 Kor 5, 21 ist der christologische und soteriologische Höhepunkt der Apologie des 2. Korintherbriefes. Im Corpus Paulinum gibt es überhaupt nur noch eine Stelle, die unter der genannten Rücksicht eine argumentativ vergleichbare Bedeutung hat, das ist Röm 3, 25 f. Die Bedeutung von Gal 3, 13 und 2 Kor 5, 21 kann daher gar nicht hoch genug eingeschätzt werden. Paulus legt offensichtlich Wert auf den Gedanken, daß Christus nicht einfach nur an der Stelle der Sünder (pro aliis), sondern für uns *als Sünder, als Verfluchter* (als alter ego) gestorben ist: Er ist „für uns zum Fluch" geworden (Gal 3, 13), Gott hat ihn „für uns zur Sünde gemacht" (2 Kor 5, 21). Paulus nimmt das Wort von Dtn 21, 22 f. also auch christologisch ernst. Dabei dürfte ihm die Vorstellung vom Sündopfer geholfen haben, den (deuteronomistischen) Fluchtod mit dem (deutero-jesajanischen) Heilstod „für uns" zusammenzudenken. Tatsächlich weist einiges darauf hin, daß Paulus religionsgeschichtlich hier seine Anleihen gemacht hat. In einen ähnlichen Kontext führt übrigens auch Röm 3, 25 f., das auf den Jom Kippur, den Großen Versöhnungstag (und das damit verbundene Sündopfer), hindeutet.

---

26 Sachlich wäre hier auch die sog. Kurzform zu nennen, die vom Dahingeben bzw. Sterben „für uns" spricht (Röm 8, 32; Gal 2, 20 bzw. Röm 5, 6. 8; 14, 15; 1 Kor 8, 11; 2 Kor 5, 15; 1 Thess 5, 10).

Konstitutiv für das *Sündopfer*, wie es in Lev 4, 1–5, 13; 16²⁷ beschrieben ist, sind Handaufstemmung und Blutapplikation²⁸. Der Opfernde legte bzw. stemmte seine Hand auf den Kopf des Opfertieres (Jungstier oder Bock). Die Handaufstemmung diente im Falle des Sündopfers nicht der Übertragung der sündigen Materie (der Sünden), sondern (wahrscheinlich) der Identifizierung des Sünders mit dem in den Tod gehenden Opfertier. Das Opfertier ist nicht Ersatz für den Sünder, vielmehr vollzieht sich im Tod des geschlachteten Tieres symbolisch der Tod des Sünders. Das Blut des zum Alter Ego gewordenen Opfertieres wird dann an den Brandopferaltar, vor den Vorhang vor dem Allerheiligsten oder – am Großen Versöhnungstag – an die Deckplatte (M = *kapporet*; LXX: ἱλαστήριον)²⁹ der Bundeslade gesprengt. Es „wird eine zeichenhafte Lebenshingabe des Opfernden an das Heiligtum Gottes vollzogen"³⁰. Es handelt sich also nicht nur um einen „negative(n) Vorgang einfacher Sündenbeseitigung oder bloßer Buße. Es ist ein Zu-Gott-Kommen durch das Todesgericht hindurch."³¹

Vor diesem Hintergrund läßt sich vor allem die erste Hälfte von 2 Kor 5, 21 verstehen: „Ihn, der die Sünde nicht kannte, hat er (= Gott) zur Sünde gemacht." Die Sündlosigkeit Christi wird festgehalten: Christus hat nicht gesündigt, war von der Sündenmacht nicht infiziert. Eben diesen Sündlosen hat Gott zur „Sünde", d. h. – abstractum pro concreto – zum „Sünder" gemacht. Beides läßt sich nur zusammendenken, wenn das Zum-Sünder-Machen stellvertretend „für uns" geschehen ist. Dem Kontext nach ist dies im Tod Christi, also am Kreuz geschehen. Paulus deutet den Tod Christi als Tod des Sünders, den Christus für uns stirbt. Christus ist unser Stellvertreter, aber nicht in dem Sinn, daß der Sündlose *als Ersatz* für die Sünder gestorben ist, so daß diese nicht sterben müssen. Stellvertretung zielt hier vielmehr auf *Identifizierung* bzw. auf *Identitätsübernahme*. Das

---

²⁷ In Lev 16 werden verschiedene Sühneriten zusammengestellt. Zu unterscheiden sind insbesondere der Bock „für den Herrn" und der Bock „für Asasel" (V. 8). Der Bock für Asasel ist der Sündenbock, an dem der Eliminationsritus vollzogen wird (vgl. dazu: B. JANOWSKI–G. WILHELM, Der Bock, der die Sünden hinausträgt. Zur Religionsgeschichte des Azazel-Ritus Lev 16, 10. 21 f., in: B. JANOWSKI–K. KOCH–G. WILHELM [Hg.], Religionsgeschichtliche Beziehungen zwischen Kleinasien, Nordsyrien und dem Alten Testament [OBO 129], Freiburg/Schweiz–Göttingen 1993, 109–169). Zum Sündopfer dient allein der Bock für den Herrn.
²⁸ Ich folge hier der Darstellung von B. JANOWSKI, Sühne als Heilsgeschehen. Studien zur Sühnetheologie der Priesterschrift und zur Wurzel KPR im Alten Orient und im Alten Testament (WMANT 55), Neukirchen-Vluyn 1982, bes. 198–276.
²⁹ Vgl. Röm 3, 25.
³⁰ B. JANOWSKI, Sühne (s. Anm. 28) 360.
³¹ H. GESE, Die Sühne, in: DERS., Zur biblischen Theologie. Alttestamentliche Vorträge, Tübingen ²1983, 85–106, hier 104.

Sterben Christi ist das Sterben des homo peccator, das Sterben des Sünders, unser Sterben, so daß Paulus sagen kann: „Einer ist für alle gestorben, also sind alle gestorben" (2 Kor 5, 14). Was weiter oben bereits ausgeführt wurde (s. o. 2), wird nun auch religionsgeschichtlich – durch die Vorstellung vom Sündopfer – nachvollziehbar. Am Kreuz wird Christus zum Repräsentanten des Menschen. Am Kreuz tritt zutage, wer der Mensch in Wahrheit ist: der homo peccator, der Sünder, der unter dem Fluch des Gesetzes steht.

Durch den Hintergrund des Sündopfers wird ein Stück weit auch verständlich, daß Paulus diesen negativen Vorgang als Heilsgeschehen deuten kann. Denn auch beim Sündopfer bleibt es nicht beim symbolischen Tod des Sünders, sondern dadurch, daß das Blut des Opfertieres (das nichts anderes als das verwirkte Leben des Sünders darstellt) an den Altar oder vor die Bundeslade gesprengt wird, wird dem Sünder neuer Kontakt zu Gott eröffnet. Diese Blutapplikation wird in 2 Kor 5, 21 nicht weiter aufgegriffen. Die Vorstellung klingt aber an anderen Stellen an, etwa wenn Paulus davon spricht, daß wir „im Blute" Christi gerechtfertigt sind (Röm 5, 9), oder wenn er Christus als den von Gott gesetzten eschatologischen „Sühneort" (in Analogie zur *kapporet*) vorstellt (Röm 3, 25).

In 2 Kor 5, 21b wird das am Kreuz stattfindende Heilsgeschehen als *Identitätsaustausch* umschrieben. Weil es Christus, der sündenlose Sohn Gottes ist, der unsere Identität (homo peccator) übernimmt, wird es möglich, daß wir „zur Gerechtigkeit Gottes in ihm" werden, d. h. wiederum als abstractum pro concreto verstanden, daß wir „in ihm" (durch ihn) zu „Gerechten Gottes" werden. Auch hier bleibt zu betonen, daß es Paulus um Identität geht und nicht nur um das mehr oder minder äußere Geschenk göttlicher Gerechtigkeit. Rechtfertigung beinhaltet einen Existenzwechsel. Es geht um eine Veränderung des Soseins, um einen Akt neuer Schöpfung (vgl. 2 Kor 5, 17). Das Kreuz, das uns in drastischer Weise vor Augen stellt, wer wir sind, eröffnet zugleich die Möglichkeit, daß wir in der Annahme unserer Identität und in der glaubenden Identifizierung mit dem für uns zur Sünde und zum Fluch gewordenen Christus seine Identität erhalten, kurz: daß wir ER werden. Wer glaubt, ist mit Christus gekreuzigt (Gal 2, 19). Wer getauft ist, ist mit Christus begraben (Röm 6, 3–6). Paulus kann sogar sagen: „nicht mehr ich lebe, sondern Christus lebt in mir" (Gal 2, 20). Oder: „Ihr alle, die ihr auf Christus getauft seid, habt Christus angezogen. Da ist nicht mehr Jude noch Grieche, nicht mehr Sklave noch Freier, nicht mehr männlich und weiblich, denn ihr alle seid einer in Christus" (Gal 3, 27 f.), d. h., alle haben die gleiche Identität, sind „alter Christus". Der Schandpfahl des Kreuzes wird zum Zeichen des Heils. Auch hier wäre es ein Mißverständnis des Symbols, wenn die Identität, die der Glaubende in Christus findet, als Aufgabe der eigenen Identität verstanden würde. In der Identifizierung mit Christus findet vielmehr der Mensch erst zu sich selbst, wird zu dem eschatologischen Menschen, wie ihn Gott in seinem Heilswerk vorgesehen hat (vgl. 1 Kor 15, 44b–49). Diese letztlich entscheidende eschatologische und soteriologische Identität hindert nicht die uns heute so wichtig erscheinende Individualität, die, soweit sie von der Schöpfung vorgegeben ist, von Paulus festgehalten (vgl. 1 Kor 7; 11, 2–16) bzw., soweit sie durch die Erlösungsordnung bedingt ist, von ihm in der Charismenlehre entfaltet wird (1 Kor 12; Röm 12).

4. Zusammenfassung und Ausblick

Das Kreuz steht im Mittelpunkt der paulinischen Theologie. Was uns das Verstehen der paulinischen Position erschwert, ist die Gewöhnung an das Kreuz. Denn gerade das Ärgernis und die Torheit, die das Kreuz für Paulus und die antike Welt bedeuten, machen das Kreuz zum diakritischen Zeichen, das letztlich keine Theologie vernachlässigen darf, wenngleich man nicht von jeder Theologie erwarten kann, daß sie die diakritische Funktion so scharf herausstellt, wie es Paulus getan hat. Auf drei Aspekte wurde in den vorausgehenden Ausführungen verwiesen:

1. *Die gnoseologische Funktion:* Das Kreuz ist das Kriterium der Gotteserkenntnis. Gott darf nicht den Bedingungen menschlicher Weisheit unterworfen werden. Gotteserkenntnis ist nie nur ein Akt theoretischer (philosophischer) Erkenntnis. Gotteserkenntnis verlangt Entscheidung, schließt also die Bereitschaft des Gehorsams und des Glaubens ein. Wer Gott erkennen will, muß die eigene Weisheit und überhaupt, was Menschen als Weisheit erscheint, zur Disposition stellen. Nur so läßt sich Gottes Weisheit erkennen, die dem Menschen freilich nie zur menschlichen Weisheit wird, sondern immer Geheimnis bleibt. Das Kreuz wird zum Symbol, das in letzter Konsequenz die Gottesfrage stellt und beantwortet. Am Kreuz zerbrechen alle menschlichen Sinnentwürfe. Am Kreuz wird offenkundig, ob und wie sehr der Mensch bereit ist, seine Unfähigkeit einzugestehen, selbst die Sinnfrage beantworten zu können. Das Kreuz ist das Postulat und zugleich auch das Konzept einer Sinnwelt, die der Mensch selbst nicht begründen kann.

2. *Die anthropologische Funktion:* Der Gekreuzigte, der „für uns" zum Sünder und Fluchträger geworden ist, enthüllt die conditio humana. Am Kreuz kommt zum Vorschein, wer der Mensch wirklich ist: der Sünder, der Gottes Gebot übertritt, und deshalb zu Recht nur gebrochen lebt und dem Tod entgegengeht. Dies zu erkennen und anzuerkennen ist für Paulus nicht das Ergebnis einer allgemeinen theologischen Theorie, sondern die Folge der Konfrontation mit dem Kreuz. Nirgends anders als unter dem

Kreuz wird überhaupt erst deutlich, wie verloren, pervers sich selbst in die Tasche lügend und unwiderruflich todgeweiht der Mensch ist. Dies anzuerkennen ist ein Akt des Gehorsams, der in dieser Radikalität ebenfalls nur unter dem Kreuz zu leisten ist. Damit deutet sich bereits der nächste Punkt an.

3. *Die soteriologische Funktion:* Weil es Christus ist, der mir am Kreuz in meiner Identität als Sünder begegnet, bin ich überhaupt erst fähig, mich selbst in meinem wahren Sosein anzunehmen. Indem ich dies aber tue, werde ich eins mit dem gekreuzigten Christus, der mir im Tode des selbstmächtigen Sünders die Möglichkeit eines Lebens in Freiheit schenkt. Der Schandpfahl des Kreuzes wird zum Zeichen des Heils. Er bleibt allerdings Schandpfahl, und nur indem ich mich zum Fluch bekenne, der auf mir lastet und am Kreuz zum Vorschein kommt, wird mir das Kreuz zum Heil. Das Heil muß in der Paradoxie des Kreuzes, und das heißt, im Gehorsam gegen Gott, durchgehalten werden. Von hier aus könnte man leicht zu weiteren Aspekten und Funktionen des Kreuzes vorstoßen, wie z. B. zur ethischen Bedeutung (vgl. nur Phil 2, 5). Doch können diese Gedanken hier nicht weiter verfolgt werden.

Abschließend sei wenigstens kurz auf ein Ereignis verwiesen, das vor zwei Jahren das Kreuz in den Mittelpunkt der gesellschaftlichen Diskussion gerückt und, ohne es zu wollen, die theologische Problematik einer heutigen Rezeption paulinischer Kreuzestheologie deutlich vor Augen geführt hat. Gemeint ist der sogenannte Kruzifix-Beschluß des Bundesverfassungsgerichts, der am 16. Mai 1995 ergangen und am 10. August 1995 veröffentlicht worden ist[32]. Die Gegner des Beschlusses haben auf die christlich-abendländischen Grundlagen unserer Gesellschaft verwiesen und das Kreuz als Kultursymbol herausgestellt. Nun könnte man dagegen gerade Paulus ins Feld führen: Für ihn war das Kreuz kein Kultursymbol, sondern die Krisis aller menschlichen Weisheit und damit auch aller menschlichen Kultur. Wenn eine Gesellschaft das Kreuz nicht haben will, definiert sie sich im Sinne des Paulus als „Welt", die Gott den Gehorsam verweigert. Insofern – so könnte man folgern – übernimmt das aus den Klassenzimmern entfernte Kruzifix gerade die diakritische Funktion des Kreuzes.

Das ist grundsätzlich gewiß richtig, bedarf aber der Differenzierung. Die Welt, in der wir leben, ist nicht einfach die heidnische Welt des Paulus. Auch wenn die heutige Welt säkularisiert ist, baut sie auf Elemente der

---

[32] Vgl. dazu: H. MAIER (Hg.), Das Kreuz im Widerspruch. Der Kruzifix-Beschluß des Bundesverfassungsgerichts in der Kontroverse (QD 162), Freiburg–Basel–Wien 1996.

christlichen Religion auf und kann auf den Sinnhorizont einer „Zivilreligion" nicht verzichten[33]. Wenn sie diese nicht der Gefahr fortschreitender Minimalisierung und rein subjektiver Reichweite aussetzen will, bedarf es einer subjekt- und letztlich auch gesellschaftsunabhängigen Letztbegründung. Das gilt vor allem für das die Gesellschaft tragende Wertesystem. Die grundlegenden Bedingungen der Möglichkeit eines solchen Wertesystems sind das Wissen um das Extra nos eines Sinnentwurfs und das Wissen um die Unverfügbarkeit der Werte. Diese können nicht durch gesellschaftliche, auch nicht durch demokratische Willensbildung festgelegt werden, sondern liegen dem Willensbildungsprozeß voraus. Die Gesellschaft lebt von Werten, die sie sich selbst nicht geben kann. Damit fällt der Kirche eine fundamentale gesellschaftliche Aufgabe zu. Es gilt der säkularisierten Gesellschaft und der von ihr favorisierten Zivilreligion das Extra nos eines tragfähigen Sinnentwurfs und die Unverfügbarkeit des Wertesystems zu bezeugen. Dieser Aufgabe wird die Kirche in dem Maße gerecht, als sie für sich selbst das Extra nos des Heils und die Unbedingtheit der Liebe festhält. Dies kann durch nichts klarer und radikaler zum Ausdruck gebracht werden als durch die Bezeugung des Gekreuzigten. Die Plausibilität für diesen Zusammenhang mag nicht überall und nicht in allen Gesellschaften ungebrochen gegeben sein, ist vor dem Hintergrund der abendländischen Tradition hierzulande aber eigentlich selbstverständlich. So gesehen, ist das Kreuz nicht nur Kultursymbol, schon gar nicht eines unter anderen. Das Kreuz wird zur kritischen Anfrage an die Gesellschaft, wie sie es mit der sogenannten Zivilreligion hält. Benutzt sie diese nur zur eigenen Selbstbestätigung? Dann würde sie die Zivilreligion – gerade in deren Religionsanspruch – nur pervertieren. Oder sieht sie in der Zivilreligion das unabhängige Fundament verantwortlichen Handelns? Daß es der Kirche nur teilweise gelingt, diese Funktion des Kreuzes der Gesellschaft zu vermitteln, hat wohl damit zu tun, daß das Kreuz innerkirchlich nicht selten zum Zeichen des Triumphes geworden ist. Nun ist das Kreuz gewiß das Zeichen des Triumphes *Gottes*. Aber gerade als solches kann es nur im Glauben an die Torheit der Verkündigung festgehalten werden. Die Kirche wird daher sehr darauf zu achten haben, daß sie das Kreuz nicht unter der Hand – weder innerkirchlich noch in der Außenrepräsentation – zum Symbol der eigenen menschlichen und kirchlichen Weisheit macht. Nur so kann es auch der säkularisierten Welt vermittelt und bezeugt werden.

---

[33] Dazu und zu den folgenden Ausführungen vgl. E. JÜNGEL, Evangelischer Indikativ. Untergang oder Renaissance der Religion?: EK Nr. 6/1995, 329–332.

14. „Nicht aus Werken des Gesetzes . . ."

Eine Auslegung von Gal 2,15–21

Die These, daß „aus Werken des Gesetzes" niemand gerechtfertigt werde (Gal 2,16), scheint Paulus auf der ganzen Linie von seinen eigenen jüdischen Wurzeln abzuschneiden. Dies träfe zumal dann zu, wenn die These das Ziel hätte, das Befolgen des Gesetzes als unnütz oder sogar als Sünde zu deklarieren. Aber gerade an dieser Stelle ist Vorsicht geboten. Die folgenden Ausführungen wollen zeigen, daß das Konzept des Paulus differenzierter ist.

Hintergrund des Galaterbriefes ist die Hinkehr der galatischen Gemeinden zu einem „fremden Evangelium" (Gal 1,6). Offensichtlich haben konservative Judenchristen die von Paulus gegründeten Gemeinden „nach-missioniert" und – ähnlich wie die „Falschbrüder" von Gal 2,4 – die von Paulus verkündete „Freiheit argwöhnisch beobachtet". Positiv erkennbar ist, daß sie die Beschneidung und die Einhaltung eines (rituell relevanten) Kalenders verlangten (Gal 5,2.11f; 6,12; 4,8–10). Im Gegenzug zum „solus Christus" des Paulus haben sie an der grundsätzlichen Heilsrelevanz des Gesetzes festgehalten und neben der Einhaltung der sittlichen Forderungen wohl auch die Befolgung eines bestimmten rituellen Mindestprogramms verlangt[1]. Letzteres vorausgesetzt, ergäben sich unmittelbare Parallelen zum Antiochenischen Konflikt (Gal 2,11–14).

In Antiochien hatte Kephas mit den Heidenchristen Tischgemeinschaft gepflegt (Gal 2,12). Als aber Leute aus Jerusalem kamen, zog er sich zurück und sonderte sich ab. Offensichtlich fürchtete er, daß ihm die Jerusalemer einen Verstoß gegen rituelle Vorschriften des Gesetzes (Reinheits- und Speisegebote) vorwerfen könnten. In diesem Rückzug des Kephas, dem sich die übrigen Antiochenischen Judenchristen anschlossen (Gal 2,13), sah Paulus ein Abweichen von der „Wahrheit des Evangeliums", so daß er dem Kephas offen und in Gegenwart aller entge|gentrat: „Wenn du, der du ein Jude bist, heidnisch und nicht jüdisch lebst, wie kannst du dann die Heiden (= Heidenchristen) zwingen, jüdisch zu leben (ἰουδαΐζειν)?" (Gal 2,14). Der Verweis auf die heidnische Lebensweise des Kephas spielt auf die Tischgemeinschaft mit den Heidenchristen an. Durch den Rückzug des Kephas sind sie praktisch genötigt, zumindest bestimmte gesetzliche Mindestforderungen einzuhalten, wenn die Tischgemeinschaft mit den Judenchristen weiter praktiziert werden soll. In einer derartigen „judaisierenden" Regelung sieht Paulus eine Gefahr für den Glauben an Christus.

---

[1] Inhaltlich wird man an die sog. Jakobusklauseln (Apg 15,20.29) oder vergleichbare Forderungen zu denken haben (in Adaption von Lev 17.18?).

Doch auch wenn keine unmittelbaren Berührungspunkte zum Antiochenischen Konflikt gegeben sein sollten, bleibt dieser auf einer grundsätzlichen Ebene von paradigmatischer Bedeutung für die galatische Auseinandersetzung.
Denn auch in Antiochien ging es Paulus nicht um eine Detailfrage. Für ihn stand
die „Wahrheit des Evangeliums" auf dem Spiel, so daß er das Spezialproblem
(der Verbindlichkeit ritueller Vorschriften) als grundsätzliche Frage nach den
„Werken des Gesetzes" diskutieren kann. Insofern kann Gal 2,15–21, obwohl
situativ und formell noch als Fortsetzung der Rede an Kephas zu erkennen, in
der rhetorischen Struktur des Galaterbriefes zur propositio werden[2], in der Paulus seine auch im galatischen Streit gültige Position als These markiert.

Gal 2,15f

(15) Wir, die wir von Natur Juden und nicht aus den Heiden Sünder sind, (16) –
wissend [aber], daß der Mensch nicht gerechtfertigt wird aus Werken des Gesetzes außer durch Glauben an Jesus Christus – auch wir sind zum Glauben an
Christus Jesus gekommen, damit wir gerechtfertigt werden aus Glauben an
Christus und nicht aus Werken des Gesetzes, denn aus Werken des Gesetzes
wird kein Fleisch gerechtfertigt werden.

Mit „wir" schließt Paulus sich mit Kephas und den vorher genannten „Juden"(-christen) (Gal 2,13) und überhaupt mit allen Judenchristen zusammen.
Die Gegenüberstellung zu den „Heiden" spielt auf die Privilegien der „Juden"
an. Mit „von Natur" soll kein physischer oder ethnischer Vorzug hervorgekehrt
werden. Was die Juden von den Heiden unterscheidet, ist ihre Erwählung (vgl.
Röm 3,1f; 9,4f). Und daran partizipieren die Judenchristen kraft ihrer jüdischen
Natur bzw. Herkunft. | Im Kontext von Gal 2,15 dürfte vor allem an das Gesetz
als auszeichnendes Merkmal gedacht sein[3]. Gerade das Privileg des Gesetzes
macht es verständlich, daß die Heiden aus jüdischer Sicht als „Sünder" erscheinen: „der Heide ist – sowohl seinem Wesen als Nichtjude wie seiner nicht von
der Tora normierten Lebensweise nach"[4]. Insofern stellt sich Paulus mit der
Wertung der Heiden als „Sünder" nur auf einen traditionell jüdischen Standpunkt. Dabei geht es ihm hier gar nicht um die Heiden. Deren Negativwertung
dient nur als Hintergrund, um den heilsgeschichtlichen Vorzug der Judenchristen zum Ausdruck zu bringen: Sie sind „von Natur Juden" und daher – von
Haus aus – eben *nicht* Sünder wie die Heiden.

---

[2] Zur rhetorischen Struktur vgl. bes. *H. D. Betz*, Gal 54–72.212–215. Zu anderen Ergebnissen kommt jetzt *V. Jegher-Bucher*, Galaterbrief, bes. 163–179.

[3] Vgl. Röm 2,17–20; zur Sache: *P. Billerbeck*, Kommentar zum Neuen Testament aus Talmud und Midrasch III, München [4]1965, 126–133.

[4] *K. H. Rengstorf*, Art. ἁμαρτωλὸς κτλ., in: ThWNT I (1933) 320–339, hier 329.

Die positive Darstellung der Judenchristen in V. 15 ist wiederum nur die Folie für die eigentliche Hauptaussage, auf die Paulus in V. 16 – ἡμεῖς von V. 15 durch καὶ ἡμεῖς wieder aufgreifend – zusteuert: Obwohl *wir* Juden und nicht Sünder aus den Heiden sind, ist dennoch festzustellen: *Auch wir, sogar wir*, sind zum Glauben an Christus Jesus gekommen“. Sogar wir, und nicht nur die Heiden, die als Sünder auf den Glauben offensichtlich angewiesen sind. Was Paulus in der dazwischengeschobenen Parenthese (im Griechischen Partizipialkonstruktion) zur Erläuterung der Glaubensentscheidung angibt, ist sowohl in seiner pragmatischen Funktion als auch in seinem Inhalt nicht ganz einfach zu verstehen. Wenden wir uns zunächst der inhaltlichen Seite zu! Bei den „Werken des Gesetzes“, die als Mittel der Rechtfertigung bestritten werden, darf man nicht nur an rituelle Vorschriften etwa im Sinne des ἰουδαΐζειν von Gal 2,14 denken. Paulus geht es um eine generelle Aussage, die für „alles Fleisch“ gilt. Was aber heißt dann, daß „der Mensch aus Werken des Gesetzes nicht gerechtfertigt wird“? Will Paulus damit sagen, daß *„das Bemühen des Menschen, durch Erfüllung des Gesetzes sein Heil zu gewinnen*, ihn nur in die Sünde hineinführt, ja im Grunde selber *schon die Sünde ist*“[5]? Soll der Mensch gerade „deshalb nicht aus Gesetzeswerken ‚gerechtfertigt‘ werden, weil er nicht wähnen | darf, aus eigener Kraft sein Heil beschaffen zu können“[6]?

Dann freilich träfe es zu, daß Paulus „einer eigentümlichen Perspektivenverzerrung erlegen“ wäre, weil er „nicht wahrgenommen“ hätte bzw. „aus bestimmten Gründen . . . vielleicht gar nicht wahrnehmen“ konnte, „daß das Gesetz im biblischen Verstande *Bundesgesetz* ist“[7]. Nach biblischer und jüdischer Sicht ist das Tun des Gesetzes nicht mit dem Anspruch verbunden, sich das Heil durch eigene Leistung zu beschaffen. Das Gesetz ist zuallererst gnädige Gabe Gottes. Es ist die Bundesordnung, die Israel auszeichnet. Selbstverständlich muß es als solche auch befolgt werden. Seine Lebensverheißung gilt denen, die es erfüllen. An dieser Lebensverheißung zweifelt auch Paulus nicht. In Gal 3 hält er ausdrücklich das Urteil der Schrift fest: „Verflucht ist jeder, der nicht verharrt bei allem, was geschrieben steht im Buch des Gesetzes, um es zu tun“ (V. 10 b = Dtn 27,26), und: „Wer sie (d. h. die im Buch des Gesetzes geschriebenen Gebote) tut, wird durch sie leben“ (V. 12 b = Lev 18,5). Noch deutlicher formuliert er in Röm 2,13: „Denn nicht die Hörer des Gesetzes sind vor Gott gerecht, sondern die Täter des Gesetzes werden gerechtfertigt werden“ (vgl. auch Röm 10,5). Paulus hält also fest an dem *soteriologischen Prinzip* des Gesetzes, das auf dem *Tun* beruht.

---

[5] *R. Bultmann*, Theologie des Neuen Testaments, 7., durchges. um Vorw. u. Nachtr. erw. Aufl., hrsg. von O. Merk (UTB 630), Tübingen 1977, 264 f.

[6] Ebd. 265.

[7] *H.-J. Schoeps*, Paulus. Die Theologie des Apostels im Lichte der jüdischen Religionsgeschichte, Tübingen 1959, 224. Zur Sache vgl. *F. Mußner*, Gal 188–204.

Von daher ist es geradezu ausgeschlossen, daß Paulus in Gal 2,16 sagen will, daß der Mensch, der das Gesetz *tut*, nicht gerechtfertigt wird. Und daß dieses (dem Gesetz im Prinzip adäquate) Tun nur deswegen abzulehnen sei, weil es vom Willen geleitet ist, sich aus eigener Kraft das Heil zu verschaffen, ist im Text durch nichts angezeigt. Im übrigen wäre das hier zurückgewiesene Verständnis nur schwer mit dem Kontext zu vereinbaren. Denn wenn Paulus sagen wollte, daß das Tun des Gesetzes Sünde sei, dann wäre es völlig unsinnig, Juden und Heiden in der Weise von Gal 2,15 gegenüberzustellen. Der Vorzug der Juden fiele a priori dahin, und die Lebensverheißung des Gesetzes wäre nichts als ein zynisches Täuschungsmanöver. Wenn aber auszuschließen ist, daß das Tun des Gesetzes Sünde ist, dann kann Paulus mit den „Werken des Gesetzes" nicht die Praxis des Gesetzes (die Gesetzeserfüllung), sondern nur das (soteriologische) Prinzip des Gesetzes meinen, das die Lebensverheißung an das Tun bindet. Paulus will also sagen: Wenn sogar | die Judenchristen, obwohl sie von Natur aus Juden und keine Sünder aus den Heiden sind, zum Glauben an Christus gekommen sind, dann geschah das in dem „Wissen", daß niemand, also auch sie selbst nicht, nach dem Prinzip der „Gesetzeswerke" gerechtfertigt wird; dies allerdings nicht, weil das Tun des Gesetzes Sünde ist, sondern weil das Gesetz aufgrund des ihm inhärierenden Prinzips, das den Tätern das Leben verheißt, faktisch niemand gerechtsprechen kann: Offensichtlich gibt es niemand, der nach dem Kriterium der „Werke des Gesetzes" vor Gott bestehen kann. Indirekt heißt dies, daß das Gesetz – nicht prinzipiell, aber faktisch – alle als Sünder überführt. Im Blick auf die Judenchristen (die von ihrer Herkunft her *keine* Sünder sind) wird diese (im Nachhinein faktisch doch nötige) Schlußfolgerung in V. 17 gezogen.

Wenn Paulus den eben erläuterten Sachverhalt als „Wissen" deklariert, so will er damit selbstverständlich nicht die subjektive Voraussetzung der Glaubensentscheidung angeben. Ob das Wissen von V. 16a bei der Glaubensentscheidung des Kephas und der anderen Judenchristen als tatsächliches Bewußtsein vorhanden war und die Entscheidung motivierte, wird man füglich bezweifeln dürfen. Wahrscheinlich haben viele Judenchristen ihre Hinwendung zu dem Messias Jesus gar nicht als soteriologische Alternative zum Prinzip der Gesetzeswerke gesehen. Es wird deutlich, daß V. 16a die christologische Hermeneutik des Paulus voraussetzt. Zugleich aber wird deutlich, welche pragmatische Funktion V. 16a hat. Paulus will ans Licht bringen, was sich bei der Glaubensentscheidung objektiv vollzogen hat. Das „Wissen", das er anspricht, ist der objektive, durch den Glauben selbst konstituierte Wissenskontext des Glaubens. Eben dieses objektive Wissen will Paulus durch V. 16a bewußt machen. Die Glaubensentscheidung beinhaltet einen Paradigmenwechsel. Die Hinwendung zum soteriologischen Prinzip des Glaubens schließt die „Werke des Gesetzes" als soteriologisches Prinzip aus.

Der tiefere sachliche Grund für diese Antithetik kommt erst in Gal 3, insbesondere in VV. 10–14, zum Ausdruck. Ausgangspunkt des Paulus ist die Überzeugung, daß der Tod Christi Heilsbedeutung hat. Den Grundgedanken hierfür – „Christus ist für uns bzw. für unsere Sünde gestorben" (vgl. 1 Kor 15,3; Röm 4,25; Gal 1,4;1 Thess 5,10; Röm 5,8; u.ö.) – findet er bereits in der Tradition vor, spitzt ihn aber dadurch zu, daß er das Faktum des *Kreuzes*todes theologisch ernst nimmt und reflektiert (vgl. 1 Kor 1,13.17f.23; 2,2.8; 2 Kor 13,4; Gal 3,1; 5,11; 6,12.14; Phil 2,8; 3,8). Der Herausforderung, daß das Gesetz den Kreuzestod als Fluchtod qualifiziert (Dtn 21,23), weicht Paulus nicht aus, sondern interpretiert in diesem Sinn | – also vom Gesetz her (!) – die traditionelle Aussage: „Christus hat uns losgekauft vom Fluch des Gesetzes, *indem er für uns zum Fluch wurde,* denn es steht geschrieben: Verflucht ist jeder, der am Holze hängt" (Gal 3,13)[8]. Der Fluch des Gesetzes trifft aber nicht diejenigen, die es tun (vgl. Gal 3,12b), sondern immer nur diejenigen, die es übertreten (vgl. Gal 3,10b). Wenn daher Christus – stellvertretend für die Menschen – als Fluchträger ausgewiesen ist, dann ist offenkundig, daß das Gesetz – nicht prinzipiell (von sich aus), wohl aber faktisch (aufgrund des tatsächlichen Tuns der Menschen) – immer nur den Fluch über die Menschen ausspricht und sie als Nicht-Täter, als Sünder, überführt. Der gekreuzigte Christus offenbart die wahre Identität des Menschen. Am Kreuz vollzieht sich der Fluch und das Todesgericht über den homo peccator, dessen Identität Christus angenommen hat. Das bedeutet aber: Wer das Tun des Gesetzes zum Parameter seiner Gerechtigkeit macht, wird nicht gerechtfertigt sein, weil das Gesetz ihn – wie der Gekreuzigte zeigt – immer nur als Verfluchten und als Sünder, der das Gesetz nicht getan hat, ausweist. Es gilt: Aufgrund von Werken des Gesetzes, mit Hilfe des Kriteriums des Tuns des Gesetzes wird niemand gerechtfertigt (Gal 2,16). Zu betonen bleibt: Der Grund dafür ist nicht ein Defekt des Gesetzes, sondern der Mensch, dessen wahre Situation das Gesetz festhält bzw. aufdeckt.

Aus der christologischen Hermeneutik wird übrigens auch der exklusive Gegensatz von „Werken des Gesetzes" und „Glauben (an Jesus Christus)" verstehbar. Für das Frühjudentum (insbesondere pharisäischer Prägung) ist das Vertrauen auf Gott, die ‚æmûnah‘, selbstverständlich ein Tun, ein Erfüllen des Gesetzes. Daß Paulus den „Glauben" nicht mehr in diesem Sinn verstehen kann, liegt daran, daß Gott den Gekreuzigten als seinen Sohn geoffenbart hat (vgl. Gal 1,15f). Dies zeigt zum einen die wahre Situation des Menschen, der als Sünder ausgewiesen wird, läßt andererseits aber auch Gott als den erkennen, der den Sünder rechtfertigt (vgl. Röm 4,5). Der Glaube an den Gekreuzigten wird so zur Möglichkeit des Heils für den Sünder, der nach dem Kriterium der Gesetzeswerke kein Heil zu erwarten hat. Glaube ist unter dieser Voraussetzung selbstverständlich kein Werk des Gesetzes, sondern geradezu die Haltung, die darauf vertraut, daß Gott den Nicht-Täter des Gesetzes rechtfertigt.

---

[8] Vgl. *H. Merklein*, Bedeutung 9–14.

Im Duktus von Gal 2,15 f zielt Paulus allerdings noch nicht auf eine sachliche Begründung des Paradigmenwechsels. Hier geht es ihm um eine Art Tatsachenbeweis. Das Faktum, daß auch Kephas und die übrigen Judenchristen, die von Natur aus Juden und nicht Sünder aus den Heiden | sind, zum Glauben an Christus Jesus gekommen sind, zeigt doch, daß auch sie letztlich davon überzeugt waren, daß sie „aus Werken des Gesetzes", d. h. unter Berufung auf ihre Gesetzeserfüllung, Rechtfertigung nicht erwarten konnten. Die Pragmatik ihrer Glaubensentscheidung schließt diese Überzeugung ein. Wenn anders – so die latente Kehrseite der paulinischen Argumentation –, hätten sie es beim Tun des Gesetzes (als Heilsprinzip) belassen können, und der Glaube an Christus wäre überflüssig.

Für Paulus kann das Gläubig-Werden gar kein anderes *Ziel* haben als den Paradigmenwechsel. Der Damit-Satz von V. 16c, der dieses Ziel formuliert, ist daher nur eine Variation von V. 16a. Daß jetzt der „Glaube an Christus" voransteht, entspricht dem faktischen Vorgang, bei dem die positive Hinwendung zum Messias Jesus im Vordergrund stand. Paulus fügt aber sofort die Kehrseite, die damit negiert wird, als Antithese hinzu und begründet sie abschließend mit V. 16d. Die Formulierung ist von Ps 143,2 bzw. 142,2 LXX inspiriert. „Geh nicht ins Gericht mit deinem Knecht, ὅτι οὐ δικαιωθήσεται ἐνώπιόν σου πᾶς ζῶν. Ob V. 16 d als direktes Zitat gedacht ist oder von den Lesern als solches verstanden werden konnte, mag dahingestellt bleiben. In jedem Fall zeigen die Anklänge an den Schrifttext, daß Paulus seine These von der allgemeinen Sündhaftigkeit nicht analogielos entwickelt[9]. Neu bei Paulus ist, daß Rechtfertigung „aus Werken des Gesetzes" ausgeschlossen wird. Daß dadurch der „Sinn des ‚Zitats‘ total (verändert)" würde[10], träfe jedoch nur dann zu, wenn Paulus das Tun des Gesetzes als solches disqualifizieren wollte. Daß „aus Werken des Gesetzes" niemand gerechtfertigt wird, liegt aber – wie wir gesehen haben – am Menschen, den das Gesetz (als Übertreter) eben nicht gerechtsprechen kann. Insofern ist die paulinische These nur die Zuspitzung der traditionellen biblisch-jüdischen Sichtweise, wobei die faktische Allgemeingültigkeit der paulinischen These sich allerdings seiner christologischen Hermeneutik verdankt. Das wirklich Neue bei Paulus ist die Antithese von Gesetzeswerken und Glauben.

Gal 2,17f

(17) Wenn aber, indem wir in Christus gerechtfertigt zu werden suchten, sogar wir als Sünder befunden wurden, ist dann etwa Christus Diener der Sünde? Das sei ferne! (18) Denn wenn ich eben das, was ich niederge|rissen habe, wieder aufrichte, dann stelle ich mich als Übertreter vor.

---

[9] Für das Frühjudentum vgl. etwa äthHen 81,5; 93,9.
[10] So: *F. Mußner*, Gal 174f.

Daß Paulus eine Rechtfertigung „aus Werken des Gesetzes" ausschließt, hängt also engstens damit zusammen, daß der Glaube an Jesus Christus ihn dazu nötigt, den Menschen generell als Sünder zu betrachten. Eben diese Implikation des Glaubens wird in V. 17 expliziert. V. 17a ist die logische Schlußfolgerung aus VV. 15f. Der Konditionalsatz ist daher nicht als Irrealis, sondern als Realis zu übersetzen. Wenn der Glaube die Erkenntnis einschließt, nach dem soteriologischen Prinzip des Gesetzes Gerechtigkeit nicht beanspruchen zu können, dann ergibt sich aus der Glaubensentscheidung der Judenchristen der Befund, daß auch sie, die aufgrund ihrer Herkunft nicht einfach als Sünder präjudiziert werden können, doch als Sünder zu prädizieren sind.

Wenn aber „sogar wir" (ϰαὶ αὐτοί), die „Juden"-Christen, „als Sünder befunden wurden", stellt sich die Frage von V. 17b: „Ist dann etwa Christus Diener der Sünde?" Leistet der Glaube an Christus der Sünde Vorschub? Muß man erst sündigen, um „aus Glauben an Christus" gerechtfertigt zu werden? Oder ist gar der Glaubende ipso facto ein (ständiger) Übertreter des Gesetzes? Diese grundsätzliche Frage bekommt angesichts der aktuellen Problematik in Antiochien noch zusätzlich Brisanz. Das gilt in abgewandelter Form natürlich auch im Blick auf die galatische Situation. Für Antiochien könnte man konkret an die Mißachtung bestimmter Ritualvorschriften denken, für Galatien an die Ignorierung der Beschneidung und der daraus folgenden Verpflichtungen. Wenn vom Glaubenden gefordert wäre, daß er in dieser Hinsicht das Gesetz bewußt übertreten muß, dann wäre in der Tat Christus ein „Diener der Sünde". Paulus weist dies entschieden zurück. Der Glaube ist keine Aufforderung zur Sünde. Im Gegenteil! Der Glaube macht aus den Sündern Gerechte, die der Macht der Sünde entrissen sind. Selbst die von Paulus vertretene Freiheit bezüglich Beschneidung und bestimmter Ritualvorschriften kann für ihn daher nicht die Qualität einer Gesetzesübertretung haben[11]. Zu der für Paulus absurden Schlußfolgerung, daß die Glaubenden Übertreter des Gesetzes sind, kann man nur kommen, wenn man zum Beispiel durch Absonderung von den Heidenchristen (Antiochien) oder durch Übernahme der Beschneidung (Galatien) sich erneut dem soteriologischen Prinzip des Gesetzes unterwirft und unter dieser Prämisse sich (im | Nachhinein) dann in der Tat als (vorherigen) Übertreter des Gesetzes vorstellt. Das ist der Sinn von V. 18. Der Wechsel von der 1. Person Plural (VV. 15–17) zur 1. Person Singular (VV. 18–21) ist rein literarisch als Stilmittel zur lebendigen Gestaltung der Argumentation zu verstehen. Betont hervorgehoben ist, daß „ich *mich* als Übertreter vorstelle". Das oppositionelle Widerlager ist „Christus" in V. 17b. Wer zum Prinzip des Gesetzes zurückkehrt, erweist *sich* als Übertreter, während die Glaubenden – als Gerechtfertigte und in Christus Lebende – eben nicht mehr Sünder sind, so daß der Vorwurf, der Glaube stifte zur Sünde an und *Christus* sei Diener der Sünde, völlig verfehlt ist. Eine – wenig-

---

[11] Warum dies so ist, wird im Zusammenhang mit V. 19 noch zu erörtern sein.

stens teilweise – Begründung für diesen Sachzusammenhang liefert der folgende Text.

Gal 2,19–21

(19) Denn ich bin durch das Gesetz dem Gesetz gestorben, damit ich Gott lebe. Mit Christus bin ich gekreuzigt. (20) Ich lebe, aber nicht mehr ich, sondern Christus lebt in mir. Soweit ich aber jetzt (noch) im Fleische lebe, lebe ich im Glauben an den Sohn Gottes, der mich geliebt und sich für mich hingegeben hat. (21) Ich setze die Gnade Gottes nicht außer Kraft. Denn wenn (es) durch das Gesetz Gerechtigkeit (gibt), dann ist Christus umsonst gestorben.

Der Aorist ἀπέθανον („ich bin gestorben") blickt zurück auf ein einmaliges Geschehen in der Vergangenheit. Parallel zu ἐπιστεύσαμεν in V. 16 ist an die Glaubensentscheidung, konkret vielleicht sogar an die Taufe (vgl. Röm 6,1–6), zu denken. Die Glaubensentscheidung wird als Akt des Sterbens gedeutet. Dahinter steht die Vorstellung, daß der Glaubende „in Christus" seine Identität findet (vgl. Gal 3,28), bzw. – präziser noch – daß der gekreuzigte Christus die Identität des Glaubenden ausmacht. Deshalb kann Paulus sagen: Χριστῷ συνεσταύρωμαι. Das Perfekt drückt einen fortdauernden Zustand aus. Wer im Akt des Gläubig-Werdens gestorben ist, verbleibt in der Identität des Gekreuzigten. Die bisherige Existenz, die Paulus sonst auch als „Fleisch" bezeichnen kann (vgl. Gal 5,24; u.ö.), ist für immer dem Tode ausgeliefert. Gerade der Tod der bisherigen Existenz bedeutet Leben: „Ich bin gestorben, damit ich Gott lebe". Dieses Leben ist nicht ein dem Sterben nachfolgender Akt und erst recht nicht die Aufhebung des Todes. Vielmehr *ist* das Sterben und das Gekreuzigt-*Sein* des fleischlichen Ich die Ermöglichung des Lebens, das dem Glaubenden allerdings nicht durch sich, sondern allein durch Christus zukommt, dessen Identität er gewinnt. Indem er mit Christus gekreuzigt ist, *lebt* er, bzw. er kann – seinem bleibenden Tod | und seiner neuen Identität Rechnung tragend – sagen: „Es lebt nicht mehr Ich, sondern Christus lebt in mir".

Objektive Voraussetzung für diesen im Glauben stattfindenden Identitätswechsel ist der Kreuzestod Christi. Wie oben bereits ausgeführt, vollzieht sich am Kreuz, wo Christus in der Identität des Verfluchten (Gal 3,13) bzw. des Sünders (2 Kor 5,21) stirbt, der Tod des Homo peccator. Für Paulus ist dies ein heilsames Geschehen, weil es Christus ist, der in unserer Identität stellvertretend für uns stirbt. Beim Identitätsgedanken dürfte der Gedanke der Sühne eine Rolle spielen, die ansonsten Gegenstand kultischer Begehung ist (vgl. bes. das Sündopfer: Lev 4,1–5,13; 16)[12]. Im Tod des Opfertieres wird in der Symbolik des

---

[12] Vgl. dazu: *H. Merklein*, Bedeutung 23–34. Zum alttestamentlichen Befund vgl. *H. Gese*, Die Sühne, in: *ders.*, Zur biblischen Theologie. Alttestamentliche Vorträge, Tübingen ²1983, 85–106; *B. Janowski*, Sühne als Heilsgeschehen. Studien zur Sühnetheologie der Priesterschrift

Kultes der Tod des Sünders vollzogen, dem so – durch das Todesgericht hindurch – erneut Zugang zu Gott eröffnet wird. Im Sterben Christi geht es allerdings nicht nur um die Wiedereröffnung eines (durch die Sünde) verschütteten Zugangs zu Gott (wie beim Sühnekult), sondern um die Ermöglichung einer völlig neuen, unmittelbaren Begegnung mit Gott, so daß nicht nur die Sünden vergeben sind, sondern aus den Sündern Gerechte (vgl. 2 Kor 5,21), aus den Verfluchten Geistempfänger und Söhne (vgl. Gal 3,13f; 4,4–6) und aus den „im Fleisch“ Existierenden „im Geist“ Lebende werden (vgl. Röm 8,3–11). Anders als beim Sündopfer, wo das Opfertier lediglich ein Mittel ist, um den eigenen Tod und den dadurch wieder möglichen Zugang zu Gott kultsymbolisch zum Ausdruck zu bringen, eröffnet der gekreuzigte Christus, in dem der Glaubende seine wahre Identität als Sünder findet, diesem seinerseits eine neue Identität, die ihn als alter Christus leben läßt.

Für Paulus ist wichtig, daß das mit Christus identifizierende Sterben „durch das Gesetz“ geschieht. Die Explikation des Sterbens als „Mitgekreuzigt-Sein“ läßt keinen Zweifel, daß Paulus an den *Fluch* des Gesetzes denkt (vgl. Gal 3,13), der den Sünder trifft und an Christus zur tödlichen Auswirkung gekommen ist. Insofern ist der Glaube der Vollzug des eigenen Todes, den das Gesetz über den Sünder verhängt.

Paulus liegt nun aber daran, daß der Glaubende nicht nur „durch das Gesetz“, sondern auch „dem Gesetz“ gestorben ist. Dahinter steht zunächst | die rechtliche Vorstellung, daß im Todesfall ein Gesetz seine verpflichtende Wirkung verliert (vgl. Röm 7,1–6). Doch geht es Paulus nicht nur um eine formale Rechtsfigur. Was Paulus sagt, entspricht auch sachlich der neuen Wirklichkeit des Glaubens. Der Glaubende ist der Verfügungsgewalt des Gesetzes entzogen. Das gilt in zweifacher Hinsicht. Zum einen kann der Fluch des Gesetzes, der sich im Tod des Sünders aus-gewirkt hat, den Glaubenden nicht mehr tangieren. Zum anderen ist das Leben, das dem Glaubenden als alter Christus zukommt, ein Leben, das *vor* allem Tun des Gesetzes und *außerhalb* der Heilsbedingung des Gesetzes – als iustificatio impii – geschenkt ist. Aufgrund des eschatologischen Charakters des Kreuzestodes Christi sieht sich Paulus zudem genötigt, die Rechtfertigung „aus Glauben“ als das endgültige Heilsprinzip zu werten, so daß es für ihn ausgeschlossen ist, daß der Glaubende sich erneut dem soteriologischen Prinzip des Gesetzes unterwirft (vgl. Gal 5,1–6). Das kann allerdings nicht heißen, daß der Glaubende ein Übertreter des Gesetzes ist. Damit kommen wir noch einmal auf ein Problem zurück, das bereits im Zusammenhang mit V. 18 angesprochen wurde.

Im Sinne des Paulus kann die These nur lauten: Der Glaubende ist nicht Übertreter des Gesetzes! Der Grund dafür ist nicht die fehlende formale Zu-

---

und zur Wurzel KPR im Alten Orient und im Alten Testament (WMANT 55), Neukirchen-Vluyn 1982.

ständigkeit des Gesetzes, das, da nicht mehr über den Glaubenden verfügungsberechtigt, dessen Sünden auch nicht mehr verurteilen kann. Daß das Gesetz
nicht mehr verfügungsberechtigt ist, hat einen durchaus sachlichen Grund. Aufgrund seines Existenzwechsels steht der Glaubende nicht mehr unter der Herrschaft der Sünde (vgl. Röm 6,1–23). Wer „im Geiste" wandelt, tut nicht „die
Werke des Fleisches", sondern bringt „die Frucht des Geistes" hervor (Gal 5,16–
25). Er kann daher vom Gesetz nicht verurteilt werden und steht in diesem Sinne nicht mehr „unter der Verfügungsgewalt des Gesetzes" (Gal 5,18).

Der Glaube ist in der Liebe wirksam (Gal 5,6). Sofern aber im Liebesgebot
(Lev 19,18) „das ganze Gesetz erfüllt" ist (Gal 5,14), erfüllt der Glaubende das
ganze Gesetz, ohne es allerdings zum soteriologischen Prinzip der ihm geschenkten Gerechtigkeit zu machen. Nicht „aus Werken des Gesetzes" kommt
die Gerechtigkeit des Glaubenden, vielmehr gilt umgekehrt: Weil der Glaubende gerecht *ist*, liebt er. Gerade so erfüllt er das „Gesetz Christi" (Gal 6,2), welches die das Gesetz zusammenfassende Liebe nicht nach dem Prinzip des Gesetzes (als Bedingung des Heils), sondern nach dem Prinzip des Glaubens (als
Folge des Heils) einfordert. Der von Paulus vertretene soteriologische Paradigmenwechsel „Nicht aus Werken des Gesetzes, sondern aus Glauben an Christus
Jesus" entläßt also keineswegs in den ethischen Libertinismus und führt nicht
zur Über|tretung des Gesetzes.

Daß Paulus unter dieser Rücksicht dann auch die Nichtbeachtung ritueller
Vorschriften – wie im Falle des Antiochenischen Konfliktes – nicht als Übertretung des Gesetzes wertet, liegt offensichtlich daran, daß die Heiligkeit und
Reinheit, auf die die Ritualvorschriften abzielen, nach seiner Überzeugung in
den Glaubenden – und zwar unterschiedslos bei Juden und Heiden – bereits
eschatologische Wirklichkeit sind. Der tiefere Grund dafür ist wohl das Verständnis des Kreuzestodes als eschatologisches Sühnegeschehen, was einen weiteren Mitvollzug des Tempelkultes genauso ausschließt wie ein weiteres Verfolgen des (vor allem von den Pharisäern propagierten) Reinheitsideals. Die Glaubenden, in denen „der Geist Gottes wohnt", sind der heilige „Tempel Gottes"
(1 Kor 3,16f); sie „sind reingewaschen, sind geheiligt, sind gerechtgemacht im
Namen des Herrn Jesus Christus und im Geist unseres Gottes" (1 Kor 6,11). Aus
den gleichen Gründen wird Paulus ähnlich rituell bedingten Forderungen in
Galatien (vgl. Gal 4,8–11) widerstanden haben. Das gilt in gewisser Weise auch
für die Beschneidung, die auf das Tun des „ganzen Gesetzes" verpflichtet (Gal
5,3).

Im wesentlichen ist also der Umstand, daß der Glaubende nicht mehr unter
der Verfügungsgewalt des Gesetzes steht, nicht durch einen Wandel der formalen Gesetzeskompetenz bedingt, sondern durch eine Veränderung des Menschen, der als Glaubender in Christus eine neue Identität besitzt.

Diese Identität entzieht sich allerdings einer augenfälligen Überprüfung. Sie
ist eine Realität des Glaubens. Paulus ist sich im klaren, daß diejenigen, die in

der Identität Christi leben, noch „im Fleische" leben und insofern anfällig bleiben, wieder unter die Macht der Sünde zu geraten. Das „Durch-das-Gesetz-
dem-Gesetz-Sterben" und das „Mit-Christus-gekreuzigt-Sein" muß unter den
Bedingungen eines Lebens „im Fleisch" gleichsam täglich neu realisiert werden
(vgl. 2 Kor 4,7–18). Auf diese dialektische Seite christlicher Existenz kommt
Paulus in V. 20 b zu sprechen, wo er die Bedingungen und die Möglichkeiten eines Lebens „im Glauben", das sich ständig gegen das Leben „im Fleisch" behaupten muß, darlegt. Paulus ist zuversichtlich, daß solches Leben gelingt. Der
Grund dafür ist der Inhalt des Glaubens: der „Sohn Gottes, der mich geliebt und
sich für mich hingegeben hat". Die Liebe des Sohnes Gottes, die gerade am
Kreuz ihre unauslotbare Tiefe offenbart, ist gleichzeitig die Möglichkeit, die
Motivation und die Zuversicht des Glaubens. Etwas unvermittelt scheint V. 21 a
zu folgen. Reagiert Paulus auf eine Anschuldigung der Gegner? Sie hätten ihm
dann vorgeworfen, er würde | mit seiner These, daß die Beschneidung und die
Befolgung bestimmter Gesetzesvorschriften nicht mehr nötig seien, die Gnade
Gottes ad absurdum führen. Dies ist denkbar. Doch würde man dann eher erwarten, daß V. 21 b adversativ anschließt („wenn *aber*..."). So wird man V. 21 a
doch wohl eher als Bekräftigung der eigenen Auffassung verstehen müssen. Die
„Gnade Gottes" meint in diesem Zusammenhang fast soviel wie „Gnaden*ordnung* Gottes". Paulus will deutlich machen, daß er nicht leichtfertig von der ge-
wohnten Einschätzung des Gesetzes abweicht. Es ist vielmehr die in Christus
konstituierte Gnadenordnung Gottes, die ihn zur Erkenntnis bringt, daß der
Mensch, der nach dem soteriologischen Prinzip des Gesetzes nach Gerechtigkeit trachtet, scheitern muß. Auf dieses Kriterium einer Gerechtigkeit „aus
Werken des Gesetzes" aber läuft es nach paulinischer Auffassung hinaus, wenn
Kephas sich von den Heidenchristen absondert und diese damit unter Druck
setzt, sich den rituellen Vorschriften des Gesetzes zu unterwerfen. Noch mehr
gilt dies im Blick auf das Beschneidungspostulat der galatischen Gegner. Demgegenüber betont Paulus abschließend: „Wenn es durch das Gesetz Gerechtigkeit gibt, dann ist Christus umsonst gestorben". Noch einmal ist hervorzuheben,
daß Paulus nicht die Gesetzeserfüllung als solche disqualifizieren will. Wie bei
der „Gnade Gottes" geht es auch hier um die Ordnung, um das Prinzip des Gesetzes. Wenn es dem Menschen möglich wäre, nach dem soteriologischen Prinzip des Gesetzes gerecht zu werden, dann wäre es für das Heil ausreichend, auf
das Gesetz zu verweisen und es erneut einzuschärfen. Der Tod Christi wäre
überflüssig.

Im Rahmen einer *abschließenden Würdigung* ist zunächst daran zu erinnern,
daß die Gesetzesdebatte, in die Paulus im Galaterbrief verwickelt ist, im Rahmen einer *innerchristlichen* Auseinandersetzung stattfindet. Dies sollte berücksichtigt werden, wenn Paulus heute aus einer völlig anderen Situation heraus gelesen wird und etwa im Kontext eines heute zu führenden Gespräches zwischen
Juden und Christen Berücksichtigung findet.

Paulus geht es primär um die rechte Würdigung Jesu Christi. Er ist davon überzeugt, daß Jesus der Sohn Gottes ist. Sein Tod ist daher als das eschatologisch und soteriologisch maßgebliche Ereignis zu bedenken. Dies ist der Standpunkt, der die Perspektive seines Blicks bestimmt, und zugleich das Magnetfeld, das seine Gedanken sachlich ordnet und strukturiert. Aus dieser Hermeneutik heraus hält Paulus ein Heil nach dem soteriologischen Prinzip des Gesetzes für faktisch nicht realisierbar. | Verbunden damit ist eine Modifikation des Glaubensbegriffs, sofern der Glaube als Glaube an Christus – anders als in der bisherigen jüdischen Tradition – nun den Gegensatz zum Tun des Gesetzes bildet. Glaube wird zur Heilsmöglichkeit für diejenigen, die aufgrund von Werken des Gesetzes vor Gott nicht gerecht sind. Rechtfertigung ist für Paulus daher immer iustificatio impii. Das Urteil über die Sündhaftigkeit des Menschen entnimmt Paulus nicht der Empirie, sondern ebenfalls der Christologie, was nicht ausschließt, daß er an traditionelle anthropologische Vorgaben anknüpfen kann. Entscheidend für ihn aber ist: Wenn der gekreuzigte Christus die wahre Identität des Menschen zum Vorschein bringt, dann ist der Mensch Sünder.

Zu betonen bleibt, daß nicht ein Defekt des Gesetzes der Grund ist, daß Paulus dessen Heilsfunktion verneint. Die Heilsverheißung des Gesetzes steht für Paulus prinzipiell außer Frage: Wer das Gesetz tut, wird durch es leben! Das paulinische Axiom „Nicht aus Werken des Gesetzes" richtet sich nicht gegen das Gesetz, sondern gegen den Menschen, der als Sünder nach dem Kriterium des Gesetzes nicht gerecht werden kann. Wenn sich das Gesetz dem Menschen als Heilsmöglichkeit entzieht, dann nur, weil es diesen als Sünder ausweist. Und auch diese Funktion kann es nur ausüben, weil es zugleich seinen Tätern die Lebensverheißung offenhält.

Wie der Fortgang der Argumentation in Gal 3 zeigt, wird Paulus aufgrund seiner christologischen Hermeneutik dann auch zu einer Neukonzeption der Heilsgeschichte genötigt. Wenn das Gesetz zwar nicht prinzipiell, aber doch de facto nur verflucht, kann Paulus es weder mit dem Abrahamsbund noch mit dem Christusereignis analog zusammendenken. Sofern der Gekreuzigte nur ein Heil für die Glaubenden zuläßt, erkennt Paulus in Abraham, der geglaubt hat (Gen 15,6), das Vorbild der Glaubenden und in der Abrahamsverheißung den zur Freiheit führenden Bund (vgl. Gal 4,21–31). Der Sinaibund hingegen hat die Aufgabe, alle als Knechte der Sünde auszuweisen. Dies ist zwar keine – im soteriologischen Sinn – positive Aufgabe, erst recht aber nicht eine negative! Vielmehr wird dem Gesetz eine heilsgeschichtlich notwendige Funktion zugesprochen. Als Institution, die den Fluch über den Sünder ausspricht, ist es geradezu die Voraussetzung für das Heil, das Christus nach paulinischer Auffassung als iustificatio impii gebracht hat und das nicht anders als sola fide erlangt werden kann.

Was Paulus von anderen zeitgenössischen Juden unterscheidet, ist | seine christologische Hermeneutik, die er noch dazu – nicht zuletzt unter dem Eindruck der Tora (vgl. Dtn 21,23) – zuspitzt. Unter dieser Hermeneutik erscheinen Gesetz und Bund, die beiden Grundpfeiler jüdischer Gottesbeziehung, in einer neuen Perspektive. Das eigentlich Aufregende und Faszinierende an Paulus aber ist, daß er eben diese Grundpfeiler ins Auge faßt und reflektiert. Die „neue“ Hermeneutik verführt ihn nicht dazu, ja gestattet es offensichtlich nicht, daß er sich von ihnen abwendet. Insofern ist es auch sachlich korrekt, wenn Paulus sich bis zuletzt als *Jude* begriffen hat (vgl. Röm 9,3; 11,1). Dies könnte Juden und Christen zu denken geben.

Literaturhinweise

Hier verzeichnete Literatur wird in den Anmerkungen nur mit Kurztitel angeführt.

a) *Kommentare: H. D. Betz*, Der Galaterbrief. Ein Kommentar zum Brief des Apostels Paulus an die Gemeinden in Galatien. Aus d. Amerikan. übers. von S. Ann, München 1988; *R. Y. K. Fung*, The Epistle to the Galatians (NIC), Grand Rapids/Mich. 1988; *F. Mußner*, Der Galaterbrief (HThK IX), Freiburg–Basel–Wien [5]1988; *J. Rohde*, Der Brief des Paulus an die Galater (ThHK 9), Berlin 1989; *H. Schlier*, Der Brief an die Galater (KEK VII), Göttingen [3]1962.

b) *Untersuchungen: J. Becker*, Paulus. Der Apostel der Völker, Tübingen 1989, 286–321; *P. C. Böttger*, Paulus und Petrus in Antiochien. Zum Verständnis von Galater 2.11–21: NTS (1991) 77–100; *J. D. G. Dunn*, The incident at Antioch (Gal 2,11–18), in: *ders.* Jesus, Paul and the Law. Studies in Mark and Galatians. Louisville–London 1990, 129–182; *H. Feld*, „Christus Diener der Sünde“. Zum Ausgang des Streites zwischen Petrus und Paulus: ThQ 153 (1973) 119–131; *D. Flusser*, „Durch das Gesetz dem Gesetz gestorben“ (Gal 2,19): Jud. 43 (1987) 30–46; *H. Hübner*, Das Gesetz bei Paulus. Ein Beitrag zum Werden der paulinischen Theologie (FRLANT 119), Göttingen 1978, bes. 16–43; *V. Jegher-Bucher*, Der Galaterbrief auf dem Hintergrund antiker Epistolographie und Rhetorik. Ein anderes Paulusbild (AThANT 78), Zürich 1991; *J. Lambrecht*, The Line of Thought in Gal. 2.14b–21: NTS 24 (1978) 484–495; *ders.*, Once again Gal 2,17–18 and 3,21: EThL 63 (1987) 148–153; *ders.*, Transgressor by Nullifying God's Grace. A Study of Gal 2,18–21: Bib. 72 (1991) 217–236; *H. Merklein*, Die Bedeutung des Kreuzestodes Christi für die paulinische Gerechtigkeits- und Gesetzesthematik, in: *ders.*, Studien zu Jesus und Paulus (WUNT 43), Tübingen 1987, 1–106; *H. Neitzel*, Zur Interpretation von Galater 2,11–22: ThQ 163 (1983) 15–39.131–149; *H. Räisänen*, Paul and the Law (WUNT 29), Tübingen [2]1987; *ders.*, The Torah and Christ. Essays in German and English on the Problem of the Law in Early Christianity (Suomen Eksegeettisen Seuran Julkaisuja 45), Helsinki 1986, bes. 3–24.25–54.168–184; *E. P. Sanders*, Paulus und das palästinische Judentum. Ein Vergleich zweier Religionsstrukturen (STUNT 17), Göttingen 1985; *ders.*, Paul, the Law and the Jewish People, London 1985; *J. T. M. Smit*, „Hoe kun je de heidenen verplichten als joden te leven?“ Paulus en de Torah in Galaten 2,11–21: Bijdr 46 (1985) 118–140; *A. Suhl*, Der Galaterbrief – Situation und Argumentation, in: ANRW II,25/4 (1987) 3067–3134, bes. 3098–3119.

15. Paulus und die Sünde

Das Thema der Sünde bei Paulus läßt sich in einem Vortrag nicht erschöpfend behandeln. Erst im Rahmen einer Gesamtdarstellung der paulinischen Theologie fände es seinen gebührenden und sachgerechten Rahmen. Um der gebotenen Begrenzung willen lasse ich mich vor allem vom Begriff der „Sünde" leiten.[1] Das hat eine gewisse Konzentration auf den Römerbrief zur Folge, wo sich allein der Begriff ἁμαρτία 46mal findet (gegenüber 11 Vorkommen in den sonstigen Paulusbriefen).[2] Der Römerbrief ist das einzige Schreiben, in dem Paulus eine Art Hamartologie entwirft. Der Sachverhalt ist jedoch schon im Galaterbrief angesprochen und in den beiden Korintherbriefen und im Philipperbrief vorgeprägt.

---

[1] Im Vordergrund steht der Wortstamm ἁμαρτ- (ἁμαρτάνω, ἁμαρτία, ἁμάρτημα, ἁμαρτωλός); hinzu kommen Begriffe wie παράβασις, παραβάτης und παράπτωμα. Vgl. auch *S. Heine*, Art. Sünde/Sühne (NT), in: BThW[4] (1994)521-528, bes. 525-527; *F. V. Reiterer*, Art. Sünde/Sühne (AT), in: ebd. 515-521. Zum zeitgeschichtlich-gesellschaftlichen Vorstellungshorizont des paulinischen Sündenbegriffs vgl. *L. Schottroff*, Die Schreckensherrschaft der Sünde und die Befreiung durch Christus nach dem Römerbrief des Paulus: EvTh 39(1979)497-510.

[2] Zum Römerbrief vgl. die Kommentare von: *H. Lietzmann*, An die Römer (HNT 8), Tübingen [5]1971; *A. Schlatter*, Gottes Gerechtigkeit. Ein Kommentar zum Römerbrief, Stuttgart [5]1975; *O. Kuss*, Der Römerbrief, 1. u. 2. Lieferung, Regensburg [2]1963, 3.Lieferung, Regensburg 1978; *C. E. B. Cranfield*, The Epistle to the Romans (ICC VI/1-2), Edinburgh 1975.1979; *H. Schlier*, Der Römerbrief (HThK VI), Freiburg – Basel – Wien 1977; *U. Wilckens*, Der Brief an die Römer I-III (EKK VI/1-3), Zürich u. a. – Neukirchen-Vluyn 1978.1980([3]1993).1982; *C. K. Barrett*, A Commentary on the Epistle to the Romans (BNTC), London 1979; *E. Käsemann*, An die Römer (HNT 8a), Tübingen [4]1980; *D. Zeller*, Der Brief an die Römer (RNT), Regensburg 1985; *R. Pesch*, Römerbrief (NEB 6), Würzburg [2]1987; *P. Stuhlmacher*, Der Brief an die Römer (NTD 6), Göttingen – Zürich 1989.

I. Sünde als Übertretung des Gesetzes

In den ersten drei Kapiteln des Römerbriefs[3] entwickelt Paulus die These von der allgemeinen Sündhaftigkeit: „*Alle*, Juden wie Griechen, sind unter der Sünde" (Röm 3,9; vgl. 3,19), und: „Es gibt keinen Unterschied, denn *alle* haben gesündigt und sind der Herrlichkeit Gottes verlustig" (Röm 3,23; vgl. 5,12). Der Tatbestand ist für Paulus also klar. Die Frage ist nur: Woran bemißt Paulus diesen Tatbestand? Was versteht Paulus unter „Sünde"? Die Antwort kann m. E. nur lauten: *Sünde ist „Übertretung"* (παράβασις), und das heißt zunächst „Übertretung des *Gesetzes*". Dieses Urteil, das unter dem Eindruck des Römerbriefkommentars von *Ulrich Wilckens*[4] steht, soll zunächst etwas näher erläutert werden.

---

[3] Zur Argumentationsstruktur von Röm 1 – 3 vgl. *J.-N. Aletti*, Rm 1,18 – 3,20. Incohérence ou cohérence de l'argumentation paulinienne?: Bib 69(1988)47-62.

[4] *Wilckens*, Röm I-III (s. Anm. 2). Zur forschungs- und theologiegeschichtlichen Einordnung vgl. den Exkurs „Gerechtigkeit Gottes" ebd., Bd. I, 202-233, hier bes. 223-233. Ebenfalls neue Perspektiven hat *E. P. Sanders* der Paulusexegese eröffnet: *E. P. Sanders*, Paul and Palestinian Judaism. A Comparison of Patterns of Religion, London 1977 (= deutsch: Paulus und das palästinische Judentum. Ein Vergleich zweier Religionsstrukturen [FRLANT 17], Göttingen 1985); vgl. *ders.*, Paul, the Law, and the Jewish People, London 1985. Es ist das Verdienst von *Sanders*, einer verbreiteten Fehleinschätzung des Judentums und insbesondere des Gesetzes widersprochen zu haben: *Sanders* sieht in der „Befolgung der Gebote" die „geziemende Antwort des Menschen" auf den Bund und spricht in diesem Zusammenhang von „Bundesnomismus" (Paulus 70). Seiner Sicht, daß die paulinische Religionsstruktur – *Sanders* nennt sie „partizipatorisch" bzw. „partizipationistisch" (vgl. ebd. 490-493.513.passim; an die Stelle des Bundes trete die Gemeinschaft mit Christus) – gänzlich anders geartet sei und sich daher „*von allen in der pal.-jüd. Literatur bekannten Formen wesensmäßig unterscheide*" (ebd. 503), kann ich allerdings nicht beitreten. Bei *Sanders* läuft alles auf eine Alternative hinaus: „In seinen Briefen erweist sich Paulus als jemand, der sein Evangelium und seine Theologie von der Bedeutung des Todes und der Auferstehung Jesu her begründet, nicht aber als einer, der Tod und Auferstehung in ein vor ihm existierendes Schema eingefügt hätte, in dem nun Tod und Auferstehung den Platz anderer Motive mit ähnlicher Funktion einnehmen" (ebd. 518). Anstelle der Alternative wäre zu diskutieren, wieviele bundestheologische Anleihen sich in der paulinischen Christologie finden und unter welchen (auch bundestheologisch bedingten) Voraussetzungen das christologische Konzept zur Modifikation der herkömmlichen Bundestheologie führt. Meine eigene Sicht ist dargestellt in: *H. Merklein*, Die Bedeutung des Kreuzestodes Christi für die paulinische Gerechtigkeits- und Gesetzesthematik, in: *ders.*, Studien zu Jesus und Paulus (WUNT 43), Tübingen 1987, 1-106. Der Ansatz von *Sanders* wurde (zum Teil kritisch) weitergeführt von: *H. Räisänen*, Paul and the Law (WUNT 29), Tübingen 1983 ([2]1987); *ders.*, Der Bruch des Paulus mit Israels Bund, in: *T. Veijola* (Hg.), The Law in the Bible and its Environment (SESJ 51), Helsinki – Göttingen 1990, 156-172; *J. D. G. Dunn*, The New Perspective on Paul, in: *ders.*, Jesus, Paul, and the Law. Studies in Mark and Galatians, Louisville – London 1990, 183-214; *ders.*, The Justice of God. A Renewed Perspective on Justification by Faith: JThS 43(1992)1-22; vgl. *T. Laato*, Paulus und das Judentum. Anthropo-

Innerhalb des Beweisgangs von Röm 1 – 3 lautet das entscheidende Argument gegen die *jüdische Seite*: Der Jude hat das Gesetz und rühmt sich des Gesetzes, befolgt es aber nicht.[5] Durch die „Übertretung des Gesetzes" (παράβασις νόμου) (Röm 2,23; vgl. παραβάτης νόμου Röm 2,25.27) wird er faktisch zum Heiden und erweist sich als Sünder. Deshalb nützt ihm auch τὸ περισσὸν τοῦ ʼΙουδαίου (Röm 3,1) nichts: er steht wie der Grieche „unter der Sünde" (ὑφʼ ἁμαρτίαν) (Röm 3,9). Die Argumentation steht also im Einklang mit dem Prinzip der Tora, das Paulus bereits in Gal 3,12 zitiert hatte: „Wer sie (d. h. die Vorschriften des Gesetzes) *tut*, wird durch sie leben" (= Lev 18,5; vgl. Röm 10,5). In Röm 2,13 formuliert er noch deutlicher: „Denn nicht die Hörer des Gesetzes sind gerecht vor Gott, sondern die *Täter* des Gesetzes werden gerechtfertigt werden (οἱ ποιηταὶ νόμου δικαιωθήσονται)". Mit derartigen Aussagen will Paulus nicht behaupten, daß irgendjemand aufgrund seiner Taten *tatsächlich* gerechtfertigt wurde. Das Heilsparadigma des Gesetzes dient ihm vielmehr dazu, jedwedes Sich-Rühmen (καυχᾶσθαι) auszuschließen (Röm 2,17-29). Dabei ist zu betonen: Das Rühmen ist ausgeschlossen, weil das Gesetz übertreten wurde, nicht weil das Rühmen an sich schon Sünde wäre, wie *Rudolf Bultmann* gemeint hat.[6] Bei dieser Einschätzung, die die Paulusinterpretation (insbesondere im deutschsprachigen Raum) nachhaltig geprägt hat,[7] werden Ursache und Wirkung vertauscht.[8] Es ist

---

logische Erwägungen, Åbo 1991. Zur Kritik an der These *Räisänens*, daß die paulinische Sicht des Gesetzes von Widersprüchen und Spannungen geprägt sei (vgl. *ders.*, Paul 11), siehe *J. A. D. Weima*, The Function of the Law in Relation to Sin: An Evaluation of the View of H. Räisänen: NT 32(1990)219-235. Um eine durchgehend positive Interpretation des paulinischen Gesetzesbegriffs ist *P. von der Osten-Sacken* bemüht: Die Heiligkeit der Tora. Studien zum Gesetz bei Paulus, München 1989.

[5] Paulus leugnet also nicht die heilsgeschichtlichen Privilegien Israels. Aber er bestreitet, daß man sich auf sie berufen kann, wenn man das Gesetz nicht einhält. Insofern beruft sich Paulus noch konsequenter auf das Gesetz und wendet das Kriterium der Gesetzeswerke noch konsequenter an als sein (fiktiver) jüdischer Gesprächspartner; vgl. *Wilckens*, Röm I (s. Anm. 2) 177. Siehe auch: *Schlier*, Röm (s. Anm. 2) 13; *Lietzmann*, Röm (s. Anm. 2) 33f; *K. L. Snodgrass*, Justification by Grace – to the Doers: An Analysis of the Place of Romans 2 in the Theology of Paul: NTS 32(1986)72-93; *R. G. Hamerton-Kelly*, Sacred Violence and Sinful Desire. Paul's Interpretation of Adam's Sin in the Letter to the Romans, in: *R. T. Fortna – B. R. Gaventa* (Hg.), The Conversation Continues. Studies in Paul and John. FS J. L. Martyn, Nashville 1990, 35-54.

[6] *R. Bultmann*, Theologie des Neuen Testaments (UTB 630), hg. v. *O. Merk*, Tübingen 1977, 242: „Ihren höchsten Ausdruck findet die sündig-eigenmächtige Haltung im καυχᾶσθαι des Menschen."

[7] Vgl. *G. Klein*, Art. Gesetz III. Neues Testament, in: TRE XIII(1984)58-75 (in Auseinandersetzung mit *U. Wilckens*); *ders.*, Ein Sturmzentrum der Paulusforschung: VF 33/1(1988)40-56 (mit scharfer Kritik an *E. P. Sanders* und *H. Räisänen*).

nicht so, daß „*das Bemühen des Menschen, durch Erfüllung des Gesetzes sein Heil zu gewinnen*, ihn nur in die Sünde hineinführt, ja im Grunde selber *schon die Sünde* ist."[9] Nicht das Gesetz oder die Erfüllung bzw. das Erfüllen-Wollen des Gesetzes ist für Paulus das Problem, sondern der Mensch, der das Gesetz übertritt. Die Übertretung des Gesetzes ist Sünde; sie ist der Grund, weswegen Paulus den Menschen anklagt.[10]

Unter der Voraussetzung, daß Sünde Übertretung ist, stellt sich die Frage, wie Paulus dann die *Sünde der Heiden* konstatieren kann. Tatsächlich tut er dies in Röm 1,18-32. Die Sünden, die er den Heiden unterstellt, orientieren sich im wesentlichen am Dekalog (vgl. VV. 28-31) bzw. geben die klassischen *jüdischen* Vorwürfe gegen die Heiden wieder (Götzendienst [VV. 23-25] und Unzucht [VV. 26f]). Mit dieser aus der Außensicht gewonnenen Kriteriologie lassen sich die Sünden der Heiden

---

[8] Nicht das Sich-Rühmen (des Gesetzes) ist der Grund der Sünde, sondern die Sünde (das Übertreten des Gesetzes) ist der Grund, daß niemand sich rühmen kann. Paulus verwirft keineswegs das καυχᾶσθαι an sich. Die Glaubenden dürfen sich des Herrn rühmen (1 Kor 1,31), wie Paulus auch seine καύχησις in Christus Jesus hat (Röm 15,17). Die Gemeinde der Philipper, deren καύχημα durch Paulus immer überschwenglicher werden soll (Phil 1,26), soll ihm seinerseits zum Ruhm (καύχημα) gereichen am Tage Christi (2,16). Zur Paradoxie des Rühmens in der Narrenrede (2 Kor 10-13) vgl. *Bultmann*, Theologie (s. Anm. 6) 243. – Wenn Paulus in der Anklage gegen die Juden in *Röm 2* feststellt, daß der Jude „sich auf das Gesetz verläßt und sich Gottes rühmt" (2,17) bzw. „sich des Gesetzes rühmt" (ἐν νόμῳ καυχᾶσαι 2,23), dann darf das nicht als Verdikt über das Sich-Rühmen ausgelegt werden, so als ob „schon die Absicht, durch Gesetzeserfüllung vor Gott gerecht zu werden, sein καύχημα zu haben, ... Sünde" sei (*Bultmann*, ebd. 268). Dies ist ein grundsätzliches Mißverständnis des paulinischen Gesetzes- und Sündenverständnisses. Selbstverständlich hat der Jude sein περισσόν (Röm 3,1); ihm sind die λόγια τοῦ θεοῦ anvertraut (Röm 3,2), und dazu gehört auch die νομοθεσία (Röm 9,4). Insofern dürfte und darf er sich des Gesetzes rühmen. Solches Rühmen ist kein Selbstruhm, sondern ein Rühmen Gottes. Was das Rühmen pervertiert, ist nicht das Tun des Gesetzes, sondern das Übertreten des Gesetzes. – Wenn in *Röm 4* festgestellt wird, daß Abraham vor Gott kein καύχημα hat (Röm 4,2), dann kommt das nicht daher, daß er das Gesetz befolgt hat, sondern daher, daß er aufgrund von Gesetzeswerken keine Gerechtigkeit beanspruchen kann. Daß dem Täter (des Gesetzes) der Lohn nicht aus Gnade (κατὰ χάριν), sondern aus Schuldigkeit (κατὰ ὀφείλημα) zukommt (Röm 4,4), darf nicht dahingehend ausgelegt werden, daß der Täter des Gesetzes eigene Leistung vollbringt, die aus sich heraus Gerechtigkeit produziert. Auch der Lohn, der dem Täter des Gesetzes zusteht, ist nicht das Ergebnis eigener Leistung, sondern die Frucht eines von Gott gesetzten Tun-Ergehen-Zusammenhangs, d. h. die Konsequenz göttlicher Selbstverpflichtung. Wenn Paulus in Röm 4,4 die Gnade der Schuldigkeit gegenüberstellt, dann will er damit nicht das Gesetz als Leistungsparameter abqualifizieren, sondern die Gerechtigkeit für den Sünder als außerhalb des gesetzlichen Tun-Ergehen-Zusammenhangs stehend – und insofern als Gnade – herausstellen.

[9] *Bultmann*, Theologie (s. Anm. 6) 264f.

[10] Zur Kritik des abgewiesenen Gesetzesverständnisses vgl. auch *Wilckens*, Röm I (s. Anm. 2) 174-180.

allerdings nur bedingt verurteilen. Das sieht auch Paulus, wenn er sagt: „Alle diejenigen, die ohne das Gesetz (ἀνόμως) gesündigt haben, werden auch ohne das Gesetz zugrunde gehen" (Röm 2,12a). Das Problem, *warum* dies geschehen kann, löst Paulus dann aber doch mit einer Projektion der Außenperspektive in die heidnische Innenperspektive. Die Funktion, die bei den Juden das Gesetz (die Tora) hat (Röm 2,12b), übt bei den Heiden ein νόμος aus, der in ihre Herzen geschrieben ist (Röm 2,15).[11] Selbstverständlich ist dieser νόμος nicht einfach identisch mit der jüdischen Tora, als kritischer Maßstab aber zumindest ein Analogon dazu. Vielleicht muß man sogar von einem weiteren (und nicht nur von einem analogen) Gesetzesbegriff sprechen, wenn man bedenkt, daß es im Frühjudentum selbst eine Tendenz gab, Tora und Schöpfungsordnung zusammenfallen zu lassen.[12] An dieser Tradition partizipiert auch Paulus. Nur weil die Heiden Gott an seinen Schöpfungswerken erkennen können (Röm 1,19f), kann Paulus ihnen vorwerfen, sie würden die „Rechtssatzung Gottes" (δικαίωμα τοῦ θεοῦ) mißachten (Röm 1,32), die demnach mit der Schöpfungsordnung identisch ist.[13] Es wird deutlich, daß für Paulus auch die Sünde der Heiden nicht nur ein (philosophisch definiertes) κακόν ist, sondern ἀσέβεια καὶ ἀδικία (Röm 1,18), d. h. Ungehorsam gegen Gott und Übertretung der von ihm gesetzten Ordnung.

II. Sünde und Tod und die Funktion des Gesetzes

1. Durch das Gesetz kommt es zur Erkenntnis der Sünde

Weil alle gesündigt haben (Röm 3,9.10-12) und schuldig sind (Röm 3,19), kann niemand nach dem soteriologischen Paradigma der ἔργα νόμου[14] für

---

[11] Auf die Gewissensproblematik, die sich hier von der Sache her stellt, kann nicht eingegangen werden; vgl. dazu: *H.-J. Eckstein*, Der Begriff Syneidesis bei Paulus. Eine neutestamentlich-exegetische Untersuchung zum ‚Gewissensbegriff' (WUNT, 2. Reihe, 10), Tübingen 1983, bes. 137-179; *H.-J. Klauck*, „Der Gott in dir" (Ep 41,1). Autonomie des Gewissens bei Seneca und Paulus, in: *ders.*, Alte Welt und neuer Glaube. Beiträge zur Religionsgeschichte, Forschungsgeschichte und Theologie des Neuen Testaments (NTOA 29), Freiburg/Schweiz – Göttingen 1994, 11-31; *ders.*, Ein Richter im eigenen Innern. Das Gewissen bei Philo von Alexandrien, in: ebd. 33-58.

[12] Vor allem in apokalyptischen Kreisen (äthHen u. a.); vgl. *M. Limbeck*, Die Ordnung des Heils. Untersuchungen zum Gesetzesverständnis des Frühjudentums, Düsseldorf 1971.

[13] Daß hier nicht an spezielle „adamitische" oder „noachitische" Gebote zu denken ist, siehe *Wilckens*, Röm I (s. Anm. 2) 115.

[14] Bei den „Werken des Gesetzes" geht es um das Tun des Gesetzes, allerdings nicht um die Praxis (die Erfüllung) des Gesetzes, sondern um das Tun als soteriologisches Prinzip des Gesetzes. Insofern ist *Bultmann*, Theologie (s. Anm. 6) zuzustimmen, wenn er sagt:

gerecht erklärt werden: „Rechtfertigung von Sündern ... (ist) nicht Sache des Gesetzes".[15] Deshalb beendet Paulus seine Ausführungen über die allgemeine Sündhaftigkeit mit der Feststellung von *Röm 3,20*:

Denn alles Fleisch wird vor ihm nicht gerechtfertigt aus Werken des Gesetzes, denn durch das Gesetz kommt es zur Erkenntnis der Sünde (διὰ γὰρ νόμου ἐπίγνωσις τῆς ἁμαρτίας).

Was bedeutet: „Durch das Gesetz kommt es zur Erkenntnis der Sünde"?[16] Es zeigte sich, daß der Gesetzesbegriff, wie ihn Paulus in Röm 1 – 3 verwendet, sich an der Schöpfungsordnung orientiert bzw. wenigstens auf die Schöpfungsordnung hin offen ist. Dies ist nicht zuletzt eine Folge der paulinischen Argumentationsstruktur, die mit Hilfe des traditionell

---

„kein Mensch *kann* seine ‚Gerechtigkeit' durch Gesetzeswerke erlangen – nämlich eben weil er diese nicht vorweisen kann" (abzulehnen ist allerdings die weitere Folgerung *Bultmanns*, ebd.: „Aber Paulus geht noch weiter; er sagt nicht nur, daß der Mensch durch Gesetzeswerke nicht das Heil erlangen *kann*, sondern auch, daß er es gar nicht *soll*" [s. o. I]). Zur Sache: *H. Merklein*, „Nicht aus Werken des Gesetzes ...". Eine Auslegung von Gal 2,15-21, in: *ders. u. a.*, Bibel in jüdischer und christlicher Tradition. FS J. Maier (BBB 88), Frankfurt 1993, 121-136, hier 124f; vgl. *M. Bachmann*, Sünder oder Übertreter. Studien zur Argumentation in Gal 2,15ff (WUNT 59), Tübingen 1992. Die Grundsätzlichkeit der paulinischen Argumentation ist nicht erfaßt, wenn man die „Werke des Gesetzes" nur auf die Zeichen der Gruppenidentität (identity markers) wie Beschneidung, Speisevorschriften o. ä. beschränkt, wie es vor allem vertreten wird von *J. D. G. Dunn*, Romans 1 – 8 (World Biblical Commentary 38A), Dallas 1988, 153-155.158.192f; *ders.*, Works of Law and the Curse of the Law (Gal. 3.10-14), in: *ders.*, Jesus (s. Anm. 4) 215-241; *ders.*, Yet once more 'The Works of the Law': A Response: JSNT 46(1992)99-117; *R. Heiligenthal*, Soziologische Implikationen der paulinischen Rechtfertigunglehre im Galaterbrief am Beispiel der „Werke des Gesetzes": Kairos NS 26(1984)38-53. Zur Problematik der Qumran-Belege (4 QFlor; 4 QMMT) vgl. *H.-W. Kuhn*, Die Bedeutung der Qumrantexte für das Verständnis des Galaterbriefes (aus dem Münchener Projekt: Qumran und das Neue Testament), in: *G. J. Brooke* (Hg.), New Qumran Texts and Studies. Proceedings of the First Meeting of the International Organization for Qumran Studies (Paris 1992) (Studies in the Texts of the Desert of Judah 15), Leiden u. a. 1994, 169-221, bes. 202-213.

[15] *Wilckens*, Röm I (s. Anm. 2) 176. Mit dem Begriff der „Ersatzleistung" schlägt allerdings auch bei *Wilckens* noch die „alte" (von ihm zu Recht abgelehnte) Interpretation bzw. Hermeneutik durch, derzufolge das Tun des Gesetzes Sünde ist; vgl. *Wilckens*, Röm I 175: „Ungerechte aber, deren Ungerechtigkeit in ihren Taten manifest und wirksam ist, können nicht dadurch gerecht werden, daß sie *Gebotserfüllungen als Ersatzleistungen erbringen*, durch die die Sünde etwa aufgehoben würde" (Hervorhebung durch Verf.; vgl. ebd. 176f). Vgl. *Schlier*, Röm (s. Anm. 2) 100f; *Käsemann*, Röm (s. Anm. 2) 83f; *Kuss*, Röm (s. Anm. 2) 109; *Cranfield*, Rom I (s. Anm. 2) 140; *Pesch*, Röm (s. Anm. 2) 40; *Barrett*, Rom (s. Anm. 2) 70.

[16] „Erkenntnis" ist nach biblischem Sprachgebrauch nicht nur die theoretische Einsicht in ein Wertesystem, sondern die Anerkenntis, daß das Sündigen Sünde, d. h. Übertretung einer von Gott gesetzten Ordnung ist, die (die Übertretung) den Tod verdient.

jüdischen Verständnisses von der Sünde als Übertretung die allgemeine Sündhaftigkeit erweisen will. Dies bedeutet jedoch nicht, daß Paulus zwischen Schöpfungsordnung und Tora nicht mehr unterscheiden oder die Tora in die (auch den Heiden zugängliche) Schöpfungsordnung auflösen würde. In Röm 3,19 nimmt er eindeutig auf die Tora Bezug: „Wir wissen aber, daß alles, was das Gesetz sagt, es denen sagt, die im (Bereich des) Gesetz(es) sind (οἴδαμεν δὲ ὅτι ὅσα ὁ νόμος λέγει τοῖς ἐν νόμῳ λαλεῖ), damit jeder Mund gestopft werde und schuldig sei die ganze Welt vor Gott (ὑπόδικος γένηται πᾶς ὁ κόσμος τῷ θεῷ)". Dem Kontext zufolge geht es primär darum, daß „auch der ... sich auf das Gesetz berufende Jude mit allen andern Menschen zusammen verstummen (muß)".[17] Damit verbunden ist noch ein weiterer Aspekt, der meist zu wenig beachtet wird. Dadurch, daß es das „Gesetz" – in diesem Fall die vorher in den VV. 10-18 zitierte Schrift – ist, das die Schuld der ganzen Welt ausspricht, wird die „Erkenntnis der Sünde" formal und inhaltlich neu qualifiziert. Das „Gesetz" überführt nicht nur die einzelnen Tat-Sünden als Übertretungen (als „Sünden" im Plural), so daß es den sündigenden Menschen ihr Sündigen bewußt macht (diese Funktion erfüllt auch die Schöpfungsordnung); indem es vielmehr – als Schrift – *alle*, Juden wie Heiden, des Sündigens überführt, läßt es die Übertretungen als Teil einer alle beherrschenden Sündenmacht erkennen.[18] Es ist wahrscheinlich kein Zufall, daß in Röm 3,9 und 3,20 zum ersten Mal das Abstraktum ἁμαρτία erscheint.[19] Erst durch das Gesetz (Tora) kommt es zur Erkenntnis *der* Sünde.[20]

---

[17] *Zeller*, Röm (s. Anm. 2) 80 (mit zahlreichen Belegen); ähnlich *Wilckens*, Röm I (s. Anm. 2) 173.

[18] Das gilt zumindest für diejenigen, die ἐν νόμῳ sind, d. h. die Schrift haben; zur christologischen Hermeneutik, die auch hier vorauszusetzen ist, siehe unten III.3.

[19] Die These des Paulus, daß *alle* Sünder sind, läßt sich möglicherweise als Abwandlung der traditionell jüdischen Auffassung verstehen, daß die *Heiden* Sünder sind. Nicht zufällig werden wahrscheinlich die Juden in Röm 2 als die (die Heiden) Anklagenden kritisiert bzw. die jüdische Verurteilung der Heiden gegen die Juden selbst gewendet. Das Gesetz, das den Juden die Sünde der Heiden anzeigt, ist zugleich das Kriterium der Sünde der Juden. Eine ganz ähnliche Logik begegnet in Gal 2,15f, dort allerdings im Kontext der Hinkehr zu Christus: Wenn wir, die „wir von Natur (Geburt) Juden und nicht wie die Heiden Sünder sind", zum Glauben an Christus gekommen sind, dann geschah das in dem Bewußtsein, daß „der Mensch nicht gerechtfertigt wird aus Werken des Gesetzes außer durch den Glauben an Jesus Christus" (ὅτι οὐ δικαιοῦται ἄνθρωπος ἐξ ἔργων νόμου); vgl. Röm 3,20: διότι ἐξ ἔργων νόμου οὐ δικαιωθήσεται πᾶσα σάρξ.

[20] Zum Problem der Hypostasierung der Sünde vgl. *G. Röhser*, Metaphorik und Personifikation der Sünde. Antike Sündenvorstellungen und paulinische Hamartia (WUNT, 2. Reihe, 25), Tübingen 1987.

2. Die Sünde ist schon vor dem Gesetz, wird ohne Gesetz aber nicht angerechnet

Röm 5,12-14: (12) Deswegen, wie durch einen Menschen die Sünde in die Welt kam und durch die Sünde der Tod (ἡ ἁμαρτία εἰς τὸν κόσμον εἰσῆλθεν καὶ διὰ τῆς ἁμαρτίας ὁ θάνατος), so gelangte der Tod auch zu allen Menschen, weil alle gesündigt haben (ἐφ' ᾧ πάντες ἥμαρτον). (13) Denn bis zum Gesetz war die Sünde bereits in der Welt (ἄχρι γὰρ νόμου ἁμαρτία ἦν ἐν κόσμῳ), die Sünde aber wird nicht angerechnet, wo kein Gesetz ist (ἁμαρτία δὲ οὐκ ἐλλογεῖται μὴ ὄντος νόμου). (14) Dennoch herrschte der Tod von Adam bis Mose auch über die, die nicht gesündigt haben in der gleichen Art wie die Übertretung Adams (ἐπὶ τοὺς μὴ ἁμαρτήσαντας ἐπὶ τῷ ὁμοιώματι τῆς παραβάσεως ᾿Αδάμ), der das Vorausbild des kommenden (Adam) ist.

Der Text gehört zur Adam-Christus-Typologie von Röm 5,12-21.[21] Die Sünde, die durch die Tat Adams in die Welt kam, darf nicht als mythologische Größe verstanden werden.[22] Die Spannung zwischen der Sünde als Verhängnis und dem Sündigen als persönlicher Schuld[23] ist in den Text eingelesen. Die Sünde ist (wie in Röm 3,9.20) die Tat-Wirklichkeit, die allerdings, weil *alle* gesündigt haben, sich als die seit Adam herrschende Wirklichkeit und als beherrschende Macht darstellt.[24] Insofern präsentiert sich die Sünde als übersummative Größe, die mehr ist als die Summe der einzelnen Sünden, bleibt als solche aber ein Abstraktum, das nicht unabhängig für sich existiert. Die Wirklichkeit der Sünde gründet im Sündigen (aller), wie sie umgekehrt ihre Macht durch das Sündigen (aller) ausübt. Dieser Zusammenhang veranlaßt Paulus zu einer Digression. Denn gerade, wenn man wie Paulus Sünde als Übertretung versteht, erhebt sich die

---

[21] Vgl. dazu: E. *Brandenburger*, Adam und Christus. Exegetisch-religionsgeschichtliche Untersuchung zu Röm. 5,12-21 (1. Kor. 15) (WMANT 7), Neukirchen-Vluyn 1962; E. *Jüngel*, Das Gesetz zwischen Adam und Christus. Eine theologische Studie zu Röm 5,12-21: ZThK 60(1963)42-74; B. J. *Malina*, Some Observations on the Origin of Sin in Judaism and St. Paul: CBQ 31(1969)18-34; M. *Theobald*, Die überströmende Gnade. Studien zu einem paulinischen Motivfeld (FzB 22), Würzburg 1982, 63-127; H. *Weder*, Gesetz und Sünde. Gedanken zu einem qualitativen Sprung im Denken des Paulus: NTS 31(1985)357-376; K. *Kertelge*, Adam und Christus. Die Sünde Adams im Lichte der Erlösungstat Christi nach Röm 5,12-21, in: *ders.*, Grundthemen paulinischer Theologie, Freiburg – Basel – Wien 1991, 161-173.
[22] Gegen E. *Fuchs*, Die Freiheit des Glaubens: Röm 5 – 8 ausgelegt (BEvTh 14), München 1949, 18-26. Anders ist dies in Weish 2,24 („durch den Neid des Teufels kam der Tod in die Welt, und ihn erfahren alle, die ihm angehören").
[23] So *Käsemann*, Röm (s. Anm. 2) 138.
[24] *Wilckens*, Röm I (s. Anm. 2) 317, spricht in diesem Zusammenhang vom „überindividuelle(n) Charakter alles Sündigens". Die Sprachregelung ist m. E. nicht sehr glücklich, da so entweder nur das Sündigen *aller* tautologisch wiederholt wird oder doch (der auch von *Wilckens* ausgeschlossene) Verhängnisgedanke ins Spiel kommt. Vgl. auch *Schlier*, Röm (s. Anm. 2) 163; *Pesch*, Röm (s. Anm. 2) 55.

Frage, wie es mit der Sünde *vor* dem Gesetz stand. Der νόμος ist in diesem Zusammenhang strikt im Sinn der Mose-Tora gefaßt. Paulus verzichtet hier also auf einen Gedanken wie Röm 2,14f, mit dem er Tora und
Schöpfungsordnung zusammensehen konnte. Dennoch bleibt er bei seiner
These: Auch vor dem Gesetz war die Sünde in der Welt, d. h. sie hat ihre
beherrschende Macht durch das Sündigen aller bekundet. Die Begründung
ist praktisch-empirischer Art. Paulus verweist auf den Tod, der von Adam
bis Mose auch über diejenigen herrschte, die nicht nach der Art der Übertretung Adams sündigten (V. 14). Wo gestorben wird, da muß gesündigt
worden sein;[25] wo der Tod herrscht, da ist die Sünde wirksam, denn der
Tod ist „der Sold der Sünde" (Röm 6,23).[26]

Einschränkend hatte Paulus vorher allerdings vermerkt: „Die Sünde
wird aber nicht angerechnet (ἐλλογεῖται), wo kein Gesetz ist" (V. 13b).
Was heißt das? Will Paulus sagen, daß die Menschheit zwischen Adam
und Mose nicht aufgrund bewußter Übertretung, d. h. aufgrund eigener
Tat-Sünde, sondern durch Teilhabe an der Sünde Adams, d. h. durch
Erbsünde, sich den Tod zugezogen hat? Das kann nicht der Fall sein.
Denn nach Röm 1 – 3 ist ja auch das Sündigen der Heiden ein bewußtes
Sündigen und eine Übertretung des δικαίωμα τοῦ θεοῦ (Röm 1,32).
Insofern ist auch das Sündigen der Menschheit zwischen Adam und Mose
eine παράβασις, allerdings keine παράβασις eines *ausdrücklichen* und
mit Sanktionen versehenen Gebotes bzw. Gesetzes.[27] Das eigentliche
Problem ist das Verständnis von ἐλλογεῖται. Es wird wohl zu Recht
heute meist als passivum divinum gedeutet, so daß *Gott* das anrechnende
Subjekt ist. Doch wird man Paulus nicht nur die banale Feststellung einer
jenseitigen Buchführung unterstellen dürfen.[28] Insofern dient das Gesetz
nicht nur als Kriterium der göttlichen Anrechnung, sondern auch als das
Medium, das *den Menschen* die Anrechnung ihrer sündigen Taten mitteilt.

---

[25] Treffend und anschaulich die Auslegung von *Zeller*, Röm (s. Anm. 2) 117: „Ohne
Feuer kein Rauch, ohne Sünde kein Tod." Zum Verhältnis von Sünde und Tod vgl. auch
Th. Barrosse, Death and Sin in Saint Paul's Epistle to the Romans: CBQ 15(1953)438-
459; *J. Ch. Beker*, The Relationship between Sin and Death in Romans, in: *Fortna –
Gaventa* (Hg.), Conversation (s. Anm. 5) 55-61.
[26] Paulus steht hier ganz in biblisch-jüdischer Tradition, vgl. Gen 2,16; 3; Sir 25,24;
AntBibl 13,8; 4 Esr 3,7; 7,11f. Weitere Belege bei *Zeller*, Röm (s. Anm. 2) 115f; *Barrett*, Rom (s. Anm. 2) 111; *Cranfield*, Rom I (s. Anm. 2) 280f.
[27] Zur Sünde Adams vgl. 4 Esr 3,6f: (6) Du hast ihn in das Paradies geführt, das deine
Rechte gepflanzt hatte, bevor die Erde kam. (7) Du hast ihm ein einziges Gebot gegeben; er hat es übertreten. Und sofort hast du den Tod über ihn und seine Nachkommen
verhängt. – Zur Sünde zwischen Adam und Mose vgl. auch: *Schlier*, Röm (s. Anm. 2)
165f; *Barrett*, Rom (s. Anm. 2) 112; *Cranfield*, Rom I (s. Anm. 2) 282.
[28] Diesen Eindruck gewinnt man bei *Zeller*, Röm (s. Anm. 2) 117; vgl. *G. Friedrich*,
Ἁμαρτία οὐκ ἐλλογεῖται. Röm. 5,13: ThLZ 77(1952)523-528.

Darauf kommt es m. E. im Zusammenhang besonders an. Das Gesetz macht den Menschen unmißverständlich klar, daß die Sünde als Gegenstand göttlichen Zorns angerechnet wird[29] und daß es deshalb kein Entrinnen aus der über sie (vom Gesetz!) verhängten Sanktion des Todes geben kann. Die faktische Abfolge von Sünde und Tod[30] bekommt durch das Gesetz eschatologische Qualität.[31] Der Tod erscheint als die endgültige Perspektive einer faktisch immer sündigenden adamitischen Menschheit. Die herrschende Macht der Sünde bekommt potentiell eschatologische Gültigkeit.[32]

3. Das Gesetz und die Begierde

Röm 7,7-12: (7) Was sollen wir also sagen? Ist das Gesetz Sünde? Das sei ferne! Aber die Sünde hätte ich nicht kennengelernt, wenn nicht durch das Gesetz. Denn auch von der Begierde hätte ich nichts gewußt, wenn nicht das Gesetz gesagt hätte: „Du sollst nicht begehren!" (8) Indem aber die Sünde die Gelegenheit ergriff, bewirkte sie durch das Gebot in mir jegliche Begierde. Denn ohne das Gesetz ist die Sünde tot. (9) Ich lebte aber einst ohne Gesetz; als aber das Gebot kam, lebte die Sünde auf, (10) starb ich, und es stellte sich mir heraus: Das Gebot, das zum Leben (gereichen sollte), eben dieses (gereichte mir) zum Tod. (11) Denn indem die Sünde die Gelegenheit ergriff, betrog sie mich durch das Gebot und tötete mich durch es. (12) Also: das Gesetz ist heilig und das Gebot ist heilig, gerecht und gut.

---

[29] Insofern bewirkt das Gesetz den Zorn Gottes (Röm 4,15a: ὁ γὰρ νόμος ὀργὴν κατεργάζεται).

[30] Daß diejenigen, die sündigen, den Tod verdienen, wissen die Menschen schon aufgrund der Schöpfungsordnung (vgl. Röm 1,32).

[31] Vgl. *Jüngel*, Gesetz (s. Anm. 21) 55: „Das Wesen der Sünde und des Todes ist nämlich mit der Folge von Sünde und Tod noch keineswegs erkannt. Deshalb der Hinweis ...: ohne Gesetz wird die Sünde nicht als Sünde eschatologisch zur Geltung gebracht. Das Gesetz ist vielmehr um der Übertretungen willen, d. h. um die Sünde als Sünde eschatologisch zur Geltung zu bringen, hinzugefügt worden (Gal 3,19)."

[32] Von „potentieller" eschatologischer Gültigkeit ist deshalb zu sprechen, weil die eschatologische Perspektive, die das Gesetz auftut, in Christus überholt ist. *Jüngel*, Gesetz (s. Anm. 21) 55, stellt zutreffend fest, daß das Gesetz wegen der „Entsprechung zwischen Adam und Christus unentbehrlich" ist; es ermöglicht „eine eschatologische Entsprechung". *Jüngel* charakterisiert dann im weiteren die Entsprechung zwischen „dem negativ eschatologisch qualifizierten Adamzusammenhang" und „dem mit Christus ... gegebenen positiven eschatologischen Zusammenhang" als „eine doppelt antithetische Entsprechung" (56). Hinzuzufügen ist, daß erst von Christus her die gegenüberliegende Seite sich als *negativ* eschatologisch qualifiziert darstellt und dabei gleichzeitig ihren *eschatologischen* Charakter nur fiktiv bzw. vorläufig-typologisch aufrechterhalten kann.

Der Schlußfolgerung, die man aus den ersten sechs Versen von Röm 7[33] ziehen könnte, widerspricht Paulus energisch: Gesetz und Sünde sind nicht gleichzusetzen (V. 7a). V. 7b formuliert keine Konzession gegenüber V. 7a. Vielmehr soll eine positive Funktion des Gesetzes festgehalten werden, wenn gesagt wird, daß das Gesetz zum Kennenlernen der Sünde und zum Wissen um die Begierde führt. Dabei kann das Kennenlernen der Sünde nicht bedeuten, daß die Menschen außerhalb des Gesetzes und vor dem Gesetz sich ihrer Sünden nicht bewußt waren. Das hatte Paulus ja schon in Röm 1 bestritten. So geht es in Röm 7,7 nicht um das Erkennen der sündigen Taten, sondern um das Erkennen der Sünde in ihrer Qualität als Sünde, d. h. um die Sündigkeit der Sünde bzw. um die Sünde als beherrschende Macht, wie dies in Röm 3,20 sich bereits andeutete und in Röm 5,12-14 ausgeführt war. Erst das Gesetz deckt auf, was Sündigen bedeutet: die Unterwerfung unter eine Macht, die zwar kein eigenes Sosein besitzt, durch das Sündigen aller Menschen aber nichtsdestoweniger die Wirklichkeit menschlichen Soseins bestimmt und dieses somit dem Zorn Gottes ausliefert. Der objektlose Imperativ „Du sollst nicht begehren!" will wohl zugleich den Dekalog zusammenfassen und auf die Paradiesesgeschichte anspielen,[34] so' daß sich hier wie in Röm 5,12-14 Gesetz und Paradiesesgebot verklammern.

Inwiefern aber kann Paulus sagen, daß das (ausdrücklich von Gott erlassene) Gebot bzw. Gesetz zum Wissen um die Begierde führt? Geht es nur um die simple Erfahrung, daß Verbotenes um so mehr die Begehrlichkeit weckt?[35] Nein, Paulus geht es um eine grundsätzliche Feststellung! Indem das Gesetz ausdrückliche Gebote formuliert und sagt: „Du

---

[33] Zu Röm 7 vgl. W. G. Kümmel, Römer 7 und die Bekehrung des Paulus (UNT 17), Leipzig 1929 (wieder abgedruckt in: ders., Römer 7 und das Bild des Menschen im Neuen Testament. Zwei Studien [TB 53], München 1974, IX-XX.1-160); R. Bultmann, Römer 7 und die Anthropologie des Paulus, in: ders., Exegetica. Aufsätze zur Erforschung des Neuen Testaments (hg. v. E. Dinkler), Tübingen 1967, 198-209; G. Bornkamm, Sünde, Gesetz und Tod. Exegetische Studie zu Röm 7, in: ders., Das Ende des Gesetzes. Paulusstudien. Gesammelte Aufsätze I (BEvTh 16), München ⁵1966, 51-69; J. Blank, Der gespaltene Mensch. Zur Exegese von Röm 7,7-25: BiLe 9(1968)10-20; R. Schnackenburg, Römer 7 im Zusammenhang des Röm, in: E. E. Ellis – E. Gräßer (Hg.), Jesus und Paulus. FS W. G. Kümmel, Göttingen 1975, 283-300; G. Theißen, Psychologische Aspekte paulinischer Theologie (FRLANT 131), Göttingen 1983, 181-268; Merklein, Bedeutung (s. Anm. 4) 85-92; K. Kertelge, Exegetische Überlegungen zum Verständnis der paulinischen Anthropologie nach Römer 7, in: ders., Grundthemen (s. Anm. 21) 174-183; Th. K. Heckel, Der Innere Mensch. Die paulinische Verarbeitung eines platonischen Motivs (WUNT, 2. Reihe, 53), Tübingen 1993, 148-210.

[34] Vgl. dazu Wilckens, Röm II (s. Anm. 2) 78f; Cranfield, Rom I (s. Anm. 2) 348f; Käsemann, Röm (s. Anm. 2) 185f.

[35] Vgl. Zeller, Röm (s. Anm. 2) 140; E. Fuchs, Existentiale Interpretation von Römer 7,7-12 und 21-23: ZThK 59(1962)285-314, hier 289.

sollst nicht begehren!", deckt es auf, daß der Mensch ein Begehrender ist,
der das Gebot übertritt.[36] Durch das Gebot „Du sollst nicht begehren!"
wird die Sünde als Begierde entlarvt, d. h. als Streben, das ausdrückliche
Gebot Gottes zu übertreten. Von daher ist es abwegig, Paulus zu unterstellen, er wolle in V. 8 dem Gesetz die Schuld an der Begierde zuschie-
ben. Die Sünde ist es, die die Begierde bewirkt. Aber die Sünde – und
dies ist fast schon eine Tautologie – bedarf dazu des Gebotes, das die
Sünde als ein gegen das Gebot gerichtetes Begehren ausweist. Insofern ist
die Sünde ohne das Gesetz tot (V. 8b) und lebt erst mit dem Kommen des
Gebotes (nicht: *durch* das Gebot!) auf (V. 9b). Nicht Produktion und
Stärkung der Sünde sind gemeint. Es geht nicht um ein Eigenleben der
Sünde. Sünde ist die durch das Sündigen geschaffene Wirklichkeit. Eben
diese Wirklichkeit wird lebendig, wird dem Menschen zur lebendigen, ja
aggressiven Wirklichkeit, sobald das Gesetz ihm die Sünde als beherrschende Macht mit göttlich sanktionierter Todesfolge begegnen läßt. Das
Gebot „Du sollst nicht begehren!", das den Menschen zum Leben führen
sollte, indem es ihn vor Übertretung bewahren wollte, eben dieses Gebot
gereicht ihm zum Tod, indem es ihm, dem Übertreter, nur den Tod zusprechen kann. Auch für V. 11 bleibt zu beachten, daß es die Sünde (und
nicht das Gebot!) ist, die „betrügt" und „tötet". Darin besteht die Perversion der Sünde, daß sie den Sünder an die Lebensverheißung des Gebotes
klammern läßt, obwohl dieses ihm, dem Sünder, nur den Tod zusprechen
und zuteilen kann. V. 12 bestätigt die bisherige Auslegung: Er zeigt, daß
es Paulus um eine Entlastung des Gesetzes geht; das Gesetz ist nicht nur
nicht Sünde (V. 7), sondern heilig, gerecht und gut.

4.   Hat das Gesetz eine aktive Rolle in bezug auf die Sünde?

Dadurch daß faktisch *alle* sündigen und empirisch *alle* sterben, bekommen Sünde und Tod übersummativen Charakter. Sie werden zu Mächten,
die die Menschen beherrschen. Gerät dann aber nicht auch das Gesetz,
dessen Korrelation zu Sünde und Tod kurz aufgezeigt wurde, in das Gefälle dieser übersummativen Mächte, so daß man direkt von einer –
durchaus negativ zu verstehenden – Trias von Sünde, Tod und Gesetz
sprechen kann?[37] Nicht selten wird sogar behauptet, daß Paulus dem

---

[36] Zum Verhältnis von Gesetz und Gebot vgl. *Wilckens*, Röm II (s. Anm. 2) 78 Anm.
300; *Käsemann*, Röm (s. Anm. 2) 185f; anders: *Kuss*, Röm (s. Anm. 2) 444; *Schlier*,
Röm (s. Anm. 2) 223.
[37] Bei *Bultmann*, Theologie (s. Anm. 6) 260–270, wird „Das Gesetz" als ein Paragraph
der Abteilung „Fleisch, Sünde und Welt" abgehandelt. Bei *E. Lohse*, Grundriß der

Gesetz eine aktive Rolle in bezug auf die Sünde zuspreche. Es ist zu prüfen, ob die dafür angeführten Stellen die Beweislast zu tragen vermögen.

In *Gal 3,19* sagt Paulus: „Um der Übertretung willen wurde es (das Gesetz) hinzugegeben" (τῶν παραβάσεων χάριν προσετέθη). Damit ist nicht gemeint, daß das Gesetz die Übertretungen provozieren soll. Das Gesetz wurde vielmehr hinzugefügt, „weil die Übertretungen da waren und ... als solche festgestellt und zur Erkenntnis gebracht werden" sollten.[38] Daß das Gesetz nicht Leben zu spenden vermag (Gal 3,21b), liegt nicht daran, daß es ein böses, an die Seite der Sünde gehöriges Prinzip ist, sondern allein daran, daß es einem Menschen, der es übertritt, immer nur Fluch und Tod zusprechen kann. Das Gesetz bleibt also der Antagonist der Sünde. In eben dieser gegen die Sünde gerichteten Funktion tritt die Schrift in Aktion, wenn sie „alles unter die Sünde zusammenschließt" (τὰ πάντα ὑπὸ ἁμαρτίαν συνέκλεισεν) (Gal 3,22).

Nach *Röm 5,20* ist das Gesetz dazwischen hineingekommen, und zwar ἵνα πλεονάσῃ τὸ παράπτωμα. παρεισῆλθεν („dazwischen hineinkommen") darf nicht abwertend im Sinn des (unbefugten) Einschleichens interpretiert werden.[39] Im Kontext geht es darum, daß das Gesetz *nach* der Sünde in die Welt gekommen ist, und zwar in einem schon *vorher* konstituierten Zusammenhang von Sünde und Tod *hinein*. „Damit der Fehltritt sich mehre" kann daher nicht meinen, daß die Quantität der Sünden objektiv zunimmt,[40] so daß gleichsam das Gesetz zum Sündigen animiert. Eine quantitative Vermehrung der Sünden würde im Grunde auch keine neue Sachlage schaffen, da die Machtsphäre der Sünde schon vor dem Gesetz aufgrund des allgemein herrschenden Todes grenzenlos war (Röm 5,12.14). Die Mehrung der Sünde muß daher mit der in V. 13 angegebenen Funktion des Gesetzes zu tun haben, nämlich daß es die Sünde *anrechnet*, d. h. als Gegenstand göttlichen Zorns ausweist. Das Gesetz mehrt die Sünde, indem es die Sünder in die eschatologische Perspektivlosigkeit

---

neutestamentlichen Theologie (ThW 5), Stuttgart u. a. 1974, 92-95, werden „Sünde, Gesetz und Tod" syntaktisch in einer Überschrift zusammengefaßt.

[38] *Wilckens*, Röm I (s. Anm. 2) 177; vgl. *F. Mußner*, Der Galaterbrief (HThK IX), Freiburg – Basel – Wien 1974, 246; anders: *H. Schlier*, Der Brief an die Galater (KEK VII), Göttingen ³1962, 153f; *H.-D. Betz*, Der Galaterbrief. Ein Kommentar zum Brief des Apostels Paulus an die Gemeinden in Galatien, München 1988, 295f; *J. Rohde*, Der Brief des Paulus an die Galater (HThK 9), Berlin 1989, 154f.

[39] Gegen: *Brandenburger*, Adam (s. Anm. 21) 249; *Barrett*, Rom (s. Anm. 2) 119; *Schlier*, Röm (s. Anm. 2) 177; anders: *Cranfield*, Rom I (s. Anm. 2) 291f; *Käsemann*, Röm (s. Anm. 2) 150.

[40] Vgl. *Zeller*, Röm (s. Anm. 2) 119: „Gemeint ist wohl nicht nur, daß das Gesetz die Sünde als solche offenbar macht (wie 3,20b); sie nimmt vielmehr durch das Gesetz zu an Zahl (vgl. V. 16b), Kraft und zornbringender (vgl. 4,15a) Ungeheuerlichkeit." Ähnlich: *Lietzmann*, Röm (s. Amm. 2) 65.

stürzt.[41] Dies ist gewiß eine harte Maßnahme, die in dieser Härte vielleicht sogar erst vom Standpunkt der Gnade aus zu artikulieren ist, dennoch handelt es sich um eine gerechte Maßnahme, die nicht der Sünde
Vorschub leistet, sondern im Gegenteil deren schlimme Folge festhält.

Von *Röm 7,7-11* war bereits die Rede. Es ist die Sünde und nicht das
Gebot, das die Begierde wirkt (V. 8). Freilich bedarf die Sünde des Gebotes, um den Menschen als Begehrenden, und das heißt: als einen, der das
Gebot Gottes übertritt, auszuweisen. Entsprechend ist auch *Röm 7,5* zu
interpretieren.

Als wir nämlich im Fleische waren, wirkten die Leidenschaften der Sünden, die durch
das Gesetz (als solche ausgewiesen waren) (τὰ παϑήματα τῶν ἁμαρτιῶν τὰ διὰ τοῦ
νόμου), in unseren Gliedern, um dem Tod Frucht zu bringen.

„*Durch* das Gesetz" (τὰ παϑήματα τῶν ἁμαρτιῶν τὰ διὰ τοῦ νόμου)
wird nicht selten im Sinne der Verursachung gedeutet.[42] M. E. zu Unrecht! Es geht vielmehr darum, daß die „Leidenschaften", die mit den
„Begierden" (ἐπιϑυμίαι) von Röm 6,12 identisch sind, „durch das Gesetz" als „Leidenschaften *der Sünden*" ausgewiesen werden sollen. Das
Gesetz produziert nicht die Leidenschaften, sondern weist sie als *sündige*
Leidenschaften aus. Eben diese *vermittels* des Gesetzes als sündig festgehaltenen Leidenschaften „wirkten, solange wir im Fleische waren, in
unseren Gliedern, um dem Tod Frucht zu bringen" (Röm 7,5).

Als Fazit ergibt sich: Von einer aktiven Rolle des Gesetzes in bezug
auf die Sünde kann nicht die Rede sein. Das Gesetz bietet weder Anlaß
noch Antrieb zur Sünde. Die Sünde gewinnt ihre beherrschende Macht
durch das Sündigen. Man müßte schon das Tun des Gesetzes zur Sünde
erklären, um so das Gesetz wenigstens zu einer heimtückischen Falle für
das Böse werden zu lassen.[43] Nun aber ist die Sünde ihrem Wesen nach

---

[41] Dem Sünder erscheint das παράπτωμα bzw. die ἁμαρτία im Lichte des Gesetzes als
unermeßliches Meer, dessen Ufer er – mit Hilfe des Gesetzes – nie erreicht, da das
Gesetz ihn immer wieder des Sündigens überführt. Das Gesetz bringt also die Perspektive ins Spiel, aus der die Vielzahl der einzelnen Tatsünden den qualitativen Mehr-Wert
der Sünde erreichen. Daß diese Perspektive erst aus christologischer Hermeneutik erschwinglich ist (s. u. III.3) und insofern für Paulus „eine bisher *ungesehene Dimension*"
darstellt, sei unbestritten (mit: *Weder*, Gesetz [s. Anm. 21] 369). Dennoch geht es nicht
um „eine Verfehlung ..., die *innerhalb* des Gesetzesraums angesiedelt ist" (gegen:
Weder, ebd.).
[42] In diesem Sinne sogar *Wilckens*, Röm II (s. Anm. 2) 69: „Die Leidenschaften, in
denen die Sünde (6,12) als in sündigen Taten (τῶν ἁμαρτιῶν) konkret wird, sind ‚durch
das Gesetz' hervorgerufen. ... Das Gesetz ‚aktiviert' [*Käsemann*, Röm 179] die sündigen Leidenschaften."
[43] *Bultmann*, Theologie (s. Anm. 6) 240: „Vor allem aber gehört zum Verhalten κατὰ
σάρκα auch *die eifrige Erfüllung des Gesetzes*, sofern der Mensch dadurch aus eigener
Kraft die Gerechtigkeit vor Gott zu erringen meint."

Übertretung, die durch das Gesetz namhaft und in ihrem ganzen Ausmaß an auswegloser Todesverfallenheit bewußt gemacht wird. Insbesondere in Röm 5,20 (aber auch in Röm 7,7-11) wird allerdings deutlich, daß das Gesetz an der übersummativen Qualität partizipiert, die der Sünde und dem Tod aufgrund der Allgemeinheit des Sündigens eignet. Insofern kann Paulus nicht nur sagen, daß der Mensch ὑπὸ ἁμαρτίαν („unter der Macht der Sünde") ist (Röm 7,14; Gal 3,22), sondern auch, daß er ὑπὸ νόμον („unter der Macht des Gesetzes)" steht (Röm 6,14f; 1 Kor 9,20; Gal 3,23; 4,4f.21; 5,18). Dennoch ist zwischen Sünde und Tod einerseits und dem Gesetz andererseits zu unterscheiden. Die semantischen Relationen differieren diametral. Sünde und Tod verhalten sich wie Ursache und Wirkung. Sofern das Gesetz dieses Verhältnis festhält und sanktioniert, stellt es semantisch die Metaebene dar. Sofern es die Sünde *verurteilt* und den Tod als Folge seiner *Übertretung* sanktioniert, tritt es gegen Sünde und Tod jedoch als deren positiver Widerpart auf, der insofern sogar die Option für das Heil offen hält, auch wenn es dieses am Sünder nicht verwirklichen kann.

III. Wie kommt Paulus zu der These von der Allgemeinheit der Sünde?

Am breitesten ausgeführt wird die These von der Allgemeinheit der Sünde in *Röm 1,18 – 3,20* (Röm 3,9f.12.19f; vgl. 3,23; 5,12). Doch entwickelt Paulus diese These nicht erst für den Römerbrief. Eine kurz gefaßte Variante des Gedankengangs von Röm 1 – 3 liegt in *Gal 2,15-17* vor. Dort führt Paulus das Argument an, daß auch die Judenchristen, die von ihrer Herkunft her nicht „Sünder aus den Heiden" (ἐξ ἐθνῶν ἁμαρτωλοί) sind (V. 15), sich dann doch – indem sie zum Glauben kamen (V. 16) und danach trachteten, in Christus gerechtfertigt zu werden – als Sünder erwiesen hätten (εὑρέθημεν καὶ αὐτοὶ ἁμαρτωλοί) (V. 17). Entsprechend kann Gal 3,22 dann feststellen, daß „die Schrift alles unter die Sünde zusammengeschlossen hat" (συνέκλεισεν ἡ γραφὴ τὰ πάντα ὑπὸ ἁμαρτίαν). Doch wird der Gedanke von der Allgemeinheit der Sünde auch schon in den Korintherbriefen vorausgesetzt: 1 Kor 1,21 (ἐν τῇ σοφίᾳ τοῦ θεοῦ οὐκ ἔγνω ὁ κόσμος διὰ τῆς σοφίας τὸν θεὸν); 15,56 (die Sünde als Stachel des Todes); 2 Kor 5,21a (τὸν μὴ γνόντα ἁμαρτίαν ὑπὲρ ἡμῶν ἁμαρτίαν ἐποίησεν); indirekt findet er sich auch in Phil 3,2-11. Wie kommt Paulus zu der These von der Allgemeinheit der Sünde?

Exkurs: Die Sünde und die heilsgeschichtlichen Privilegien Israels

Will Paulus mit der These von der Allgemeinheit der Sünde behaupten, daß es vor Christus keine Gerechten gab? Das ist schwerlich der Fall. Sünde und Gerechtigkeit lassen sich heilsgeschichtlich nicht einfach auf die Perioden vor und nach Christus verteilen. Wie es nach Christus noch Sünde gibt, so gab es auch vor Christus schon Gerechtigkeit. Der exemplarische Gerechte schlechthin für Paulus ist Abraham (Röm 4; Gal 3). Allerdings – und auch darin ist die Situation vor und nach Christus die gleiche – die Gerechtigkeit Abrahams resultiert nicht aus dem Tun des Gesetzes, sondern aus seinem Glauben: ἐπίστευσεν τῷ θεῷ, καὶ ἐλογίσθη αὐτῷ εἰς δικαιοσύνην (Gal 3,6; Röm 4,3 = Gen 15,6). Die These von der Gerechtigkeit Abrahams ist für das paulinische Verständnis von Heilsgeschichte von elementarer Bedeutung. Die Gerechtigkeit Abrahams zeigt erstens, daß Paulus keineswegs davon ausgeht, daß das vorchristliche Judentum der Gerechtigkeit entbehrt hat. Die Gerechtigkeit Gottes, die im Evangelium verkündet wird, ist keine neue, sondern die Gott schon immer eignende Gerechtigkeit, die in Christus offenbar wurde (Röm 3,21). Das bedeutet zweitens aber auch, daß Paulus die Privilegien Israels ernst nimmt und (in seiner Weise) an ihnen festhält.[44] Man kann daher schwerlich sagen, daß das jüdische Gegenüber in Röm 2f „über das Prinzip der Rechtfertigung ἐξ ἔργων νόμου hinaus die eigene Gerechtigkeit *in dem heilsgeschichtlichen Privileg der Erwählten Gottes begründet und garantiert* ... wissen" wolle, während Paulus „die Werke zum ausschließlichen Maßstab der Rechtfertigung des Gerechten (2,13)" mache.[45] Selbstverständlich ist auch für Paulus die Gerechtigkeit über das Prinzip der Gesetzeswerke hinaus in den heilsgeschichtlichen Privilegien Israels begründet (konkret in der Erwählung Abrahams und der damit verbundenen Verheißung). Was Paulus bestreitet, ist nicht der Wert der heilsgeschichtlichen Privilegien Israels schlechthin. Er meint aber, daß das Privileg nichts nützt, wenn es mit dem Gesetz begründet wird, solange diejenigen, die sich des Gesetzes rühmen, Sünder sind. Paulus und sein fiktives jüdisches Gegenüber stimmen also nicht nur darin überein, daß beide die Sünde am Gesetz vermessen und als Übertretung qualifizieren, sondern im Prinzip auch darin, daß die Gerechtigkeit in den Privilegien Israels grundgelegt ist. Der Unterschied besteht darin, daß der jüdische Kontrahent die Privilegien auf das Gesetz hin zuspitzt, so daß die Gabe des Gesetzes bereits die Gerechtigkeit aufgrund von Werken des Gesetzes

---

[44] Insofern kann Paulus sogar die (gewiß vereinfachende) jüdische Vorstellung aufgreifen, daß die Juden nicht wie die Heiden Sünder sind (Gal 2,15).
[45] *Wilckens*, Röm I (s. Anm. 2) 177 (Hervorhebung durch Verf.).

mitsetzt (Gabe des Gesetzes als Heilszusage), während Paulus die aus dem Gesetz resultierende Gerechtigkeit konsequent vom tatsächlichen Tun des Gesetzes abhängig macht (Röm 2,13), so daß er, da alle gesündigt haben, eine Gerechtigkeit aufgrund von Werken des Gesetzes ablehnen muß und dem Gesetz nurmehr eine kritische bzw. kriteriologische Funktion in bezug auf die Sünde zusprechen kann. Man könnte fast sagen: schon das Faktum des Gesetzes wird für Paulus zu einer Art Tatsachenbeweis, daß alle sündigen. Das Gebot „Du sollst nicht begehren!" ist ambivalent. Daß es gesagt ist, will der Übertretung einen Riegel vorschieben. Daß es offensichtlich gesagt werden muß, offenbart aber auch, daß der Mensch ein Übertreter ist. An diesem Punkt wird deutlich, daß die paulinische These von der Allgemeinheit der Sünde und sein Axiom, daß das Gesetz nicht Heilsweg sein kann, aufs engste zusammenhängen und sich gegenseitig bedingen. Heißt das aber auch, daß das eine das andere begründet?

***

1. Die Vorgaben der biblisch-frühjüdischen Tradition und der soteriologische Paradigmenwechsel

Ganz neu ist die These von der Allgemeinheit der Sünde nicht. Zumindest gibt es alttestamentliche und frühjüdische Vorbilder.[46] Paulus selbst beruft sich in Röm 3,10-18 auf die Schrift (γέγραπται [V. 10] bzw. νόμος

---

[46] Zur Sünde im Alten Testament und Frühjudentum vgl. *G. F. Moore*, Judaism in the First Centuries of the Christian Era. The Age of Tannaim I, Cambridge/Mass. (1927) [8]1958, 445-496; *J. Bonsirven*, Le péché et son expiation selon la théologie du judaïsme palestinien au temps de Jésus-Christ: Bib. 15(1943)213-236; *W. Knuth*, Der Begriff der Sünde bei Philon von Alexandria, Würzburg 1934; *E. Sjöberg*, Gott und die Sünder im palästinischen Judentum nach dem Zeugnis der Tannaiten und der apokryphisch-pseudepigraphischen Literatur (BWANT 79), Stuttgart 1938; *R. Knierim*, Die Hauptbegriffe für Sünde im Alten Testament, Gütersloh 1965; *K. Koch*, Sünde und Sündenvergebung um die Wende von der exilischen zur nachexilischen Zeit: EvTh 26(1966)217-239; *A. Strobel*, Erkenntnis und Bekenntnis der Sünde in neutestamentlicher Zeit (AzTh, I. Reihe, Heft 37), Stuttgart 1968, 9-37; *H. Thyen*, Studien zur Sündenvergebung im Neuen Testament und seinen alttestamentlichen und jüdischen Voraussetzungen (FRLANT 96), Göttingen 1970, 16-130; *P. Fiedler*, Jesus und die Sünder (BET 3), Frankfurt/M. – Bern 1976, 19-95; *Sanders*, Paulus (s. Anm. 4) 27-406; *J. von Soosten*, Die „Erfindung" der Sünde. Soziologische und semantische Aspekte zu der Rede von der Sünde im alttestamentlichen Sprachgebrauch, in: JBTh 9(1994)87-110; *P. Sacchi*, Die Macht der Sünde in der Apokalyptik, in: JBTh 9(1994)111-124.

[Röm 3,19]), wobei es hier dahingestellt sein mag, ob die von Paulus herangezogenen Stellen (besonders Ps 13,1-3 LXX; 52,2-4 LXX) in ihrem Wortsinn das hergeben, was Paulus mit ihnen beweisen möchte. Aber auch abgesehen davon, enthält das Alte Testament Stimmen, die die Unreinheit und Sündhaftigkeit aller betonen (vgl. Jes 6,5[47]), besonders in Klagen (bzw. Anklagen) und Bußgebeten des Volkes (Jes 59,1-8.9-15[48]; 63,7 – 64,11[49]; Esr 9,6-15[50]; Neh 9,6-37; Dan 9,4-19[51]). Es handelt sich zumeist um Exhomologesen, die in Fortführung deuteronomistischer Tradition die gegenwärtige Not als Gericht Gottes deuten, das wegen der Sünden zu Recht über das Volk gekommen ist. In apokalyptischen Texten taucht das Motiv von der allgemeinen Sündhaftigkeit in endzeitlichen Situationsbeschreibungen auf (vgl. äthHen 81,5[52]; 4 Esr 7,46.68[53]) oder

---

[47] Weh mir, ich bin verloren. Denn ich bin ein Mann mit unreinen Lippen und lebe mitten in einem Volk mit unreinen Lippen ...

[48] Jes 59,12f: Denn unsere Frevel gegen dich sind zahlreich, unsere Sünden klagen uns an. Wir sind uns unserer Vergehen bewußt, wir kennen unsere Schuld: Untreue und Verleugnung des Herrn, Abkehr von unserem Gott.

[49] Jes 64,4f: Ja, du warst zornig; denn wir haben gegen dich gesündigt, von Urzeit an sind wir treulos geworden. Wie unreine (Menschen) sind wir alle geworden, unsere Gerechtigkeit ist wie ein schmutziges Kleid. Wie Laub sind wir alle verwelkt, unsere Schuld trägt uns fort wie der Wind.

[50] Esr 9,6-15: (6) Mein Gott, ich schäme mich und wage nicht, die Augen zu dir, meinem Gott, zu erheben. Denn unsere Vergehen sind uns über den Kopf gewachsen; unsere Schuld reicht bis zum Himmel. (7) Seit den Tagen unserer Väter bis heute sind wir in großer Schuld. ... (13) Was ist alles über uns gekommen wegen unserer bösen Taten und unserer großen Schuld! Dabei hast du, unser Gott, unsere Schuld mit Nachsicht behandelt und uns diese Schar der Geretteten gelassen. (14) Können wir nach alledem von neuem deine Gebote brechen und uns mit diesen greuelbeladenen Völkern verschwägern? Mußt du uns dann nicht zürnen, bis wir ganz vernichtet sind, so daß kein Rest von Geretteten mehr übrig bleibt? (15) Herr, Gott Israels, du bist gerecht; darum hast du uns als geretteten Rest übrig gelassen, wie es heute der Fall ist. Nun stehen wir vor dir mit unserer Schuld. Nein, so kann niemand vor dir bestehen.

[51] Dan 9,4-11: (4) Herr, du großer und furchterregender Gott, du bewahrst denen, die dich lieben und deine Gebote halten, deinen Bund und deine Gnade. (5) Wir haben gesündigt und Unrecht getan, wir sind treulos gewesen und haben uns gegen dich empört; von deinen Geboten und Gesetzen sind wir abgewichen. ... (7) Du, Herr, bist im Recht; ... (10) Wir haben nicht auf die Stimme des Herrn, unseres Gottes, gehört und seine Befehle nicht befolgt, die er uns durch seine Diener, die Propheten, gegeben hat. (11) Ganz Israel hat dein Gesetz übertreten, ist davon abgewichen und hat nicht auf deine Stimme gehört. Darum kamen der Fluch und die Verwünschung über uns, die im Gesetz des Mose, des Dieners Gottes, geschrieben stehen; denn wir haben uns gegen Gott versündigt.

[52] ÄthHen 81,5: Verkünde alles deinem Sohn Methusala und zeige allen deinen Kindern, daß keiner, der des Fleisches (ist), vor dem Herrn gerecht ist, denn er ist ihr Schöpfer. – Zum Gedanken, daß der Schöpfer die Sünder vernichtet, vgl. äthHen 94,10.

dient der Qualifizierung der ins Unheil abdriftenden Geschichte vor dem eschatologischen Eingreifen Gottes (äthHen 93,9[54]). In noch weiter zugespitzter Form findet sich das Motiv in den Qumranschriften (1 QH 1,21-27; 4,29-37; 9,14f; 12,30f; 1 QS 11,9f). Insgesamt sind die Gemeinsamkeiten zwischen Paulus und der frühjüdischen Tradition durchaus beachtlich und sollten nicht zu schnell heruntergespielt werden.

Jedenfalls hat „das Bekenntnis universaler menschlicher Ungerechtigkeit" nicht nur in jüdischen Texten „die *Funktion eines Kontrastmotivs*, mit dem der Fromme sich in Erwartung seiner Rechtfertigung als Gerechter an Gott wendet"[55]. Auch bei Paulus steht die allgemeine Sündhaftigkeit in Kontrast zu der im Evangelium verlautbarten Gerechtigkeit. Schon etwas deutlicher beginnt sich der Unterschied abzuzeichnen, wenn man bedenkt, daß die Rechtfertigung des Sünders jüdischerseits in der Regel an die Rückkehr zur Tora gebunden ist. Doch bleibt zu berücksichtigen, daß auch die Umkehr immer eine Gabe Gottes ist (vgl. Dtn 30,3.6), so daß im Extremfall sogar eine Rechtfertigung allein aufgrund göttlichen Erbarmens (sola gratia) gedacht werden kann (1 QS 11,2f.9-15; 4 Esr 8,35f[56]; vgl. Dan 9,18f). Der Grund für derartige Zuversicht ist das Bewußtsein göttlicher Erwählung, wie sie im Bundesschluß zum Ausdruck kommt. Selbst an diesem Punkt denkt Paulus m. E. noch nicht prinzipiell anders, wenngleich er zwischen Bund und Gesetzgebung differenziert bzw. die Erwählung Abrahams als das entscheidende Geschehen betrachtet, wofür aber auch im Frühjudentum in der Zehnwochenapokalypse eine wenigstens vergleichbare Aussage vorliegt.[57]

---

[53] 4 Esr 7,46: Wer ist es von den Lebenden, der nicht gesündigt hätte? Oder wer von den Geborenen ist es, der deinen Bund nicht übertreten hätte? 7,68: Denn alle, die geboren wurden, sind von Sünden befleckt, sind voll von Fehlern und von Schuld belastet. Vgl. 8,35: In Wahrheit gibt es nämlich niemand unter den Geborenen, der nicht böse gehandelt, und unter den Gewordenen, der nicht gesündigt hätte.

[54] ÄthHen 93,9: Und danach, in der siebenten Woche, wird sich ein abtrünniges Geschlecht erheben, und seine Taten (werden) zahlreich (sein), aber alle seine Taten (werden) Abfall (sein).

[55] *Wilckens*, Röm I (s. Anm. 2) 174 (Hervorhebung durch Verf.), wobei er die Qumranschriften ausnimmt.

[56] 4 Esr 8,35f: (35) (siehe oben Anm. 53) (36) Denn dadurch wird deine Gerechtigkeit und deine Güte offenbar, Herr, daß du dich derer erbarmst, die keinen Bestand an guten Werken haben.

[57] Am Ende der siebten Woche (zum Anfang siehe Anm. 54) „werden die Erwählten zu Zeugen der Gerechtigkeit aus der ewigen Pflanzung der Gerechtigkeit auserwählt werden; ihnen wird siebenfache Weisheit und Kenntnis übergeben werden" (äthHen 93,10). Zum Zusammenhang von „Pflanzung der Gerechtigkeit" und Abraham (vgl. äthHen 93,5) vgl. *F. Dexinger*, Henochs Zehnwochenapokalypse und offene Probleme der Apokalyptikforschung (StPB 29), Leiden 1977, 164-170.

Zumindest muß Paulus den Gedanken von der allgemeinen Sündhaftigkeit nicht erst neu konzipieren. Er ist vielmehr schon vor ihm auf relativ breiter Basis entwickelt und bedacht worden. Dennoch erklärt sich die paulinische These nicht als Variante der bisherigen Tradition, sondern hat ihr eigenes Gepräge. Der eigentliche Grund dafür ist, daß Rechtfertigung für Paulus mit einem Paradigmenwechsel einhergeht, während nach sonstigem frühjüdischen Verständnis auch „nach dem Neubeginn das Gesetz der Weg zum Leben" bleibt.[58] Dieser Paradigmenwechsel verleiht der These von der allgemeinen Sündhaftigkeit eine Grundsätzlichkeit, wie sie ihr innerhalb des gleichen Paradigmas nie zukommen kann. Für die Frage nach der Genese der paulinischen These ist daher der Paradigmenwechsel mitzubedenken. Er hat sogar als ihr eigentlicher Grund zu gelten.

2. Biographische Aspekte des Paradigmenwechsels

Selbstverständlich hat dieser Paradigmenwechsel auch biographische Gründe. Sie sind jedoch – schon aufgrund der Quellenlage – schwer zu erheben. Einige Andeutungen mögen daher genügen. Mit Sicherheit ist auszuschließen, daß Paulus sich wie der junge Luther als ein am Gesetz Scheiternder erfahren hat, um sich dann erleichtert der Rechtfertigung allein aus Glauben zuzuwenden. In der Zeit vor seiner Hinkehr zu Christus war Paulus durchaus der Überzeugung, „nach der vom Gesetz geforderten Gerechtigkeit untadelig" zu sein (κατὰ δικαιοσύνην τὴν ἐν νόμῳ γενόμενος ἄμεμπτος) (Phil 3,6). Ich darf in diesem Zusammenhang auf einen Beitrag von *Klaus Haacker* verweisen, der u. a. die These vertritt, daß Paulus nicht der hillelitischen, sondern der schammajitischen Richtung des Pharisäismus angehört habe, die stärker unter dem Einfluß makkabäisch-zelotischer Traditionen stand.[59] Dies könnte auf der einen Seite erklären, warum -- wie zuletzt vor allem *E. P. Sanders* moniert hat[60] – die von Paulus später abgelehnten jüdischen Positionen vielfach nicht den rabbinischen Lehrmeinungen entsprechen, die überwiegend der Tradition Hillels gefolgt sind. Zum andern scheint die Schärfe der paulinischen Argumentation eher auf einer Linie mit dem Alles-oder-Nichts-Standpunkt der schammajitischen Richtung zu liegen bzw. diesen zu konterkarieren. *Haacker* verweist u. a. auf Ps 106,31, wo gleichlautend mit der für

---

[58] *Zeller*, Röm (s. Anm. 2) 82.
[59] K. *Haacker*, Zum Werdegang des Apostels Paulus. Biographische Daten und ihre theologische Relevanz, in: ANRW II 26,2(1995)815-938.1924-1933, hier 861-877. Ich danke Herrn Kollegen *Haacker*, daß er mir freundlicherweise Einblick in die Korrekturabzüge gewährt hat.
[60] *Sanders*, Paulus (s. Anm. 4).

Paulus so zentralen Stelle Gen 15,6 von dem Eiferer Pinchas gesagt wird, daß ihm die Tat von Baal-Pegor (vgl. Num 25,1-13) zur Gerechtigkeit angerechnet wurde (καὶ ἐλογίσθη αὐτῷ εἰς δικαιοσύνην = Ps 105,31 LXX). So könnte „die These von der gnadenhaften Rechtfertigung des Gottlosen (Röm 4,5) als bewußte Antithese zu einer anderen, ihm früher vertrauten Rechtfertigungslehre verstanden werden.“[61] In ähnlicher Weise ist vielleicht auch die scharfe (Dtn 27,26 verschärfende) Position zu begreifen, von der aus Paulus jeden verflucht sein läßt, „der nicht in allem bleibt, was *im Buch des Gesetzes*[62] geschrieben steht, um es zu tun“ (Gal 3,10).[63] Vor dem Hintergrund eines im Sinne Schammajs kompromißlosen Eifers für das Gesetz (vgl. Phil 3,6; Gal 1,14) läßt sich schließlich auch die Verfolgung der Christengemeinde besser verstehen (Phil 3,6; Gal 1,13; 1 Kor 15,9), die m. E. weniger christologische (Messiasanspruch) als vielmehr soteriologische Gründe hatte, d. h. den (vor allem von den „Hellenisten“ [vgl. Apg 6] erhobenen) Anspruch bekämpfte, daß dem Tode Jesu Sühnekraft beizumessen sei.[64] Ob Paulus bereits bei seiner Verfolgertätigkeit von der Deutung des Kreuzestodes als Fluchtod (im Sinne von Gal 3,13) geleitet war, ist nicht sicher zu sagen, aber auch nicht gänzlich auszuschließen.[65] Umgekehrt macht ein kompromißloser Eifer für die väterlichen Überlieferungen, sobald er der Erkenntnis gewichen war, daß der abgelehnte Messias Jesus göttlich legitimiert ist, um so leichter begreiflich, daß Paulus dann seine Soteriologie als Paradigmenwechsel (von den Werken des Gesetzes zum Glauben) entfaltet hat.

---

[61] *Haacker*, Werdegang (s. Anm. 59) 893.

[62] Der masoretische Text liest: „wer nicht stützt *die Worte dieser Weisung*“, die LXX: ἐν πᾶσιν τοῖς λόγοις τοῦ νόμου τούτου.

[63] *Haacker*, Werdegang (s. Anm. 59) 893, mit Verweis auf *H. Hübner*, Gal 3,10 und die Herkunft des Paulus: KuD 19(1973)215-231.

[64] Die Sühnedeutung des Todes Jesu findet sich bereits im ältesten Paulusbrief (1 Thess 5,9f) und zieht sich wie ein roter Faden durch die Soteriologie des Paulus. Stellen wie 1 Kor 15,3 (vgl. 8,11); 2 Kor 5,14f.21 belegen, daß sie bereits integraler Bestandteil des paulinischen Heilsverständnisses ist, noch bevor sie in Gal und Röm in den Dienst einer antithetischen (gegen die Werke des Gesetzes gerichteten) Rechtfertigungslehre genommen wird. Als Pendant läßt sich übrigens darauf verweisen, daß die Tötung eines Schuldigen nach dem Vorbild des Pinchas als heilige Handlung gelten und mit einem Sühnopfer verglichen werden konnte; vgl. *Haacker*, Werdegang (Anm. 59) 887, der für ersteres auf Philo, SpecLeg I 79.316 (vgl. II 253), und für letzteres auf Num 25,13; Sir 45,23; Philo, VitMos I 303 verweist.

[65] Eindeutig ist, daß das Kreuz im Mittelpunkt der paulinischen Soteriologie steht (Phil 2,8; 1 Kor 1,13.17f.23; 2,2; 2 Kor 13,4; Gal 2,19f; 3,1; 6,14), wie umgekehrt die Gegner als „Feinde des Kreuzes Christi“ bezeichnet werden (Phil 3,18; vgl. Gal 5,11; 6,12). Vielleicht ist die Polemik gegen die Juden, „die den Herrn Jesus getötet haben“ (1 Thess 2,14f), ebenfalls in diesem Kontext zu würdigen.

3. Der Paradigmenwechsel und die hermeneutische Voraussetzung der
    paulinischen These

Der eigentliche Grund, das Tun des Gesetzes als Heilsparadigma auszuschließen, liegt in der soteriologischen Einzigartigkeit Christi, näherhin in
der Überzeugung von der Heilsbedeutung des Todes Jesu. Paulus dürfte
die traditionelle Aussage, daß Christus „für uns bzw. für unsere Sünden
gestorben" ist (Gal 1,4; 1 Kor 15,3; vgl. Röm 4,25), von allem Anfang an
exklusiv in dem Sinne verstanden haben, daß der Tod Jesu die entscheidende eschatologische Tat Gottes zum Heil Israels und der Menschheit
darstellt. Ob Paulus das Heil in Christus von Anfang an als Antithese zu
einem Heil aufgrund von Gesetzeswerken gedacht hat (Gal 2,16; Röm
3,20.28), ist nicht mit Sicherheit zu sagen. Möglicherweise ist ihm diese
Antithetik erst im Zuge der Auseinandersetzungen um die von ihm betrie-
bene Heidenmission zugewachsen. „Wenn es durch das Gesetz Gerechtigkeit gäbe, so wäre Christus vergeblich gestorben" (Gal 2,21). Die
Kehrseite dieser Überzeugung ist, daß *alle* unter der Sünde sind (Röm 3,9;
vgl. Gal 2,15.17). In der Tiefenstruktur liegt diesem Gedanken wohl die
Logik zugrunde: Wenn Christus für uns gestorben ist bzw. – wie Paulus
zugespitzt formuliert – für uns zum Fluch und zur Sünde geworden ist
(Gal 3,13; 2 Kor 5,21), dann können wir, Juden wie Heiden, nur unter der
Herrschaft der Sünde und damit unter dem Fluch des Gesetzes stehen.

Hermeneutisch gesehen, ist der Gedanke der allgemeinen Sündhaftigkeit – zumindest in seiner durchreflektierten Form – nur von der Warte
einer Gerechtigkeit allein aus Glauben erschwinglich und stellt deren
Kontrastbild dar.[66] Um so bemerkenswerter erscheint es, daß Paulus die
Sünde nicht einfach mit dem Unglauben identifiziert, sondern sie inhaltlich am Gesetz als Kriterium bemißt, d. h. sie als Übertretung des Gesetzes versteht. Selbstverständlich wertet Paulus den Unglauben, zum Beispiel den Unglauben Israels (Röm 11,20.23), als Ungehorsam (vgl. Röm
10,16.21) und παράπτωμα (Röm 11,11f) und in diesem Sinne sachlich als
Sünde. Aber es fällt auf, daß er den Begriff der Sünde in diesem Zusammenhang nur beiläufig (im Rahmen eines Zitats) verwendet (Röm
11,27).[67] So sehr es also einerseits richtig ist, daß Paulus nicht so von der
Sünde reden könnte, wie er von ihr redet, wenn er nicht von der Warte des

---

[66] Nur in diesem Kontext ist die „pessimistische Anthropologie" zu verstehen, von der
her *Laato*, Paulus (s. Anm. 4), das paulinische Konzept würdigen will.

[67] Röm 11,27b entspricht Jes 27,9 LXX. Die Polemik von 1 Thess 2,15-17, wonach die
Juden (durch die Hinderung der Missionsverkündigung an die Heiden) „das Maß ihrer
Sünden voll machen" (εἰς τὸ ἀναπληρῶσαι αὐτῶν τὰς ἁμαρτίας πάντοτε), übernimmt
einen Topos der deuteronomistischen Gerichtspredigt, wonach die Sünde in der Verfolgung der von Gott gesandten Propheten besteht.

Glaubens aus urteilte, so ist es andererseits aber ebenso zu beachten, daß Glaube und Sünde nicht einfach semantische Antithesen sind. Vielleicht kann man das Verhältnis so definieren: Der Glaube ist die Bedingung der Möglichkeit, nicht mehr zu sündigen; insofern stehen die Glaubenden nicht mehr unter der Herrschaft der Sünde, wiewohl sie faktisch noch in Gefahr sind, wieder zu sündigen. Umgekehrt fehlt dem Menschen vor dem Glauben keineswegs die (prinzipielle) Fähigkeit, nicht zu sündigen, wiewohl er dadurch, daß er faktisch sündigt, sich als unter der Herrschaft der Sünde stehend erweist.

IV. Die Allgemeinheit der Sünde und die paulinische Anthropologie

Was bedeutet die Allgemeinheit der Sünde für das paulinische Menschenbild? Wird eine allgemein herrschende Sünde nicht doch zum Verhängnis, dem der Mensch ausgeliefert ist? So wird es nicht selten beschrieben: Sünde „ist das schuldhafte und doch *unentrinnbare* Widerstreben aller gegen die sich bezeugende Wirklichkeit Gottes."[68] Ist die Sünde gar „eine *Verfaßtheit der Menschennatur*", so daß man von einer „*ins Wesen eingezeichneten* Sündhaftigkeit" sprechen kann?[69]

1.   Die Sünde als Verhängnis?

Als Kronzeuge für derartige Schlußfolgerungen wird regelmäßig Röm 7 bemüht. Ich wende mich exemplarisch den VV. 14-20 zu.[70]

Röm 7,14-20: (14) Denn wir wissen: Das Gesetz ist geistlich, ich aber bin fleischlich, verkauft unter die (Herrschaft der) Sünde (πεπραμένος ὑπὸ τὴν ἁμαρτίαν). (15) Denn, was ich tue, begreife ich nicht (= Ich begreife mein Handeln nicht). Denn nicht, was ich will, das tue ich, sondern, was ich hasse, das mache ich. (16) Wenn ich aber (eben) dies, was ich nicht will, mache, stimme ich dem Gesetz zu, daß es gut ist. (17) Nun aber tue nicht mehr ich es, sondern die in mir wohnende Sünde (ἡ οἰκοῦσα ἐν ἐμοὶ ἁμαρτία). (18) Denn ich weiß: In mir, das heißt in meinem Fleisch, wohnt nichts Gutes. Denn das Wollen ist mir zuhanden, das Gutes-Tun aber nicht. (19) Denn nicht, was ich will, mache ich, (nämlich) das Gute, sondern, was ich nicht will, das Böse, das tue ich. (20) Wenn ich aber (eben) dies, was ich nicht will, mache, tue nicht mehr ich es, sondern die in mir wohnende Sünde.

---

[68] *L. Goppelt*, Art. Sünde und Schuld, III. Im NT, in: EKL III(1959)1220-1222, hier 1221 (Hervorhebung durch Verf.).
[69] *Heine*, in: BThW[4] (s. Anm. 1) 526 (Hervorhebung durch Verf.).
[70] Zur Literatur vgl. Anm. 33; außerdem: *J. D. G. Dunn*, Rom. 7,14-25 in the Theology of Paul: ThZ 31(1975)257-273.

Zweimal betont Paulus, daß der Mensch[71] nicht das tut, was er will,
nämlich das Gute, sondern das, was er haßt bzw. nicht will, nämlich das
Böse (VV. 15.19). Selbstverständlich will Paulus den Menschen nicht zu
einem willenlosen Instrument der Sünde abstempeln. Die Aussage stellt
vielmehr sicher, daß der Mensch um das Gute weiß und intentional darauf
hingeordnet ist. Die Möglichkeit zum Guten ist dem Menschen also inhä-
rent. Daß er dennoch das Böse tut, zeigt die ganze Perversität seines Handelns, mit dem der Mensch sich selbst entfremdet (V. 15a). Eben diese
perverse Schizophrenie des Sündigens fiele aber sofort wieder zusammen,
wenn man die im Menschen wohnende Sünde, die Paulus zweimal dem
menschlichen Ich gegenüberstellt (VV. 17.20), mythologisch interpretieren würde. Die Rede von der „in mir wohnenden Sünde" nimmt dem
Menschen nicht die Verantwortung, sondern belastet ihn, weil sie durchaus die Schuld des Menschen voraussetzt. Auch V. 18b will dies nicht
relativieren. Denn wenn Paulus sagt, daß „das Wollen mir zuhanden ist",
will er nicht einen Defekt, sondern gerade die Freiheit des menschlichen
Willens unterstreichen, während er mit dem nicht zuhandenen „Tun des
Guten" die Faktizität des dennoch anders gerichteten Handelns festhält.
Der Gegensatz von (wollendem) Ich und (wirkender) Sünde zeigt also nur
an, wie sehr der sündigende Mensch sich *durch sein Sündigen* selbst entfremdet und so der Herrschaft der Sünde unterworfen hat. Der ganze Abschnitt will nicht die Eigenverantwortung des Menschen schmälern, sondern die Perversion des Sündigens und damit die Sündhaftigkeit des
Sündigens herausstellen. Wenn Paulus darüber hinausgehend von der
Sündhaftigkeit *der Sünde* spricht (Röm 7,13) (die sich übrigens „durch
das Gebot" erweist!), dann hängt das wieder damit zusammen, daß das
Sündigen ein allgemeines (und von allen zu *verantwortendes!*) Phänomen
ist. Durch das Sündigen *aller* wird die Sünde in ihrem übersummativen
Charakter als herrschende Macht überhaupt erst konstituiert. In eben
diesem Sinn ist der Mensch „unter die Sünde verkauft". Paulus beschreibt
damit nicht ein abstraktes Wesen des Menschen, sondern die Faktizität
seines Handelns. Von einer „Verfaßtheit des menschlichen Wesens" oder
von einem „Verhängnis" kann also nicht die Rede sein.

---

[71] Zur anthropologischen (nicht biographischen) Interpretation des „Ich" von Röm 7 vgl.
Kümmel, Römer 7 (s. Anm. 33) 74-138; *Wilckens*, Röm II (s. Anm. 2) 76-78; *Schlier*,
Röm (s. Anm. 2) 229; *Käsemann*, Röm (s. Anm. 2) 191f.

2. Das Fleisch und die Sünde

Man könnte höchstens versuchen, diesen Zusammenhang über den Begriff des „*Fleisches*" herzustellen. Wenn das Verkauft-Sein unter die Sünde zur Fleischlichkeit des Menschen parallel gesetzt wird (Röm 7,14) oder wenn gesagt wird, daß „in meinem Fleisch" nichts Gutes wohnt (V. 18), wird dann nicht doch ein *wesentlich* sündigender Mensch zugrundegelegt? Paulus übernimmt den Begriff σάρξ aus biblisch-jüdischer Tradition, wo zum „Fleisch" die Vergänglichkeit und Hinfälligkeit gehört, ohne daß deswegen der Begriff schon prinzipiell negativ einzustufen wäre.[72] Die gleiche untendenziöse Verwendung des Begriffs findet sich zum Teil auch bei Paulus, wenn er zum Beispiel sagt, daß er oder Christus κατὰ σάρκα zu Israel gehören (Röm 1,3; 4,1; 9,3.5; 11,14; 1 Kor 10,18), oder wenn er das irdische Leben als Leben ἐν σαρκί kennzeichnet (Gal 2,20; Phil 1,22.24; Phlm 16; vgl. 1 Kor 7,28; Gal 4,13f).[73] Eine negative Wertigkeit bekommt „Fleisch" erst im Kontext mit „Sünde" oder in der Antithese zu „Geist" (Röm 7; 8; Gal 4,21-31; 5,13 – 6,16). Schon dieser differenzierte Befund[74] sollte davor warnen, Fleisch als ontologischen Begriff zu fassen, der das Wesen des Menschen vor oder unabhängig von seinem Tun bestimmen könnte. Für Paulus ist es eher umgekehrt. Das Tun macht das Wesen aus: Der Mensch *ist*, was er *tut*.[75] Nur weil für Paulus feststeht, daß faktisch alle sündigen, muß der traditionelle (an sich untendenziöse) Begriff des Fleisches, sobald er im Syntagma mit Sünde und in Antithese zum Geist zu stehen kommt, in einem völlig negativen Licht erscheinen.[76] Für unsere Fragestellung bedeutet dies: Nicht die

---

[72] Zur Sache vgl. *W. Gutbrod*, Die paulinische Anthropologie (BWANT 67), Stuttgart 1934, 92-99; *E. Schweizer u. a.*, Art. σάρξ κτλ., in: ThWNT VII(1964)98-151; *A. Sand*, Der Begriff „Fleisch" in den paulinischen Hauptbriefen (BU 2), Regensburg 1967.

[73] Vgl. auch 1 Kor 6,16 („ein Fleisch werden" = Gen 2,24); 2 Kor 4,11 („am sterblichen Fleisch wird das Leben Jesu offenbar"); 2 Kor 7,1 („Befleckung des Fleisches und des Geistes"); 2 Kor 12,7 („Stachel für das Fleisch"); Gal 1,16 („ich besprach mich nicht mit Fleisch und Blut", d. h. mit Menschen).

[74] Die spannungsvolle Begriffsverwendung wird vor allem im Gegenüber von ἐν σαρκί und κατὰ σάρκα deutlich: In 2 Kor 10,2f wird das irdische Leben als περιπατεῖν ἐν σαρκί dem περιπατεῖν bzw. στρατεύεσθαι κατὰ σάρκα gegenübergestellt (vgl. Gal 2,20; Phil 1,22). Erst in Röm 8,9 wird ἐν σαρκί negativ gewertet, wo der Ausdruck dann auch nicht mehr das irdische Leben der Glaubenden beschreibt, sondern negiert, daß die Glaubenden fleischlich leben. Zur untendenziösen Verwendung von ἐν σαρκί vgl. auch *Bultmann*, Theologie (s. Anm. 6) 236.

[75] Im Anschluß an *Wilckens*, Röm II (s. Anm. 2) 91: „Nun *ist* der Mensch, was er *tut*."

[76] Diese nicht begriffsimmanente, sondern strukturelle semantische Valenz von σάρξ kommt besonders gut in Gal 2,16 und Röm 3,20 zum Zuge, wo Paulus auf Ps 142,2 LXX anspielt (οὐ δικαιωθήσεται ἐνώπιόν σου πᾶς ζῶν), dabei aber πᾶς ζῶν durch πᾶσα σάρξ ersetzt. Die Gleichsetzung zeigt, daß πᾶσα σάρξ (wie πᾶς ζῶν) begriffs-

Ontologie des „Fleisches" ist es, die die Sünde mit innerer Notwendigkeit aus sich entläßt, sondern der Umstand, daß faktisch alle sündigen, macht „alles Fleisch" zu einem „Fleisch der Sünde" (vgl. Röm 8,3). Mit „Fleisch" markiert Paulus nicht das tragische Geschick des Menschen, vielmehr ist es die Sünde, die alles Fleisch zum Objekt göttlichen Zorns macht.

Wie wenig Paulus beim Begriff „Fleisch" an ein ontologisch an und für sich bestehendes Wesen des Menschen denkt, sieht man nicht zuletzt an der Weise, wie er den „Tod" in die Relation von „Sünde" und „Fleisch" einbringt. Wiewohl man – auch nach biblisch-jüdischer Tradition – den Tod als die natürliche Folge menschlichen Fleisch-Seins verstehen könnte, erscheint er bei Paulus ausschließlich als Folge des Sündigens bzw. der Sünde (vgl. Röm 1,32; Röm 5,12; 1 Kor 15,21f). Paulus nimmt die biblische Urgeschichte also radikal ernst.

Ähnlich wie die „Sünde" ist daher auch der „Tod" nicht als mythologische Größe zu interpretieren. Was dem Tod Dasein und Wirklichkeit verleiht, ist das Sündigen des Menschen. Der kausale Konnex ist für Paulus so eng, daß er aus dem Faktum des Todes schließen kann, daß auch diejenigen, die nicht nach dem Vorbild Adams (durch Übertretung eines ausdrücklichen Gebots) gesündigt haben, unter der Sünde stehen (Röm 5,14). Die Allgemeinheit des Todes, die sich als empirisches Faktum darstellt, und die Allgemeinheit der Sünde, derer sich Paulus aus der Hermeneutik des Glaubens heraus gewiß ist, konvergieren vollkommen. Der Begriff des „Todes" hat daher einen ähnlich übersummativen Charakter wie die „Sünde". Die Sünde, die durch das Sündigen aller zur herrschenden Macht wurde, gibt dem Sterben, das als allgemeines Phänomen begegnet, den Charakter der von der Sünde verursachten Todesmacht. Die Unterwerfung unter die Sünde führt zum Tod (Röm 6,16.21), wie dieser umgekehrt deren Sold ist (Röm 6,23). Die Sünde macht den Tod geradezu zum Mittel und zum Erweis ihrer Herrschaft (Röm 5,21: ἐβασίλευσεν ἡ ἁμαρτία ἐν τῷ θανάτῳ), wie umgekehrt die Sünde der Stachel des Todes ist (1 Kor 15,56).

---

immanent an sich die Menschenwelt meint. Die negative Wertung erhält diese im Psalm durch das Prädikat. Dies gilt im Prinzip auch für Paulus (vgl. 1 Kor 1,29), wobei dort allerdings der Kontext, der ausnahmslos alle als Sünder charakterisiert, den (jetzt bewußt gewählten) Begriff πᾶσα σάρξ nun zusätzlich semantisch negativ färbt.

V. Die Befreiung aus der Macht der Sünde

Paulus urteilt letztlich vom Standpunkt des Glaubens aus. Eine Würdigung der paulinischen Sicht der Sünde bliebe daher unvollständig, wenn nicht zugleich die Befreiung aus der Macht der Sünde mitbedacht würde.

1.　Der Sühnetod Christi als die Voraussetzung einer neuen Identität

Objektive Voraussetzung für die Befreiung aus der Macht der Sünde ist der Tod Christi, den Paulus als Sühnetod versteht.[77] Paulus entnimmt diese Überzeugung der Tradition (vgl. 1 Kor 15,3; Gal 1,4; Röm 4,25). Die traditionelle Aussage dürfte im Anschluß an das 4. Gottesknechtslied (Jes 52,13 – 53,12) entstanden sein und die Vorstellung transportiert haben, daß Jesus Christus unsere Sünden – an unserer Stelle – getragen bzw. weggetragen hat.[78] Sachlich verbunden ist damit die Vergebung der Sünden, wie Paulus – ebenfalls in traditioneller Redeweise – in Röm 3,25f bezeugt.[79]

(25) Ihn hat Gott öffentlich eingesetzt als Sühneort – durch Glauben – in seinem Blut zum Erweis seiner Gerechtigkeit um der Vergebung der Sünden willen, die vorher geschehen waren (26) in der Zeit der Geduld Gottes ...

---

[77] Zum Verständnis des Sühnetodes Jesu vgl. *M. Hengel*, The Atonement. The Origins of the Doctrine in the New Testament, Philadelphia 1981; *G. Friedrich*, Die Verkündigung des Todes Jesu im Neuen Testament (BThSt 6), Neukirchen-Vluyn ²1985; *P. Stuhlmacher*, Sühne oder Versöhnung? Randbemerkungen zu Gerhard Friedrichs Studie: „Die Verkündigung des Todes Jesu im Neuen Testament", in: *U. Luz – H. Weder* (Hg.), Die Mitte des Neuen Testaments. Einheit und Vielfalt neutestamentlicher Theologie. FS E. Schweizer, Göttingen 1983, 291-316; *B. Janowski*, Sühne als Heilsgeschehen. Studien zur Sühnetheologie der Priesterschrift und zur Wurzel KPR im Alten Orient und im Alten Testament (WMANT 55), Neukirchen-Vluyn 1982; *Merklein*, Bedeutung (s. Anm. 4) 15-39; *ders.*, Der Sühnetod Jesu nach dem Zeugnis des Neuen Testaments, in: *H. Heinz* u.a. (Hg.), Versöhnung in der jüdischen und christlichen Liturgie (QD 124), Freiburg – Basel – Wien 1990, 155-183; *C. Breytenbach*, Versöhnung. Eine Studie zur paulinischen Soteriologie (WMANT 60), Neukirchen-Vluyn 1989; *ders.*, Versöhnung, Stellvertretung und Sühne. Semantische und traditionsgeschichtliche Bemerkungen am Beispiel der paulinischen Briefe: NTS 39(1993)59-79.

[78] Das gilt mit einiger Sicherheit zumindest für 1 Kor 15,3. Sofern Jes 53 mit dem Gedanken der Ersatzleistung operiert, wonach der Gerechte sein Leben zur Ableistung der Schuldverpflichtung אשם der Sünder einsetzt (VV. 10.12), läßt sich von daher auch die Rede vom Sich-Geben bzw. Hingeben zugunsten von uns erklären. Zur Sache vgl. *Breytenbach*, Versöhnung (1989) (s. Anm. 77) 209f.

[79] Zu Röm 3,25f vgl. *P. Stuhlmacher*, Zur neueren Exegese von Röm 3,24-26, in: *Ellis – Gräßer* (Hg.), Jesus (s. Anm. 33) 315-333; *Janowski*, Sühne (s. Anm. 77) 350-354; *W. Kraus*, Der Tod Jesu als Heiligtumsweihe. Eine Untersuchung zum Umfeld der Sühnevorstellung in Römer 3,25-26a (WMANT 66), Neukirchen-Vluyn 1991.

Doch geht es Paulus wohl schon von Anfang an um mehr als nur um eine Beseitigung oder Vergebung *der Sünden*. Dies wäre nicht mehr als eine restitutio in den status quo ante, dem jüdisch und wohl auch paulinisch eine erneute Bindung des Heils an das Tun des Gesetzes entsprechen würde. Paulus ist davon überzeugt, daß der Sühnetod Christi die objektive Voraussetzung für einen *Existenzwechsel* darstellt, d. h., nicht nur Restitution, sondern Neuschöpfung bewirkt. Angedeutet ist dies möglicherweise schon in 1 Thess 5,9f,[80] deutlicher dann in 1 Kor 6,9-11.[81] Der homo peccator ist gestorben, die neue Existenz wird schlichtweg mit Christus identifiziert: „Nicht mehr ich lebe, sondern Christus lebt in mir" (ζῶ δὲ οὐκέτι ἐγώ, ζῇ δὲ ἐν ἐμοὶ Χριστός) (Gal 2,20; vgl. 2,15.17.19). Den Glaubenden eignet eine neue *Identität*: sie sind nicht mehr Sünder, die die Schrift unter der Sünde zusammenschließt (Gal 3,22f), sondern „Einer in Christus" (Gal 3,28), d. h. Menschen, deren Identität allein durch Christus geprägt ist. In unnachahmlicher (und m. E. daher auch nicht von der Tradition, sondern von Paulus selbst geprägter) Weise kommt dieser Existenz- und Identitätswechsel in *2 Kor 5,21* zum Ausdruck:

Den, der die Sünde nicht kannte, machte er (Gott) für uns zur Sünde (τὸν μὴ γνόντα ἁμαρτίαν ὑπὲρ ἡμῶν ἁμαρτίαν ἐποίησεν),
damit wir Gerechtigkeit Gottes würden in ihm (ἵνα ἡμεῖς γενώμεθα δικαιοσύνη θεοῦ ἐν αὐτῷ).

Paulus nutzt geschickt die unterschiedlichen semantischen Nuancen des ἁμαρτία-Begriffs. Christus, der „die Sünde nicht kannte", weil er nie gesündigt hat, kein Sünder ist und daher auch nicht unter der Macht der Sünde steht: ihn hat Gott „für uns zur Sünde gemacht", d. h., indem er für uns zur ἁμαρτία, zum „Sündopfer" (in Analogie zu Lev 4,1 – 5,13; 16), wurde, übernahm er – ἁμαρτία als abstractum pro concreto – unsere Identität als Sünder, wurde zum homo peccator. Dies geschah, wie aus der Parallelstelle Gal 3,13 hervorgeht, am Kreuz, wo ihn der Fluch traf, den das Gesetz über seine Übertreter ausspricht und mit dessen Hilfe die

---

[80] Wenn als Ziel des stellvertretenden Sterbens Christi das durch nichts mehr zu tangierende Leben mit ihm (ἵνα ... ἅμα σὺν αὐτῷ ζήσωμεν) vorgestellt wird.
[81] Als Kontrast zum jetzigen Abgewaschen-, Geheiligt- und Gerechtfertigt-Sein wird nicht auf die ehemaligen Sünden, sondern präzise auf die ehemalige Existenz als Sünder verwiesen. Aus den Sündern, die sich durch Sündigen auszeichnen, sind Heilige und Gerechte geworden, die nicht mehr unter der Macht der Sünde stehen. Deswegen können sie auch schlichtweg „Heilige" genannt werden (1 Kor 6,1f), womit nicht nur ihr momentaner Status als Voraussetzung zum Betreten des heiligen Bezirks, sondern sie selbst in ihrer ganzen Existenz bezeichnet werden, so daß sie selbst der heilige Tempel Gottes sind (1 Kor 3,16f; 6,19). Vgl. *W. Strack*, Kultische Terminologie in ekklesiologischen Kontexten in den Briefen des Paulus (BBB 92), Weinheim 1994, 221-252.

Macht der Sünde ihre todbringende Herrschaft zu Ende bringt.[82] Im Gegenzug – so heißt es – „werden wir Gerechtigkeit Gottes in ihm". Dem Ausdruck ist nicht mit der üblichen Alternative von Genitivus subjectivus und Genitivus objectivus beizukommen. Semantisch ist er strikt als Antithese zur ἁμαρτία zu verstehen: Wir, die bisherigen Sünder, die sündigten und unter der Herrschaft der Sünde standen, wurden in Christus zu „Gerechten Gottes", die eine von Gott geschenkte neue Existenz besitzen (vgl. 2 Kor 5,17), die unter der Herrschaft der Gerechtigkeit Gottes steht, so daß sie (nicht nur prinzipiell, sondern auch faktisch) zu einem gerechten, gottgefälligen Handeln fähig sind.[83]

2. Die Befreiung aus der Macht der Sünde

Negativ bedeutet der Existenzwechsel, daß die Glaubenden aus der Macht der Sünde befreit sind. Die klassische Belegstelle dafür ist *Röm 6*. Die Adam-Christus-Typologie von Röm 5,12-21, die mit dem Preis der überschwenglichen Gnade fast schon die felix culpa des Augustinus vorwegnimmt, bringt Paulus auf die Frage: „Was heißt das nun? Sollen wir in der Sünde verbleiben, damit die Gnade sich mehre?" (ἐπιμένωμεν τῇ ἁμαρτίᾳ, ἵνα ἡ χάρις πλεονάσῃ;) (Röm 6,1). Paulus lehnt das entschieden ab (V. 2) und führt im Gegenzug aus, daß die Glaubenden in der Taufe der Sünde gestorben (τῇ ἁμαρτίᾳ ἀπέθανεν) und damit für die Sünde tot sind (νεκροὶ τῇ ἁμαρτίᾳ) (VV. 10f). „Unser alter Mensch wurde mitgekreuzigt, damit der Leib der Sünde vernichtet werde" (ἵνα καταργηθῇ τὸ σῶμα τῆς ἁμαρτίας) (V. 6).[84] Daß die Situation sich jetzt geändert hat, erschließt Paulus aus Tod und Auferstehung Jesu Christi. Im Tode Christi vollzieht sich der Tod des Sünders, so daß die Taufe, die die

---

[82] Die Austauschbarkeit von ἁμαρτία (2 Kor 5,21) und κατάρα (Gal 3,13) unterstreicht im übrigen noch einmal, daß Sünde für Paulus Übertretung des Gesetzes ist.

[83] Im Sinne dieses Existenzwechsels ist auch zu interpretieren, wenn in Röm 5,6-11 gesagt wird, daß Christus für uns starb, als wir noch „schwach" und „gottlos", d. h. existentiell „Sünder" waren, während wir jetzt „gerechtfertigt" und „versöhnt" sind. Daß Rechtfertigung mehr ist als nur die Aufarbeitung einer sündigen Vergangenheit, macht indirekt auch Röm 3,25f klar, wo Paulus die traditionelle, auf Sündenbeseitigung zielende Aussage (s. o.) erweitert: „... zum Erweis seiner Gerechtigkeit in der Jetzt-Zeit, auf daß er gerecht sei und gerecht mache den, der aus Glauben an Jesus lebt" (V. 26).

[84] Daraus darf man nicht folgern, daß der *Leib* für die Sünde verantwortlich und Sünde somit ein leibliches Geschick sei. Die Verantwortung für die Sünde darf dem Menschen in keiner Weise genommen werden. Nicht daß die Menschen prinzipiell nur zur Sünde fähig gewesen wären, will Paulus zum Ausdruck bringen, sondern daß faktisch alle gesündigt haben. Vgl. *Schlier*, Röm (s. Anm. 2) 196f; *Cranfield*, Rom I (s. Anm. 2) 309f.

Glaubenden mit dem sterbenden Christus identifiziert, zugleich die Aussicht auf Auferstehung und Leben eröffnet (VV. 3-5). Der Umstand, daß der Tod keine Macht mehr hat (V. 9), gibt Paulus die Gewißheit, daß die Getauften von der Sünde befreit sind (VV. 7.17f). Und die Perspektive des eschatologischen Lebens ist es (VV. 22b.23; vgl. VV. 8.10f), die Paulus in der Überzeugung bestärkt, daß die Glaubenden fähig sind, auch faktisch gerecht zu handeln (VV. 19-22a). Dies bedeutet nicht, daß Christen und Christinnen der Herrschaft der Sünde nicht mehr erliegen könnten. Nicht umsonst ist das ganze Kapitel 6 von der Mahnung durchzogen, sich nicht mehr in den Dienst der Sünde zu stellen (VV. 6.13) und sie so nicht mehr herrschen zu lassen (V. 12).

Wie es Paulus nicht darum ging, dem Menschen vor Christus eine prinzipielle Unfähigkeit zur Gerechtigkeit zu bescheinigen, so ist ihm umgekehrt jetzt nicht darum zu tun, die Glaubenden in der trügerischen Sicherheit einer prinzipiellen Sündenunfähigkeit zu wiegen.[85] In beiden Fällen ist Paulus vielmehr am Faktischen interessiert. Wie der Tod, der seit Adam über alle herrschte, zum Vorschein brachte, daß faktisch alle gesündigt haben, so schenkt die Aussicht auf Auferstehung und ewiges Leben die zuversichtliche Gewißheit, tatsächlich nicht mehr zu sündigen. Was das für die Stellung der Glaubenden zum Gesetz bedeutet, soll bald erörtert werden.

3. Der Wechsel vom Fleisch zum Geist

Die paulinische Orientierung am Faktischen ist auch mitzuberücksichtigen, wenn es jetzt darum geht, die positive Seite des Existenzwechsels ins Auge zu fassen. Die Befreiung aus der Macht der Sünde bedeutet anthropologisch den Wechsel von der σάρξ zum πνεῦμα. Am deutlichsten kommt dies in *Röm 8* zum Ausdruck. Die Befreiung vom „Gesetz der Sünde und des Todes" (νόμος τῆς ἁμαρτίας καὶ τοῦ θανάτου) (V. 2) meint zunächst die Befreiung von dem „anderen Gesetz" (ἕτερος νόμος), wie es im faktischen Handeln in meinen Gliedern zum Vorschein kommt und dem Gesetz Gottes widerstreitet (Röm 7,21.23). Zugleich ist damit aber auch die Befreiung vom Fluch bzw. vom Todesurteil angesprochen, welches das Gesetz Gottes über den Sünder verhängt. Wie die Befreiung bewerkstelligt wurde, beschreibt V. 3b (ὁ θεὸς τὸν ἑαυτοῦ υἱὸν πέμψας ἐν ὁμοιώματι σαρκὸς ἁμαρτίας καὶ περὶ ἁμαρτίας κατέκρινεν τὴν ἁμαρτίαν ἐν τῇ σαρκί), sachlich eine Variante zu Gal 3,13 und 2 Kor

---

[85] Vgl. dazu auch *J. Eckert*, Die Taufe und das neue Leben. Röm. 6,1-11 im Kontext der paulinischen Theologie: MThZ 38(1987)203-222, bes. 207.217f.

5,21. Am Kreuz, an dem der Sohn als Repräsentant des homo peccator (ἐν ὁμοιώματι σαρκὸς ἁμαρτίας καὶ περὶ ἁμαρτίας) starb, wurde die Sünde im Fleisch gerichtet. Gerade dadurch wurde die Rechtsforderung des Gesetzes (τὸ δικαίωμα τοῦ νόμου), das dem Sünder den Tod zuspricht, erfüllt (V. 4). Wozu das Gesetz keine Kraft hatte, nämlich das Fleisch aus dem circulus vitiosus von Sünde und Tod zu befreien, geschieht durch den νόμος τοῦ πνεύματος τῆς ζωῆς ἐν Χριστῷ. Das Gesetz, das über den Sünder das Todesurteil verhängt, wird „in Christus", d. h. indem es sich an ihm so auswirkt, zum „Gesetz", das Geist und Leben vermittelt. Die Annahme des Todesurteils über das Fleisch wird „*in Christus*", d. h. in der Identifikation der Glaubenden mit Christus, zur Gabe des Lebens. Was in 2 Kor 5,21 als Wechsel von der ἁμαρτία zur δικαιοσύνη ausgedrückt war, erscheint hier als Wechsel von der σάρξ zum πνεῦμα. Der Wechsel hat mit neuer Schöpfung zu tun. Denn er zielt auf ein Sosein, das dem Menschen durch eigene Bemühung nicht erreichbar ist, sondern ihm als Seinsmöglichkeit erst geschenkt werden muß (VV. 9f). Doch bleibt auch hier zu berücksichtigen: Weder ist es die σάρξ, die den Menschen zum Sündigen verurteilt, noch ist es das πνεῦμα, das ihn automatisch vor dem Sündigen bewahrt. Vielmehr ist es die freie Entscheidung des Menschen, wenn er seine Fleischlichkeit durch das Sündigen mit der Endgültigkeit des Todes besiegelt, wie es umgekehrt auch der Verantwortung der Glaubenden anheimgestellt ist, die Freiheit des ihnen geschenkten Geistes in einem entsprechenden Wandel zu nutzen (VV. 5-8).

Noch deutlicher kommt die dialektische Verwobenheit von existentieller Verfaßtheit und faktischem Tun im *Galaterbrief* zum Zuge. Der Mensch als homo peccator ist gestorben, ist mit Christus gekreuzigt (Gal 2,19) bzw. hat sein Fleisch gekreuzigt (Gal 5,24) und hat in Christus eine neue Identität gewonnen (Gal 2,20; 3,28), die vom Geist bestimmt ist (Gal 3,2.14; 4,6; 5,25). Dennoch, solange die Christin oder der Christ ἐν σαρκί lebt, bleibt dies eine Wirklichkeit des Glaubens (Gal 2,20), die in den Antagonismus zwischen Fleisch und Geist hineingestellt ist (Gal 5,17) und durch einen Wandel im Geiste (πνεύματι) je immer einzuholen ist (Gal 5,16.25).

Es wird deutlich, daß der Existenzwechsel unter eschatologischem Vorbehalt steht. Der Geist ist Angeld der *kommenden* Herrlichkeit (Röm 8,11.23; vgl. 2 Kor 1,22; 5,5). Die Auferweckung ist Gegenstand eschatologischer Hoffnung (1 Kor 15,20-28), die in der Auferweckung Jesu Christi ihren realen Grund hat (1 Kor 15,4.12-19.20.22.57), so daß die Glaubenden aus der Herrschaft der Sünde entlassen sind. Wenngleich Christinnen und Christen somit nicht mehr unter der Macht der Sünde stehen, so ist die Sünde als Möglichkeit zu sündigen erst erledigt, wenn der sterbliche Leib auferweckt (Röm 8,11) bzw. zum σῶμα πνευματικόν verwandelt ist (1 Kor 15,44.46.51f). Erst wenn nicht mehr gestorben wird und der Tod als der letzte Feind jegliches Herrscherrecht verloren hat, ist die Macht der Sünde endgültig gebrochen, hat sie ihren todbringenden Stachel verloren und kann das Gesetz nicht mehr als den Tod sanktionierende Macht verwenden (1 Kor 15,26.53-56).[86]

Bis dahin stehen auch die Glaubenden in Gefahr, wieder zu sündigen. Die Frage ist nur: Ist die Sünde der Glaubenden dasselbe wie die Sünde der (nicht gerechtfertigten) Sünder? Ist die Sünde der Gerechtfertigten Übertretung (des Gesetzes) oder gibt es deren Sünde nur als Unglaube (oder Kleinglaube)? Auf diese, soweit ich sehe, selten erörterte Frage soll abschließend eingegangen werden.

VI. Die Sünde der Glaubenden

Paulus hat mehrfach mit dem Problem des Rückfalls vom Heilsparadigma des Glaubens in das Heilsparadigma der Gesetzeswerke zu tun (vgl. Phil 3; Gal). Die Wertungen, die er dafür bereithält, lassen an Deutlichkeit nichts zu wünschen übrig.[87] Sofern Paulus diesen Schritt als Rückfall vom Geist in das Fleisch umschreiben kann (Gal 3,1-5), geht er offensichtlich davon aus, daß die ihn Vollziehenden im Bereich des Fleisches auch wieder zu Sündern, und das heißt, zu Übertretern des Gesetzes werden, das sie zum Maßstab ihrer Gerechtigkeit machen. Aber es verdient beachtet zu werden, daß Paulus die Abkehr vom Glauben nirgends als Sünde bezeichnet. Abkehr vom Glauben und Sünde sind offensichtlich zwei Sachverhalte, die unterschiedlichen Kategorien angehören. Bedeutet dies, daß Paulus das Fehlverhalten von Glaubenden weiterhin als Übertretung, und zwar als Übertretung des Gesetzes wertet, so daß das Gesetz auch für

---

[86] 1 Kor 15,56 wird gelegentlich als Glosse ausgeschieden, so zuletzt von *F. W. Horn*, 1 Korinther 15,56 – ein exegetischer Stachel: ZNW 82(1991)88-105; vgl. dagegen *Th. Söding*, „Die Kraft der Sünde ist das Gesetz" (1 Kor 15,56). Anmerkungen zum Hintergrund und zur Pointe einer gesetzeskritischen Sentenz des Apostels Paulus: ZNW 83(1992)74-84. Ob man allerdings sagen kann, daß das Gesetz „auf der Seite der Sünde und des Todes ... zu stehen (kommt), insofern (und insoweit) es auf eine Vorstellung vom Willen Gottes festlegt, die ihn nicht mehr als den *Deus semper maior* wahrnehmen läßt" (*Söding* 84), würde ich bezweifeln; nicht das Gesetz legt auf eine derartige Vorstellung vom Willen Gottes fest, sondern der sündigende Mensch verfehlt die Intention des Gesetzes.

[87] In Gal 5 qualifiziert er die Abkehr vom Glauben als Rückkehr unter das „Joch der Knechtschaft" (V. 1), als eine Loslösung „von Christus" und ein „Herausfallen aus der Gnade" (V. 4).

die Glaubenden der Maßstab der Sünde bleibt? Die Antwort lautet m. E.: Ja, wenngleich mit Modifikationen.[88]

1. Wer gerechtfertigt ist, steht im Einklang mit dem Gesetz

Die Stellen, an denen Paulus christliches Fehlverhalten direkt mit dem Begriff der „Sünde" bezeichnet, sind relativ selten und überwiegend nicht sehr aufschlußreich.[89] Interessant ist *Röm 6*. Paulus warnt vor dem Rückfall unter die Herrschaft der Sünde (VV. 12f; vgl. VV. 6.11.15). Die Glaubenden sollen ihre Glieder in den Dienst der Gerechtigkeit stellen; als Gegensatz wird der Dienst der Gesetzlosigkeit (ἀνομία) angegeben (V. 19). Gerechtigkeit und Gesetzlosigkeit sind offensichtlich unvereinbar. Aus diesem Grund wird man aus V. 14b nicht schließen dürfen, daß die sittliche Verpflichtung des Gesetzes für Christen und Christinnen keine Verbindlichkeit mehr hätte. „Ihr seid nicht unter dem Gesetz, sondern unter der Gnade" (οὐ γάρ ἐστε ὑπὸ νόμον ἀλλὰ ὑπὸ χάριν) will sagen: Die Glaubenden stehen nicht unter dem Heilsparadigma des Gesetzes (das die Sünder verurteilt), sondern unter dem Heilsparadigma der Gnade (die die Sünder rechtfertigt). Als Gerechtfertigte (über die die Sünde nicht mehr herrscht [vgl. V. 14a]) stehen sie aber auch nicht mehr unter dem Fluch und unter dem Todesurteil des Gesetzes. Eben deshalb wäre aber auch ein Tun der Gesetzlosigkeit mit dem Dienst der Gerechtigkeit unvereinbar.

Klarer noch wird das Bild, wenn man sich nicht nur vom Begriff der „Sünde" leiten läßt, sondern auch Texte einbezieht, die *der Sache nach* ein sündiges Verhalten behandeln bzw. zurückweisen. In *Röm 8* geschieht dies recht formal durch die Gegenüberstellung von κατὰ σάρκα und κατὰ πνεῦμα περιπατεῖν (Röm 8,4-11.12f[90]). Was es heißt, „nach dem

---

[88] Vgl. dazu: *Merklein*, Bedeutung (s. Anm. 4) 96-106.

[89] Die drei Stellen ad vocem ἁμαρτάνω in *1 Kor 7,28(bis).36* sind für unsere Zwecke kaum verwertbar (es geht um die Frage, ob Ledige heiraten dürfen [V. 28], bzw. um die Frage, ob es erlaubt ist, „seine Jungfrau" [= Braut oder Tochter] zu [ver]ehelichen [V. 36]). Auch *1 Kor 15,34* (ἐκνήψατε δικαίως καὶ μὴ ἁμαρτάνετε [Werdet in der rechten Weise nüchtern und sündigt nicht!]) hilft nicht weiter; immerhin kann man aus der Parallelisierung mit der ἀγνωσία θεοῦ auf ein heidnisches Verhalten im Sinne von Röm 1 schließen. Auf *1 Kor 8,12* („Sündigen gegen die Brüder" = „Sündigen gegen Christus") ist wegen der christologischen Motivation später zurückzukommen. Für *1 Kor 6,18* (Unzucht als Sünde gegen den eigenen Leib) ist in diesem Zusammenhang auf den Kontext der Lasterkataloge von 1 Kor 5,9-13; 6,9-11 zu verweisen (s. u.).

[90] Röm 8,12f: Wir sind also, Brüder, nicht dem Fleisch verpflichtet (ὀφειλέται ἐσμὲν οὐ τῇ σαρκί), daß wir nach dem Fleisch leben (τοῦ κατὰ σάρκα ζῆν). (13) Denn wenn ihr

Fleisch" zu leben (V. 12), ist hier nicht näher konkretisiert. Aus der ange-
drohten Todesfolge (V. 13a) könnte man immerhin erschließen, daß es
sich um Taten handelt, die unter der Todessanktion des Gesetzes stehen.
Etwas sichereren Boden betreten wir in diesem Zusammenhang in *Gal 5*,
wo die gleiche Gegenüberstellung mit konkreten Inhalten versehen ist.
Als „die Werke des Fleisches" (τὰ ἔργα τῆς σαρκός) werden angeführt:
„Unzucht, Unreinheit, Ausschweifung, Götzendienst, Zauberei, Feindschaft, Streit, Eifersucht, Zorn, Zank, Zwietracht, Spaltungen, Neid, Sau-
fen, Fressen und dergleichen" (Gal 5,19-21). Es handelt sich um einen
Lasterkatalog. Die Voranstellung von Unzucht und Götzendienst zeigt,
daß Paulus aus jüdischer Sicht urteilt. Wie in Röm 1 stellt er die typisch
heidnischen Laster zusammen, die nach jüdischem Verständnis gegen die
Schöpfungsordnung und damit gegen die Tora verstoßen. Ganz ähnlich ist
der Sachverhalt in den Lasterkatalogen von *1 Kor 5,9-13* und *6,9-11*.
Wenn im Gegenzug der Ausschluß aus dem Reich Gottes angedroht wird
(Gal 5,21b und 1 Kor 6,9f), gewinnen die Lasterkataloge eine ähnliche
Funktion wie die alttestamentlichen Einlaßtorot[91]. Verstärkend kommt
noch hinzu, daß Paulus in 1 Kor 5,13 die Forderung des Verfahrens gegen
den Unzüchtigen mit Dtn 17,7 (Ausrottungsbefehl) begründet: „Schafft
den Übeltäter weg aus eurer Mitte!" Es zeigt sich, daß Paulus die Sünden
der Gerechtfertigten nicht anders als die Sünden der Nichtgerechtfertigten
bewertet, und das heißt zumindest der Sache nach als Übertretung des
Gesetzes.

Das wird zur Gewißheit durch *zwei weitere Beobachtungen aus Gal 5*.
Den Tugendkatalog, der den Wandel im Geiste konkretisiert (VV. 22f),
schließt Paulus mit der Bemerkung: „Gegen all dies ist das Gesetz nicht"
(κατὰ τῶν τοιούτων οὐκ ἔστιν νόμος). Das heißt doch, wer sich vom
Geist leiten läßt, steht nicht im Widerspruch zum Gesetz. Eben deswegen,
weil das Gesetz ihn nicht als Übertreter verurteilen kann, steht er nicht
mehr „unter dem Gesetz" (ὑπὸ νόμον) (V. 18). Noch wichtiger ist *Gal
5,13f*, das positive Pendant zu Gal 5,23b, eine Art Grundsatzerklärung,
mit der Paulus die folgende Paränese einleitet:

(13) Denn ihr seid zur Freiheit berufen, Brüder. Nur nehmt die Freiheit nicht zum Vorwand (zur Gelegenheit) für das Fleisch, sondern vermittels der Liebe dient einander!
(14) Denn das ganze Gesetz ist in dem einen Wort erfüllt (ὁ γὰρ πᾶς νόμος ἐν ἑνὶ λόγῳ
πεπλήρωται), und zwar in dem: Du sollst deinen Nächsten lieben wie dich selbst!

---

nach dem Fleisch lebt, müßt ihr sterben (εἰ γὰρ κατὰ σάρκα ζῆτε, μέλλετε ἀποθνῄσ-
κειν). Vgl. *Schlier*, Röm (s. Anm. 2) 249-251; *Käsemann*, Röm (s. Anm. 2) 217f.
[91] Einlaßbedingungen, mit denen die Tora den Einzug ins Land (Dtn 4,1; 16,20), den
Zugang zum Tempel (Ps 24,3-6) oder die Zugehörigkeit zur heiligen Gemeinde Gottes
(Dtn 23,2-9) regelt.

Die Stelle macht zweierlei deutlich: Erstens, das Gebot der Nächstenliebe von Lev 19,18 ist für Paulus die Zusammenfassung, der Inbegriff
des *ganzen* Gesetzes[92]. Das bedeutet zweitens aber auch: Diejenigen, die
sich vom Geist leiten lassen und einander in Liebe dienen, *erfüllen* ganz
selbstverständlich die Forderung des ganzen Gesetzes. Bestätigt wird das
durch *Röm 13,8-10*. „Wer den Nächsten liebt, hat das Gesetz erfüllt
(νόμον πεπλήρωκεν)" (V. 8). Lev 19,18 wird als die Zusammenfassung
namentlich der Dekaloggebote (der zweiten Tafel), aber auch jedweder
anderer Gebote gewertet (V. 9). Und schließlich: „Die Erfüllung des Gesetzes ist die Liebe" (πλήρωμα οὖν νόμου ἡ ἀγάπη) (V. 10b).

Es ist also nicht so, daß Paulus von den Glaubenden nicht die Erfüllung des Gesetzes erwarten würde, genauso wie er umgekehrt deren Sünde als Übertretung des Gesetzes wertet. Gewiß formuliert Paulus seine
diesbezüglichen Erwartungen relativ zurückhaltend. Wahrscheinlich
fürchtet er das Mißverständnis, seine Adressaten könnten das Tun des
Gesetzes doch wieder als Heilsparadigma verstehen. Denn so sehr Paulus
einerseits davon ausgeht, daß die Christinnen und Christen das Gesetz (in
dem dargelegten Sinn) erfüllen und nicht durch Übertretung sündigen, so
steht es andererseits für ihn außer Frage, daß nicht dieses Tun die Voraussetzung und der Grund für das Heil ist. Vielmehr gilt für Paulus umgekehrt: Wem in Christus die Gerechtigkeit geschenkt ist, der wird selbstverständlich so leben, daß er das Gesetz erfüllt bzw. daß das Gesetz nicht
gegen sein Handeln steht.

2.　Das Gesetz in der Hermeneutik des Glaubens

Wie kommt Paulus zu dem geschilderten Gesetzesverständnis? Kann man
sagen, daß er – vielleicht in Weiterführung bestimmter Tendenzen des
hellenistischen Judentums – die Tora einfach auf ihre sittlichen Verpflichtungen reduziert hat? Faktisch mag das zutreffen. Dennoch hätte man sich
die Sache zu einfach gemacht. Es bleibt ernstzunehmen, daß Paulus selbst
nicht von einer Reduktion, sondern von der Erfüllung des Gesetzes, und
zwar des *ganzen* Gesetzes spricht (Gal 5,14; vgl. Röm 13,8-10). Dem
scheint zu widersprechen, daß Paulus es vehement ablehnt, die Glaubenden zur Einhaltung bestimmter ritueller Vorschriften zu verpflichten.[93]

---

[92] Unter dieser Rücksicht ist Paulus übrigens durchaus mit Matthäus vergleichbar (vgl.
Mt 7,12; 22,37-40). Zu Gal 5,13f vgl. auch: *Schlier*, Gal (s. Anm. 38) 244-246; *Betz*, Gal
(s. Anm. 38) 463-472; *Rohde*, Gal (s. Anm. 38) 227-231; *Mußner*, Gal (s. Anm. 38)
366-373.
[93] Vor allem Speise- oder Reinheitsgebote (vgl. Gal 2,11-14), vielleicht auch Kalender-
vorschriften (vgl. Gal 4,8-10). Zur Sache vgl. *Ch. Heil*, Die Ablehnung der Speisegebote

Dies ist ein wesentlicher Grund, daß er die Beschneidung ablehnt. Denn
wer sich beschneiden läßt, „ist verpflichtet, das ganze Gesetz zu tun"
(ὀφειλέτης ἐστὶν ὅλον τὸν νόμον ποιῆσαι) (Gal 5,3).[94] Diese Spannung,
daß der Christ nicht auf alle Vorschriften des Gesetzes zu verpflichten ist
und doch im Liebesgebot das ganze Gesetz erfüllt, gilt es hermeneutisch
zu bewältigen.

Eine über alle Zweifel erhabene Lösung wird sich kaum finden lassen,
da Paulus selbst die beiden Aussagen relativ unverbunden nebeneinander
stehen gelassen[95] und das Problem nicht ausdrücklich reflektiert hat.
Dennoch muß ein gedanklicher Ausgleich möglich sein. Ernsthaft kommen für eine Lösung nur zwei Möglichkeiten in Betracht, die sich m. E.
aber nicht ausschließen, sondern ergänzen. In erster Linie ist die praktische Erfahrung zu nennen. Heiden wurde der heilige Geist zuteil (vgl. Gal
3,1-5; Apg 10,1 – 11,18). Warum sollte man sie, nachdem offensichtlich
Gott selbst ihnen die eschatologische Gabe verliehen und sie erwählt
hatte, dann noch beschneiden und auf die dem Judentum eigenen Ritual-
gebote verpflichten? Man wird dieses konkrete Erfahrungselement für die
Entwicklung des Urchristentums nicht hoch genug einschätzen können.
Für sich allein reicht es allerdings wohl nicht aus, um die paulinische
Stellungnahme zu begründen. Vor allem ist damit kaum zu erklären, warum Paulus in rituellen Fragen so prinzipiell reagierte und zu pragmatischen Lösungen offensichtlich nicht bereit war. Dies hängt m. E. letztlich
damit zusammen, daß Paulus den Tod Jesu als eschatologisches Sühnegeschehen verstanden hat. Aus dieser Perspektive mußte ihm sein bisheriges
theologisches Konzept pharisäischer Provenienz, das darauf ausgerichtet
war, die Heiligung des Volkes auf dem Wege einer Verallgemeinerung
kultisch-ritueller Vorschriften zu erreichen, völlig obsolet erscheinen.
Jetzt, wo im Tode Jesu eschatologische Sühne geschehen war, Juden und
Heiden gleichermaßen abgewaschen, geheiligt und gerecht gemacht waren (1 Kor 6,11), hätte jeder weitere Versuch, Reinheit und Heiligkeit
rituell zu bewerkstelligen, die Integrität und Suffizienz des eschatologischen Heilsgeschehens in Christus in Frage gestellt. In diesem Zusammenhang wird übrigens auch deutlich, daß die Ritualvorschriften nicht
deswegen ihre (praktische) Bedeutung verloren haben, weil sie abge-

---

durch Paulus. Zur Frage nach der Stellung des Apostels zum Gesetz (BBB 96), Weinheim 1994; *P. J. Tomson*, Paul and the Jewish Law. Halakha in the Letters of the
Apostle to the Gentiles (CRI III/1), Assen – Minneapolis 1990, 221-258.
[94] In diesem Sinn ist Gal 5,3 zu interpretieren! Paulus will also nicht andeuten, daß das
„Tun des ganzen Gesetzes" gar nicht möglich ist, so daß derjenige, der sich beschneiden
läßt, sich zu etwas verpflichtet, an dem er scheitern muß.
[95] Auch Gal 5,3 und Gal 5,13f sind relativ unverbunden, sofern 5,3 noch zur argumentatio bzw. peroratio gehört (bis 5,12), während 5,13f die Paränese einleitet.

schafft sind, sondern weil ihrer Forderung Genüge getan ist. Auch unter dieser Rücksicht bleibt es demnach stimmig, wenn Paulus davon spricht, daß in der Erfüllung des Liebesgebotes das ganze Gesetz erfüllt ist.

Vielleicht läßt sich sogar die Zusammenfassung des ganzen Gesetzes im Liebesgebot aus dem als Sühnegeschehen verstandenen Heilstod Christi ableiten. Es fällt jedenfalls auf, daß Paulus den aus der Tradition überkommenen Sühnetod als Akt der Selbsthingabe und der Liebe deutet (Gal 1,4; 2,20; vgl. Röm 8,37)[96]. Wenn der subjektive Heilsvorgang in der glaubenden Identifikation mit Christus besteht, dann ist es zumindest naheliegend, die Liebe zu *dem* Kennzeichen des Glaubens schlechthin zu machen (vgl. Gal 5,6) und sie als Zusammenfassung des Gesetzes zu betrachten (Gal 5,13f; Röm 13,8-10), dessen Rechtsforderung ja auch durch Christi Tod erfüllt wurde (Röm 8,4). So kann Paulus dann vom „Gesetz Christi" (ὁ νόμος τοῦ Χριστοῦ) sprechen, das durch die gegenseitige Liebe erfüllt wird (Gal 6,2). Von daher wird schließlich deutlich, daß die Sünde gegen die Brüder in 1 Kor 8,12, die – da Christus des Bruders wegen gestorben ist – als Sünde gegen Christus ausgelegt wird, sachlich ebensogut als Verstoß gegen das die Tora zusammenfassende Liebesgebot gewertet werden könnte. Das durch die Tat Christi konstituierte „Gesetz Christi" und das im Liebesgebot zusammengefaßte „Gesetz" fallen letztlich zusammen.

VII. Abschließende Bemerkungen und hermeneutische Überlegungen

Den paulinischen Befund vor Augen, möchte ich retrospektiv-reflektierend und prospektiv-hermeneutisch je einen Punkt herausstellen, der mir bedeutsam erscheint.

1. Die Perspektive, unter der Paulus sich der Sünde nähert, ist im wesentlichen jüdisch

Dies zeigt sich vor allem daran, daß Paulus die Sünde als Übertretung des Gesetzes wertet. Dies gilt für die Zeit vor Christus, wo Paulus Heiden und Juden der Übertretung der gottgesetzten Ordnung, sei es der Schöpfungsordnung, sei es der Tora, bezichtigt. Doch auch die Sünde der Gerechtfertigten wertet Paulus als Übertretung des Gesetzes, wie er umgekehrt von den Gerechtfertigten erwartet, daß sie das ganze Gesetz erfüllen. Daß der

---

[96] Christus als Subjekt der Dahingabeformel ist m. E. paulinische Modifikation (zur Rezeption in der paulinischen Tradition vgl. Eph 5,2), während die traditionelle Formel Gott als Subjekt hatte: Röm 4,25; 8,32.

dabei zugrundegelegte Gesetzesbegriff der christologischen Hermeneutik des Paulus gehorcht, ändert nichts an der strukturellen Übereinstimmung mit dem jüdischen Denken. Der Unterschied besteht darin, daß Paulus in dieser Gesetzeserfüllung nicht mehr den Grund der Rechtfertigung, sondern die selbstverständliche Konsequenz der zuvor (dem Sünder) geschenkten Gerechtigkeit sieht. Umgekehrt bleibt zu konstatieren, daß das Judentum die Werke des Gesetzes niemals so exklusiv zum Kriterium des Heils gemacht hat, wie dies Paulus tat. Das Judentum war und ist sich vielmehr bewußt, daß das Gesetz selbst Sühnemittel bereit hält für diejenigen, die es übertreten haben.[97] Für Paulus sind diese Sühnemittel offensichtlich insgesamt in einem dialektischen Sinn aufgehoben in dem eschatologischen Sühnegeschehen des Todes Christi. Erst von hier aus kann Paulus überhaupt zu der Auffassung kommen, daß das Gesetz im Blick auf den Menschen keine andere Funktion hat, als die Sünde als Übertretung zu markieren und sie als die alle beherrschende Macht auszuweisen. Ist es somit eine Folge seiner christologischen Hermeneutik, daß Paulus die Gnade dem Gesetz antithetisch gegenüberstellt, so bleibt er seinen überkommenen jüdischen Denkstrukturen doch darin verhaftet, daß er das Gesetz nicht unabhängig von einem umfassenderen Heils- und Gnadengeschehen denken kann. Hier wäre auf den Bundes- und Erwählungsgedanken zu verweisen, in dem sich Paulus in gleicher Weise vom Judentum sowohl unterscheidet wie mit ihm übereinstimmt. Die Differenz betrifft die unterschiedliche Gewichtung von Abrahams- und Sinai-Bund. Doch auch bei Paulus bleibt das Gesetz vom Sinai mit der Unterordnung unter die Abrahamsverheißung eingebunden in einen größeren Erwählungszusammenhang, den das Judentum in theologischer Syntax von Abraham und Sinai unmittelbar mit dem Gesetz verbindet. So zeigt sich, daß Paulus in der Rechtfertigungslehre und insbesondere im dazugehörigen Sündenverständnis weit jüdischer denkt, als dies die kontroverstheologisch geprägte abendländische Rezeption üblicherweise wahrgenommen hat. Denn auch für den gerechtfertigten Menschen gilt selbstverständlich, daß er das *ist*, was er *tut*.

2. *Fragt man nach einer Hermeneutik des paulinischen Sündenbegriffs*, so scheint eine konsensfähige Lösung zur Zeit nicht in Sicht zu sein. Das in sich stimmigste Modell ist noch immer das von *Rudolf Bultmann*, der die Sünde als „eigenmächtiges Selbstseinwollen" bestimmt hat, wie es vor

---

[97] Vgl. *Moore*, Judaism I (s. Anm. 46) 497–552; *J. Maier*, Sühne und Vergebung in der jüdischen Liturgie: JBTh 9(1994)145–171.

allem im καυχᾶσθαι zum Ausdruck kommt.[98] Exegetisch ist dieses Modell m. E. jedoch nicht mehr zu halten.

Den Texten zufolge ist die Sünde für Paulus zunächst *Übertretung*, sei es der Schöpfungsordnung oder der Tora oder des im Liebesgebot zusammengefaßten Gesetzes. Sünde ist Ungehorsam gegen die von Gott gestiftete Ordnung. Ob und inwieweit diese zum Beispiel mit dem Anspruch einer autonomen Moral zu vereinbaren ist, wird man heute fragen müssen. Ansätze dazu sind ganz gewiß vorhanden, sei es in der den Heiden ins Herz geschriebenen Forderung des Gesetzes von Röm 2,14f, sei es in dem Liebesgebot, in dem nach Gal 5,13f das Gesetz zusammengefaßt ist. Dennoch, wenn es darum geht, das Liebesgebot inhaltlich zu konkretisieren, wird man doch wieder auf das keineswegs als evident vorgegebene Kreuz Christi verwiesen, wie Paulus denn auch das Gewissen der Heiden (Röm 2,14f) von einem Gesetz bestimmt sein läßt, das von einem Gegenüber (Gott) gegeben ist und nicht auf der kantianischen Autonomie eines kategorischen Imperativs beruht. Selbstverständlich ist Paulus davon überzeugt, daß das, was Sünde ist, allgemein kommunikabel ist. Insofern ergibt sich eine Brücke zur theonomen Autonomie, wie sie insbesondere von *Franz Böckle* vertreten wurde.[99] Dennoch sollte man die Differenz zwischen Paulus und der autonomen Moral nicht zu schnell einebnen. Und zwar nicht nur wegen des zeitlichen Abstandes, sondern auch, weil es sachlich wohl nicht leicht zu verrechnen ist, ob eine Moral vom Gehorsam oder von der Einsicht her konzipiert ist.

Einen moderneren Zugang zum paulinischen Sündenverständnis scheint Röm 7 zu versprechen: Sünde als Selbstentfremdung – der Mensch, der das Gute will und doch das Böse tut. Diese Schizoidie erinnert an *Sören Kierkegaard*[100], auf den sich in jüngster Zeit vor allem *Eugen Drewermann* gestützt hat.[101] Mit deren Ansatz läßt sich Paulus auch insoweit vereinen, als die Schizoidie für Paulus kein tragisches Geschick, sondern ein Konstrukt des Menschen ist. Die Frage ist dann: *War-*

---

[98] Vgl. *Bultmann*, Theologie (s. Anm. 6) 242.246.passim.

[99] *F. Böckle*, Fundamentalmoral, München ²1978, bes. 80-92; *ders.*, Ja zum Menschen. Bausteine einer Konkreten Moral (aus dem Nachlaß hg. v. G. Höver), München 1995, 9-53.

[100] *S. Kierkegaard*, Der Begriff der Angst. Eine simple psychologisch-hinweisende Erörterung in Richtung des dogmatischen Problems der Erbsünde (1844), übers. u. komm. v. *L.Richter*, Hamburg 1960, I 57; *ders.*, Die Krankheit zum Tode. Eine christlich psychologische Entwicklung zur Erbauung und Erweckung (1849), übers. u. komm. v. *L. Richter*, Hamburg 1962, 13.28.78.

[101] *E. Drewermann*, Strukturen des Bösen. Die jahwistische Urgeschichte in exegetischer, psychoanalytischer und philosophischer Sicht, Bd. III (PaThSt 6), Paderborn ³1982, 198-226.436-448.460-479; *ders.*, Psychoanalyse und Moraltheologie, Bd. I, Mainz 1982, 128-136.

um schafft sich der Mensch dieses Konstrukt? Warum flüchtet er durch das Sündigen in die Sünde, obwohl er die Sünde nicht will? *Kierkegaard* und *Drewermann* geben als Grund die Angst bzw. den Versuch der Angstvermeidung an. Nun fehlt bei Paulus der Begriff der Angst. Dennoch scheint das Modell von *Kierkegaard* und *Drewermann* attraktiv zu bleiben, wenn gesagt wird, daß die „Flucht vor der eigenen Angst" theologisch in die „Richtung einer unerreichbaren Gottähnlichkeit" geht.[102] „Die eigentliche Daseinsschuld" besteht dann darin, „daß man die Endlichkeit des Daseins in einem fiktiven Wie-Gott-sein-Wollen glaubt verunendlichen zu müssen."[103] Das klingt traditionell christlich und scheint von daher auch ganz im Einklang mit Paulus zu stehen. Die Frage ist nur, ob hier nicht ein traditionelles Vorverständnis in Paulus eingelesen wird.

Tatsächlich ist es so, daß das Motiv des Sein-Wollens wie Gott zumindest auf der Textebene bei Paulus kaum eine Rolle spielt. Geht man von den Texten aus, so ist vor allem der Zusammenhang von Sünde und Tod zu bedenken. Gewiß ist Sünde Übertretung und hat insofern mit dem Gesetz zu tun, das die Sünde als Sünde erklärt und mit dem Tod sanktioniert. Doch gerade insofern ist das Gesetz immer eine Größe der Metaebene. Die eigentlich fundamentale Konstellation und Relation der Sünde ist der Tod. Die Sünde hat den Tod zur Folge, wie umgekehrt der Tod der Beweis ist, daß alle sündigen. Ist das die Schizophrenie der Sünde, daß sie im Sündigen das herbeiführt, was sie vermeiden will? Ist Sünde der Versuch, den Tod zu überwinden? Dies wäre aber doch wieder ein theologisches Konstrukt. Ich kann mir nicht vorstellen, daß jemals ein Mensch gesündigt hat, um (in einem theologisch qualifizierten Sinn) unsterblich zu sein. Selbst die Schlange im Paradies hat den Stammeltern nicht Unsterblichkeit, sondern Erkenntnis versprochen.[104] Um es ohne alles Pathos zu sagen: Wenn der Mensch sündigt, dann tut er es, weil er die Nachteile vermeiden will, die ihm die Einhaltung einer vorgegebenen Ordnung einbringt. Schizophren wird dieses Handeln dadurch, daß mit der Ordnung immer auch ein Sinnanspruch gegeben ist, der über den Tod hinausreicht und zugleich vom Tod in Frage gestellt wird. Das scheint mir die Grundfrage des menschlichen Lebens zu sein: Kann ich mich auf die Welt – religiös gesprochen: auf die Schöpfung – als Sinnstiftung für mein Leben verlassen, das dem Tod entgegengeht? Kann ich mich auf eine Ord-

---

[102] *E. Drewermann*, Art. Sünde, in: NHThG V(²1991)86-93, hier 91.

[103] *Drewermann*, in: NHThG V (s. Anm. 102) 92.

[104] Die Schlange negiert zunächst nur, daß das Sterben als Folge der Sünde eintritt; positiv verspricht sie: „... ihr werdet wie Gott und erkennt Gut und Böse" (Gen 3,4). Als Motiv, daß die Frau von dem Baum ißt, wird angegeben: „... der Baum ... verlockte dazu, klug zu werden" (Gen 3,6).

nung – religiös gesprochen: auf ein göttliches Gesetz – als Sinnkonstitution verlassen, obwohl ich sterblich bin? Meine Sterblichkeit stellt alle
Sinnkonstitution wieder in Frage. Die durch den Tod bedingte Ungewiß-
heit aller menschlichen Sinnkonstitution läßt mich – im Konfliktfall –
dieser Sinnkonstitution doch zuwider handeln, obwohl ich weiß, daß ich
ohne sie weder meinem Leben noch meinem Tod einen Sinn geben kann.
Insofern hat Paulus recht, daß erst, wenn nicht mehr gestorben wird, auch
nicht mehr gesündigt werden wird. Bis dahin bleibt es *die* Herausforderung menschlicher Existenz, der Schöpfung, dem Gesetz oder der Liebe
mehr zu trauen als dem Tod. Eschatologisch oder mythologisch besteht
die Erlösung von der Sünde in der Befreiung vom Tod. Existentiell ist
dies nichts anderes als die ars moriendi.

16. Der (neue) Bund als Thema
der paulinischen Theologie

Die folgenden Ausführungen haben nicht das Ziel, den zentralen oder peripheren Stellenwert des Bundesbegriffs bei Paulus nachzuweisen[1]. Es geht zunächst um eine Bestandsaufnahme, die alles andere als einfach ist. Die relevanten Texte zählen durchweg zu den schwierigeren paulinischen Passagen, die sehr kontrovers beurteilt werden[2]. Hinzu kommt noch die hermeneutische Problematik, vor allem im Blick auf das | christlich-jüdische Gespräch. Zwei Aspekte sollen unter dieser Rücksicht beachtet werden. Zum einen wird ernst genommen, daß Paulus Jude war und von jüdischen Denkvoraussetzungen aus Theologie getrieben hat. Daß der „messianische" Jude Paulus zu anderen Ergebnissen kommt als das rabbinische Judentum, muß nicht verwundern, wie das Judentum des ersten Jahrhunderts überhaupt alles andere als homogen war. Verlangt ist eine hermeneutische Sensibilität jenseits der festgefahrenen, überwiegend der innerchristlichen Kontroverse entstammenden Kategorien. Darüber hinaus ist der Zeitabstand zu bedenken, der aufgrund der überholten, heute nicht mehr reproduzierbaren eschatologischen Situation von damals einerseits und aufgrund der durch Auschwitz begründeten Situation von heute andererseits nicht nur quantitative, sondern qualitative Dimensionen hat. Wegen der Begrenztheit des zur Verfügung stehenden Raumes können allerdings weder die exegetischen noch die hermeneutischen Probleme ausdiskutiert werden. Das Gespräch mit der reichlich vorhandenen Literatur kann nur beiläufig geführt werden. Die Texte werden in chronologischer Reihenfolge behandelt.

I. Der „neue Bund" in der Überlieferung des Herrenmahls
1 Kor 11,23–26

1 Kor 11,23–26: (23) Denn ich habe vom Herrn übernommen, was ich euch auch überliefert habe: Der Herr Jesus nahm in der Nacht, in der er ausgeliefert wurde, Brot, (24) und nachdem er das Dankgebet gesprochen hatte, brach er (es) und sprach: Dies ist

---

[1] Es geht also nicht darum, den „Bund" zum Leitgedanken einer paulinischen, neutestamentlichen oder biblischen Theologie zu machen. Versuche, eine biblische Theologie über einen Begriff zu begründen, sind ohnehin fragwürdig. Problematisch ist es m.E. auch, wenn im Namen eines „canonical approach" bestimmte Themen zu den Kanon bestimmenden Hyperthemen erklärt werden. Historisch gesehen ist der Kanon das Produkt einer kontingenten Entwicklung; Pluralität und Differenziertheit gehören daher zum kanonischen „System".

[2] Für die kontroverse Beurteilung der Bundesthematik generell vgl. die Arbeiten von *E. Gräßer*, Bund, und *E. Zenger*, Testament.

mein Leib für euch; tut dies zu meinem Gedächtnis! (25) Ebenso (nahm er) auch den Becher nach dem Mahl, indem er sagte: Dieser Becher ist der neue Bund in meinem Blute; dies tut, so oft ihr (davon) trinkt, zu meinem Gedächtnis! (26) Denn sooft ihr dieses Brot eßt und den Becher trinkt, verkündet ihr den Tod des Herrn, bis er kommt.

Das hier in erster Linie interessierende Kelchwort bezieht sich auf den „neuen Bund" von Jer 31,31–34 (nicht wie Mk 14,24 auf den Sinaibund von Ex 24, 8). Aus der konkreten Formulierung (der „neue Bund" wird auf den Becher und nicht wie bei Mk unmittelbar auf das Element des Weines bzw. Blutes bezogen) wird man schwerlich ableiten können, daß nur das Kreisen des Bechers, d. h. die Gemeinschaft der Feiernden, als neuer Bund gedeutet werden solle. Denn schon das parallel gesetzte Brotwort macht deutlich, daß der Bezug auf den Becher wegen seines Inhaltes erfolgt, wie denn auch der neue Bund im Blute Jesu begründet ist. Die sachliche Referenz ist offensichtlich der Tod Jesu. Da aber weder dieser ein blutiger Tod war[3] noch der neue Bund von Jer 31 als mit Blut geschlossen gedacht ist, wird man annehmen müssen, daß die „im Blut" erfolgte Todesreferenz aus dem zu deutenden Substrat des Weines erschlossen ist, möglicherweise über den Rekurs auf Ex 24, 8, dem dann traditionsgeschichtliche Priorität zukäme. Ob diese traditionsgeschichtliche Herkunft den Benut|zern des paulinisch-lukanischen Kelchwortes noch bewußt war, so daß der „neue Bund" eine indirekte Referenz zum (erneuerten?) Sinaibund einschlösse, bleibt mehr als fraglich. Man wird sich also damit zufriedengeben müssen, daß das von Paulus zitierte Kelchwort im Becherinhalt (Wein) das Symbol des Todes Jesu sieht, so daß die aus dem Becher Trinkenden an dem im Tode Jesu konstituierten neuen Bund Anteil erhalten (vgl. 1 Kor 10,16).

Was die Deutekategorie „neuer Bund" inhaltlich erschließen soll, ist nicht so einfach zu sagen, zumal das Verständnis der alttestamentlichen Referenzstelle Jer 31, 31 bis 34 sehr umstritten ist[4]. Walter Groß, der sich vor kurzem mit dieser Frage beschäftigte, konnte exegetisch m.E. überzeugend herausstellen, daß Jer 31 die Diskontinuität betone, also nicht einen „erneuerten" alten Bund[5], sondern wirklich einen „neuen" Bund nach dem gebrochenen alten meine[6]. Diese Sicht schließt in keiner Weise eine in Gott bestehende Kontinuität aus. Gott

---

[3] Der Gekreuzigte stirbt nicht durch Verbluten, sondern durch Ersticken. Zur Kreuzesstrafe vgl. *H.-W. Kuhn*, Art. Kreuz, bes. 713–715.

[4] Zum alttestamentlichen Bundesbegriff vgl. *N. Lohfink:* NBL I 344–347; *ders.*, Begriff „Bund"; *E. Zenger* (Hrsg.), Der Neue Bund; *F.-L. Hossfeld:* LThK[3] II 781–785; *ders.*, Bünde; zur frühjüdischen Bundestheologie vgl. *M. Vogel*, Heil.

[5] So, wenngleich mit unterschiedlicher Akzentuierung, vor allem *N. Lohfink*, Bund; *E. Zenger*, Testament, bes. 86–119; *N. Lohfink–E. Zenger*, Gott. Das Sachanliegen von Lohfink und Zenger ist uneingeschränkt zu teilen; ob es sich immer so unmittelbar exegetisch aus den Texten erheben läßt oder sich erst in deren hermeneutischer Reflexion erschließt, ist eine andere Frage.

[6] *W. Groß*, Bund 99 passim; Kontinuität und Diskontinuität betont sehr ausgewogen *F.-L. Hossfeld:* LThK[3] II 784.

schließt den neuen Bund ja auch nicht mit irgendwem, sondern mit dem Haus Israel und dem Haus Juda, d. h. den Nachfahren der Vätergeneration, mit der der nunmehr gebrochene Bund geschlossen war. Den Hintergrund von Jer 31 bildet „ein Schuldkontinuum", das Vätergeneration und gegenwärtige Generation zusammenschließt[7]. Doch wird „die Zeit des Bundesbruchs aus der Perspektive des neuen Bundes bereits distanziert als abgeschlossene Einheit betrachtet . . ., obgleich die Schuld des Hauses Israel noch gegenwärtig und die Sündenvergebung noch zukünftig ist"[8]. Im Vordergrund steht also die Vision des Neuen. Darauf ruht das Schwergewicht der Aussage von Jer 31. Hermeneutisch sind Vordergrund und Hintergrund als zusammengehörige Elemente zu betrachten, d. h., der vom Verfasser ins Auge gefaßte fortgesetzte Bundesbruch und das daraus resultierende Schuldkontinuum sind die Kehrseite des neuen Bundes. Man wird sogar davon ausgehen müssen, daß der Bruch und die Diskontinuität dem Verfasser theologisch nur im Lichte der Vision des neuen Bundes erschwinglich waren.

Was das neutestamentliche Verständnis betrifft, so steht ebenfalls das (eschatologisch) Neue im Vordergrund, das Gott im heilsamen Tod Jesu eröffnet hat. Ein im Gegensatz zum neuen Bund stehender gebrochener Bund und ein damit verbundenes Schuldkontinuum kommt im Kelchwort nicht zum Ausdruck. Doch setzt der im Brotwort zum Ausdruck kommende stellvertretende Tod Jesu (V. 24) eine sündige Vergangenheit voraus, die von Paulus sicherlich universal gedacht ist (1 Kor 1, 21; Röm 1–3). | Adressat und Nutznießer des neuen Bundes ist die „Gemeinde Gottes" (1 Kor 11,22), ohne daß ein Gegensatz von Kirche und Israel in den Blick tritt. Im universalen Horizont des Paulus ist es auch weniger der gebrochene Bund des Gottesvolkes als vielmehr die universale Sünde aller, die als Kontrapart des neuen Bundes figuriert. Auf der einen Seite ist damit der Neuheitscharakter des neuen Bundes – und insofern auch das Moment der Diskontinuität – noch stärker unterstrichen. Auf der anderen Seite läßt die in Anspruch genommene Bundesterminologie aber keinen Zweifel daran, daß das Neue des neuen Bundes ein früheres Erwählungshandeln Gottes voraussetzt, das unabhängig von jeder menschlichen Entscheidung die bleibende Auszeichnung Israels darstellt.

Hermeneutisch wird man zu berücksichtigen haben, daß die Kategorie des neuen Bundes dem Urchristentum zur Deutung der eigenen eschatologischen Erfahrung diente, so daß die Vergangenheit, die aus dieser Perspektive in den Blick kommt, zunächst die *eigene* Vergangenheit ist, die nicht ohne weiteres auf die Vergangenheit einer fremden Gegenwart projiziert werden darf. Es wäre daher problematisch, den Juden, die damals nicht zum Glauben an Christus gekommen sind, im Namen des im Abendmahl erfahrenen neuen Bundes eine

---

[7] *W. Groß*, Bund 104.
[8] Ebd. 105.

Abkehr vom Bund zu unterstellen. Dies hieße im Rückblick auf eine damals akute Auseinandersetzung die Schuldfrage stellen, die historisch nicht zu beantworten und theologisch nicht mehr zu verantworten ist. Noch weniger läßt sich heute mit der Kategorie des neuen Bundes das über die Jahrhunderte hinweg neben der Kirche existierende Judentum im Sinne der Substitutionstheorie aus dem Bund drängen. Hier wäre die Schuldfrage eher an die Adresse der Kirche zu richten, die es durch ihr schuldhaftes Verhalten dem Judentum unmöglich gemacht hat, das Evangelium bzw. Jesus als seinen Messias anzuerkennen.

II. Der Dienst des Apostels als Dienst des neuen Bundes 2 Kor 3

2 Kor 3: (1) Fangen wir wieder an, uns selbst zu empfehlen? Oder brauchen wir etwa – wie gewisse Leute – Empfehlungsschreiben an euch oder von euch? (2) Unser Brief seid ihr, aufgeschrieben auf unseren Herzen, erkannt und gelesen von allen Menschen, (3) ihr, die ihr offenbar macht, daß ihr Christi Brief seid, durch unseren Dienst vermittelt, aufgeschrieben nicht mit Tinte, sondern mit Geist des lebendigen Gottes, nicht auf steinerne Tafeln, sondern auf Tafeln von fleischlichen Herzen.
(4) Solches Vertrauen aber haben wir durch Christus Gott gegenüber. (5) Nicht, daß wir von uns selbst aus tauglich wären, etwas anzurechnen, als wäre es aus uns selbst, vielmehr: unsere Tauglichkeit kommt aus Gott, (6) der uns tauglich gemacht hat als Diener des neuen Bundes, nicht des Buchstabens, sondern des Geistes; denn der Buchstabe tötet, der Geist aber macht lebendig. (7) Wenn aber der Dienst des Todes, in Buchstaben in Stein eingehauen, in Herrlichkeit geschah, so daß die Söhne Israels den Blick nicht auf das Angesicht des Mose richten konnten wegen der Herrlichkeit seines Angesichts, die (doch) vergänglich war, (8) wie sollte da nicht (noch) mehr der Dienst des Geistes in Herrlichkeit sein? (9) Denn wenn dem Dienst der Verurteilung Herrlichkeit (eignete), weit mehr fließt dann über an Herrlichkeit der Dienst der Gerechtigkeit. (10) Denn eigentlich ist das Verherrlichte in diesem Fall (gar) nicht verherrlicht | in Anbetracht der überschwenglichen Herrlichkeit. (11) Denn wenn das Vergängliche durch Herrlichkeit (in Erscheinung trat), weit mehr (tritt in Erscheinung) das Bleibende in Herrlichkeit!
(12) Da wir also solche Hoffnung haben, treten wir in großer Offenheit auf (13) und nicht wie Mose, der einen Schleier über sein Angesicht legte, auf daß die Söhne Israels den Blick nicht richteten auf das Ende des Vergänglichen. (14) Vielmehr wurden ihre Gedanken verstockt. Denn bis zum heutigen Tag bleibt derselbe Schleier über der Lesung des alten Bundes; nicht wird er aufgedeckt, da er (nur) in Christus vergeht. (15) Vielmehr liegt bis heute, wenn immer Mose gelesen wird, ein Schleier auf ihren Herzen. (16) Wenn immer aber einer sich hinkehrt zum Herrn, wird der Schleier weggenommen. (17) Der Herr aber ist der Geist; wo aber der Geist des Herrn ist, da ist Freiheit. (18) Wir alle aber, die wir mit aufgedecktem Angesicht die Herrlichkeit des Herrn schauen (oder: widerspiegeln), werden in dasselbe Bild verwandelt von Herrlichkeit zu Herrlichkeit, wie vom Herrn des Geistes.

Paulus bedarf keines Empfehlungsschreibens. Sein Empfehlungsschreiben ist die Gemeinde (VV. 1f), der Brief Christi, durch den Dienst des Apostels vermit-

telt; es ist „nicht mit Tinte, sondern mit Geist des lebendigen Gottes" aufgeschrieben (V. 3). Die sonst (im AT und NT) nicht belegte Wendung vom „Geist
des lebendigen Gottes" verweist sachlich auf den schöpferischen Akt der Erwählung. Die „steinernen Tafeln", auf die man weder einen Empfehlungsbrief
noch überhaupt mit Tinte schreibt, präludieren bereits den folgenden Gegensatz von Gesetz und Geist. Im übrigen mischen sich in dem Gegensatz die ver-
schiedensten Anspielungen. Mit den „Tafeln des Herzens" wird in Jer 17,1; Spr
3,3; 7,3 der Vorgang der Internalisierung angesprochen. Das Gegenüber von
„steinern" und „fleischlich" erinnert an Ez 11, 19f. bzw. Ez 36, 26f, wo im übrigen auch das Herz von Fleisch mit der Gabe des Geistes in Verbindung gebracht
wird (Ez 36,20), so daß die Befolgung des geistlich internalisierten Gesetzes die
Folge ist[9]. Der Sache nach ist damit die Vision des „neuen Bundes" von Jer 31,31
bis 34 thematisiert (vgl. V. 6), auch wenn dort der „Geist" nicht ausdrücklich genannt ist. Doch ist es für Paulus gerade der „Geist", der die eschatologische
Qualität des „neuen Bundes" ausmacht, wie umgekehrt für Jeremia die Neuheit
aus der Internalisierung des Gesetzes resultiert. Schon diese Verwobenheit der
von Paulus gebrauchten Bilder sollte davor warnen, den nachfolgenden Gegensatz von „Buchstabe" und „Geist" einfach zu einer Antithese von Gesetz und
Evangelium oder gar von Altem und Neuem Testament zu machen. Der „Geist"
läuft jedenfalls nicht gegen das Alte Testament, sondern ist dessen ureigenste
Vision und Perspektive!

In V. 6 bezeichnet sich Paulus dann ausdrücklich „als Diener des *neuen Bun-*
des, nicht des Buchstabens, sondern des Geistes". Semantische Oppositionen
sind immer schwierig, da sie leicht zur Schwarz-Weiß-Malerei verführen. Die
Exegese wird daher an dieser Stelle besonders sensibel vorgehen müssen:
1. Wenn vom „Buchstaben" und nicht vom „Gesetz" die Rede ist, dann geht es
speziell um das Gesetz vom Sinai, das dem Kontext nach „in Buchstaben in
Stein eingehauen" (V. 7) bzw. „auf steinerne Tafeln" (V. 4) aufgeschrieben wur-
de. Dem „Geist" steht also nicht einfach *das* „Gesetz" | gegenüber. Anders aus-
gedrückt: Die von Paulus gewählte Antithese schließt nicht die Möglichkeit aus,
daß dem Geist ein internalisiertes, in die Herzen geschriebenes und daher ganz
selbstverständlich befolgtes Gesetz im Sinne von Jer 31 korrespondiert. Dieser
Gedanke wird hier zwar nicht expliziert (vgl. jedoch Gal 5,22; 6,2), doch ist seine
Potentialität schon eine hinreichende Warnung vor einer Simplifizierung der
Antithese. 2. Aus der Feststellung, daß der Buchstabe „tötet", läßt sich nicht eine negative Qualifizierung des (Sinai-)Gesetzes ableiten. Es entspricht vielmehr der (gottgegebenen) Struktur des Sinaigesetzes, daß es über die Sünder,
die es übertreten und den Bund brechen, die Sanktion des Todes verhängt. Paulus denkt hier offensichtlich ganz im Sinne der deuteronomistischen Alternative

---

[9] Zum alttestamentlichen Befund vgl. *A. Schenker*, Tafeln.

von Segen und Fluch, Leben und Tod (vgl. Dtn 28,1–45; 30,15–20)[10]. Die tötende Funktion des „Buchstabens" (Sinaigesetzes) schließt also weder seine Herkunft von Gott noch seine prinzipiell Leben verheißende Funktion (für die Gerechten) aus[11]. Den Sünder lebendig machen (ζῳοποιεῖν) kann es freilich nicht. Dies kann nur der eschatologische Geist. 3. Der „Geist" ist für Paulus das entscheidende Charakteristikum des „neuen Bundes" (V. 6). Faßt man als gedankliches Widerlager einen „alten Bund" ins Auge (vgl. V. 14), so ist dieser inhaltlich mit der Gesetzgebung am Sinai bzw. mit dem Sinaibund zu identifizieren[12]. Beide, alter und neuer Bund, stammen gleichermaßen von Gott. Darin besteht Kontinuität. Die tötende Funktion des Buchstabens macht aber unmißverständlich klar, daß diejenigen, die das Gesetz übertreten (und das sind für Paulus *alle* Menschen [der homo peccator]), den (gebrochenen) Bund nicht mehr beanspruchen können. Insofern besteht Diskontinuität. Für den Sünder bleibt in dieser Situation nur die Hoffnung auf eine Kontinuität im Heilswillen Gottes, d. h., daß Gott dennoch am Bund festhält bzw. einen neuen Bund stiftet. Ersteres entspricht in etwa der Konzeption der Priesterschrift (Gen 17), letzteres der prophetischen Bundeskonzeption (Jer 31)[13], auf deren Spuren sich Paulus in 2 Kor 3 im wesentlichen bewegt. Die Folgen des vom Menschen gebrochenen alten Bundes werden klar benannt (der Buchstabe tötet). Der neue Bund geht mit einem Paradigmenwechsel einher; während der alte Bund Leben oder Tod in Entsprechung zum Tun oder Übertreten des Gesetzes zuspricht, ist der neue Bund gerade insofern ein lebenspendender Bund, als er die dem Tod anheimgegebenen Sünder lebendig macht. In Konsequenz dessen beinhaltet der Paradigmenwechsel auch, daß der Mensch nicht nur in den vorigen Stand zurückversetzt wird, sondern selbst qualitativ verändert wird. Bei Jeremia und Ezechiel geschah dies durch die Internalisierung des Gesetzes, die Verwandlung der Herzen oder die Ausgießung | des Geistes. Bei Paulus werden alle Aspekte unter dem Gesichtspunkt des eschatologischen Geistes zusammengefaßt. Dabei bleibt zu betonen, daß es gerade die Diskontinuität des Paradigmenwechsels ist, die es Gott „erlaubt", seinen schon im alten Bund zum Ausdruck kommenden Heilswillen aufrechtzuerhalten und die bereits dem alten Bund inhärente Lebensverheißung effektiv zu verwirklichen. Der Heilswille Gottes ist somit das

---

[10] Ganz deutlich kommt dies in Gal 3,10–12 zum Ausdruck (vgl. Röm 2,13), wo Paulus aus Dtn 27,26 (in Verbindung mit Lev 18,5) ableitet, daß das Tun des Gesetzes das entscheidende Kriterium der vom Gesetz vermittelten Gerechtigkeit ist.

[11] Auch dieser Gedanke wird von Paulus hier nicht weiter verfolgt. Doch ist die Differenzierung die Voraussetzung, daß Paulus ohne Verbiegung in anderem Zusammenhang sogar vom „geistlichen" Charakter des Gesetzes sprechen kann (Röm 7,14).

[12] Zur Sache vgl. *O. Hofius*, Gesetz 106–115.

[13] Zum deuteronomistischen Konzept einer (vom Erbarmen Gottes ermöglichten) endgültigen Umkehr (Dtn 30,1–14), vgl. *A. Schenker*, Umkehr.

Kontinuum zwischen den beiden Bünden, die insofern im Verhältnis der Entsprechung zueinander stehen.

Auf die literarkritische und traditionsgeschichtliche Problematik des sog. Mosemidrasch der VV. 7–18 kann hier nicht eingegangen werden[14]. Grundlage ist Ex 34,29–35 (LXX). Was Paulus zu sagen hat, steht von vornherein fest, und – so wird man unter sachlichem Gesichtspunkt hinzufügen müssen – es besitzt seine Gültigkeit auch unabhängig von Ex 34! Paulus benützt Ex 34, um das eschatologisch Neue zu illustrieren, das seinen Dienst auszeichnet. Inhaltlich geht es um das Heilsgeschehen in Christus, das er als Apostel verkündet und repräsentiert (2 Kor 5,17–21). Um diesem weltenwendend neue Schöpfung heraufführenden Neuen gerecht zu werden, profiliert Paulus seinen Dienst in dreifachem Schluß a minore ad maius am Dienst des Mose, der aus der Perspektive des Neuen als ein Dienst des Todes (V. 7), der Verurteilung (V. 9) und der Vergänglichkeit erscheint. Die ersten beiden Punkte ergeben sich sachlich aus dem Umstand, daß das von Mose vermittelte Gesetz über den Sünder das Todesurteil verhängt. Der dritte Punkt bedarf differenzierter Betrachtung. Sofern das Gesetz vom Sinai den Sünder verurteilt, ist dieser in der Tat darauf angewiesen, daß der Dienst des Mose von einem neuen Dienst abgelöst und überboten wird, der dem am Heilsparadigma des Gesetzes scheiternden Sünder die Möglichkeit des Heils und des Lebens eröffnet. Dieses zweifellos vorhandene Moment der Diskontinuität darf aber nicht dahingehend interpretiert werden, daß der Dienst des neuen Bundes das Heilsparadigma des Gesetzes oder den am Sinai gestifteten Bund für irrelevant erklärt. Alter und neuer Bund lassen sich nicht einfach auf eine zeitlich linear gedachte Heilsgeschichte auftragen. In gewisser Weise dauert der alte Bund für Paulus auch jetzt noch fort. Das gilt zunächst für das Judentum, das die christologische Hermeneutik des Paulus nicht zu teilen vermag (vgl. VV. 14 f [siehe dazu unten]), dann aber auch für die Christen, sofern der Glaube die Anerkennung des Heilsparadigmas des Gesetzes, das den Sünder verurteilt, geradezu voraussetzt. Der neue Bund ist also nur in Anerkennung des alten zu haben, der die bleibende sachliche Voraussetzung des neuen ist. Das in der Vergänglichkeit ruhende Moment der Diskontinuität ist also Teil einer von Gott garantierten Kontinuität, in der der Heilswille Gottes sich durchhält bzw. überhaupt erst zum Ziele kommt. Letzteres läßt sich natürlich nur vom Standpunkt des Neuen aus nachvollziehen. Paulus bringt den komplexen Befund in der Figur der Typologie zum Ausdruck, die die VV. 7–11 beherrscht. Der Dienst des Mose, der das den Sünder verurteilende Gesetz vermittelt, erscheint im Vergleich mit dem | Dienst des neuen Bundes, der das den Sünder gerechtmachende Heil in Christus vermittelt, als ein Dienst des Todes, der Verurteilung und entbehrt – im Vergleich mit der Herrlichkeit des Neuen – eigentlich der

---

[14] Meines Erachtens ist es durchaus möglich, daß der Midrasch von Paulus ad hoc verfaßt wurde; vgl. *O. Hofius*, Gesetz 116 f.

Herrlichkeit (V. 10). Dennoch ist es nicht so, daß für Paulus Mose nur herhalten muß, um den eigenen Dienst in hellem Licht erstrahlen zu lassen. Hier ist die Dialektik zwischen V. 10 und V. 11 zu beachten. Paulus wählte ja gerade den Text von Ex 34 wegen der „Herrlichkeit" des Mose (vgl. VV. 29. 30. 35). Sie gab ihm die Möglichkeit zur Denkfigur der Typologie, die es ihm gestattete, das Überschwengliche des neuen Dienstes am Typos des alten Dienstes zu verdeutlichen. Die Herrlichkeit, die dieser in seiner Vergänglichkeit nur andeuten konnte, gelangt im neuen Bund zu ihrer eschatologischen Endgültigkeit.

Die im alten Bund gegebene Heilszusage Gottes wird durch den neuen also in keiner Weise zurückgezogen oder für ungültig erklärt. Das macht gerade das Problem des Paulus aus, der die Annahme des neuen Bundes für selbstverständlich hält und die ablehnende Haltung der Mehrheit seines Volkes nur schwer einordnen kann. De facto deutet er die Ablehnung als Verstockung (V. 14), d. h. als für ihn nicht mehr durchschaubares Mysterium. Exegetisch problematisch ist, worauf sich das „Vergehen" in VV. 13 f bezieht[15]. In V. 13 ist es die Herrlichkeit auf dem Angesicht des Mose, deren „Vergehen" durch den Schleier kaschiert wird. In V. 14 ist wohl das Wegnehmen des (hermeneutischen) Schleiers gemeint, der nur in Christus vergeht[16]. Paulus trägt den Gedanken der Vergänglichkeit, den er in VV. 7–11 im Gegenüber zum Dienst des neuen Bundes für den Dienst des Mose entwickelt hatte, in gewiß gewagter Exegese in Ex 34 ein, um so mit dem Gedanken des „Verhüllens" verständlich zu machen, warum die jüdische Mehrheit den nun angebotenen neuen Bund ablehnt. Es zeigt sich, daß der neue Bund nicht einfach als eine objektiv evidente Wirklichkeit verrechnet werden kann, wie auch umgekehrt das Gesetz als Bundesurkunde bei seiner Lektüre nicht von sich aus den Blick auf den (in Christus verwirklichten) neuen Bund freigibt. Paulus bestreitet also nicht, daß Israel weiterhin unter der Bundeszusage und Heilsverheißung Gottes steht, wenngleich ihm das (auf Stein geschriebene) Gesetz, auf das sich Israel stützt, rückblickend als die Urkunde des alten Bundes erscheint. Was Israel aus paulinischer Perspektive fehlt, ist die christologische Hermeneutik, die es ihm erlaubt, in Christus die Bundeszusage Gottes verwirklicht zu sehen[17]. Es ist wahrschein|lich kein Zufall, daß Paulus in

---

[15] Vgl. die unterschiedlichen Interpretationen von *P. von der Osten-Sacken*, Geist; *E. Stegemann*, Bund, und *O. Hofius*, Gesetz 126–128.

[16] Vgl. dazu *O. Hofius*, Gesetz 146. Philologisch ist allerdings nicht gänzlich auszuschließen, daß der Schleier das Vergehen des *alten Bundes* in Christus verhüllen soll. In diesem Fall wäre noch stärker zu beachten, was bei VV. 7–11 zu dessen „Vergänglichkeit" und Fortdauer gesagt wurde. In jedem Fall ist das Vergehen in Christus eine hermeneutische Kategorie!

[17] Daraus ist nicht abzuleiten, daß nur eine christologische Exegese dem Alten Testament angemessen sei. Aber Paulus geht von der heilsgeschichtlichen Voraussetzung aus, daß Christus das eschatologische Ja zu allen Verheißungen Gottes ist (2 Kor 1,20). Daß die christologische „Erfüllung" des Gesetzes noch nicht das Ende der Verheißungen (die dann abgegolten wären), sondern deren eschatologische Gültigkeit im Auge hat, ergibt sich gerade aus der spannungsvollen Eschatologie des Paulus, der den Geist als „Angeld" versteht (2 Kor 1,22) und der

diesem Zusammenhang nicht einmal vom Unglauben spricht. Er stellt nicht die Schuldfrage, sondern bleibt auf der objektiven Ebene einer von Gott verhängten (hermeneutischen) Verstockung. Die aus dem Gesetz herausgelesene Heilszusage wird als solche nicht tangiert, so daß auch und gerade für Israel deren Verwirklichung – im neuen Bund, wie man nach der Sprachregelung von 2 Kor 3 wohl sagen müßte – zu erwarten ist. So paradox es klingen mag, hier sind letztlich schon die Weichen gestellt, über die Paulus dann zur Aussage von Röm 11 vorstoßen kann.

Für die Reflexion des christlich-jüdischen Verhältnisses wirft der ansonsten recht widerborstige Text zunächst eine wichtige Erkenntnis ab. Die Kehrseite des in VV. 14 f festgestellten hermeneutischen Mankos ist doch, daß es dem Judentum gar nicht möglich ist, im Sinne des Paulus von einem „neuen" (in Christus verwirklichten) Bund und erst recht nicht – im Blick auf das am Sinai vermittelte Gesetz – von einem „alten" Bund zu sprechen. Daraus eine Anklage zu machen, hieße die Schuldfrage stellen, was selbst Paulus nicht getan hat. Heute ist die Schuldfrage der Kirche verwehrt, weil es nicht zuletzt ihre Schuld ist, daß eine christologische Hermeneutik für das Judentum nicht akzeptabel ist. Mehr als zur Zeit des Paulus wird die Kirche daher trotz aller Diskontinuität den im Bundeshandeln Gottes bestehenden Sachzusammenhang zwischen altem und neuem Bund zu bedenken haben und alles unterlassen müssen, was den alten Bund als desolate Größe erscheinen läßt. Wenn das Judentum in dem – aus christlicher Sicht – „alten" Bund verharrt, so hindert dies in keiner Weise sein Anrecht und Vorrecht auf den neuen Bund. Im übrigen wird die Kirche gut daran tun, sich neu und intensiv darauf zu besinnen, daß sie den neuen Bund nur im Aussprechen der dem alten Bund inhärenten Gerichtsexhomologese wahren kann, die von Paulus ernst genommen und radikal verschärft wurde.

Die radikale paulinische These von einer universalen Sünde wird freilich das Judentum kaum nachvollziehen können. Es schätzt ja auch das Heilsparadigma des Gesetzes anders als Paulus ein, sofern es davon ausgeht, daß das Gesetz selbst Sühnemittel bereitstellt, so daß die Übertretung des Gesetzes nicht notwendig zum Tod des Sünders im Sinne der deuteronomistischen Alternative von Leben und Tod führen muß[18]. Von einer höheren Warte aus gesehen, zeigt dieser Befund aber zugleich, daß Paulus und das Judentum im soteriologischen Denken strukturell vergleichbar sind, sofern beide das Heil letztlich nicht vom Tun des Menschen, sondern vom erwählenden Handeln Gottes erhoffen. Für das Judentum, das die Erwählung aufs engste mit der Gabe des Gesetzes und dem Sinaibund verknüpft, ist es nur konsequent, daß es auf die im Gesetz selbst

---

Offenbarung des endgültigen Gottseins Gottes (nach der Übergabe der Herrschaft Christi an den Vater) harrt (1 Kor 15,23–28).

[18] *E. P. Sanders*, Paulus 70 passim, spricht in diesem Zusammenhang von „Bundesnomismus".

vorgesehenen Sühnemittel setzt. Nicht minder konsequent ist es, wenn Paulus, der den Tod Christi als eschatologisches Heilsgeschehen versteht, einen Rückgriff auf das Gesetz ablehnt, weil dadurch die soteriologische Einzigartigkeit Christi in Frage gestellt wäre (vgl. Gal 2,21). Wenngleich diese Konsequenz nicht von allen neutestamentlichen Schriftstellern mit der gleichen Radikalität gezogen wurde (vgl. z. B. | Matthäus), wird man an der Christologie als der eigentlichen Differenz zwischen Christentum und Judentum nur schwer vorbeikommen.

III. Der Bund als Testament Gal 3,15–18

Gal 3: (15) Brüder, ich rede nach Menschenweise: Selbst eines Menschen rechtskräftig ausgefertigtes Testament setzt gleichwohl niemand außer Kraft oder fügt (etwas) hinzu. (16) Dem Abraham aber wurden die Verheißungen zugesprochen und seinem Samen [Singular]. Es heißt nicht: und seinen Samen [Plural], wie (wenn) von vielen (die Rede ist), sondern wie von einem: Und deinem Samen (Gen 13,15; 17,7f; 24,7), welcher Christus ist. (17) Ich meine aber dies: Ein vorher von Gott rechtskräftig ausgefertigtes Testament wird von dem nach 430 Jahren gegebenen Gesetz nicht ungültig gemacht, so daß es die Verheißung zunichte machen würde. (18) Denn wenn aus dem Gesetz das Erbe (sich herleiten würde), (dann käme es) nicht mehr aus der Verheißung. Dem Abraham aber hat Gott durch Verheißung seine Gunst geschenkt.

Nun könnte man sagen, daß die Stelle im Rahmen unserer Betrachtung nicht relevant sei, da διαθήκη in VV. 15. 17 nicht „Bund", sondern „Testament" bedeute. Doch ist zu berücksichtigen: 1. Ganz abgesehen davon, daß schon dem hebräischen Äquivalent bᵉrit die Konnotation der (göttlichen) Setzung eigen ist[19], handelt es sich im Griechischen um den gleichen Begriff, mit dem Paulus offensichtlich spielt. 2. Sachlich geht es ihm um die „Verheißungen", die insbesondere nach der Konzeption der Priesterschrift die Bundeszusage Gottes ausmachen (Gen 17,7f)[20]. 3. Aufgrund dieses Zusammenhangs kann Paulus den „Bund" (διαθήκη) Gottes mit Abraham als dem Abraham gegebenes „Testament" (διαθήκη) seiner Argumentation zunutze machen. Die Verheißungen an Abraham erscheinen als rechtskräftiger und unantastbarer Akt (VV. 15f). Dabei ist es Paulus wichtig, daß die Verheißungen auch „seinem Samen" gelten (V. 16; vgl. Gen 13,15; 15,18; 17,8; 22,18; 24,7). Paulus betont den Singular; er hat den *einen* Nachkommen im Auge, der für ihn Christus ist (V. 16). Gemessen am Literalsinn, erscheint diese Auslegung wieder gewaltsam. Dennoch ist sie nicht einfach aus der Luft gegriffen. Ganz abgesehen davon, daß auch die LXX immer nur im Singular vom „Samen" spricht, wird die verheißene zahlreiche Nachkommenschaft konkret über Isaak (und nicht über Ismael) realisiert. Das ist für Paulus der entscheidende Gesichtspunkt: Isaak ist der κατὰ πνεῦμα Gezeugte (vgl. Gal 4,28f) und insofern der Typos Christi, in

---

[19] *E. Kutsch*, Neues Testament, machte daraus sogar ein Übersetzungsprogramm („Verpflichtung" bzw. „Setzung").

[20] In Gen 17 LXX taucht der Begriff διαθήκη (als Übersetzung von bᵉrit) nicht weniger als elfmal auf. Für die Bedeutung „Testament" stützt Paulus sich möglicherweise auf Gen 22,16–18 („erben"!).

dem die Verheißung des Geistes verwirklicht ist (Gal 3,14; vgl. 3,27–4,7). In dieser typologischen Perspektive macht der „Kurzschluß" Abraham – Christus durchaus Sinn. Die durch den Geist zum Vorschein kommende *eschatologische* Qualität der Verheißung liefert überhaupt erst die Voraussetzung, daß Paulus die Verheißung an Abraham als *endgültige* Setzung im Sinne eines *rechtskräftigen* Testaments werten kann.

Mit dieser Denkfigur hat Paulus eine weitere Möglichkeit gewonnen, den über Gen 15,6 laufenden Rekurs auf Abraham (Gal 3,6) zu bestätigen und den Glauben als das entscheidende Heilsparadigma gegen das Heilsparadigma der „Werke des Gesetzes" (vgl. Gal 2,16; 3,10–12) herauszustellen. Das später hinzugekommene Gesetz kann das Heilsparadigma des rechtskräftigen Testaments nicht ändern. Die Verheißung (und damit verbunden der Glaube) bleibt der Grund und das Kriterium des Heils. Daß Paulus im Gesetz den Gegensatz zur Verheißung sah und es nicht mit dem Abrahambund zusammendachte, hat seinen Grund wohl nicht zuletzt dar|in, daß er den *Kreuzes*tod Jesu nach dem Wort des Gesetzes(!) Dtn 21,22 f als *Fluch*tod wertete[21]. Die Folge eines derart „für uns zum Fluch gewordenen" Christus (Gal 3,13; vgl. 2 Kor 5,21) war, daß die deuteronomistische Ambivalenz des Gesetzes als Möglichkeit zum Leben oder zum Tod für Paulus zur Gewißheit einer faktisch universalen Verurteilung wurde. Angesichts dieser anthropologischen Faktizität mußte Paulus, obwohl er an der Lebensverheißung des Gesetzes grundsätzlich festhielt (Gal 2,12; Röm 2,13), die heilsgeschichtliche Funktion des Gesetzes neu bestimmen. Gerade weil es das Heilsparadigma ist, das den Gerechten das Leben schenkt, entlarvt sein Todesurteil (am Kreuz Christi) die Menschen als Sünder. Es ist, um die Sünden kenntlich zu machen und alle unter die Sünde zusammenzuschließen, zu der Verheißung hinzugetreten (Gal 3,19–24).

Obwohl der Bundesgedanke in Gal 3,15–18 nur indirekt zum Tragen kommt, lohnt es sich doch, die sachliche Konzeption im Lichte der „drei markante(n) alttestamentliche(n) Bundestheologien" zu betrachten[22]. Die älteste darunter ist die deuteronomistische (vgl. Dtn 26,16–19), die sich am Modell des Vertrags orientiert. Mit ihr konnte man vorzüglich die Katastrophe des Exils (als Folge des Bundesbruchs) verständlich machen. „Doch konnte aus einem B(und), dessen Flüche eingetreten waren, keine neue Hoffnung entspringen."[23] Die priesterschriftliche Konzeption setzte daher auf einen reinen Gnadenbund, der unabhängig vom Verhalten des Menschen von Gott her unzerstörbar und ewig ist (Gen 9,17; vgl. Lev 26,42–45). Die dritte, prophetische Konzeption brachte die Vision eines „neuen" bzw. „ewigen" Bundes, der aufgrund des internalisierten Gesetzes oder eines neugeschaffenen menschlichen Herzens nicht mehr gebrochen wird (Jer 31,27–34; Ez 11,17–20; 36,22–32). Interessant ist, daß Paulus sich im wesentlichen auf die beiden letzten Konzeptionen stützt. Kam in 2 Kor 3 der prophetische „neue Bund" zum Zuge, so ist es in Gal 3 der Sache nach der priesterschriftliche Abrahambund, den Paulus unter dem Stichwort der „Verheißung" thematisiert (vgl. Röm 4). Die Sicht der Priesterschrift, wonach das Sinai-

---

[21] Zur vorausgesetzten Auslegungstradition von Dtn 21,22 f vgl. 11 QTR (= 11 Q 19) LXIV, 6–13.

[22] Vgl. *F.-L. Hossfeld*, Bünde 167 f.

[23] *N. Lohfink*: NBL I 346.

geschehen die Erfüllung des Abrahambundes ist (Ex 29,45f)[24], kann Paulus wegen der radikalen Rezeption der deuteronomistischen Ambivalenz des Gesetzes allerdings nicht nachvollziehen. Gal 3,15–18 ist ein Versuch, das dadurch entstandene Problem zu lösen.

Hermeneutisch von höchster Bedeutung ist, daß der „neue Bund" von 2 Kor 3 und der Verheißungsbund von Gal 3 sich sachlich entsprechen. Mit Paulus läßt sich eben nicht die markionitische Kluft zwischen Altem und Neuem Testament begründen. Sofern der „neue Bund" mit dem Abrahambund korrespondiert, ist er gegenüber dem Sinaibund sogar der ältere. Unter dieser Rücksicht herrscht strikte Kontinuität. Der neue Bund verlangt nicht nur die Anerkennung des die Sünder verurteilenden Gesetzes (Sinaibund), er *ist* die eschatologische Verwirklichung des Abrahambundes. |

IV. Die beiden Bünde Gal 4,21–31

Gal 4: (21) Sagt mir, die ihr unter dem Gesetz sein wollt: Hört ihr das Gesetz nicht? (22) Denn es steht geschrieben: Abraham hatte zwei Söhne, einen von der Magd und einen von der Freien. (23) Indes, der von der Magd ist fleischgemäß (κατὰ σάρκα) gezeugt worden, der von der Freien aber durch Verheißung. (24) Das alles ist allegorisch gemeint (= hat einen tieferen Sinn): Denn diese (= die beiden Frauen) sind (= bedeuten) zwei Bundesschlüsse: Der eine (ist) vom Berg Sinai, er gebiert zur Knechtschaft; er ist (= entspricht) Hagar. (25) Was aber Hagar-Sinai betrifft, (so) handelt es sich um einen Berg in Arabien; er ist aber gleichzusetzen mit dem gegenwärtigen Jerusalem, denn es befindet sich mit seinen Kindern in Knechtschaft. (26) Das obere Jerusalem aber ist frei, welches unsere Mutter ist. (27) Denn es steht geschrieben: Freu dich, du Unfruchtbare, die du nicht gebierst, brich in Jubel aus und rufe laut, die du nicht in Wehen liegst. Denn viele Kinder hat die Einsame, mehr als die, die den Mann hat (Jes 54,1). (28) Ihr aber, Brüder, seid nach der Art Isaaks Kinder der Verheißung. (29) Aber wie damals der fleischgemäß (κατὰ σάρκα) Gezeugte den geistgemäß (κατὰ πνεῦμα) (Gezeugten) verfolgte, so (geschieht es) auch jetzt (30) Indes, was sagt die Schrift? Verstoße die Magd und ihren Sohn! Denn der Sohn der Magd soll nicht Erbe sein mit dem Sohn der Freien (Gen 21,10). (31) Daher, Brüder, sind wir nicht Kinder der Magd, sondern der Freien.

Schon der Anfang des Textes macht deutlich, daß Paulus nicht gegen das Gesetz, sondern mit ihm argumentieren will (V. 21). Die Aussage, daß die beiden Frauen Abrahams, Hagar und (die namentlich nicht genannte) Sara, zwei Bünde repräsentieren, ist allerdings eigenwillig. Gedanklicher Ausgangspunkt ist der in der Schrift bezeugte Abrahambund (vgl. Gal 3). Schriftgemäß ist auch dessen Verwirklichung in Isaak. Und auch die Feststellung, daß Isaak „durch

---

[24] *W. Zimmerli*, Sinaibund und Abrahambund, in: ders., Gottes Offenbarung, München 1963, 205–216, hier 212f; *B. Janowski*, Sühne als Heilsgeschehen (WMANT 55), Neukirchen-Vluyn 1982, 320–328.

Verheißung" bzw. „geistgemäß" gezeugt wurde (VV. 23.28), dürfte von der Schrift her einsichtig gewesen sein[25]. So weit ist der Gedankengang des Paulus also leicht nachvollziehbar. Vor dem Hintergrund des in Gal 3,15–18 Gesagten erscheint Sara als Typos des Bundes mit Abraham, der auf Verheißung beruht und auf den geistgemäßen Nachkommen (Isaak = Christus = Glaubende) abzielt. Neu ist die Einführung der Hagar als Typos des Sinaibundes. Diese Gleichsetzung setzt offensichtlich die Lokalisierung des Berges Sinai in Arabien als selbstverständlich voraus. Für Paulus wird man zudem die arabische Etymologie des Namens „Hagar" (*haǧar* = Stein) in Anschlag bringen dürfen. Für die Plausibilität einer solchen Gleichsetzung ist zu berücksichtigen, daß die Wirkung der Allegorese (V. 24a) weniger auf objektiver exegetischer Methode als vielmehr auf dem intellektuellen Witz elaborierter Spekulation beruht. Sie will ja auch nicht einfach die Aussage des *Textes* wiedergeben, sondern den hinter ihm liegenden tieferen *Sinn* ergründen.

Ist die allegorische Auslegung der beiden Frauen als Typen der beiden Bünde akzeptiert, dann hat Paulus schon ein Stück weit erreicht, worauf es ihm in der Sache ankommt. Die Freie (Sara) steht für Freiheit, die Magd Hagar für Knechtschaft. Die beiden Bünde werden zu Sinnbildern für die Alternative, um die es im galatischen Kon|flikt geht. Paulus möchte, daß die Galater dem Heilsparadigma des Glaubens treu bleiben und sich nicht wieder dem „Joch der Knechtschaft"[26] unterwerfen (5,1). Letzteres geschähe, wenn sie sich durch die Gegner dazu verführen ließen, die Erfüllung bestimmter Gesetzesforderungen als Voraussetzung des Heils zu betrachten. Paulus sieht darin eine Rückkehr zum Heilsparadigma des Gesetzes, das die Sünder nicht rechtfertigt, sondern verurteilt. Die Gegenüberstellung der beiden Bünde dient also der allegorischen Profilierung und Verifizierung der in der Propositio vertretenen These von der Gegensätzlichkeit und Ausschließlichkeit der beiden Heilsparadigmen (Gal 2,15–21; vgl. 3,10–12).

Paulus führt die Allegorese noch weiter: die beiden Frauen repräsentieren nicht nur heilsgeschichtlich die beiden Bünde, sie sind auch ein Vorausbild der gegenwärtigen Wirklichkeit. Hagar wird mit dem „jetzigen Jerusalem" identifiziert (V. 25b), das „sich mit seinen Kindern in Knechtschaft befindet" (V. 25b), während die Freie (Sara) das Gegenstück zum „oberen Jerusalem" ist, das „unsere Mutter" ist (V. 26). Nun könnte man meinen, daß damit die Enterbung des Judentums perfekt sei. Doch gerade mit einer derart vordergründigen Identifi-

---

[25] Auch Philo geht von einer unmittelbar von Gott gewirkten Schwangerschaft der Patriarchenfrauen aus (Cher 45–50).

[26] Dabei sollte beachtet werden, daß es nicht eigentlich das Gesetz ist, das die Knechtschaft begründet: von einer „Knechtschaft" des Gesetzes spricht Paulus nirgends! Was den Menschen knechtet, ist die Sünde; und nur sofern das Gesetz die Sünder der Sünde überführt und den Tod als deren Folge sanktioniert, kann Paulus sagen, daß „wir vom Gesetz in Gewahrsam gehalten wurden" (Gal 3,23).

zierung (Sara = oberes Jerusalem = Kirche bzw. Hagar = gegenwärtiges Jerusalem = Judentum) funktioniert die Allegorese nicht! Jedermann weiß, daß die Juden Nachkommen Isaaks und nicht Nachkommen des Hagarsohnes Ismael sind. Die Allegorese funktioniert nur, wenn die Galater als ihren tieferen Sinn erkennen, daß Sara für Freiheit und Hagar für Knechtschaft steht und daß sie, die Galater, die weder von Sara noch von Hagar abstammen, durch die Wahl des Heilsparadigmas (Glaube vs Gesetz) zu entscheiden haben, ob sie „nach Art Isaaks Kinder der Verheißung" (V. 28) oder „Kinder der Magd" (V. 31) sind. Um die Versinnbildlichung dieser Wirklichkeiten geht es auch bei dem Gegensatz von jetzigem und himmlischem Jerusalem. Das jetzige Jerusalem ist der Ort der menschlichen Existenz, die vom Gesetz als Existenz der Knechtschaft erwiesen wird. Das obere Jerusalem steht für eine geistliche Mutterschaft, die eben diesen geknechteten Menschen zu neuer, geistlicher Existenz gebiert. Dabei ist zu beachten, daß Paulus gerade „Jerusalem" nicht wegen der Juden in die Allegorese einbringt, sondern wegen der juden-christlichen Gegner, die ihn bei seinem Missionswerk behindern und die in irgendeiner Weise mit Jerusalem in Verbindung stehen[27]. Auf sie ist auch der Verfolgungsvorwurf von V. 29 zu beziehen.

Wie schon bei Gal 3 wird auch hier wieder deutlich, daß Altes und Neues Testament sich mit Paulus nicht auseinanderdividieren lassen. Was in 2 Kor 3 als „neuer Bund" | erscheint, entspricht sachlich dem (älteren) Abrahambund bzw. dem von Sara repräsentierten Bund. Wenn Paulus den (jüngeren) Sinaibund dazu in Gegensatz setzt, dann tut er das nicht, weil er die (grundsätzliche) Heilsverheißung des Gesetzes bestreitet, sondern weil das Gesetz diese dem Sünder gegenüber nicht einzulösen vermag. Was die harte Antithetik von Gal 4 betrifft, so ist gerade im Blick auf das christlich-jüdische Verhältnis zu bedenken, daß sie nicht der christlich-jüdischen, sondern einer inner*christlichen* Auseinandersetzung entstammt. Läßt sich diese Antithetik von der konkreten Situation ablösen? Kann man die beiden Heilsparadigmen, um die es letztlich geht, auf Juden und Christen verteilen und sagen, daß das Judentum, das sich weiterhin auf das Heilsparadigma des Gesetzes stützt und die paulinische Sicht nicht akzeptiert, auf seiten der Knechtschaft steht und die Abraham gegebene Verheißung verfehlt? Meines Erachtens läßt sich vom Galaterbrief her eine solche Pauschalierung nicht rechtfertigen. Wo Paulus das Verhältnis Israel – Kirche tatsächlich thematisiert, widerspricht er eindeutig jeder Verwerfungs- oder Enterbungstheorie (Röm 9–11). Im übrigen wird hermeneutisch wieder die veränderte Situation von heute zu bedenken sein. Das damals noch offene Verhältnis hat sich nach fast zweitausendjähriger Entzweiungsgeschichte längst zu einem Neben-

---

[27] Man wird sich darunter Christen vorstellen müssen, die nicht nur die vermutlich nach dem Antiochenischen Zwischenfall (Gal 2,11–14) vereinbarten Mindestforderungen für Heiden (ähnlich wohl den Jakobusklauseln; vgl. Apg 15,20; 29) einklagten, sondern mit der Beschneidungsforderung sogar hinter das Jerusalemer Apostelkonzil (Gal 2,1–10) zurückfielen. Beides weist auf Jerusalem zurück (vgl. Gal 2,12; 2,4f). Der Sache nach trifft auf sie Gal 2,4 zu.

einander fixiert. Dem Judentum ist es nicht zuletzt durch die Schuld der Kirche gar nicht mehr möglich, den Glauben an den Gekreuzigten als Alternative zum Heilsparadigma des Gesetzes zu erkennen. Anders als den Galatern oder selbst noch den galatischen Gegnern, die wenigstens insofern eine mit Paulus gemeinsame hermeneutische Grundlage hatten, als sie vom Bekenntnis zum Messias Jesus ausgingen, wird dem Judentum heute Gal 4,21–5,1 argumentativ nicht zu vermitteln sein. In dieser Situation wäre es vermessen und arrogant, die (aus einer bestimmten Hermeneutik stammende) Antithetik von Sinai- und Abrahambund gegen das Judentum zu wenden. Das vom Judentum beanspruchte Kontinuum zwischen Abraham und Sinai ist zu respektieren. Für das Judentum gilt weiterhin, daß das Tun des Gesetzes die Abrahamskindschaft erweist. Die Heilsverheißung des Gesetzes, an der das Judentum festhält, wird nicht trügerisch sein, auch wenn sie nach Meinung des Paulus in der Diskontinuität des Heilsparadigmas des Glaubens verwirklicht wird.

V. Der Bund Gottes mit Israel Röm 9–11

> Röm 9: (1) Ich sage in Christus die Wahrheit, ich lüge nicht, wie mir mein Gewissen im heiligen Geist bezeugt: (2) Großen Schmerz habe ich, und unablässiges Weh (erfüllt) mein Herz. (3) Denn ich wünschte, selbst verflucht und fern von Christus zu sein für meine Brüder, meine Stammesverwandten dem Fleische nach, (4) die Israeliten sind, denen die Sohnschaft, die Herrlichkeit, die Bundesschlüsse, die Gesetzgebung, der Gottesdienst und die Verheißungen (gehören), (5) denen die Väter (gehören) und aus denen Christus (stammt), was seine fleischliche Herkunft betrifft; der über allem waltende Gott sei gepriesen in Ewigkeit, Amen. |

Zutiefst betroffen leitet Paulus die drei folgenden Kapitel ein. Dies läßt vermuten, daß der Anlaß dazu weniger Einwände von außen als in erster Linie Fragen waren, die den Juden Paulus selbst quälten. Das Problem selbst wird noch nicht genannt, ergibt sich indirekt aber aus der Spannung von VV. 3 und 4.5a. V. 3 läßt erahnen, daß die bisherigen Ausführungen über die Rechtfertigungslehre der Hintergrund sind, vor dem Paulus das jetzt im Vordergrund stehende Problem behandelt. Seine Stammesverwandten lehnen (mehrheitlich) das Evangelium ab; sie bleiben „fern von Christus". Für Paulus bedeutet dies, daß sie weiterhin unter dem Fluch stehen, den das Gesetz über die Sünder ausspricht. Die Aporie ergibt sich aus der Kollision mit den in VV. 4f aufgezählten Gnadengaben Israels (vgl. 11,29). Alles, was Gott bislang an heilsgeschichtlichem Handeln aufgeboten hatte, drohte jetzt in der entscheidenden Phase, wo das göttliche Handeln zum eschatologischen Ziel kommen sollte, am Widerstand des Gottesvolkes zu scheitern.

Wie Paulus dieses Problem bewältigen wird, läßt sich noch nicht erkennen. Immerhin ist schon angedeutet, *daß* die Aporie gelöst werden muß und – auch das schimmert durch – daß sie zugunsten des Sieges des *göttlichen* Heilshandelns

gelöst werden wird. Eben deshalb stellt Paulus in VV. 4. 5 a das bisherige Heilshandeln Gottes an Israel so ausführlich und facettenreich dar. Mit der Bezeichnung „Israeliten"[28] und der Erwähnung der „Sohnschaft" wird die Erwählung
betont. Die „Herrlichkeit" erinnert an die Gegenwart Gottes im Zeltheiligtum
und im Tempel auf dem Zion[29]; deshalb wird auch der „Gottesdienst", d. h. der
Kult, genannt. Für die „Bundesschlüsse" im Plural gibt es terminologische und
sachliche Vorgaben im Frühjudentum[30]. An welche Bundesschlüsse Paulus im
einzelnen gedacht hat, ist schwer zu sagen. Daß er das Geschehen am Sinai nicht
unter den Bundesbegriff subsumieren wollte (so Sir 44–50), ist keineswegs sicher. In jedem Fall wird die „Gesetzgebung" eigens genannt. In der Reihe und im
gleichen Atemzug mit den übrigen Vorzügen ist sie hier zweifellos ausschließlich
positiv konnotiert. Mit den „Verheißungen" folgt der Begriff, der das heilsgeschichtliche Denken des Paulus und insbesondere sein Bundeskonzept am
stärksten geprägt hat (vgl. Gal 3; Röm 4). In diesen Kontext gehören auch die
„Väter", denen die Verheißungen gegeben wurden, und „Christus", der für Paulus das Ziel der Verheißungen ist. Mit der Betonung der „fleischlichen Herkunft" des Christus soll nicht ein theologisch minderer Sachverhalt (ein fleischli-
cher gegenüber einem geistlichen Christus) zum Ausdruck gebracht werden.
Die Charakterisierung unterstreicht vielmehr nur, wie sehr der theologisch so
wichtige Bogen von den Vätern zu Christus im Blick auf Israel schmerzt. |

Für das paulinische Bundesverständnis ergeben sich zwei wichtige Folgerun-
gen: 1. Jenseits der Antithetik polemischer Texte (2 Kor 3; Gal 3. 4) kann Paulus
Gesetz und Sinaibund durchaus positiv darstellen. 2. Paulus denkt nicht daran,
dem nicht an Christus glaubenden Israel die Heilsprärogativen abzusprechen.
Israel verbleibt selbstverständlich in der Erwählung, im Bund und unter
der Verheißung. Man könnte höchstens im Sinne von Röm 3, 9 einwenden, daß
Israel davon keinen Nutzen haben wird, wenn es sich dem eschatologischen Ruf
Gottes verweigert. Aber damit ist nur das Problem formuliert, um dessentwillen
Paulus Röm 9–11 geschrieben hat.

> Die Argumentation von Röm 9–11 kann hier nur kurz skizziert werden. Paulus läßt
> zunächst eine „Schutzrede" für Gott folgen. Weder fällt Gottes Wort dahin (9, 6), noch
> ist Gott ungerecht (9, 14), wenn ein Teil oder die Mehrheit Israels das Evangelium
> nicht annimmt. Die Paradoxie der gegenwärtigen Situation (9, 30f) wird zur Anklage
> des ungehorsamen Israels und zur Rechtfertigung des Evangeliums, das auch den Hei-

---

[28] In Röm 1–8 war nur von den „Juden" die Rede. Röm 9–11 spricht von „Israel" bzw. den
„Israeliten" (mit kontextbedingten Ausnahmen in 9,24; 10,12).

[29] Für die Priesterschaft zielt der Abrahambund letztlich auf das „Wohnen Gottes inmitten
seines Volkes" (vgl. Ex 29,45f); zur „Herrlichkeit" (Ex 29,43) vgl. Ex 25; 40; Lev 9.

[30] Zum Plural vgl. 2 Makk 8,15; Weish 18,22; 4 Esr 3,32; 5,29. Zur heilsgeschichtlichen Zu-
sammenschau vgl. Sir 44–50; genannt werden der Bund mit Noach (Sir 44,17f), Abraham (einschließlich Isaak und Jakob: 40,20–23), Aaron (45,15), Pinhas (45,24), David (45,25) und Sime-
on (50,24); zum priesterlichen Denken vgl. *M. Vogel*, Heil 113–122.

den gilt (10, 14–21). Aus dem Ungehorsam bzw. Unglauben Israels läßt sich aber nicht ableiten, daß Gott sein Volk verstoßen habe (11, 1). Die aus den Gnadengaben Israels sich ergebende Heilsperspektive ist nicht abgeschnitten. Dem widerspricht schon die judenchristliche Minderheit, mit der im Sinne des Restgedankens die Kontinuität gewahrt ist (11, 1–10). Darüber hinaus sieht Paulus in der Heidenmission ein pädagogisches Mittel, das Israel reizen soll (11, 11–16). Er warnt daher die Heidenchristen vor Überheblichkeit (11, 17–24). Doch erst mit dem „Geheimnis" von 11, 25–27 ist die Frage von 11, 1 abschließend und theologisch befriedigend beantwortet.

Röm 11: (25) Denn ich will euch nicht in Unkenntnis lassen, Brüder, über dieses Geheimnis, damit ihr euch nicht selbst klug vorkommt: Verstockung ist teilweise Israel widerfahren, bis die Vollzahl der Heiden hereingekommen ist, (26) und so wird ganz Israel gerettet werden, wie geschrieben steht: Von Zion wird kommen der Retter, er wird abwenden die Gottlosigkeit von Jakob. (27) Und das ist für sie der Bund von mir, wenn ich ihre Sünden von ihnen wegnehme.

Was Paulus vorbringt, ist nicht einfach die Schlußfolgerung aus der vorangegangenen Argumentation, sondern ein „Geheimnis", das ihm aufgrund prophetischer Einsicht zuteil wurde. Die Gegenüberstellung von teilweiser Verstockung Israels und vollzähligem Eingehen der Heiden (V. 25c) rekapituliert in gewisser Weise die Thematik von 11, 11–16. Doch während dort die (von Paulus erwartete) Provokation Israels im Vordergrund stand, wird jetzt die teilweise Verstockung Israels durch das Eingehen der Vollzahl der Heiden begrenzt. Der universellen Heilserwartung des Paulus zufolge ist bei der „Vollzahl" ($\pi\lambda\acute{\eta}\varrho\omega\mu\alpha$) wohl kollektiv an „alle Völker" zu denken, als deren Gott sich der rechtfertigende Gott erweist (Röm 3, 27–31). Entsprechend ist „ganz Israel" (V. 26a) die Gesamtheit Israels, die den gläubigen Rest (11, 1–7) und die bislang Verstockten umfaßt. Wie die Rettung ganz Israels geschehen wird, ist Paulus selbst ein Geheimnis. Er nimmt daher seine Zuflucht zur Schrift. Doch ist schon die umstrittene Auslegungsgeschichte ein Hinweis darauf, daß auch das Zitat das Geheimnis über das Wie letztlich nicht preisgibt.

Das Zitat, das Paulus anführt, folgt in VV. 26bc. 27a im wesentlichen Jes 59, 20f LXX und verknüpft damit in V. 27b Jes 27, 9 LXX. Sachlich klingt Jer 31, 31–34 (= 38, 31–34 LXX) an. Vielleicht war die dortige Verbindung des Bundesgedankens mit dem | der Sündenvergebung (VV. 33f) sogar der Anlaß für die paulinische Kombination von Jes 59, 20f und 27, 9. Der Sache nach geht es in Röm 11, 26f jedenfalls um den prophetischen Gedanken des neuen Bundes, wobei die Klammer zu Röm 9, 4f sicherstellt, daß es bei aller menschlich bedingten Diskontinuität die alten Bundeszusagen und die den Vätern gegebenen Verheißungen sind (vgl. 11, 28), die Gott zu solch neuer Bundessetzung für Israel veranlassen. Umstritten ist, ob der aus Zion kommende „Retter" ($\dot{\varrho}\upsilon\acute{o}\mu\varepsilon\nuo\varsigma$) Gott selbst oder der zur Parusie kommende Christus ist. Letzte Sicherheit ist kaum zu gewinnen, wenngleich die paulinische Gesamtkonzeption m. E. eher letzteres nahelegt. Die Entfernung der „Gottlosigkeit" ($\dot{\alpha}\sigma\varepsilon\beta\varepsilon\acute{\iota}\alpha\iota$) durch den Retter wäre dann die Voraussetzung für die Vergebung bzw. Wegnahme der Sünden durch Gott und den darin begründeten Bund Gottes. Inhaltlich wäre die Entfernung der „Gottlosigkeit" die Wegnahme des „Ungehorsams" (11, 29–32) im Sinne des (christologischen) „Unglaubens" (11, 20. 23); positiv gewendet, würde dies bedeuten, daß das jetzt dem Evangelium ungehorsame Israel bei der Parusie zum Glauben an Christus kommen und so aus Glauben zur Tilgung der Sünden und damit zur Gerechtigkeit gelangen würde. Doch auch wenn die Beseitigung der Sünden nicht unmittelbar auf die Gabe des Glaubens zu beziehen wäre, läuft das Bundeshandeln Gottes letztlich doch darauf hinaus. Von einem „Sonderweg" für Israel zu sprechen, ist in diesem Zusammenhang daher wenig hilfreich. Paulus läßt sonst keinen Zweifel daran, daß das eschatologische Heil christologisch fundiert ist (vgl. Gal 2, 15–21; Röm 3, 22. 30; 10, 12). Wenn er diesen Grundsatz hier für Israel fallenließe, würde er sein gesamtes bisheriges Konzept außer Kraft setzen, ganz abgesehen davon, daß dann auch die Fragestellung von Röm 9–11 ihre Brisanz verlöre. Von einem „Sonderweg" für Israel könnte man bestenfalls insofern sprechen, als die Parusie erst den Glauben weckt und nicht wie sonst (vgl. 1 Thess 1, 10) die bereits geschehene Rechtfertigung (aufgrund des Glaubens) ratifiziert.

Im übrigen verstellt die Diskussion um einen „Sonderweg" für Israel m. E. nur den Blick für den fundamentalen Zusammenhang von Erwählungstheologie und Rechtfertigungslehre. Gewiß ist es die Rechtfertigungslehre (die christologisch bedingte Einsicht in die Iustificatio impii), die Paulus dazu nötigt, die Erwählungsgeschichte seines Volkes neu zu durchdenken und neu zu konzipieren. Konkret tut er dies, indem er aus den vorhandenen biblischen Bundeskonzeptionen auswählt (neuer Bund, Abrahambund) bzw. sie neu relationiert (Abrahambund – Sinaibund). Der christologisch bedingte Wechsel der Heilsparadigmen vom Gesetz zum Glauben scheint ihn geradezu zu nötigen, den Abrahambund direkt mit Christus kurzzuschließen und dem Sinaibund eine demgegenüber untergeordnete Funktion zuzuschreiben. Ist somit deutlich, daß Erwählungstheologie und Bundesgedanke bei Paulus hermeneutisch unter dem Vorzeichen der Rechtfertigungslehre stehen, so läßt das Geheimnis von Röm 11,25–27 keinen Zweifel daran, daß die Rechtfertigungslehre sachlich in den Rahmen der Erwählungs- und Bundestheologie gehört. Erst in der Perspektive einer eschatologischen Rettung ganz Israels verliert die Rechtfertigungslehre ihre heilsgeschichtliche Aporie. | Erst in dieser Perspektive gewinnt der Glaube, durch den auch die Heiden gerettet werden, Gewißheit. Sosehr es richtig ist, daß die Verheißung an Abraham auf den Segen der Völker zielte und daß die Glaubenden seine Kinder sind (Gal 3,6–9), gilt doch ebenso, daß die glaubenden Heiden eben dadurch in die Erwählungsgeschichte Israels einbezogen sind. Wenn diese dahinfiele, verlöre die Christologie ihr heilsgeschichtliches Fundament und ihre soteriologische Plausibilität.

Im Unterschied zu den vorher behandelten Stellen scheint bei Röm 9–11 keine tiefgreifende hermeneutische Reflexion vonnöten zu sein. Tatsächlich dürfte die Perspektive von Röm 9–11 das Hilfsreichste sein, was im Neuen Testament zum jüdisch-christlichen Dialog steht. Hält man sich vor Augen, daß Paulus nur hier das Verhältnis Israel-Kirche reflektiert, während die übrigen Bundesstellen der innerchristlichen Polemik (Gal 3; 4) bzw. der ekklesiologischen oder apostolischen Binnensicht (1 Kor 11; 2 Kor 3) entstammen, dann wird man Röm 9–11 nicht als alters- oder entwicklungsbedingte Ausnahmeäußerung betrachten dürfen. Die übrigen Stellen stehen in keiner Weise im Widerspruch zu Röm 9–11, sofern man ihren jeweiligen situativen Kontext berücksichtigt. Ihr Manko besteht allerdings darin, daß sie leicht dazu verführen, die heilsgeschichtliche Selbstvergewisserung der Kirche zu einer Definition der Heilsgeschichte Israels zu verkehren. An diesem Punkt haben die Texte eine Wirkungsgeschichte entfaltet, die Paulus (schon wegen der Nähe der Parusie) nicht ahnen konnte, die aber fatal war. Um so eifriger wird man sich heute um die rechte Hermeneutik bemühen und in der Sache vor allem Röm 9–11 zu Wort bringen müssen. Was Paulus in diesen Kapiteln geschrieben hat, ist nach wie vor eine Warnung an die (heidenchristliche) Kirche, die eigene Erwählung gegen die Israels zu stellen oder in jener eine Ablösung dieser zu sehen. Ob die Ausführungen des Paulus die jüdische Seite überzeugen können, wird man bezweifeln. Doch ist das vielleicht auch gar nicht nötig, insofern auch Röm 9–11 eine Binnensicht darstellt. Wollte man dem Judentum die Stimme von Röm 9–11 wenigstens verständlich machen, bedürfte es auch hier weiterer hermeneutischer Überlegungen. Michael Theobald hat bereits dem Motiv der „Verstockung" (11,7; 25) eine positive Wendung gegeben, als er daraus das dauernde „Nebeneinander von Israel und Kirche" und den „eigenständigen Weg Israels" ableitete[31]. Vielleicht muß man noch einen Schritt weiter gehen und die Rede von der „Verstockung" Israels in eine Rede von der Verschuldung der Kirche überführen.

Am bleibenden Charakter der Erwählung Israels hat Paulus keinen Zweifel gelassen. Insofern hat der nachpaulinische Autor des Epheserbriefs die paulinische Sicht der „Bundesschlüsse" gut zusammengefaßt, wenn er die heidnische Situation vor und nach Christus als Nähe und Ferne zu Israel darstellte: „Erinnert euch also, daß einst ihr, die Heiden im Fleische, Unbeschnittene genannt von denen, die am Fleisch durch menschlichen Eingriff beschnitten waren, daß ihr zu jener Zeit fern von Christus wart, ausgeschlossen aus der Gemeinde Israels und fremd den Bündnissen der Verheißung, | ohne Hoffnung zu haben und ohne Gott in der Welt. Jetzt aber, in Christus, seid ihr, die ihr einst fern wart, nahe gekommen im Blute Christi" (Eph 2,11–13).

Literaturhinweise

Bouwman, G., Die Hagar- und Sara-Perikope (Gal 4,21–31): ANRW II/25.2 (1987) 3135 bis 3155.

---

[31] *M. Theobald*, Kirche 16.

Christiansen, E. J., The Covenant in Judaism and Paul (AGJU 27), Leiden 1995.

Crüsemann, F., „Ihnen gehören ... die Bundesschlüsse" (Röm 9,4). Die alttestamentliche Bundestheologie und der christlich-jüdische Dialog: KuI 9 (1994) 21–38.

Gräßer, E., Der Alte Bund im Neuen. Exegetische Studien zur Israelfrage im NT (WUNT 35), Tübingen 1985 (bes. 1–134).

Groß, W., Neuer Bund oder Erneuerter Bund. Jer 31,31–34 in der jüngsten Diskussion, in: B. J. Hilberath – D. Sattler (Hrsg.), Vorgeschmack, Mainz 1995, 89–114.

Hofius, O., Gesetz und Evangelium nach 2 Korinther 3: JBTh 4 (1989) 105–149.

Hossfeld, F.-L., Art. Bund, II. Im AT: LThK³ II (1994) 781–785.

Ders., Die vielen Bünde und der eine Gott: Pastoralblatt 47 (1995) 165–171.

Kertelge, K., Art. Gesetz u. Evangelium: LThK³ IV (1995) 589–591.

Kuhn, H.-W., Art. Kreuz II: TRE 19 (1990) 713–725.

Kutsch, E., Neues Testament – Neuer Bund? Eine Fehlübersetzung wird korrigiert, Neukirchen-Vluyn 1978.

Levin, Ch., Die Verheißung des neuen Bundes in ihrem theologiegeschichtlichen Zusammenhang ausgelegt (FRLANT 137), Göttingen 1985.

Lichtenberger, H., Alter Bund und neuer Bund: NTS 41 (1995) 400–414.

Lohfink, N., Der niemals gekündigte Bund. Exegetische Gedanken zum christlich-jüdischen Dialog, Freiburg 1989.

Ders., Art. Bund: NBL I (1991) 344–348.

Ders., Der Begriff „Bund" in der biblischen Theologie: ThPh 66 (1991) 161–176.

Ders./Zenger, E., Der Gott Israel und die Völker. Untersuchungen zum Jesajabuch und zu den Psalmen (SBS 154), Stuttgart 1994.

Luz, U., Der alte und der neue Bund bei Paulus und im Hebräerbrief: EvTh 27 (1975) 318–336.

Mußner, F., „Ganz Israel wird gerettet werden" (Röm 11,26): Kairos 18 (1976) 241–255.

Ders., Die Kraft der Wurzel. Judentum – Jesus – Kirche, Freiburg–Basel–Wien 1987 (bes. 13–72. 153–163).

Ders., Dieses Geschlecht wird nicht vergehen. Judentum und Kirche, Freiburg–Basel–Wien 1991 (bes. 29–86).

Osten-Sacken, P. von der, Geist im Buchstaben. Vom Glanz des Mose und des Paulus, in: ders., Evangelium und Tora (TB 77), München 1987, 150–155.

Sanders, E. P., Paulus und das palästinische Judentum (StUNT 17), Göttingen 1985.

Schenker, A., Die Tafeln des Herzens, in: ders., Text und Sinn im Alten Testament (OBO 103), Freiburg/Schweiz – Göttingen 1991, 68–81.

Ders., Unwiderrufliche Umkehr und neuer Bund, in: ders., Text und Sinn (s. o.) 83–96.

Stegemann, E., Der Neue Bund im Alten. Zum Schriftverständnis des Paulus in II Kor 3: ThZ 42 (1986) 97–114.

Stockhausen, C. K., Moses' Veil and the Glory of the New Covenant. The Exegetical Substructure of II Cor. 3,1–4,6 (AnBib 116), Roma 1989.

Theobald, M., Kirche und Israel nach Röm 9–11: Kairos 29 (1987) 1–22.

Vogel, M., Das Heil des Bundes. Bundestheologie im Frühjudentum und im frühen Christentum (TANZ 18), Tübingen–Basel 1996.

Zenger, E., Das erste Testament. Die jüdische Bibel und die Christen, Düsseldorf ²1992.

Ders. (Hrsg.), Der Neue Bund im Alten. Zur Bundestheologie der beiden Testamente (QD 146), Freiburg–Basel–Wien 1993.

Ders., Juden und Christen doch nicht im gemeinsamen Gottesbund? Antwort auf Frank Crüsemann: KuI 9 (1994) 39–52.

17. Der Theologe als Prophet

Zur Funktion prophetischen Redens im theologischen Diskurs des Paulus[*]

'Verachtet prophetisches Reden nicht!' (1 Thess 5.20)

Wenn ich dieses Wort vom Ende des ersten Thessalonicherbriefes meinen Ausführungen als Motto voranstelle, dann nicht, um mich selbst als Propheten anzupreisen, sondern um anzuzeigen, daß unter dieser Rücksicht auch Paulus selbst unsere Aufmerksamkeit verdient.

Lassen sich bei Paulus prophetische Äußerungen nachweisen? Und wenn ja: Wie geht Paulus mit prophetischen Einsichten um? Wie verhält sich prophetische Rede zur Argumentation? Wie verhält sie sich zum Kerygma? Kurzum: Welche Funktion hat prophetische Rede im theologischen Diskurs des Paulus?[1] Das ist meine Frage, die ich allerdings noch einmal einschränken muß. Was ich Ihnen vortrage, ist das Ergebnis einer etwas intensiveren Beschäftigung mit 1 Thess 4.13–18 und 1 Kor 15. Auf diese beiden Texte werden sich meine Ausführungen konzentrieren, die im übrigen auch meinen eigenen Erkenntnisprozeß widerspiegeln. Eine vollständige Aufarbeitung aller möglichen prophetischen Äußerungen des Paulus ist nicht angestrebt. Insofern werden die Ergebnisse vorläufig bleiben. Doch hoffe ich, daß sie wenigstens von exemplarischer Bedeutung sind. Ich beginne mit 1 Thess 4.13–18.

---

[*] Main paper, vorgetragen während der 46. Tagung der SNTS in Bethel am 1. August 1991. Der Vortragsstil wurde weitgehend beibehalten.

[1] Es geht mir also nicht um eine formgeschichtliche oder traditionsgeschichtliche Bestimmung der urchristlichen Prophetie: vgl. dazu U. B. Müller, *Prophetie und Predigt im Neuen Testament. Formgeschichtliche Untersuchungen zur urchristlichen Prophetie* (StNT 10; Gütersloh: Mohn, 1975); G. Dautzenberg, *Urchristliche Prophetie. Ihre Erforschung, ihre Voraussetzungen im Judentum und ihre Struktur im ersten Korintherbrief* (BWANT 10; Stuttgart-Berlin-Köln-Mainz: Kohlhammer, 1975). Aus der umfangreichen Literatur zur Prophetie vgl. ferner: J. Panagopoulos, Hrsg., *Prophetic vocation in the New Testament and Today* (NT.S 45; Leiden: Brill, 1977); D. Hill, *New Testament Prophecy* (Atlanta: John Knox, 1979); D. A. Aune, *Prophecy in Early Christianity and the Ancient Mediterranean World* (Grand Rapids/Mich.: Eerdmans, 1983), sowie die einschlägigen Artikel von: H. Krämer – R. Rendtorff – R. Meyer – G. Friedrich, *ThWNT* 6 (1959) 781–863; E. Cothenet, *DBS* 8 (1972) 1222–1337.

I. ZUR EXEGETISCHEN PROBLEMATIK VON 1 THESS 4.13–18

Der Text enthält eine Reihe kontrovers diskutierter Probleme. Sie können hier nur teilweise und in der gebotenen Kürze angesprochen werden.

(1) *Welches ist das Sachproblem, das in dem Abschnitt behandelt wird?*

Trotz der eindrucksvollen Argumentation von Andreas Lindemann[2] auf der letztjährigen Tagung in Mailand möchte ich weiterhin daran festhalten, daß mit den 'Entschlafenen' verstorbene Christen gemeint sind. Direkt angesprochen ist die christliche Gemeinde (V. 13). Ihr Glaube ist aufgerufen (V. 14). Ihr gegenseitiges Trösten wird am Ende gefordert (V. 18). In diesem Kontext ist es nicht wahrscheinlich, daß ἡμεῖς οἱ ζῶντες in VV. 15b und 17 die jetzt lebende Menschheit meinen soll, unbeschadet der Tatsache, daß 'auch die anderen Menschen . . . die Parusie des Herrn erleben' werden.[3] Der Textpragmatik nach kann kaum an etwas anderes gedacht sein als an die Christen in Thessalonich bzw. die Christen insgesamt, mit denen sich der Briefschreiber zusammenschließen will. Dann aber ergibt sich aus der Beifügung οἱ περιλειπόμενοι nahezu zwingend, daß die Entschlafenen, denen gegenüber die Lebenden übriggeblieben sind, Christen sind.[4] Mit ἐσόμεθα in V. 17b

---

[2] A. Lindemann, 'Paulus und die korinthische Eschatologie: Zur These einer "Entwicklung" im paulinischen Denken', *NTS* 37 (1991) 373–99, hier 377–8, vgl. 380 Anm. 28.

[3] A. Lindemann, 'Paulus', 378.

[4] Dann wird man auch ἐν Χριστῷ in V. 16 nicht auf ἀναστήσονται (so: A. Lindemann, 'Paulus', 379; J. Jeremias, *Unbekannte Jesusworte* [2. Aufl.; Gütersloh: Mohn, 1963] 63; vgl. F. Blass – A. Debrunner – F. Rehkopf, *Grammatik des neutestamentlichen Griechisch* [15. Aufl.; Göttingen: Vandenhoeck & Ruprecht, 1979] § 272 Anm. 3), sondern, wie meist üblich, auf οἱ νεκροί beziehen müssen (so: E. v. Dobschütz, *Die Thessalonicher-Briefe* [Nachdr. d. Ausg. 1909, mit einem Literaturverzeichnis von O. Merk, hrsg. von F. Hahn; Göttingen: Vandenhoeck & Ruprecht, 1974] 197; B. Rigaux, *Saint Paul. Les Épîtres aux Thessaloniciens* [EB; Paris: Gabalda, Gembloux: Duculot, 1956] 543–5; T. Holtz, *Der erste Brief an die Thessalonicher* [EKK 13; 2. Aufl.; Zürich-Braunschweig: Benziger/ Neukirchen-Vluyn: Neukirchener, 1990] 188, 201; J. Jeremias, *Unbekannte Jesusworte* [4. Aufl.; Gütersloh: Mohn, 1965] 77; P. Hoffmann, *Die Toten in Christus: Eine religionsgeschichtliche und exegetische Untersuchung zur paulinischen Eschatologie* [NTA NS 2; 2. Aufl.; Münster: Aschendorff, 1969] 223). Ob 'die Toten *in Christus*' lediglich verstorbene Christen bezeichnen soll (vgl. T. Holtz, *1 Thess*, 201: 'solche . . ., die zu Christus gehören'; H. Hübner, 'Pauli Theologiae Proprium', *NTS* 26 [1980] 445–73, hier 457: 'die Toten, die bei ihrer Auferstehung in Christus sein *werden*') oder auch eine inhaltliche Qualifizierung im Sinne eines 'Zwischenzustandes' beabsichtigt ist (P. Hoffmann, *Die Toten*, 234–8; vgl.

sind alle Christen, die Lebenden und die Verstorbenen, zusammengefaßt.

Waren aber die 'Entschlafenen' christliche Gemeindemitglieder, so stellt sich um so mehr die Frage: *Woher kam die Trauer der Überlebenden?*[5] Wußten sie nichts von einer Auferstehung der Toten?[6] War die Auferstehung der Toten theoretisches Wissen geblieben?[7] Waren die (im Denken griechisch geprägten) Thessalonicher nicht in der Lage, die (apokalyptische) Auferstehungsvorstellung 'systematisch mit der Parusieerwartung in Zusammenhang' zu bringen und 'beides, Parusieerwartung und Gewißheit der zukünftigen Auferstehung, in einem apokalyptischen System aufeinander' zu beziehen?[8] Oder hatten sie Schwierigkeiten mit

B. Rigaux, *Thess*, 239–40, 544), muß hier nicht entschieden werden. Daß 'die Aussageweise . . . den Gedanken an eine Auferstehung auch derer, die nicht zu Christus gehören, auszuschließen (scheint)' (T. Holtz, *1 Thess*, 201), verkennt die Pragmatik des Textes.

[5] Einen informativen Überblick über die verschiedenen Erklärungsversuche bietet G. Lüdemann, *Paulus, der Heidenapostel 1: Studien zur Chronologie* (FRLANT 123; Göttingen: Vandenhoeck & Ruprecht, 1980) 220–30; vgl. G. Klein, 'Apokalyptische Naherwartung bei Paulus', *Neues Testament und christliche Existenz: FS H. Braun* (hrsg. von H. D. Betz, L. Schottroff; Tübingen: Mohr, 1973) 241–62, hier 245–7; J. Gillman, 'Signals of Transformation in 1 Thessalonians 4:13–18', *CBQ* 47 (1985) 263–81, hier 263–9. Auf die These einer gnostischen Bestreitung der Auferstehung (W. Lütgert, *Die Vollkommenen im Philipperbrief und die Enthusiasten in Thessalonich* [BFCHTh 13.6; Gütersloh: Bertelsmann, 1909]; W. Schmithals, 'Die historische Situation der Thessalonicherbriefe', *Paulus und die Gnostiker: Untersuchungen zu den kleinen Paulusbriefen* [ThF 35; Hamburg-Bergstedt: Reich, 1965] 89–157; W. Harnisch, *Eschatologische Existenz: Ein exegetischer Beitrag zum Sachanliegen von 1. Thessalonicher 4,13–5,11* [FRLANT 110; Göttingen: Vandenhoeck & Ruprecht, 1973] 22–9 *et passim*) wird im folgenden nicht eingegangen. Zur Kritik: G. Lüdemann, *Paulus* 1, 221–6; N. Hyldahl, 'Auferstehung Christi – Auferstehung der Toten (1 Thess. 4,13–18)', *Die Paulinische Literatur und Theologie. The Pauline Literature and Theology* (hrsg. von S. Pedersen; Skandinavische Beiträge/Skandinavian Contributions [Teologiske Studier 7]; Århus-Göttingen: Aros, 1980) 119–35, hier 124–6; G. Sellin, *Der Streit um die Auferstehung der Toten. Eine religionsgeschichtliche und exegetische Untersuchung von 1. Korinther 15* (FRLANT 138; Göttingen: Vandenhoeck & Ruprecht, 1986) 40–1.

[6] M. Dibelius, *An die Thessalonicher I.II. An die Philipper* (HNT 11; 3. Aufl.; Tübingen: Mohr, 1937) 23–5; F. Guntermann, *Die Eschatologie des hl. Paulus* (NTA 13, Heft 4/5; Münster: Aschendorff, 1932) 37–48; W. Marxsen, 'Auslegung von 1 Thess 4,13–18', *ZThK* 66 (1969) 22–37, hier 27–32; F. Laub, *Eschatologische Verkündigung und Lebensgestaltung nach Paulus: Eine Untersuchung zum Wirken des Apostels beim Aufbau der Gemeinde in Thessalonike* (BU 10; Regensburg: Pustet, 1973) 128–31; G. Lüdemann, *Paulus* 1 (s. Anm. 5), 229–30; H. H. Schade, *Apokalyptische Christologie bei Paulus. Studien zum Zusammenhang von Christologie und Eschatologie in den Paulusbriefen* (GTA 18; 2. Aufl.; Göttingen: Vandenhoeck & Ruprecht, 1984) 162–3; G. Sellin, *Streit* (s. Anm. 5), 38–9.

[7] R. Bultmann, *Theologie des Neuen Testaments* (UTB 630; 7., durchges., um Vorw. u. Nachtr. erw. Aufl., hrsg. von O. Merk; Tübingen: Mohr, 1977) 80; B. Spörlein, *Die Leugnung der Auferstehung. Eine historisch-kritische Untersuchung zu 1 Kor 15* (BU 7; Regensburg: Pustet, 1971) 125.

[8] U. Luz, *Das Geschichtsverständnis des Paulus* (BEvTh 49; München: Kaiser, 1968) 321–2 (Zitat: 321); P. Siber, *Mit Christus leben. Eine Studie zur paulinischen Auferstehungshoffnung* (AThANT 61; Zürich: Theologischer, 1971) 20–2.

einer leiblichen Auferstehung?[9] Eine Diskussion der unterschiedlichen Antworten, die auf diese und weitere Fragen gegeben
wurden, kann hier nicht stattfinden. Statt dessen soll versucht
werden, die eigene Auffassung in strikter Beschränkung auf den
unmittelbaren Textbefund zu begründen.[10]

V. 13 läßt erkennen, daß neue Information bezüglich der Entschlafenen gegeben werden soll.[11] Es ist daher auszuschließen,
daß eine Trauer gelindert oder beseitigt werden soll, die trotz
grundsätzlichen Wissens um die Auferstehung der Toten aus rein
emotionaler Betroffenheit entstanden ist. Aus dem gleichen Grund
ist es unwahrscheinlich, daß Paulus bereits Bekanntes (die Auferstehung der Toten) lediglich neu einschärfen will. Worin aber
besteht dann die neue Information?

Die erste Stellungnahme, die Paulus in V. 14 abgibt, stellt sich
formal als Schlußfolgerung (εἰ..., οὕτως...) aus dem (christologischen) Kerygma dar. Es fällt allerdings auf, daß Paulus nicht – wie
eigentlich zu erwarten – formuliert: 'So wird Gott auch die Entschlafenen durch Jesus *auferwecken*'. Vielmehr sagt er: οὕτως καὶ
ὁ θεὸς τοὺς κοιμηθέντας διὰ τοῦ Ἰησοῦ **ἄξει σὺν αὐτῷ**. Es geht also
nicht um die Auferstehung schlechthin, sondern um einen spezifischen Vorgang: um die Gemeinschaft der Verstorbenen mit Jesus
bei der Parusie bzw. um die Beteiligung der Verstorbenen am
Parusiezug.[12] Dies ist präzise die neue Information, die Paulus
geben will. Die Formulierung läßt es sogar als wahrscheinlich erscheinen, daß die Totenauferstehung als solche in Thessalonich

---

[9] T. Holtz, *1 Thess* (s. Anm. 4), 191–2.

[10] Wenn ich mich im folgenden vor allem mit G. Lüdemann auseinandersetze, dann
liegt das daran, daß ich zu Beginn meiner Überlegungen selbst noch von der These
Lüdemanns überzeugt war. Auf die Diskussion einer rhetorischen Analyse, in die
zunehmend auch 1 Thess einbezogen wird, sei wenigstens hingewiesen: vgl. R. Jewett,
The Thessalonian Correspondence: Pauline Rhetoric and Millenarian Piety (Philadelphia: Fortress, 1986); B. C. Johanson, *To All the Brethren: A Text-Linguistic and
Rhetorical Approach to 1 Thessalonians* (CB.NT 16; Stockholm: Almquist Wiksell, 1987),
sowie in *The Thessalonian Correspondence* (hrsg. von R. F. Collins; BEThL 87; Leuven:
University, 1990), die Beiträge von: F. W. Hughes, 'The Rhetoric of 1 Thessalonians' (94–
116); W. Wuellner, 'The Argumentative Structure of 1 Thessalonians as Paradoxical
Encomium' (117–36); R. Kieffer, 'L'eschatologique en 1 Thessaloniciens dans une
perspective rhétorique' (206–19). Die Fragestellung erfordert eine umfangreiche Analyse
des gesamten 1 Thess. Der Beitrag, den meine Ausführungen dazu leisten können, ist eher
induktiver Art, sofern versucht wird, Elemente des Diskurses anhand der internen
Struktur einer kleinen Texteinheit zu erarbeiten.

[11] Anders: W. Harnisch, *Existenz* (s. Anm. 5), 22; ähnlich: U. Luz, *Geschichtsverständnis* (s. Anm. 8), 286 Anm. 84. Zur Kritik: G. Lüdemann, *Paulus 1* (s. Anm. 5), 232–3.

[12] So auch: G. Lüdemann, *Paulus 1* (s. Anm. 5), 233, 238–42; F. Laub, *Verkündigung* (s.
Anm. 6), 125–7. Ob ein Bezug auf Dan 7.13 gegeben ist, wie L. Hartman, *Prophecy Inter-
preted: The Formation of Some Jewish Apocalyptic Texts and the Eschatological Discourse
Mark 13 par.* (CB.NT 1; Lund: Gleerup, 1966) 186–7, meint, kann hier offen bleiben.

bereits bekannt war. Denn wäre die Unkenntnis der Auferstehung der Grund gewesen, daß die Thessalonicher sich eine Beteiligung der Verstorbenen am Parusiezug nicht vorstellen konnten, dann hätte es zur Lösung des Problems völlig ausgereicht, in der Logik von V. 14a zu formulieren: 'so wird Gott auch die Entschlafenen auferwecken'. Umgekehrt hätte Paulus *so* gar nicht formulieren *können*, wenn die Auferstehung der Toten im Prinzip bekannt war und das Problem in einer ungeklärten Verhältnisbestimmung von Auferstehung und Parusie bestand. In diesem Fall *mußte* Paulus so oder ähnlich formulieren, wie er in V. 14b tatsächlich formuliert hat.[13]

Auch bei V. 15 ist auf die spezifische Formulierung zu achten. Was Paulus in Abrede stellt, bezieht sich auf einen relativen Vorteil. Hätten die Thessalonicher von einer Auferstehung der Toten nichts gewußt und folglich für ihre Verstorbenen auch nichts mehr erwartet, dann hätte es keinen Sinn gehabt, ihnen zu sagen: Wir, die Lebenden, . . . werden den Entschlafenen *nicht zuvorkommen* (οὐ μὴ φθάσωμεν). Die Formulierung ruft als Opposition ein *Hernach*-Kommen, *Hinterher*-Kommen, *Zu-spät*-Kommen auf.[14] Diese zeitliche Interpretation bestätigt sich durch V. 16, wo

---

[13] Nach G. Lüdemann, *Paulus* 1 (s. Anm. 5), findet die – nach seiner Meinung – 'ungelenke Ausdrucksweise' von V. 14b 'nur darin eine einleuchtende Erklärung, daß Paulus erstmalig das Kerygma von Tod und Auferstehung Jesu mit dem Tod einiger Christen verknüpfte – unter Festhalten an dem alten, in Thessalonich gepredigten soteriologischen Konzept, das in Jesu (Tod und) Auferstehung den Grund für seine unmittelbar bevorstehende Ankunft vom Himmel sah, wie es sich aus dem Summarium der Missionspredigt 1 Thess 1,9f (vgl. 3,13) ergibt' (239). Der Umstand, daß Paulus 'sogleich auf die Parusieaussage zusteuert', ist Lüdemann ein Indiz dafür, 'daß Paulus bei seiner Erstpredigt in Thessalonich die Auferstehung der Toten (auf Christen bezogen) nicht gepredigt hat' (240). Die argumentative Logik, die Lüdemann voraussetzen muß, ist allerdings reichlich kompliziert. Denn ein logischer Duktus von V. 14a nach V. 14b ergibt sich auch nach Lüdemann nur, wenn 'Paulus den Auferstehungsgedanken in der Aussage ἄξει σὺν αὐτῷ . . . mitgedacht' hat (241). Warum aber spricht Paulus den Gedanken nicht gleich aus? Nur um die tröstliche Information der Totenauferstehung ganz in den Kategorien der in Thessalonich ersehnten Parusieerwartung zum Ausdruck zu bringen? Der Preis dafür wäre gewesen, daß die Thessalonicher, die den unausgesprochenen Auferstehungsgedanken noch nicht kannten, auch der Logik von V. 14 kaum folgen konnten (vgl. auch: N. Hyldahl, 'Auferstehung Christi' [s. Anm. 5], 128). Die Aussage von V. 14b wäre für sie, wenn nicht sogar unverständlich, so doch zumindest eine reine Behauptung geblieben. Vorausgesetzt, die Auferstehung der Toten wäre die neu zu gebende Information gewesen, hätte Paulus es viel einfacher haben können. Denn hätte er in V. 14b den von ihm gedachten Gedanken auch ausgesprochen, dann wäre für die Thessalonicher alles klar gewesen – noch dazu in der Logik des ihnen vertrauten Kerygmas.

[14] Für φθάνειν im Sinne eines *absoluten* Vorteils treten ein: G. Lünemann, *Die Briefe an die Thessalonicher* (KEK 10; 4. Aufl.; Göttingen: Vandenhoeck & Ruprecht, 1878) 128; W. Lütgert, *Die Vollkommenen* (s. Anm. 5), 79–80; F. Guntermann, *Eschatologie* (s. Anm. 6) 41–2; P. Nepper-Christensen, 'Das verborgene Herrenwort. Eine Untersuchung über 1. Thess 4,13–18', *Studia Theologica* (Aarhus) 19 (1965) 136–54, hier 144–5; vgl. W. Harnisch, *Existenz* (s. Anm. 5), 20. Die Argumente sind allerdings nicht stichhaltig. Das

ausdrücklich und in betonter Schlußstellung festgestellt wird: οἱ νεκροὶ ἐν Χριστῷ ἀναστήσονται **πρῶτον**. Das gedankliche Widerlager zu dieser Aussage ist nicht die Befürchtung, daß die Toten nicht *auferstehen*, sondern daß sie erst *hinterher*, d.h. nach der Parusie, auferstehen werden.[15]

Unter dieser Voraussetzung erklärt sich auch die Formulierung von V. 17. Wie πρῶτον in V. 16 einen zeitlich bedingten Nachteil der Entschlafenen zurückweist, so schließt ἅμα σὺν αὐτοῖς einen zeitlichen Vorsprung der Lebenden aus. Wenn der Herr vom Himmel herabkommt, werden *'zuerst'* die Toten auferstehen, und dann werden die Lebenden *'zusammen mit ihnen'* auf Wolken in die Luft entrückt zur Begegnung mit dem Herrn. Der Grund für die Trauer der Thessalonicher war also nicht die Unkenntnis einer Auferstehung der Toten, sondern die Unfähigkeit, Parusie und Totenauferstehung zu einem integralen Geschehen zu verbinden.[16]

---

von G. Lünemann, *Thess*, 128 (vgl. W. Lütgert, *Die Vollkommenen*, 80), suggerierte Bild ist zweifelhaft. Letztlich steht die Entscheidung unter dem Zwang einer (m. E. nicht zutreffenden) Interpretation von V. 13 (s. dazu unten). Der Vorschlag P. Nepper-Christensens (φθάνειν im Sinne von ἐγγίζειν) scheitert daran, daß es hier nicht um eine Ziel-, sondern um eine Relationsangabe (τοὺς κοιμηθέντας) geht.

[15] Für den Fall, daß die neue Information in der Auferstehung der Toten besteht, ist πρῶτον überflüssig. G. Lüdemann, *Paulus* 1 (s. Anm. 5), kann es nur so retten, daß er es als paulinisches Interpretament bzw. als paulinische Korrektur (256–8) einer für VV. 16– 17* postulierten jüdischen Vorlage (s. Anm. 30) erklärt, in der die Entrückung der Lebenden (zum Zwecke der Einholung des Menschensohnes) und die Auferstehung der Toten als zeitlich nacheinander folgende Akte verstanden wurden (248–54). Spätestens hier wird deutlich, daß auch Lüdemann die im Text selbst angelegte Problematik eines zeitlichen Nacheinanders von Parusie und Auferstehung nicht ignorieren kann. Sie mit der Auseinandersetzung des Paulus mit einer (in Thessalonich unbekannten) Tradition zu erklären, konstituiert einen (hinter dem Text liegenden) Nebenschauplatz, der für die Argumentation in Richtung Thessalonicher nicht notwendig ist (und von diesen wohl auch mit Überraschung registriert worden wäre). Einen klaren Argumentationsduktus erhält man aber, wenn man in der von Lüdemann postulierten Sicht der Tradition die Auffassung der Thessalonicher erkennt.

[16] So auch: J. Gillman, 'Signals' (s. Anm. 5), 270–1. Eine sachlich vergleichbare Auffassung (nicht Unkenntnis der Totenauferstehung, sondern ihre Ansetzung nach der Parusie) findet sich bei: B. Rigaux, *Thess* (s. Anm. 4), 526–8; E. Best, *A Commentary on the First and Second Epistles to the Thessalonians* (BNTC; London: Black, 1972) 181–2; H.- A. Wilcke, *Das Problem eines messianischen Zwischenreichs bei Paulus* (AThANT 51; Zürich-Stuttgart: Zwingli, 1967) 122; P. Siber, *Mit Christus* (s. Anm. 8), 22; P. Hoffmann, *Die Toten* (s. Anm. 4), 231–4; W. Radl, *Ankunft des Herrn: Zur Bedeutung und Funktion der Parusieaussagen bei Paulus* (Beiträge zur biblischen Exegese und Theologie 15; Frankfurt a.M.-Bern-Cirencester/UK: Lang, 1981) 125–30; J. Delobel, 'The Fate of the Dead according to 1 Thes 4 and 1 Cor 15', *Correspondence* (s. Anm. 10), 345–6. Vgl. J. Plevnik, 'The Taking Up of the Faithful and the Resurrection of the Dead in 1 Thess 4:13–18', *CBQ* 46 (1984) 274–83, hier 282; wenn Plevnik allerdings annimmt, daß Paulus die 'Auferstehung' als 'Entrückung' (die nur Lebenden widerfahren konnte) beschrieben habe (281–2), dann setzt er m. E. faktisch doch voraus, daß Paulus nicht von 'Auferstehung' gesprochen hat.

Offensichtlich hatte ihnen Paulus diesbezüglich noch keine klaren Vorstellungen vermittelt bzw. hatte sie bislang selbst nicht besessen. Warum die Thessalonicher die Auferstehung der Toten nach der Parusie ansetzten, ist nicht mehr exakt festzustellen. Die Abfolge entspricht jedoch einem geläufigen apokalyptischen Schema.[17] Möglicherweise ist sie sogar durch bestimmte Äußerungen des Paulus suggeriert worden.[18]

Nun hat man gegen diese Interpretation V. 13 ins Feld geführt und geltend gemacht, daß eine bloße Fehldatierung der Auferstehung (nach der Parusie) die 'Hoffnungslosigkeit' der Thessalonicher nicht erklären könne.[19] Der Einwand ist jedoch nicht stichhaltig. Die Bemerkung ἵνα μὴ λυπῆσθε καθὼς καὶ οἱ λοιποὶ οἱ μὴ ἔχοντες ἐλπίδα will nicht die Trauer der Thessalonicher als hoffnungslose oder heidnische charakterisieren.[20] Daß die Thessalonicher keine Hoffnung haben, sagt der Text gerade nicht. Das Thema der Hoffnungslosigkeit erscheint vielmehr im Rahmen eines Vergleichs, mit dem die Trauer (nicht die Hoffnungslosigkeit) der Thessalonicher weggenommen werden soll.[21] Trauer ist Sache derer, die keine Hoffnung haben, nicht aber Sache der Christen, die – so könnte man ergänzen – Hoffnung haben.[22] Wenn diese Hoffnung, die eine Trauer eigentlich ausschließt, diese dennoch nicht verhindern kann, dann zeigt dies, daß die Thessalonicher nicht in der Lage waren, mit ihrer Hoffnung (die Toten werden auferstehen) die akute Situation und die daraus resultierende Befürchtung (die Entschlafenen werden bei der Parusie nicht zugegen sein) zu bewältigen. Eben darum geht es den folgenden Versen. Die so vorauszusetzende Trauer kann verständlich gemacht werden. Die ohnehin problematische Vorstellung

---

[17] 4 Esr 7.26–44; syrBar 28–9; 49–51. Zur Diskussion der Texte: G. Lüdemann, *Paulus 1* (s. Anm. 5), 249–53. Die bis zum Ende Übrigbleibenden werden gepriesen in: PsSal 17.44; 18.6; 4 Esr 6.25; 9.8; 13.13b–24. Vgl. auch: A. F. J. Klijn, '1 Thessalonians 4.13–18 and Its Background in Apocalyptic Literature', *Paul and Paulinism. FS C. K. Barrett* (hrsg. von M. D. Hooker – S. G. Wilson; London: SPCK, 1982) 67–73, hier 69–72.

[18] Daß Paulus selbst mit einem gewissen Nacheinander der eschatologischen Ereignisse rechnet, zeigt 1 Kor 15.23–8. Daß dort Parusie und Totenauferweckung zusammenfallen (V. 23), muß nach 1 Thess 4 (!) nicht verwundern. Ein Indiz für eine ursprüngliche Abfolge könnte man noch in der mythologischen Aussage finden, daß 'danach' (also nach der Parusie) 'als letzter Feind der Tod vernichtet wird' (V. 26).

[19] G. Lüdemann, *Paulus 1* (s. Anm. 5), 227; U. Luz, *Geschichtsverständnis* (s. Anm. 8), 319; B. Spörlein, *Leugnung* (s. Anm. 7), 124; A. Lindemann, 'Paulus' (s. Anm. 2), 378 Anm. 20.

[20] Gegen G. Lüdemann, *Paulus 1* (s. Anm. 5), 232.

[21] Zur Analyse des Vergleichs: E. v. Dobschütz, *Thess* (s. Anm. 4), 187–8.

[22] Vgl. E. Best, *Thess* (s. Anm. 16), 181, 185–6.

eines messianischen Zwischenreiches muß dabei nicht bemüht
werden.[23] Der Text enhält auch keine Anhaltspunkte dafür.

> Geht man von 1 Thess 1.10 aus, wonach der vom Himmel erwartete Sohn
> Gottes vor dem kommenden Zorn erretten soll, könnte man an soterio-
> logische Befürchtungen denken. Wenn die Parusie die Funktion hatte,
> die vor dem Gericht bewahrende Gemeinschaft mit dem Herrn herzu-
> stellen, waren dann die Toten nicht doch im Nachteil? Würden sie, wenn
> sie auferstehen, doch dem Zorngericht Gottes ausgesetzt werden? Trau-
> rig stimmen mußte diese Frage insbesondere in dem konkreten Kontext
> der akuten Todesfälle; und in diesem Kontext war die Frage wohl über-
> haupt erst aufgekommen! War es nicht bedrückend, wenn die Verstor-
> benen, die – wie die Lebenden noch jetzt – die Gewißheit gehabt hatten,
> durch die unmittelbar bevorstehende Gemeinschaft mit dem Herrn vor
> dem Gericht bewahrt zu sein, in dieser ihrer Hoffnung nun offensichtlich
> enttäuscht worden waren? Wie weit konnte dann die eigene Hoffnung
> noch tragen?[24] Aus dieser ängstlichen Perspektive bekäme die Versiche-
> rung von 1 Thess 5.9–10 einen guten Sinn, daß alle Christen, lebende und
> verstorbene, nicht für den Zorn, sondern für die Lebensgemeinschaft mit
> Christus bestimmt sind.

Doch ist eigentlich schon die Naherwartung ein hinreichender
Grund,[25] um die Trauer zu erklären, sofern man nur voraussetzt,
daß es die Begegnung mit dem Kyrios war, auf die sich die
Erwartung der Thessalonicher konzentrierte. Beim Erscheinen
des Herrn zugegen zu sein, das war der Vorzug, der die jetzt Lebenden (nach 1 Thess 5.10: die Wachenden) als die letzte Generation vor den Generationen der schon Entschlafenen (nach 1 Thess
5.10: der Schlafenden) auszeichnete. Und nun hatte der Tod die
Gemeinschaft der Wartenden zerrissen und das Selbstverständnis
der Gemeinde als endzeitliche Gemeinde in Frage gestellt.[26] Grund
genug, um mit Trauer erfüllt zu werden!

---

[23] Gegen: A. Schweitzer, *Die Mystik des Apostels Paulus* (UTB 1091; Neudr. d. 1. Aufl. von 1930, mit e. Einf. von W. G. Kümmel; Tübingen: Mohr, 1981) 90–4. Zur Problematik eines messianischen Zwischenreiches vgl. H.-A. Wilcke, *Problem* (s. Anm. 16), 37–49, zu 1 Thess 4.13–18: ebd. 120–1.

[24] Zu weit geht es allerdings, wenn N. Hyldahl, 'Auferstehung' (s. Anm. 5), 129, 'die Parusie als solche in Frage gestellt' sieht. Hätte Paulus den Thessalonichern die *Parusie* wieder nahebringen wollen, müßte sie in der Argumentation nicht als Thema (Ausgangs-punkt), sondern als Rhema (neu zu gebende Information) erscheinen.

[25] Die Bestreitung der Naherwartung durch H. Giesen, 'Naherwartung des Paulus in 1 Thess 4,13–18?', *SNTU*, Serie A, 10 (1985) 123–50, bes. 134–40, kann schwerlich über-zeugen; vgl. J. Delobel, 'Fate' (s. Anm. 16), 342 Anm. 9.

[26] Ähnlich J. Kremer in: G. Greshake – J. Kremer, *Resurrectio mortuorum: Zum theo-logischen Verständnis der leiblichen Auferstehung* (Darmstadt: Wissenschaftliche Buch-gesellschaft, 1986) 17–18.

(2) Wie ist das Zitat bzw. Wort abzugrenzen, das Paulus mit V. 15a einleitet, und welchen Charakter hat es?

Häufig wird die Meinung vertreten, das Zitat sei in den VV. 16 und 17 (17a) enthalten, während V. 15b als vorweggenommene Zusammenfassung zu betrachten sei.[27] Damit verbunden sind bestimmte traditionsgeschichtliche Hypothesen. Stellt man diese zunächst einmal zurück und achtet auf den diskursiven Duktus des Textes, dann scheint mir dieser Vorschlag doch schwierig zu sein. Vor allem fragt man sich, warum Paulus die Zusammenfassung nicht entweder nach dem Zitat angeführt hat oder aber vor der Zitationsformel – gleichsam als These, die er dann mit dem Zitat belegt.

Ich möchte daher das Zitat mit V. 15b beginnen lassen und denke, daß man es auch auf V. 15b begrenzen muß. Dafür sprechen vor allem semantische und pragmatische Gründe. Nur V. 15b enthält eine grundsätzliche Äußerung. Mit V. 16 setzt eine (durch ὅτι eingeleitete) Explikation ein, die das grundsätzlich Gesagte im einzelnen erläutert.[28] Von der diskursiven Abfolge her ist daher die These von der in V. 15b vorweggenommenen Zusammenfassung insofern im Recht, als tatsächlich zwischen V. 15b und VV. 16–17 unterschieden werden muß. Nur ist V. 15b nicht die vorweggenommene Zusammenfassung, sondern der entscheidende Grundsatz, der dann in VV. 16–17 erläutert wird. Dazu paßt auch der Inhalt von VV. 16–17. Die Begrifflichkeit der beiden

---

[27] So: W. Marxsen, 'Auslegung' (s. Anm. 6), 35; P. Hoffmann, *Die Toten* (s. Anm. 4) 219–20; P. Siber, *Mit Christus* (s. Anm. 8), 36–7; G. Lüdemann, *Paulus 1* (s. Anm. 5), 242–7; D. E. Aune, *Prophecy* (s. Anm. 1), 254–5; G. Sellin, *Streit* (s. Anm. 5), 42; U. Schnelle, *Wandlungen im paulinischen Denken* (SBS 132; Stuttgart: Kath. Bibelwerk, 1989) 37–8; A. Lindemann, 'Paulus' (s. Anm. 2), 378. Einen guten Überblick über den Diskussionsstand gibt: F. Neirynck, 'Paul and the Sayings of Jesus', *L'Apôtre Paul: Personnalité, style et conception du ministère* (hrsg. von A. Vanhoye; BEThL 73; Leuven: University, 1986) 265–321, hier 308–11.

[28] So auch: E. v. Dobschütz, *Thess* (s. Anm. 4), 193; T. Holtz, *1 Thess* (s. Anm. 4), 185; H.-A. Wilcke, *Problem* (s. Anm. 16), 132–3; O. Hofius, '"Unbekannte Jesusworte"', *Das Evangelium und die Evangelien: Vorträge vom Tübinger Symposium 1982* (hrsg. von P. Stuhlmacher; WUNT 28; Tübingen: Mohr, 1983) 355–82, hier 359; L. Hartman, *Prophecy* (s. Anm. 12), 188; vgl. D. Gewalt, '1 Thess 4,15–17; 1 Kor 15,51 und Mk 9,1: Zur Abgrenzung eines "Herrenwortes"', *LingBibl* 51 (1982) 105–13. – Für diese Deutung spricht auch der unterschiedliche Gebrauch von ὅτι: In V. 15b handelt es sich um ein ὅτι recitativum, während es in V. 16 begründende bzw. erläuternde Funktion hat. Wer VV. 16–17 für das Zitat hält, muß 'das erste ὅτι (V. 15) epexegetisch (nach vorausgehendem Demonstrativpronomen), das zweite (V. 16) rezitativ verwendet' sein lassen (so: W. Harnisch, *Existenz* [s. Anm. 5], 41; vgl. G. Sellin, *Streit* [s. Anm. 5], 42 Anm. 17), was aber doch sehr gezwungen erscheint.

Verse entstammt zweifellos dem apokalyptischen Vorstellungsbereich.[29] Gerade deswegen wird vielfach Tradition angenommen.[30] Allerdings, die Wortstatistik, die man dafür ins Feld führt,[31] kann die Beweislast nicht tragen.[32] Für eine Entscheidung viel gewichtiger ist die textpragmatische Frage, ob Paulus den Lesern etwas

---

[29] Vgl. J. Dupont, *ΣYN XPIΣTΩI: L'union avec le Christ suivant saint Paul* 1: *'Avec le Christ' dans la vie future* (Bruges: L'Abbaye de Saint-André, 1952) 64–73; W. Radl, *Ankunft* (s. Anm. 16), 116–23.

[30] Sei es als Prophetenspruch (so: P. Siber, *Mit Christus* [s. Anm. 8], 35–9, 43; U. Luz, *Geschichtsverständnis* [s. Anm. 8] 329) oder als Zitat aus einer Apokalypse (so: M. Dibelius, *Thess* [s. Anm. 6], 25; G. Lüdemann, *Paulus* 1 [s. Anm. 5], 242–54; U. Schnelle, *Wandlungen* [s. Anm. 27], 37–9). Vergleichbare Rekonstruktionsvorschläge finden sich bei: W. Harnisch, *Existenz* (s. Anm. 5), 39–46 (mit zwei vorpaulinischen Überlieferungsstadien); J. Baumgarten, *Paulus und die Apokalyptik: Die Auslegung apokalyptischer Überlieferungen in den echten Paulusbriefen* (WMANT 44; Neukirchen-Vluyn: Neukirchener, 1975) 94–5; W. Radl, *Ankunft* (s. Anm. 16), 115–24; H.-H. Schade, *Christologie* (s. Anm. 6), 159–60; R. F. Collins, 'Tradition, Redaction, and Exhortation in 1 Thess 4,13–5,11', *Studies in the First Letter to the Thessalonians* (hrsg. von R. F. Collins; BEThL 66; Leuven: University, 1984), 154–72, hier 159–62; G. Sellin, *Streit* (s. Anm. 5), 42–5.

[31] Vgl. P. Siber, *Mit Christus* (s. Anm. 8), 35–9; G. Lüdemann, *Paulus* 1 (s. Anm. 5), 243–7.

[32] Der Tatbestand neutestamentlicher oder paulinischer Hapaxlegomena (κέλευσμα, περιλείπεσθαι, ἀρχάγγελος) beweist zumindest solange nichts, als nicht ausgeschlossen werden kann, daß die Wörter durch die spezifische Situation bedingt sind. Dies ist aber ganz sicher für οἱ περιλειπόμενοι (V. 17) der Fall. Zu behaupten, der Terminus in V. 15b sei aus V. 17 übernommen (so: G. Lüdemann, *Paulus* 1 [s. Anm. 5], 261), ist – nach VV. 13–14 – Logik auf der Metaebene. Situationsbedingt – und zwar unabhängig von ihrer Zugehörigkeit zur apokalyptischen Vorstellungswelt – können aber auch die präpositionalen Wendungen in V. 16, die Rede vom Herabkommen vom Himmel, der Auferstehung der Toten, dem Entrücktwerden auf Wolken und der ἀπάντησις τοῦ κυρίου in der Luft sein (siehe dazu unten). Wie zwiespältig die Wortstatistik ausgewertet werden muß bzw. wie sehr bereits das zu erzielende Ergebnis durchschlägt, zeigt das folgende: φθάνειν in der Bedeutung 'zuvorkommen' – so wird konstatiert – kommt bei Paulus nur in 1 Thess 4.15 vor (G. Lüdemann, ebd., 244); dennoch wird es nicht für die Tradition reklamiert. Bei P. Siber, *Mit Christus* (s. Anm. 8), 36–7, wird φθάνειν sogar als 'ein ausgesprochenes Vorzugswort des Paulus' gewürdigt. Der Tatsache, daß es bei Paulus sonst immer die Bedeutung 'zu etwas gelangen, erreichen' hat (Röm 9.31; 2 Kor 10.14; Phil 3.16; 1 Thess 2.16), begegnet Siber trotzig: 'Das tut der Tatsache keinen Abbruch, daß das Verb als solches für Paulus charakteristisch ist' (ebd., 37 Anm. 81). Genau gegenteilig wird bei ἁρπάζεσθαι verfahren. Hier wird der Wert einer nun sicher von Paulus stammenden Parallelterminologie (2 Kor 12.2, 4) damit zu relativieren versucht, daß ἁρπάζεσθαι nur in 1 Thess 4.17 'die leibliche Entrückung bei der Parusie' bezeichne (Siber, ebd., 37; ähnlich Lüdemann, ebd., 246). Dabei wird übersehen, daß Leiblichkeit und Parusie durch den Kontext und nicht durch das Verbum (das in beiden Fällen 'Entrückung' konnotiert) zum Ausdruck kommen. Οἱ νεκροί wird als 'gut paulinisch' akzeptiert (Lüdemann, ebd., 245), jedoch dadurch für die Tradition zu retten versucht, daß Paulus in 1 Thess sonst nur – mit Ausnahme von 1.10 und 4.16 – von den 'Entschlafenen' rede (4.13, 14, 15); Siber nennt 'die Toten' gleich 'traditionell' (ebd., 37). Zutreffend ist, daß Paulus ἀναστῆσαι nur in 1 Thess 4.14, 16 verwendet. Aber der Ausdruck in V. 16 könnte ja auch von V. 14 beeinflußt sein (zur Genese dort s. Anm. 49). Ad absurdum geführt wird die Wortstatistik, wenn πρῶτον 'gut paulinisch' genannt wird (Lüdemann, ebd., 245) (was nicht ausschließt, daß das Wort hier tatsächlich von Paulus eingebracht ist).

Neues oder bereits Bekanntes mitteilt. Insbesondere die drei mit ἐν eingeleiteten Wendungen in V. 16 machen nicht den Eindruck, daß Paulus etwas Neues einführt. Die kommentarlose Selbstverständlichkeit, mit der Paulus vom 'Befehl', von der 'Stimme des Erzengels' und von der 'Trompete Gottes' spricht, setzt voraus, daß die Thessalonicher wußten, wovon er redete. Es wäre auch höchst verwunderlich, wenn die zweifellos heftige Parusieerwartung der Thessalonicher nur vom dürren Daß des Kommens Christi genährt worden wäre. Wer in so angespannter Naherwartung lebt, hat auch Vorstellungen von dem, worauf er wartet! Aus dem gleichen Grund wird man damit rechnen müssen, daß auch das Herabkommen vom Himmel, das Entrückt-Werden auf Wolken und die Begegnung mit dem Herrn in der Luft Vorstellungen waren, die den Thessalonichern zumindest der Sache nach bereits bekannt waren. Wahrscheinlich war die ἀπάντησις τοῦ κυρίου – dann wohl als feierliche 'Einholung' zu verstehen[33] – die Vision, auf die sich ihre Erwartung konzentrierte. Insgesamt dürfte also das meiste von dem, was Paulus in den VV. 16 und 17 anführt, in Thessanonich bereits bekannt gewesen sein. Die Traditionalität einzelner Vorstellungselemente ist damit nicht bestritten. Die Annahme eines direkten Zitats erscheint aber als wenig wahrscheinlich. Was Paulus an neuer Information einbringt, ist vor allem πρῶτον in V. 16 und ἅμα σὺν αὐτοῖς in V. 17. Mit beidem modifiziert er die vorhandene Vorstellungswelt, und zwar jeweils im Sinne von V. 15b. Somit bestätigt auch der Inhalt der Verse, daß V. 15b die entscheidende Aussage ist, die dann in VV. 16 und 17 erläutert wird.

Damit können wir uns der Frage zuwenden, welche Qualität der offenbar entscheidende V. 15b besitzt. Die Frage stellt sich auch aufgrund der Einleitung, von deren Einschätzung wiederum die Antwort abhängt: Τοῦτο γὰρ ὑμῖν λέγομεν ἐν λόγῳ κυρίου. Etwas vereinfachend gesprochen, bewegt sich die Diskussion zwischen Herrenwort und Prophetenwort.[34] Wie ist zu entscheiden?

Tatsächlich führt Paulus an einigen Stellen Jesusworte (Herrenworte) an: 1 Kor 7.10; 9.14 (Röm 14.14?). Dabei ist zu beachten, daß er sehr klar zwischen eigenem (durchaus pneumatischem)

---

[33] Zu ἀπάντησις als terminus technicus für die feierliche 'Einholung', die nach antikem Brauch einer hochgestellten Persönlichkeit seitens der Bürgerschaft einer Stadt zuteil werden konnte, vgl. E. Peterson, 'Die Einholung des Kyrios', *ZSTh* 7 (1930) 682–702; ders., 'ἀπάντησις', *ThWNT* 1 (1933) 380.

[34] Einen knappen Überblick über den Diskussionsstand gibt D. A. Aune, *Prophecy* (s. Anm. 1), 253–6; vgl. F. Neirynck, 'Paul' (s. Anm. 27), 278–81, 308–11.

Wort und Herrenwort zu unterscheiden vermag (vgl. 1 Kor 7.12,
25, 40). 'Die Formulierung eines Herrenwortes durch Paulus' ist
daher – so folgert T. Holtz – 'so gut wie sicher' auszuschließen.[35]
Für 1 Thess 4.15 bedeute dies, daß Paulus 'an ein Jesus-Wort denken' dürfte.[36] Anders als bei 1 Kor 7.10; 9.14 (vgl. Röm 14.14) läßt
sich allerdings im Falle von 1 Thess 4.15 keine synoptische oder
evangeliare Parallele auffinden.[37] So bleibt nur die Annahme, daß
Paulus ein unbekanntes Jesuswort, ein Agraphon, zitiert habe.[38]
Zwingend ist diese Schlußfolgerung allerdings nicht. Achtet man
auf die jeweiligen Einleitungsformulierungen, so wird sie im Gegenteil sogar sehr fragwürdig. An den Stellen, wo Paulus unzwei-
felhaft ein Herrenwort zitiert, führt er es ausdrücklich als Rede
des Kyrios ein, zum Teil unter klarer Abgrenzung von seiner
eigenen Rede (1 Kor 7.10, 12; 9.14). In 1 Thess 4.15 dagegen sagt
Paulus nicht, daß er einen λόγος κυρίου anführt, sondern daß er ἐν
λόγῳ κυρίου spricht, durchaus bewußt, daß er selbst es ist, der
spricht: λέγομεν. Der Apostel beansprucht, daß *seine* Rede in der
Weise des Sprechens des *Herrn* geschieht. Er spricht in der Autorität des Herrn. Unter dieser Rücksicht wird man die Alternative
'Herrenwort oder Prophetenwort' zugunsten des letzteren entscheiden, allerdings mit der präzisierenden Maßgabe, daß Paulus
nicht (fremdes) Prophetenwort *zitieren*, sondern *selbst prophetisch
reden* will.[39]
    Gestützt wird diese Einschätzung durch 1 Kor 15.50ff. Die Struk-
turverwandtschaft der beiden Texte, auf die ich nun hinweisen
möchte, wird im übrigen auch die bisherige Analyse bestätigen.

---

[35] T. Holtz, *1 Thess* (s. Anm. 4), 184.

[36] T. Holtz, ebd., 183.

[37] Die Vielzahl der Stellen, die vorgeschlagen wurden, unterstreicht nur die Fragwür-
digkeit des Postulats: Mt 10.39; 16.25, 28; 10.1ff.; 24.31, 34; 25.6; 26.64; Lk 13.30; Joh 5.25;
6.39–40 (nach U. Luz, *Geschichtsverständnis* [s. Anm. 8], 327). Auch zu Joh 11.25–6 läßt
sich kaum eine traditionsgeschichtliche Brücke bauen; gegen: P. Nepper-Christensen,
'Herrenwort' (s. Anm. 14); R. H. Gundry, 'The Hellenization of Dominical Tradition and
Christianization of Jewish Tradition in the Eschatology of 1–2 Thessalonians', *NTS* 33
(1987) 161–78.

[38] T. Holtz, *1 Thess* (s. Anm. 4), 184, 194–8; vgl. J. Jeremias, *Jesusworte* (4. Aufl.; s.
Anm. 4), 77–9 (bezogen auf 1 Thess 4.16–17).

[39] So auch: E. v. Dobschütz, *Thess* (s. Anm. 4), 193; vgl. B. Henneken, *Verkündigung
und Prophetie im Ersten Thessalonicherbrief. Ein Beitrag zur Theologie des Wortes Gottes*
(SBS 29; Stuttgart: Kath. Bibelwerk, 1969) 92–8; O. Hofius, 'Jesusworte' (s. Anm. 28), 357–
60. Die genannten Autoren verweisen in diesem Zusammenhang auf 3 Kön 21.35 (LXX)
und Sir 48.3, wo ebenfalls ἐν λόγῳ κυρίου zur Einleitung prophetischer Rede dient.

1 Thess 4.13–18	1 Kor 15.1–58
13 Οὐ θέλομεν δὲ ὑμᾶς ἀγνοεῖν, ἀδελφοί, περὶ τῶν κοιμωμένων ἵνα μὴ λυπῆσθε καθὼς καὶ οἱ λοιποὶ οἱ μὴ ἔχοντες ἐλπίδα.	1 Γνωρίζω δὲ ὑμῖν, ἀδελφοί,
[14: πιστεύομεν	τὸ εὐαγγέλιον ὃ εὐηγγελισάμην ὑμῖν, ὃ καὶ παρελάβετε, ἐν ᾧ καὶ ἑστήκατε, 2 δι᾿ οὗ καὶ σῴζεσθε, τίνι λόγῳ εὐηγγελισάμην ὑμῖν εἰ κατέχετε, ἐκτὸς εἰ μὴ εἰκῇ ἐπιστεύσατε. 3 παρέδωκα γὰρ ὑμῖν ἐν πρώτοις, ὃ καὶ παρέλαβον,
ὅτι ᾿Ιησοῦς ἀπέθανεν	ὅτι Χριστὸς ἀπέθανεν ὑπὲρ τῶν ἁμαρτιῶν ἡμῶν κατὰ τὰς γραφὰς 4 καὶ ὅτι ἐτάφη
καὶ ἀνέστη]	καὶ ὅτι ἐγήγερται τῇ ἡμέρᾳ τῇ τρίτῃ κατὰ τὰς γραφὰς 5 καὶ ὅτι ὤφθη Κηφᾷ εἶτα τοῖς δώδεκα· (6–11)
14 εἰ γὰρ πιστεύομεν ὅτι ᾿Ιησοῦς ἀπέθανεν καὶ ἀνέστη, οὕτως καὶ ὁ θεὸς τοὺς κοιμηθέντας διὰ τοῦ ᾿Ιησοῦ ἄξει σὺν αὐτῷ.	12 Εἰ δὲ Χριστὸς κηρύσσεται ὅτι ἐκ νεκρῶν ἐγήγερται, πῶς λέγουσιν ἐν ὑμῖν τινες ὅτι ἀνάστασις νεκρῶν οὐκ ἔστιν; ... (13–49)
15 Τοῦτο γὰρ ὑμῖν λέγομεν ἐν λόγῳ κυρίου,	50 Τοῦτο δέ φημι, ἀδελφοί, ὅτι σὰρξ καὶ αἷμα βασιλείαν θεοῦ κληρονομῆσαι οὐ δύναται οὐδὲ ἡ φθορὰ τὴν ἀφθαρσίαν κληρονομεῖ. 51 ἰδοὺ μυστήριον ὑμῖν λέγω·

ὅτι
ἡμεῖς οἱ ζῶντες
οἱ περιλειπόμενοι
εἰς τὴν παρουσίαν τοῦ κυρίου
οὐ μὴ φθάσωμεν
τοὺς κοιμηθέντας·

πάντες
οὐ κοιμηθησόμεθα,

πάντες δὲ
ἀλλαγησόμεθα,

16 ὅτι αὐτὸς ὁ κύριος
<u>ἐν</u> κελεύσματι,
<u>ἐν</u> φωνῇ ἀρχαγγέλου καὶ
<u>ἐν σάλπιγγι</u> θεοῦ,

52 <u>ἐν</u> ἀτόμῳ,
<u>ἐν</u> ῥιπῇ ὀφθαλμοῦ,
<u>ἐν</u> τῇ ἐσχάτῃ <u>σάλπιγγι</u>·

καταβήσεται ἀπ' οὐρανοῦ
<u>καὶ οἱ νεκροὶ</u> ἐν Χριστῷ
<u>ἀναστήσονται</u> πρῶντον,
17 ἔπειτα <u>ἡμεῖς</u> οἱ ζῶντες
οἱ περιλειπόμενοι
ἅμα σὺν αὐτοῖς
ἁρπαγησόμεθα ἐν νεφέλαις
εἰς ἀπάντησιν τοῦ κυρίου
εἰς ἀέρα·

σαλπίσει γὰρ
<u>καὶ οἱ νεκροὶ</u>
<u>ἐγερθήσονται</u> ἄφθαρτοι
καὶ <u>ἡμεῖς</u>

ἀλλαγησόμεθα.

καὶ οὕτως

53 Δεῖ γὰρ τὸ φθαρτὸν τοῦτο
ἐνδύσασθαι ἀφθαρσίαν
καὶ τὸ θνητὸν τοῦτο
ἐνδύσασθαι ἀθανασίαν.

54 ὅταν δὲ τὸ φθαρτὸν τοῦτο
ἐνδύσηται ἀφθαρσίαν
καὶ τὸ θνητὸν τοῦτο
ἐνδύσηται ἀθανασίαν,

τότε γενήσεται ὁ λόγος
ὁ γεγραμμένος·
κατεπόθη ὁ θάνατος εἰς νῖκος.
55 ποῦ σου, θάνατε, τὸ νῖκος;
ποῦ σου, θάνατε, τὸ κέντρον;

56 τὸ δὲ κέντρον τοῦ θανάτου ἡ ἁμαρτία,
ἡ δὲ δύναμις τῆς ἁμαρτίας ὁ νομος·

57 τῷ δὲ θεῷ χάρις
πάντοτε
σὺν κυρίῳ ἐσόμεθα.
τῷ διδόντι ἡμῖν τὸ νῖκος
διὰ τοῦ κυρίου ἡμῶν Ἰησοῦ Χριστοῦ.

18 Ὥστε
παρακαλεῖτε ἀλλήλους

ἐν τοῖς λόγοις τούτοις.

58 Ὥστε, ἀδελφοί μου ἀγαπητοί,
ἑδραῖοι γίνεσθε, ἀμετακίνητοι,
περισσεύοντες ἐν τῷ ἔργῳ τοῦ κυρίου
πάντοτε,
εἰδότες ὅτι ὁ κόπος ὑμῶν
οὐκ ἔστιν κενὸς ἐν κυρίῳ.

II. DIE STRUKTURELLE ÜBEREINSTIMMUNG VON 1 THESS 4.15–18 UND 1 KOR 15.50–58

Die Texte lassen sich – wie geschehen – synoptisch darstellen.[40] Im Blick auf die weiteren Erörterungen wurde die Synopse auf 1 Thess 4.13–18 und 1 Kor 15.1–58 ausgedehnt.

Von unmittelbarem Interesse sind vorerst 1 Thess 4.15–18 und 1 Kor 15.50–8, wobei die beiden Einleitungswendungen 1 Thess 4.15a und 1 Kor 15.50, 51a zu-nächst zurückgestellt werden sollen. Danach folgt in beiden Texten – 1 Thess 4.15b; 1 Kor 15.5b – ein *kurzes thetisches Wort*. Ich spreche vorerst bewußt nicht von Prophetie, um die Entscheidung nicht zu präjudizieren. Die Worte sind jeweils aus der Sicht der Lebenden formuliert (1. Person Plural) und artikulieren deren Geschick in Relation zu den Entschlafenen. In der inhaltlichen Darstellung des Geschicks unterscheiden sich beide Worte, und zwar in genauer Entsprechung zur unterschiedlichen Problemlage in Thessalonich und Korinth. Im Übergang zum Folgenden – 1 Thess 4.16a und 1 Kor 15.52a – werden *bekannte apokalyptische Motive* eingeführt, zum Teil sogar die gleichen (σάλπιγξ) und in derselben präpositionalen Formulierung (ἐν . . .). Etwas fließend ist allerdings die syntaktische Abgrenzung. In 1 Thess gehören die präpositionalen Wendungen bereits zum nächsten Satz, während sie in 1 Kor den Abgesang des thetischen Wortes bilden.[41]

Übereinstimmung herrscht aber insofern, als die Passagen, die nach den thetischen Worten folgen, vergleichbare Inhalte und gleiche Funktion haben: 1 Thess 4.16–17; 1 Kor 15.52b–57.[42] In

---

[40] Eine formal nahezu identische Gegenüberstellung der beiden Texte bietet J. Gillman, 'Signals' (s. Anm. 5), 273–4; vgl. ders., 'Transformation in 1 Cor 15,50–53', *EThL* 58 (1982) 309–33; allerdings bewertet er die einzelnen Elemente etwas anders (s. u. Anm. 44). Vgl. auch: K. Müller, 'Die Leiblichkeit des Heils. 1 Kor 15,35–58', *Résurrection du Christ et des chrétiens (1 Co 15)* (hrsg. von L. De Lorenzi; Série Monographique de 'Benedictina'. Section Biblico-Oecumenique 8; Rome: Abbaye de S. Paul h. l. m., 1985) 171–255, hier 230–6; J. Delobel, 'Fate' (s. Anm. 16), 342–4; A. Lindemann, 'Paulus' (s. Anm. 2), 390–1.

[41] Das bestätigt m.E. die oben vertretene Auffassung, daß die präpositional ausgedrückten Sachverhalte nicht dem Zitat einer feststehenden Tradition entstammen, sondern geläufige Motive aufrufen, die, wie in Thessalonich, so auch in Korinth bekannt waren. Eine hinter 1 Thess 4.15–17 und 1 Kor 15, 51–2 stehende gemeinsame Tradition rekonstruieren (mit unterschiedlichen Ergebnissen): G. Löhr, '1 Thess 4.15–17: Das "Herrenwort"', *ZNW* 71 (1980) 269–73; D. Gewalt, '1 Thess 4,17' (s. Anm. 28); zur Kritik: J. Delobel, 'Fate' (s. Anm. 16), 343 Anm. 13.

[42] Dabei kann man noch einmal zwei Teile unterscheiden: 1 Thess 4.16, 17a und 1 Kor 15.52b einerseits und 1 Thess 4.17b und 1 Kor 15.53–7 andererseits. Strukturell unmittelbar vergleichbar sind die beiden ersten Teile. Doch fügen sich auch die beiden zweiten Teile insofern in ein übergreifendes Strukturschema, als in ihnen, nachdem in 1 Thess 4.16, 17a und 1 Kor 15.52b die zu erwartenden eschatologischen Ereignisse ins Auge gefaßt

beiden Fällen werden bekannte Vorstellungen aufgerufen: die Auferstehung der Toten (οἱ νεκροὶ ἀναστήσονται bzw. ἐγερθήσονται) und die von den Lebenden (ἡμεῖς) erwartete Parusie.[43] Die bekannten Vorstellungen enthalten allerdings noch ungeklärte Aspekte. Gerade sie werden nun geklärt, und zwar mit Hilfe des thetischen Wortes. Seine Aussage wird auf die ungeklärten Sachverhalte hin *gedeutet*. So ergibt sich in 1 Thess, daß die Toten πρῶτον auferstehen und die Lebenden ἅμα σὺν αὐτοῖς entrückt werden (4.16b, 17a). In 1 Kor ergibt sich, daß die Toten ἄφθαρτοι auferweckt werden und daß 'wir', die Lebenden, ἀλλαγησόμεθα (15.52b). Auf die Aussage des 1 Kor komme ich später noch einmal zurück. Festzuhalten ist vorerst, daß die besprochenen Verse – im Verhältnis zu den thetischen Worten – *deutende* Funktion haben. Sie entfalten, was die thetischen Worte im Blick auf die noch ungeklärten Aspekte bekannter Vorstellungen bedeuten.[44] Unter diese Kategorie der Deutung und Bedeutungsentfaltung fällt auch das Folgende. 1 Thess 4.17b bietet eine verallgemeinernde Quintessenz. 1 Kor 15.53–7 führt die Deutung sogar noch weiter und erläutert die verheißene Verwandlung als endgültigen Sieg über den Tod.

Die Strukturgleichheit wird schließlich durch die beiden letzten Verse unterstrichen: 1 Thess 4.18; 1 Kor 15.58. Mit ὥστε und Imperativ wird jeweils die *paränetische Schlußfolgerung* gezogen.

---

wurden, nun der dadurch erreichte Zustand bedacht wird. Überschüssig in 1 Kor 15.53–7 ist allerdings, daß hier nicht nur eine Quintessenz des ersten Teils (wie in 1 Thess 4.17b), sondern eine gedankliche Weiterführung geboten wird.

[43] Der Streit, ob καὶ ἡμεῖς ἀλλαγησόμεθα in V. 52bβ nur auf die bei der Parusie noch Lebenden (so: G. Lüdemann, *Paulus* 1 [s. Anm. 5], 268–9; H.-H. Schade, *Christologie* [s. Anm. 6], 207–8; J. Gillman, 'Transformation' [s. Anm. 40] 319–20, 322) oder auf alle (so: G. Klein, 'Naherwartung' [s. Anm. 5], 251–4; G. Sellin, *Streit* [s. Anm. 5], 46–7) zu beziehen ist, führt m.E. nicht weiter. Eine wirklich sachliche Differenz ist nicht vorhanden. Vom Textduktus her ist es am wahrscheinlichsten, daß V. 52b eine Explikation von πάντες in V. 51b ist, so daß ἡμεῖς in V. 52bβ komplementär zu νεκροί in V. 52bα zu verstehen, d.h. auf die Lebenden zu beziehen ist.

[44] J. Gillman, 'Signals' (s. Anm. 5), 274. bestimmt das Verhältnis von 1 Thess 4.15b bzw. 1 Kor 15.51b zu 1 Thess 4.16–17 bzw. 1 Kor 15.52 als 'summary' und 'elaboration'. Mit dem ersten Begriff steht er in der Folge einer häufig vertretenen Auffassung (vgl. Anm. 27). Allerdings zeigt gerade 1 Thess 4.15b, wie problematisch der Begriff ist. Denn dort nimmt die 'Zusammenfassung' weder auf die Totenauferstehung noch auf den für 1 Thess 4.16–17 entscheidenden Zielgedanken des 'zusammen mit ihnen' Bezug. Sachlich richtig empfunden ist dagegen der zweite Begriff (der mit 'summary' kategorial allerdings inkommensurabel ist: 'ausgearbeitet' wird eine These, nicht eine 'Zusammenfassung'!) Er macht im Grunde deutlich, daß es sich bei den damit bezeichneten Versen nicht um das prophetische Wort handelt. Denn was 'ausgearbeitet' bzw. 'spezifiziert' wird (ich würde sagen: gedeutet wird), ist das vorausgehende thetische Wort. Vgl. Gillmann, ebd., 275, in bezug auf 1 Thess 4.15 und 1 Kor 15.51b (52b ist offensichtlich Druckfehler): 'This in itself answers the community's difficulties: but Paul, to avoid further misconceptions, *elaborates* [in 1 Thess 4.16–17; Anm. d. Verf.] . . . In 1 Cor 15:52 Paul *specifies* the global statement of v 51b' (Hervorhebung durch Verf.).

Was ergibt sich daraus für die hier behandelte Fragestellung?
Vor allem zwei Konsequenzen sind bemerkenswert:
(1) Die erste betrifft die hier vorrangig interessierenden thetischen Worte. Die Einbettung in einen strukturell gleichen Kontext
läßt auf gleiche Funktion und gleiche Qualität schließen. Das heißt,
wenn 1 Thess 4.15b – wie vermutet – ein prophetisches Wort ist,
dann auch 1 Kor 15.51b, 52a – und umgekehrt! Damit können wir
unser Augenmerk auf die bislang zurückgestellten Einleitungswendungen richten (1 Thess 4.15a; 1 Kor 15.50, 51a). Beide beginnen mit einem kataphorischen τοῦτο, das sie vom Vortext abhebt
und auf eine abschließende und entscheidende Stellungnahme
vorausweist.[45] In beiden Fällen spricht der Apostel (λέγομεν, λέγω).
Allerdings spricht er nicht eigenes, ihm verfügbares Wort, sondern
er spricht ἐν λόγῳ κυρίου (1 Thess) bzw. er spricht ein μυστήριον
(1 Kor). Gerade dieser Begriff läßt aber wieder an Prophetie
denken, deren Merkmal es ist, eschatologische Geheimnisse zu
kennen (1 Kor 13.2).[46] Fazit: In 1 Thess 4.15b und 1 Kor 15.51b, 52a
führt Paulus Prophetenworte an, bzw. – genauer – *er redet selbst
als Prophet.*

(2) Die zweite Konsequenz betrifft die anschließenden Verse, denen eine
deutende Funktion zugewiesen wurde. In diesem Zusammenhang ist auf
die These von G. Dautzenberg hinzuweisen, die besagt, daß διακρίνειν in
1 Kor 14.29 und διάκρισις πνευμάτων in 1 Kor 12.10 nicht ein Beurteilungs-
verfahren, sondern einen Deutevorgang meint.[47] Διάκρισις πνευμάτων
wäre dann näherhin auf die Deutung von prophetischen Äußerungen zu

---

[45] In 1 Kor 15.50b ist allerdings noch ein Zwischengedanke eingefügt, der in 1 Thess
keine Parallele hat. Er erklärt sich wohl aus der spezifischen Situation von Korinth.
Gerade von den Gemeindemitgliedern, die die Auferstehung der Toten leugneten (1 Kor
15.12), konnte 1 Kor 15.50b akzeptiert werden. Insofern bildete der Zwischengedanke eine
äußerst geschickte Hinführung zu dem entscheidenden Urteil von 1 Kor 15.51b. Möglicherweise spielte 1 Kor 15.50b (wörtlich oder wenigstens dem Gedanken nach) sogar in der
Argumentation der Auferstehungsleugner eine Rolle.

[46] In 1 Kor 13.2 bezeichnen μυστήρια und γνῶσις den Inhalt der Prophetie und nicht
weitere Charismen; vgl. G. Dautzenberg, *Prophetie* (s. Anm. 1), 150–1. Der Zusammenhang von Prophetie und Kenntnis der Geheimnisse wird im übrigen von vielen Auslegern
betont; vgl. J. Weiss, *Der Erste Korintherbrief* (KEK 5; Nachdr. d. Aufl. von 1910; Göttingen; Vandenhoeck & Ruprecht, 1970) 314; Ch. Wolff, *Der erste Brief des Paulus an die
Korinther* 2: *Auslegung der Kapitel 8–16* (ThHK 7/2; 2. Aufl.; Berlin: Evangelische, 1982)
121; U. B. Müller, *Prophetie* (s. Anm. 1), 224; K. Müller, 'Leiblichkeit' (s. Anm. 40), 231–2;
M. Theobald, '"Prophetenworte verachtet nicht!" (1 Thess 5,20): Paulinische Perspektiven
gegen eine institutionelle Versuchung', *ThQ* 171 (1991) 30–47, hier 35–6.

[47] G. Dautzenberg, *Prophetie* (s. Anm. 1), 122–48; vgl. ders., 'Zum religionsgeschicht-
lichen Hintergrund der διάκρισις πνευμάτων (1 Kor 12,10)', *BZ* NF 15 (1971) 93–104. Die
Auffassung Dautzenbergs ist allerdings auch kritisiert worden; vgl. U. B. Müller,
Prophetie (s. Anm. 1), 27–8; W. Grudem, 'A Response to Gerhard Dautzenberg on 1 Cor
12.10', *BZ* NF 22 (1978) 253–70; ders., *The Gift of Prophecy in 1 Corinthians* (Lanham-New
York-London: University Press of America, 1982) 263–88.

beziehen – wie analog dazu die ἑρμηνεία γλωσσῶν auf die Glossolalie (vgl. 1 Kor 12.10; 14.27–29). Dabei wird man davon ausgehen müssen, daß Prophetie und Deutung nicht zwei strikt zu trennende Charismen waren, sondern 'häufig ineinander übergegangen' sind.[48] Wenn das zutrifft, dann hätten wir bei den hier behandelten Texten einen höchst interessanten Befund. Denn dann hätten wir in 1 Thess 4 und 1 Kor 15 nicht nur originäre Beispiele prophetischer Rede vor uns, sondern zugleich auch originäre Beispiele von Deutungen prophetischer Rede, und zwar jeweils aus dem Munde bzw. der Feder des Paulus selbst.

Wie dem auch sei, in jedem Fall ist mit der diskursiven Zuordnung von Prophetie und Deutung ein wichtiger Ansatzpunkt gewonnen, um ihre Funktion im theologischen Diskurs des Paulus zu bestimmen. Dies soll nun versucht werden. Sachlich ist vor allem das Verhältnis zum Kerygma zu klären, mit dem Paulus jeweils seine Rede beginnt.

III. ZUM VERHÄLTNIS VON PROPHETIE UND KERYGMA

(1) Zum *Kerygma* selbst muß hier nicht viel gesagt werden. Es erscheint in beiden Texten in Form einer kombinierten Pistisformel: 1 Thess 4.14a;[49] 1 Kor 15.3b–5.[50] Der Inhalt ist den Adressaten bereits bekannt. In 1 Kor 15 sind die VV. 6–11 noch zur Explikation des Kerygmas zu rechnen.

(2) Für unsere Fragestellung von erheblicher Bedeutung sind die *überleitenden Ausführungen* zwischen Kerygma und Prophetie: 1 Thess 4.14b und 1 Kor 15.12–49. Obwohl umfangmäßig sehr ungleich, erfüllen beide Stücke doch eine ähnliche Funktion.

---

[48] G. Dautzenberg, *Prophetie* (s. Anm. 1), 286.

[49] In der Kombination sind ursprünglich selbständige Sterbens- und Auferweckungsformeln vereinigt. Die Grundform der ersteren lautete wahrscheinlich: Χριστὸς ὑπὲρ ἡμῶν ἀπέθανεν (vgl. K. Wengst, *Christologische Formeln und Lieder des Urchristentums* [StNT 7; Gütersloh: Mohn, 1972] 78–86), die der zweiten: (πιστεύομεν ὅτι) ὁ θεὸς Ἰησοῦν ἤγειρεν ἐκ νεκρῶν (vgl. K. Wengst, ebd., 27–48). Die Kombination, wie sie 1 Thess 4.14a vorliegt, kann schon vor Paulus erfolgt sein (so: K. Wengst, ebd., 45), erklärt sich aber auch aus ihrer Funktion im Kontext. Sie ist reduziert auf die für die Situation entscheidenden Elemente des Sterbens und Auferstehens. Die Sühneaussage spielt im Kontext keine Rolle und ist daher weggelassen. Die Auferweckungsformel, die ursprünglich 'Gott' zum Subjekt hatte, ist wegen der Kombination mit der Sterbensformel umformuliert, so daß das ursprüngliche Objekt 'Jesus' jetzt als gemeinsames Subjekt der kombinierten Formel erscheint. Im gleichen Zuge wurde πιστεύομεν ὅτι zur gemeinsamen Einleitung. Der Wechsel des Objekts ('Jesus') zum Subjekt bedingte dann auch eine Änderung des Verbums von ἤγειρεν zu ἀνέστη. Daß ursprünglich 'Gott' das Subjekt der Auferweckungsformel war, erkennt man noch daran, daß in der aus der Formel gezogenen Schlußfolgerung in V. 14b – vom logischen Duktus her überraschend – dann doch wieder 'Gott' als Subjekt auftaucht.

[50] Vgl. dazu: K. Wengst, *Formeln* (s. Anm. 49), 92–104.

Beide Male macht Paulus den Ansatz zur Argumentation. In 1 Thess 4.14 ist das Kerygma sogar direkt in die Argumentation einbezogen: εἰ γὰρ πιστεύομεν..., οὕτως καὶ... In 1 Kor 15 bildet die Argumentation einen selbständigen Teil des Diskurses. Was Paulus allerdings unter dem formalen Vorzeichen der Schlußfolgerung anbietet, schießt inhaltlich weit über den Gehalt des Kerygmas hinaus.

In 1 Thess 4 ist dies ganz offensichtlich. Anstelle der zu erwartenden und logisch nachvollziehbaren Schlußfolgerung 'so wird Gott auch die Entschlafenen durch Jesus auferwecken' lautet V. 14b: οὕτως καὶ ὁ θεὸς τοὺς κοιμηθέντας διὰ τοῦ 'Ιησοῦ[51] ἄξει σὺν αὐτῷ. Es ist eindeutig, daß diese Aussage bereits unter dem Eindruck des zu lösenden Problems formuliert ist. Dabei sagt sie aber mehr, als sich argumentativ aus dem Kerygma entwickeln läßt. Es entsteht eine argumentative Leerstelle, die diskursiv nach Auffüllung verlangt.

In 1 Kor 15 ist die Sachlage etwas komplizierter.[52] Mit V. 12 beginnen ausführliche Argumentationsreihen. Nach dem Muster 'wenn..., dann...' will Paulus aus dem Kerygma schließen, daß die korinthische These von V. 12b (ἀνάστασις νεκρῶν οὐκ ἔστιν) nicht zutreffen kann. Mit gewissen Variationen erstreckt sich diese Argumentation bis zu V. 34.[53] Ob Paulus die Korinther damit überzeugt hat, kann man füglich bezweifeln. Denn wenn ihre These speziell die Leiblichkeit des endgültigen Heils bestritt,[54] dann war ihre eigentliche Frage nach dem 'Wie' einer möglichen

---

[51] Mit 'durch Jesus' ist wohl gemeint, daß durch das, was von diesem Jesus (διὰ τοῦ 'Ιησοῦ) in der Pistisformel gesagt wurde (= durch sein Sterben und seine Auferstehung), grundsätzlich auch die Möglichkeit eröffnet ist, daß Gott die Entschlafenen im Triumphzug des Kyrios bei der Parusie mitführen, d.h. mitziehen lassen wird. Vgl. R. F. Collins, 'Tradition' (s. Anm. 30), 159.

[52] Zur (keineswegs einheitlich beurteilten) Argumentationsstruktur vgl. J. Weiss, 1 Kor (s. Anm. 46), 343–80; H. Conzelmann, Der erste Brief an die Korinther (KEK 5; 2. Aufl.; Göttingen: Vandenhoeck & Ruprecht, 1981) 300–62; Ch. Wolff, 1 Kor (s. Anm. 46), 147–216; G. D. Fee, The First Epistle to the Corinthians (NIC; Grand Rapids/Mich.: Eerdmans, 1987) 713–809; J. Gillman, 'Transformation' (s. Anm. 40); L. De Lorenzi (Hrsg.), Résurrection (s. Anm. 40); G. Sellin, Streit (s. Anm. 5), 210–89; J. Kremer, in: G. Greshake– J. Kremer, Resurrectio (s. Anm. 26), 23–40; M. C. de Boer, The Defeat of Death: Apocalyptic Eschatology in 1 Corinthians 15 and Romans 5 (JSNTS 22; Sheffield: JSOT, 1988), 93–140; J. Ch. Beker, Der Sieg Gottes. Eine Untersuchung zur Struktur des paulinischen Denkens (SBS 132; Stuttgart: Kath. Bibelwerk, 1988) 69–75; A. Lindemann, 'Paulus' (s. Anm. 2), 381–7.

[53] Vgl. bes. die VV. 12, 13, 14, 16, 17–18, 19, 29, 32. Im einzelnen müßte hier freilich noch weiter differenziert werden.

[54] Die Auferweckung Christi (vgl. 1 Kor 15.4) haben die Korinther wohl nicht geleugnet. Doch dürften sie sie anders interpretiert haben als Paulus. Wahrscheinlich verstanden sie das Kerygma als Paradigma für den Aufstieg in die pneumatische Welt, wofür das Abstreifen der Leiblichkeit geradezu die Voraussetzung war. Zur Sache: G. Sellin, Streit (s. Anm. 5); vgl. J. Ch. Beker, Sieg (s. Anm. 52), 67–9.

Auferstehung noch gar nicht beantwortet. Tatsächlich geht Paulus dann auch in V. 35 auf diese Frage ein. Was bis V. 49 folgt, ist eine hochspekulative Reflexion, die auf die Konzeption eines σῶμα πνευματικόν hinausläuft. Den korinthischen Kontrahenten war damit zwar eine Brücke gebaut, um eine Auferstehung der Toten für denkbar zu halten. Ob sie am Ende von V. 49 schon diese Brücke betreten konnten, ist eine andere Frage. Man konnte Gen 2.7 (vgl. 1 Kor 15.45) auch ganz anders auslegen, als es Paulus tat.[55] Ein dem Kerygma selbst inhärierender Zwang, es im Sinne der paulinischen Spekulation auszulegen, bestand jedenfalls nicht. Es mag bezeichnend sein, daß Paulus selbst in den VV. 35–49 keinen argumentativen Bezug zum Kerygma herstellt. So bleibt auch hier – wie bei 1 Thess 4.14 – eine argumentative Leerstelle, die diskursiv noch gefüllt werden muß.

(3) Eben diese Funktion erfüllt die *Prophetie*, also hier 1 Kor 15. 51b, 52a bzw. 1 Thess 4.15b. Die Prophetie von *1 Thess 4.15b* muß inhaltlich nicht weiter erläutert werden. Mit der Feststellung, daß die Überlebenden den Entschlafenen *nicht zuvorkommen*, ist der Befürchtung der Thessalonicher die formale Antithese gegenübergestellt. Was sie bedeutet, wird die Deutung explizieren. Die Prophetie von *1 Kor 15.51b, 52a* ist zunächst überraschend, bringt sie doch mit dem Blick auf die nicht Entschlafenden eine Perspektive ins Spiel, die bislang keine Rolle spielte. Offensichtlich soll damit eine Frage beantwortet werden, die sich aufgrund der bisherigen Argumentation stellt bzw. stellen könnte. Denn die Behauptung, daß ein pneumatischer Leib auferstehen wird (1 Kor 15.44), vermag zwar das Problem der Auferstehung der Toten – zumindest gedanklich – zu lösen, schafft aber zugleich ein neues Problem bezüglich der bei der Parusie noch Lebenden. Denn ihnen fehlt ja noch der durch die Saatmetaphorik angedeutete Durchgang durch den Tod (vgl. 1 Kor 15.36), der den psychischen Leib zurückläßt und die Voraussetzung für das Erlangen eines pneumatischen Leibes schafft. Vielleicht war der Umstand, daß man sich in Korinth ein körperliches Fortleben der bei der Parusie noch Lebenden als Vollendung des Heils nicht vorstellen konnte, sogar das auslösende Moment dafür, daß man für ein Zurücklassen der Leiblichkeit und damit gegen eine (leibliche) Auferstehung der Toten votierte. Wie dem auch sei, Paulus bietet mit der Prophetie eine umfassende Lösung an, die für *alle* (πάντες), für Lebende *und* Verstorbene, gilt. Dabei ist die Formulierung genau zu beachten. Paulus sagt: πάντες **οὐ κοιμηθησόμεθα**, und nicht: **οὐ πάντες**

---

[55] Vgl. dazu die Ausführungen von G. Sellin, *Streit* (s. Anm. 5), 72–209.

κοιμηθησόμεθα. Negiert wird also nicht πάντες, so daß der Sinn wäre: Nicht wir alle, aber doch die meisten von uns, werden entschlafen. Aus der Formulierung läßt sich nicht auf 'eine inzwischen eingetretene Verschiebung der Gruppe der (noch) Lebenden und der (inzwischen) Gestorbenen' schließen.[56] Was Paulus negiert, ist die verbale Aussage κοιμηθησόμεθα. Das heißt, er schränkt die Voraussetzung ein, unter der er die vorausgehenden Ausführungen (1 Kor 15.35–49) gemacht hat. Er konzediert, daß diese Ausführungen nicht für alle zutreffen (weil nicht alle entschlafen). Wenn er aber eine Aussage machen will, die auf alle zutrifft, dann gilt – und damit kommt der eigentliche Kern der Prophetie zum Ausdruck – πάντες ἀλλαγησόμεθα. Damit ist eine Lösung gefunden, die es erlaubt, Tote und Lebende zusammenzuschließen. Was dies im einzelnen bedeutet, wird wiederum die Deutung explizieren.

Festzuhalten ist, daß die beiden Prophetien ihrem materialen Gehalt nach etwas aussagen, was im Kerygma so nicht enthalten ist.[57] Auch implizit ist der Inhalt der Prophetien nicht im Kerygma enthalten, so daß man ihn mit logischer Folgerichtigkeit durch Reflexion aus dem Kerygma deduzieren könnte. Über die Relation der Lebenden zu den Entschlafenen (1 Thess 4.15b) sagt das Kerygma ebenso wenig wie über eine allgemeine Verwandlung (1 Kor 15.51b). Die historische Verifikation für letzteres liefert Paulus selbst, der in 1 Thess 4 – also unabhängig von der Prophetie von 1 Kor 15.51 – nichts von einer solchen Verwandlung weiß.[58] In 1 Thess 4 stehen die Toten einfach auf und werden zusammen mit den Lebenden entrückt. Bestenfalls könnte man die Verwandlung spekulativ aus der Auferweckung erschließen, sofern man diese – ebenfalls spekulativ – als Auferstehung pneumatischer Leiber interpretiert. Doch damit wären wir wiederum bei der bereits angesprochenen argumentativen Leerstelle, die Paulus in 1 Kor 15 gerade durch die Prophetie schließen will. Tatsächlich ist die Prophetie im Diskurs des Paulus keine Schlußfolgerung aus der vorausgegangenen Argumentation bzw. Spekulation, sondern ein davon unabhängiger Spruch. Mit den spezifischen Einleitungs-

---

[56] So: G. Lüdemann, *Paulus 1* (s. Anm. 5), 267. Er folgert daraus, daß der Tod, der in 1 Thess 4 als Ausnahmefall behandelt wurde, in 1 Kor 15 der Regelfall ist; vgl. G. Klein, 'Naherwartung' (s. Anm. 5), 251–2. Anders: H.-H. Schade, *Christologie* (s. Anm. 6), 207–8; A. Lindemann, 'Paulus' (s. Anm. 2), 388–90.

[57] Vgl. M. Theobald, 'Prophetenworte' (s. Anm. 46), 39–43.

[58] Sie implizit vorauszusetzen ist vom Text her nicht gerechtfertigt; gegen: E. Best, *Thess* (s. Anm. 16), 197; J. Gillman, 'Signals' (s. Anm. 5), 276–80; mit: J. Delobel, 'Fate' (s. Anm. 16), 345–6.

wendungen in 1 Thess 4.15a (λέγομεν ἐν λόγῳ κυρίου) und 1 Kor
15.51a (μυστήριον . . . λέγω) unterstreicht Paulus selbst, daß die
Prophetie für ihn mehr ist als nur Explikation des Kerygmas. Die
Prophetie hat ihre eigene Autorität. Mit der Autorität des Kyrios
tut sie Geheimnisse kund, die bislang verborgen waren und der
Offenbarung bedürfen (vgl. 1 Kor 14.26, 30; auch 14.6). Die Offen-
barungsqualität verleiht ihr die Autorität, um die Leerstellen zu
füllen, die im argumentativen Diskurs des Kerygmas nicht zu
schließen waren. Mit der spezifischen Autorität hängt wohl auch
die Kürze des prophetischen Wortes zusammen. Es muß nicht
argumentativ entwickelt werden, um zu überzeugen. Unter dem
Vorzeichen der Offenbarung genügt die kurze, prägnante Stellungnahme, die allerdings, um die aktuelle Problemlage zu bewältigen, noch gedeutet werden muß.

(4) Die *Deutungen* 1 Thess 4.16–17 und 1 Kor 15.52b–57 bedienen sich – wie bereits ausgeführt – im wesentlichen des gleichen
Verfahrens. Sie führen aus, was die prophetischen Worte für die
noch klärungsbedürftigen Sachverhalte bedeuten. Präzisierend
kann jetzt noch hinzugefügt werden, daß die klärungsbedürftigen
Sachverhalte mit dem Kerygma zusammenhängen. Es geht jeweils um die Auferstehung der Toten, die als solche nach Meinung
des Paulus (wie auch der Thessalonicher und der Mehrheit der
Korinther) eine selbstverständliche Konsequenz des Kerygmas
darstellt.[59] Schwierigkeiten bereitete aber die Modalität der Auferstehung: In Thessalonich ihre zeitliche Relation zur Parusie und
in Korinth ihre leibliche Qualität. In beiden Fällen führte die Un-
geklärtheit der Sachverhalte zu Ansichten, die nach paulinischer
Auffassung nicht mit dem Kerygma vereinbar waren, mit diesem
selbst aber nicht befriedigend aufgearbeitet werden konnten. In
diese Lücke tritt die Prophetie, die die mit dem Kerygma nicht
zu schließende Leerstelle schließt. Konkret geschieht dies in den
Deutungen, wo die prophetischen Worte auf die noch klärungsbedürftigen Sachverhalte angewandt werden. So kommt es – in
den Deutungen – zu einer Weiterführung des Kerygmas im Sinne
einer *Erweiterung seines Lehrgehaltes*: Die Toten werden 'zuerst'
auferstehen (1 Thess 4.16), bzw. die Toten werden 'unvergänglich'
auferstehen (1 Kor 15.52).

Doch ist die Lehre nicht Selbstzweck. Hinter den doktrinären
Schwierigkeiten stehen existentielle Fragen. Die prophetische Erkenntnis ist daher im Blick auf die Lebenden bzw. aus deren

---

[59] In 1 Thess 4 wird diese Konsequenz als selbstverständlich vorausgesetzt, in 1 Kor 15
wird sie mit einer Folge von Umkehrschlüssen nachdrücklich unterstrichen (VV. 12–19).

Perspektive formuliert, so daß in der Deutung nicht nur neue
Information über die Entschlafenen gegeben werden kann, sondern zugleich auch der eschatologische Erwartungshorizont der
jetzt Lebenden erweitert wird: Sie werden 'zugleich mit ihnen (den
auferstandenen Toten)' entrückt werden (1 Thess 4.17), bzw. sie
werden, wie die Toten unvergänglich auferstehen, ebenfalls 'verwandelt' werden (1 Kor 15.52bβ). Toten und Lebenden wird zeitlich und sachlich das gleiche eschatologische Geschick zuteil: Sie
werden immerdar beim Herrn sein (1 Thess 4.17b), bzw. die sterbliche Existenz wird überwunden und der Tod wird besiegt sein
(1 Kor 15.53–7). Gerade so wird die (gedeutete) Prophetie zum
Trost für die trauernden Thessalonicher bzw. zur *Mahnung* für
die in ihrer Standfestigkeit gefährdeten Korinther.

(5) Eben dieses Ziel prophetischer·Rede wird in den *paränetischen Schlußfolgerungen* von 1 Thess 4.18 und 1 Kor 15.58 dann
auch textlich realisiert. Insgesamt entspricht der so gewonnene
Befund dem, was Paulus selbst als Ziel prophetischer Rede angibt:
ἵνα πάντες **μανθάνωσιν** καὶ πάντες **παρακαλῶνται** (1 Kor 14.31).

Bevor ich zu einigen Schlußbemerkungen mehr systematischer
Art übergehe, möchte ich wenigstens noch auf zwei Texte verweisen, wo – trotz mancher Differenzen – eine vergleichbare Sachlage vorzuliegen scheint.

IV. ZUR FUNKTION PROPHETISCHER REDE IN 1 KOR 2.6–16 UND RÖM 11.25–36

Daß an beiden Stellen prophetische Rede vorliegt, ist keine neue
Erkenntnis; für Röm 11 besteht sogar ein gewisser Konsens.[60]
Formal wird die Prophetie an beiden Stellen – vergleichbar mit
1 Kor 15 – durch den Begriff μυστήριον angezeigt (1 Kor 2.7; Röm
11.25). Legt man die bei 1 Thess 4 und 1 Kor 15 gewonnenen
Kategorien zugrunde, so könnte man in Röm 11 die VV. 25b, 26a

---

[60] Zu Röm 11: E. Käsemann, *An die Römer* (HNT 8a; 4. Aufl. Tübingen: Mohr, 1980)
303; U. Wilckens, *Der Brief an die Römer 2: Röm 6–11* (EKK 6/2; Zürich-Einsiedeln-Köln:
Benziger/Neukirchen-Vluyn: Neukirchener, 1980) 253–4; D. Zeller, *Der Brief an die
Römer* (RNT; Regensburg: Pustet, 1985) 198–9; ders., *Juden und Heiden in der Mission
des Paulus: Studien zum Römerbrief* (FzB 1; Stuttgart: Kath. Bibelwerk, 1973) 245–53; U.
B. Müller, *Prophetie* (s. Anm. 1), 225–32. – Zu 1 Kor 2: G. Dautzenberg, 'Botschaft und
Bedeutung der urchristlichen Prophetie nach dem ersten Korintherbrief (2:6–16; 12–14)',
in: J. Panagopoulos (Hrsg.), *Prophetic Vocation* (s. Anm. 1) 131–61, bes. 139–57; K. O.
Sandnes, *Paul – One of the Prophets? A Contribution to the Apostle's Self-Understanding*
(WUNT, 2. Reihe, 43; Tübingen: Mohr, 1991) 77–116 (vgl. bes. 108–10, wo die Struktur von
1 Kor 2.6–16 und Röm 11.25–36 ähnlich wie hier dargestellt wird, ebenfalls im Vergleich
mit 1 Kor 15.51–7 und 1 Thess 4.15–17).

als Prophetie und die VV. 28–32 als Deutung interpretieren. Analog dazu wären in 1 Kor 2 die Prophetie in den VV. 6–8 und die Deutung in den VV. 10–15 zu suchen. In 1 Kor 2 erscheint die Prophetie allerdings nicht als direktes Zitat eines prophetischen Wortes, sondern ist als prophetische Erkenntnis in den Argumentationsduktus integriert. Bemerkenswert ist, daß in Röm 11.26b, 27 und in 1 Kor 2.9 jeweils Schriftworte zitiert werden,[61] die die prophetische Erkenntnis bekräftigen sollen. Dies ist gegenüber 1 Thess 4 und 1 Kor 15 neu. Auch steht in Röm 11 und 1 Kor 2 der Zuwachs an Lehre mehr unter heilsgeschichtlichem Aspekt. In 1 Kor 2 wird dargelegt, daß der Gekreuzigte die verborgene und zu unserer Herrlichkeit vorherbestimmte Weisheit Gottes ist. In Röm 11 wird kundgetan, daß, obwohl eine teilweise Verstockung auf Israel liegt, am Ende doch ganz Israel gerettet wird. Daß die prophetischen Erkenntnisse durch Schriftworte bekräftigt werden, hängt wohl damit zusammen, daß die anschließenden Deutungen stark lehrhafte Züge besitzen, denen gegenüber die mahnende und vor allem tröstende Zielsetzung (vgl. 1 Thess 4) zurücktritt.[62] Die applizierende Einholung der Leser erfolgt über den Lobpreis, zu dem Prophetie und Deutung aktivieren wollen. Er ist in Röm 11.33–6 ausdrücklich realisiert, in 1 Kor 2.16 mit dem Rückgriff auf Jes 40.13 wenigstens angedeutet.[63]

Der Bezug zum Kerygma ist an beiden Stellen zumindest sachlich gegeben. Im Kontext von Röm 9–11 könnte man insbesondere auf Röm 10.9 verweisen, wo Bekenntnis und Glaube – als soteriologisch entscheidende Akte – jeweils mit einer formelhaften Wendung zitiert werden.[64] In Röm 9–11 wird die Argumentation zwar nicht – wie in 1 Kor 15 – aus dem Kerygma entwickelt. Doch ergibt sich gerade aus der mit dem Kerygma begründeten Glaubensgerechtigkeit (vgl. Röm 10.5–13) die Frage, ob das ungehorsame Israel (Röm 10.14–21) dann nicht verstoßen (Röm 11.1)

---

[61] Zu den Schriftzitaten vgl. D.-A. Koch, *Die Schrift als Zeuge des Evangeliums: Untersuchungen zur Verwendung und zum Verständnis der Schrift bei Paulus* (BHTh 69; Tübingen: Mohr, 1986) 36–41, 175–8.

[62] Gemessen an der in 1 Kor 14.31 angegebenen Zielrichtung steht also das μανθάνειν im Vordergrund. Sofern das Lernen etwas bewirken will, ist allerdings auch das παρακαλεῖν (im Sinne der Mahnung) indirekt eingeschlössen.

[63] Interessanterweise ist Jes 40.13 auch in Röm 11.34 verarbeitet. Zu überprüfen wäre, ob solche Hymnen bzw. Psalmen neben der Lehre ein Kennzeichen der (gedeuteten) Prophetie sind. Zu vergleichen wäre in diesem Zusammenhang 1 Kor 14.26: Dort gehören γλῶσσα und ἑρμηνεία sicherlich zusammen; lassen sich auch ψαλμός, διδαχή und ἀποκάλυψις zusammenordnen und dann der Prophetie zuordnen? Eine gewisse Tendenz zum Lobpreis bzw. zur Danksagung läßt sich auch in 1 Kor 15.57 feststellen, wobei – wie in 1 Kor 2 und Röm 11 – ein Schriftzitat (1 Kor 15.54b, 55) eine vermittelnde Rolle spielt.

[64] Zu den Formeln vgl. K. Wengst, *Formeln* (s. Anm. 49), 27–48, 131–5.

bzw. zu Fall gekommen ist (Röm 11.11). Die Argumentation, mit
der Paulus diese Frage zurückweist, bringt in Röm 11.1–10 mit
dem Restgedanken nur eine Teillösung. Die Ausführungen in Röm
11.11–24 vermögen mit ihren Qal-Wachomer-Schlüssen und dem
Ölbaumgleichnis zwar die Überheblichkeit der heidenchristlichen
Leser zu dämpfen, begründen aber nicht die zugrundeliegende
These vom πλήρωμα Israels (V. 12). Gerade vor dem Hintergrund
der von Paulus festgehaltenen Glaubensgerechtigkeit bleibt eine
argumentative Leerstelle, die Paulus dann diskursiv mit der Prophetie von Röm 11.25b, 26a schließt. Bei 1 Kor 2.6–16 ist der Bezug
zum Kerygma durch die Problemstellung in 1 Kor 1.10–17 gegeben.[65] Allerdings erscheint das Kerygma dann von 1 Kor 1.17 an in
der spezifisch paulinischen Version des 'Wortes vom Kreuz' (1 Kor
1.18–25). Im Unterschied zu den übrigen Stellen geht es hier also
nicht um den Versuch, eine bestimmte These aus dem Kerygma zu
entwickeln. Die Argumentation dient vielmehr dazu, die spezifisch
paulinische Form des Kerygmas (vgl. 1 Kor 2.2) als die richtige
und entscheidende zu erweisen. Die Abschnitte 1 Kor 1.26–31 und
2.1–5 tun dies, indem sie exemplarisch auf die tatsächliche Gestalt
der Gemeinde und die faktische Verkündigungsweise des Apostels
hinweisen. Argumentativ bleibt aber auch hier offenkundig eine
Leerstelle, die Paulus dann dadurch zu schließen sucht, daß er
prophetische Erkenntnis in die Argumentation einbezieht (1 Kor
2.6–8). Weil es in 1 Kor 2 nicht um eine Weiterführung des keryg-
matischen Lehrgehaltes (wie bei 1 Thess 4 und 1 Kor 15) geht,
sondern um die Verifizierung des (spezifisch paulinischen) K100byg-
mas selbst, läuft auch die deutende Applikation in 1 Kor 2.10–15
nicht auf die Darlegung eines material neuen (über das Kerygma
hinausgehenden) Inhalts hinaus, sondern auf die formale Feststellung, daß die geistgeoffenbarte verborgene Weisheit, die als
prophetische Erkenntnis eingeführt wurde, nur dem Pneuma-
tiker zugänglich ist.

Für eine abschließende Beurteilung von 1 Kor 2 und Röm 11
reichen die hier zusammengetragenen Beobachtungen noch nicht
aus. Die zugrundeliegende Fragestellung müßte durch detaillierte
Textanalysen abgearbeitet werden. So wie die Sachlage sich jetzt
darstellt, scheint das formale Schema, nach dem Paulus prophetische Rede in den theologischen Diskurs einbringt, variabel
zu sein. 1 Thess 4 und 1 Kor 15 einerseits und 1 Kor 2 und Röm 11
andererseits konstituieren zwei unterschiedliche Modelle, die in

---

[65] Vgl. bes. 1 Kor 1.13, wo der ironische Ausdruck μὴ Παῦλος ἐσταυρώθη ὑπὲρ ὑμῶν auf die
Sterbensformel verweist; vgl. K. Wengst, *Formeln* (Anm. 43), 78–9.

sich wieder strukturgleich sind. Die diskursive Funktion der Prophetie bleibt aber insofern konstant, als sie auch in 1 Kor 2 und Röm 11 dazu dient, Leerstellen zu füllen, die im Rahmen eines argumentativen Diskurses des Kerygmas nicht zu schließen sind.

V. ABSCHLIESSENDE ÜBERLEGUNGEN

(1) Offensichtlich ist für Paulus die Offenbarung mit dem Kerygma noch nicht abgeschlossen.[66] Der Prophet verkündet neue Offenbarung (vgl. 1 Kor 14.26, 30). Allerdings ist hier noch einmal zu differenzieren. Denn in soteriologischer Hinsicht bleibt das Kerygma die fundamentale Offenbarungsaussage, die von der Prophetie weder in Frage gestellt noch überboten wird. Insofern bleibt die Prophetie auf das Kerygma angewiesen und muß κατὰ τὴν ἀναλογίαν τῆς πίστεως geschehen (Röm 12.6).[67] Daraus folgt aber keineswegs, daß die prophetischen Aussagen inhaltlich auf den Gehalt des Kerygmas beschränkt sind. Prophetie ist mehr als nur Entfaltung des Kerygmas. Sie bringt Sachverhalte zur Sprache, die vom Kerygma noch nicht bedacht sind und sich materialiter auch nicht notwendig aus ihm ergeben.

(2) Die Hauptfrage war: Welche Funktion hat die Prophetie im theologischen Diskurs des Paulus? Als ganz wesentlich für die Funktionsbestimmung erwies sich der Befund, den ich mit 'argumentative Leerstelle' auf den Begriff zu bringen versuchte. Die Prophetie bringt Erkenntnisse, die aus irgendwelchen Gründen notwendig sind, sich argumentativ aber nicht mehr aus dem Kerygma entwickeln lassen. Insofern ist die Prophetie ein wichtiges *theologisches Erkenntnismittel*. Dieser Befund hat um so größeres Gewicht, als die prophetischen Einsichten des Paulus nicht theologische Nebenschauplätze ausleuchten, sondern zur Substanz seiner theologischen Erkenntnisse gehören. Paulus ist als Theologe Prophet, bzw. der Theologe Paulus spricht als Prophet, nicht immer und nicht überall; aber wenn es einen theologischen

---

[66] Zum Verhältnis von Prophetie und Kerygma vgl. auch: G. Dautzenberg, 'Botschaft' (s. Anm. 60), 157–61; M. Theobald, 'Prophetenworte' (s. Anm. 46), 43–5.

[67] Πίστις ist hier wohl mit der Mehrheit der Ausleger als fides quae zu interpretieren; vgl. E. Käsemann, *Röm* (s. Anm. 60), 329; H. Schlier, *Der Römerbrief* (HThK 6; Freiburg-Basel-Wien: Herder, 1977) 369–70; U. Wilckens, *Der Brief an die Römer* 3: *Röm 12–16* (EKK 6/3; Zürich-Einsiedeln-Köln: Benziger/Neukirchen-Vluyn: Neukirchener, 1982) 14; M. Theobald, 'Prophetenworte' (s. Anm. 46), 43 (der in diesem Zusammenhang auf die διάκρισις πνευμάτων [im Sinne von 'Beurteilung der Geister'] aufmerksam macht). Anders: D. Zeller, *Röm* (s. Anm. 60), 208–9; ders., *Charis bei Philon und Paulus* (SBS 142; Stuttgart: Kath. Bibelwerk, 1990) 188.

Erkenntnisfortschritt des Paulus gegeben hat, dann ist daran die Prophetie ganz wesentlich beteiligt. Das gilt ganz besonders für den Bereich der Eschatologie.

(3) Fragt man danach, warum die Prophetie einen so hohen Stellenwert besitzt, so stößt man auf ein weiteres wichtiges Moment. Die von der Prophetie zu schließenden Leerstellen ergeben sich nicht aus der theoretischen Reflexion. Es ist nicht so, daß Paulus ein theologisches System begründen will, an bestimmten Stellen nicht mehr weiterkommt und dann die Elemente, die er reflexiv nicht mehr entwickeln kann, durch prophetische Einsichten auffüllt. Die argumentativen Leerstellen, die sich im paulinischen Diskurs auftun, ergeben sich vielmehr aus der Konfrontation mit aktuellen Problemstellungen. Der diskursiven Leerstelle entspricht jeweils eine 'Leerstelle' zwischen Kerygma und christlicher Praxis. So zielt denn auch die prophetische Einsicht nicht nur auf einen Zuwachs an theologischer Erkenntnis, sondern auf die Vermittlung neuer Perspektiven, die es ermöglichen, die Gegenwart zu bewältigen. Die Prophetie ist nicht nur Erkenntnismittel, sondern zugleich das *Medium, das Theologie relevant sein läßt*.

(4) Der Befund reizt natürlich zum Vergleich. Welche Theologie wird *heute* betrieben, wo die Theologen sich kaum mehr als Propheten verstehen?[68] Ist der Ausfall des Prophetischen ein Grund für die Sterilität und weitgehende Irrelevanz des etablierten Theologiebetriebes? Bejaht man diese Frage und plädiert dafür, daß die Theologen wieder als Propheten sprechen sollen, dann kommt man mit dem Selbstverständnis der Theologie als Wissenschaft in Konflikt. Die meisten von uns betreiben ihr Geschäft unter dem Dach einer wissenschaftlichen Institution. Kann darunter auch die prophetische Rede einen legitimen Platz finden? Zumindest bedürfte es einer methodisch nachvollziehbaren Hermeneutik des Prophetischen![69] Oder sind die Kirchen als die Gemeinschaft der Glaubenden der angestammte Ort der Prophetie, wo sie allerdings auch nur ein marginales Dasein fristet? Zu fordern wäre ein neues

---

[68] Der Prozeß der Verdrängung der Prophetie setzt schon in neutestamentlicher Zeit ein (vgl. H. Kraft, 'Das Ende der urchristlichen Prophetie', in: J. Panagopoulos (Hrsg.), *Prophetic vocation* [s. Anm. 1], 162–85; M. Theobald, 'Prophetenworte' [s. Anm. 46], 45–6). Immerhin läßt Eph 2.20 die Kirche noch auf dem Fundament der Apostel *und Propheten* erbaut sein.

[69] Die Tatsache, daß Prophetie mehr ist als nur Entfaltung des Kerygmas, bedeutet ja nicht, daß sie in einem unlogischen Verhältnis zum Kerygma stehen müßte. Nach Röm 12.6 ist das Verhältnis 'glaubenslogisch'. Allerdings ist in Röm 12.6 über die formale Qualifizierung der πίστις als Bezugsgröße hinaus noch kein inhaltliches Kriterium für eine Glaubenslogik angegeben.

Zusammenspiel von wissenschaftlicher Theologie und glaubender Gemeinschaft, bei dem das Prophetische das Bindeglied sein könnte. Vielleicht können Paulus und die Art und Weise, wie er Theologie betrieben hat, das Modell für ein solches Zusammenspiel abgeben. In jedem Fall könnte das gemeinsame Nachdenken von Theologie und Kirche dazu beitragen, einen Mangel zu beseitigen, der sie beide empfindlich trifft: der Ausfall des Prophetischen.

Das letzte Wort soll Paulus haben: 'Verachtet prophetisches Reden nicht!' (1 Thess 5.20).

18. Sinn und Zweck von Röm 13, 1–7

Zur semantischen und pragmatischen Struktur
eines umstrittenen Textes

Röm 13, 1–7 gehört gewiß nicht zu den zentralen Texten des Neuen Testaments. Gemessen daran ist die Wirkungsgeschichte dieser sieben Verse unverhältnismäßig intensiv[1]. Ihre Exegese und noch mehr ihre theologische und ethische Bewertung sind bis in die Gegenwart umstritten[2]. Ziel des vorliegenden Beitrags ist es, den Text unter primär textwissenschaftlicher Rücksicht nach seinem Sinn und Zweck zu befragen. Deshalb steht auch die semantische und pragmatische Analyse im Vordergrund. Auf die diachronen Probleme des Textes, speziell auf die Fragen der Literarkritik und der Traditionsgeschichte, kann nur beiläufig eingegangen werden. Vorausgesetzt wird, daß Röm 13, 1–7 integraler Bestandteil des Römerbriefes ist[3]. Doch würde auch die gegenteilige Annahme zumindest nicht die textlinguistischen Beobachtungen in Frage stellen.

---

[1] Vgl. die informative Übersicht bei *U. Wilckens*, Der Brief an die Römer, 3. Teilband (= EKK VI/3) (Zürich-Einsiedeln-Köln-Neukirchen 1982), 43–66. Außerdem: *W. Bauer*, „Jedermann sei untertan der Obrigkeit", in: *ders.*, Aufsätze und kleine Schriften, hg. von *G. Strecker* (Tübingen 1967), 263–284; *F. Keienburg*, Geschichte der Auslegung von Röm 13, 1–7 (Gelsenkirchen 1956); *W. A. Schulze*, Römer 13 und das Widerstandsrecht, in: ARSP 42 (1956) 555–566; *K. Aland*, Das Verhältnis von Kirche und Staat nach dem Neuen Testament und den Aussagen des 2. Jahrhunderts, in: *ders.*, Neutestamentliche Entwürfe (= TB 63) (München 1979), 26–123, bes. 38–50.110–116; *K. H. Schelkle*, Staat und Kirche in der patristischen Auslegung von Rm 13, 1–7, in: ZNW 44 (1952/53) 223–236; *W. Affeldt*, Die weltliche Gewalt in der Paulus-Exegese. Röm 13, 1–7 in den Römerbriefkommentaren der lateinischen Kirche bis zum Ende des 13. Jahrhunderts (= FKDG 22) (Göttingen 1969); *G. Scharffenorth*, Römer 13 in der Geschichte des politischen Denkens. Ein Beitrag zur Klärung der politischen Traditionen in Deutschland seit dem 15. Jahrhundert (Diss. phil. Heidelberg 1964).
[2] Vgl. dazu bes. *E. Käsemann*, Römer 13, 1–7 in unserer Generation, in: ZThK 56 (1959) 316–376; *V. Riekkinen*, Römer 13. Aufzeichnung und Weiterführung der exegetischen Diskussion (= AASF. Dissertationes humanarum litterarum 23) (Helsinki 1980); *L. Pohle*, Die Christen und der Staat nach Römer 13. Eine typologische Untersuchung der neueren deutschsprachigen Schriftauslegung (Mainz 1984).
[3] Für eine Interpolation plädieren: *A. Pallis*, To the Romans. A Commentary (Liverpool 1920), 141; *E. Barnikol*, Römer 13. Der nichtpaulinische Ursprung der absoluten Obrigkeitsbejahung in Röm 13, 1–7, in: Kommission für spätantike Religionsgeschichte (Hg.),

1. Zur Syntax von Röm 13, 1–7

Der Text läßt sich auf Satzebene in 22 Einheiten aufgliedern: VV 1 a –
1 b[4] – 1 c – 2 a – 2 b – 3 a – 3 bα – 3 bβ – 3 c – 4 a – 4 bα – 4 bβ – 4 c – 4 d –
5 a b[5] – 6 a – 6 b – 7 a – 7 b – 7 c – 7 d – 7 e. Faßt man die durch Hypotaxe
und Parataxe verbundenen Sätze zusammen, so ergeben sich 15 syntaktische Einheiten: VV 1 a – 1 b – 1 c – 2 a – 2 b – 3 a – 3 bc – 4 a – 4 b – 4 c – 4 d
– 5 ab – 6 a – 6 b – 7.

Die Verbindung dieser Einheiten erfolgt überwiegend durch kausale
oder konsekutive Partikeln: γάρ (VV 1 b.3 a.4 a.4 c.4 d.6 a.6 b), ὥστε
(V 2 a), διό (V 5 a), διὰ τοῦτο (V 6 a). δέ findet sich viermal
(VV 1 c.2 b.3 b.4 b). Asyndetisch angeschlossen ist nur V 7, dessen Glieder
ebenfalls eine asyndetische Folge aufweisen.

Von den syntaktischen *Satzparadigmen* her lassen sich folgende Beson-
derheiten hervorheben:

– Sätze mit *nominalem Subjekt* tauchen in den VV 1–3 und in V 5 auf.
Sonst operiert der Text mit reinen Verbalphrasen.

– Sätze mit *direktem (Akkusativ-)Objekt* finden sich in den
VV 3 a(αβ).3 c.4 b.4 c.6 a.

– Sätze mit *indirektem (Dativ-)Objekt* finden sich in den VV 1 a.2 a. Logisch ist hierher auch V 5 (a) zu rechnen, wenngleich das Dativobjekt an
der Textoberfläche nicht realisiert ist.

– Nimmt man noch die Sätze mit direktem *und* indirektem Objekt
hinzu (VV 2 b.7 a b c d e), so scheint die syntaktische Sequenz des Textes
das Bestreben zu haben, das Paradigma, das die VV 1–2 beherrscht (Satz
mit indirektem Objekt) und indirekt in V 5(a) wiederkehrt, in das Paradigma des V 7 zu überführen (indirektes und direktes Objekt). Dieses
Ziel ist zwar einmal schon in V 2 b erreicht, wird dann aber hinsichtlich des paradigmatisch einzuführenden direkten Objektes durch die
VV 3 b.3 c.4 c und 6 a ausführlich vorbereitet. Es ergibt sich eine gewisse
paradigmatische Gesetzmäßigkeit:

Studien zum Neuen Testament und zur Patristik. FS E. Klostermann (= TU 77) (Berlin
1961), 65–133; *J. Kallas,* Romans XIII. 1–7: An Interpolation, in: NTS 11 (1964/65)
365–374; *W. Schmithals,* Der Römerbrief als historisches Problem (= StNT 9) (Gütersloh
1975), 191– 197.

[4] Denkbar wäre auch, εἰ μὴ ὑπὸ θεοῦ als selbständigen (allerdings dann unvollständigen)
Satz zu werten.

[5] Die von *R. Bultmann,* Glossen im Römerbrief, in: *ders.,* Exegetica. Aufsätze zur Erforschung des Neuen Testaments, hg. von *E. Dinkler* (Tübingen 1967), 278–284, 281 f, vorgetragene Meinung, V 5 sei eine Glosse, wird heute kaum mehr vertreten.

Sätze mit indirektem Objekt	1a 2a 2b			(5)	7abcde
Sätze mit direktem Objekt	2b	3b 3c 4b 4c		6a	7abcde

– Von besonderer Bedeutung sind die Sätze mit *Subjektsergänzung zum Prädikat* (Pradikatsnomen)[6]. Im strikten Sinn gehören dazu die VV 3 a.4 a.4 d und 6 b. Die VV 4 a.4 d und 6 b sind überdies dadurch verwandt, daß sie das gleiche Präpositionalparadigma (εἰς) aufweisen. Hingegen ist den VV 3 a.4 a.4 d ein indirektes (Dativ-)Objekt gemeinsam, das dem V 6 b fehlt. Im weiteren Sinn lassen sich auch die VV 1 b.1 c dem eben behandelten Satzparadigma zurechnen, nämlich dann, wenn man die conjugatio periphrastica in V 1 c als Subjektsergänzung (ὑπὸ θεοῦ τεταγμέναι) zum Prädikat versteht[7], die dann auch für V 1 b vorauszusetzen ist. Alle Sätze mit Subjektsergänzung zum Prädikat werden im übrigen mit γάρ eingeleitet[8]. Auch diese Beobachtungen fügen sich im wesentlichen in das dargebotene Schema:

Sätze mit Subjektsergänzung zum Prädikat	1b 1c		3a	4a	4d		6b	
Sätze mit indirektem Objekt	1a 2a 2b		3a	4a	4d	(5)		7abcde
Sätze mit direktem Objekt	2b		3b 3c 4b 4c				6a	7abcde

Dieser Befund läßt sich noch durch weitere syntaktische Beobachtungen stützen:

– Die VV 1–5 verwenden überwiegend die 3. Person (außer VV 3 b.3 c.4 b), während die VV 6–7 die 2. Person bevorzugen (außer V 6 b).

– Die VV 6–7 sind durchgehend im Plural gehalten, die VV 1–5 hingegen meistens im Singular (außer VV 1 c.2 b.3 a). Hervorzuheben ist, daß dort, wo in den VV 1–5 ausnahmsweise die 2. Person vorkommt, sie immer nur in Verbindung mit einem generischen Singular begegnet.

---

[6] Zum Begriff siehe *E. G. Hoffmann – H. v. Siebenthal*, Griechische Grammatik zum Neuen Testament (Riehen 1985), § 254 d.
[7] Vgl. dazu *Hoffmann – v. Siebenthal*, Grammatik § 235 b.
[8] V 1 b ist dabei mit V 1 c zusammengefaßt.

– Imperative treten hauptsächlich in Sätzen mit direktem Objekt auf (VV 3 b β.4 b β.7 a), dabei jeweils immer in der 2. Person. V 7 a, in dem zusätzlich ein indirektes Objekt vorhanden ist, bildet die Klammer zum Imperativ des V 1 a, der in der 3. Person gehalten ist.

Beobachtungen zu den Modi geben für die syntaktische Struktur nichts her. Außer in V 4 b α (Konjunktiv) wird nur noch der Indikativ verwendet. Auch durch die Tempora läßt sich der Text, der überwiegend das Präsens bevorzugt, nicht weiter profilieren (Perfekt: V 2 a; Futur: V 2 b. 3 c; Aorist: V 7 a).

2. Zur Semantik von Röm 13, 1–7

Sofern die nun vorzunehmende Analyse auf die Erhebung der Argumentationsstruktur des Textes abzielt, ist bereits das Feld der Pragmatik tangiert. Doch liegt das Schwergewicht hier auf einer Beschreibung der Struktur der Argumentations*inhalte,* während die anschließende pragmatische Analyse die Argumentation in ihrer kommunikativen Funktion und Wirkung betrachtet.

2.1 Zur semantischen Struktur

Semantisch gliedert sich der Text deutlich in zwei Abschnitte. Der erste Abschnitt wird von der Klammer des Begriffs ὑποτάσσεσθαι zusammengehalten (VV 1–5). Er ist in seiner Aussage auf Allgemeingültigkeit bedacht. Er vermeidet jede direkte Ansprache der Leser und verwendet statt dessen die beschreibende 3. Person oder eine generische 2. Person Singular (VV 3 b c. 4 b), wie es diatribischem Stil entspricht[9]. Der zweite Abschnitt hingegen verwendet – von dem begründenden V 6 b einmal abgesehen – durchgehend die 2. Person Plural, spricht also die Leser unmittelbar an und gipfelt in der Aufforderung an diese, allen gegenüber ihre Verpflichtungen zu erfüllen.

Die beiden Abschnitte lassen sich weiter untergliedern. Dabei spielen die Sätze mit Subjektsergänzung zum Prädikat eine besondere Rolle (VV 1 b c.3 a.4 a d.6 b). Inhaltlich enthalten sie jeweils Begründungen. Strukturell liegen diese Begründungssätze allerdings nicht auf der gleichen Ebene, sondern sind noch einmal zu hierarchisieren.

Eine erste in sich geschlossene Argumentationseinheit stellen die

---

[9] So auch *H. Schlier,* Der Römerbrief (= HThK VI) (Freiburg-Basel-Wien 1977), 389; zur Sache vgl. *W. C. van Unnik,* Lob und Strafe durch die Obrigkeit. Hellenistisches zu Röm 13,3–4, in: *E. E. Ellis – E. Gräßer* (Hg.), Jesus und Paulus. FS W. G. Kümmel (Göttingen 1975), 334–343, 342 f.

VV 1 b–2 dar. Inhaltlich handelt es sich um eine theologische Argumentation, die durch die Wendungen ὑπὸ θεοῦ (V 1 b), ὑπὸ θεοῦ τεταγμέναι
(V 1 c) und ἡ τοῦ θεοῦ διαταγή (V 2 a) zusammengehalten wird. Der γάρ-
Satz in V 1 b c liefert mit seiner theologischen These einen nahezu axio-
matischen Ausgangspunkt. Der ὥστε-Satz in V 2 zieht die Schlußfolgerung daraus.

Die zweite Argumentationseinheit beginnt mit dem γάρ-Satz des V 3 a,
dessen These beim normativen Verhalten der ἄρχοντες ansetzt. Die beiden anschließenden Sätze in V 3 b c ziehen daraus – strukturell dem V 2
vergleichbar – die Schlußfolgerung mit Nutzanwendung auf eine gene-
risch erwartete Praxis (τὸ ἀγαθὸν ποιεῖν). Das ἀγαθὸν ἔργον bzw.
ἀγαθὸν ποιεῖν stellt zugleich die semantische Klammer zu V 4 a dar. Der
γάρ-Satz des V 4 a eröffnet daher keine eigenständige Argumentationseinheit, sondern ist als theologische Überhöhung bzw. Reflexion des Aus-
gangsbefundes von V 3 zu fassen. In antithetischer Entsprechung zu den
VV 3 b–4 a, die V 3a bezüglich des ἀγαθὸν ἔργον erläutern, tun dies die
VV 4 b–d bezüglich des κακὸν ἔργον. V 4b stellt eine Nutzanwendung
unter negativem Vorzeichen dar. Der anschließende γάρ-Satz in V 4 c bezieht sich inhaltlich allein auf V 4 b. In der Hierarchie des Textgefüges ist
er daher nicht zur Kategorie des theologischen Reflexionssatzes wie V 4 a
zu rechnen, von dem er sich auch syntaktisch deutlich unterscheidet. Inhaltlich und argumentativ entspricht V 4 c am ehesten der Folgerung von
V 3 c. Dagegen steht der γάρ-Satz von V 4 d auf der gleichen hierarchi-
schen Ebene wie V 4 a. Er stellt die theologische Überhöhung (Reflexion)
des normativen Befundes von V 3 a einschließlich der daraus gefolgerten
Nutzanwendung in V 4 b c dar.

V 5 zieht das Fazit. Mit ἀνάγκη ὑποτάσσεσθαι wiederholt er sachlich
den Imperativ von V 1 a, will aber – mit den beiden διά-Ausdrücken –
auch die Begründungen zusammenfassen. Worauf sich diese Zusammenfassung genauer bezieht, muß die Einzelanalyse klären.

Mit V 6 setzt eine neue Einheit ein. Die Verklammerung mit den
VV 1–5 erfolgt durch διὰ τοῦτο. Durch γὰρ καί wird ein neuer Gesichtspunkt in die Argumentation eingeführt, der im Unterschied zur Grundsätzlichkeit der Argumentationen des ersten Abschnitts nun direkt auf die
Praxis der Leser abhebt. Analog zum Vorgang in den VV 4 a und 4 d wird
auch dieser Gesichtspunkt theologisch reflektiert (V 6 b). Auf die syntaktische Verwandtschaft der VV 4 a.4 d.6 b wurde bereits verwiesen. V 7
bringt die abschließende, ebenfalls praxisbezogene Aufforderung, wobei
V 7 a zunächst grundsätzlich formuliert, während V 7 b c d e dann konkretisiert.

Insgesamt läßt sich die Semantik der Argumentationsstruktur dann folgendermaßen schematisieren[10]:

Grundsätzliche Ausführungen VV 1–5

Grundsätzliche Forderung (Prinzip)	V 1a	πᾶσα ψυχὴ ἐξουσίαις ὑπερεχούσαις ὑποτασσέσθω.

Erste Argumentation Ausgangspunkt: theologische These	V 1b V 1c	οὐ γὰρ ἔστιν ἐξουσία εἰ μὴ ὑπὸ θεοῦ, αἱ δὲ οὖσαι ὑπὸ θεοῦ τεταγμέναι εἰσίν.
Folgerung – positiv	V 2a	ὥστε ὁ ἀντιτασσόμενος τῇ ἐξουσίᾳ τῇ τοῦ θεοῦ διαταγῇ ἀνθέστηκεν.
– negativ	V 2b	οἱ δὲ ἀνθεστηκότες ἑαυτοῖς κρίμα λήμψονται.

Zweite Argumentation Ausgangspunkt: normative These	V 3a	οἱ γὰρ ἄρχοντες οὐκ εἰσὶν φόβος τῷ ἀγαθῷ ἔργῳ ἀλλὰ τῷ κακῷ.
positive Nutzanwendung	V 3b	θέλεις δὲ μὴ φοβεῖσθαι τὴν ἐξουσίαν, τὸ ἀγαθὸν ποίει.
Folgerung	V 3c	καὶ ἕξεις ἔπαινον ἐξ αὐτῆς.
theologische Reflexion	V 4a	θεοῦ γὰρ διάκονός ἐστιν σοὶ εἰς τὸ ἀγαθόν.
negative Nutzanwendung	V 4b	ἐὰν δὲ τὸ κακὸν ποιῇς, φοβοῦ
Folgerung theologische Reflexion	V 4c V 4d	οὐ γὰρ εἰκῇ τὴν μάχαιραν φορεῖ θεοῦ γὰρ διάκονός ἐστιν ἔκδικος εἰς ὀργὴν τῷ τὸ κακὸν πράσσοντι.

Fazit:

Grundsätzliche Forderung (Prinzip)	V 5a	διὸ ἀνάγκη ὑποτάσσεσθαι
Begründung (Motivation)	V 5b	οὐ μόνον διὰ τὴν ὀργὴν ἀλλὰ καὶ διὰ τὴν συνείδησιν.

Anwendung für die Leser VV 6–7

Argumentation Ausgangspunkt: Praxis	V 6a	διὰ τοῦτο γὰρ καὶ φόρους τελεῖτε.
theologische Reflexion	V 6b	λειτουργοὶ γὰρ θεοῦ εἰσιν εἰς αὐτὸ τοῦτο προσκαρτεροῦντες.

Grundsätzliche Aufforderung	V 7a	ἀπόδοτε πᾶσιν τὰς ὀφειλάς,
spezifische Aufgliederung	V 7b V 7c V 7d V 7e	τῷ τὸν φόρον τὸν φόρον, τῷ τὸ τέλος τὸ τέλος, τῷ τὸν φόβον τὸν φόβον, τῷ τὴν τιμὴν τὴν τιμήν.

---

[10] Zu einem ähnlichen Ergebnis kommt U. *Duchrow,* Christenheit und Weltverantwortung. Traditionsgeschichte und systematische Struktur der Zweireichelehre (= FBESG 25) (Stuttgart 1970), 138–140.

2.2 Einzelanalyse

2.2.1 Verse 1 und 2

πᾶσα ψυχή in *V 1 a* ist das Äquivalent zum hebräischen כָּל־נֶפֶשׁ, entspricht aber auch genuin griechischem Wortgebrauch[11]. Es bedeutet soviel wie „jedermann" im Sinne der Gesamtheit der Einzelpersonen. Mit den ἐξουσίαι wird hier die staatliche Obrigkeit in den Blick gefaßt. Dies ergibt sich nicht zuletzt aus dem Hinweis auf die Schwertgewalt in V 4. Einen Unterschied zu den ἄρχοντες in V 3 a läßt der Text nicht erkennen. Ein Bezug zu dämonischen Mächten ist wegen der Gehorsamsforderung und der göttlichen Verordnung (VV 1 b c.2 a) ausgeschlossen[12]. Der Plural ἐξουσίαι scheint darauf hinzuweisen, daß es dem Text nicht um den Staat als solchen geht, sondern um die Behörden und Staatsdiener, sofern sie konkret als ὑπερέχουσαι erfahren werden[13]. ὑποτάσσεσθαι heißt wörtlich „sich unter-*ordnen*"[14]. Der Ordnungsgedanke wird durch die wiederholte Verwendung des gleichen Stammes im Kontext noch unterstrichen (vgl. VV 1 c.2 a)[15].

---

[11] Vgl. *A. Dihle*, Art. ψυχή κτλ., in: ThWNT IX (1973) 605–614.630– 633.657–659.661.665. 666 f, bes. 614, 1; 630, 40 ff. Im NT vgl. noch: Röm 2,9; Apg 2,43; 3, 23; 27, 37; Offb 16, 3.

[12] Nach dem Vorgang von *H. Weinel*, Die Stellung des Urchristentums zum Staat (Tübingen 1908), 24, und *M. Dibelius*, Die Geisterwelt im Glauben des Paulus (Göttingen 1909), 200 (*Dibelius* hat später seine Interpretation widerrufen: *ders.*, Rom und die Christen im ersten Jahrhundert, in: *ders.*, Botschaft und Geschichte. Gesammelte Aufsätze II, hg. von *G. Bornkamm* [Tübingen 1956] 177–228, 180 f), wurde ein Bezug auf dämonische (Engel-) Mächte in jüngerer Zeit vor allem vertreten von: *O. Cullmann*, Der Staat im Neuen Testament (Tübingen ²1961), 46–51.68–81; *C. D. Morrison*, The Powers That Be. Earthly Rulers and Demonic Powers in Romans 13.1–7 (= SBT 29) (London 1960). Die entscheidenden Gegenargumente finden sich bei: *A. Strobel*, Zum Verständnis von Rm 13, in: ZNW 47 (1956) 67–93, 68–72; *E. Käsemann*, Römer 13, 1–7 (s. Anm. 2) 351–361; *ders.*, An die Römer (= HNT 8 a) (Tübingen ⁴1980), 340 f; *G. Delling*, Römer 13, 1–7 innerhalb der Briefe des Neuen Testaments (Berlin 1962), 20–34; *F. Neugebauer*, Zur Auslegung von Röm. 13, 1–7, in: KuD 8 (1962) 151–172, 168–172; *H. v. Campenhausen*, Zur Auslegung von Röm. 13. Die dämonistische Deutung des ἐξουσία-Begriffs, in: *ders.*, Aus der Frühzeit des Christentums. Studien zur Kirchengeschichte des ersten und zweiten Jahrhunderts (Tübingen 1963), 81–101; *V. Riekkinen*, Römer 13 (s. Anm. 2) 133–170. – Eine noch stärker theologisch befrachtete Interpretation der ἐξουσίαι legte *R. Walker*, Studie zu Röm 13, 1–7 (= TEH 132) (München 1966), vor: „sie sind solenne Vergegenwärtigung des Gotteswillens" (17), sie repräsentieren „Gottes Souveränität auf dem Felde der Geschichte" (20).

[13] Vgl. *E. Käsemann*, Röm (s. Anm. 12) 341 f; *U. Wilckens*, Röm III (s. Anm. 1) 32. Zur Terminologie: *A. Strobel*, Verständnis (s. Anm. 12) bes. 79. Zu ὑπερέχειν vgl. im NT noch: 1 Petr 2,13; 1 Tim 2,2.

[14] Zum Ordnungsgedanken im Corpus Paulinum vgl. *G. Delling*, Römer 13, 1–7 (s. Anm. 12) 39–44..

[15] Zum religionsgeschichtlichen Hintergrund der Gehorsamsforderung vgl. *P. Billerbeck*, Kommentar zum Neuen Testament aus Talmud und Midrasch III. Die Briefe des Neuen Testaments und die Offenbarung Johannis (München ⁴1965), 304; *H. Lietzmann*, An die

Begründet wird die Mahnung zur Unterordnung mit *V 1 b c*. Prinzipiell wird *jede* ἐξουσία auf Gott zurückgeführt (V 1 b), so daß auch die faktisch bestehenden (αἱ δὲ οὖσαι) von Gott verordnet sind (V 1 c)[16]. Damit ist zweifellos eine gewisse Relativierung staatlicher Macht zum Ausdruck gebracht, da diese weder in ihrer eigenen Natur begründet ist noch eine eigenständige religiöse Würde besitzt. Doch wird dies vom Text nicht ausgeführt[17]. Ihm kommt es allein auf die theologische Legitimation der bestehenden Ordnung an, um damit die Untergebenen zur Unterordnung anzuhalten.

Dies wird ganz eindeutig durch *V 2* bestätigt, der die Schlußfolgerung (ὥστε) aus V 1 b c zieht: Weil die Aussage, daß die staatliche Gewalt von Gott verordnet ist, sowohl prinzipiell als auch faktisch gilt, ist jeder Widerstand gegen sie in Wahrheit ein Widerstand gegen die Anordnung Gottes[18] und wird mit Gerichtssanktionen bedacht. κρίμα im Kontext mit ἡ τοῦ θεοῦ διαταγή meint sicherlich das *göttliche* Strafurteil[19]. Die Perspektive auf das eschatologische Gericht (vgl. Röm 12, 19; 13, 11 f) wird jedoch nicht weiter verfolgt[20]. Der Folgetext hebt auf die *unmittelbaren* staatlichen Sanktionen ab (vgl. VV 3 a.4 b c). Eben diese Sanktionen werden durch V 2 b als Vollzug des göttlichen Urteils qualifiziert (vgl. V 4 d).

Römer (= HNT 8) (Tübingen ⁵1971), 111 f; *G. Delling*, Römer 13, 1–7 (s. Anm. 12) 8–20; *W. Schrage*, Die Christen und der Staat nach dem Neuen Testament (Gütersloh 1971), 14–28; *J. Friedrich – W. Pöhlmann – P. Stuhlmacher*, Zur historischen Situation und Intention von Röm 13, 1–7, in: ZThK 73 (1976) 131–166, 145 f; und besonders: *V. Riekkinen*, Römer 13 (s. Anm. 2) 57–65, der m. E. zu Recht auf die Nähe zum griechisch-römischen Untertanenverständnis aufmerksam macht.

[16] Zum religionsgeschichtlichen Hintergrund der Einsetzung der Obrigkeit durch Gott siehe unten 3.2 mit Anm. 64 bis 69. Daß die „Anordnung" der Gewalten bei der *Schöpfung* geschehen sei (so u. a.: *E. Käsemann*, Grundsätzliches zur Interpretation von Röm 13, in: *ders.*, Exegetische Versuche und Besinnungen II [Tübingen ³1968] 204–222, 215), ist im Text nicht gesagt. Darin hat *R. Bergmeier*, Loyalität als Gegenstand paulinischer Paraklese. Eine religionsgeschichtliche Untersuchung zu Röm 13, 1ff und Jos. B. J. 2, 140: Theok. I 1967–1969 (Leiden 1970), 51–63, 56–61, recht.

[17] Eine viel deutlichere Relativierung nimmt 1 Petr 2, 13 vor, wo die staatlichen Autoritäten inklusive des Kaisers als ἀνθρωπίνη κτίσις gekennzeichnet werden. Vgl. dazu auch: *F. Laub*, Der Christ und die staatliche Gewalt – Zum Verständnis der „Politischen" Paränese Röm 13, 1–7 in der gegenwärtigen Diskussion, in: MThZ 30 (1979) 257–265, 262.

[18] Einen „rechtlich-politischen Charakter" hat διαταγή allerdings kaum: gegen *A. Strobel*, Verständnis (s. Anm. 12) 86, mit *J. Friedrich – W. Pöhlmann – P. Stuhlmacher*, Situation (s. Anm. 15) 136–140.

[19] Zum Ausdruck κρίμα λήμψονται vgl. Mk 12, 40; Lk 20, 47; Jak 3, 1.

[20] Zu betonen ist, daß die futurische Wendung als solche noch kein Indiz für ein eschatologisches Verständnis ist: gegen *U. Wilckens*, Röm III (s. Anm. 1) 33 Anm. 157 (gegen den nicht zuletzt die von ihm besonders hervorgehobene Stelle 1 Kor 11, 29 spricht : vgl. 1 Kor 11, 30!).

Zwischen V 2 a und V 2 b besteht das Verhältnis reziproker Entsprechung: Wie dort der Widerstand gegen die Staatsgewalt als Widerstand
gegen die göttliche Anordnung erscheint, so verleiht die göttliche Verurteilung, die sich die Widerstehenden selbst (ἑαυτοῖς!) zuziehen, den staatlichen Strafmaßnahmen eine theologische Dignität[21].

2.2.2 Verse 3 und 4

Mit *V 3 a* beginnt eine zweite Argumentationseinheit, die ebenfalls der
Begründung der Forderung von V 1 a dient. Doch geschieht der Rückbezug auf V 1 a nicht an den VV 1 b–2 vorbei, sondern unter gleichzeitigem
Bezug auf sie. Schon das Motiv des φόβος ist eine logische Fortführung
des Gedankens von V 2 b. φόβος meint daher nicht die Ehrfurcht (reve-
rentia), sondern die Furcht vor Strafe (vgl. VV 3 b.4 b). ἀγαθὸν bzw. κακὸν ἔργον steht für die handelnde Person und objektiviert deren Tat als
Grund und Kriterium für ihre Haltung gegen die Herrschenden.

Über das ἀγαθὸν bzw. κακὸν ἔργον ergibt sich eine Stichwortverbindung zur „Liebe" in Röm 12, 9 und 13, 10[22]. Doch hilft es an unserer Stelle
nur wenig weiter, wenn man das ἀγαθὸν ἔργον von V 3 a sofort mit der
Liebe identifiziert[23]. Zumindest der faktisch vorhandene römische Staat
wird sich in seinem Verhalten kaum an der christlichen ἀγάπη orientiert
haben. Aber auch wenn man im Blick auf die christlichen Leser mit der
Möglichkeit einer derartigen Identifizierung rechnet, zielt der Text in seiner eigentlichen Stoßrichtung darauf ab, daß die allgemein verlangte
Liebe sich im Sinne eines von den staatlichen Autoritäten erwarteten
bzw. von ihnen geförderten Wohl-Verhaltens konkretisieren muß[24]. Das

---

[21] Eine Alternative von staatlichem und göttlichem Strafurteil ist daher letztlich verfehlt.

[22] Eine andere Stichwortverbindung ergibt sich in Röm 13,7 (ἀπόδοτε πᾶσιν τὰς ὀφειλάς)
und 13,8 (μηδενὶ μηδὲν ὀφείλετε εἰ μὴ τὸ ἀλλήλους ἀγαπᾶν); siehe dazu unten 2.2.4 (zu
V 7). Auf weitere begriffliche Verklammerungen haben *J. Friedrich – W. Pöhlmann –
P. Stuhlmacher*, Situation (s. Anm. 15) 148 f, aufmerksam gemacht (vgl. auch *U. Wilckens,*
Röm III [s. Anm. 1] 30 f): τὸ ἀγαθόν/κακόν (13,3 a b.4 a d) 12,2.9.17.21; 13,10 – ἔκδικος
(13,4 d) ἐκδίκησις 12,19 – τιμή (13,7 e) 12,10 – ὀργή (13,4 d.5 b) 12,19. Dieser *begriffliche*
Befund ändert allerdings nichts daran, daß in Röm 13,1–7 *textsemantisch* ein neues Thema
bzw. (in bezug auf Röm 12,1 f) ein neues Unterthema auftaucht, das auch die Begriffe (Le-
xeme) inhaltlich neu strukturiert (monosemiert: Sememe).

[23] Für eine Identifizierung plädierte zuletzt vor allem *U. Wilckens,* Röm III (s. Anm. 1)
30 f.37.39. Völlig überspitzt ist der Gedanke bei *R. Walker,* Studie (s. Anm. 12) 33 f.

[24] In diesem Sinne etwa: *W. Schrage,* Ethik des Neuen Testaments (= GNT 4) (Göttingen
1982), 227 f; *K. Wengst,* Pax Romana, Anspruch und Wirklichkeit: Erfahrungen und Wahr-
nehmungen des Friedens bei Jesus und im Urchristentum (München 1986), 102 f (mit
Anm. 70).

ἀγαϑὸν bzw. κακὸν ἔργον meint daher speziell das *bürgerliche* Wohl- bzw. Miß-Verhalten[25]. Letztlich geht es um ein Verhalten, das seine – durchaus auch ethisch zu verstehende[26] – Güte bzw. Schlechtigkeit durch die Orientierung am Gemeinwohl gewinnt. Eine inhaltliche Qualifizierung des ἀγαϑόν oder Kriterien dafür werden nicht genannt. V 3 a, wie überhaupt die ganze Argumentation von VV 3–4, sind von der in der hellenistisch-römischen Antike allgemein anerkannten normativen Auffassung geleitet, nach der dem Herrscher die Aufgabe zukommt, das Gute (bonum commune) zu fördern und das Böse zu verhindern[27]. Mit Hilfe dieser (am Normativen orientierten) Vorstellung gewinnt der Text in V 3 a einen neuen argumentativen Ausgangspunkt zur Begründung der Gehorsamsforderung von V 1 a. Im Duktus dieser Argumentation konvergiert dann das ἀγαϑὸν ἔργον semantisch mit dem ὑποτάσσεσϑαι, weil so die Unterordnung im Dienste des (von der Obrigkeit zu fördernden) Gemeinwohls steht und umgekehrt das Verfolgen des Gemeinwohls (durch den Bürger) ein Zeichen der Unterordnung unter die Obrigkeit ist. Das ἀγαϑὸν ἔργον bekommt damit zugleich die semantische Note des loyalen Verhaltens. Daß es dem Text letztlich gerade darum geht, bestätigt *V 3 b,* der eine erste Nutzanwendung aus V 3 a zieht: Willst du aber die Gewalt nicht fürchten, (so) tue das Gute! τὸ ἀγαϑὸν ποίει läßt sich mühelos (und sachgerecht) paraphrasieren mit: „(so) verhalte dich loyal!" Diese Nutzanwendung hält auch der empirischen Nachprüfung stand, und zwar in bezug auf *jedwede* Obrigkeit. Doch bleibt festzuhalten, daß der semantische Ansatz dieser Aussage nicht einer opportunistischen Moral entstammt, sondern der eben genannten normativen Vorstellung.

Das gilt auch im Blick auf *V 3 c,* der die Folgerung aus dem bürgerlich guten = loyalen Verhalten zieht. Die angesprochene Belobigung entspricht der antiken Praxis. Zu verweisen ist in diesem Zusammenhang auf Ehrungen verdienter Bürger durch kommunale Behörden und vor allem

---

[25] Vgl. *H.-D. Wendland,* Ethik des Neuen Testaments. Eine Einführung (= GNT 4) (Göttingen 1970), 74: „Gut und Böse sind hier Begriffe der allgemeinen, bürgerlichen Moral, so wie sie jedermann versteht; etwas anderes als das bürgerlich Gute kann der Staat ja gar nicht fordern. Ihm geht es um Rechtlichkeit, Aufrechterhalten der Ordnung und bürgerliches Wohlverhalten." *W. Schrage,* Die Christen und der Staat nach dem Neuen Testament (Gütersloh 1971), 57: „... ‚das gute Werk', das den Staat nicht zu fürchten hat, ist nicht das am Maßstab der Agape, sondern an dem der iustitia civilis zu erkennende Gute." Zur Sache vgl. auch 1 Petr 2, 12.13 f.15.

[26] Gegen *E. Käsemann,* Röm (s. Anm. 12) 346.

[27] Vgl. dazu das Material, das *W. C. van Unnik,* Lob (s. Anm. 9), zusammengetragen hat.

auf die (briefliche) Belobigung von Kommunen durch den Kaiser[28]. Ob allerdings unser Text an derart offizielle Ehrungen denkt[29] oder auf eine allgemeine behördliche Wohlgesonnenheit abhebt, dürfte schwer zu entscheiden sein. Bemerkenswert ist, daß nach griechisch-hellenistischer Auffassung Lob und Strafe ausdrücklich zu den Aufgaben der Obrigkeit gehören, die damit eben die Bürger zum Guten anhalten und vom Bösen abhalten soll[30].

Die anschließende Begründung in *V 4 a* bezieht sich zunächst auf die in V 3 c genannte Lobfunktion. Mit εἰς τὸ ἀγαθόν ist nicht eine allgemeine moralische Erziehungsaufgabe des Staates angesprochen. Präzise geht es wiederum um das Gute, soweit es im Interesse des Staates liegt, also letztlich um das Gemeinwohl, das dem Staat aufgetragen ist. Dazu hat die Obrigkeit die Bürger anzuhalten, und eben deswegen verlangt sie von diesen bürgerliches Wohlverhalten (ἀγαθὸν ποιεῖν) und fördert es durch ihre Belobigungspraxis (V 3 b c). Diese Aufgabe der Obrigkeit will V 4 a aber nicht nur festhalten; vielmehr liegt ihm daran, die Obrigkeit in der Wahrnehmung dieser Funktion ausdrücklich als Beauftragte und Sachwalterin Gottes (θεοῦ διάκονος) zu bezeichnen. Den sachlichen Grund dafür liefert V 1 b c. Oder anders ausgedrückt: V 4 a reflektiert und begründet die (normative) antike Vorstellung von der Aufgabe des Staates (εἰς τὸ ἀγαθόν) im Lichte des theologischen Axioms von V 1 b und seiner faktischen Applikation in V 1 c.

Im antithetischen Parallelismus zu VV 3 b c.4 a erläutert *V 4 b c d* die Aussage des V 3 a hinsichtlich des κακόν (ἔργον). τὸ κακὸν ποιεῖν in V 4 b (= τὸ κακὸν πράσσειν: V 4 d) meint entsprechend daher nicht allgemein die moralische Untat, sondern speziell die *bürgerliche* Verweigerung, die sich dann konkret in der Vernachlässigung der Loyalität gegenüber der Obrigkeit niederschlägt.

---

[28] Siehe dazu: *A. Strobel*, Verständnis (s. Anm. 12) 80–85; *W. C. van Unnik*, Lob (s. Anm. 9). Vgl. auch: *R. Heiligenthal*, Werke als Zeichen. Untersuchungen zur Bedeutung der menschlichen Taten im Frühjudentum, Neuen Testament und Frühchristentum (= WUNT, 2. Reihe, 9) (Tübingen 1983), 104–107. Die von *Heiligenthal* vorgenommene Abgrenzung von *van Unnik* und *Strobel* (a. a. O. 106 f) kommt m. E. vor allem dadurch zustande, daß er die Traditionsgeschichte primär von der Gattungsfrage her angeht. Nicht überzeugend ist der Bezug zum Gotteslob, den *R. Walker*, Studie (s. Anm. 12) 36 f, herstellen möchte.

[29] So: *H. Schlier*, Röm (s. Anm. 9) 390; *U. Wilckens*, Röm III (s. Anm. 1) 34.

[30] *W. C. van Unnik*, Lob (s. Anm. 9) 342, stellt, sein Ergebnis zusammenfassend, fest: „Es ist aus diesen Zeugnissen nicht nur deutlich, *daß* die Erteilung von *Lob und Strafe* (Hervorhebung vom Verf.) als Aufgabe der guten Obrigkeit angesehen wurde, sondern auch *weshalb* sie diese Aufgabe zu erfüllen hatte. Das Ziel ist, die Bürger dadurch vom Bösen abzuhalten und zum Guten anzuleiten; die Regel hat einen ethischen Zweck."

V 4 c gibt zunächst den Grund an (γάρ), warum der „Übeltäter" die Obrigkeit zu fürchten hat, verweist indirekt damit aber auch – darin ganz analog zu V 3 c – auf die zu erwartenden Folgen für das κακὸν ποιεῖν. Es handelt sich also um eine versteckte Strafandrohung (οὐ γὰρ εἰκῇ!). μάχαιρα wird man kaum auf das *ius gladii* einengen dürfen, der Begriff steht hier wohl für die Strafgewalt der Obrigkeit im allgemeinen[31].

Analog zu V 4 a begründet *V 4 d* dann auch die Strafgewalt theologisch. Die Obrigkeit ist „Gottes Dienerin", wenn sie als ἔκδικος εἰς ὀργήν den „Übeltätern" gegenübertritt[32]. Die Wendung ἔκδικος εἰς ὀργήν sollte nicht vorschnell theologisch oder gar eschatologisch aufgeladen werden, sosehr auch Röm 12, 19 dazu verführen mag[33]. Entsprechend der staatlichen Belobigungspraxis für bürgerliches Wohlverhalten (V 3 c) steht hier vielmehr zunächst die *staatliche* Bestrafungspraxis zur Debatte[34]. Allerdings liegt unserem Text daran, die Obrigkeit in dieser ihrer Funktion (als Vollstreckerin der Strafgewalt) als θεοῦ διάκονος zu erweisen. Dies hat im wesentlichen wieder damit zu tun, daß die staatliche Strafpraxis, die der „Übeltäter" zu fürchten hat (VV 3 a.4 b c), durch die These von V 1 b c eine göttliche Legitimation erhält[35].

2.2.3 Vers 5

V 5 zieht die Schlußfolgerung aus den vorausgehenden Argumentationsgängen. *V 5 a* wiederholt zunächst die grundsätzliche Forderung von

---

[31] Vgl. dazu das Material und die Überlegungen bei *J. Friedrich – W. Pöhlmann – P. Stuhlmacher*, Situation (s. Anm. 15) 140–144.

[32] Ob die von *A. Strobel*, Verständnis (s. Anm. 12) 89 f, vorgeschlagene Übersetzung von ἔκδικος = „Anwalt" gegenüber der herkömmlichen Übersetzung „Rächerin, Vergelterin" zu bevorzugen ist, mag dahingestellt bleiben. Sachlich geht es darum, gegen den Übeltäter das Recht durchzusetzen, was ihm gegenüber nur auf ein Zorngericht hinauslaufen kann.

[33] Gegen *G. Schrenk*, Art. ἐκδικέω κτλ., in: ThWNT II (1955) 440–444, 443; *R. Walker*, Studie (s. Anm. 12) 39–46; *U. Wilckens*, Röm III (s. Anm. 1) 35. Zu Recht verneint *Wilckens*, ebd. Anm. 169, „eine entsprechende Zuordnung des ἔπαινος von seiten der staatlichen Gewalt zum endzeitlichen ἔπαινος ἐκ θεοῦ (2, 29 vgl. 2, 7.10; 1 Kor 4, 5; Eph 1, 6.12.14; 1 Petr 1, 7)"; die semantische Konsequenz für V 4 d (ὀργή) zieht er daraus nicht!

[34] Im gleichen Sinn spricht 1 Petr 2, 13 von der (staatlichen) ἐκδίκησις κακοποιῶν.

[35] Vgl. *R. Heiligenthal*, Werke (s. Anm. 28) 107– 110, 108 f: „Durch die Übernahme des jüdisch-christlichen Wortfeldes ‚Gericht nach den Werken' theologisiert Paulus ursprünglich pagan-griechische Tradition." Das ist im Effekt zwar richtig. Doch ist das Wortfeld „Gericht durch *Werke* " in V 2 b bestenfalls angedeutet, während das ἔργον in den VV 3–4, das zu ἔπαινος (!) und φόβος Anlaß gibt, rein der hellenistischen Vorstellungswelt entstammt. Die „Theologisierung" erfolgt daher – streng genommen – nicht durch das Wortfeld „Gericht durch Werke", sondern durch die Vorstellung von der göttlichen *„Anordnung"* der Obrigkeit (VV 1 b c.2), die dann auch die Funktion der Obrigkeit als theologisch qualifiziert erscheinen läßt (V 4 a d). Hier rächt sich, daß *Heiligenthal* ὀργή V 4 d zu schnell auf das göttliche Zorngericht bezieht (ebd. 107) und V 2 a und V 2 b ungebührlich auseinanderreißt (ebd. 99.103).

V 1 a. Deutlicher noch als der Imperativ dort betont ἀνάγκη die Unbedingtheit des Sollens[36].

Die beiden Präpositionalwendungen in *V 5 b* fassen die vorausgehenden Argumente zusammen, wobei – vereinfacht gesprochen – διὰ τὴν ὀργήν sich auf die VV 3–4 und διὰ τὴν συνείδησιν sich auf die VV 1 b–2 bezieht. διὰ τὴν ὀργήν nimmt direkt V 4 d auf. Die Gegenüberstellung zu συνείδησις unterstreicht noch einmal, daß es der ὀργή in V 4 d primär um das staatliche (und nicht um das eschatologische) Zorngericht geht, sosehr im staatlichen Strafvollzug auch ein von Gott verliehener Auftrag zum Zuge kommt. Sachlich läuft die Gegenüberstellung in V 5 b (mit οὐ μόνον … ἀλλὰ καί) auf eine Verhältnisbestimmung der Argumente von VV 3–4 und VV 1 b–2 hinaus. Die Unterordnung soll *nicht nur* aus Furcht vor Strafe erfolgen (vgl. VV 3–4). Daß dies nicht genügt, ergibt sich allerdings bereits aus dem Umstand, daß die Obrigkeit in ihrer Funktion als ἔκδικος εἰς ὀργήν eine von *Gott* zugewiesene Aufgabe erfüllt (V 4 d), die ihrerseits wieder in der Gottgesetztheit der Staatsgewalt begründet ist (VV 1 b–2). Eben wegen dieser *theologischen* Dimension der staatlichen Strafpraxis ist es mit einer reinen pönalgesetzlichen Furcht nicht getan. Diese bekommt selbst ethische Qualität, weil sie nicht nur mit dem Strafgesetz, sondern mit der „Anordnung Gottes" konfrontiert (vgl. V 2 a). Insofern ist die συνείδησις involviert. Die Frage, ob hier das speziell christliche Gewissen angesprochen ist[37], hat m. E. keinen Anhalt im Text. Zwar wendet sich dieser ganz selbstverständlich an Christen. Doch will er gerade deutlich machen, daß er von seinen christlichen Lesern nichts anderes verlangt als das, was von „jedermann" gefordert ist (V 1 a). συνείδησις ist daher im Sinne von Röm 2, 15 zu fassen: Sie ist die kritische „Instanz …, die die Übereinstimmung des Verhaltens mit der vorausgesetzten Norm prüft."[38]

---

[36] Eine inhaltliche Füllung von ἀνάγκη im Sinne einer göttlichen Weltordnung o. ä. ist überflüssig; gegen *W. Grundmann*, Art. ἀναγκάζω κτλ., in: ThWNT I (1933) 347–350, 350, mit: *E. Käsemann*, Röm (s. Anm. 12) 346.

[37] Vgl. die Erörterungen bei *U. Wilckens*, Röm III (s. Anm. 1) 36 f.

[38] *H.-J. Eckstein*, Der Begriff Syneidesis bei Paulus. Eine neutestamentlich-exegetische Untersuchung zum ‚Gewissensbegriff' (= WUNT, 2. Reihe, 10) (Tübingen 1983), 179 (zu Röm 2, 15). διὰ τὴν συνείδησιν in Röm 13, 5 macht *Eckstein* „als sinnvolle Abbreviatur der erstgenannten Argumente (d. h. der Argumente der VV 1.2; Anm. d. Verf.) verständlich … , die nicht am subjektiven Vor- oder Nachteil des einzelnen, sondern nur an der Gottheit Gottes und der dem Menschen daraus entspringenden Verantwortung orientiert sind" (ebd. 299). Dies stimmt mit den obigen Ausführungen überein, sofern man voraussetzt, daß die These von V 1 bc von „jedermann" geteilt wird. Von dieser Prämisse ist im Sinne des Textes m. E. auszugehen. Paulus argumentiert hier ähnlich wie in Röm 1, 18–32, wo er ebenfalls voraussetzt, daß auch die Heiden von Gott wissen.

2.2.4 Verse 6 und 7

Der Hinweis auf die Praxis des Steuerzahlens in *V 6 a* folgt unvermittelt. φόρος meint die direkte Steuer (= tributum) im Unterschied zu τέλος (vgl. V 7 c), dem Zoll bzw. der indirekten Steuer (= vectigal)[39]. Semantisch ist das φόρους τελεῖν ein Teil der in den VV 1–5 geforderten Loyalität gegen die Obrigkeit. Doch handelt es sich bei V 6 wohl nicht um eine weitere (nun praxisbezogene) Begründung der Forderung von V 1 a in Analogie zu VV 1 b–2 und 3–4. Eher ist V 6 als Spezifizierung der vorausgegangenen Aussagen insgesamt zu verstehen. διὰ τοῦτο γὰρ καί bezieht sich dann unmittelbar auf V 5: Eben deshalb, d. h., weil es nicht nur wegen der zu erwartenden Strafe, sondern um des Gewissens willen nötig ist, sich unterzuordnen, eben deshalb entrichtet ihr ja auch (γὰρ καί) Steuern[40]. Unwahrscheinlich ist dagegen, daß sich διὰ τοῦτο γὰρ καί speziell auf διὰ τὴν συνείδησιν in V 5 b β[41] oder „auf die zweimalige Charakterisierung der Mächte als Gottes Diener" in V 4 a d bezieht[42]. Letzteres ist schon deswegen unwahrscheinlich, weil in V 6 b selbst eine mit V 4 a d vergleichbare Begründung folgt.

Daß der Text den Hinweis auf die Praxis (V 6 a) im Sinne seiner Argumentation für wesentlich ansieht, zeigt die zusätzliche theologische Reflexion in *V 6 b*. λειτουργοὶ θεοῦ ist als Substitution von θεοῦ διάκονος in V 4 a d zu fassen und bringt die Dienstfunktion als solche zum Ausdruck. Eine priesterlich-kultische Qualität obrigkeitlichen Handelns steht nicht zur Debatte[43]. Allerdings ist bei λειτουργός (gegenüber διάκονος) stärker

---

[39] Vgl. *H. Schlier*, Röm (s. Anm. 9) 391; *A. Strobel*, Verständnis (s. Anm. 12) 88. Allerdings gibt es außer dem tributum (capitis oder soli), zu dem die peregrini, nicht die römischen Bürger verpflichtet waren, noch andere direkte Steuern, zu denen auch römische Bürger herangezogen wurden: so z. B. die Erbschaftssteuer, die Verkaufssteuer und die Freigelassenensteuer. Rückschlüsse auf die Sozialstruktur der römischen Christusgemeinde sind also von Röm 13,6 f aus nur bedingt möglich. Doch ist es aus anderen Gründen wahrscheinlich, daß die römischen Christen mehrheitlich peregrini waren; vgl. *P. Lampe*, Die stadtrömischen Christen in den ersten beiden Jahrhunderten (= WUNT, 2. Reihe, 18) (Tübingen 1987), 63 f.296 f.passim.

[40] τελεῖτε wird hier mit der überwältigenden Mehrheit der Ausleger als Indikativ und nicht als Imperativ verstanden; gegen: *J. Friedrich – W. Pöhlmann – Stuhlmacher*, Situation (s. Anm. 15) 160.164; *D. Zeller*, Der Brief an die Römer (Regensburg 1985), 214.

[41] Dies scheint *W. Schrage*, Christen (s. Anm. 25) 60, anzunehmen.

[42] Diese Möglichkeit favorisiert *U. Wilckens*, Röm III (s. Anm. 1) 37, unter Berufung auf *O. Kuss*, Paulus über die staatliche Gewalt, in: *ders.*, Auslegung und Verkündigung I. Aufsätze zur Exegese des Neuen Testamentes (Regensburg 1963), 246–259, 253 (auf S. 248 urteilt *Kuss* allerdings wieder etwas anders).

[43] Gegen *O. Eck*, Urgemeinde und Imperium. Ein Beitrag zur Frage nach der Stellung des Urchristentums zum Staat (= BFChTh 42, Heft 3) (Gütersloh 1940), 41; *H. W. Schmidt*, Der Brief des Paulus an die Römer (= ThHK VI) (Berlin ²1966), 221.

die *amtliche* Funktion im Dienste des Gemeinwesens hervorgekehrt[44]. Die Vertreter der Obrigkeit werden also geradezu als „Beamte" Gottes bezeichnet[45]. εἰς αὐτὸ τοῦτο προσκαρτεροῦντες entspricht zwar formal den Präpositionalwendungen in V 4 a d, darf aber inhaltlich nicht von dorther aufgefüllt werden[46]. Wie dort ist der Inhalt vielmehr aus dem unmittelbaren Kontext zu erheben. προσκαρτεροῦντες meint daher das andauernde Bedachtsein der Obrigkeit auf die Steuerleistung der Untergebenen. V 6 b bekräftigt und begründet dann die tatsächliche Steuerpraxis der Adressaten (V 6 a) mit dem Hinweis, daß der Staat bzw. seine Repräsentanten als Beamte Gottes agieren, wenn sie unentwegt auf der Steuerentrichtung bestehen. Der sachliche Grund für diese theologische Qualifikation der Steuererhebung ergibt sich wiederum (wie bei V 4 a d) aus der Gottgesetztheit der Obrigkeit (VV 1 b–2).

In *V 7 a* folgt eine Forderung: ἀπόδοτε πᾶσιν τὰς ὀφειλάς. Wegen πᾶσιν denken einige Erklärer an eine allgemeine, *alle Menschen* umfassende Pflichterfüllung und verweisen dafür auf 1 Petr 2, 17 und Röm 13, 8[47]. Beide Hinweise können die Beweislast nicht tragen. In 1 Petr 2, 17 ergibt sich die umfassende Bedeutung aus der konkreten Gegenüberstellung (ἀδελφότης, ϑεός, βασιλεύς), die in Röm 13, 7 fehlt[48]. Im Blick auf Röm 13, 8 ist zu sagen: Zwar liefert V 7 a das Stichwort (ὀφειλή) für die Verallgemeinerung in V 8. Aber die Verallgemeinerung erfolgt – semantisch eindeutig diagnostizierbar – eben erst in V 8 (durch die Konstellation mit der Liebe)[49]. Daran läßt V 7 a – für sich genommen – noch nicht denken. Im Duktus der Argumentation sind die πάντες kaum anders als auf die Obrigkeit zu beziehen. Ging es in V 6 um deren spezifische Konkretion als Steuerbehörde, so erhebt V 7 a die Forderung, der Obrigkeit gegenüber – und zwar in *jedweder* ihrer Erscheinungsformen und Funktionen –

---

[44] Vgl. *A. Strobel,* Verständnis (s. Anm. 12) 86 f.

[45] So übersetzt *U. Wilckens,* Röm III (s. Anm. 1) 29, den Begriff.

[46] Dies schlägt *Marlis Gielen,* Tradition und Theologie der neutestamentlichen Haustafelethik. Ein Beitrag zur Frage einer christlichen Auseinandersetzung mit gesellschaftlichen Normen (Diss. masch. Bonn 1987), 574, vor. Daß εἰς αὐτὸ τοῦτο προσκαρτεροῦντες zu V. 7 a gezogen werden müßte, wie *V. Riekkinen,* Römer 13 (s. Anm. 2) 35 f.215 (im Anschluß an *B. Bonsack)* vorschlägt (neuerdings wieder: *K. Wengst,* Pax [s. Anm. 24] 101), ist nicht überzeugend.

[47] In diese Richtung tendieren: *U. Wilckens,* Röm III (s. Anm. 1) 38; *J. Friedrich – W. Pöhlmann – P. Stuhlmacher,* Situation (s. Anm. 15) 165.

[48] Vgl. dazu auch: *M. Gielen,* Tradition (s. Anm. 46) 578 (mit Anm. 720).

[49] Dieses Urteil gilt selbst dann, wenn V 8 a noch zu Röm 13, 1–7 gezogen werden müßte (so *V. Riekkinen,* Römer 13 [s. Anm. 2] 34 f.215 f, unter Berufung auf *O. Merk,* Handeln aus Glauben. Die Motivierung der paulinischen Ethik [= MThSt 5] [Marburg 1968] 165), was m. E. aber unwahrscheinlich ist.

die Verpflichtungen zu erfüllen. Der Imperativ von V 7 a ist dann als Applikation des ὑποτάσσεσθαι von VV 1 a.5 a zu verstehen. Inhaltlich geht es um die Erfüllung der Loyalitätspflichten.

Schon deshalb ist es unwahrscheinlich, daß V 7 a auch die Pflicht und Schuldigkeit gegen Gott einschließt. Die theologischen Elemente, an denen dem Text zweifellos liegt (VV 1 b–2.4 ad.5 b β.6 b), bewegen sich auch sonst auf der Begründungs- und nicht auf der Forderungsebene. Im übrigen hängt ein möglicher Bezug auf Gott ganz wesentlich von der Wertung der folgenden Aussagen ab.

Völlig eindeutig ist das Verständnis von *V 7bc*. V 7 b greift V 6 auf und fordert nun, demjenigen Steuer zu zahlen, welchem man Steuer schuldig ist. V 7 c variiert diese Forderung in bezug auf den Zoll bzw. die indirekte Steuer.

Umstritten ist *V 7 d e*. Sind φόβος und τιμή gleichermaßen auf die Obrigkeit zu beziehen?[50] Oder ist zu differenzieren, so daß φόβος Gott und τιμή den Menschen gilt?[51] Zur Begründung der Differenzierung wird meist auf 1 Petr 2, 17 verwiesen: τὸν θεὸν φοβεῖσθε, τὸν βασιλέα τιμᾶτε. Aber auch das Jesuswort Mk 12, 17 wird ins Feld geführt: τὰ Καίσαρος ἀπόδοτε Καίσαρι καὶ τὰ τοῦ θεοῦ τῷ θεῷ[52]. Nun läßt sich kaum leugnen, daß Röm 13, 1–7 und 1 Petr 2, 13–17 traditionsgeschichtlich verwandt sind[53]. Und auch traditionsgeschichtliche Berührungen mit Mk 12, 17 müssen nicht prinzipiell ausgeschlossen werden[54]. Andererseits bleibt zu betonen, daß der Leser von Röm 13, 7 d e eine vergleichbare Differenzierung nicht erkennen kann bzw. nur dann erkennen könnte, wenn er V 7 d e ganz bewußt im Lichte von Mk 12, 17 oder 1 Petr 2, 17 le-

---

[50] So: *A. Strobel*, Furcht, wem Furcht gebührt. Zum profan-griechischen Hintergrund von Rm 13, 7, in: ZNW 55 (1964) 58–62; *H. Schlier*, Röm (s. Anm. 9) 392; *E. Käsemann*, Röm (s. Anm. 12) 346; *H.-J. Eckstein*, Begriff (s. Anm. 38) 287.
[51] So: *C. E. B. Cranfield*, A Critical and Exegetical Commentary on the Epistle to the Romans II. Commentary on Romans IX – XVI and Essays (= ICC) (Edinburgh 1979), 671–673; *W. Schrage*, Christen (s. Anm. 25) 61 Anm. 132; mit viel Sympathie erwogen auch von *U. Wilckens*, Röm III (s. Anm. 1) 38.
[52] In der lukanischen Parallelperikope fällt auch der Begriff φόρος: Lk 20,22.
[53] Vgl. auch 1 Tim 2, 1–3; Tit 3, 1–3. Zur Sache vgl. *U. Wilckens*, Römer 13, 1–7, in: ders., Rechtfertigung als Freiheit. Paulusstudien (Neukirchen-Vluyn 1974), 203–245, 211–215; *M. Gielen*, Tradition (s. Anm. 46) 582–603. Ein guter Überblick über die Forschungssituation findet sich bei *V. Riekkinen*, Römer 13 (s. Anm. 2) 66–95.
[54] Befürwortet von: *O. Eck*, Urgemeinde (s. Anm. 43) 23.42; *L. Goppelt*, Die Freiheit zur Kaisersteuer. Zu Mk. 12, 17 und Röm. 13, 1–7 (1961), in: ders., Christologie und Ethik. Aufsätze zum Neuen Testament (Göttingen 1968), 208–219, 216–219; vgl. *W. Schrage*, Christen (s. Anm. 25) 61 Anm. 132; ders., Ethik (s. Anm. 24) 229; *F. Neugebauer*, Auslegung (s. Anm. 12) 165; *U. Wilckens*, Röm III (s. Anm. 1) 38. Zur Diskussion vgl. *V. Riekkinen*, Römer 13 (s. Anm. 2) 86–94.

sen würde. Dies ist aber eine nicht zu beweisende Annahme. Geht man
von der Synchronie des Textes aus, so empfiehlt es sich, φόβος von der
Begriffsverwendung in VV 3 a b.4 b her zu verstehen [55]. φόβος meint dann
die Furcht vor Strafe. Doch trifft die Forderung von V 7 d nicht allein die
Übeltäter (vgl. VV 3 a.4 b d), sondern alle Bürger, die gerade dadurch, daß
sie die Strafgewalt der Obrigkeit „fürchten", von der bösen Tat abgehal-
ten werden (vgl. V 3 a und V 5 bα). Analog dazu ist dann τιμή wohl als die
Haltung zu bestimmen, die zum guten Werk motiviert (vgl. V 3 a und
V 5 bβ), also der Respekt, der der Obrigkeit aufgrund ihrer Gottgesetztheit zukommt.

Insgesamt bringt V 7 b–e keine neue Aussage. Der Text variiert noch
einmal – in nahezu plerophorischer Weise [56] – das bereits Gesagte nach
dem Motto von V 7 a.

3. Zur Pragmatik von Röm 13, 1–7

3.1 Das analytische Verfahren

Zur pragmatischen Analyse wird der Text mit Hilfe des Aktantenmodells
von *A. J. Greimas* strukturiert [57]. Dieses ist zwar von Haus aus ein Verfahren der strukturalen Semantik. In Anwendung auf persuasive Texte ist es
aber zugleich ein hervorragendes Instrumentarium zur Entschlüsselung
der Textpragmatik [58]. Es ist von folgendem Grundmodell auszugehen:

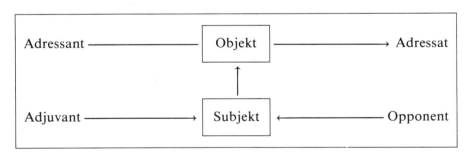

Zur Erklärung
- Die Relation „Adressant – Objekt – Adressat" bezieht sich auf die Ebene der Kommunikation unter *referentiellem bzw. kognitivem Aspekt:* Der Adressant macht eine Mitteilung
über das Objekt an den Adressaten.
- Der Subjekt-Objekt-Relation geht es um die *voluntative* Haltung des Adressaten, der damit zum Subjekt wird, gegenüber dem mitgeteilten Objekt: also um Begehren oder Hassen,
um Zustimmen oder Ablehnen usw.
- Als Adjuvant und Opponent sind diejenigen Faktoren zu verstehen, die die voluntative
Potenz des Subjekts – also das Wollen-*Können* – bestärken oder behindern.

Auf unseren Text übertragen, bedeutet das: Paulus (Adressant) macht eine Mitteilung über die übergeordneten Gewalten bzw. über den Gehorsam gegen die übergeordneten Gewalten (Objekt) an seine Leser (Adressat) (Ebene der Kommunikation). Diese Mitteilung erfolgt jedoch nicht rein „objektiv", sondern so, daß sie beim Adressaten eine bestimmte Einstellung zu ihr erreichen will (voluntative Ebene). Konkret geht es, wie schon der Imperativ von V 1 a deutlich macht, darum, daß die Adressaten den übergeordneten Gewalten gegenüber gehorsam sein *sollen* bzw. die V 1 a genannte prinzipielle Forderung *sich zu eigen machen sollen*. Als Adjuvanten bzw. Opponenten sind die Begründungen und Motivationen zu werten, mit deren Hilfe der Text die potentiellen Intentionen der Adressaten bestärken oder behindern will.

Um das Profil des Textes deutlicher hervortreten zu lassen, wird neben der vom Text positiv angezielten Haltung der Adressaten („Sich-Unterordnen") auch deren Opposition („Sich-Widersetzen") in die Überlegungen miteinbezogen. Damit sind die beiden Extreme markiert, zwischen denen sich das Verhalten gegenüber übergeordneten Gewalten abspielen kann. Dieses Vorgehen legt sich um so mehr nahe, als die genannte Opposition auch an der Textoberfläche realisiert ist und die tatsächlich vorhandenen Motivationen sich so mühelos als Adjuvanten und Opponenten eintragen lassen.

Es ergibt sich dann das nachfolgende Bild. Unterstrichen ist der tatsächliche Textverlauf (Textoberfläche). Die nicht unterstrichenen Textpartien geben die virtuellen Implikate und Oppositionen des tatsächlich realisierten Textes wieder.

[55] Daß φόβος – φοβεῖσθαι „geradezu topisch" auf Gott bezogen seien, wie *U. Wilckens*, Röm III (s. Anm. 1) 38, meint (vgl. *C. E. B. Cranfield*, Röm II [s. Anm. 51] 672), trifft nicht zu; vgl. im Corpus Paulinum: 1 Kor 2,3; 2 Kor 7,5.11.15; 11,3; 12,20; Gal 2,12; 4,11. Zum wechselnden Gebrauch von τιμᾶν und φοβεῖσθαι (bezogen auf Gott und die Obrigkeit) vgl. LXX Spr 7,1 a; 24,21.

[56] Vgl. *E. Käsemann*, Röm (s. Anm. 12) 346.

[57] *A. J. Greimas*, Strukturale Semantik. Methodologische Untersuchungen (= Wissenschaftstheorie – Wissenschaft und Philosophie 4) (Braunschweig 1971), 157–177, bes. 165.

[58] Zur Anwendung auf persuasive Texte siehe *O. Fuchs*, Sprechen in Gegensätzen. Meinung und Gegenmeinung in kirchlicher Rede (München 1978), 81–121.

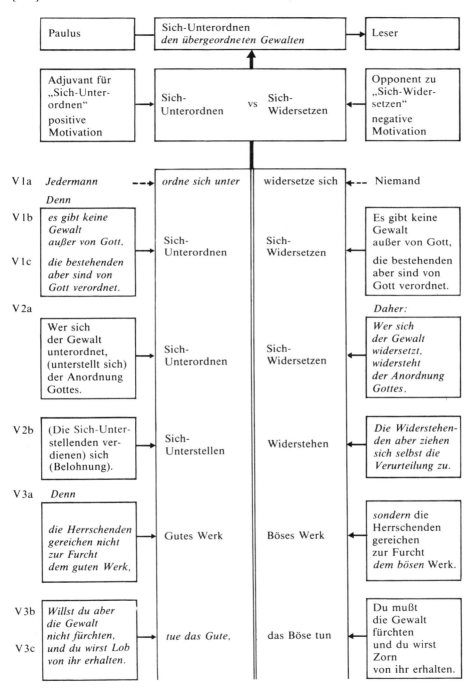

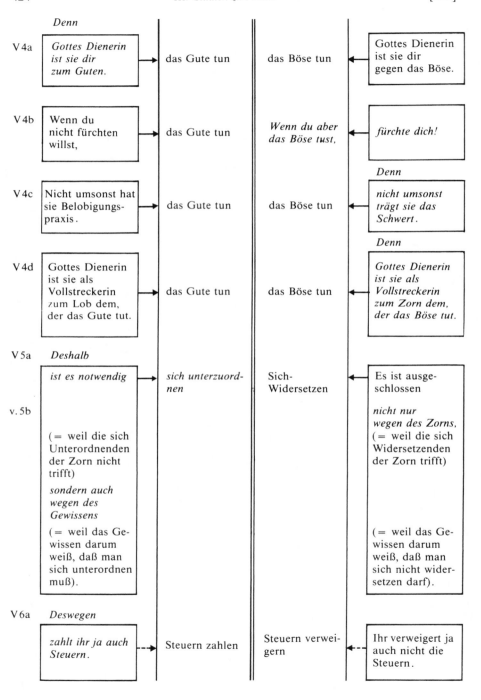

V 6b   *Denn*

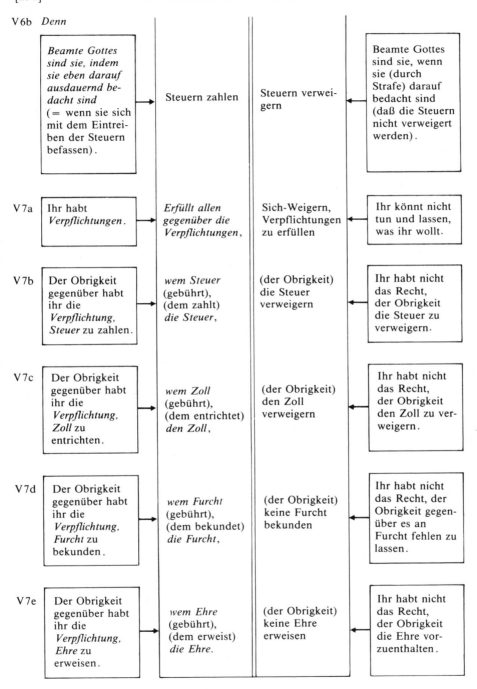

Beamte Gottes sind sie, indem sie eben darauf ausdauernd bedacht sind (= wenn sie sich mit dem Eintreiben der Steuern befassen).	Steuern zahlen	Steuern verweigern	Beamte Gottes sind sie, wenn sie (durch Strafe) darauf bedacht sind (daß die Steuern nicht verweigert werden).

V 7a

Ihr habt *Verpflichtungen.*	*Erfüllt allen gegenüber die Verpflichtungen,*	Sich-Weigern, Verpflichtungen zu erfüllen	Ihr könnt nicht tun und lassen, was ihr wollt.

V 7b

Der Obrigkeit gegenüber habt ihr die *Verpflichtung, Steuer* zu zahlen.	*wem Steuer (gebührt), (dem zahlt) die Steuer,*	(der Obrigkeit) die Steuer verweigern	Ihr habt nicht das Recht, der Obrigkeit die Steuer zu verweigern.

V 7c

Der Obrigkeit gegenüber habt ihr die *Verpflichtung, Zoll* zu entrichten.	*wem Zoll (gebührt), (dem entrichtet) den Zoll,*	(der Obrigkeit) den Zoll verweigern	Ihr habt nicht das Recht, der Obrigkeit den Zoll zu verweigern.

V 7d

Der Obrigkeit gegenüber habt ihr die *Verpflichtung, Furcht* zu bekunden.	*wem Furcht (gebührt), (dem bekundet) die Furcht,*	(der Obrigkeit) keine Furcht bekunden	Ihr habt nicht das Recht, der Obrigkeit gegenüber es an Furcht fehlen zu lassen.

V 7e

Der Obrigkeit gegenüber habt ihr die *Verpflichtung, Ehre* zu erweisen.	*wem Ehre (gebührt), (dem erweist) die Ehre.*	(der Obrigkeit) keine Ehre erweisen	Ihr habt nicht das Recht, der Obrigkeit die Ehre vorzuenthalten.

Eine ausführliche Erläuterung dieser Übersicht ist nicht nötig, da sie sich dem aufmerksamen Betrachter von selbst erschließen dürfte. Deshalb mögen einige Hinweise genügen.

Der Imperativ in V 1 a spricht die Leser nicht direkt an, sondern wendet sich an „jedermann" (πᾶσα ψυχή). Der latent vorhandene Gegensatz „Niemand widersetze sich!" unterstreicht den umfassenden, keine Ausnahme duldenden Charakter der Forderung[59]. Wer sich nicht gemäß V 1 a verhält, schert aus dem für „jedermann" Gültigen aus. Bezogen auf die Leser, geht damit von „jedermann" eine starke Motivation aus, die Forderung von V 1 a zu übernehmen. „Jedermann" wurde daher unter der Rubrik der Adjuvanten verzeichnet.

Interessant ist, daß das zuerst genannte Argument (V 1 b c) so formuliert ist, daß es nicht nur positiv die Forderung von V 1 a unterstützt und motiviert, sondern zugleich – ohne jede Umformung – der gegenteiligen Verhaltensweise zuwiderläuft. Adjuvant (in bezug auf das „Sich-Unterordnen") und Opponent (in bezug auf das „Sich-Widersetzen") sind also deckungsgleich. Damit deutet sich schon an, daß der Text nur diese beiden Extreme in den Blick faßt bzw. die Unterordnung mit dem Verzicht auf jedwedes Sich-Widersetzen gleichsetzt. Tatsächlich bewegt sich auch der folgende (Oberflächen-)Text nur in dieser bzw. einer entsprechend substituierten (ἀγαθὸν ποιεῖν vs κακὸν ποιεῖν) Oppositionalität. Das gilt zumindest für die VV 1–5.

Die VV 6–7 unterscheiden sich davon insofern, als in ihnen nur positive Motivationen realisiert sind[60]. Im folgenden sollen daher die VV 1–5 zunächst für sich besprochen werden, was im übrigen auch durch deren syntaktische und semantische Besonderheit gerechtfertigt sein dürfte.

3.2 Verse 1–5

Generell ist zu sagen, daß die Verse von der Opposition „Sich-Unterordnen vs Sich-Widersetzen" gekennzeichnet sind. Dabei zielt die Textpragmatik darauf ab, das erste Glied der Opposition zu bejahen und das zweite zu verneinen. Entsprechend kennt der Text *nur* Adjuvanten (posi-

---

[59] Daß sie nicht oder nur teilweise auf die übergeordneten Gewalten selbst zutrifft, zeigt, daß der Text aus der Sicht der Untergebenen bzw. im Blick auf diese formuliert ist.
[60] Das Fehlen von Oppositionen und Opponenten in den VV 6.7 erschwert natürlich das „Auffüllen" des Oberflächentextes, wie es oben in der Tabelle vorgeschlagen wurde. Der dort gebotene Text kann daher nicht den gleichen Sicherheitsgrad wie im Falle der VV 1–5 beanspruchen.

tive Motivationen) für die Unterordnung und *nur* Oppontenten (negative
Motivationen) gegen die Widersetzlichkeit. Opponenten gegen den Gehorsam fehlen genauso wie Adjuvanten für den Widerstand. Nicht einmal theoretisch werden entsprechend gegenläufige oder einschränkende
Motivationen reflektiert[61]. So fehlt dem Text – von der Argumentationsstruktur her – jede Differenzierung. Er läßt dem Leser keinen Spielraum,
über die Grenzen der Unterordnung oder über eine eventuell nötige Verweigerung des Gehorsams nachzudenken.

Das wird noch bestärkt durch die Art der Argumente, die zur Motivation der zu vermittelnden Handlungsstrategie (VV 1 a.5 a) eingeführt werden. Das erste und auch semantisch gewichtigste Argument liefern die
VV 1 b–2. Es nimmt seinen Ausgangspunkt bei der These von V 1 b. Sie ist
axiomatisch formuliert und läßt insofern kaum einen Widerspruch zu.
Nun könnte man darauf hinweisen, daß gerade diese These ein kritisches
Korrektiv enthält. Denn wenn alle Gewalt *von Gott* (ὑπὸ θεοῦ) verliehen
ist, dann läßt sich daraus natürlich auch folgern, daß die Machtbefugnis
der Obrigkeit in Gott bzw. in einer übergeordneten Ordnung ihre Grenzen findet, so daß die Obrigkeit, die ihre Kompetenzen überschreitet, genauso auf das göttliche Gericht verwiesen ist wie diejenigen, die sich ihr
(ungerechtfertigt) widersetzen (vgl. V 2 b). Doch ist es für den Text bezeichnend, daß er diese (virtuell) mögliche Schlußfolgerung eben nicht
zieht[62]. Diese Perspektive paßt nicht in seine pragmatische Strategie, welche die Leser unter allen Umständen zur Unterordnung bewegen will.
Dies wird bestätigt durch V 1 c, der die prinzipielle These des V 1 b auf
die faktisch bestehenden Herrschaftsverhältnisse anwendet. Damit ist die
Frage nach der Legitimität konkreter staatlicher Gehorsamsforderung so

---

[61] Der oben (3.1) dargebotene Raster zur Textanalyse gilt also nicht generell, sondern ist bereits der spezielle Raster *dieses* Textes.

[62] Die These, die Forderung von Röm 13, 1–7 stehe durch die Klammer von Röm 12, 1 f und
13, 11–14 unter eschatologischem Vorbehalt (vgl. dazu: O. *Merk,* Handeln [s. Anm. 49]
164.166 f; W. *Schrage,* Christen [s. Anm. 25] 54 f), trägt in diesem Zusammenhang wenig
aus. Man kann ihr zwar den (selbstverständlichen) Befund entnehmen, „daß der Gehorsam
gegen die politischen Gewalten nur in irdischer Vorläufigkeit geschieht" (*E. Käsemann,*
Röm [s. Anm. 12] 339 f). Doch zeichnet sich vor diesem Befund nur um so deutlicher die Eigenart unseres Textes ab, der aus dem eschatologischen Vorbehalt weder ein kritisches Wort
gegen die Obrigkeit noch eine Relativierung der Gehorsamsforderung ableitet. Dies muß
auch U. *Wilckens,* Röm III (s. Anm. 1) 40, konstatieren, der Röm 13, 1–7 ansonsten mit
Nachdruck „als Teil der Gesamtparänese Röm 12–13" wertet (ebd. 37; vgl. 30 f.39). Richtig
betont F. *Laub,* Christ (s. Anm. 17) 264 Anm. 32, daß „die Gehorsamsforderung von 13, 1–7,
wenn sie mit 13, 11–14 zusammengesehen wird, eine zusätzliche Dringlichkeit" bekommt.
Vgl. auch O. *Kuss,* Paulus (s. Anm. 42) 256 f.

gut wie ausgeblendet[63]. Die an sich bestehende Möglichkeit, die Gehorsamsforderung in ihrer Verbindlichkeit unter theologischen Kriterien zu differenzieren, wird vom Text also nicht genutzt. Er ist im Gegenteil darauf bedacht, diese Möglichkeit gar nicht erst dem Kalkül des Lesers auszusetzen. Die generalisierende Folgerung in V 2, die den Ungehorsam als Subversion der göttlichen Ordnung apostrophiert, läßt dem Leser denn auch keine andere (ethisch verantwortbare) Wahl mehr, als sich unterzuordnen.

Diese pragmatische Einseitigkeit der VV 1 b–2 ist um so mehr hervorzuheben, als die biblisch-frühjüdische Tradition, aus der die These von der Gottgesetztheit der Obrigkeit stammt[64], zu Differenzierungen durchaus in der Lage ist. Neben der reinen Feststellung des Tatbestandes[65] ist dort die Vorstellung nicht selten mit einer Mahnung an die Herrschenden verbunden, sich entsprechend zu verhalten[66], oder sie wird auch zur Begründung einer kritischen Distanz gegenüber den aktuell Herrschenden eingesetzt[67]. Eine mit Röm 13, 1 f wirklich vergleichbare unmittelbare An-

---

[63] So mit Nachdruck E. *Käsemann*, Röm (s. Anm. 12) 343. L. *Schottroff*, „Gebt dem Kaiser, was dem Kaiser gehört." Die theologische Antwort der urchristlichen Gemeinden auf ihre gesellschaftliche und politische Situation, in: *J. Moltmann* (Hg.), Annahme und Widerstand (= KT 79) (München 1984), 15–58, wertet Röm 13, 1–7 nach dem von Röm 12, 14–21 vorgezeichneten Verhaltensmuster (29–33): „Vergeltungsverzicht, Gerichtsprophetie und Feindesliebe" (33). Im Blick auf das Gottesgericht (29–33), im Wissen, daß Gott der wahre Herr der Geschichte sei (vgl. 37), und in der Erwartung eines baldigen Endes (37 f) könne der Christ „*seinen* Weg gehen" (37) und daher auch loyal sein. So sehr dies grundsätzlich aus christlicher und speziell paulinischer Sicht zutrifft, bleibt doch festzuhalten, daß die angesprochenen Motive in die Strategie des vorliegenden Textes kaum eingeflossen sind: Die Machthaber erscheinen nicht als Gegenüber zum wahren Herrn, sondern als dessen Beauftragte (VV 2 a.4 a d.6 b); der Gerichtsgedanke von Röm 12, 19 wird nicht prophetisch gegen die Mächte verwendet, sondern in geradezu gegenläufiger Version gegen die Untergebenen (V 2). Die Auskunft, daß Paulus die Grenze der Loyalitätsforderung nicht nenne, weil der „Kern des Problems ... der Widerstand gegen Satan und Sünde" gewesen sei (39–41; Zitat: 41), relativiert zwar (zu Recht) die Absolutheit der Forderung von Röm 13, 1–5, erklärt aber noch nicht, *warum* sie so absolut erhoben wurde.
[64] Vgl. V. *Riekkinen*, Römer 13 (s. Anm. 2) 53–57, und die in Anm. 15 genannten Autoren; außerdem: O. *Eck*, Urgemeinde (s. Anm. 43) 74–104; O. *Michel*, Der Brief an die Römer (= KEK IV) (Göttingen ³1963), 326 f; V. *Zsifkovits*, Der Staatsgedanke nach Paulus in Röm 13, 1–7 mit besonderer Berücksichtigung der Umwelt und der patristischen Auslegung (= WBTh VIII) (Wien 1964), 35–45; E. *Käsemann*, Röm (s. Anm. 12) 342; U. *Wilckens*, Röm III (s. Anm. 1) 33.
[65] Sir 17, 17; Arist 15.16.196.219.224; b. Ber 58 a (20.32.40); b. AZ 18 a Bar; j. Pea 8, 21a,29 f (mit Verweis auf Spr 8, 15 f).
[66] So besonders in der Weisheitsliteratur: Weish 6, 1–21; Sir 10, 1–18; vgl. Spr 8, 15 f. Indirekt schwingt diese moralische Seite der Aussage auch in den Aristeas-Stellen (s. vorige Anm.) mit. Vgl. auch JosAnt XV, 374 f.
[67] Vom Gericht Gottes bzw. des Menschensohnes über die Könige ist in äthHen 45, 4 f; syrBar 82, 9 die Rede. Kritisch ist auch Dan 2, 21 (vgl. 2, 29–45); 5, 21 (vgl. 5, 17–28); vgl.

wendung auf die Gehorsamsforderung begegnet überhaupt nicht[68]. Auch insofern zeigt also Röm 13, 1–2 ein eigenes und wohl bewußt gewähltes Profil[69].

Ein ähnlicher Befund ergibt sich in den *VV 3–4. U. Wilckens* bemerkt in diesem Zusammenhang: „Für die Kriterien zur Unterscheidung und inhaltlichen Bestimmung des Guten und des Bösen ist die staatliche Gewalt nicht zuständig; sie werden ihr von Gott gegeben, sie hat sie nicht nach ihrem eigenen, sondern nach Gottes Maßstab anzuwenden."[70] Auch wenn gegen die (vielleicht doch zu unmittelbare) Rückbindung an Gott Skepsis angebracht ist, bleibt festzuhalten, daß die Verse mit ihrem Bezug auf die (im weiteren Sinn) ethische Kategorie des ἀγαθόν bzw. κακόν einen Ansatz zur sachkritischen Begrenzung staatlicher Ansprüche und bürgerlichen Gehorsams enthalten. „Doch" – so muß auch *Wilckens* hinzufügen – „dieser Aspekt bleibt implizit."[71]

Pragmatisch ist die Strategie der VV 3–4 im wesentlichen dadurch bestimmt, daß – im Duktus der Argumentation – das ἀγαθόν bzw. κακὸν ποιεῖν als Ausdruck des ὑποτάσσεσθαι bzw. ἀντιτάσσεσθαι erscheint. Gerade so kann der Text die Unterordnung, die er vorher theologisch begründet hatte, nun auch ethisch motivieren, wobei er sich sowohl auf die tatsächliche Lob- und Strafpraxis des Staates stützen als diese auch als Ausdruck der göttlichen Anordnung darstellen kann.

Das Problem dieser Argumentationsfigur besteht darin, daß die Substituierbarkeit[72] von ὑποτάσσεσθαι und ἀγαθὸν ποιεῖν nur auf der Ebene

---

ExR 30 (89a) (mit Verweis auf Ps 99,4). Die These *L. Schottroffs*, Gebt dem Kaiser (s. Anm. 63) 36, ist, daher viel zu pauschal: „Die Radikalität der paulinischen Aussage von Röm 13,1 ist die Radikalität der Apokalyptik und ihrer Gottesvorstellung."

[68] Eine Parallelisierung mit der Furcht Gottes findet sich in Spr 24,21. Unklar bleibt Sir 4,27. Der hebräische Text liest: „Nicht sollst du dich nicht preisgeben einem Toren, und *nicht sollst du dich verweigern vor Herrschenden"* (Übersetzung nach *G. Sauer*, Jesus Sirach [ben Sira] [= JSHRZ III/5] [Gütersloh 1981], 515). Immerhin deutet der Kontext nicht auf unkritische Anpassung. Die griechische Version liest das genaue Gegenteil: „Unterwirf dich nicht dem Toren, *nimm keine Rücksicht auf den Herrscher!"* Die Aussage von JosBell II 140 bezieht sich wohl doch auf die sekteninterne Autorität (vgl. den Folgetext!); so auch: *F. Neugebauer*, Auslegung (s. Anm. 12) 159 Anm. 13; *R. Bergmeier*, Loyalität (s. Anm. 16) 53–56, der allerdings die Josephus-Stelle traditionsgeschichtlich überbewertet.

[69] Vgl. *U. Duchrow*, Christenheit (s. Anm. 10) 154 f; *F. Neugebauer*, Auslegung (s. Anm. 12) 158: „Wirkliche Parallelen für Röm. 13,1–7 gibt es nur hinsichtlich der Anschauung, die heidnische Obrigkeit sei von Gott eingesetzt." Doch spielt *Neugebauer* das hellenistisch-jüdische Material zu sehr herunter (ebd. 159), so daß sein Versuch, Röm 13, 1–7 als „typisch christliche Überlieferung" auszuweisen (ebd. 160–166; Zitat: 165), zu einseitig gerät.

[70] *U. Wilckens*, Röm III (s. Anm. 1) 35.

[71] Ebd.

[72] Zum Begriff der Substituierbarkeit vgl. *M. Titzmann*, Strukturale Textanalyse. Theorie und Praxis der Interpretation (= UTB 882) (München 1977), 112.

einer normativen Funktionsbestimmung der Obrigkeit funktioniert. Nur auf dieser Ebene ist auch die theologische Begründung der staatlichen Aufgaben εἰς τὸ ἀγαθόν bzw. εἰς τὴν ὀργήν (VV 4 a d) stimmig. Daß normative Funktionsdefinition und faktisches Verhalten der Obrigkeit auseinanderklaffen können, so daß das bürgerliche ἀγαθὸν ποιεῖν nicht mehr einfachhin als ὑποτάσσεσθαι zu bestimmen ist, wird vom Text bezeichnenderweise nicht bedacht. Indem er dies aber nicht tut und die Leser ohne Wenn und Aber zur Unterordnung auffordert, insinuiert er, daß die in der Praxis zu leistende und von der Obrigkeit erwartete Loyalität auch das ethisch und theologisch gebotene Verhalten ist. Eine kritische Reflexion dieser Korrelation wird vom Text geradezu ausgeblendet.

Verstärkt wird diese Beobachtung durch die betont herausgestellte Korrespondenz von ἀγαθὸν bzw. κακὸν ποιεῖν der Untergebenen und der lobenden bzw. strafenden *Praxis* des Staates (VV 3 b c.4 b c)[73]. Nun kann man sich zwar theoretisch vorstellen, daß der Leser hierbei nur eine normative (und nicht die faktische) Praxis der Obrigkeit assoziiert hat. Doch dürfte dies im Rahmen eines Textes, der selbst konkretes Verhalten einfordert, mehr als unwahrscheinlich sein. Praktisch bedeutet dies, daß die faktisch zu erwartende Reaktion der Obrigkeit zum Kriterium des ἀγαθὸν ποιεῖν wird, das dann auf den Erweis der Loyalität im Sinne einer unter allen Umständen zu leistenden Unterordnung hinausläuft.

Es ist klar, daß aus der Argumentation der VV 1 b–2.3–4 nur die unbedingt (ἀνάγκη) zu erhebende Forderung zur Unterordnung abgeleitet werden kann (V 5 a). Und der Leser – sollte er immer noch nicht willig sein, sich unterzuordnen – sieht sich nicht nur im Konflikt mit einer als allgemein gültig eingeführten Norm (V 1 a), sondern auch dem Vorwurf ausgesetzt, gegen sein eigenes Gewissen zu handeln (V 5 b). Insgesamt verfolgt der Text also eine ebenso zielstrebige wie einseitige Strategie. Die Unterordnung wird *unter allen Umständen* gefordert und die Widersetzlichkeit *unter allen Umständen* abgelehnt. Dem Leser wird kein Spielraum für ein differenziertes Urteil gelassen. Alle diesbezüglichen Möglichkeiten, die der Text virtuell durchaus enthält, werden der ver-

---

[73] Das Lobmotiv von V 3 c zeigt, daß die von *L. Schottroff,* Gebt dem Kaiser (s. Anm. 63) 46 (vgl. 23 f), hervorgehobene „Martyriumsbereitschaft" nur sehr begrenzt zur Erklärung von Röm 13, 1–7 herangezogen werden kann: „Wer keine schlechten Taten ... begangen hat, braucht sich vor dem Polizeischwert der römischen Behörden nicht zu fürchten, steht also ohne φόβος vor den Herrschenden, wenn er z. B. verhört oder geschlagen wird." Diese Beispiele passen nicht zum Text. Er spricht nicht von der Furchtlosigkeit derer, die trotz loyalen Handelns zu Märtyrern werden, sondern stellt dem loyal Handelnden zuversichtlich das staatliche Lob in Aussicht.

folgten Strategie geopfert und ausgeblendet. Insofern ist Röm 13, 1–5 ein höchst fragwürdiges Beispiel persuasiver Rede.

Dieses Urteil entstammt freilich einer rein objektiven Textbetrachtung – ohne Rücksicht auf die konkrete Situation, in der der Text entstanden ist. Es erhebt sich daher die Frage, ob die einseitige Textstrategie situationsbedingt sein könnte. Dies ist um so wahrscheinlicher, als auszuschließen ist, daß Paulus und seine Adressaten den römischen Staat nur als ideale Größe erfahren haben, so daß sich von daher die ungebrochene Loyalitätsforderung erklären ließe. Viele Ausleger betonen denn auch, daß die Verse „irgendwie konkret motiviert sein" müssen[74]. Eine genauere Situationsbestimmung muß allerdings hypothetisch bleiben. Der Text selbst stellt dafür, wenn überhaupt, in den VV 6 f einige Anhaltspunkte zur Verfügung.

3.3 Verse 6–7

Es wurde schon darauf hingewiesen, daß die VV 6–7 sich im Unterschied zum vorausgehenden Text direkt an die Leser wenden. Auch wurde bereits festgestellt, daß semantische Oppositionen in VV 6–7 nicht realisiert sind. Dies läßt auf eine vorsichtigere Textstrategie schließen.

Der Text beginnt denn auch – anders als V 1 a – nicht mit einem Imperativ, sondern mit einer Feststellung: „Deswegen zahlt ihr ja auch Steuern" (V 6a). Daß dazu die anschließende Forderung, die direkten und indirekten Steuern zu entrichten (V 7 b c), in einer gewissen Spannung steht, wird in der Literatur kaum vermerkt, könnte aber gerade pragmatisch sehr aufschlußreich sein. Diese Spannung ließe sich nämlich bestens erklären, wenn man voraussetzen dürfte, daß es unter den Lesern Tendenzen gab, die Zahlung der augenblicklich noch entrichteten Steu-

---

[74] *U. Wilckens,* Röm III (s. Anm. 1) 34. Einen Überblick über die in der Forschung diskutierten Situationen bietet *V. Riekkinen,* Römer 13 (s. Anm. 2) 96–117; *L. Schottroff,* Gebt dem Kaiser (s. Anm. 63) 20, ersetzt die Frage nach der historischen Situation durch die Frage nach dem Sitz im Leben und verweist (formgeschichtlich) auf die „Gemeindeparänese" (20) und (sozialgeschichtlich) auf die Martyriumsbereitschaft als „Mittel der Politik der kleinen Leute" (24). Nicht geklärt ist damit allerdings die Frage, „wieso Paulus so grundsätzlich, mit allem theologischen Nachdruck Loyalität anordnet" (20). Die Spannung bleibt bestehen, da ja auch *Schottroff* zwischen dem, was Röm 13, 1 f grundsätzlich fordert, und dem, was der Christ tatsächlich an Loyalität zu leisten hat (keine Steuerverweigerung, kein militärisch geführter Aufstand, keine Übertretung der sittlichen Gesetze des Staates; vgl. 41), unterscheiden muß. Dies ist letztlich genau die Spannung, die im Text selbst zwischen den VV 1–5 einerseits und den VV 6 f andererseits besteht. Insbesondere die in VV 6 f angesprochene Steuerproblematik scheint aber nicht auf eine typische (christliche) Lebenssituation, sondern auf eine historisch spezifische Situation zu verweisen.

ern einzustellen. Die VV 6 f hätten dann das pragmatische Ziel, dieser Tendenz entgegenzuwirken und die bisherige Praxis zu bestärken.

Diese Möglichkeit besitzt auch eine gewisse historische Plausibilität. Von besonderer Bedeutung ist in diesem Zusammenhang ein Vorgang aus dem Jahre 58 n. Chr. Damals entschloß sich Kaiser Nero zu einer Neuordnung des Abgabenwesens, und zwar aufgrund massiver Proteste des römischen Volkes gegen die Zollpächter[75]. Es ist immerhin gut denkbar, daß es im Kontext dieser öffentlichen Proteste auch in der römischen Christengemeinde (bzw. bei einzelnen Gemeindemitgliedern) zu Unmuts- und Unwilligkeitsäußerungen kam, die nun vor allem die zu leistenden Steuern betrafen[76]. Zeitlich würde dies mit der Abfassung des Römerbriefes übereinstimmen[77]. Dabei muß die christliche Verweigerungstendenz nicht einmal nur ökonomisch durch die drückende Steuerlast motiviert gewesen sein. Naherwartung und Enthusiasmus könnten das Ihre dazu beigetragen haben[78].

Für diese (gewiß hypothetische) Möglichkeit mag auch sprechen, daß unter ihrer Voraussetzung eine äußerst geschickte Textstrategie zum Vorschein kommt. In V 6 a verweist der Text auf die tatsächliche (noch geübte) Praxis. Indem er aber diese Praxis als spezifisches Argument für die vorher erhobene allgemeine Forderung der Unterordnung einführt (διὰ

---

[75] J. Friedrich – W. Pöhlmann – P. Stuhlmacher, Situation (s. Anm. 15) 156–159. Die entscheidenden Texte sind: Tacitus, Ann. 13, 50 f; Sueton, Nero 10. Schon vorher hatte A. Strobel, Furcht (s. Anm. 50) 61 f, auf einen Senatsbeschluß aus dem Jahre 53 n. Chr. hingewiesen, der zur Verschärfung der Situation beigetragen haben könnte.

[76] Vor diesem Hintergrund könnte die Befürchtung, die die Berater Neros in der erwähnten Tacitus-Notiz (s. Anm. 75) aussprechen, die aktuelle Situation von Röm 13, 6 f gut beleuchten, ohne daß man jedoch eine direkte Bezugnahme unterstellen dürfte: „Sie wiesen darauf hin, daß eine Verringerung der unabdingbaren öffentlichen Einnahmen die Auflösung des Reiches bedeuten würde. Denn als Folge der Aufhebung der Zölle (= portorium = vectigal = τέλος) werde man die Abschaffung der Steuern (= tributum = φόρος) überhaupt verlangen" (Übersetzung nach J. Friedrich – W. Pöhlmann – P. Stuhlmacher, Situation [s. Anm. 15] 157). Zu den Steuern und zur Möglichkeit der peregrini in der römischen Christengemeinde s. Anm. 39. J. Friedrich – W. Pöhlmann – P. Stuhlmacher, 158 f, weisen darauf hin, daß die eben erst wieder nach Rom zurückgekehrten Judenchristen (Claudiusedikt!) besonders unter der Besteuerung zu leiden hatten.

[77] Als Abfassungszeit für den Röm wird gewöhnlich das Jahr 55/56 oder 56/57 angegeben.

[78] Vgl. H. v. Campenhausen, Auslegung (s. Anm. 12) bes. 96–101; E. Käsemann, Röm (s. Anm. 12) 338.344 f.346 f. Dagegen ist es unwahrscheinlich, daß Sympathien für die Zeloten seitens der römischen Christengemeinde die Situation bestimmt haben sollen; gegen: M. Borg, A New Context for Romans XIII, in: NTS 19 (1972/73) 205–218. Nach E. Bammel, Romans 13, in: ders. – C. F. D. Moule (Hg.), Jesus and the Politics of His Days (Cambridge u. a. 1984) 365–383, 369–371, will Paulus in Röm 13 Verdächtigungen ausräumen, die ihn und die Gemeinde in die Nähe der Zeloten bringen konnten: „Romans 13 is written as a warning to the fellow members of the community and even as an alibi, a proof of innocence to the officials; It is the beginning of Christian apologetic" (375).

τοῦτο), bestärkt er die (angefochtene) Praxis und gibt bereits hier unausgesprochen zu erkennen, daß die Fortsetzung dieser Praxis im Lichte der VV 1–5 selbstverständlich ist. Ganz im Duktus der bisherigen Argumentation werden dann auch die Behörden, sofern sie andauernd (und weiterhin) auf die Entrichtung der Steuern bestehen, als „Beamte Gottes" ausgewiesen (V 6 b). Erst nach diesem pragmatisch geschickten Schachzug, der die (noch) bestehende Praxis zur ethischen Norm erhebt, folgt die explizite Forderung (V 7). Doch auch hier geht der Text relativ sensibel vor. Im Unterschied zur Forderung von V 5 a, die dem Leser argumentativ nahezu aufgezwungen wurde, wird der Imperativ von V 7 a stärker appellativ (als Erfüllung von Verpflichtungen) vermittelt. Erst unter dieser Prämisse – und im Gewand dieser Prämisse – werden dann die konkreten Forderungen laut, auf die der Text wohl letztlich abzielt (V 7 b c). Verglichen mit VV 1 a.5 a sind sie moderater formuliert. Vor allem durch τῷ τὸν φόρον/τῷ τὸ τέλος kommt eine gewisse Konditionalisierung ins Spiel. Die Verpflichtung zur Steuerzahlung besteht nicht absolut, sondern nur gegenüber denjenigen, die ein legitimes Anrecht darauf haben. Im Duktus des V 6 a b kann es allerdings keinen Zweifel geben, daß damit die ἐξουσίαι ὑπερέχουσαι gemeint sind, denen nach VV 1–5 unbedingte Loyalität zu erweisen ist. Dies wird auch durch die beiden Schlußforderungen in V 7 d e bestätigt, die mit τῷ τὸν φόβον bzw. τῷ τὴν τιμήν eben diesen Zusammenhang noch einmal unterstreichen.

Die vermutete historische Situation vorausgesetzt, werden auch die VV 1–5 besser verständlich. Ihre einseitige Textstrategie, die auf Unterordnung und Loyalität *unter allen Umständen* abzielt, steht letztlich im Dienste der VV 6–7. Paulus will die Gemeinde *unter allen Umständen* davon abhalten, sich zu Unmutsäußerungen gegen die Besteuerung oder gar zur Steuerverweigerung hinreißen zu lassen. Über die Motive dieses energischen Votums gibt der Text keine eindeutige Auskunft. Paulus ist wohl davon überzeugt, daß die Steuerzahlung prinzipiell zu den Pflichten des Christen gehört. Möglicherweise hält er die angemahnte steuerliche Loyalität für die im konkreten Fall erforderliche Applikation eines christlichen Ethos, das im Geiste Jesu Böses nicht mit Bösem vergilt, sondern den Gegner durch das Tun des Guten überzeugen will (vgl. Röm 12, 14–21)[79]. Das schließt nicht aus, daß Paulus auch das Wohl der christlichen Gemeinde im Auge hat. Proteste gegen Abgaben und noch mehr eine direkte Steuerverweigerung würden der ohnehin argwöhnisch beobachteten Ge-

---

[79] Insoweit könnte *L. Schottroff,* Gebt dem Kaiser (s. Anm. 63) 24–33, durchaus recht haben.

meinde den Vorwurf mangelnder Loyalität einbringen [80], möglicherweise sogar zu staatlichen Sanktionen und gesellschaftlicher Diskriminierung führen. Es kann durchaus sein, daß Paulus getrieben ist von der Sorge um den Bestand der römischen Gemeinde und um die Wirkmöglichkeit des Evangeliums im Zentrum der römischen Welt [81]. Was immer die Motivationen im einzelnen gewesen sein mögen, Paulus hält in jedem Fall christliche Proteste und Agitationen gegen die Steuern für völlig verfehlt und bekämpft sie daher mit allen ihm zu Gebote stehenden (theologischen und ethischen) Mitteln.

Die Anbindung von Röm 13, 1–7 an eine (allerdings hypothetische) historische Situation relativiert also die einseitige Textstrategie, wie sie als Befund einer objektiven, situationsunabhängigen Textbetrachtung insbesondere der VV 1–5 zum Vorschein kam. Rhetorisch und theologisch bleiben aber auch so noch Fragen. Es fällt auf, daß selbst in den (relativ sensibel formulierten) VV 6–7 eine Auseinandersetzung mit der Position der Adressaten nicht stattfindet. Dabei mag es dahingestellt sein, ob Paulus die Motive der römischen Christen, die gegen die Steuern aufbegehrten, für so verfehlt hielt, daß er sie nicht einmal nennen wollte, oder ob er die Motive nicht kannte oder sie bewußt verschwieg. In jedem Fall betreibt der Text allein die Durchsetzung des eigenen Standpunktes. Vor allem aber bleibt die Frage, ob der Preis, den Paulus mit seiner grundsätzlich-theologischen Argumentation (VV 1–5) zur Durchsetzung seiner – subjektiv und vielleicht auch objektiv durchaus richtigen und notwendigen – Option für die steuerliche Loyalität (VV 6–7) gezahlt hat, nicht doch zu hoch gewesen ist. Die Wirkungsgeschichte, die den Text dann oft ohne Situationsbezug gelesen und – durch seine eigene Formulierung verführt – als allgemein gültige Anweisung verstanden hat, gibt zu denken.

---

[80] Seit dem Judenedikt des Kaisers Claudius (Sueton, Claud. 25,4) dürfte der Argwohn besonders ausgeprägt gewesen sein. Vgl. auch die Verdächtigungen und Vorwürfe, die man heidnischerseits gegen die Christen vorgebracht hat: Tacitus, Ann. 15,44; Sueton, Nero 16,2; Plinius, ep. 10,96,2–4; dazu: *M. Gielen,* Tradition (s. Anm. 46) 489–492.

[81] Den missionarischen Zweck betont auch *D. Zeller,* Röm (s. Anm. 40) 220. *R. Heiligenthal,* Strategien konformer Ethik im Neuen Testament am Beispiel von Röm 13.1–7, in: NTS 29 (1983) 55–61; *ders.,* Werke (s. Anm. 28) 111 f, spricht von einer „Strategie konformer Ethik". Dies ist zutreffend, sofern man den Begriff rein deskriptiv und nicht wertend verwendet. Dann entfällt auch der Einwand von *L. Schottroff,* Gebt dem Kaiser (s. Anm. 63) 52, daß Röm 13,1–7 nicht „als Taktik einer an Ausbreitung interessierten Minderheit" verstanden werden dürfe. Selbstverständlich ist für Paulus die Steuerzahlung nicht nur taktisch, sondern auch ethisch geboten (vgl. VV 6 b.7 a). Wohl aber dürfte die Schärfe, mit der er sie zu motivieren und durchzusetzen versucht (VV 1–5), Teil eines situationsbedingten rhetorisch-taktischen Konzeptes sein.

4. Hermeneutische Perspektiven

(1) Röm 13, 1–7 entfaltet keine Staatslehre[82]. Weder wird der Staat „als Provisorium" „für die Dauer dieses Äons" gezeichnet[83], wenngleich dies wohl als selbstverständlich vorausgesetzt wird, noch steht „der Gedanke der gegenwärtigen Herrschaft Christi und des damit verbundenen Sieges über die Engelmächte" hinter Röm 13, 1–7[84]. Es fehlt „jeglicher Ansatz für eine naturrechtliche Staatstheorie"[85]. Die Aussage, daß die Gewalt auf die „Anordnung Gottes" zurückgeht (V 2), beinhaltet – streng genommen – noch nicht einmal eine schöpfungstheologische Begründung des Staates, wenngleich es natürlich richtig ist, daß aus der „Anordnung" eine Ordnung folgt und Schöpfungs- und Geschichtstheologie nicht gegeneinander ausgespielt werden dürfen[86]. Auch der Gedanke, daß der Staat als Bollwerk gegen das sonst aufkommende Chaos fungiere[87], ist nur indirekt angedeutet. Alle diese Interpretationen erfassen gewiß etwas Richtiges und können sich insofern auf Röm 13, 1–7 berufen, als dort tatsächlich die Gottgesetztheit der Obrigkeit und deren normative Funktion vorausgesetzt und festgehalten wird. Allzu leicht wird dabei aber übersehen, daß der Text die diesbezüglichen Aussagen nicht zur Entfaltung eines für sich bestehenden doktrinären Sinnes (Staatstheorie) einsetzt, sondern mit ihnen einen bestimmten *paränetischen Zweck* verfolgt. Diese Funktionalität der Obrigkeitsaussagen sollte davor warnen, sie vorschnell zu dogmatischen Urteilen zu erheben. Eine Systematisierung müßte zumindest die religions-, kultur- und sozialgeschichtliche Bedingtheit des Textsinnes mit in Rechnung stellen.

---

[82] Das hat mit Nachdruck *E. Wolf,* Die Königsherrschaft Christi und der Staat, in: *W. Schmauch – ders.,* Königsherrschaft Christi. Der Christ im Staat (= TEH 64) (München 1958), 20–61, 42 f.48 f passim, herausgestellt.

[83] *O. Cullmann,* Staat (s. Anm. 12) 43.

[84] *O. Cullmann,* a.a.O. 73. Die christologische Interpretation ist sachlich vor allem von *Karl Barth* aufgegriffen und ausgebaut worden; vgl. dazu *E. Käsemann,* Römer 13, 1–7 (s. Anm. 2) 361–365.

[85] *U. Wilckens,* Röm III (s. Anm. 1) 34. Die „naturrechtliche" Interpretation ist vor allem auf katholischer Seite vertreten worden, zuletzt ausführlich von *V. Zsifkovits,* Staatsgedanke (s. Anm. 64) bes. 11–114. Zur Kritik vgl. *V. Riekkinen,* Römer 13 (s. Anm. 2) 180–186. Die entscheidende Frage lautet, ob mit dem Begriff des Naturrechts nicht eine Kategorie an den Text herangetragen wird, die dessen Sinnhorizont bei weitem übersteigt.

[86] Das betont zu Recht *U. Duchrow,* Christenheit (s. Anm. 10) 156.

[87] So: *W. Böld,* Obrigkeit von Gott? Studien zum staats-theologischen Aspekt des Neuen Testamentes (Hamburg 1962), 60–62; vgl. *H. W. Schmidt,* Röm (s. Anm. 43) 218. Eine positive heilsgeschichtliche Funktion sprach *O. Eck,* Urgemeinde (s. Anm. 43), dem Staate zu: „integrierender Bestandteil der Heilsordnung" (71), „eine Stufe auf dem Wege, der zur Vollendung des Reiches Gottes führt" (70 f); hinter ihm stehe „das allgemein bekannte Gesetz Gottes" (120).

(2) Im übrigen kann der Sinn des Textes nur unter Berücksichtigung seines Zweckes angemessen bestimmt werden. Der primäre Zweck des Textes aber ist es, *unter allen Umständen Unterordnung bzw. Loyalität gegenüber der Obrigkeit zu erreichen.* Doch läßt sich auch daraus kaum eine allgemeingültige Anweisung ableiten, weil „unter allen Umständen" sich wohl nicht auf ein zeitloses Immer, sondern auf eine konkrete geschichtliche Situation bezieht. Dies schränkt die Umsetzbarkeit von Röm 13, 1–7 in allgemeine ethische Richtlinien erheblich ein, da eine Umsetzung nicht nur die Bedingtheit des Sinnes, sondern auch des Zweckes von Röm 13, 1–7 zu berücksichtigen hat. Eine über die konkrete Situation hinausgehende allgemeine Auswertung hat daher auch die Grenzen der verlangten Unterordnung bzw. Loyalität zu reflektieren. Hierzu ist gerade das im Text (aufgrund seiner zweckgebundenen Strategie) ausgeblendete, in ihm aber (unter der Textoberfläche) enthaltene kritische Potential zu erheben, also die *Gott*gesetztheit und damit auch *Gott*verantwortlichkeit der Obrigkeit und deren Bindung an das bonum commune. Insofern ist der Text, soll er zur Vermittlung eines allgemeineren Sinnes und Zweckes eingesetzt werden, gegen den Strich seiner eigenen konkreten Abzweckung zu bürsten.

(3) Bei einer Übersetzung ins Heute ist zu berücksichtigen, daß es in einer Demokratie, in der wir hierzulande leben, die vom Text vorausgesetzte prinzipielle Gegenüberstellung von übergeordneter Staatsgewalt und Untergebenen nicht gibt. Zudem leben wir in einem säkularen Staat, in dem die Macht vom Volke ausgeht und von den Machthabern nicht als gottgegeben beansprucht werden kann. Eine metaphysische Begründung der *Obrigkeit*, wie sie der Text in VV 1 b– 2 voraussetzt, kann daher nicht mehr übernommen werden. Eine angemessene Übersetzung von Röm 13, 1–7 wird den Schwerpunkt auf die „Anordnung" einer *Ordnung* legen. Aus ihr läßt sich wohl die Notwendigkeit einer formalen Institution (Staat) folgern, die der Aufrechterhaltung dieser Ordnung zu dienen hat. Andererseits ist diese Institution an eben dieser ihrer Funktionalität zu messen, so daß auch der Staat sich „unter-ordnen" muß und an die Stelle der Unterordnung unter die Obrigkeit eine Unterordnung von Machthabern und Bürgern unter eine beiden vorgegebene und – religiös gesprochen – von Gott gesetzte Ordnung tritt. In bezug auf die Bürger enthält dann die Forderung zur Unterordnung zugleich die Aufforderung zur kritischen Beobachtung der staatlichen Gewaltausübung. Im Extremfall kann die geforderte Ein-Ordnung sogar Gehorsamsverweigerung und Widerstand verlangen. In jedem Fall darf dem Christen das Gemeinwohl nicht gleichgültig sein. Dieses im Auge zu behalten und dafür – auch in

politischem Engagement – Sorge zu tragen ist wohl die sachgerechteste Übersetzung der ohne Wenn und Aber erhobenen Unterordnungsforderung von Röm 13, 1–7. Gerade so erfüllt der Glaubende seinen spezifisch christlichen Auftrag (Röm 12, 1 f), indem er auch seine politische Existenz als Gottesdienst im Alltag der Welt gestaltet[88].

(4) Eine inhaltliche Bestimmung der übergeordneten Ordnung (bonum commune) nimmt Röm 13, 1–7 nicht vor. Doch läßt der Text immerhin in Ansätzen erkennen, daß die Ordnung funktional zu bestimmen ist (vgl. εἰς τὸ ἀγαθόν bzw. εἰς ὀργὴν τῷ τὸ κακὸν πράσσοντι in V 4 a d). Konkrete Handlungsanweisung kann aus Röm 13, 1–7 nur schwer abgeleitet werden. Das gilt besonders dann, wenn – wie in vielen aktuellen politischen Fragen – das, was dem Gemeinwohl dient, selbst unterschiedlich beurteilt wird. Aus Röm 13, 1–7 läßt sich aber immerhin folgern, *daß* das Gemeinwohl (und nicht irgendwelche Gruppeninteressen) das ausschlaggebende Kriterium in der Entscheidungsfindung sein muß. Dieser an sich selbstverständliche Satz muß dann aber auch die Art und Weise der gesellschaftlichen Auseinandersetzung bestimmen. Er verlangt Sachdebatte statt emotionaler Aufgebrachtheit und – in demokratischer Gesellschaft – Kompromißbereitschaft statt missionarischen Bekehrungseifer.

---

[88] Auf diesen Zusammenhang hat mit Recht immer wieder *E. Käsemann* hingewiesen: *ders.*, Römer 13, 1–7 (s. Anm. 2) 374–376; *ders.*, Grundsätzliches (s. Anm. 16); *ders.*, Röm (s. Anm. 12) 347; vgl. auch: *ders.*, Gottesdienst im Alltag der Welt. Zu Römer 12, in: *ders.*, Exegetische Versuche und Besinnungen II (Tübingen ³1968), 198–204.

Nachweis der Erstveröffentlichung

1. Ägyptische Einflüsse auf die messianische Sohn-Gottes-Aussage des Neuen Testaments

   Hubert Cancik/Hermann Lichtenberger/Peter Schäfer (Hrsg.), Geschichte – Tradition – Reflexion. Festschrift für Martin Hengel, Bd. III Frühes Christentum (hrsg. v. Hermann Lichtenberger), 1996, 21–48; J.C.B. Mohr (Paul Siebeck) Tübingen.

2. Der Sühnetod Jesu nach dem Zeugnis des Neuen Testaments

   H. Heinz/K. Kienzler/J. J. Petuchowski (Hrsg.), Versöhnung in der jüdischen und christlichen Liturgie (QD 124), 1990, 155–183; Verlag Herder, Freiburg-Basel-Wien.

3. Gericht und Heil. Zur heilsamen Funktion des Gerichts bei Johannes dem Täufer, Jesus und Paulus

   Schöpfung und Neuschöpfung, JBTh 5 (1990) 71–92; Neukirchener Verlag, Neukirchen-Vluyn.

4. Eschatologie im Neuen Testament

   H. Althaus (Hrsg.), Apokalyptik und Eschatologie. Sinn und Ziel der Geschichte, 1987, 11–42; Verlag Herder, Freiburg-Basel-Wien.

5. Integrative Bibelauslegung? Methodische und hermeneutische Aspekte

   BiKi 44 (1989) 117–123; Katholisches Bibelwerk e.V., Stuttgart.

6. Die Reich-Gottes-Verkündigung Jesu

   P. Gordan (Hrsg.), Säkulare Welt und Reich Gottes, 1988, 51–79; Verlag Styria, Graz-Wien-Köln.

7. Die Einzigkeit Gottes als die sachliche Grundlage der Botschaft Jesu

   Der eine Gott der beiden Testamente, JBTh 2 (1987) 13–32; Neukirchener Verlag, Neukirchen-Vluyn.

8. Wie hat Jesus seinen Tod verstanden?

   Pastoralblatt 48 (12/1996) 355–366; J.B. Bachem Verlag, Köln.

9. Die Heilung des Besessenen von Gerasa (Mk 5,1–20). Ein Fallbeispiel für die tiefenpsychologische Deutung E. Drewermanns und die historisch-kritische Exegese

   F. Van Segbroeck/F. M. Tuckett/G. Van Belle/J. Verheyden (Hrsg.), The Four Gospels. FS F. Neirynck (BEThL 100), 1992, 1017–1037; University Press – Uitgeverij Peeters, Leuven.

10. Mk 16,1–8 als Epilog des Markusevangeliums

    C. Focant (ed.), The Synoptic Gospels. Source Criticism and the New Literary Criticism (BEThL 110), 1993, 209–238; University Press/Uitgeverij Peeters, Leuven.

11. Geschöpf und Kind. Zur Theologie der hymnischen Vorlage des Johannes-prologs

> Rainer Kampling/Thomas Söding (Hrsg.), Ekklesiologie des Neuen Testaments. FS Karl Kertelge, 1996, 162–183; Verlag Herder, Freiburg-Basel-Wien.

12. Gott und Welt. Eine exemplarische Interpretation von Joh 2,25–3,21; 12,20–36 zur theologischen Bestimmung des johanneischen Dualismus

> Thomas Söding (Hrsg.), Der lebendige Gott. Studien zur Theologie des Neuen Testaments. FS Wilhelm Thüsing (NTA NF 31), 1996, 287–305; Aschendorff, Münster.

13. Das paulinische Paradox des Kreuzes

> TThZ 106 (1997) 81–98; Paulinus Verlag, Trier.

14. „Nicht aus Werken des Gesetzes ...". Eine Auslegung von Gal 2,15–21

> H. Merklein/K. Müller/G. Stemberger (Hrsg.), Bibel in jüdischer und christlicher Tradition. FS J. Maier (BBB 88), 1993, 121–136; Anton Hain, Frankfurt (jetzt: Philo Verlagsgesellschaft, Bodenheim).

15. Paulus und die Sünde

> Hubert Frankemölle (Hrsg.), Sünde und Erlösung im Neuen Testament (QD 161), 1996, 123–163; Verlag Herder, Freiburg-Basel-Wien.

16. Der (neue) Bund als Thema der paulinischen Theologie

> ThQ 176 (1996) 290–308; Erich Wewel Verlag, München.

17. Der Theologe als Prophet. Zur Funktion prophetischen Redens im theologischen Diskurs des Paulus

> NTS 38 (1992) 402–429, Cambridge University Press.

18. Sinn und Zweck von Röm 13,1–7. Zur semantischen und pragmatischen Struktur eines umstrittenen Textes

> H. Merklein (Hrsg.), Neues Testament und Ethik. FS R. Schnackenburg, 1989, 238–270; Verlag Herder, Freiburg-Basel-Wien.

Stellenverzeichnis

I. Altes Testament

II. Frühjüdisches Schrifttum

III. Neues Testament

Sachregister

Wissenschaftliche Untersuchungen zum Neuen Testament

Alphabetische Übersicht der ersten und zweiten Reihe

Anderson, Paul N.: The Christology of the Fourth Gospel. 1996. *Band II/78.*

Appold, Mark L.: The Oneness Motif in the Fourth Gospel. 1976. *Band II/1.*

Arnold, Clinton E.: The Colossian Syncretism. 1995. *Band II/77.*

Avemarie, Friedrich und *Hermann Lichtenberger* (Hrsg.): Bund und Tora. 1996. *Band 92.*

Bachmann, Michael: Sünder oder Übertreter. 1992. *Band 59.*

Baker, William R.: Personal Speech-Ethics in the Epistle of James. 1995. *Band II/68.*

Balla, Peter: Challenges to New Testament Theology. 1997. *Band II/95.*

Bammel, Ernst: Judaica. Band I 1986. *Band 37* – Band II 1997. *Band 91.*

Bash, Anthony: Ambassadors for Christ. 1997. *Band II/92.*

Bauernfeind, Otto: Kommentar und Studien zur Apostelgeschichte. 1980. *Band 22.*

Bayer, Hans Friedrich: Jesus' Predictions of Vindication and Resurrection. 1986. *Band II/20.*

Bell, Richard H.: Provoked to Jealousy. 1994. *Band II/63.*

– No One Seeks for God. 1998. *Band 106.*

Bergman, Jan: siehe *Kieffer, René*

Betz, Otto: Jesus, der Messias Israels. 1987. *Band 42.*

– Jesus, der Herr der Kirche. 1990. *Band 52.*

Beyschlag, Karlmann: Simon Magus und die christliche Gnosis. 1974. *Band 16.*

Bittner, Wolfgang J.: Jesu Zeichen im Johannesevangelium. 1987. *Band II/26.*

Bjerkelund, Carl J.: Tauta Egeneto. 1987. *Band 40.*

Blackburn, Barry Lee: Theios Anēr and the Markan Miracle Traditions. 1991. *Band II/40.*

Bockmuehl, Markus N.A.: Revelation and Mystery in Ancient Judaism and Pauline Christianity. 1990. *Band II/36.*

Böhlig, Alexander: Gnosis und Synkretismus. Teil 1 1989. *Band 47* – Teil 2 1989. *Band 48.*

Böttrich, Christfried: Weltweisheit – Menschheitsethik – Urkult. 1992. *Band II/50.*

Bolyki, János: Jesu Tischgemeinschaften. 1997. *Band II/96.*

Büchli, Jörg: Der Poimandres – ein paganisiertes Evangelium. 1987. *Band II/27.*

Bühner, Jan A.: Der Gesandte und sein Weg im 4. Evangelium. 1977. *Band II/2.*

Burchard, Christoph: Untersuchungen zu Joseph und Aseneth. 1965. *Band 8.*

Cancik, Hubert (Hrsg.): Markus-Philologie. 1984. *Band 33.*

Capes, David B.: Old Testament Yaweh Texts in Paul's Christology. 1992. *Band II/47.*

Caragounis, Chrys C.: The Son of Man. 1986. *Band 38.*

– siehe *Fridrichsen, Anton.*

Carleton Paget, James: The Epistle of Barnabas. 1994. *Band II/64.*

Ciampa, Roy E.: The Presence and Function of Scripture in Galatians 1 and 2. 1998. *Band II/102.*

Crump, David: Jesus the Intercessor. 1992. *Band II/49.*

Deines, Roland: Jüdische Steingefäße und pharisäische Frömmigkeit. 1993. *Band II/52.*

– Die Pharisäer. 1997. *Band 101.*

Dietzfelbinger, Christian: Der Abschied des Kommenden. 1997. *Band 95.*

Dobbeler, Axel von: Glaube als Teilhabe. 1987. *Band II/22.*

Du Toit, David S.: Theios Anthropos. 1997. *Band II/91*

Dunn, James D.G. (Hrsg.): Jews and Christians. 1992. *Band 66.*

– Paul and the Mosaic Law. 1996. *Band 89.*

Ebertz, Michael N.: Das Charisma des Gekreuzigten. 1987. *Band 45.*

Eckstein, Hans-Joachim: Der Begriff Syneidesis bei Paulus. 1983. *Band II/10.*

– Verheißung und Gesetz. 1996. *Band 86.*

Ego, Beate: Im Himmel wie auf Erden. 1989. *Band II/34.*

Eisen, Ute E.: siehe *Paulsen, Henning.*

Ellis, E. Earle: Prophecy and Hermeneutic in Early Christianity. 1978. *Band 18.*

– The Old Testament in Early Christianity. 1991. *Band 54.*

Ennulat, Andreas: Die ›Minor Agreements‹. 1994. *Band II/62.*

Ensor, Peter W.: Jesus and His ›Works‹. 1996. *Band II/85.*

Eskola, Timo: Theodicy and Predestination in Pauline Soteriology. 1998. *Band II/100.*

Feldmeier, Reinhard: Die Krisis des Gottessohnes. 1987. *Band II/21.*

– Die Christen als Fremde. 1992. *Band 64.*

Feldmeier, Reinhard und *Ulrich Heckel* (Hrsg.):
Die Heiden. 1994. *Band 70.*

Fletcher-Louis, Crispin H.T.: Luke-Acts:
Angels, Christology and Soteriology. 1997.
Band II/94.

Forbes, Christopher Brian: Prophecy and
Inspired Speech in Early Christianity and
its Hellenistic Environment. 1995.
Band II/75.

Fornberg, Tord: siehe *Fridrichsen, Anton.*

Fossum, Jarl E.: The Name of God and the
Angel of the Lord. 1985. *Band 36.*

Frenschkowski, Marco: Offenbarung und
Epiphanie. Band 1 1995. *Band II/79* –
Band 2 1997. *Band II/80.*

Frey, Jörg: Eugen Drewermann und die
biblische Exegese. 1995. *Band II/71.*

– Die johanneische Eschatologie. Band I.
1997. *Band 96.*

Fridrichsen, Anton: Exegetical Writings. Hrsg.
von C.C. Caragounis und T. Fornberg. 1994.
Band 76.

Garlington, Don B.: ›The Obedience of Faith‹.
1991. *Band II/38.*

– Faith, Obedience, and Perseverance. 1994.
Band 79.

Garnet, Paul: Salvation and Atonement in the
Qumran Scrolls. 1977. *Band II/3.*

Gese, Michael: Das Vermächtnis des Apostels.
1997. *Band II/99.*

Gräßer, Erich: Der Alte Bund im Neuen. 1985.
Band 35.

Green, Joel B.: The Death of Jesus. 1988.
Band II/33.

Gundry Volf, Judith M.: Paul and Perseverance.
1990. *Band II/37.*

Hafemann, Scott J.: Suffering and the Spirit.
1986. *Band II/19.*

– Paul, Moses, and the History of Israel.
1995. *Band 81.*

Hartman, Lars: Text-Centered New Testament
Studies. Hrsg. von D. Hellholm. 1997.
Band 102.

Heckel, Theo K.: Der Innere Mensch. 1993.
Band II/53.

Heckel, Ulrich: Kraft in Schwachheit. 1993.
Band II/56.

– siehe *Feldmeier, Reinhard.*

– siehe *Hengel, Martin.*

Heiligenthal, Roman: Werke als Zeichen. 1983.
Band II/9.

Hellholm, D.: siehe *Hartman, Lars.*

Hemer, Colin J.: The Book of Acts in the
Setting of Hellenistic History. 1989.
Band 49.

Hengel, Martin: Judentum und Hellenismus.
1969, ³1988. *Band 10.*

– Die johanneische Frage. 1993.
Band 67.

– Judaica et Hellenistica. Band 1. 1996.
Band 90.

Hengel, Martin und *Ulrich Heckel* (Hrsg.):
Paulus und das antike Judentum. 1991.
Band 58.

Hengel, Martin und *Hermut Löhr* (Hrsg.):
Schriftauslegung im antiken Judentum und
im Urchristentum. 1994. *Band 73.*

Hengel, Martin und *Anna Maria Schwemer*
(Hrsg.): Königsherrschaft Gottes und
himmlischer Kult. 1991. *Band 55.*

– Die Septuaginta. 1994. *Band 72.*

Herrenbrück, Fritz: Jesus und die Zöllner.
1990. *Band II/41.*

Herzer, Jens: Paulus oder Petrus? 1998.
Band 103.

Hoegen-Rohls, Christina: Der nachösterliche
Johannes. 1996. *Band II/84.*

Hofius, Otfried: Katapausis. 1970.
Band 11.

– Der Vorhang vor dem Thron Gottes. 1972.
Band 14.

– Der Christushymnus Philipper 2,6–11. 1976,
²1991. *Band 17.*

– Paulusstudien. 1989, ²1994. *Band 51.*

Hofius, Otfried und *Hans-Christian Kammler:*
Johannesstudien. 1996. *Band 88.*

Holtz, Traugott: Geschichte und Theologie des
Urchristentums. 1991. *Band 57.*

Hommel, Hildebrecht: Sebasmata. Band 1
1983. *Band 31* – Band 2 1984. *Band 32.*

Hvalvik, Reidar: The Struggle for Scripture
and Covenant. 1996. *Band II/82.*

Kähler, Christoph: Jesu Gleichnisse als Poesie
und Therapie. 1995. *Band 78.*

Kammler, Hans-Christian: siehe *Hofius,
Otfried.*

Kamlah, Ehrhard: Die Form der katalogischen
Paränese im Neuen Testament. 1964.
Band 7.

Kieffer, René und *Jan Bergman (Hrsg.)*: La
Main de Dieu / Die Hand Gottes. 1997.
Band 94.

Kim, Seyoon: The Origin of Paul's Gospel.
1981, ²1984. *Band II/4.*

– »The ›Son of Man‹« as the Son of God.
1983. *Band 30.*

Kleinknecht, Karl Th.: Der leidende
Gerechtfertigte. 1984, ²1988.
Band II/13.

Klinghardt, Matthias: Gesetz und Volk Gottes.
1988. *Band II/32.*

Köhler, Wolf-Dietrich: Rezeption des Matthäusevangeliums in der Zeit vor Irenäus. 1987. *Band II/24.*

Korn, Manfred: Die Geschichte Jesu in veränderter Zeit. 1993. *Band II/51.*

Koskenniemi, Erkki: Apollonios von Tyana in der neutestamentlichen Exegese. 1994. *Band II/61.*

Kraus, Wolfgang: Das Volk Gottes. 1996. *Band 85.*

– siehe *Walter, Nikolaus.*

Kuhn, Karl G.: Achtzehngebet und Vaterunser und der Reim. 1950. *Band 1.*

Laansma, Jon: I Will Give You Rest. 1997. *Band II/98.*

Lampe, Peter: Die stadtrömischen Christen in den ersten beiden Jahrhunderten. 1987, ²1989. *Band II/18.*

Lau, Andrew: Manifest in Flesh. 1996. *Band II/86.*

Lichtenberger, Hermann: siehe *Avemarie, Friedrich.*

Lieu, Samuel N.C.: Manichaeism in the Later Roman Empire and Medieval China. ²1992. *Band 63.*

Loader, William R.G.: Jesus' Attitude Towards the Law. 1997. *Band II/97.*

Löhr, Gebhard: Verherrlichung Gottes durch Philosophie. 1997. *Band 97.*

Löhr, Hermut: siehe *Hengel, Martin.*

Löhr, Winrich Alfried: Basilides und seine Schule. 1995. *Band 83.*

Luomanen, Petri: Entering the Kingdom of Heaven. 1998. *Band II/101.*

Maier, Gerhard: Mensch und freier Wille. 1971. *Band 12.*

– Die Johannesoffenbarung und die Kirche. 1981. *Band 25.*

Markschies, Christoph: Valentinus Gnosticus? 1992. *Band 65.*

Marshall, Peter: Enmity in Corinth: Social Conventions in Paul's Relations with the Corinthians. 1987. *Band II/23.*

Meade, David G.: Pseudonymity and Canon. 1986. *Band 39.*

Meadors, Edward P.: Jesus the Messianic Herald of Salvation. 1995. *Band II/72.*

Meißner, Stefan: Die Heimholung des Ketzers. 1996. *Band II/87.*

Mell, Ulrich: Die »anderen« Winzer. 1994. *Band 77.*

Mengel, Berthold: Studien zum Philipperbrief. 1982. *Band II/8.*

Merkel, Helmut: Die Widersprüche zwischen den Evangelien. 1971. *Band 13.*

Merklein, Helmut: Studien zu Jesus und Paulus. Band 1 1987. *Band 43.* – Band 2 1998. *Band 105.*

Metzler, Karin: Der griechische Begriff des Verzeihens. 1991. *Band II/44.*

Metzner, Rainer: Die Rezeption des Matthäusevangeliums im 1. Petrusbrief. 1995. *Band II/74.*

Mittmann-Richert, Ulrike: Magnifikat und Benediktus. 1996. *Band II/90.*

Niebuhr, Karl-Wilhelm: Gesetz und Paränese. 1987. *Band II/28.*

– Heidenapostel aus Israel. 1992. *Band 62.*

Nissen, Andreas: Gott und der Nächste im antiken Judentum. 1974. *Band 15.*

Noormann, Rolf: Irenäus als Paulusinterpret. 1994. *Band II/66.*

Obermann, Andreas: Die christologische Erfüllung der Schrift im Johannesevangelium. 1996. *Band II/83.*

Okure, Teresa: The Johannine Approach to Mission. 1988. *Band II/31.*

Paulsen, Henning: Studien zur Literatur und Geschichte des frühen Christentums. Hrsg. von Ute E. Eisen. 1997. *Band 99.*

Park, Eung Chun: The Mission Discourse in Matthew's Interpretation. 1995. *Band II/81.*

Philonenko, Marc (Hrsg.): Le Trône de Dieu. 1993. *Band 69.*

Pilhofer, Peter: Presbyteron Kreitton. 1990. *Band II/39.*

– Philippi. Band 1 1995. *Band 87.*

Pöhlmann, Wolfgang: Der Verlorene Sohn und das Haus. 1993. *Band 68.*

Pokorný, Petr und *Josef B. Souček:* Bibelauslegung als Theologie. 1997. *Band 100.*

Prieur, Alexander: Die Verkündigung der Gottesherrschaft. 1996. *Band II/89.*

Probst, Hermann: Paulus und der Brief. 1991. *Band II/45.*

Räisänen, Heikki: Paul and the Law. 1983, ²1987. *Band 29.*

Rehkopf, Friedrich: Die lukanische Sonderquelle. 1959. *Band 5.*

Rein, Matthias: Die Heilung des Blindgeborenen (Joh 9). 1995. *Band II/73.*

Reinmuth, Eckart: Pseudo-Philo und Lukas. 1994. *Band 74.*

Reiser, Marius: Syntax und Stil des Markusevangeliums. 1984. *Band II/11.*

Richards, E. Randolph: The Secretary in the Letters of Paul. 1991. *Band II/42.*

Riesner, Rainer: Jesus als Lehrer. 1981, ³1988. *Band II/7.*

– Die Frühzeit des Apostels Paulus. 1994. *Band 71.*

Rissi, Mathias: Die Theologie des Hebräer-briefs. 1987. *Band 41.*

Röhser, Günter: Metaphorik und Personifika-tion der Sünde. 1987. *Band II/25.*

Rose, Christian: Die Wolke der Zeugen. 1994. *Band II/60.*

Rüger, Hans Peter: Die Weisheitsschrift aus der Kairoer Geniza. 1991. *Band 53.*

Sänger, Dieter: Antikes Judentum und die Mysterien. 1980. *Band II/5.*

– Die Verkündigung des Gekreuzigten und Israel. 1994. *Band 75.*

Salzmann, Jorg Christian: Lehren und Ermahnen. 1994. *Band II/59.*

Sandnes, Karl Olav: Paul – One of the Prophets? 1991. *Band II/43.*

Sato, Migaku: Q und Prophetie. 1988. *Band II/29.*

Schaper, Joachim: Eschatology in the Greek Psalter. 1995. *Band II/76.*

Schimanowski, Gottfried: Weisheit und Messias. 1985. *Band II/17.*

Schlichting, Günter: Ein jüdisches Leben Jesu. 1982. *Band 24.*

Schnabel, Eckhard J.: Law and Wisdom from Ben Sira to Paul. 1985. *Band II/16.*

Schutter, William L.: Hermeneutic and Composition in I Peter. 1989. *Band II/30.*

Schwartz, Daniel R.: Studies in the Jewish Background of Christianity. 1992. *Band 60.*

Schwemer, Anna Maria: siehe *Hengel, Martin*

Scott, James M.: Adoption as Sons of God. 1992. *Band II/48.*

– Paul and the Nations. 1995. *Band 84.*

Siegert, Folker: Drei hellenistisch-jüdische Predigten. Teil I 1980. *Band 20* – Teil II 1992. *Band 61.*

– Nag-Hammadi-Register. 1982. *Band 26.*

– Argumentation bei Paulus. 1985. *Band 34.*

– Philon von Alexandrien. 1988. *Band 46.*

Simon, Marcel: Le christianisme antique et son contexte religieux I/II. 1981. *Band 23.*

Snodgrass, Klyne: The Parable of the Wicked Tenants. 1983. *Band 27.*

Söding, Thomas: Das Wort vom Kreuz. 1997. *Band 93.*

– siehe *Thüsing, Wilhelm.*

Sommer, Urs: Die Passionsgeschichte des Markusevangeliums. 1993. *Band II/58.*

Souček, Josef B.: siehe *Pokorný, Petr.*

Spangenberg, Volker: Herrlichkeit des Neuen Bundes. 1993. *Band II/55.*

Speyer, Wolfgang: Frühes Christentum im antiken Strahlungsfeld. 1989. *Band 50.*

Stadelmann, Helge: Ben Sira als Schrift-gelehrter. 1980. *Band II/6.*

Strobel, August: Die Stunde der Wahrheit. 1980. *Band 21.*

Stuckenbruck, Loren T.: Angel Veneration and Christology. 1995. *Band II/70.*

Stuhlmacher, Peter (Hrsg.): Das Evangelium und die Evangelien. 1983. *Band 28.*

Sung, Chong-Hyon: Vergebung der Sünden. 1993. *Band II/57.*

Tajra, Harry W.: The Trial of St. Paul. 1989. *Band II/35.*

– The Martyrdom of St.Paul. 1994. *Band II/67.*

Theißen, Gerd: Studien zur Soziologie des Urchristentums. 1979, ³1989. *Band 19.*

Thornton, Claus-Jürgen: Der Zeuge des Zeugen. 1991. *Band 56.*

Thüsing, Wilhelm: Studien zur neutestament-lichen Theologie. Hrsg. von Thomas Söding. 1995. *Band 82.*

Tsuji, Manabu: Glaube zwischen Vollkommen-heit und Verweltlichung. 1997. *Band II/93.*

Twelftree, Graham H.: Jesus the Exorcist. 1993. *Band II/54.*

Visotzky, Burton L.: Fathers of the World. 1995. *Band 80.*

Wagener, Ulrike: Die Ordnung des »Hauses Gottes«. 1994. *Band II/65.*

Walter, Nikolaus: Praeparatio Evangelica. Hrsg. von Wolfgang Kraus und Florian Wilk. 1997. *Band 98.*

Wander, Bernd: Gottesfürchtige und Sympathisanten. 1998. *Band 104.*

Watts, Rikki: Isaiah's New Exodus and Mark. 1997. *Band II/88.*

Wedderburn, A.J.M.: Baptism and Resurrection. 1987. *Band 44.*

Wegner, Uwe: Der Hauptmann von Kafarnaum. 1985. *Band II/14.*

Welck, Christian: Erzählte ›Zeichen‹. 1994. *Band II/69.*

Wilk, Florian: siehe *Walter, Nikolaus.*

Wilson, Walter T.: Love without Pretense. 1991. *Band II/46.*

Zimmermann, Alfred E.: Die urchristlichen Lehrer. 1984, ²1988. *Band II/12.*

Einen Gesamtkatalog erhalten Sie gern vom
Mohr Siebeck Verlag, Postfach 2040, D–72010 Tübingen.